中国社会科学院哲学社会科学创新工程成果

国家社科基金重大项目"境外智库中国研究数据库与专题研究"阶段性成果（项目编号：14ZDB163）

国际中国学研究丛书

观中国

《国际中国研究动态》精选集（上）

2013—2015

杨莉 唐磊 崔易 刘霓 韦莉莉 ◎编

A Live View of China:
International Developments in China Studies（*Selected Essays*）

中国社会科学出版社

图书在版编目（CIP）数据

观中国:《国际中国研究动态》精选集:2013~2015（全二册）/杨莉等编.
—北京:中国社会科学出版社,2016.10
（国际中国学研究丛书）
ISBN 978-7-5161-9208-5

Ⅰ.①观… Ⅱ.①杨… Ⅲ.①中国学—文集 Ⅳ.①K207.8-53

中国版本图书馆 CIP 数据核字（2016）第 261078 号

出 版 人	赵剑英
责任编辑	喻 苗
特约编辑	胡新芳
责任校对	任晓晓
责任印制	王 超

出 版	中国社会科学出版社
社 址	北京鼓楼西大街甲 158 号
邮 编	100720
网 址	http://www.csspw.cn
发 行 部	010-84083685
门 市 部	010-84029450
经 销	新华书店及其他书店

印 刷	北京君升印刷有限公司
装 订	廊坊市广阳区广增装订厂
版 次	2016 年 10 月第 1 版
印 次	2016 年 10 月第 1 次印刷

开 本	710×1000 1/16
印 张	48.25
字 数	718 千字
定 价	169.00 元(全二册)

前　言

　　读者面前的两卷本《观中国》，是一份以介绍近年来域外当代中国研究成果为任务的资料集，是从 2013—2015 年间中国社会科学院国际中国学研究中心编发的《国际中国研究动态》（京内资准印刊物）中选辑而成。

　　向学界译介海外中国研究最新成果，是社科院海外中国学研究团队历来的传统。40 年前，在已故的孙越生先生领导下，情报研究所成立了国内第一家海外中国学研究机构"国外中国学研究室"，开始致力于这项工作，并出版了《国外中国研究》辑刊，在当时引起过较大反响。

　　40 年来，国内海外中国研究学术成果引进的潮流虽时有起伏，但从未中辍。主要变化体现在从改革开放初期如饥似渴地吸纳转为更加系统、更有选择性地取用。这一方面是由于海外中国研究持续发展造成总体规模的不断扩大，另一方面则可归功于国内学者外语素养的提高、信息交流渠道的拓展以及国内学术研究水平的总体提升而形成的理性与自信。

　　信息与网络时代的来临，对学术研究工作尤其是学术情报工作的冲击无疑是巨大的。对于前者，学术研究的方法和范式要经受全面的挑战，而对后者，必要性以及合法性则受到了根本的冲击，尤其联系到现有的学术生产的考评和激励机制，给这项基础性的工作留出的生存空间极其微小。即便如此，我们仍然尽可能地将这一工作传统保留下来，并在中国社会科学院哲学社会科学创新工程的支持下，于 2013 年创办了《国际中国研究动态》（简称《动态》），也才有了读者面前两卷本《观中国》的成果问世。

《动态》既是面向学术界的信息类产品，同时也是社科院发挥智库功能的一种产品形式。美国学者基欧汉（R. O. Keohane）和约瑟夫·奈（J. S. Nye）在《信息时代的权力与自主性》一文（刊于1998年第5期的《外交政策》）中这样描述智库的编辑角色："众多的信息会导致注意力的缺乏。注意力成为稀缺资源，而那些能够把有价值的信息从白噪声当中区分出来的人士就大有用武之地。这就需要更多人员从事编辑、过滤、解释和提供线索的工作，这会带来权力。"尽管我们对于这一知识生产过程所赋予的权力缺少自觉，但责任意识始终存在，那就是借鉴外脑补充我们认识和处理本国问题的视野与智慧。

这些"外脑"，有的是高校学者，有的是智库专家，欧美发达世界居多，但亚非拉发展中国家学者也不被忽视，在有限的人手和语种配备情况下，我们尽可能广泛地追踪了各国各地区中国研究的发展，新技术所支撑的 RSS 订阅等信息采集手段为团队提供了辅助。长期的多学科训练让团队成员在保持个人兴趣焦点的同时努力缩小了视野盲区。如果出现重要事件和重要问题引发的研究热点，《动态》会组织专刊予以介绍。

在此过程中，我们要反复进行各种权衡，即在议题的时效性和成果的生命周期（高质量成果周期更长）之间、学术性和政策性（决策参考价值的高低）之间做取舍，还要考虑地区间的均衡，学科间的均衡，等等。更加复杂的是，编译者要在社会科学的程式化写作中剔粗抉精，并经常性地对材料中出现的"西方中心主义"、"中国威胁论"、"中国崩溃论"等意识形态表述加以删汰处理。总之，这不是一项如外部看来似乎能够轻取的工作，个中甘苦唯有参与者能够体会。

引进海外中国研究的成果，首先要考验引进者的心态，其次才是他们的识见。习近平同志最近在哲学社会科学工作者会议上的讲话中指出："解决好民族性问题，就有更强能力去解决世界性问题；把中国实践总结好，就有更强能力为解决世界性问题提供思路和办法。"在这一点上，严肃客观的学者，无论他们来自哪个国家、哪种学科，都应该怀此心量、有此方向。如此才能把区域研究的成果上升为具有普遍价值的智慧。

"让世界对中国多一分理解、多一分支持"，国外学者从公允、客观的角度介绍和研究中国，当是一股不可忽视的力量。与此同时，确切地了解域外世界如何看待和理解中国，也是我们自身讲好中国故事、传播好中国声音的重要前提。

作为他者，海外知识界对中国的认识和解读，自然会有"成见"。这种成见首先产生于传播学者李普曼所指出的"我们对事实的认识取决于我们所处的地位和我们的观察习惯"，"我们也倾向于按照我们的文化所给定的、我们所熟悉的方式去理解"（《公众舆论》）。给伊斯兰地区的工厂工人建立无隔间的公共浴室，不是带给他们福利和文明，而是侵犯了他们既有的习惯和文化——这则源自韩国中国学家金光亿教授讲述的故事生动展示了文明播迁和文化交流中反复出现的尴尬，此类尴尬无论是对审视"他者眼中的他者"还是向他者传播我们的文化、价值都具有长久的启示意义。

然而，比"成见"更难处理的是我们"对成见的成见"。把他者的误读或文化偏见统一划归到政治上的霸权主义或阴谋论，就是这类成见的一种表现。另一种对成见的成见则表现为，对西方出于自身省思和社会改造目的对中国文化和制度的赞赏和吸收，当作"上邦大国"文明辐射能力和文化魅力并无限放大其优势。两种类型的过度阐释，加上一直存在于中国知识界的对西方话语的偏听偏信，构成国内对海外中国学进行再研究时的主要症结。即使是在编译过程中，我们也小心地克服着上述成见。

在本书编选完毕，重读校样之际，作为编者，我们仍然感到有许多遗憾。

"中国研究"（China Studies）是集中和跨越了哲学社会科学各个分支学科的一个领域，从它在上20世纪作为"区域研究"得以形成以来，就持续向专业化和综合化两个方向发展。这表现为，越来越多的学科研究者将中国纳入研究对象或将之设置为重要的变量或参数，另一方面，越来越多的海外学者意识到，对中国这一对象体的研究，需要不断打破学科壁垒乃至打破传统中国与现代中国的二分，从中国文化的连续性和高度一体化（以制度为核心整合的经济体、社会体和文化体）特征来进行观察和分析。根据我们持续对海外中国学所进行的跟踪调研来观察，大体可以总结为，更多的成果出自前者，而更好的成果出自后者。但是，由于要呈现最新的成果，我们不得不承认，选辑的文章主要来自前一类，这有时会令读者产生小有收获无大启发的憾感。

收入本书的130多篇译介文章，累计近50万字规模，虽然经过努力编排，仍然不免给人以碎片化的感觉。当然，如果强行用一个"现代化"的大帽子（并且是祛除了"西式现代化"魔魅的中国式现代化），可以勉强对全部文章的主题进行一番收束性的解说，但这样依旧十分困难。这部资料集的信息碎片化表现在一定程度上与中国当下现代化进程中的高度复杂性是同构的，信息聚类相对容易，但对于后者，任何一种降维处理都有可能带来重大风险。

即使避开信息碎片化所造成的阅读焦虑，作为编选者，我们还体会到另一重焦虑，即，虽然是阅读他者的研究，"以一种'遥远的目光'来审视自身"（语出王铭铭《西方作为他者》），还是不免时时感受到王熙凤说的"大有大的难处"。中国要"到本世纪中叶，达到中等发达国家水平，基本实现现代化"，由自身国情特别是体量和不均衡性带来的挑战不可谓不多，并且，应当看到，国际社会对于一个中国能否和平崛起还多少抱有怀疑甚至质疑。出于某种忧患意识的焦虑很难避免，我们只能反复提醒自己不要被这些焦虑干扰导致放大了某些问题的严重性。

还令我们觉得遗憾的是，我们能从收录的文章中，从海外对华客观友好的学者以及参与国际学术合作的中国学者那里，分明感受到一种期待，即对一个倡发展、允自由、讲规矩、守信诺、重和平的中国的期待，这种建设性的立场与形形色色的"中国威胁论"、"中国崩溃论"形成了强烈的对比，但我们的译介、编选过程并没有充分地将这种期待还原出来。有时是这样的表述被淹没在社会科学程式化写作的文本中，有时则是受我们自身学术水平的限制。

对于上述遗憾，宽慰地想，赋予这样一项基础性的学术资料编选工作太多责任有点不切实际，但这的确是一项需要责任感的工作。

点明这一点，不是为了自我表扬，而是在翻译和编辑都成为科研业务大家庭的"穷亲戚"的处境下，借机向所有从事过和仍在从事这方面工作的研究者和工作者致敬。这其中当然包括参与本资料集编译工作的刘霓、杨莉、崔玉军、韦莉莉、杨丹、王文娥、祝伟伟、陈源、王娜娜、唐磊等同志，以及韩侃瑶、李敏、刘晓玉等同学。对此项工作给予大力支持的姜辉、张树华、黄长著、何培忠等诸位领导和资深研究员，以及学界给予我们许多鼓励的众多同行学者，我们也借此机会表示诚挚的感谢。

　　还值得一提的是，尽管时下的科研考核机制表现出浓重的企业化绩效考核色彩，但本书的几位主要参与者特别是年长的研究员都格外谦逊，不愿居功，最终，在征求大家同意后，我们按照年龄幼长而非长幼的次序把参与精选集编订的几位同志作为责任人列出来，以这种方式给以后此类事业的参与者鼓励。借前言的机会，我们要向前辈学者的这种情怀致敬。

　　从 2016 年起，《国际中国研究动态》内刊转为《国外社会科学》杂志中"海外中国研究动态"这一栏目，继续向学界贡献相关知识产品。我们将在以往工作的基础上，不忘初心，继续前进。

唐磊执笔

2016 年 7 月

总 目 录

上 册

下 册

上册目录

一 对"中国模式"与"中国梦"的认知

二 中国形象与国家软实力

三 经济增长的挑战与应对

四 政府与社会治理模式的转变

五　人口与就业问题

中国政经体制的性质与挑战

托比亚斯·滕布林克

　　法兰克福大学政治学高级研究员滕布林克在 2013 年 4 月号的《当代中国事务》杂志上发文指出，迄今为止，中国已经发展出了一种具有鲜明特点的政治经济，具有全球融入、内部驳杂、国家渗透三重特点。由于政府机构在上述三重维度中都发挥了相当重要的作用，也因为发展的总体概念被描述为"以政府为中心的"，可以说中国的政治经济性质是受竞争驱动的国家资本主义。然而，受全球经济不景气下出口部门的需求赤字影响，以及全球经济不平衡与劳资纠纷，中国政治经济面临三重挑战。

中国政治经济的性质

　　中国的政治经济可以被理解为一种多样化的国家渗透型资本主义，同时又深深卷入世界经济进程当中。对于中国经济转型的描述，目前存在两大共同立场。第一种立场以席格伦（G. Sigley）与吴敬琏为代表，他们以中国改革政策的变化来强调其制度的"资本主义性—社会主义性"或是其"混合性"特点。其观点与中国领导层的官方立场并无区别，都把受国家管控的"社会主义市场经济"的存在以及中国共产党的主导作用看作中国具有非资本主义社会相对完整之基础的标志。另一立场则与之相对，以保罗·伯克特（Paul Burkett）、米夏埃尔·维特（Michael Witt）为代表，将私营企业重要性的日益增加看作中国经济的一种重构，这一重构具有其他资本主义制度进程中类似的自由化特征。

迄今为止，中国已经发展出了一种具有鲜明特点的资本主义，具有全球融入、内部驳杂、国家渗透三重特点。

第一，鉴于全球经济结构会对单一国家经济体的行为自由施加巨大的限制，只有将其嵌入全球经济结构中参考，才有可能正确理解中国经济动态。就此论点而言，在过去30年中，中国从区域及全球整合中获益巨大。东亚的新一轮国际分工及价值链重组惠及中国，将中国大陆转变成为战略业务地点。自20世纪80年代起，中国的制造基地就被整合进区域、最终乃至全球贸易消费链。此外，旧资本主义中心过度积累的资本又引发了资本向中国的密集迁移，海外华人在其中发挥了巨大作用，使外国直接投资变得更加容易。与此同时，这些旧的资本主义中心还成为中国出口产品的最终买家。内部需要及外部变化相互交织，将中国推上了全球GDP增长最成功的位置。然而，由于中国的"出口主义"基于低工资，又严重依赖出口与世界经济发展，因此具有"危机倾向"的基础。

第二，中国资本主义存在"开发与分布"的问题，即劳动力的等级划分与独特的劳工制度。几十年来，数亿低收入人群（多半是农民工），构成了中国经济发展的顶梁柱，廉价劳动力成为外国直接投资的"全要素"之一。社会分层，尤其是财富人群的垂直单极化及其引发的社会结构冲突，成为中国资本主义变化的必要条件。城镇劳资关系重建的规定性基础支离破碎，法律规范实施不力，又缺乏有效的制度来平衡劳动力与国家资本间的关系。

第三，需要结合"超经济"的制度大背景来分析中国各大公司之间的竞争关系和资本主义变化。资本主义制度中的政府有两大特点：一是政府试图保证若干社会、法律及基础结构的综合及适应性作用，以使资本主义经济可以持续；二是经济与政治构成了结构上的相互依存。中国的"一党政府"对市场经济是持支持态度的，其政治制度为资本积累提供了基本框架：行政结构（行政管理，司法管辖），经济基础结构（交通运输）及其他社会政治部署（劳资关系）。此外，政府官员和管理人员则培养出了创业能力。中国的政治制度具有明显的"集中与放权"相结合的结构特点，形成了多层级管理的体系。经济发展的理念受中央政府和政党机构影响，但地方上的解读又反过来影响这些理念。

由于政府机构在上述三重维度中都发挥了相当重要的作用，也因为发展的总体概念被描述为"以政府为中心的"，可以说中国的政治经济性质是受竞争驱动的国家资本主义。

中国政治经济所面临的挑战与不稳定

受全球经济不景气下出口部门的需求赤字影响，以及全球经济不平衡与劳资纠纷，在中国经济高速增长率掩盖下的是社会经济的挑战与不稳定性。首先，是出口导向与低工资模式的持续。迄今为止，对出口的依赖并未减小。出口增长及中国政府的一揽子刺激政策与信贷的扩张帮助中国经济重获全球最高增长率。在此背景下，经济再平衡与远离"出口导向"模式需要克服若干障碍：第一，无法保证政府政策能够立即执行并在每一行政级别得到贯彻。第二，中央政府政策的不连续性。危机期间，人社部发表声明敦促企业依靠削减工资等手段避免大规模裁员，并出台激励措施鼓励出口。第三，经济模式转变还受到其他因素影响，这些因素也对拉动国内需求增长不利。中国权力精英们将这些危机看作中国经济现代化、提高效率的机遇，因此自由主义经济学家要求扩大市场机制，进行技术升级，但这能否最终带来大规模的工资提升还有待观察，同时，劳动生产力的提高有可能导致失业率的攀升。第四，中国国内企业以及外资企业仍希望从低工资模式中获益，它们将成为中国经济再平衡的主要障碍之一，而中国工业产值的1/3都是由外资私营企业产出的事实也表明中国中央政府难以轻易规避这一压力。

其次，是国内消费需求乏力与对工人代表制度的限制。与对出口依赖相对应的是国内需求的不足。自20世纪90年代末以来，个人消费占GDP的比重便由大约50%降至34%，而与之密切相关的是本已很高的投资比重逐步上升，由2000年后的40%上升至2008年以后的 50%。由于工资低、社会保障体系的不完善和户口制度，普通工人与农民缺乏消费需求。然而要扭转这一局面，缓和劳资关系，中国又缺乏最重要的基础：能够代表并组织调动工人的工会力量——中华全国总工会充当的不过是政府、资本和劳动力之间的中间人、休闲活动的组织者。与掌握关键经济资源、拥有政治影响力的企业主相比，靠工资过活的工人由于缺乏独立的代表而处于弱势。此外，工资等级制度、工人之间的竞争关系、管理政策缺乏影响力等其他因素也导致了较高的社会不安全度。

再次，政治导向能力的限制。中国经济增长成功的原因之一便是中央政府指导下的地区间的竞争。然而，地方的内部竞争以及事无巨细的国家干预也导致了资本过度积累的趋势：地方竞争导致了过度投资。地方之间缺乏区域整合及协调，导致了掠夺性竞争与复制型发展，而各个地方级决策和经济发展中心彼此的不平衡也引发了政治利益的竞争。因此，中央政府常常难以将自己的意志在全国范围内有效推行。这一点同样也适用于中央政府机构本身，不过是程度较轻。在决策上各大部委拥有一定自治权，并且新法规也还存在解读的空间。

一边是对社会公正的公开承诺，一边是对低工资作为有利竞争因素的深信不疑，政府危机管理在社会绥靖政策与世界市场导向间摇摆不定，探索着进行内部的重构。

（杨莉　编译）

原文信息

原题：Paradoxes of Prosperity in China's New Capitalism

作者：Tobias ten Brink

出处：*Journal of Current Chinese Affairs*，Vol. 4，2013

国家资本主义如何推动中国经济的发展？

阿尔伯特·施温伯格

《经济问题》季刊（*Journal of Economic Issues*）2014 年第 1 期刊登的德国康斯坦茨大学国际经济系教授阿尔伯特·施温伯格（Albert Schweinberger）的遗作《国家资本主义、创新精神与关系网络：中国崛起为超级大国》一文，以"内部人"的视角分析了国家资本主义在中国经济发展中的正面意义。作者认为，这种经济决策政治化的方式既能激发企业家的创新精神，还能在政企长期而广泛的关系网络中建立信任，激励管理者提高企业效率，从而赋予中国经济以竞争性优势。另外，国家资本主义避免了地区之间的政治竞争，使得中国在基础设施建设方面更有成效，如果内地省份和沿海地区在基础设施方面有效合作，中国或可避免中等收入陷阱。

国家资本主义既是中国的一种政治制度，也是一种社会和经济制度，是国家权力与某些政策工具和自由资本主义制度相结合的产物。就经济而言，国家权力主要来自两个方面：（1）对战略行业的大型企业实施国家所有制形式；（2）与高度发达的庇护网相类似的、广泛的公私领域的网络。中国经济的资本主义性质则体现在大量国企进入证券市场和积极参与全球化进程。两者均反映出政府对国企竞争力的关注。

在中国，经济的强劲增长使国家权力得到民众的认可。尽管缺少民主政治过程，但其经济发展政策之间存在高度的政治竞争，这也是资本主义的特征之一。因此，中国政府有强烈的原动力制订长期发展计划，并尽力寻求能避免政府保权愿望与公众经济利益之间发生冲突的经济政策，因此政府对权力的实际控制相当有限。

国有企业与创新精神

西方大多数经济学家并不认可工业政策在中国经济成功中的作用，在他们看来，中国的工业政策加强了政府的权力，却没能打下竞争性经济的基础。他们还认为，中央计划与持续、迅速的发展相脱节，阻止并最终扼杀了创新精神的所有原动力。不过，在我看来，有三个因素推动了长期的经济增长：第一是知识（如技术和管理技能）的积累，第二是创新精神的激发，第三则是工业政策——中央政府制订的长期的计划，通过确保得到能源和自然资源，为私营部门和公共部门的增长提供了适宜的增长框架。

为了更好地认识这一点，需要简要回顾过去 20 年中国工业政策的发展情况，首先是 20 世纪 90 年代小型国企的大规模私有化。中国政府在认真研究了后发工业化国家成功的发展经验之后，决定建造一个大型的、具有全球竞争力企业的国家级团队，并在具有战略意义的行业内选择了 120 家大型企业集团。被挑选出来的企业获得政府的大力支持，包括获取银行融资特权，政府还采取措施来保证这些国字号企业之间形成足够的竞争。

这种政策催生了一种大小相依的共生关系，因而极大地激发了企业的创新精神：大部分重大发明来自高科技领域的小规模新型公司，那些关键创新中的最重要部分被大公司买下之后，则对之进行进一步的更新改造。经验证明，创新过程中有许多这样的劳动分工。

应该指出，很多经济学家对这种工业政策的看法是不一致的。尚不清楚为什么政府最适合挑选优胜者，事实上许多个案研究证实的恰恰是相反的结论。政府有勇气承认其决策错误并关闭效率低下的企业吗？但在中国这里，答案很清楚，就是"是"。在 1990—2000 年，许多效率低下的国企被关闭，当然也因此导致劳动力过剩。很明显，中国政府似乎更喜欢熊彼得的"创造性破坏"概念。

有两套数据凸显了中国增长表现中创新精神的关键作用。根据世界创业观察（GEM）2010年的数据，"企业家早期阶段"在成年人口中的比例，在德国是4.2%，美国是7.6%，中国则超过14%；另外，经合组织在其2010年的报告中估计，中国全要素生产率的增幅在全世界中最高。如此高的生产力增长速度，其中的前提之一就是创业精神。也有经验证实，较之欧洲，公司的所有制形式及管理方式本身在中国更受重视，而且企业家在中国的地位也很高。

人际网络与国家资本主义

在人际交往的制度环境方面，美国式的自由资本主义和中国式的国家资本主义有很大不同。前者可称为盎格鲁-萨克森市场模型，与当前的经济危机关系密切。现在各方有一种共识，即这次危机的导火索是证券化，因为它把长期的、个人之间的金融关系变成一种非人格的市场关系——买卖证券。证券化公开的目的是把风险从银行转移到投资者身上，也就意味着风险的扩散。证券化有着非常危险的后果，因为它使投资者的风险管理非常困难，暴露了人类交往中盎格鲁-萨克森市场模型的局限性：它假设公共信息是对称和均衡的，假设存在一个全套的、没有风险、没有不确定性的商品和服务期货市场，以及假设有足够的竞争来限制所有市场参与者追逐自我利益。这与中国的情形大为不同。

长期来看，相对美国经济而言，广泛的社会和经济网络将赋予中国经济以竞争性优势。在中国，关系的重要性是绝对不能低估的。关系网是在中国独特而普遍的社会—文化现象。人类交往中制度设计的有效性可以从交易成本的角度来评价。在一个信息对称的世界里，由于风险与不确定性的存在以及期货市场的缺乏，社会和经济关系网络有两个非常重要的优势：交换是个人的，而且基于长期的关系，这导致信任的产生。后者在盎格鲁-萨克森市场中是没有任何作用的，但在关系网络中却是与生俱来的。因此，在一个基于关系而不是平等的制度环境中交易成本较低。

如果允许所有权与控制权分开，那么管理层会为了其短期利益而非企业所有者或客户的利益来经营企业。这一问题在金融危机酝酿期间变得相当严重（回想一下次级抵押市场的过度举债情况就会明白）。很显然，在公司经营方面，所有者与管理层之间的信息不对称对公司关系重大。中国的情况正好相反：不仅在大型私企和国企领导层之间，而且管理层与中国政府官员之间都存在着广泛的社会和经济网络。更重要的是，这些关系是长期的。

在中国，公—私网络天然地与一种高度发达的、能创造多项诱因激励管理层长期投身其中的庇护制度联系在一起，这是一种自由资本主义中并不存在的制度。由于政府官员与管理层之间存在不可避免的信息不对称性，所以双方的信任非常重要。有了这种信任，效率就会大大提高，最重要的是它减少了（甚至消除了）政府官员监管企业管理层绩效的必要性。

基础设施的公共投入及中等收入陷阱

中国内地地区拥有大量经济增长所需的未开发资源，内地的发展与中国可持续经济增长高度相关，但这个问题却被大大地忽视了。根据学者的研究，东部沿海城市 2015 年人均国民收入将达到 17000 美元（2005 年的价格）。根据中等收入陷阱理论，这意味着这些地区的增长将更难以维持，最终将减速。然而如果把东西部地区全面、综合起来去认识，那么中国或可避免中等收入陷阱，原因是，如果在中国东部地区投资回报率面临下降、其集群效应和市场效应不那么强烈的话，这将鼓励企业去内地投资。

实现这种巨大增长的前提是基础设施的改善。因此，中国政府在 2008 年出台财政刺激方案，其中 36% 用于基础设施。当务之急是提高某些省会和自治区首付的增长点，如西安、银川、兰州、西宁、武汉、成都、重庆、昆明、南宁、乌鲁木齐和呼和浩特。显然，即便东部省份因为中等收入陷阱而导致增长下降，但倘若内地省份经济发展取得成功，那么也不会引起中国的增长率整体下降，因为内地的成功会为东部地区生产的商品提供巨大的市场，帮助后者摆脱中等收入陷阱。不过，这无论如何不是一个确定无疑的结论，因为在像中国这样规模巨大的国家，区域发展是一个非常艰巨的任务，其他国家也有类似的经验。

实际上，在中国，有大量证据表明一些地方政府主持的基础设施项目出现投资失误，导致了大量不良资产的出现。基础设施工程的错误投资也可能是因为各地之间的政治竞争所致。尽管没有实证研究解释基础设施的公共投资对中国 GDP 增长率的贡献，但经济学家承认，在许多国家，不同地区（省份）基础设施方面的投资深受政治化的影响。比如说，对中印两国在基础设施方面公共投入的比较显示，中国的表现成效更大。与某些人可能期望的相反，中国在国家控制的企业的商业化运作方面已经非常先进。与此相对照的是，印度的基础设施建设有着相当程度的政治化特征，表现最明显的就是短视的选举民粹主义（electoral populism）。政治竞争导致了——比如说在权力的产生、传递和分配方面——中印两国巨大的生产力差距。

（崔玉军　编译）

原文信息：

原题：State Capitalism, Entrepreneurship, and Networks: China's Rise to a Superpower

作者：Albert Schweinberger

出处：*Journal of Economic Issues*, Vol. 48, No. 1, 2014

经济前景亟待政改破局：探索
中国特色的联邦制

方艾文　马　旸

对外关系委员会（CFR）资深研究员方艾文（Evan A. Feigenbaum）和美国保尔森中心（Paulson Institute）研究员马旸（Damien Ma）在 2014 年 5 月的一期《外交政策》上联合撰文，指出中国下一步改革关键的破局点在于中央和地方权力关系的重新分配。这一问题看似老生常谈，实则是中国未来改革成败的关键。使用"联邦制"（federalism）这一概念，并不意味着将分权自治的宪政国家结构形式引入中国，而是提示中国可以参考联邦制的分权模式，探索中央—地方分权的治理方式。

中国国家主席习近平上任以来，经济政策的信号是稳定和清晰的，即中国的发展模式亟须调整。不过，目标虽然明确，一个不可回避的事实是，要想真正实现经济改革，中国政府必须从长远的角度对自身进行调整。正如中国政府提出的改革路线图所指示的，政府权力需要缩减。如果真要让市场在资源配置上起决定性作用，政府就要卸掉很多职责（比如价格制定），而把它们留给市场。但政府同时还要保持其适应性和高效能——确保规则和标准的执行，提供公共产品，履行各种行政职责，同时让这些目标的实现控制在合理的行政范围内。中央政府总是把本来留给省或自治区做会更好的事情揽到自己身上，而地方政府又时常挑起中央政府能更好肩负的担子，这就造成一些严重的问题：运转资金匮乏、权责不清和政策瘫痪。

明确地说，中国需要建立某种新型的"联邦制"来重组中央和地方政府的权力分配，以适应快速变化的经济环境。中国内部也已开始了这方面的讨论。

变　局

中国式的联邦制将是怎样的形态？肯定不是让各省市成为像美国和印度那样的被赋予独立决策权的、完全自主的行政单位。中国的做法会是下放某些权力同时集中其他一些权力，以某种更理性的方式平衡自身的治理职责。中国对联邦制的挑战并不陌生，但中央一直不愿真正下放权力，担心造成地方割据或损害来之不易的国家统一。当代中国的领导人们也一直在努力从历史中汲取治理中国的经验，特别是近现代（19—20 世纪）的经验，在那段时间里，中国一再解裂为若干自治领地或大权在握的地方督府，而中央政府的力量偏弱。因此，民族主义和共产主义者们往往钟情于一个能制约地方权力的强大的中央政府。

邓小平在 20 世纪 80 年代的改革曾尝试下放经济权力，比如成立深圳特区，当这些改革在局部奏效后，最高层领导人就许可其在全国推广。而各省就依循着中国式的社会主义政治经济学展开激烈的竞争。一方面，它们宣称要完全服从党的政策，另一方面倾注资金来吸引投资，推动发展，哪怕有时会破坏国家标准和跨省市的协调一致也在所不惜。比如，中央政府确定了地区发展和竞争的重点是要以经济减速为代价来加强环境可持续性，但地方常常对此政令置若罔闻。

无序的权力分散已对中央政府的改革步骤造成阻碍，中央地方各执一念、难以步调一致的情况成为不易克服又非改不可的问题。习近平在其雄心勃勃的改革方案中提出要重新梳理中央和地方的关系，就二者如何分摊成本、投资项目、提高资金流、引导经济发展，以及如何鼓励地方政府推行改革拿出一揽子整改方案。

比如，中央要全面实施城镇化，宣称未来 20 年里要让 3 亿人进入城市，这一愿景固然打动人心，但它意味着要增加公共产品的供给，这些成本会转落到地方政府头上，而地方政府又没有足够的权限通过税收和发行地方债权来扩大收入。

税收与支出

因此，如果中央政府不打算按照地方政府的实际需要来调整中国式的联邦制，上述改革目标和已有的努力都将是一场空。特别是财政权、行政审批权和执行权这三项权力，需要在不同层级的政府中进行重新调配平衡，使之能保证改革的有效进行。

目前效率低下和相互冲突的财权需要进行一揽子的改革。对地方政府维持公共服务而缺乏财政收入的问题，中央的矛盾在于，如果赋予地方更多的税收和债权发行权力，会扩大地方腐败和本已十分严重的地方债务（已经给财政体系造成 18 万亿元人民币的背负）问题。

1994 年起实施的分税制，在当时有一定作用，但如今负面后果已经显现，地方政府只能依靠土地财政或其他形式的融资手段甚至是灰色收入来源，最终导致严重依赖基础设施投入导向型增长，并造成了房市泡沫，也造成地方债务状况的恶化。这些问题随着中国城市化和改革进程，可能会变得更加严重。

要解决这些问题，中央需要进一步集中财权，地方政府也要想方设法扩大收入来源。中央政府的做法可能是提高现有税率或者直接开征新的税种，并将新的税收回补地方。通过这种方式，对地方支出进行更好的调控——让地方政府保证把这些钱用于社会公共服务，而不是兴建楼堂馆所或是无人问津的大型购物中心。帮助整个体系更好实现各级政府间的平衡也是改革的重要环节。比如，中国会启动停滞已久的扩大财产税改革，使地方财政收入同本地房屋所有者直接联系起来。由于现有的地方税收很多被增值税卷走，因此扩大新的地方税种目录也是地方开源的途径。

决策点（Decision Point）

让市场起决定性作用意味着政府要从某些经济活动中彻底退出，政府角色要从高度干预、事必躬亲的管理者转变为以仲裁形象出现的监管者。中央政府已经意识到这一点，并开始这么做了。李克强总理反复说："让市场做它该做的事。"

行政上的联邦制需要达到两个基本目标：（1）给地方更多权力，使其能审批私营企业的投资项目和市场准入，从而激活地方经济——让私营部门的经济活动更加市场化，是创造就业机会的首要来源；（2）减少地方项目上中央官僚体系的无谓干预，至少要做出这样的努力让大家看到。

不同层级政府之间的协调也是保证其他改革目标达成的必要条件。但是，涉及环境问题，要让地方政府不会无视空气、水和食品安全的种种标准，中央政府还需要加强前后一贯的、有前瞻性的管制措施。在这一点上，中央需要调整以往的干部考评和选用制度，中央也确实开始这样做了。另外，也有人提出适当加强法院系统的权力，使其成为上述规则和政策的相对独立的执行者。对司法审查制度不够完善的中国来说，这是一个挑战。这需要在地方法院司法过程中去除一切政治干预和腐败行为，并培养一大批训练有素的司法专业人员。但更持久的做法是司法审查，它是比反腐运动更能有效促使地方政府和官员按规矩办事的手段。

小说《三国演义》的开场白"合久必分，分久必合"道出了中国的统治者们对联邦制担心的深层心理。20 世纪 20 年代军阀割据导致国力衰弱的历史经验，使得中国的领导人们担心权力分化会导致地方崛起而与中央分庭抗礼，最终导致国家统一受到威胁。但 21 世纪的国家需要对权力进行审查、平衡和理性的分配；21 世纪的经济，特别是市场起决定性作用的经济，也需要对不同层级的政府进行权力合理分配。只要分配合理，并不会造成国家的解裂。在对经济改革做出清晰的政治承诺后，要切实进行改革，中国的中央政府也要拿出大无畏的勇气来重新安排自身和治下各省的角色。

（唐磊　编译）

原文信息

原题：Federalism，Chinese Style

作者：Evan A. Feigenbaum，Damien Ma

出处：https：//www. foreignaffairs. com/articles/china/2014－05－06/federalism－chinese－style

布鲁金斯学会组织美日学者对话，
分析中国政经体制及其前景

唐 磊 韩侃瑶

2014 年 12 月 18—19 日，布鲁金斯学会东亚政策研究所组织了一场对话会，邀请美日两国数位重量级的中国研究专家，请他们依各自看法对决定中国发展现状与前景至关重要的经济、政治体制特点及其走向进行分析，并展开对话。布鲁金斯学会东北亚政策研究所主任卜睿哲（Richard Bush）在会议基调发言中指出，中国已经崛起为世界上一支举足轻重的力量，并对美日的传统地位构成挑战。组织这样一场对话的目的很明确，通过汇聚美日专家们中国研究的智慧和识见，来为巩固和加强美日同盟提供基础，以共同对抗中国这样一个强大的对手。该对话会分开门和闭门两个环节，我们根据公开材料编写了此次对话会的观点摘要。

中国经济保持增长需面对的主要问题

美日学者在中国经济所取得的巨大成就和对美日经济的积极作用上，看法较为一致。中国持续的高速经济发展不仅创造了奇迹，也使得本国人民的生活水平大幅提高。中国一方面为美日两国提供了巨大的产品销售市场与投资空间，另一方面又为它们提供了廉价的商品，从而提高了两国居民的购买力，也缓解了通货膨胀给两国经济带来的压力。美日两国应当正视中国经济发展的成绩和积极影响，而不是过分夸大其所产生的威胁。不过，更令学者们关心的是当前中国经济所面临的问题以及由此可能给全球经济，特别是美日经济带来的风险。

经济发展模式的转型是目前中国经济发展的首要问题。布鲁金斯·桑顿中国研究中心高级研究员杜大伟（David Dollar，曾任美国财政部驻华经济与金融特使）指出，外贸出口与拉动性投资是中国经济增长的两大主要引擎，世界经济增长放缓令中国出口业遭到重创，致使中国过度依靠投资拉动增长，特别是基础设施建设和房地产的投资，但近年来部分基础设施利用率偏低和较为严重的房屋空置问题，已经显示出投资拉动作用的空间在日益缩小，同时也造成了大量的资源浪费。另外日益严重的环境问题和劳动力结构性乃至总体性的不足也对经济发展造成窒碍。

中国亟须进一步完善相应的政经制度方能保持增长，这是经济方面受美日学者关注最多的问题，因为这一问题同样深刻影响着美日同中国进行的双边贸易与投资，美日学者也更多地从中国经济政策和制度对美日在华企业的影响来切入该问题的讨论。以杜大伟、奥尔布赖特石桥集团（Albright StonebridgeGroup）高级顾问亨利·莱文（Henry Levine）和东京大学教授丸川半田（Tomoo Marukawa）为代表的学者认为，中国一方面通过国有企业和国有资本对战略性行业（石油、钢铁、银行、通信等）进行垄断，另一方面还通过金融杠杆对外资和私人企业施加压力，这样的政策与制度必然对美日企业不公平，会影响美日企业在华投资的热情与效率。因此他们主张中国政府应减少介入经济发展，并给予中外企业以同等待遇。换言之，他们希望中国的经济制度朝更加开放平等、更加私有化和市场化方向发展。

美日学者普遍认为，中国的政治制度和法治化程度不足以保证经济持续高速发展。例如，亨利·莱文认为，中国仍然缺乏公正、透明且足以制约政府权力的法律法规，而且相关的经济法律条文与实践也与世界现行的规则有所差异，它们制约着中国的经济发展以及美日两国同中国的经济交流。杜大伟则从历史视角讨论了中国政治制度与经济发展之间的关系，指出历史上除了拥有丰富资源的中东国家之外，并没有任何非民主的国家能够跻身高收入的发达国家行列，言下之意是中国要跨入高收入国家体系，需解决政治民主化问题。

此外，美日学者普遍对中国现行的改革方案是否能得到有效执行表示疑虑。杜大伟、亨利·莱文和丸川半田都承认，十八届三中全会表明，中国政府已经意识到了前面提到的掣肘经济发展的体制性问题，并试图在金融、财政、户口制度、所有制等方面进行一系列的改革，也取得了一定成效，但由于各方利益团体对改革的想法各异，改革推进的步伐可能会十分缓慢。但同时，学者们也一致认为，体制改革的成败决定着未来中国经济发展的成败。

当前中国政治格局和政治体制的特点与走势

与对中国经济形势及其体制原因看法普遍一致形成鲜明对照的是，美日学者对当前中国的政治格局及其原因的看法呈现出明显分化。一部分学者认为中国当下的政治格局源于中国政治体制特点，另一些学者则认为，形成中国国际中国研究动态当今政治形势更重要的因素是党内不同派系和国内不同利益群体间的斗争。

日本庆应大学的加茂具树（Tomoki Kamo）持第二种见解。他指出，习近平虽然在表面上集大权于一身，但仍然受到现行制度（如两任任期制）和党内民主（比如其他政治局常委）的制约。表现出来的政治斗争从某种程度上也源于中共党内民主化的发展。他认为，习近平努力塑造自身权威，是因为他不同于胡锦涛与江泽民，并不是邓小平所指定的接班人，而是在党内各派系相互妥协之后首个被民主选举出来的领导人——他并不具有世袭而来的权力，因此只能通过政治斗争（反腐运动就是一种主要手段）来巩固自己的权力。此外，他还指出，民主制度的发展不仅体现在决策过程，还体现在信息搜集机制方面。中国正试图通过人大代表和政协委员开展同党外精英的对话等途径，来拓宽信息搜集的渠道。目前的中国政治制度格局表现为受制度约束的最高领导人集权形式。权力集中可以加强习近平的权威，但现有的体制约束使得最高领导人需要更多的盟友和渠道来获取做出正确决策所需要的信息，但大规模的反腐运动可能在削弱对手的同时又因得罪利益集团而致使盟友的流失。这可能会对习近平政权的稳定性造成挑战。

东京大学当代中国政治问题研究教授高原明生（Akio Takahara）则认为不同政治团体间的斗争对于形塑当今中国的政治格局更为重要。他指出，以习近平为代表的红二代视自身为红色江山的合法继承人，故而会积极地维护现有政权的稳定。然而，同过去相比，如今的中国，无论是党内还是党外，存在着更多的利益与观点分歧，左派和右派之间的矛盾也日趋加深——从政治改革到普世价值的争论，从对"文化大革命"的看法到对改革开放之利弊的争论，等等。这给政权稳定以及共产党的领导造成了较大的压力。习近平试图通过发展经济、强调爱国主义、提倡传统伦理以及加大反腐力度来巩固自身权威、缓解社会矛盾与政治分歧，并取得了一定成效。但高原明生也指出，最近的调查表明，在当今中国人认为的构成良好社会的要素中，居于前两位的是平等与民主，当下中国社会显然并未实现。习近平试图缓解各方分歧的两个主要手段——富强以及爱国主义（掺杂着儒家思想与社会伦理内容），则只排到第三和第八。因此，这两个要素尤其是后者，能否真正起到团结社会的作用，仍值得怀疑。而反腐，这另一用来巩固其权威的手段，并没有被制度化，人们对它的目的和持久效能也抱有怀疑。他还指出，越来越多的中国人正担心未来中国的政局走向。

布鲁金斯·桑顿中国研究中心高级研究员李侃如（Kenneth Lieberthal）则从中央和地方政府之间的关系着手解读了当今中国的政治情势。他指出，习近平非常善于制定宏大的方针目标，但疏于将这些目标细化以令地方政府执行。中国拥有庞大而繁复的行政体系，中央的计划必须有赖于地方政府的合理执行才能落实。然而，由于缺乏细致的目标与政策，地方政府不但对于中央文件的精神理解各异，而且认为中央的政策难以得到真正执行。比如，中央要求地方政府避免大量投资但又不允许失业率上升，要求推进城市化进程却又不允许环境污染出现等，地方政府没有能力或不愿花费大力气达到这些要求。此外，中央对地方官员的考核仍然维持旧的发展模式下的标准，这也加重了地方政府对中央新政的阳奉阴违。由于上述几点问题，地方政府并不能真正落实和奉行中央新的计划与目标，而是采用最为保守的方式进行治理——促进 GDP 增长、维护社会稳定并避免丑闻。另外，反腐运动也会对地方政府的积极性产生一些暂时性的负面影响，例如地方领导为了避免引起中央的注意而主动不作为，这就会阻碍改革的推进。另一个影响地方政府改革执行力度的因素则是，政府机构内缺少高端人才进行创新和实验。在反腐的大背景下，高端人才不愿意委身政府机构。矛盾的是，政府也无法给公务员过高的薪酬，否则可能加剧民众对政府的不满。

从三位学者就政治领域的发言可以看出，相比于经济改革，中国的政治改革则更为艰难与复杂。无论我们赞同哪一位学者的论述，有一点值得肯定，那就是中国现今的政治局势很难用单一的理论进行解释。无论是制度化的发展、不同派系团体间日益加剧的矛盾还是中央与地方之间微妙的关系，都是当今复杂政治局势中的一环。然而究竟哪一因素占据主导地位？也许我们现在无法给出一个令所有人都信服的答案，这是因为它有赖于习近平政权进一步的改革方针及其执行情况来回答。

尽管在造成当前中国政治局势的原因方面存在意见分歧，但与会的美日学者普遍对中国前途的不确定性表示担忧，而且这一不确定性主要来自于困难重重的政治制度改革。虽然习近平通过反腐运动快速巩固了自身的权力与权威，并试图大力推进经济改革，加强民族凝聚力，但是在面对社会稳定、制度制约、地方政府问题以及日益尖锐的社会分歧等诸多问题时，如何协调好各方利益，维护政权稳定，并给予中国的可持续发展一个稳定的环境仍然是一大难题。由于心存种种疑惑，没有学者提出系统的答案和应对方案，只是期望通过现实分析来厘清中国所面临的问题与困境。但同时，他们也对习近平政权关于中国治理方案的探索和试验充满了期待。

会议信息

China's Reemergence as a Great Power：Comparing American and Japanese Perspectives"，The Brookings Institution，Saul/Zilkha Room；December 19，2014；Washington，D. C.

文献出处

http：//www. brookings. edu/~/media/events/2014/12/19－china－reemergencecomparing－us－japan－perspectives/transcript. pdf

中国持续探索政治协商和参与之道

唐蓓蓓　约翰·S. 德雷泽克

2014 年第 2 期《中国政治学刊》集中发文考察当代中国的政治协商与参与，堪培拉大学资深教授约翰·S. 德雷泽克（John S. Dryzek）和澳大利亚国立大学博士后唐蓓蓓以特邀编辑身份组织了此次专题的稿件。除唐蓓蓓提供一篇主题文章外，南洋理工大学的何包钢教授、俄罗斯国立高等经济大学的亚历山大·科洛列夫（Alexander Korolev）、新加坡国立大学韩熙真（Heejin Han，音译）和中东技术大学的杰伦·厄尔根克（Ceren Ergenc）等学者贡献了论文。以下是两位特约编辑对专题所做的导读。

协商民主在人类历史上由来有时，协商之事在人类世界的许多社会中都能见到。但从 20 世纪 90 年代开始，人们对协商民主开始抱以极大热忱，强调把协商民主贯彻到现有的自由民主社会中。人们努力把协商民主拓展到公共空间的各个角落和公共政策制定的各个环节。不管现实中落实得如何，协商民主的核心诉求就是，集体的决策和政策制定过程最终的合法化，有赖于公民有权、有机会且有能力对这些决议提出反对意见，实质地参与决策过程并能对决策内容产生影响。本期组织的多篇文章是想评估中国当代政治在协商性思维和实践上有哪些发展，以及它们对中国的民主政治有哪些意义。

要把民主理解为钱伯斯所说的"以商谈为中心"，而不是"以票决为中心"，前提是选举民主已经实现，不再是中心任务。中国显然具有不同的背景。毫无疑问，协商民主理论发源于西方民主社会，但径直问这一理论能否应用于其他社会，从而发展出超越西方发达国家民主政体的体制，这种提问方式不对。更好的思路是转而考察协商实践在多大程度上能为该社会的民主奠定基础。

中国经过 30 多年的经济改革，党国政府的权力未见稍许削减，尽管如此，中国共产党仍反复强调民主改革的必要性。我们这里所谈到的协商能力的建设重点不在于中国通过何种政治参与形式总体上实现民主，而是侧重在政府治理的不同具体层面如何践行政治协商，从而加强民众的政治参与并渐进地促进民主。

尽管大多数民众一直都支持中央政府的领导，但在地方治理层面，过去 20 多年里人们对决策过程不正规和政策执行不力抱有很大的意见。执政党出于对社会稳定和政权稳固的需要，在处理实际治理事务上采取协商政治的办法不再是新鲜事，而是地方政府比较惯常的做法。地方政府在参与式预算、公开听证、村务委员会和磋商会等实践中做出创新尝试。这些尝试表明在一定程度上，中国的精英决策过程可能吸取公民参与所带来的合理的、有说服力的意见。科洛列夫教授对中国医改过程的研究表明，即使在国家政策层面也存在协商过程，只是参与者主要还是各行业专家、学者和智库研究者等知识精英。

何包钢等人提出中国的政治创新在于协商引导的民主化（deliberation-led democratization），这是与标准的西方民主化模式（接续旧专制制度的崩塌而来，以竞争性选举、宪政主义、一系列人权标准为内容和目标）不同的一种模式。但即使如此，各种碎片的、小规模的协商政治实践是否意味着全局性的民主转型，还难以判断。但至少，协商引导的民主化过程也需要一个多面向的、富于批判精神的公共空间，而不是散点式的个别实践创新。对协商政治的研究亦是如此。本辑中唐蓓蓓的文章就是从整个协商体系的视角来观察中国的协商民主实践，科洛列夫的文章也有这方面的意味。

何包钢等人还提出"威权式协商"（authoritarian deliberation）概念。在这种制度空间下，由经济快速增长而催生的各派力量可能会被执政党所吸收，政策实施的后果与效果也能被官员更好地了解，还能在反腐等领域吸引公众以适当形式参与，但这些协商活动都要在政府的清晰限定下展开，所以说是威权的。加强协商和参与的创新最终其实加强了政权的合法性和权威，这会让拿西方标准来鼓吹协商的人感到郁闷。而事实似乎说明，发展协商能力跟"实现民主转型"完全是两码事。中国的制度改进有着与众不同的特点和路径，这也是本辑文章所致力探讨的。例如，何包钢的文章就讨论了乡村民主中的设定式对话会，厄尔根克讨论了公众听证，韩熙真的文章考察了行动者网络，而科洛列夫则分析了国家层面的政策制定过程。对形形色色的协商性和参与性的政治实践的考察，不仅累积了人们对此的认识，更重要的是对政治体系本身也不无助益。这就是丹尼斯·汤普森（Dennis Thompson）所说的"后继协商"（meta-deliberation），即有关协商式和参与式实践可以（且应该）在多大差异范围内被组织的协商。任何发展到一定程度的协商民主都必然包含着自我检查、自我转变的自反能力。

本辑所收 5 篇文章对协商和参与机制以不同角度作出阐释，有的还提出了建设性意见。唐蓓蓓提出了协商能力建设这一分析框架，并认为协商能力建设可为中国开辟一个强大的公共空间，提高政府的响应能力和民众的政治参与能力，同时又能避免造就竞争性的政治力量。何包钢的文章从乡村民主的角度考察了协商和公民参与，详细介绍了中国乡村如何开展此类实验，以及如何有效地解决了有关地方事务的矛盾及其引发的社会冲突，是一篇展现中国基层协商治理状况的好文章。科洛列夫通过对医改政策制定的分析，总结出关于好的协商政治的五条标准，并以此说明中国的公共决策过程正朝着更加包容、更加多元的方向发展。韩熙真则通过对中国环境类非政府组织的研究，说明这些组织在过去的协商和参与过程中累积了丰富的经验和策略，促使中央和地方政府在相关决策活动中更加开放和透明。厄尔根克的文章则以基层协商实践的主要形式之一的听证会为切入点，考察纸质媒体如何积极参与听证会及前前后后的协商过程，并指出媒体从业者的参与实际上使得协商过程变得更加复杂和丰富。

（唐磊　编译）

原文信息

原题：Introduction：The Continuing Search for Deliberation and Participation in China

作者：Beibei Tang & John S. Dryzek

出处：*Journal of Chinese Political Science*，Vol. 19，Issue 2，2014

党国体制下中国法治的一种解释框架

李　玲

近年来，中国政治模式中的"党国体制"越来越受到海外中国研究者的关注，美国学者白轲（Larry Catá Backer，又作拉瑞·巴克尔）认为它构成了一种独特的"一党宪政国"模式，香港学者王绍光认为党国体制在发挥治国能力上具有相当优势。最近，美国亚洲法律研究所研究员李玲（Ling Li）在《亚洲法律与社会》杂志上发表《党国体制下的法治——对中国宪政现实的概念性解释框架》论文，考察了中国党国体制下两种规范体系并存的法治。作者认为，党国体制下的中国存在着党的规范体系和国家规范体系，两种体系相互独立却又存在联系。党的机构嵌入国家机构，并保留对国家事务进行干涉的权力。作者指出，这种独特的二元并存的规范体系在不断地探索和调整过程中，也为中国的改革和发展发挥了巨大作用。

引　论

在过去 20 年中，我们已经见证了全球范围内法治的绝对主导地位，其使得法治成为获得政府和政权普遍支持的唯一政治理念。法治所包含的普遍吸引力至少要归因于一个事实，即法治作为一个概念一方面体现了"一种世界公认的衡量政府合法性的手段"，另一方面则作为一个定义宽松的术语，人人皆可在含混的法治定义中寻得进退空间。中国的法治话语也正是展现于该种情境之下。

自 1997 年江泽民在十五大提出依法治国以来，他的后继者也一以贯之地支持这一模式。2001 年，国务院颁布了《中国特色社会主义法律体系》白皮书，然而其中冗长而"烦琐"的陈述却令读者对中国法律体系的本质更感困惑。当其涉及"中国特色"时，叙述便陷入了同义反复，并没有阐明法律与法院在面对执政党时所具有的地位。那么，它是"法治民主"的先兆，还是对"依靠法律统治"（ruleby law，威权型政权的典型模式）的认证呢？

近年来，西方通常意义上的法治与中国式法治之间的内在矛盾重新回到了中国对宪政的争论中。强世功和白轲强调中国这个一党制国家的结构特征——"党与国家分离"，也即党的机构与国家机构之间功能的分割。20 世纪 80 年代的政治改革便声称要实行"党政分开"。强世功和白轲认为，当时的改革已经将党和国家的权力进行了分割。党通过政策制定来进行"间接的、灵活的治理，而国家则通过实践这些政策来进行'直接治理'"。由于国家宪法承认党的领导地位，而党则在党章之中宣誓遵守国家宪法，两种权力的合作共存便体现了"中国模式的宪政"或"一党宪政国"。

笔者同意强世功和白轲的这种观点，但本文的目的却不是为之做进一步论证，而是聚焦于党政分离的改革，希望去解释概念化的党—国同真实的运作机制间的关系——党与国家正是基于这一运作机制才能在现实中彼此影响、共同发挥作用。因为这是强世功和白轲关于一党宪政国理论的关键因素，也因为笔者同这两位作者一样认为"分离改革"是检验过去 30 年党国家制度发展的关键点。

党国体制的演变历史

党国体制由国民党创造。在军阀混战党派林立的时代，孙中山认为党国体制是唯一能够统一中国以及实现政治统治的手段。在国民党采用一党专政体制并着手建立党国体系的背景下，形成了作为统治阶层的政党和国家机构这样两套相互联系但又区隔的体系。然而，由于腐败横行、中央对地方的无力监管、国民党内部对党国体制缺乏一致认同等原因，一党专政从未真正成功，最终，党国体系在实际上并未起到抑制和平衡双方的作用，而是造成了国家的混乱。

中国共产党在战争时期则实行党政军统一的一元化领导体制，由此保障了指挥体系的效率和性能，这也是它在两党斗争中生存下来的关键因素。在解放战争胜利之后，共产党渐渐废除了高度统一的一元化体制并开始重建党国体系，包括同其他政治组织共建联合政府，举办政协会议以及通过民主和协商机制来实现立法和一定意义上的选举。然而，多元化的政治局面很快结束，后来的一系列政治运动逐渐使中国社会变成同质的整体。

"文化大革命"结束后，由于目睹了党政不分带来的灾难，邓小平开始重新考虑党与国家功能的区分，并相信只有通过分离党政的计划才能令中共治下的国家行政效率达到最大化。不过值得注意的是，邓小平的蓝图并不意味着中共要放弃一党执政或削弱党的权力，而是将其作为战略选择，通过管得少来达到管得好的目的。因此，在 20 世纪 80 年代，一系列委托国家机构行使党的权力的改革开始进行。

"党政分开"的改革大大推动了经济增长，然而也导致了通货膨胀、腐败横行以及日益严重的社会不平等。此外，来自"资本主义西方"的自由主义思想也开始蔓延，加之东欧剧变与苏联解体的影响，导致学生、工人以及一些市民开始抗议，又由于中央政府内部出现分裂从而削弱了控制事态的能力，最终出现了可能动摇政权的政治危机，在危机被强力解除后，党政分离的改革也戛然而止，"党政分开"的概念也消失在主流政治话语中。一度废除的党的机构被重新恢复，授予出去的权力被收回，遭到削弱的党内团体重回领导地位。不过党并没有像过去那样试图取代国家，而是尝试某种双重规范体系。该体系被嵌于党—国联结而成的结构中，但党对国家决策的介入不像从前那样频繁和直接。

现今党国体制的运作方式

1. 党国结构一体化

党国结构一体化指的是党的机构被嵌入到国家机构之中，但两者并没有融合。两个体系都保持独立但又相互联系。党的机构服从于党的规范体系（党章、党的纪律等），而国家机构则服从于宪法、人大所制定的法律及由其选任的法官所组成的法庭。同时，这两个体系又被整合进入一个网格之中，这一网格赋予党直接介入国家决策进程的途径。网格状的党国结构包含两个关键性要素：严格的编制管理（regimentation）和决策主体的彼此交叉牵制（interlocking）。

严格的编制指的是党和国家机构以及其中每个职位的等级设计。严格的编制对于建立一张由指令链条组成的网络非常关键。精心设计的官衔体系就是编制严格的体现，其体系决定了薪酬、社会福利以及最为重要的决策权力的边界，并成为衡量公共机构地位的有效指标。对官衔体系的控制权便高度集中在党的手中。此外，由于所有党和国家的行政职位都被嵌入单一的命名规则中，并听命于党的集中管理，无数老练的政治精英分别或同时在党和国家的机构中任职，并在这两类机构的职务中来回穿梭。

党政部门中决策主体的彼此交叉牵制形成所谓的"联合董事会"（interlocking directorate），它使得党员占据国家机构的重要职位，并嵌入到国家机构的决策部门之中，以此使得党能够以更加组织化、更为团结的方式紧紧控制国家。党内团体是一个集体性主体，遵循"民主集中制"原则，即重要事项必须由集体决定，最后需要遵循大多数人的一致意见。这既能够限制党的高级领导人的独断专行，也能防止低级领导人的权力滥用。通过上述两种方式，党实现了对国家的领导，而国家则成为党的代理人。

2. 有所保留的赋权和决策分离

随着重新调整和巩固党国结构步伐的加快，分离运动朝着另一个方向前进：党和国家间权力的重新分割。在改革中，党从相对并不重要的领域中撤出而专注于更为关键的问题，以确保国家更为恰当地发挥自身功能。这同孟德斯鸠所说的分权并不相同，因为从结构上来看党和国家并没有被切割，而是更加紧密。因此，分离改革所做的是粗略划分"党的事务"和"国家事务"以使国家被系统地授予权力来进行日常治理。

总体而言，"党的事务"包括三方面：（1）政治——确定与宣布政治任务、目的和路线；（2）意识形态——通过宣传活动与思想政治教育来传播党的意识形态；（3）制度——建立党组织并指派党员在军队、国家机构、社会组织、企业、城市与农村社区的决策部门任职。党独自拥有在这些领域的决策权。在国家决策和行政部门的党内团体有责任将党的意志转化成国家的意志。

然而，"党的事务"并不局限于决策活动，还有两个重要的保留领域。其一，在涉及政策制定和日常行政当中的意识形态和制度性问题，党独享决策权；其二，如果危险达到了一定的程度，党保留有选择性、有针对性地介入同个别国家事务相关的决策流程的权力，以此来确保党对这些事务的关注以及采取行动的能力。

3. 两种规范体制共存

上文中提到的两个结构性特征令党国在两种规范体系之下运作，它们分别是规制"党的事务"的党规范体系（党章、党纪）和规制"国家事务"的国家规范体系（政府性法规与规章）。这两个规范体系虽相互独立却又时常出现交叉，在后一种情况中，两者的关系并不对等，也不具有相同的效力，党规范体系高于国家规范体系。当党使用其独享的决策权时，无论是在政策、日常治理这些"国家事务"还是在司法的领域中，它的活动并不被国家法律所限制。

这一制度设计的重要性很大程度上被中国的法律学者遗忘了。通过比较有效地确权，党为基于法律的国家规范体系提供了一定的自治权和正当性，如果没有这两者，国家法律就会在市场经济和现代国家（它们在人们受到公正平等对待的治理体系之下才能高效运转）治理方面面临更大的困难。此外，如果法律明确给予党以额外的法律特权，这就同共产主义理想相违背。因此，这种制度设计就具有战略必要性。

在数十年的试验和调整之后，这种双重规范体系被认为取得了极大的成功，因此在十五大上以"依法治国战略"的名义被抬升为国家政策的一项根本原则。在这一治理策略下，中共将相当一部分治理权力下放给专业化的国家机构以保证更高的治理效率；另一方面，国家机构在治理失败时能够分担党机构的责任。当然，不可否认的是，中共已经越来越注重自我约束和"带头"守法，以便于为国家法律体系保留必要的公信度。

（韩侃瑶　编译　唐磊　校）

原文信息

原题："Rule of law" in Party‐state — A Conceptual Interpretive Framework of the Constitutional Reality of China

作者：Ling Li（李玲）

出处：*Asian Journal of Law and Society*，Vol. 2，No. 1，2015

中国模式的优越与局限

弗朗西斯·福山

　　福山新著《政治秩序与政治衰败》2015 年 9 月由广西师范大学出版社（"理想国"译丛）推出，该书结论部分集中讨论了中国政治发展模式的特点与前景，现将此一小节择要翻译，与大家分享。

　　在 21 世纪初，有一些政府视自身的运作方式为自由民主的替代型。其中包括伊朗和波斯湾地区的君主制国家、俄罗斯以及中华人民共和国。不过，伊朗社会分化严重，数量庞大的中产阶级对政权声称的合法性提出了许多质疑。海湾地区的君主制国家中也常常有例外的个案，其表现形式的多样完全是出于它们所拥有的大量能源资源。普京治下的俄罗斯，也以食利国家的形象崛起，它成为地区性的强大势力主要是因为坐拥着若干油气田；在俄语区以外的世界里，没有人觉得他的政治体系值得复制。

　　在非民主的替代型政体中，中国对自由民主政体是一种普遍的演进模式的观念提出了最严重的挑战。正如本书曾多次提及的，中国建立在有着两千年历史的强大中央政府的传统基础上，也是少数从国家层面看社会从未发展出本地化的法治传统的国家之一。中国丰富而复杂的传统使得儒家道德替代了正式的程序性规则而成为对统治者的某种约束。这一传统被遗留给东亚其他国家和地区，也正是这一传统成为第二次世界大战以后日本、韩国和台湾成功发展的重要资源之一。

　　威权主义政府有时比民主政府更有能力果断打破过去的束缚。

后毛泽东时代的中国最大的优点之一便是它由一个高度自治的共产党所领导。在邓小平治下，即使面对着来自顽固的党内保守派和国有企业、军队的既得利益者的强烈反对，中国仍然扭转了毛泽东时代灾难性的政策，并奠定了市场经济的基础。共产党在具体发展途径上表现出高度灵活性，努力在诸如促进乡镇企业发展、鼓励创新和权力下放等方面尝试新的体制机制，而后当乡镇企业的财富积累和影响力过大时，政府重新把税收集中起来。中国人民解放军曾经发展起大量的创收型企业，在20世纪90年代还出现过大量的侵犯知识产权保护的事情，但后来对其监管得以加强，许多此类资产也被没收。

　　如今中国所面临的核心问题是，邓小平启动改革至今仅仅35年，但中国的政权目前正经受政治衰败，并逐渐失去曾是其早期成功发展源泉的自治性（autonomy）。在下一个十年里，中国的政策议程将与上一个十年有很大不同。它现在正致力于从中等收入国家向高收入国家迈进。旧的出口导向的发展模式已完成了其历史使命，不得不更多地依赖国内需求来维持增长。粗放型的增长在中国已难以为继，人口大规模流入工业经济的红利也开发殆尽。为了追求高速增长，中国背负了巨大的环境负债，如今显现出来的是严重的空气污染、乡村一些地区出现"癌症村"、食品安全体系岌岌可危等各种棘手的问题。中国的教育体系是否有能力培养人们的种种技能从而支持起真正的创新和生产力的全面发展，还值得怀疑。由于中国经济的复杂性，管理这一经济体的信息需求也与日俱增。同皇权时代中国的情况一样，自上而下的命令—控制体系是否能够适应社会实际的变迁也值得怀疑。

　　最重要的是，中国正在经历自身人口的大规模流动，人口流动的规模和速度都远超19世纪和20世纪初发生在欧洲的人口流动。对于中国快速增长的受教育人群以及财富不断增加的民众，他们产生的需求和期待不同于过往构成中国社会主体部分的农民群体。

　　鉴于上述挑战，核心问题是中国的政权是否会自主地调整其航道，向着一个更加自由、能在更加深广的层面促进经济竞争，并允许整个社会信息流动更加自由的体制前进。中国的快速增长创造了新的既得利益者，他们有权有势，即使在缺乏立法机关和游说团体的情况下也能对党的决策产生影响。国有企业比以往任何时候都要庞大和富有。共产党的领导阶层自身也陷入各种腐败的怪圈，很多腐败问题会直接给改革带来危害。

中国新兴的中产阶级在未来若干年如何行处将给自由民主制的普适性带来最重要的考验。如果这个群体在绝对数量和相对比例上都持续增长，同时这一群体又满足于生活在一党统治的宽仁监护（benevolent tutelage）下，那就不得不说中国与世界其他国家相比确实存在文化上的差异，因为它对威权型政府予以支持。而如果这个群体发展出现有政治体制无法适应的政治参与方面的要求，那么他们就会像世界其他地方的中产阶级一样去行事。对中国体制合法性的真正考验不是在经济持续增长、就业岗位充裕的情况下，而是发生于经济增长放缓和该体制遭遇危机之时，而这些问题似乎在所难免。

此外，"中国模式"不会广泛地出口到世界其他国家。它的成功完全依赖于该国政治体制持续培养以服务公众利益为目的而非仅仅使自身利益最大化的精英阶层的能力。中国传统中的精英政治、对推动社会进步的教育的依赖以及儒家道德，都对中国当今的成就有所贡献。这些传统也曾为处于汉文化影响圈的东亚地区的其他一些威权政府所分享。但它们基本没有被输出到撒哈拉以南的非洲、南亚或中东这些历史传统与之迥异的地区。即使在中国内部，它也面临一大突出问题，即该国自己的精英如何在该国体制使个人腐败有机可乘的情况下能够不断培育合格的接班人。历史上存在的昏君问题依然没有得到解决。

当代自由民主政体面临的问题则大不相同。我不认为它们遭遇了系统的"治理能力的危机"。民主政体过去曾经历过这样的危机，特别是在20世纪30年代当它们陷入经济萧条，同时又受到来自法西斯主义和共产主义的挑战之时，另外就是在20世纪六七十年代当它们遭受民众抗议、经济停滞和高通胀率的时期。它们遭遇的不是类似的动荡或是突然出现的、抵制民主制合法性的反体系的政党，而是治理质量的缓慢下降及随之而来的民主制吸引力的下降。

很难在某一个十年内根据其表现对政治体制的可持续性做出判断。在某一时期内看似难以克服的问题可能在另一个时期就消失无踪。某种政治秩序的可持续性取决于该体制对情势变化做出调试的能力。民主政治体制在应对日益严重的问题时往往不如威权政体反应快，但当它们开始行动时，常常会更加果断，因为付诸行动的决策获得了更广泛的支持。

许多当代民主政体面临的一个潜在问题是，为其福利政府制度奠定基础的社会契约不再那么稳定。发达国家人口的人均寿命如今远高于这些国家最初签订那些契约的年代，而很多地方的生育率却急剧下降。随着人口老化，这些国家在奉守对年长公民的承诺和满足年轻人的需要间面临着两难的权衡选择。如果这些政体能够维系下去，它们就要既减少福利又增加税收，而这是民主社会的公众所不愿支持的。

民主自由作为一种治理形式，其生存能力取决于每一个民主政体和如欧盟这样更大的单个实体适应情势变化的能力。在过去数十年间，有些民主政体在劳动力市场和福利政府方面做出了痛苦但又必要的改变，而其他一些还未能采取重大的改革举措。由于制度性规则既能促进又会妨害好的政策出台，人类社会尝试发展出决定其命运的大量代理机构。又由于大的社会力量常常塑造了决策，因此历史上没有一个拥有决定性力量的党派能左右现代化进程。

政治发展的历程不仅仅是发展出能够实现国家、法治和负责制政府这些基本功能的经久体制。由于这些政治制度彼此之间存在相当程度的张力，要在它们之间保持恰好的平衡，是一个需要持续不断努力而不是说已经彻底解决的问题。正如我们所见，在公众参与程度和治理效能方面存在取舍两难，如何保持二者平衡绝不是纸上谈兵那么简单的事。总体层面的演进经过一个长期过程会决定某些宽泛类型的制度形式的出现，但具体的演进过程则意味着不会有某一特定的政治体制能够永远与其存在的环境相适配。

对有效的政治体制的需求未来将持续增长。现代民主制是现代资本主义的产物：从工业革命肇始之时起，不断提高的生产力最终惠及人类全体，使得黎民百姓（马尔萨斯意义上的人口）得以温饱。

不过，这不意味着整个体系能够自动运转下去。在一个技术发达的世界里，人们拥有高度的认知能力和受教育水平，人们获得的经济回报也在快速增长，一个小型的、"守夜者型"的政府会不经意发现社会的财富和权力越来越集中于精英人群。

较之此前的时代，这些当代的精英们越来越多地凭借自身的功绩和天赋来赢取自身的地位。但精英社会的事实并不意味着那些精英们不会试图运用政治体制来捍卫他们以及他们子女的地位。并且，也只有政治体制能够协调以下二者，即持续发展的必要性与帮助民众适应发展和变革之后果的必要性。最终，经济体制必须服务于由政治秩序所产生的结果，而不是相反。

（唐磊　译）

原著信息

书名：*Political Order and Political Decay*：*From the Industrial Revolution to the Globalization of Democracy*

作者：Francis Fukuyama

出版社：Farrar，Straus and Giroux

出版时间：2014 年 9 月

选择中国：公众对"中国模式"的看法

布里奇特·维尔什　张传贤

台湾大学东亚民主研究中心高级研究助理布里奇特·维尔什（Bridget Welsh）和台湾中央研究院助理研究员张传贤（Alex Chang）在《当代中国》（*Journal of Contemporary China*）2015年第1期发表研究文章称，根据数据分析，中国内部与东亚公众对"中国模式"的接受度同中国日益增长的实力并不匹配。此外，根据文章的预测，随着中国高等教育的发展和城市化的推进，以及伴随而来的不平等状况的加剧，包括中国在内的东亚公众对"中国模式"的接受度还将持续下降。原文中有几处数据对应错误与笔误，编译时已经做了修正。

今天的中国已然成为世界超级大国，其影响力也在全球扩展，而其发展模式（广为人知的"中国模式"）也正被宣扬为一条与众不同的发展路径。这一模式的要义便是威权型国家资本主义导向的发展模式。然而究竟何为"中国模式"？对这一问题并没有一个统一的答案，因为在不同学者和发展探索者之间还存在着激烈的争论。争论源自于2004年的"北京共识"，该共识原本侧重于经济发展方面，而近来则开始更多关注中国政治体制，发掘它非同于西方民主同时又自有其政治上制度化特征的特点。然而，在关于究竟何为"中国模式"以及国际和中国该如何看待它的讨论中，有一个因素被忽视了，即东亚公众，尤其是中国公众，是如何看待"中国模式"的。

研究框架、方法论与假说

本文便旨在审视东亚公众对中国模式的看法。通过分析亚洲民主动态调查（Asian Barometer Survey，简称ABS）搜集的2010—2013年数据，我们试图探究哪些调查对象会将中国当作一种模式来追随，追随程度几何以及为什么会出现这一状况。其中，我们选取了三个角度进行研究分析。第一，通过分析调查中除了中国以外的其他所有东亚国家对中国模式的态度，来了解中国模式对哪些地区具有吸引力、如何产生吸引力以及为什么会出现这一情况；第二，通过分析中国人对"中国模式"的选择状况，来了解中国人对"中国模式"的支持程度和差异，并找出中国人与其他东亚公众观点的差异；第三，通过分析前两者的结论来探究公众对"中国模式"的看法究竟意味着什么。

对公众观点和对学者观点的研究并不相同，公众一般不会像学者那样考虑中国模式中所包含的不同要素或不同的意识形态视角。为了评估公众的观点，我们需要搁置对中国模式这一概念本身的理论性讨论，而转向更为切实的考察。在ABS中，调查对象回答了他们会选择哪个国家（美国、中国、印度、新加坡、日本以及自己的国家）的发展方式作为自己国家的发展模式，我们则将这些选择分为两大类——中国和除中国外的国家，并将调查对象的不同观点进行对比。最后，我们在宏观层面探讨了历史和国家政治体制对接受度的影响，并利用多项罗吉特分析方法（multinomial logit analysis），在微观层面衡量民众对政府治理、政治文化、社会经济/人口学特征以及中国的区域影响力的看法。

在研究之初，我们还提出了6组假说以强化我们的分析领域，它们分别是：

（1）政府治理评估：我们预计认为自己国家的政府能够推行良好治理的受访者不会选择其他国家的发展模式（比如"中国模式"）来替代该国当前的治理模式；

（2）民主态度与威权（Authoritarian）态度：更加主张政治威权（包括传统的"亚洲价值观"）的公众会更有可能选择"中国模式"；

（3）社会经济/人口学因素：东亚公众中年青一辈比他们的父辈更有可能青睐中国模式，城市人口比农村人口更倾向于选择"中国模式"，但受良好教育的人则因为乐于从各种方面质疑任何发展模式而不选择"中国模式"；

（4）区域意识：认为中国有着强大影响力或积极影响力的公众也会选择"中国模式"；

（5）历史的作用：在宏观层面上，同中国的历史联系会影响对"中国模式"的选择；

（6）国家政治体制：威权国家的公众要比民主国家的公众更倾向于选择中国的发展模式。

东亚他国（地区）公众对中国模式的接受度

根据统计分析，东亚他国（地区）公众对中国模式的接受度只有 12.2%，这与中国的实力和规模极不相称。在东亚的主要国家和地区中，越南、香港地区和泰国对中国模式的接受度最高，分别为 22%、20.5% 和 16.4%。这一状况同这些国家、地区与中国大陆的历史联系密切相关：越南在 20 世纪 80 年代就仿效中国进行了革新开放，其政权也同中国相似，即一党制，利用国家资本主义来促进发展；而香港地区与泰国则在 20 世纪末的亚洲金融风暴以及自香港回归起多次接受中国大陆帮助，并与中国有着极强的经济联系。

而另外一些国家和地区（除印尼外，也即日本、台湾、韩国、菲律宾和蒙古）的公众则如先前预期的那样，并不倾向于选择"中国模式"。历史上的敌对显然塑造了并在继续塑造公众对中国的认知。中、日以及台海两岸的关系由于历史原因一向紧张，这造成了它们对中国模式的接受度最低，而菲律宾、韩国则同中国发生过军事冲突。因此，从宏观层面来看，历史和政治体制因素显然影响了他国（地区）公众对"中国模式"的总体接受度。

从微观层面上，数据分析表明上文中的许多假说也同样成立，但需要一些细小的修正：

（1）认为本国政府没有贪腐问题或治理良好的东亚公众并不会选择"中国模式"，也同样不会选择其他国家的模式；

（2）持家长制观点——比如政府应该对公众负责——的东亚公众更倾向于选择"中国模式"，但那些持社会传统主义观点的人则不在此列；

（3）明显持威权制观点——比如愿意放弃选举制度——的东亚公众更倾向于选择中国模式，而且值得注意的是，不将政治自由和平等置于首位的公众也选择中国作为未来的发展模式；

（4）政治上持传统观念的东亚公众更倾向于选择"中国模式"，但也同样倾向于选择其他模式，年轻的东亚公众和男性东亚公众也是如此；

（5）未受良好教育的东亚公众更倾向于选择"中国模式"；

（6）城乡因素对中国模式的接受度影响并不明显，即便其对其他替代模式的选择有关系；

（7）认为中国对本国有较大的积极影响力的东亚公众也倾向于选择"中国模式"。

因此，总体而言，宏观层面上的历史和政治体制因素和微观层面上民众对政府治理的态度、政治文化、社会经济/人口学特征以及中国的区域影响力对他国（地区）公众对"中国模式"的接受度都有影响。

中国公众对中国模式的接受度

在中国，精英们对"中国模式"的讨论和对国家发展道路的反思，主要表现为新左派对该模式的宣扬和右派对国家发展道路的批判性评论。然而，我们对公众的看法却知之甚少，而且这群人对"中国模式"的理解要比学者争论的理念更具普遍性。在中国媒体的报道中，普通大众对"中国模式"的认同度必定极高，但 ABS 则显示，中国人的看法之间有着巨大的分歧，甚至许多人对此不愿发表看法或是并不清楚"中国模式"意味着什么。根据 ABS 的结果，只有不到三分之一的中国调查对象完整地回答了关于"中国模式"的问题，这一比例要远远低于其他国家。毫无疑问，中国公众在衡量本国发展模式时有着明显的保留。

根据各个国家对本国发展模式接受度的数据分析，27.2% 的中国被调查对象选择认同自己国家的发展模式，这接近于被调查的东亚国家的平均水平（平均水平为 26.3%，接受度最高的是日本，为 55.1%，最低的是菲律宾，为 0）。值得注意的是，同日本和新加坡相比，尽管中国的实力正在增长，但其发展模式在本国民众中的接受程度并未得到相应的增长。在多数被调查的国家中，有很大比例的公民选择了本国发展模式，中国的比例与这些国家相比并不突出，但也不落后。

在影响接受度的因素方面，ABS 结果表明，政治文化和人口学因素在接受度中扮演着重要的角色：

（1）重视平等或持家长制观念或认同传统政治价值观的中国公众更能接受"中国模式"；

（2）威权观念并不影响中国公众的选择；

（3）公众对政府治理的看法以及公民政治参与度对公众接受度的影响并不是很大；

（4）未受良好教育的、年长的和农村的中国公众更倾向于选择"中国模式"。

从中我们可以看出，政治文化、治理观念和人口学因素对中国与他国（地区）公众接受度的影响都很重要，但中国国内支持"中国模式"的群体与中国以外的群体并不相同。对他国（地区）公众而言，自由或威权观念的重要性在中国则被平等观念所替换；对他国（地区）公众而言十分重要的政府治理能力在中国则并不那么受重视；然而对他国（地区）公众而言并不重要的城乡因素在中国则较为重要。这表明，中国公众对中国发展模式的支持更多依赖于传统观念的维系。换句话说，年长的、农村的、未受良好教育的公众持平等一类的传统观念——这类观念塑造了前市场经济时代的意识形态基础,他们更倾向于支持"中国模式",而年轻的、城市的、受良好教育的公众对此的支持度则较低。

总结和启示

本研究最大的发现是,首先公众对"中国模式"的接受度同中国在世界舞台上日渐增长的实力并不匹配——只有12.2%的东亚公众与27.2%的中国公众选择了"中国模式"。这表明中国并没有被绝大多数东亚国家视为可供追随的发展模范。

其次,公众选择中国模式的原因同各种宏观和微观因素(从历史作用到政治态度)有关。其中,政治态度的影响最大,而政府治理效力则不是关键性的因素。此外,人口学状况也是一个影响选择的重要因素,而历史文化因素和国家政治体制则会起到一定的作用。

再次,本研究也显示出人们的观念是不断变化的,即代际间的接受度差异暗示了态度的演化趋势。整个东亚区域的年轻人都更倾向于选择同本国不同的模式,这表明该区域中的全球化趋势正愈演愈烈,而年轻人至少在其青年时期会偏向于不认同自己国家的发展模式。这种代际效应也发生在中国:年轻的中国公众对本国的发展模式并不推崇。代际差异凸显了一个事实,即对发展模式的看法随着时间的推移会发生变化,而不同的年龄群和生活经验则会塑造对模式的看法。

最后,以支持"中国模式"的传统观念基础(年长的、农村的和未受过良好教育的公众)来看,中国政府将会面临支持本国发展模式的公众越来越少的事实:支持"中国模式"的中国公众往往是那些支持更加平等的人,然而尽管收入在增加,但中国社会正在变得日益不平等。因此,如果中国继续走在扩大城市化和促进教育,但同时造成不平等加剧的道路上,那么支持"中国模式"的中国公众可能会越来越少。

(韩侃瑶 编译 唐磊 校)

原文信息

原题：Choosing China：Public Perceptions of "China as a Model"

作者：Bridget Welsh，Alex Chang

出处：*Journal Of Contemporary China*，Vol. 24，Issue 93，2015

实现中国梦的前提是平均
分享经济发展成果

黄朝瀚

新加坡国立大学东亚研究所资深教授黄朝瀚在 2013 年年初"中国梦"概念被提出不久后，撰写了此篇评论。

过去 30 多年来，中国国内生产总值年平均增长率达到惊人的 9.9%，脱贫人口也达到创纪录的水平。但是，在其 GDP 不断增长的同时，收入和财富的差距也在不断加大，经济的繁荣并未被国民平等地分享。中国的经济增长，正在逐渐成为一种"增长但未发展"的例子。

最近，中国国家统计局发布的过去十年基尼系数显示，中国近十年的基尼系数一直处于 0.4 以上的水平。基尼系数最高的一年是 2008 年，数值高达 0.49，然后又缓慢降至 2012 年的 0.47。实际的基尼系数可能还要更高，因为有些高收入者存在隐瞒和漏报真实收入的情况，普遍存在的灰色收入也并未计入官方统计，政府也承认这一点。

对于一般人而言，统计局公布的不过是一些抽象的数字，关键是如何通过自己的经验来看待这种不平等，也就是所谓的"感觉到的收入不均"。

事实上，贫富两极分化在中国城市中已经极为普遍，最常见的就是富人（包括腐败官员）的各种炫富行为、奢侈的生活方式。当民众看到、感觉到贫富分化日益加剧的时候，他们肯定会产生一种强烈的不平等感。

中国收入不平等的根源可以追溯到 30 年前"让一部分人先富起

来"的政策。在实施改革开放政策的头几年里，中国政府提出"发展是硬道理"的经济战略，从那时起，就埋下了收入不平等的种子，因为这意味着增长的重要性远大于分配的重要性。其结果是，中国的经济增长模式从一开始就倾向于收入分配的不平等。

中国收入的不平等实际上来自经济发展的不平等，因为这是一种投资和出口驱动型经济，而非消费驱动型经济。在这种增长模式下，家庭消费在国内生产总值中的比重从 20 世纪 80 年代早期的 50%下降到最近几年的 35%，而同期固定资产投资的比重则从 26%上升到 45%。中国严峻的收入不平等状况还反映在劳动力收入在国内生产总值中的比重下降：从 1983 年的 57%下降到现在的 37%。所有这些都意味着工人阶层和普通民众并非中国经济增长的主要受益者。

从国内政治、社会和经济环境的角度来看，中国目前的收入分配两极化的情况更为严重。从政治上看，中国日益恶化的收入差距，与所谓的"社会主义市场经济"形成鲜明对照。21 世纪以来，经济发展的红利实际上流入了上层人的腰包，而不是被普通民众分享。这显然有悖于科学发展观的基本理念。

对中国领导层而言，收入不均的社会和政治后果可能更加严峻，因为不断加大的收入不均可能引起社会的不稳定。在不断增长的基尼系数背后，是腐败、权力寻租、灰色收入、工资增长停滞、歧视农民工以及其他的不平等。所有这些肯定会加重普通民众的愤恨情绪。这也解释了为什么最近几届政府都将维稳作为其国内政策日程的重中之重。

幸运的是，北京最近已经意识到，为了维持未来的经济增长，中国必须实现经济的"再平衡"，其途径是减少对投资和出口的依赖，把国内需求作为更重要的推动力量。作为其政策的一部分，政府最近提出了一系列旨在直接或间接遏制收入分化的强力政策，例如提高最低工资水平，提高各种社会服务领域的财政支出等。但是这些措施只能够在短期内缓解低收入者的生活压力。

政府更为根本的方法是，一方面对现有资产和权利的分配方式进行结构性改变，另一方面则是提供平等的教育和致富机会。不过这些政策涉及根本性的制度改革，不容易得到贯彻，短期内也不会显现成效。

（崔玉军　编译）

原文信息

原题：Will the "Chinese Dream" Remain Dream？

作者：John Wong

出处：http：//www. stasiareport. com/the－big－story/aria－report/china/story/will－the－Chinese－dream－remain－dream－20130424

中国梦：中国的战略和政策优选项

蒂莫西·希思　等

　　美国智库兰德公司 2015 年 10 月出版了《中国内外：习近平时代中国内外政策论文集》，其中收入了世界防务高级研究员蒂莫西·希思等人撰写的文章。在此文中，希思从国内（经济、政治、社会、文化和环境）、外交、安全三个维度分析了中国梦的基本内容，以及中国相关的内政外交政策选项，与通常对中国梦的解读相比较为新颖别致。希思认为，中国梦就是满足人民的根本利益，但会面临诸多挑战。如何解决这些问题，将不但直接关系到人民的生活质量，还将关系到中国、亚洲和世界的繁荣和稳定。

　　治理世界上人口最多且为第二大经济体的国家，其挑战落在中国共产党肩上。中共一直把满足人们的根本利益作为其第一目标，希望通过提高生活水平和确保中国崛起、成为一个伟大国家来完成这一任务。北京正在制定旨在实现此一愿景的国内及对外政策的首要目标，当然这也要面对众多挑战。

追求中国梦

　　在对悠久的历史反思之后，经过广泛的规划，中共提出了一个将在 21 世纪中期完成的宏伟目标——习近平称之为"中国梦"，本质上即"中华民族复兴"当代表述的再包装。实际上，中国梦是旨在增进经济繁荣和社会稳定、确保公民高水准生活和提高中国作为世界大国等政策目标的集合。用习近平的话来说就是，中国梦的目标是到2049年即新中国成立100年时把中国建设成为一个"富强民主文明和谐的社会主义现代化国家"。

尽管中国梦主要关注中国的崛起，但其表达的却远不止集体理想。政府官员说中国梦必须确保"个人的幸福"。这种转折反映出中国将来的经济增长会越来越多地依赖消费者的支出能力。下面的内政外交政策反映出当局设想的如何实现这一愿景。

国内政策：满足基本需要

2002年以来，中共表示，作为执政党，自己的使命就是满足人民的"根本利益"，这与邓小平时期专注于快速提高经济生产有很大的不同。中共满足人民利益的战略目标和政策目的包括以下5个领域：经济、政治、社会、文化和环境。

经济方面：为了解决影响生活质量的经济问题，中共领导层逐渐增加了新的政策目标。2002年时的目标是提高收入，2003年之后，中共扩大了经济目标，强调均衡的、可持续发展。北京已经开始推动西部和西南地区的经济增长，提高城市化和增加农村的收入等，使中国近半人口受益。

政治方面：中共领导人坚持党的治理是唯一可以接受的治理形式。然而他们也承认要适应公民的需求，以及建立更为负责任的司法制度。政府和司法领域的腐败、能力不足和渎职早已引起公众的强烈不满，迫使政府在国内安全方面的投入不断增加，甚至超过军队。正是这些原因，2014年四届三中全会提出了许多司法改革措施，尽管至今尚未实施。

社会方面：公众对经济快速发展带来的高成本越来越不满，从而促使中共解决人民的多种社会福利需求。2005年前后中国提出了旨在改善教育和保健、减少贫困和收入不平等的多种政策，有些政策已付诸实施，有的则还没有。

文化方面：中国领导人不仅制定了在国内推动中国文化的政策，在海外也大力推扬。此外，还提出了受中共青睐的政治及道德价值观。

环境方面：在党的十八大上，中国领导层接受了旨在清洁遭到严重污染的水、空气和土壤的政策目标。当局还提出了改善食品及其他产品质量和安全的政策。但如同其他政策措施一样，当局也面临实施方面的困难。

对外政策：塑造地区和全球秩序

随着中国全球大国地位的上升，北京发现其发展和安全需求在某种程度上与当前的国际秩序颇相龃龉。它还发现其发展和安全利益正在向全世界延伸。因此，中国制定了多种目标以塑造全球和地区秩序，维护自己的核心利益。

国际秩序：2005 年之后，中国领导人一直在推动"和谐世界"，意欲将之作为塑造世界秩序的外交政策指南，以利于中国崛起。这一思想——它是中国梦的重要内容——维护了联合国和现有经济、政治秩序基本结构的权威，但也引入了新的制度和组织，提出了改革措施以便更好服务崛起国家的需求。北京还积极推动一些政治原则，如"和平共处五项原则"，将之作为国际法的基本规范。

地区合作：在习近平的领导之下，中国与亚太地区的关系越来越成为对外政策战略优选项。中国决策者呼吁建立"命运共同体"，将之设想成高度的经济整合，以促进潜在的经济增长。"一带一路"、亚投行和拟议中的地区自由贸易协定等反映了这一政策。

这种愿景还带有安全和政治考虑。习近平讲过，"亚洲自身具有解决安全问题的能力"。根据时任公安部副部长刘振民的说法，命运共同体赋予亚洲国家保证地区安全的"首要责任"。中国领导人把上合组织（SCO）、朝鲜半岛六方会谈和亚信会议（CICA）视为支持这一事业的典型。

安全：保卫核心利益

在过去的十年中，中国一直是从保卫其核心利益的角度来谈及其安全问题。尽管领导人描述这些核心利益的方式有所不同，但基本上包括下面三个目标：（1）维护中国基本国家制度和民族利益；（2）维护国家主权和领土完整；（3）维护中国经济发展的外部环境及保护中国海外经济利益。

第一个目标涉及中共统治问题。中国领导层看到了诸多潜在的国内威胁，包括社会动荡、自然灾难、安全事件及公共卫生事件等。互联网和社交媒体向公民提供了分享信息、发泄愤恨及组织抗议活动等多种途径，也对中共形成了挑战。领导层对外国那些有可能威胁到其统治的活动特别敏感。比如说，2014年香港占中抗议期间，中国公安部对英国针对香港的选举改革的言论反应强烈，敦促英国"停止干涉香港事务"。

第二个目标是维护主权和领土完整，其中台湾、新疆和西藏更是特别敏感的地区。2013年《中国国防白皮书》指出上述三地和其他省市的恐怖主义、分裂主义和极端主义"三股势力"威胁上升。中国政府最近几年对海洋领土主张也持更强硬的立场。与习近平所宣布的"中国不会牺牲一寸主权"相一致，北京已经展示出更大的决心来面对对手的领土要求，惩罚那些可感知的冒犯，巩固对那些有争议的海域的实际控制权。

第三个目标是获取中国经济发展所必需的资源也被认为是一种核心利益。这指的是保障原材料、市场、海上交通线和发展经济所需的其他重要资源。对此核心利益形成威胁的包括海盗及中国海内外其他非传统危险。2015年《中国国防白皮书》督促中国人民解放军由近海防御型向远海护卫型转移，其目的是保卫中国的海洋和海外利益。

结论：实现中国梦任重道远

　　尽管过去数十年中国经济发展迅速、成果显著，但北京在贯彻实施其政策目标时仍阻力重重。中国领导人意识到，几十年来快速经济发展带来的债务问题、产能过剩、社会不满和环境恶化早已使许多现有的长期政策过时了。为此，中国领导人寻求经济再平衡，提高国内需求，以刺激经济增长。但这要求他们摆脱力量强大的特殊利益集团的羁绊，改善市场机制，加强研发工作，以实现经济增长模式的转变。

　　中国领导人也意识到，为了改善人民的生活质量，他们必须扭转带来巨大恶果的环境恶化趋势。2013 年开始的结构性改革其主要目标就是打破那些因为改革而失去权力的精英阶层和利益集团的阻碍。中国共产党如何解决这些问题，将不但直接关系到人民的生活质量，还关系到中国、亚洲和世界的繁荣和稳定。

（崔玉军　编译）

原文信息

原题：The Chinese Dream：Strategic and Policy Priorities of the People's Republic

作者：Timothy R. Heath Bonny Lin

出处：Michael S. Chase et al. , *China*, *Inside and Out*：*A Collection of Essays on Foreign and Domestic Policy in the Xi Jinping Era*, Santa Monica, California：RAND Corporation, Document Number：CP-797, 2015

有关"中国模式"与"中国梦"的几本著作简介

《中国梦：全球最大的中产阶级的崛起及其影响》

书名：*The Chinese Dream：The Rise of the World's Largest Middle Class and What It Means to You*

作者：Helen H. Wang（王海伦）

出版社：Bestseller Press

出版时间：2010 年

作者王海伦（又名艾伦）是美籍华人，在斯坦福大学获得硕士学位后进入全球闻名的智囊团——加利福尼亚未来问题研究所从事研究，并担任《福布斯杂志》的特约专栏作家。《中国梦：全球最大的中产阶级的崛起及其影响》一书荣获 2012 埃里克·奥费图书奖（Eric Hoffer Book Award）以及第一新人奖（FirstHorizon Award）。

《中国梦》一书从跨文化的角度，研究了中美两国不同的经济发展模式，对两国中产阶层的状况进行了比较，以便使西方世界对日益崛起的中国经济有更清楚的认识。同时，对于西方某些势力散布的"中国威胁论"，作者也有透彻的批评。由于作者在中国和美国都生活过多年，两种文化的体认使得本书更具观察的深度。

《中国梦》一书由"中产阶级的诞生"和"复杂性与挑战"两部分组成。第一部分回顾了在过去的 15 年中中国所发生的巨大变化，中国诞生了新一代中产阶级，而且仍然在不断壮大。作者认为，中国大规模中产阶级的崛起对于世界将是一种补充和平衡的力量，也有益于整个世界。第二部分"复杂性与挑战"论述了中国中产阶级对中国社会、美国和其他国家的影响，它们如何改变我们生活的地球，以及为什么它们可以带来一个更加安全、更加强大的世界。

第一部分包括三章内容。第一章所探讨的话题一直以来困扰着许多西方人，即资本主义和共产主义，这两个相互排斥的系统在中国可以并存。作者思考了中国社会的复杂性，探讨了东西方思维方式的不同，指出二者虽然看似矛盾，但却可以互补。

第二章探讨了全球化对中国城市中产阶级，也即"白领"的影响，作者通过对个例的介绍，说明年轻的企业家越来越西化，消费支出越来越大。其所列举的个例实际是现代中国的一个缩影，代表了过去与现在、新与旧，以及东西方的冲突与碰撞。

中国中产阶级崛起的另一主要因素是国家空前的城市化。第三章即探讨了农民为了摆脱贫困而移民，以及他们在迁移过程中所遇到的障碍。这些障碍包括中国僵化的户籍和教育制度，以及中产阶级的阶层固化。

第二部分包括第四至第八章的内容。第四章探讨了中国中产阶级对经济和世界的影响，指出中国的中产阶级将成为另一个全球经济增长的引擎，而西方企业可以利用中国巨大的消费市场。

第五章讨论了中国的污染问题，重点关注环境危机所带来的挑战和机遇。尽管中国大量的中产阶级为世界经济带来了重要的利益，但是也给环境和全球变暖制造了严重的挑战。

第六章讨论了不断崛起的中国中产阶级在推进民主进程中的作用、中产阶级与政府之间的关系，以及实现民主中国的可能性。

该书作者曾在美国硅谷创业，并为包括苹果电脑、"甲骨文"（Oracle）等大企业在内的全球500强企业提供咨询服务，基于其专业知识和研究，作者在第七章专门阐述了中国的信息化发展问题，并具体分析一些国外公司在中国市场失败的原因，提出了一些跨国公司在中国寻找商业机会时不可忽视的重要问题。

随着中国快速和深刻的社会变化，其信教人数激增，该书第八章即深入探讨了政府对于宗教的态度，并指出这一现象的根源是中产阶级在追求物质与精神富足之间的平衡。

《中国梦》一书的总体结论是：中国中产阶级与西方人之间的联系是通过共同的核心价值观和分享共同的愿望与梦想来实现的。接受彼此依存和寻求互相学习，二者都终将受益。中国中产阶级在全球是一股新兴的力量，可以作为催化剂而使世界更加平衡。

（杨丹　编写）

《中国发展模式探索：超越北京共识》

书名：*In Search of China's Development Model—beyond the Beijing Consensus*

作者：S. Philip Hsu , Yu-Shan Wu & Suisheng Zhao

出版社：Routledge

出版时间：2011 年

《中国发展模式探索：超越北京共识》一书于 2011 年由 Routledge 出版社出版，是该社《当代中国》（Contemporary China）系列丛书之一，书中收纳了多名学者对中国发展过程中的经济、政治和社会维度分析。3 名编撰者，S. Philip Hsu，是台湾大学中国大陆研究中心主任，社会科学学院政治学副教授；吴玉山，担任台湾"中央研究院"政治学研究所所长、台湾大学政治科学系教授；赵穗生，现为《当代中国》期刊创办人、主编，美国丹佛大学终身教授，中美合作中心执行主任，美国亚太安全合作委员会理事会成员，北京大学、中国人民大学、复旦大学、上海外国语大学兼职教授，曾任美国斯坦福大学胡佛研究所国家研究员。

自 1989 年推行的"华盛顿共识"导致一些发展中国家经济脆弱不堪。拉丁美洲国家经济的惨败，不仅体现在经济的长期停滞，也体现在日益增长的不平等，导致大多数拉美国家的左派政府开始摒弃这种西方视角下的"华盛顿共识"。

改革开放 30 多年，中国的发展让全世界瞩目。中国发展道路的经验对全球的经济、政治领域都产生了很大影响，中国的发展实践和策略在近些年愈来愈重要，探索中国崛起的相关因素对后发展国家和发达国家而言都具有重要意义。乔舒亚·库珀在 2004 年提出中国并未简单复制西方发达国家的政治经济模式，而是通过艰苦努力、主动创新和大胆实践，摸索出一个适合本国国情的发展模式。他把这种模式称为"北京共识"。这种发展模式给其他国家带来了希望，"北京共识"取代"华盛顿共识"，中国发展经验被很多后发展国家所借鉴。

这本书着眼于中国发展模式中超越"北京共识"的复杂变化，试图回答一个核心问题：在中国，社会主义体系与经济国际化和经济市场化共存，其潜在动力是什么，中国发展模式的经济和政治、法律、社会层面的特点是什么，它们之间的相互关系又是什么。第二个问题是中国的发展模式在何种程度上、在什么情境下是可持续的，以及在何种程度上可以适用于其他发展中国家。

基于本书的各项研究成果，作者得出结论：中国发展模式在经济维度上是"国家主导型经济增长"，中国发展模式的政治、法律、社会维度的特点为"自适应的后极权主义"。

在中国，国家权力通过各种方式渗入到经济发展中，这在一定程度上促进了经济的快速发展，但这种国家主导型经济增长也衍生了一系列问题。中国的可持续发展具有两面性，一方面，例如中国在国际金融危机下能保持经济相对稳定等，有其他国家发展经济值得借鉴的地方。但另一方面，这种发展模式也有其不良影响。

关于中国"适应性后极权主义"，作者概括为三点：首先，极权主义并不适合中国的实际。其次，类似苏联或东欧社会主义国家的转变，中国的政治制度正在从极权主义的理想模型中逐渐脱离出来。最后，国家政治制度的改进对防御重大经济社会变动具有重要作用。在后极权主义中，专家治理和消费社会是其重要的特点，此外，工具理性的转向、科层化等也很明显。与后斯大林模式和后社会主义政体不一样，中国现今的后极权主义政治制度是适应性的。一方面，为了应对社会经济变迁带来的巨大需求和压力，国家需要通过有限的自由主义和民主化，进行一系列政治、法律和社会改革。另一方面，在应对社会变迁的过程中，国家权力越发自上而下渗透，在基层社会中国家仍旧扮演着很重要的角色,中国共产党的权威也更加牢固。

关于中国发展模式的可持续性和适用性,作者做了三方面的论述。首先,中国发展模式中固有的问题会对可持续发展形成长期甚至越来越严重的威胁。现在这种不良影响之所以尚未造成重大的灾难,是因为中国与世界经济的开放交流是有限的。所以,尽管与其他大国经济体相比较,中国看起来相对较好,但自1991年开始,可以说中国仍旧处在糟糕的条件下。其次,中国发展模式的经济、政治、法律和社会等领域的主要特征在不久的未来可能会发生改变。最后,依靠国家主导的经济增长和适应性后极权主义的中国发展模式,在未来很有可能发生变化和摇摆,或许中国的经济增长会继续,但是其潜在模式会发生改变。

(王娜娜　编写)

《21世纪的中国趋向一种新的发展范式:
经济、社会与政治》

书名:*Towards a New Development Paradigm in Twenty-First Century China: Economy, Society and Politics*

主编:Eric Florence and Pierre Defraigne

出版社:Routledge

出版时间:2012年

《21世纪的中国趋向一种新的发展范式:经济、社会与政治》一书由比利时列日大学的埃里克·弗洛朗斯教授和欧盟重要智库马达里亚加欧洲学院基金会的皮埃尔·德福安主任担任主编,两位学者均为欧洲重要的中国问题专家。

《21世纪的中国趋向一种新的发展范式:经济、社会与政治》全书由三部分12篇论文组成。第一部分的标题为"中国增长模式的重新定位",包括弗朗索瓦·勒穆瓦纳(Françoise Lemoine)等学者的4篇文章,内容涉及"中国与世界经济的整合:成功与新的挑战"、"中国增长可持续性的局限"等方面；第二部分标题为"劳动与福利领域的近期政策变化"，刊载了巴黎第七大学社会学教授纪野（Gilles Guiheux）等学者的4篇文章，内容涉及中国农民工管理体制的改革、农民工短缺与工业发展困境，以及中国福利状况改革等问题；第三部分的题目是"党国体制与中国社会：斗争、调适与合作"，收录德国维尔茨堡大学社会学教授、中国问题专家安晓波（Björn Alpermann）等学者撰写的4篇文章，内容涉及中国的乡村治理改革、中国农村教育的新趋势、中国市民社会发展以及新媒体等诸多领域。

该书通过多学科的专家视角，在丰富的经验数据的基础上，考察了中国一些关键领域的近期状况，这些领域包括目前的经济危机及其导致的经济减速，中国国内不断增多的劳工骚乱，人民对社会公正的越来越强烈的欲求，不断加深的城乡差异，亟须落实的社会福利计划，以及蓬勃发展的新媒体的影响。通过多领域的考察，本书对于中国目前面对的困难提供了一个全方位的评估，并试图就如下问题做出阐释：第一，当今中国的社会经济和政治动态的主要特征是什么。第二，如何实现社会经济发展范式的有效转移，这一转移是否可以使中国的增长更具有持续性和包容性。第三，党国体制的管理如何满足对于社会公正和责任感的不断增长的期盼和欲求，以及这样的管理能否满足更为复杂和对抗的社会的要求。

（刘霓　编写）

《中国梦：未来的 20 个愿景》

书名：*China Dreams：20 Visions of the Future*
作者：William A. Callahan
出版社：Oxford University Press
出版时间：2013 年 4 月

《中国梦：未来的 20 个愿景》是海外第一部阐述"中国梦"概

念的著作。该书由牛津大学出版社于 2013 年 4 月出版,作者是英国曼彻斯特大学国际政治教授柯岚安。

作者认为,中国已经进入了一个好时代,出生在中国的任何一个人都应该为他们的好运欢欣鼓舞。受 9 · 11 恐怖袭击事件的影响,加之随后的伊拉克战争和金融危机使得西方陷入了困境。然而,中国对未来的"中国世纪"充满乐观的期盼。邓小平推出的改革开放政策,使中国在过去 30 多年中一直保持经济的高速增长,此间使 3 亿人脱贫。目前中国是世界第二大经济体。自 2010 年以来,中国拥有了世界上计算速度最快的计算机和最优秀的学生,国家也进入了太空探索时代。所有这些都表明,中国已经发展成为一个强大的全球大国,正在世界舞台上寻求新的位置。

在庆祝中国 30 多年的神奇的经济成就之时,许多中国人在思考中国的下一步发展问题,中国如何将其日益增长的经济实力转换为对世界的政治和文化的影响力。作者给出的中国梦来源于中国各界人士对未来的不同设想。《中国梦》一书描述了政府官员、学者、军人、博客作者、小说家、电影制作人和艺术家眼中的中国政治、战略、经济、社会与文化。作者也注意到了中国 20—30 岁的新生代对经济发展的"中国模式"的质疑。这些说明了人们对"中国世纪"的希望与担忧并存。本书对中国经济的高速增长和文化转型对世界的影响也提出了一些新观点。

虽然许多人认为 21 世纪全球政治将会是一场儒家中国与民主西方的战斗,但是本书作者将中国和美国的理想编织在一起,认为中国和美国都认为自己有独特的优势。美国和中国不再是简单的生产者与消费者之间的关系,而是呈现出各种形式的交流。本书全面探讨了中国梦与美国梦的关系,为读者提供了一个中美关系的新视角。

全书主要包括以下几部分。简介:中国是未来。第一章:官员、持不同政见者和知识分子。第二章:战略未来与后美国的世界秩序。第三章:中国模式与寻求财富和权力。第四章:国家化、原教旨主义与种族主义者的梦想。第五章:上海选择的未来与中国的新公民社会。第六章:美国梦与中国例外论。

(杨丹　编译)

《习近平时代的中国政治：重估集体领导制》

书名：*Chinese Politics in the Xi Jinping Era：Reassessing Collective Leadership*

作者：李成（Cheng Li）

出版社：Brookings Institution Press

出版时间：2016 年 1 月

有关习近平时代的中国政治，坊间已有著名中国观察家林和立（Wo-Lap Lam）的《习近平时代的中国政治：复兴、改革还是倒退》（*Chinese Politics in the Era of Xi Jinping：Renaissance，Reform，or Retrogression*）。不同于林和立以西方民主范式来批评中国政体的是，贝淡宁（Daniel Bell）教授认为中国的政治模式并不能简单用民主/专制的框架来判分。过去 30 多年的中国政治体制，最合适的描述是"精英政治"。所谓中国模式可以理解为对这种独特的政治体制进行理想和现实的双重探索。理想的精英政治如何为政治进步和退步设立评判标准，中国如何避免精英政治的短板，精英政治如何最好地与民主对接，贝淡宁在 2015 年的新著《中国模式：精英政治与民主的局限》（*The China Model：Political Meritocracy and the Limits of Democracy*）中探讨了上述问题。

将于 2016 年出版的布鲁金斯高级研究员李成的《习近平时代的中国政治：重估集体领导制》是另一本值得期待的同主题著作。同林和立一样，李成教授长于对中共精英政治和高层政局的观察，几年来已陆续发表了若干有关习近平任上的政治研究报告，本书即是在其基础上形成的。对于西方的中国观察者来说，本书的一大价值在于，李著详细列举了十八大中央委员会 376 名委员的生平信息，并以表格形式呈现了他们的家庭背景、教育和工作履历，以及升迁模式和派系背景，如果将这些信息同卡梅利娅·雅各比（Camelia L. Jacoby）2015 年的著作《中国的政治制度：特点，机构和领导者》

（*China's Political System：Features，Institutions，and Leaders*）中有关中国政治体制更为宏观的信息表对读，可以帮助英语世界读者很快了解中国当下政治体制和政局的特点和总体状况，以及中国政治精英的构成和选任方式。

李成在书中指出，20 世纪 90 年代后期，中国共产党加强了集体领导和党内民主制度建设，这将为中国政治体制的更大变革开辟空间。习近平留给后人的政治遗产很大程度上取决于在治理中国这一世界大国时是顺应还是阻碍了政治体制化的趋势。

（唐磊 编写）

中国形象与全球影响力

皮尤研究中心

2013 年 3 月 2 日至 5 月 1 日，美国皮尤研究中心皮尤全球态度项目（Pew Global Attitudes Project）在北美、欧洲、中东、亚太、拉美及非洲 6 个地区的 39 个国家就中美两国的形象问题展开调查，2013 年 7 月 18 日该项目发布调查报告《美国的国际形象仍比中国积极，但许多人视中国为崛起的世界领导力量》，其中与中国相关的调查结果摘编如下。

调查结果显示，63% 的受访国家对美国持肯定态度，主要包括欧洲国家。在亚洲，太平洋地区，菲律宾、日本和韩国的大部分人对美国持友好态度，认为跟美国建立良好关系更为重要。中国只有40% 的人对美国持肯定态度，而两年前这一比例是 58%。

50% 的受访国家对中国持肯定态度，主要分布在非洲、拉丁美洲及亚洲地区。近年来中国在拉美和撒哈拉以南非洲地区的投资不断增长，拉美对中国出口贸易量大，因此这些国家对中国的评价有所提升。欧洲、北美和中东地区对中国评价较低。美国只有 37% 的人对中国持积极态度，两年前这一比例是 51%。对中国评价较高的受访国家中，给予中国正面评价的人群所占各国人口比例分别为：巴基斯坦 81%；马来西亚 81%；肯尼亚 78%；塞内加尔 77%；尼日利亚 76%；委内瑞拉 71%；印度尼西亚 70%；巴西 65%；智利62%。

只有 4 个国家对中国的好感率低于 30%，分别为：日本 5%；土耳其 27%；德国 28%；意大利 28%。过去几年中日之间的紧张关系因领土争端而加剧，82%的日本人认为这是个大问题；德国人对中国的态度自 2006 年以来变化很大，2006 年只有 33%的人不喜欢中国，而现在这个比例上升了 31 个百分点，尽管德国对中国的出口很成功。

中美两国的年轻人对彼此评价都较乐观。其他国家 30 岁以下的年轻人对中美两国的评价整体较好。

对中美实力看法的转变

2008 年金融危机发生以后，公众认为世界的经济力量平衡正在改变，中美之间的实力天平正在向中国倾斜。

中国的经济实力不断增强，很多人认为中国最终将会取代美国成为世界超级大国。20 个受访国家中，2008 年只有 20%认为中国经济实力领先，2013 年这一比例上升至 34%。在全部 39 个受访国家中，欧洲、拉美等地区 23 个国家中的绝大部分人认为中国已经或者终将取代美国成为第一大国，这个数据相比 2008 年有所增长。这种趋势在美国最亲密的西欧盟友中表现较为明显：53%的英国人视中国为领先经济体；约 59%的德国人认为中国占领了制高点。认为中国永远不会超越美国的人占多数的国家只有 6 个。2/3 的中国受访者认为中国会超越美国。47%的美国人对此表示认可，但 47%的美国人认为这永远不可能；而 2008 年，调查结果分别为 36%和 54%。

对中国的态度

与 2007 年相比，大部分国家对中国的态度没有太大变化。认为中国形象大幅提升的国家是阿根廷（由 32%上升至 54%）和乌干达（由 45%上升至 59%）。对中国的积极态度骤减的是日本（由 29%降低至 5%）和埃及（由 65%降低至 45%）。

与 2007 年相比，欧洲、美国和中东地区的部分国家对中国的评价自 2011 年达到顶峰之后就出现了逆转。过去两年，美国、英国和法国对中国的好感程度分别下降了 14%、11% 和 9%。或因为中国与它们之间存在贸易竞争，或因为欧洲对中国在外交事务中的单边主义感到失望，抑或因为美国担心对中国的贸易赤字和中国对美国国债的持有。同一时期，巴勒斯坦地区、埃及和以色列对中国的肯定态度分别降低了 15%、12% 和 11%，中国在国际事务中的单边主义可能产生了不利影响。

38 个受访国中，16 个国家视中国为伙伴而非敌人。尤其是巴基斯坦（82% 的人视中国为伙伴），近年来伊斯兰堡得到了中国的很多资金援助。78% 的马来西亚人视中国为伙伴。视中国为朋友的非洲和拉美国家都与中国贸易关系密切。中国是加纳和肯尼亚的第二大贸易伙伴，是尼日利亚的第四大贸易伙伴，是塞内加尔的第五大贸易伙伴。委内瑞拉向中国大量出口石油，智利向中国出口铜。

58% 的美国人既不认为中国是朋友，也不认为中国是敌人。只有日本、菲律宾、意大利和土耳其有很多人将中国视为敌人。

中国的软实力有限

从某些软实力的方面来衡量，中国的全球影响力受到了尊重，尤其是在非洲和年轻人中间。

中国的科技优势是其影响力中最受赞扬的方面，尤其在非洲和拉丁美洲等国家，科技是中国最受欢迎的软实力。所有受访的非洲和拉美国家中，绝大多数人赞赏中国在这方面的优势，尤其是年轻人。

对于做生意的方式、中国思想和习俗传播及音乐、电影等方面的软实力，非洲人比拉美人的接受热情更为高涨，但中国的思想、习俗和文化产品——譬如音乐、电影和电视剧——在非洲和拉美地区都缺乏较大的吸引力。

也许因为中国经济强劲的增长，或中国已经成为主要的贸易和投资伙伴，也许还有其他原因，59% 的非洲人尤其喜欢中国做生意的方式。6 个受访国家中有 5 个国家的大部分人欣赏中国人做生意的睿智（尼日利亚 76%、肯尼亚 68%、塞内加尔 65%）。只有南非人对此产生了意见分歧，43% 的人表示喜欢，42% 的人表示不喜欢。很多拉丁美洲国家对中国做生意的方式没有表态。只有委内瑞拉的大部分人（53%）喜欢中国这种方式，这可能因为中国是委内瑞拉第二大出口市场。智利有 48% 的人喜欢中国的方式，因为中国是智利的主要出口国，购买了智利近 1/4 的出口商品。但巴西近 51% 的人不喜欢中国这种方式。

中国的流行文化在非洲和拉美地区受欢迎程度不高，但相比年长者，年轻人对中国文化的喜爱程度更深。

中国对年轻人的吸引力

未来中国在全球最大的优势可能是对年轻人的吸引力。38 个受访国中，有 16 个国家的年轻人相比年长者更喜欢中国。美国 57% 的 18—29 岁青年对中国持肯定态度，而 50 岁以上人群中对中国持肯定态度的只占 27%。

（马秀钰　摘译）

原文信息

原题：America's Global Image Remains More Positive than China's, But Many See China Becoming World's Leading Power

作者：Pew Global Attitudes Project，Pew Research Center

出处：http://www.pewglobal.org/files/2013/07/Pew‐Research‐Global‐Attitudes‐Project‐Balance‐of‐Power‐Report‐FINAL‐July‐18‐2013.pdf

中国的全球人格

夏添恩

国际关系研究总是倾向于探讨一个国家的"行为"而非"人格"。英国皇家国际事务研究所于 2014 年 6 月发布了一份《中国的全球人格》项目报告，报告的作者夏添恩博士提出了"全球人格"这一新概念。所谓的"全球人格"指的是中国的身份认同与其外交、安全政策措施之间的相互作用的结果。中国的全球人格复杂而充满变化，目前正处于变动期，受到中国国内讨论的驱动，并在全球背景下进一步被放大，其特点是传统经济平衡与政治势力的转移。

中国国内目前围绕三大问题热议不断：一是中国崛起对其传统的身份认同（发展中国家）的影响；二是中国是否要朝着修正主义方向进一步迈进，试图改变国际及区域秩序；三是中国的外交与安全政策究竟应该达到怎样一种自信的程度。在这样的讨论驱动下，在全球复杂的背景放大下，中国的"全球人格"——中国的身份认同（尤其是自我认同）与其外交、安全政策措施间的相互作用结果——步入了变动期，这一变动期为中国处理全球问题的政策发展开启了一系列可能的局面，折射了经济问题、传统与非传统安全问题以及国内政治相互缠绕的复杂性。而诸如"自信的"、"和平的"、"合作的"、"破坏的"等用于描述中国政策的类别化措辞往往不能公正地反映中国的政策制定。中国的行为会因问题不同而变化。

中国的身份认同：发达国家还是发展中国家？

中国在其外交政策中正面临"认同危机"。中国经济崛起的性质是造成这一困境的原因之一。其巨大的经济总量让中国一跃成为世界第二大经济体，但其人均 GDP 尽管急剧上升却仍停留在全球第 100 名左右。单从经济规模上判断，中国已是大国，但应该运用什么样的标准来准确衡量，争论不断。因此，中国的认同危机带来的主要挑战还是人均 GDP 水平的提升，因而中国外交的主要驱动因素仍然是国家发展。

虽然中国政府的官方立场是中国是发展中国家，但无论是欧盟还是非洲国家在看待中国日益增长的影响力的时候，绝不会把中国视作一个发展中国家。事实上，考虑到中国的全球经济实力，中国政府对于发展中国家地位的坚持在某些情况下制造了新的忧虑，让一些国家的决策者质疑中国官方的真实意图，怀疑中国故意以此迷惑他国。

影响：身份认同与政策措施

2008 年后，国际上普遍认为中国的区域政策变得咄咄逼人，尽管国际社会对于这一转变发生的具体时间以及如何准确描述这一转变尚未达成一致。中国的这一政策转变是多重因素共同作用的结果。首先，这是对美国的"亚洲转向"或"再平衡"战略的防卫性回应；其次，中国的行为代表了一种战术机会主义，中国在 2008 年金融危机中的表现加强了中国是一个负责任的区域乃至全球大国的印象（很多发达国家亟须中国振兴全球经济增长）；再次，这是中国有意识的策略，以改变东亚的区域秩序，并提升中国对区域内其他国家及美国的影响力；最后，这属于中国新领导上任之后的外交政策创新："底线外交"，用以试探其他国家与中国交往的底线，包括测试美国在东亚的承诺。

　　中国在区域内的日益自信，或者说咄咄逼人是不断调整的，其特点是讨价还价，而不是采取武力的前奏。如果这一认识正确，那么理解中国这一政策转变的影响的关键就在于审视中国同区域内其他国家变化的政策立场交缠的方式，其中，包括美国的亚洲再平衡战略。国际关系学者吴翠玲（Evelyn Goh）认为，美国对南中国海的过分关注似乎加强了东亚各国同中国之间的安全困境，使得东南亚国家在美国与中国之间寻求平衡：限制中国但避免与中国闹到无法相处，借助美国的威慑但避免完全依赖美国，保住东盟在区域冲突管理中的作用与关联。至于东北亚，情况则有所不同。中日关系自2012年秋以来持续恶化，韩国力图平衡其与中国、日本和美国的关系。

　　引起中国全球人格变化的因素主要有三个。第一，中国自身的政策选择与决定，尤其是这几年中国经济实力的飞速壮大，但其外交、文化、软实力及军事影响力均不能与其经济实力相适应，而国内又面临着社会稳定、环境恶化等挑战；第二，身份认同是相对的，其他行为体对其行为方式的认同也会产生影响，因此，区域内其他国家——尤其是美国和日本——的政策选择与行为也会对中国的全球人格乃至东亚的区域秩序发展产生直接影响；第三，鉴于世界范围内对中国兴趣的日益升温，其政权难以对其全球人格的看法维持控制或加以引导，究其原因，部分是因为遍布全球的中国企业利益及游客、留学生对世界看待中国全球人格的影响日益增加。因此，中国崛起的长期影响最终将不仅受到中国及他国政府的战略与战术决定相互作用的影响，还受到中国非政府行为主体所带来的政治与经济冲击的影响。

塑造中国全球人格的四个维度

1. 中国在多边关系中的立场

20世纪90年代，中国的多边主义态度经历了深刻的转变，转为参与区域及国际机构，但其参与的性质与程度因机构与问题的不同而改变。就全球经济治理而言，中国的参与显而易见，且呈增加的趋势；相比区域经济机构而言，中国对待区域多边安全机构的态度变化不大。未来中国很有可能会更加积极地参与处理贸易、投资与经济问题的国际机构，包括 G20。就中期来看，范围局限在东亚的亚洲区域组织，相比跨亚太地区的区域机构，对中国决策者的吸引力将更大。而中国同其他金砖国家、新兴国家（比如马来西亚、墨西哥与土耳其）的交往将会变得更审慎、更积极，也多半会意识到不能给这些国家留下专横的印象。

2. 中国关于国际和平与安全问题的立场

从地理位置来看，中国的主要焦点仍然会是与美国及亚洲的关系。与此同时，随着中国经济与商业利益日益遍布全球，中国的外交政策有着"自觉全球性"或者说全方位性，预计将会同所有国家展开往来。中国也会继续推进区域秩序与国际秩序的转变，力求使之符合自身利益，但不会进行激进的修正主义变革，而是长期的改革。中国将会进一步强调联合国作为处理全球问题首要机构的地位，并将继续面对在全球问题、区域干涉问题上的投票困境。在亚洲邻近区域之外，中国在国际安全重要问题上的态度将越来越积极、主动。

3. 中国与全球及区域国家的关系，尤其与金砖国家和美国的关系

中国与美国的"新型大国关系"最有可能会对其外交与安全政策产生重要影响，尤其会对中国与亚洲邻国的关系产生影响。未来的关键问题在于美国与中国在区域问题及全球问题上合作的可行性有多高，中美合作到底是分等级的合作还是平等合作。但美中两国相互都对对方的长期意图缺乏信任，这一新型大国关系的前景堪忧，其主要的战略目标是避免双方关系的螺旋下降。

中国也试图通过与其他主要国家的交往来平衡美中关系，特别重视同俄罗斯的关系。中国与俄罗斯在一些国际问题上所采取的方式有着共性，但双方关系中仍存在矛盾，比如俄罗斯担心中国在其

远东的影响，以及中国不再依赖其提供防御系统。在官方声明中，欧盟与俄罗斯、美国均被称为"大国"，随着习近平出访欧盟委员会，预示着欧盟层级的交往战略正在进行。

战略上，由于其地理临近与经济关系，日本对中国而言十分重要。因此中国的决策者希望继续保持同日本的良好关系，尽管会时不时强调同日本之间的历史问题。在朝鲜问题上，中国会继续支持朝鲜的政策独立、反对朝鲜半岛的核扩散并鼓励朝鲜与美国的直接接触。此外，中国还优先考虑发展同印度的关系，在拉丁美洲与加勒比海地区，中国的交往政策也将继续扩大。

4. 中国在网络问题上的立场

从政策角度看待这一问题，网络带来的潜在可能对中国的外交产生了严重的影响，但有关论述却不多。从更广泛的角度来看，网络世界中的国际规则制定对中国的政策而言是个十分有意思的测试案例，在这一问题上，中国被视为一个有影响的重要选手。因此，中国在该问题上的态度、与哪国政府合作，其网络外交的活跃性十分值得关注。中国力图避免的是由美国主导的多方利益攸关者模式。

（杨莉　编译）

原文信息

原题：China's Global Personality

作者：Tim Summers

出处：http：//www. chathamhouse. org/publication/china%E2%80%99s-globalpersonality

中国在亚太：澳大利亚和印度人眼中的中国

迈克尔·富利洛夫　　罗里·梅德卡夫

近期，澳大利亚著名智库洛伊国际政策研究所发布了其2013年的民意调查报告，该研究所执行主任、全球问题项目主管和布鲁金斯学会外籍（Nonresident）高级研究员迈克尔·富利洛夫对此次民意调查中与中国有关的结果进行了分析。

3/4 澳大利亚人视中国为最重要经济体

富利洛夫指出，对于是否将不得不在其最重要的战略盟友——美国和其最大的经济伙伴——中国之间进行选择，澳大利亚的战略思想家们心事重重，谨慎管理澳—美—中的战略三角关系已经成为澳大利亚外交政策的主要问题。至于澳大利亚的普通民众，多数人并不确定是否必须做出这种选择，即使他们对于中国崛起是否会影响澳洲的安全稍显警惕。

洛伊的调查连续几年都将澳大利亚人对美国和对中国的态度进行比较，2013年，支持澳大利亚与美国结盟的澳大利亚人仍然稳固在82%。而且，从2012年以来，支持美国在澳驻军的人提高6个百分点，达到61%。但是，即使更多的澳大利亚人接受美军在达尔文港轮流驻军，但对美国军事行动的支持仍然有限，因为只有48%的人同意政府对美国在中东的军事行动给予支持，认为应该支持美国在亚洲的军事行动的人更少（38%），而3/4的澳大利亚人表示"澳大利亚应该只支持美国的经过联合国授权的军事行动"。无论如何，澳大利亚人与美国的亲密关系仍然是值得注意的，这种亲密关系主要基于历史、语言和价值观，以及有关防卫安全的理念。有一点是肯定的，即它不是基于经济，因为有 3/4 的澳大利亚人认为中国对澳大利亚来说是最重要的经济体，只有 16% 的人认为在经济方面美国更为重要，这是非常令人震惊的。

澳中关系仍然受到重视

至于中国，民调发现有一种谨慎的态度抬头，中国"软实力"的下降在澳大利亚有所显现。调查显示，多数澳大利亚人似乎都是（美国）"衰落论者"，他们中的 61% 认为中国终将取代美国成为世界主要超级大国，还有 41% 的人认为中国在未来 20 年内将成为澳大利亚的军事威胁。尽管 48% 的澳大利亚人更重视与美国的关系，然而也有 37% 的人认为澳中关系更为重要，但绝大多数人（87%）相信澳大利亚可以同时与美国和中国都保持良好的关系。此外，虽然 75% 的澳大利亚人认为政府开放了太多的中国投资，但 90% 的人希望政府应为澳大利亚在亚洲取得商业成功给予更多帮助。

中国面对的公共外交挑战仍很严峻

与澳大利亚的民意调查几乎同时，2013 年的印度民调由洛伊国际政策研究所与澳大利亚印度研究所联合筹备，其形式包括对甄选出的印度社会各界的 1233 名样本人群的面对面访谈。相对于印度庞大的人口，这个样本的规模明显偏小，因此认定有 3.6% 的统计误差，但即便如此，一些结果也是引人注目。

洛伊国际政策研究所国际安全项目主任，澳大利亚印度研究所副主任，布鲁金斯学会外籍高级研究员罗里·梅德卡夫作为调查研究的设计者和作者，对调查结果做出了如下分析。

在如何看待中国的问题上，印度人有着一种有趣的张力或说二元性，调查中83%的受访者将其邻国看作一种安全威胁，但值得注意的是还有63%的人希望印中关系得到改善。与其他亚洲国家相比（包括印度尼西亚、韩国和越南），印度人对中国人感觉要更为亲切。

这些数据并不具有某种"宣传的角度"。相反，它反映了印度人的焦虑，并表明这种威胁的观点不仅在印度的战略精英中存在，而且弥漫整个社会。受访者提到的原因包括中国拥有核武器、中印边界争议、中国在印度洋地区的活动，以及中国给予巴基斯坦的军事和其他支持等。这意味着中国针对印度的公共外交挑战仍很艰巨，不是仅靠一次高层访问（李克强总理）——尽管非常成功——就能解决的。

印度人尊重中国的发展，主张中印合作的占绝大多数

尽管大约95%的印度人表示非常热衷于他们自己的民主权利，但他们同时也表达了对中国增长与发展的尊重。值得注意的是，有42%的受访者更希望印度政府和社会能更多地像中国那样做事。

在地缘政治学方面，70%的受访者认为中国的目标是主导亚洲，65%的受访者同意印度应该与其他国家携手限制中国的力量，更有64%的人支持印度和中国进行合作，在世界上共同发挥主导作用。这些数字显示不少印度人同时持有上述观点，这并不一定是自相矛盾，而是反映了印度外交政策所面对的深度困境。

印度人将印度洋看作印度的海洋，94%的受访者希望他们的国家成为这一水域最强大的国家，72%的人将美国看作在印度洋的最佳伙伴，但也有39%的人如此看待中国。尽管中国已经成为印度最大的贸易伙伴，但是仅有31%的印度人认为中国的崛起对自己国家有益。

在对待两个关键事务上印度人比较均匀地分成了两派：45%的人认为如果中国获得更多的力量和影响，并不有损于印度的利益，而41%的人看法相反；42%的人不希望美国在地区事务上让中国发

挥更大的作用，而类似的比例，即 40% 的人乐于看到美国与中国共同发挥影响。

（刘霓　编译）

原文信息

原题：What Australians Think about America and China；What Indians Think about China

作者：Michael Fullilove；Rory Medcalf

出处：http：//www. thejakartapost. com/news/2013/07/16/what - australians - think - about - america - and - china. html；http：//thediplomat. com/flashpoints - blog/2013/05/27/what - Indians - think - about - china/？ all = true

中国在东南亚的影响力模式

吴翠玲

　　澳大利亚国立大学亚太研究学院的吴翠玲教授在《亚洲调查》杂志上发表了题为"中国的影响力——以东南亚为例"的文章。文章通过区分实力（power）与影响力（influence），探讨了中国如何试图将自身实力转换成对东南亚的影响力，并总结出"强化共同倾向"、"以劝说化解冲突"和"以实力占上风"三种模式。文章最后得出结论，中国在前两种模式中大体顺利地将自身实力转换成了影响力，并实现了为中国发展营造良好国际环境的战略目标，但在最能体现影响力的第三种模式中却遭遇了失败，东南亚各国对中国的抵制仍然存在，因此可以说，中国的影响力有实有虚。

　　毫无疑问，中国已是世界上最具实力的国家之一。通过详述中国日益增长的经济、军事和政治实力来解释中国正如何改变世界格局与国际秩序的著述难以计数。然而，尽管这些研究有助于我们理解世界权力的再分配，但它们不是假设了这些物质性实力会自动引发他国的某种反应，就是野心勃勃地断言了中国的"软实力"现状。此外，大部分研究只聚焦于中国的做法和意图，却并未告诉我们中国的实际影响力几何。

　　事实上，实力与影响力是两回事。实力意味着资源和潜在的能力，而影响力则表示实力的实际应用效果——某一行为主体为了自身的目的，在多大程度上改变或影响了另一行为体的倾向或行为。也即是说，北京日益增长的资源与能力并不一定能够转化为影响他国行为的能力，但我们也不能仅凭北京在国际舞台上的相对沉默寡言，就断定北京只是一股区域性力量或者它起不到什么重要作用。因此，既然中国日益增长的资源与能力在多大程度上转变成了可观察到的影响力这一问题如此重要，那么更具价值的问题就变成，中国能多有效地通过日益增长的资源与潜在能力来实现自己的目标。

研究方法与对象

为了讨论这一议题，我们需要两种不同于以往的分析方法。第一，我们不再列举实力的不同形式，而是分析中国如何将自己的资源转化成支配其他国家的能力，以及转换是否有效。第二，我们还要仔细研究被中国施加压力的国家做了什么以及为什么它们要这么做。

此外，本文会以中国对东南亚的影响为例探讨中国影响力的模式和状况。这么做的原因有二：第一，北京在过去的 20 年中对东南亚投入了相当的经济与外交资源；第二，东南亚与中国的关系是不对称的，大部分东南亚国家更弱小，对中国的依赖程度更深。因此，通过中国与东南亚的关系，我们更容易找到证据证明中国的实力是如何转换成对东南亚国家战略决策的影响力的。

不过，我们的研究还需要解决一个方法论上的难题。按照常规的研究思路，如果我们要证明某一行为主体的影响力，就必须从矛盾的情境中出发。换句话说，我们应该展示的是，利益倾向并不相同的行为主体 B 和 A，B 迫于 A 所施加的压力、利诱或劝说，最终做了原先不可能做的决定。可问题在于我们并没有证据证明当代中国有能力迫使其他国际行为主体，包括东南亚各国，做出与自己的利益倾向相违背的事情。为了解决这一难题，我们必须研究包括矛盾情境在内的、展示中国试图达成自己核心战略目标的所有证据。也就是说，我们需要审视中国与目标国家之间倾向的分歧程度、中国施加影响的手段，以及目标国家对此做出的反应与决策。

中国对东南亚影响力的模式

总的来说，当中国与目标国家的倾向较为一致时，中国的实力就越能有效地转换成为对该国的影响力；而当中国与目标国家的倾向在一开始就对立时，这种转换就会遇到极大的挑战。根据倾向的分歧程度，中国会采取不同的手段来确保自身影响力的实施，而目标国家也会做出相应的反应。根据分歧程度、中国的手段和东南亚国家的反应，中国对东南亚的影响力可以被总结成以下三种模式，每种模式都有对应的背景情形、作用过程、影响手段、实力转为影响力的可能性。

模式一：强化共同倾向（Preference Multiplier）：经济区域主义

（1）情形：东南亚各国与中国的利益倾向相似。

（2）过程：发掘潜在的共同倾向，稳定并加强现存的共同倾向，克服共同面临的问题。

（3）施加影响的手段：强化区域现有结构、引诱、劝说。

（4）实力成功转为影响力的可能性：在这一模式中，中国与东南亚各国拥有一些相似的利益倾向（尤其在经济方面），在这些方面也并不存在太大的冲突。这一状况为实力向影响力的转换提供了理想的环境，因此实力成功转为影响力的可能性非常大。

（5）案例：构建经济区域主义。

虽然中国能够通过巨大的国内市场和巨额的投资机会来诱使东南亚各国改变自身政策，但中国更常使用的并非这一直接手段，而是对东南亚各国施加间接的结构性影响。施加结构性影响的手段就是促进东亚经济区域主义的形成，加强东南亚对中国经济的依赖，以及巩固自己在区域经济中火车头的地位。最终，发掘出中国与东南亚各国在经济方面的潜在共同经济倾向，并将之转化成为现实的区域经济合作。经济上共同倾向的加强反过来又会促使东南亚各国在政治政策上做出调整，比如承认"一个中国原则"。

结果：这一模式令中国在东南亚取得了极大的成功，不过东南亚各国如今也还是在积极同美国、日本、韩国等国家建立经济联系，而不是单单加深对中国的依赖。

模式二：以劝说化解冲突：和平崛起 VS 中国威胁

（1）情形：东南亚各国与中国的利益倾向有所冲突。

（2）过程：鼓吹美好的主导理念，通过该理念限制或同化他国的倾向。

（3）施加影响的手段：论证、引诱、示范。

（4）实力成功转为影响力的可能性：在这一模式中，东南亚各国一方面从中国的承诺和实际行动中看到或得到好处，但另一方面又担心中国的崛起会威胁到东南亚各国在经济、军事、政治等领域的核心利益，因此东南亚各国在与中国的合作交往中存在着思想上或实际行动上的抵制。在这一情况下，中国能否将自己的实力资源成功转为实际的影响力还有待观察。

（5）案例：宣传"和平崛起论"，驳斥冷战思维与"中国威胁论"。

虽然中国的经济水平和军事实力提升迅速，但由于1989年天安门事件的影响，国际社会对中国共产党政权的怀疑一直存在，这造就了"中国威胁论"的长盛不衰。自1996年起，中国政府一再向国际社会宣传和保证中国"和平崛起"，将威胁论视作冷战思维，并用实际行动来证实自己的宣传与保证，比如通过协商解决领土争端、人道主义援助、在全球经济危机期间向东南亚承诺巨额投资与经济援助，以及签署军备控制与裁军协议等。

结果：东南亚各国同中国间的和平合作日益密切，双边联系也在加速开展，东南亚还通过"双赢"、"互惠"等外交辞令回应中国，这都意味着东南亚各国接收到了中国的劝说信号。然而，许多东南亚国家仍然在寻求同其他大国建立经济和战略联系，并在感到中国可能损害自身核心国家利益时拒斥中国。总而言之，中国对东南亚的劝说能力仍然取决于中国今后能否对东南亚继续进行经济引诱并维持良好的政策表现。

模式三：以实力占上风（Ability to Prevail）

（1）情形：东南亚各国与中国的利益倾向完全对立。

（2）过程：通过改变他国的倾向与行为来保障自身的倾向与利益。

（3）施加影响的手段：强迫、引诱、劝说。

（4）实力成功转为影响力的可能性：在这一模式中，中国与东南亚某些国家的利益倾向完全相反，它们在这些方面对中国的抵制也异常激烈，因此中国的实力资源能否真正转变成对东南亚的实际影响力完全不可预测。

（5）案例：南海领土争端。

中国与菲律宾在南沙群岛存在领土争端。两国曾在 2002 年签订协议，声明和平解决争端，但菲律宾却多次违背协议内容。第一次违背时，中国通过承诺共同开发南海资源搁置了争端；第二次违背时，中国通过经济上的诱惑——向菲律宾提供贷款和资助——搁置了争端；第三次违背时，中国通过惩罚越境的越南渔船，增加南海的军事巡查力度，增减驻军数量等手段迫使菲律宾保持沉默。

结果：虽然除了菲律宾和越南之外，其他涉及南海争端的国家，都倾向于同意中国提出的搁置问题与避免武力冲突的观点，但自 2009 年以来，菲律宾联合越南将领土争端国际化，并寻求美国的帮助。南海领土争端对中国而言已然成了棘手的问题。

（韩侃瑶　译　唐磊　校）

原文信息

原题：The Modes of China's Influence：Cases from Southeast Asia

作者：Evelyn Goh

出处：*Asian Survey*，Vol. 54，No. 5，2014

关于中国规范性软实力几种设想的评介

马克·周

澳大利亚天主教大学政治讲师马克·周（Mark Zhou）撰文评介了白彤东的《中国：中央王国的政治哲学》（2012）、彼得·诺兰的《中国能不能"购买"世界？》（2012）、柯岚安和埃琳娜·巴拉班采娃合编的《中国主导世界：规范性软实力与外交政策》（2011）三部著作。都聚焦于21世纪支撑中国软实力的独特的中国规范是这三部著作的共同点。中国将如何着手主导世界，是否可以成功，对这些问题的回答，不仅与中国的今天有关，更与它的历史相关。

本文所评述的三部著作都谈到过去20年间中国取得的令全球瞩目的巨大影响力，以及随之出现的政治含义和国际反响。白彤东的《中国：中央王国的政治哲学》（*China：The Political Philosophy of the Middle Kingdom*，2012）、彼得·诺兰的《中国能不能"购买"世界？》（*Is China Buying the World*？，2012）、柯岚安和埃琳娜·巴拉班采娃合编的《中国主导世界：规范性软实力与外交政策》（*China Orders the World：Normative Soft Power and Foreign Policy*，2011），这三本著作都可被看作在与一个不断扩张自己势力范围的当代中国对话，这里所说的扩张，不妨从它坚定不移地赶超其战略竞争对手来理解。

中国的崛起传递出了怎样的信号？是会对全球稳定造成威胁，还是会向世界展示出另一种可选的政治经济发展模式？白彤东认为答案无疑是后者。他指出，中国的国际视野一定不同于此前和现在的西方大国，想要理解激发这一大国重新崛起的"规范性志向"

（normative aspirations）是什么，就必须理解今天作为规范性的东西赖以建立的基础，即以儒道法为基础的中国古代的价值规范。

彼得·诺兰认为，在欧洲和美国，一谈到中国崛起就会引起恐慌情绪，他们惧怕当中国厌烦了目前的地区强国角色时，会力图成为一个真正的世界强国，并且会随之出现从华盛顿到北京的文化转向，然而这种转向是否会发生，不仅取决于中国规范的感召力，也取决于中国如何在经济上施展才智，吸引世界的参与。诺兰著作的关注重点就是中国的这种经济实力。他反驳了西方预测中国能够收买世界的言论，指出中国确实在前进，但前进的道路和步伐并非外人所想象的那样：她迄今为止并未能像西方企业和跨国公司那样大展宏图，在国际经济领域形成同样广泛而深远的影响。

柯岚安和埃琳娜·巴拉班采娃合编的文集则指出，提升软实力已成为中国领导层至关重要的议题，在胡锦涛著名的"和谐世界"政策的指导下，中国近期的外交政策已着眼于打造一个供所有文明社会共享的"持久和平与共同繁荣"的世界。然而，基于"和谐社会"愿景而扩展出来的"和谐世界"愿景，这背后无疑暗含着"以中国为中心"的意味——"中国在向世界展现自己是古代智慧和高科技的发源地，宣称是这些构成了发展与进步的另一种选择模式"。正如这部书的书名所言，中国正在通过规范性软实力主导世界。但是这需要中国怎么做？中国会成功吗？

白彤东对中国古代政治哲学的论述回答了第一个问题（这需要中国怎么做？）。他阐释了孔子等先秦思想家的思想对于当代问题的意义。中国正在经历史无前例的经济、社会和环境变革，而孔子本人就经历了中国古代的动荡时期，这促使共产党去重新拥抱孔子的教义，试图利用儒家思想的感召力，消减政治上的不安定因素，控制社会动荡，防止剧变，重新树立权威，扩大党的号召力与合法性。白彤东认为，中国共产党已经成功地利用儒家学说这一"软实力工具"，在国内和地区内增强了它的政治吸引力和权威性。

白著没有以实证方式直接回答"中国为何能在当代世界中崛起"这样的问题，而是从哲学家的视角，通过分析"中国过去的主流政治思想"去阐述由中国当前问题产生的不确定性与矛盾心态。更具体地说，他探讨的是中国先秦时期的政治哲学家关于世界应该是什么样子所做的深刻思考，而这可能就是中国当代领导人现在要实现的理想。他认为自己的著作能够使当代人意识到，历史并非像很多西方理论家向世界宣称的那样走向终结。自由民主的价值观念和信仰体系无疑在塑造世界的过程中起到了非常重要的作用。但中国的崛起现在提供了另一种选择，可能还是更好的政治治理模式。白彤东说，透过西方现代性的面纱来看问题，揭穿西方的傲慢自大，有助于使中国的规范性原则（normative principles）获得其应有的政治合法地位。

白彤东提出，哲学论证的是人类的理想，与柏拉图和苏格拉底的哲学一样，孔子、老子或韩非子的思想在很多方面都是放之四海而皆准的。它们描述的确实是中国人的思维，但是中国古代哲学家们也认为他们著述的构想是与所有文明开化之人相关的，无论这些人来自何方。他说："要想理解中国传统政治哲学，就不仅要理解一个特殊群体的人是怎样思考的，还要去理解过去人们的思想是怎样的明智、深邃，他们探索的问题我们至今仍然在思考，无论他们是中国人，还是古希腊人、古印度人。"

本文作者认为，白彤东对中国古代规范的所有分析都是为了展现中国这些普世规范（universal Chinese norms）的优越性，他要论证的最终还是中国的规范性软实力能够并且应该在当代世界中发挥某种作用，即使是在他巧妙地批评当今中国的行为时，其目的也是如此。作者举出了两个例子。例一是关于现代性和现代化的讨论。白彤东提出，中国的春秋战国时期和欧洲中世纪时期都广泛存在着以契约关系和血缘纽带为基础的小国封建（feudalism within small states）制度。如今人们普遍承认现代性始于封建制度在欧洲的瓦解，却没有人将中国春秋战国末期发生的变革同现代性联系起来。他指出，现代性的根源不是西方所独有的，它既是西方的，也是中国的。他说，"如果西方的这种转变被视为'现代化'，那么我们可以由此推出，中国在公元纪年开始之前就已经历了一种类似的属于自己的现代化，比西方早了两千年"。换言之，西方因为现代化所得到的赞誉太多了，他们只不过是完成了一件中国人早在两千年前就已经完成的事情。

　　例二是白彤东对儒学的精英领导体制这一概念的解读。他赞同贝淡宁（Daniel Bell）、陈祖为（Joseph Chan）和范瑞平（Ruiping Fan）等学者的观点，认为中国目前已在政治领袖选举中利用精英领导方法取得了不同层次的成功，这一体制具有很大的优越性，因为它为所有能力和资格能够胜任的人才晋升中国领导层提供了可能。在此基础上他利用儒家学说补充道："在政治管理体制中加入精英领导元素，可以在国内和国际事务中平衡资深官员和政治资历浅的候选人所发出的声音。"根据儒家将统治合法性与人民满意度相挂钩的原则，白彤东指出精英领导体制必要地平衡了选举人的短期利益和国家未来的稳定性、可持续性的关系。如果实践得当的话，这种体制能够形成比西方民主国家的现实更加民主的制度，因为"为人民服务"是政府合法性的首要主张。

　　白彤东批评西方的民主，认为西方应学习基于儒家理想的精英领导体制。也有其他学者持同样主张，但他的观点表述得更为鲜明突出。在他看来，西方的民主政治充斥着削弱国家力量的种种问题，已经到了必须进行断然改革的时候，比如采纳更加精英化的体制。他认为在西方，真正操纵局势的已经不是民主主义者，而是普通人难以进入的"财阀"阶层；更成问题的是，在美、英、法这些所谓的民主强国里，当今的政治代表选举众所周知更像是一场马戏表演或者一种娱乐形式，而不是一个庄严肃穆的决定国家未来方向的时刻。在这些国家，真正支配政治的与其说是大众的民主，不如说是民粹主义。白彤东给这些病症开出的药方大概就是让西方民主主义者多向中国同行学习，因为中国的政治家将古代的儒家规范应用到了当代的国家治理的实践中。

　　然而，对白彤东的观点也有许多人持不同看法。第一，批评者可能会认为他的阐释方式是对中国古代规范的曲解和损害，而且一味地批评西方的弊病，使中国规范与西方相对抗，不但不会为中国增添吸引力，反而会招致反感。毕竟软实力是在旁观者的心目中建立起来的，需要建立信任、理解和相互尊重的关系。第二，批评者可能会认为他在论证精英领导体制时忽略了中国本身就是财阀统治的国家。

本文作者认为,上述批评无疑会减轻白彤东的主张所应有的分量,但他的提议能否成功并不是单纯地取决于其主张本身的真实性,还有很大一部分取决于中国是否会继续发展,以及它选择怎样扩大其经济影响范围。就此而言,经济能力并非与软实力不相关。中国在非洲等地区的情况就是一个例证。中国在这一地区的巨大影响力不仅是建立在金钱基础上的,还在于其能够将经济与文化利益很好地融合起来。中国不仅仅投入了资源和资金,还补充了该地区非常缺乏的东西——援助、教育和实质意义上的高层外交往来。

从全球视野看,硬实力通常是软实力的先锋,美国的文化吸引力和道德观在部分程度上就得益于"华盛顿共识"所创建的秩序,因此西方一些人惧怕世界对"北京共识"日渐增长的好评也会给中国的文化和道德世界观带来同样的影响,从而对西方的伦理标准和治理原则构成严峻挑战。对此,诺兰的著作给出的回答是"不尽然"。他指出,尽管当代中国取得了辉煌的发展成就,欣然采纳了资本主义,从表面看来已经彻底改变了20年前的落后面貌,但西方对这些情况的过分关注歪曲了其作为一个国家整体上面临的巨大经济挑战和差异。中国人口比所有高收入国家的人口总和多出24%,但其平均收入只有高收入国家平均工资的区区16%。在诺兰撰写此书时,中国尚无一家企业进入世界百强,现在中国已经临近经济发展的"刘易斯拐点",无限供应的劳动力资源即将枯竭,人口老龄化和独生子女政策加重了中国未来发展的负担。他总结道:"中国是当代世界中第一个在尚未达到人均高收入水平时就变得过于庞大并且未富先老的国家。"

诺兰通过对比中国和西方企业在国际范围内的经济影响力,指出中国实际上不是那么具有威胁性。具体来说,西方的企业实际上从20世纪70年代就已经开始"收买世界",它们扩大经营规模,把总部留在高收入国家,而大肆利用发展中国家的廉价劳动力。尽管其影响既有广度又有深度,但财富仍聚集在小范围的群体内。至于中国,诺兰认为,西方企业进入中国已有数十年,然而至今鲜有几家中国企业能够宣称在西方世界取得了具有实质意义的发展,几乎没有中国企业有过大规模的国际收购与合并，而这对于建立一个全球商业体系而言是至关重要的。唯一的例外是能源领域，但即使在这一领域，中国实际上也只是在追赶其他国家。尽管中国正在努力扩大其经济影响范围，但其内部和外部均存在结构性的障碍，这意味着它"还没有能力收买世界，而且也没有迹象显示它在不久的将来能够做到"。

诺兰的研究证明，西方对中国经济崛起的一些杞人忧天的反应是缺乏事实依据的。至少这种反应背后的动机是政治的多于经济的。中国模式的发展速度的确超过了西方发达国家，特别是在全球金融危机期间，但这种过分简单的表象所掩盖的事实是，中国的发展一直是不平衡的、相对集中于发达地区。有迹象显示，中国经济的增长速度已经开始减缓。

本文作者指出，如果西方分析家都知道诺兰揭露出的问题，中国领导层就必然比他们更清楚。为了弥补自身硬实力的不足，也为了消除世界对中国的恐惧心理，北京积极采取文化外交策略，认真地对外宣传中国的善意，希望通过价值规范的设想树立其既和谐又和平的形象，增强软实力。

柯岚安的著作探讨了胡锦涛当政期间在这方面所做的大量工作。他认为，拥有软实力的国家具有一种能力，能够将他们的价值观和理想转化为全世界所信奉的规范。这样的国家就比较容易参与国际事务的议程设定，并在定义正当性方面具有话语权。欧洲、日本和美国在 20 世纪不同阶段享有的全球支配权均有赖于它们的软实力技巧。但不同的规范性价值观念和理想会形成不同类型的软实力。对于今天的中国应成为世界舞台上什么类型的力量，有很多种规范性构想可以选择。中国会选择复兴哪些规范？它们的复兴会带来怎样的影响？人们对第一个问题的回答各不相同，但似乎在第二个问题的看法上存在一种共识。

柯岚安的著作介绍了赵汀阳和阎学通这两位中国知识分子的观点。赵汀阳认为，借鉴中国古代的"天下"观念有助于人们摆脱西方长期习惯的帝国逻辑。作为一种规范性理想（normative ideal），用"天下"观念重新设想世界，民族国家便不再是最主要的分析单位。

他似乎是在将问题的概念由"国际"政治转换为"世界"政治。他说："天下意味着一个非常不一样的帝国，它不一定是一个世界超级大国，而是一个在普遍共识原则指导下的世界，这个原则是要将世界变成具有世界性（worldness）的地方。"

阎学通的观点与之不同，他在构想中国在世界中的最佳角色时，是将荀子的等级观念（idea of hierarchy）置于国际关系领域内并求诸实践。根据阎学通的阐释，荀子认为民族国家在地位上完全平等不仅在现实中难以操作，从政治角度上看也很危险。因为不同国家的国力不同，因此，当谈到主权国家时，平等原则就需要被一种等级制度原则所替代。阎学通指出，在荀子的等级观念中，等级是与责任相生相伴的，应当通过衡量一国的实力来确定其责任范围，在解决国际安全、援助和发展问题时，像中美这样实力强大的国家就必须比弱小的国家承担更多的责任。所以，按这种等级划分的国际体系的构想实际上将营造出更公平、更安全的世界环境。

柯岚安进一步指出，尽管赵汀阳和阎学通提出的关于世界秩序以及中国在此秩序中地位的规范设想（normative projections）有所不同，但他们"实际上都表现了中国过去帝国时代的理想是怎样激发当代学者和政策制定者的想象力，从而为本国和世界规划未来"。受同样的古代传统启发，他们都怀有这样的信念，即中国的规范为正在折磨整个人类的弊病提供了治疗方法和另一种选择。他们所秉持的这些规范性理想既应当是民族自豪感的一种源泉，也应当是外部世界的榜样。

在像白彤东、赵汀阳和阎学通这样的学者所赞同的规范性构想中，的确有听起来很吸引人的方面，但无论其魅力如何，人们都应当牢记，以上很多思想的来源和动机实际上都是"以中国为中心"。柯岚安和巴拉班采娃的著作指出，如果我们仔细审视"天下"这一概念和中国在国家主权问题上的立场，就会发现这一倾向十分明显。那时我们会意识到，对于所有这些规范设想的世俗心和后威斯特法利亚时代的言论来说，中国将永远是"天下"的中心，这是一种中国将不惜采用除软实力以外的手段来保护的事态。自从习近平和李克强上任以来，他们已经明确向外界表明，中国的规范性软实力尽管依然十分重要，但现在要配以同等重要的硬实力——强大的军事力量和维护社会稳定。

（刘怡菲 编译）

原文信息

原题：Projections of China's Normative Soft Power

作者：Mark Chou

出处：*Australian Journal of International Affairs*，Vol. 69，No. 1，2015

中国版巧实力战略助推中国
提升地区影响力

莱雅·科雷

《哈佛政治评论》网站 2015 年 1 月 31 日刊登了一篇题为"中国版巧实力战略"的评论文章。文章指出，中国接受了美国的巧实力战略，借此提升中国在周边地区的影响力，挑战美国在该区域的主导地位。中国在东海领土争议问题上由强硬转向温和、重构与日本之间的关系，以及签署中美气候变化协议都在暗示中国正在向巧实力战略转向，习近平的最高行政地位与政党团结、中国传统上放眼未来的思维方式，以及国际信誉是中国巧实力战略奏效的主要原因。国际社会不可低估影响力朝着中国一方转移的可能性。

2012 年年底，日本逮捕了一艘在钓鱼岛附近作业的中国捕鱼船船长，中国时任总理温家宝将日方这一行径斥为"完全非法与不合理"。中国在一年后对日方的行径做出回应，宣布划设东海防空识别区并将钓鱼岛空域置于其中，就此针对日本和韩国对这些岛屿的主权要求表明了自己的态度。但尽管如此，2014 年 11 月 7 日，中国国家主席习近平与日本首相安倍进行了双方自上任以来的首次会晤，并达成了 4 点原则共识，承认钓鱼岛的分歧仍将继续存在，但双方将逐步缩减其程度与范围。2014 年 11 月 11 日，美国总统奥巴马与习近平签署了一项以减少二氧化碳排放为目标的、里程碑式的双边协议《中美气候变化与清洁能源合作协议》。中国在东海问题上强硬立场的松动、重修中日关系，以及签署气候变化协议，都受到了同一战略的推动：中国版巧实力。

"巧实力"原本是由美国战略与国际研究中心（CSIS）专门针对美国提出的一个概念，"'巧实力'既不是硬实力，也不是软实力，而是将二者巧妙地结合起来。巧实力是指利用美国的硬实力和软实力，制定一种一体化战略、资源基础和一整套工具来达成美国的目标。巧实力不仅强调要建设强大的军事能力，也要在各个层面的盟国、伙伴关系及组织机构上大力投资，其目的是扩大美国的影响力并为其行为构建合法性"。中国已经接受了美国的这种巧实力战略，希望借此既提升中国在周边地区的影响力，同时也挑战美国在该区域内的霸主地位。

中国特色的巧实力

约瑟夫·奈教授在接受《哈佛政治评论》的采访时谈道："中国的基本目标是将硬实力与软实力结合起来。2007 年，胡锦涛在中国共产党第十七次全国代表大会上指出中国需要提升其软实力。硬实力提升了，那么很有可能会让中国的邻国害怕，但如果中国的软实力也同时提升了，那么邻国就不太可能结成联盟对抗中国。就此意义而言，中国的目标是巧实力政策。"

一个受到儒家价值观支持的稳定而务实的政权得到国际合作伙伴的信赖，这是软实力的一面；但是，最近油田问题上的对抗和钓鱼岛主权之争则使中国祭出硬实力的大旗。这些冲突的根本原因是经济实力的转移：中国的迅速崛起与日本经济的长期停滞。中国强大而多元的经济让日本感到不安。与此同时，中国也受到日本行动的威胁。中国之所以立场强硬，是因为它渴望通过将经济龙头地位转化为硬实力来控制这些岛屿。相反，日本的目标则在于避免开屈服于中国强硬政策的先例。尽管日本有美国充当保护伞，但 2014 年整个夏天中国都在不断地袭扰日方渔船，就是为了宣示中国对这些水域的主权。

冲突升级似乎越来越严峻，东海地区的可感知到的军事力量失衡引起了日本政治急剧右转，这反映在保守党首相安倍的大受欢迎上。不过，钓鱼岛的紧张局势并未升级。相反，2014 年 11 月习近平与安倍的历史性握手又让本已停滞的双边协议与讨论重新焕发出活力，两国还建立了新的中日友好 21 世纪委员会及东海地区危机避免机制。一个月后，中国删除了违反防空识别区的警告性内容。

此外，在刚签订不久的中美气候协议中，中方承诺到 2030 年其排放总量达到峰值，这实际上要求中国偏离现行的官方政策。通常，中国的气候变化政策仅承诺在不影响国内生产的情况下减排。而此次气候协议则第一次没有受到国内问题与绥靖政策的影响。相反，习近平允许国际合作行动影响国内政策及其进程。更甚者，通常情况下，大部分协议都是由中国单边提出，这表明中国不受外国影响，而此次协议则是联合声明。或许最为重要的是，该协议释放出了中国向巧实力转向的信号，中国把握住了时机向世界展示自己是一个有益于全球公益的国际行为主体。

中国决策层放弃了 2013 年年底的那种咄咄逼人的民族主义政策，尽管有些突然但符合伊肯伯里（G. John Ikenberry）提出的成熟中大国（maturing power）模式。一个愿意为了全球利益承担责任的国家，作为一个国际参与者展示出了"战略性约束"。中国结束了对日本的硬实力挑战，但又限制了任何其他东亚国家重新得势。在中国为了区域稳定开约束而非控制的先河后，其他东亚国家很难有动机再尝试武力投射。

巧实力战略如今何以奏效？三大原因

正如一个成长中的有机体，中国崛起依靠的是引导所有活力朝着健康方向发展，避免能量偏移。为了成功建立起巧实力战略，中国握有三大重要工具，消灭抑制其崛起的有害寄生虫：习近平的最高行政地位与政党团结，中国传统的着眼长期的思维方式，以及国际信誉，尤其是同美国相比的国际信誉。

中国成功转向巧实力战略的首个标志是习近平的最高行政地位，他不再是"领导班子的班长，而是绝对的一把手"。之前，习近平的外交政策一直受到国内问题的影响，未能成为有益于全球公益的国际参与者。此外，习近平当权之时正值共产党内腐败、渎职问题泛滥，外交政策瘫痪，无力有效应对利比亚、叙利亚与朝鲜危机。习近平承认，要达成长期目标就要摒弃绥靖中国社会各大部门的政策，他承诺了一个光明的未来，以平息来自国内的抗议之声。

其次，中国向来自诩眼光长远，富有洞见，又有前最高领导人邓小平"善于守拙"、"绝不当头"的指导方针。习近平强硬的外交政策立场看似与邓小平开出的"韬光养晦"的处方截然相反，然而，中国在东海问题上的温和、讨巧的立场却暗示着他并没有像其宣称的那样，太过偏离邓小平的路线。

再次，中国的行事方式是在同他国交往时不附加任何条件。其他国家与中国之间的互动是可靠的，不像同美国的互动，每4年就轮一次，还得视国会批准而定，也没有美国价值观的灌输。如果其他国家更青睐中国式的更可靠的软实力，那么中国就成功对美国的领导地位构成了威胁。

全球影响

美国在东亚面临多方面的高风险。一旦美国失去其区域霸主地位，与这些多样化的区域经济体打交道，其深层的动态关系所带来的利益也将随之消失。韩国、日本以及越南一旦意识到它们的战略地位对美国而言是不可或缺的资产，或许会以此要求美国做出更大的承诺，从而造成权力进一步向中国影响范围转移的威胁。只有当这些国家认识到同美国结成盟友不再可能带来利益时，它们才有可能更青睐于中国的巧实力。这意味着美国需要在其战略性约束——允许中国的和平崛起——与向其东亚盟友保证美国利益与它们的利益一致之间找到平衡。

不断向其区域盟友做出保证历来不是美国的长项，特别是在美国的外交政策倾向于服从国内不确定性的情况下。因此，也不能忽视影响力朝着中国一方转移的可能性。东盟就是影响力转移的最好例证。美国需要提升其区域存在感，不然就会冒着被习近平的提议——一个只为亚洲人的亚洲——完全排除在区域外的风险。

此时此刻，习近平并不支持推翻美国的全球霸权。诸如全球变暖这样的国际问题需要多边联合行动，尤其是美国的参与和全球领导地位。气候协议预示着中国已经意识到单边的巧实力难以成功。不过，美中伙伴关系依赖的并不是美国在亚洲的卓越地位；中国能够削弱美国的区域霸权并同时维持美国发起的全球多边主义存在的可能性。

因此，美国必须掂量一下其在东亚挑战中国的冲动，并维护中国在全球公益联合行动中的利益。很明显，现在同美国打交道的中国不再是一个受国内问题牵制、发展受阻的国家，而是一个驾驭着巧实力正在崛起的国家。在区域内运用巧实力战略也很好地解释了中国欲将此战略延伸至美国的做法，这一点在气候协议中已有端倪。中国的这两次行动都朝向同一个目的：稳固中国的区域霸主地位。

（杨莉　编译）

原文信息

原题：The Chinese Smart Power Strategy

作者：Raya Koreh

出处：http：//harvardpolitics. com/world/chinese - smart - power - strategy/

中国的软实力攻势：寻求尊敬

沈大伟

本文是美国知名"中国通"沈大伟教授研究中国软实力的最新之作，刊登在今年《外交事务》7—8月号上。沈大伟认为，为了打造积极的国际形象，中国正在教育、新闻等各方面倾力展开软实力攻势。但沈大伟不但把软实力泛滥化了，而且还难免"只许州官放火，不许百姓点灯"之嫌——他在文中所列举的中国开展的任何一项活动，美国都有而且有过之而无不及。在沈大伟看来，中国中央电视台在华盛顿设立新闻中心，这是中国意图建立自己的媒体帝国，孰不知美国在北京设有多家新闻机构和数量庞大的记者，"美国之音"也坚持对华进行中文广播长达60多年。尽管如此，沈大伟在文中的结论值得我们深入思考：软实力是赢来的，而不是靠金钱买来的。中国的问题不是软实力资源匮乏，而是九龙治水、政出多门，至今仍没有通盘式的综合性设计。软实力建设需要各界通力合作。

随着中国国际实力的增长，北京意识到了国家形象的重要性。不过，尽管经济和军事力量很强大，但中国的软实力却极度匮乏。根据一项世界民意调查，中国的国际形象正负混杂，非常明显。尽管中国的经济实力令世界印象深刻，但其政治制度和重商主义却使其声誉大跌。有鉴于此，北京在近几年发起了大规模公共关系攻势，在全世界投入巨资，不遗余力地改善其国际形象。

北京的宣传战始于2007年，近年有愈演愈烈之势。2011年10月，中共中央召开了一次全体会议专门研究文化问题，宣布要把中国建设成社会主义文化超级大国，并视为国家目标之一。2014 年，国家主席习近平宣布，提高中国的软实力，讲好中国故事，向世界宣传中国的美好愿望。在习主席的领导下，中国接连向世界宣布了一系列倡议，"中国梦"、"亚太梦"、"丝绸之路经济带"、"21 世纪海洋丝绸之路"和"新型大国关系"等。尽管这些都是口号外交，不必当真，但北京的确赋予了它们非凡的意义。

中国正在通过一些拟议中的机构落实上述倡议，如金砖银行、亚投行和亚太自由贸易区（FTAAP）。所有这些组织都将成为中国在亚洲、非洲、中东、拉美及中亚地区建立的地区机构的补充。通过这些机构，中国正在处心积虑地打造与二战后西方秩序不同的另一种世界秩序。

而且中国还为其软实力建设倾注了巨资。有 500 亿美元投向亚投行，410 亿美元投向金砖银行，400 亿美元投向丝绸之路经济带，250 亿美元投向海洋丝绸之路。北京还许诺到 2025 年向全球投入 1.25 万亿美元。这种投资规模可谓前所未有的大手笔，即便冷战时美苏两巨头也未曾像中国现在这样的巨大支出。北京最近承诺的这些项目总额高达 1.41 万亿美元，而当年马歇尔计划以现在的美元币值计算的话也不过才 1030 亿而已。

中国的外交与对外开放计划只不过是其以加强在媒体、出版、教育、艺术、体育等领域软实力为主旨的宏大议程的一部分。没人确切知道中国在这些活动上花了多少钱。但分析人士指出，"外宣"的年度预算接近 100 亿美元。与此相对照的是，美国国务院 2014 财年在公共外交方面的开支为 6.06 亿美元。

显而易见，北京使用的是软实力工具箱中最具威力的那一种——金钱。中国领导人习近平和李克强在 2014 年走访了 50 多个国家，他们所到之处都签署了贸易和投资协议大单，发放优惠贷款，以及提供援助。大国向来都想利用其金融财产来购买影响力，影响他国的行为，在这方面中国也一样。但是令人吃惊的是，中国的投资回报率非常之低。在世界许多地方，尽管中国慷慨陈词、循循善诱，但与其实际行动却并不一致。

信使们

美国政治学家、软实力的提出者约瑟夫·奈认为，软实力主要来自社会——具体来说，即文化、政治和社会价值观。奈也指出，某国的政治制度和对外政策也可赢得尊敬，因此也可为软实力加分。但这一定义的前提是民主社会中国家与非国家领域之间存在一个清楚的分界线。而在中国，几乎所有宣传和文化活动却均由政府操办和管理。

中国认为，信息必须接受管理，人民必须接受教育。在中国，宣传不是一个贬义词。随着国门开放，它必须更加严格地抓紧信息，而中国在这方面也更加得心应手了。现在中国不仅试图在其境内控制信息，而且在海外的力度也在加大。

这一行为的制度神经中枢是国务院新闻办公室（SCIO）。除了监管媒体和协调中国的对外宣传之外，国新办本身还担任了信使的角色：它雇用发言人，召开新闻发布会，出版书刊，制作电影，它甚至还开发出一款应用程序，向用户提供政府白皮书。国新办的宣传对象包括一些台湾地区、香港地区和海外华人团体，以及前往中国的访客，其中包括外国居民、旅游者、商务旅客等。国新办还参与了对互联网的控制，包括批准网站申请，但其首要的职责是决定对外宣传何种思想观念，以及知悉派驻海外的中国机构。

媒体与信息

中国"走出去"战略的一部分内容是资助其媒体的迅速扩张，目标是建立起自己的媒体帝国，打破所谓的"西方媒体垄断"。此举最明显的是中国官方通讯机构新华社。从一开始，新华社就具备国内、国外双重职能：报道新闻和宣传共产党。新华社拥有3000名新闻记者，其中400名被派往海外的170家分社中。现在新华社还在扩大其分社员工的规模，以及采纳音频和视频内容以提高其影响。

　　促使新华社全球扩张的因素不仅仅出于对中国国际形象的担忧，还有金钱。新华社看到了与西方主要媒体如美联社、合众国际社、路透社和彭博社面对面竞争的机会，其目标一如2010年新华社一名官员对我所说的，成为"一家真正的国际性新闻机构"。新华社甚至立志成为现代化多媒体巨头，与新闻集团（News Corp）、维亚康姆（Viacom）和时代华纳等媒体机构一决高下。而且如果新华社在线视频扩大之后，它必将从诸如CNN、BBC及半岛电视台这样的全天候新闻媒体中争得一部分市场份额。

　　出于营利的需要，新华社还提供新闻报道，以低于西方同行机构的价格对外销售其新闻产品。2010年，新华社的机构收费订阅者用户80000家，收入可观。该机构特别瞄准发展中国家，因为这些地区西方媒体不多，也没有可与国际性新闻机构展开竞争的本地机构。新华社的进驻还实现了向世界讲述中国故事的目的。

　　中国最重要的电视台——中国中央电视台——也已经走向世界。2000年，它的首个24小时英语频道开播，现在则有6种语言向全世界播放。该机构现在正试图改变其生硬的、宣传味十足的形象，而将其包装以更容易被观众接受的形式。2012年，央视在肯尼亚的内罗毕和美国的华盛顿市建立新的制作中心。央视说，美国制作中心将成为新闻采集和播出运作的全球中枢。

　　中国还致力于提高对外广播的宣传能力。中国国际广播电台成立于1941年，原为反对日本侵略的宣传而建，当然现在早已不限于此了。中国国际广播电台总部设在北京，每天用38种语言播放392小时的节目，在海外设有27家分部。

　　上述这些媒体活动是中国方面认为的与西方展开"话语战争"的主要武器，用以回击北京认为的那些反华情绪。但官方其他机构也参与其中，例如驻外使馆就定期发布声明，驳斥外国媒体有关中国的一些报道。

　　相比以前，现在中国政府对那些中国通和外国记者的著述的监控更为仔细——不管他们是在中国还是在海外。在北京，国新办和外交部经常请外国记者"茶叙"，责备他们的文章对中国不够友好。

政府拒绝向一些记者重新发放签证，拒绝向列入黑名单的欧美学者发放签证。在海外，中国使馆官员还警告报纸编辑不得出版有可能冒犯北京的文章。

所以说，像其宣传机构一样，中国的审查机构也正在走向海外，而且似乎正在见效。不幸的是，外国的那些中国通们开始越来越多地开展自我审查，担心他们可能不再被允许访问中国。因为刊登了某些文章，中国政府已经重罚了一些大型媒体组织如彭博社，而且还屏蔽了英美一些主要报纸的中文网页。

中国的教训

中国软实力的另一武器是教育。现在，在华外国留学生有 30 万人（大部分在学习中文），另外一些则在职业院校中。中国国家留学基金管理委员会（CSC）每年向外国留学生提供 2 万个奖学金名额。中国政府的一些部委也开展面向发展中国家政府官员、外交官和军官的多种短期课程。这些教育项目的确向留学生讲授具体的技能，但他们也试图借机拉拢人心。

但是中国大学距离世界一流大学尚需时日，只有三所大学——北大、清华和复旦——进入世界高等教育排名前 100 强。阻碍中国教学科研扬名四海的因素不容小觑：自由思考和研究无法进行，尤其在人文和社会科学领域。中国大学中任人唯亲猖獗，学历造假、抄袭剽窃和侵犯知识产权比比皆是。创新被中国政府视为经济发展的第一选项，它需要开放自由的思想探索来培育，但中国的教育教学法仍未摆脱强调死记硬背和审查的窠臼。

中国的孔子学院——以在海外讲授中国语言和文化为中心——是中国打造教育软实力的另一关键部分，现在，中国已经在 120 个国家建立了 475 个教学中心，可谓遍布全球。与此相对照的是，歌德学院（德国）在 94 个国家建有 160 个教学中心，英国文化协会在 49 个国家建有 70 个中心。但是孔子学院正在遭到严厉的批评。在美国和加拿大，教授们呼吁关闭孔子学院，或不开设新的孔子学院，原因是它们损害了学术自由。如同在美国一样，欧洲的媒体和立法机构也盯上了孔子学院，至少有一家——设在斯德哥尔摩大学的孔子学院——已经决定关闭。

另一方面，北京正通过体育、美术、行为艺术、音乐、电影、文学和建筑坚定地宣传其文化和社会，并卓有成效。中国封建社会时期文化发达，其艺术展览一直备受全世界欢迎，3000多年的文化遗产是其最具力量的软实力财富。中国武术家和其他表演艺术家，以及人数日渐增多的世界知名音乐家等也很受观众欢迎。尽管中国电影仍在为打入国际市场而奋斗，但中国作家和建筑师却比任何时候都更受欢迎了。2012年莫言获得诺贝尔文学奖，王澍获得普利兹克建筑奖（Pritzker Architecture Prize）。尽管中国的职业篮球、曲棍球和足球项目仍远远落后于北美和欧洲同行，但中国运动员在奥运会多项比赛中都获得了奖牌。

中国还越来越热衷于"主场外交"，各种会议接连不断，有政府主办的，也有非政府组织主办的。大规模的会议有博鳌亚洲论坛（中国版达沃斯论坛）、中国发展论坛、北京论坛、清华大学世界和平论坛、世界中国学论坛和全球智库峰会等，每年都有世界知名人士来华参会。有些活动的确是真正的大手笔，如2008年的北京奥运会、2010年的上海世博会及2014年的APEC会议。2016年将在杭州召开的20国集团峰会同样有望是一次精心筹备的盛事。

另外是政府主持的交流项目。中联部及其外围机构"当代世界研究中心"每年召开"中国共产党与世界对话会"，邀请大批外国政治家和知识分子前往中国，并负担他们的参会开支。外交部下属的中国人民外交学会也长期开展类似的活动。这样的活动非常精明，因为他们培养了中国与全世界年轻的政治家之间的关系。同样，设在香港的中美交流基金会借助其网站扩大中国学者的影响力，并通过向美国的机构提供研究资助来宣传中国政府的立场。中国政府迄今尚未捐资在大学设立研究中心或教授职位，但如果中国政府真的这么做之后就会知道，在西方的大学或智库中收买政治影响力实在是非常困难。

军方有自己的外围组织：中国国际战略学会和中国国际战略研

究基金会。这两所机构都隶属于军事情报部门，是邀请外国安全专家前往中国的主要角色。他们除了就战略和军事问题向外国解释中国的立场之外，还收集外国专家和官员的观点和情报。

数家以外交政策为主的中国智库可以说有双重职能，最重要的有中国现代国际关系研究院、中国国际问题研究院、上海国际问题研究院，都隶属于中国政府不同的部门。某种程度上中国社会科学院和上海社会科学院也在此范畴之列，只不过研究范围更广泛一些。2009年，私人捐助者建立了察哈尔学会，特别致力于改善中国的海外形象。整体看来，这些机构资金充裕，旨在提升中国的国际声誉，证明了中国政府的确把对外宣传视为头等要务。

软实力建设不能一厢情愿

不过，尽管中国在这些事情上花去了千万巨款，但其国际形象难见明显的改善，至少从民意调查上看如此。事实上，中国的国际声誉正呈慢慢恶化之势。

2014年BBC的一次调查问卷显示，自2005年以来，对中国影响力的正面看法下降了14%，49%的受访人对中国持否定态度。令人吃惊的是，皮尤研究中心2013年的一项调查显示，即便在非洲和拉美地区，中国的软实力逆差也是很明显的，而非洲和拉美却被认为是中国最具吸引力的地区。

尽管效果差强人意，但北京仍坚持不懈地动用资源来改变其国际形象。如何解释这种事情？答案是，中国政府是在用建设高铁和基础设施的方式看待公共外交：投资，然后等待结果。中国人不理解的是，尽管中国有着世界级的文化、美食和人力资源，尽管之前几十年经济强劲崛起，但只要其政治制度拒绝而非帮助人类自由发展，那么其宣传事业就会面临艰苦的斗争。

软实力不是买来的，而必须靠赢得，而且只有当那些有才之士能够直接与外界交流而非被权威控制的时候才能赢得。对中国而言，这意味着在国内放松限制，在海外减少舆论控制。只有如此，中国才能释放出其储量丰富但尚未被认识到的软实力。

（崔玉军 译）

原文信息

原题：China's Soft-Power Push：The Search for Respect

作者：David Shambaugh

出处：https：//www. foreignaffairs. com/articles/china/2015 - 06 - 16/china-s-softpower-push

中国媒体"走出去"的四条主要途径

孙皖宁

悉尼科技大学媒介与传播研究教授孙皖宁撰文指出，20 世纪 90 年代以来，中国的公众外交政策和目标开始越来越详细和清晰，媒体在提高中国国际形象上的作用越来越清楚。中国的软实力的目的是防御性的，目标是打造一个更好的中国形象，但中国媒体走出去的战略还有很大提升空间。

"走出去"战略背后的公共话语

谈到中国如何看待自己和世界如何看待中国，中英文文献都存在三个明显的差异：第一是在中国如何看待自己与世界如何看待中国上，第二涉及政治中国（基本上以批评为主）和文化中国（基本上以赞美为主），第三则是中国如何看美国（基本上是积极的）和美国如何看中国（基本上是消极的）。中方了解这些差异，事实上这也是中国实施公众外交政策最重要的原因。

20 世纪 90 年代以来，中国的公众外交政策和目标开始越来越详细和清晰，媒体在提高中国国际形象上的作用越来越清楚。2009年，为减少甚至消除上述差别，中央政府决定实施媒体走出去战略，为此提供了约 60 亿美元资金，加快将中国媒体推向世界。

吊诡的是——或许也在意料之中——中国的行为再次勾起了西方对"中国威胁"的忧虑。中国媒体的全球化行为被解读为试图暗地里向海外输出共产主义；中国的扩张主义冲动被看作不怀好意的帝国主义，其最终目标是"统治世界"。与这种夸张的"中国威胁"话语不同，另有一种更为客观和理性的说法，即倡导"介入中国"。这种立场得到了西方国家领导人的接受和肯定，如时任美国副国务卿的佐利克所说，"我们今天能够与正在崛起的中国开展合作，哪怕是为了明天的民主中国而努力"。

现在，很少有人考虑过这些差异是如何产生的，为什么会出现这些差异，也没有多少人考虑现在有什么战略和方法来解决这个问题。事实上，我们甚至不清楚中国决策层怎样理解和讨论这些问题。简而言之，我们对此既不知道原因，也不知道结果。长此以往，这种局面无助于中国的媒体全球化和西方的介入战略。

与此同时，中国国内外出现了大量的学术和新闻著述，讨论中国官方宣布的目标和最新动态。尽管有很多差异，这些著述还是有很多共同之处。第一，它们指出了中国作为经济大国的地位和中国在软实力方面的赤字之间的不一致；第二，较之其他文化活动如学术交流、语言教学、体育和教育（如孔子学院），它们都承认媒体和传播构成了中国"走出去"战略的主干；第三，它们建议，如果中国的最终目标是"让世界以中国的眼光来了解和理解中国"的话，那么中国政府与外国媒体和记者的麻烦关系却是最薄弱的环节。

当然西方和中国出版的这些著述也有显著的差异。西方的著述主要以评估和分析中国走出去战略的效力及其前景为主，国际关系学者和少数政治学专家关注的是中国软实力的发展以及国际关系的基本面，同时，中国媒体的扩张也是传媒和通信领域学者关注的焦点。这些著述提出了中国在寻求媒体全球化中所面临的主要障碍和挑战，总体上看比较悲观。与之不同，中文著述就不是那么挑剔了。这些著述一般面向国内普通读者，通常以既有学术分析又有政策建议的形式呈现，以提出方法、战略和解决方案为主，如探索中国媒体全球化过程中的机会和挑战，或从制度、基础设施等角度描述中国的媒体扩张。

借船出海的 4 条途径

正是因为意识到了这些本质性的难题，中国才认真探索国家媒体走向世界的方式、途径。在中文文献中，最常被用来描述中国公众外交战略的词汇是"借船出海"。但问题是，谁家的船可借？这只船要驶向何方？近年来，传播领域的学者一直在思考如何有效地推动所谓的"两级传播"问题，其中直接传播指的是中文媒体对中国的报道，间接传播指的是外国媒体使用中文媒体的资料作为消息源。

不过，针对中国的媒体全球化态势，学术界和媒体界尽管存在很多差异，但也有不少共同之处：第一，中国国家媒体信誉低，在与西方交流时面临很多障碍；第二，使用外国媒体来传递中国的声音——包括使用外国记者对中国的报道——比直接与西方交流效果更好；第三，如果中文媒体能够成为国际媒体报道中国的主要消息来源，那么就会更好地设置新的议程并影响报道。

学界认为中国开展国际传播有 4 条途径。第一条是中国国家媒体的国际力量，其中包括新华社、《人民日报》、中央电视台等。有些学者指出这些组织应该考虑扩大其影响的战略，如收购、控股外国媒体公司，或通过内容共享来影响合作伙伴等。这些组织应该力争成为报道中国的首要媒体、成为向外国媒体提供中国相关消息的权威机构。

第二条途径指的是没有对外宣传任务的中国媒体。鉴于通信技术的去国家性以及通信方式的多样性，这些中国媒体在塑造中国的国际形象方面可能不是那么重要。它们包括中国互联网、社交媒体，以及中文媒体中的商业部分。与游客、留学生和商人一道，这些媒体组成了所谓的"大外宣"。如果得到有效利用，这部分媒体可以"在自家门口"开展外宣工作。在这种思维方式的指导下，开发中国互联网空间用于帮助对外宣传被列为首要之选。上述两种途径即"直接传播"。

第三条途径是根据自己在中国的访谈和调查撰写报道的外国驻

华记者。迄今为止，中方对这些驻华记者在中国公众外交方面的作用评价很低，认为其报道不准确、选择性、不客观、有偏见等。但问题不全出在外国记者身上。在中国有些学者看来，这种不幸的局面是由政府一手造成的。外国记者和媒体是西方公众最直接的消息来源，但外宣部门却视之为洪水猛兽，常常采取严厉的手段如停发签证甚至将其遣送回国。

将中国推向全球的第四条途径是国际媒体，因为它们可能利用中文媒体上的消息并据以作为报道中国的消息来源。上述两种途径即"间接传播"。按照一些中方学者的看法，第三、第四条途径是可能的，但不是必然的。外国记者的报道依据的是不同的新闻议题——所以才导致了中国大多数时候被负面描述——而中文媒体仅仅偶尔才被用作国际报道的消息来源。尽管如此，这些国际媒体是中国希望借以完成间接传播的工具，尽管是以这种"迂回"的方式。

可作为第四条途径补充的是那些以海外华人为目标、同时也是由海外华人主办的海外华文媒体，通常被认为是中国对外宣传的重要中介和关键接入点。较之西方媒体，这些海外华文媒体更愿意担任中国走出去计划的伙伴。另外，海外华人人口众多，政府应该充分利用这一资源优势。

借船出海的目标是提高外国媒体使用中国媒体的频率和程度，但很少有人思考如何达到这一目标。这让我们回到之前提到的那个问题上：如果不必遵守政府的要求，中国媒体的吸引力和影响力会有显著提高吗？中国政府官员和决策者是否会允许中央电视台国际频道雇用西方记者、采纳西方新闻价值观，就如半岛电视台那样？目前的迹象表明这种可能性不大，至少短期来看是如此。

结　论

中国政府决心在全球传媒领域与西方的主导地位一决高下，但其动机却并非如西方记者所说的，即意欲打造媒体帝国和统治世界，而是因为受到西方帝国主义打压而出现的不平之气。换句话说，与西方的想象相反，中国"走出去"战略的目的是把自己从西方的霸权中解放出来，而不是想要主导之。中国的软实力的目的是防御性的，目标是打造一个更好的中国形象。

当然还应看到，中国媒体"走出去"战略背后的思维方式并非铁板一块，也缺少通盘协调。虽然很多学者都支持政府的"走出去"项目，但同时也呈现出政策立场的多样性，显示出尚未有定论的历史争辩，未解决的思想张力，以及不同政治和社会力量之间持续的竞争。有学者甚至尖锐地指出，尽管政府花去大笔资金，但是在如何有效地推动"走出去"战略方面，中国仍毫无头绪。中国媒体全球化项目还远远谈不上协同一致。

（崔玉军　编译）

原文信息

原题：Slow Boat from China：Public Discourses behind the "Going Global" Media Policy

作者：Wanning Sun

出处：*International Journal of Cultural Policy*，Vol. 21，No. 4，2015

中国软实力及其对南非新闻媒体的影响

赫尔曼·沃瑟曼

最近几年，不但中国在非洲的经济活动日渐引起了学术界和新闻界的关注，而且中国在非洲传媒领域的活动也受到越来越多的瞩目，中国在非洲媒体中的影响力已经显著提高。数家国家媒体在非洲开设分部，其中包括新华社、《中国日报》、中央电视台和中国国际广播电台。中国参与收购南非最大传媒集团——独立媒体——也引来不少争议。南非罗德斯大学（Rhodes University）传媒研究学者赫尔曼·沃瑟曼教授撰文对此做了分析。

很多人利用"软实力"这一概念来分析中国媒体的海外扩张行为，但另外一些学者则提出这不足以反映中国媒体活动的全部。认为软实力仅仅服务于国家的、精英阶层的利益可能也难以解释清楚南非与中国移民之间那些日常的、非官方的交流，而后者在塑造中非关系的公众舆论方面比政府政策更有影响力，也有学者认为此为中国魅力外交的一种表现。所以说，中国媒体在非洲的活动不应该被认为是软实力的单一表现形式，而是双方更广泛接触的一部分，其中既有官方的，也有民间的；既有政治的，也有经济的；既有战略的，也包括日常的交往。国际媒体的到来及本土政治斗争也将媒体自由问题推向风口浪尖。如有些学者所指出的，南非公众对政府利益的认识以及缺乏透明度也可能成为抵制深化南非—中国政府间或政党间关系的原因。

如果中国的媒体被视为推动其软实力事业的关键途径，那么其成功将依赖于它们在当地是否找到了合适的观众和听众。中国媒体还要与本土媒体竞争，因为后者可能对中国在非洲的活动做出不同的描述。同时，中国的那些全球媒体平台——新华社尤其如此——既可能成为当地新闻组织的消息来源，也可能与当地新闻机构建立一种新的合作关系，影响后者的新闻内容。

于是问题变成南非媒体如何对中国媒体在非洲的发展做出回应。作为金砖国家集团的主要伙伴，南非与中国的这种新的关系将会导致越来越积极的对华态度吗？中国在非洲不断扩展的经济活动会带来更广泛的新闻覆盖吗？南非新闻记者会利用中国媒体作为消息来源吗？如果是，中国媒体对南非新闻议程的影响有多大？不断被提及的"新闻自由"问题如何影响南非媒体对中国的报道？也就是说，需要就下述问题做出回答：南非媒体在多大程度上助推了中国运用其媒体所释放的软实力？

本文基于南非记者对南非—中国关系的调研，集中分析了以下三个方面：

（1）报道：记者如何看待南非—中国关系，如何看待媒体对这种关系的报道？

（2）规范与实践：记者如何看待中国在南非的媒体扩展行为对新闻规范和实践的影响？

（3）作为软实力手段的媒体：记者是否把中国媒体作为新闻来源以及媒体在塑造中国—南非关系上效果如何？

研究发现

1. 媒体报道

总的来说，受访的记者们认为南非—中国关系"重要"、"牢固"，当然这主要是从经济方面考虑。另有一些受访者提到两国关系的不平衡及中国的主导地位。他们的看法表现出了一种"谨慎的乐观"。比如有的记者说，"我对南非—中国关系的总体看法是积极的。中国在政治上和经济上都是最重要的参与者之一，扩大两国的贸易关系将使南非受益"。

记者们更关注的是南非与中国之间越来越密切的经济关系所具有的政治意义。一位记者表示：南非应该在经济方面向中国学习，但在政治和思想上则不然。南非不应该忽视其与西方的关系。尽管多名记者表示南非应该对中国可能施加的政治压力保持警惕，但总体而言他们的看法与其说是负面的，倒不如说是谨慎的。

在南非媒体的中国报道方面，记者们批评媒体的报道基于二手资料，过于肤浅。南非大多数媒体在中国没有派出机构甚至没有记者，有时候传达的是一种仇外态度。还有受访者质疑南非媒体偏重报道中国对其他国家的影响，而忽视了其国内的发展。若干记者承认，他们偏爱政治或经济方面的消息，而不是深度报道中国；喜欢报道政治方面的新闻，而不是社会文化方面的新闻。一些受访者认为，创造一个更好形象的中国并非南非媒体的责任。

2. 规范与实践

中国媒体扩张会对南非新闻产生影响吗？鉴于目前南非媒体界对新闻自由的讨论如火如荼，我们原本预想记者们会表示出对中国媒体的规范和实践的强烈反对，会担心中国人威胁到新闻自由。而结果是，这样的反应虽然存在，但并不那么明显，这有些出人意料。

很多记者表示，中国媒体的到来使南非媒体更具多样性，增加了相互理解，甚至有可能推动南非的旅游业。数名受访者将中国在非洲的媒体扩展行为与世界其他媒体机构做了比较，指出如半岛电视台、BBC、CNN等都同样发挥着软实力和公众外交的作用。但就透明度和开放度而言，中国媒体与其他媒体相比明显不足。

有些受访者对所谓的"中国媒体文化"表现出警惕的态度，担心中国奉行扩张主义政策，会加大控制手段，并可能使非洲失去其部分身份认同。中国的媒体乃国家所有，由国家控制，这一事实也被多次提及。另外一个问题是对中国意图的揣测。正如前述提及，记者们的谨慎和观望态度似乎是因为他们没有能力弄清楚中国为何要来到非洲。

不过，尽管记者们承认中国人涌入非洲与推动中国软实力有关，但都相信南非媒体有足够力量以抵制外来压力。甚至有人提出，中国人的到来能提高本土记者抵御外来压力的警觉性。此外，有受访者提出，随着接触的增多，长期来看南非媒体会对中国媒体文化产生影响。

3. 作为软实力手段的媒体

根据塑造媒体报道的"影响等级"，中国利用媒体渠道达到其公众外交目标存在如下问题：中国媒体在多大程度上被南非记者用作消息来源？新闻记者们反应最强烈的一个主题是，中国在非洲扩大媒体活动的目的是宣传其国家形象，媒体是推动其影响力的手段。当然，这个目标并非完全负面，记者们把中国在非洲的媒体活动与世界其他媒体机构如 CNN、BBC 做了比较之后发现，后者也有类似的目标，不过不是那么明显而已。

但记者们对中国媒体能否有效达成这一目标表示怀疑。记者们不但高度怀疑中国媒体吸引南非受众的能力，而且极少有人在报道中国或南非—中国关系时使用中文媒体作为消息来源。就此而言，南非媒体传递中国媒体消息的机会非常少。缺少公信力也是原因之一，比如有的记者就说，"我非常怀疑中国媒体的公信力，而更喜欢使用国际性媒体如《纽约时报》、路透社等作为消息来源"。而在吸引受众的能力上，有受访者的回应很能说明问题："在南非的中国媒体读者不多，不被信任。它们无趣、空洞，不了解南非人的口味。"总之，中国利用媒体来改变南非人对中国的态度，其效果不容乐观。

结　论

基于上述调查，中国在通过媒体发挥软实力作用方面主要存在三个问题：第一，记者们不阅读中国媒体，或者找不到喜欢中文媒体的理由；第二，中国媒体之所以不被用作信息源，是因为其可信度较低；第三，中国媒体的内容不受本土记者喜爱，而中国媒体只有具备令人满意的新闻价值才能进入本土新闻日程。

　　这些发现表明，国际交流只有在本土层面上才能开展、解释和被接纳。尽管中国媒体可能是向全世界传递中国观点的最佳途径，但不能认为这就一定会对地方听众产生直接效果。中国媒体如果要成功地发挥信使的角色，就必须让其听众觉得具有可信度，因为"实实在在的开放和透明是成功的软实力的关键"。

（崔玉军　编译）

原文信息

原题：China's "Soft Power" and Its Influence on Editorial Agendas in South Africa

作者：Herman Wasserman

出处：*Chinese Journal of Communication*，http://dx.doi.org/10.1080/17544750.2015.1049953

正确理解孔子学院在提升中国
软实力方面的影响力

杰弗里·吉尔

澳大利亚弗林德斯大学（The Flinders University）语言与应用语言学系讲师杰弗里·吉尔结合文献综述和调查问卷，对孔子学院的现状和存在的问题提出了自己的看法。吉尔认为，孔子学院提高了国际社会对中国语言和文化的认识与兴趣，但是否会提高中国的国际形象则不得而知。吉尔还针对如何提高孔子学院的效率提出了自己的看法，其中有些与我们一般的看法差别较大。这些意见未必具有普遍意义，也未必正确，但其问题意识和视角仍值得有关组织和学界关注。

越来越多的人相信，中国将在 21 世纪再度崛起。自 20 世纪 70 年代末开始实行改革开放和 90 年代末拥抱全球化以来，中国在迈向大国之路上越走越快。尽管如此，中国仍要面对诸多挑战：在国内方面，有不平等、老龄化、腐败和环境恶化等问题；在国际方面，有领土争议、世界经济变化、可能的能源依赖及国际社会对中国崛起的担忧等问题。因此，中国在国际政治中的主要目标就是打造一个适宜的外部环境，使其能够集中精力解决国内问题，继续发展现代化事业，以及让国际社会接受其崛起。

为了能在全球化进程中打造适宜的外部环境，中国必须与组成国际政治制度的各方力量——其中包括各民族国家、政府间组织、非政府组织和跨国公司等——广泛结交，并获得其支持。这反过来又会影响到中国利用其权力资源的方式。利用权力资源以达到胁迫或利诱他人的目的，这固然非常重要，但中国不可能单纯依靠这两种战略，因为这在国际政治中并不能获得所有参与方的支持，也不可能解决所有的问题。比如说，动用军事资源威胁别国，不会消除世界对中国崛起的担忧；动用经济资源以获取别国的合作也不可行。中国如要打造一个理想的外部环境，还必须运用其权力资源来做好吸引、感染（appeal）、说服和同化（co-opt）工作，即所谓的"运用软实力"。在中国，这种对权力资源的运用方式已经得到政府官员、学者和媒体的认可。在可以被用以吸引、感染、说服和同化的众多权力资源中，中国赋予了文化以巨大的意义，并已经着手向全世界推广其文化。

本文的目的是以孔子学院为中心，概述与评估中国的文化推广项目。原因有三：第一，推动中文学习是中国文化推广项目的主要部分，而孔子学院又是推动中文学习的主要方式；第二，很多人对孔子学院兴趣很大，但争议也不小；第三，学术界对孔子学院的关注不多，尤其在西文文献中，但在中国的相关研究却越来越多。因此，孔子学院成为虽然重要但研究不足的现象，值得关注。

本文的参考文献来源广泛，既包括学术文献、媒体报道、网络文献，也有与孔子学院的多名师生的访谈等。2010 年进行的访谈中，受访者中有 5 名孔子学院院长，一名副院长，一名中文教师。对另外两名中国大学教师和中国研究机构的学者的访谈是在 2013 年进行的。我们还向在澳洲的中国语言学生发放了一份问卷。值得指出的是，我们的调查对象仅限于在中澳高校的师生，而且我们采用的是横截面法采集数据，因此既不能被认为代表了所有孔子学院或中国语言学生的看法，也不是对所有地区的孔子学院确定的或详细的分析。

对孔子学院影响的评估：既不明确也较为有限

尽管缺乏被普遍认可的方法，也难以把孔子学院与中国其他文化推广活动区别开来，但在经过访谈和文献调研之后，我们认为，孔子学院在中国语言的讲授与学习方面贡献巨大，促进了国际上对中国的理解，尤其是对中国文化的理解。然而，这并不必然导致学习者对中国由此产生积极正面的看法，也有多种因素限制了孔子学院在提升中国国际形象方面的能力。

1. 中国语言的讲授与学习

受访者一致认为，通过提供教学资料和师资力量，通过面向公众开设中国语言课程，孔子学院能够为中国语言的讲授和学习做出巨大贡献。有的受访者认为，孔子学院能否助力中国语言的讲授与学习，要视不同国家的中文环境而定。以韩国为例，因为该国在高中就已有大量的中文教学项目，有很多中国留学生，有很多朝鲜族中国人，也有很多嫁到韩国的中国女性，因此孔子学院的主要目的不是中文的教与学，而是帮助高校建立中文系。但在非洲和欧洲，讲授、学习中文则是孔子学院的主要目的。

2. 对中国的态度与看法

或许有人会希望，由于是中文教师或学生，参与本次调查的这些受访者对中国的看法要比一般人士更友好一些。不过，针对孔子学院是否影响到学习者对中国的态度和看法，受访者的意见并不一致。有人认为，学习中文有助于获得对中国不一样的视角，"如果你不会中文，你必须依赖外国媒体才能了解中国。但如果你懂中文，你可以自己看看中国人怎么说自己"。

但也有人怀疑中文学习与对中国产生好感之间是否有关系，"会讲中文并不必然意味着其人亲华。澳大利亚前总理陆克文会讲中文，但他并不亲华。我们必须小心，因为有些人就是这样想的：你教授中文，那么就是给学生们洗脑，把他们变成中国人。如果果真如此，那么怎样看待那些讲英语的人？难不成他们都亲西方？"

3. 中国文化与作为一个国家的中国

有些受访者指出，孔子学院可能有助于理解中国文化，但不见得提高对作为一个国家的中国的理解。学习中文并不会使学习者对中国的态度与其他人相比产生较大的不同。

迄今为止，孔子学院的影响似乎集中于其能促进语言教育与文化交流方面。这可能会对中国的外部环境产生些许影响，但应该看到的是，这不会自动或必然提升人们对中国的好感。因此，孔子学院对外部环境的影响并不确定。

4. 争议

孔子学院已在多个国家引起争议。在瑞典，斯德哥尔摩大学的教授指责孔子学院从事政治监督与秘密宣传活动，以及限制研究与中国有关的敏感政治问题。另有学者指出，在德国的孔子学院不能开展诸如台湾、西藏等话题的研究。在澳大利亚也是如此，有些学者指出孔子学院可能损害学术自由，甚至认为孔子学院或可"危及我们的教育制度和价值观念"。

但受访者认为，这些说法于事无据。有一名受访者指出，在他所在的城市，上述这些说法早在孔子学院开办之前就被提出来了。另一名受访者表示，之所以有这些看法，是因为他们对孔子学院不了解："他们知之不多，认为孔子学院是中国政府的宣传工具，意图渗透到大学中去。"但实际上不是这么回事，比如说，针对常被提及的中国政府通过语言学校达到宣传的目的，有一名受访者评论道，"如果你看到汉办提供的材料，你就会知道课堂设置基本上是在大学当局的控制之下"。

至于中国政府通过孔子学院干涉或施压这种说法，有一名孔子学院的教师强调道，课程设置和教学项目受制于澳大利亚高校，而非汉办或中国政府："关于孔子学院的性质，我想有些人误会了。澳大利亚的孔子学院首先掌握在澳大利亚高校手中，不是中国教育部属下的中国海外推广机构。它类似于韩国或日本政府开设的五年教学奖学金，你可以依自己的想法使用这笔资金，前提是符合其基本原则——推广语言和文化。"

据笔者所知，事实上没有证据支持上述涉及孔子学院的那些争议问题。尽管如此，这些问题的存在本身也会限制孔子学院发挥其影响力。正如有一名受访者所说，"人们怀疑孔子学院，这种态度本身就是不怀好意"。另一名受访者说道，很多人想学习中文，因此通过孔子学院来推广中文不是一个坏主意，但必须以当地社会能够接受的方式来推广中文。孔子学院想效仿歌德学院，这无可厚非，但歌德学院尽管与德国政府关系密切，然而这种关系却是隐蔽的，不像孔子学院与中国政府有这么密切的关系。因此即便孔子学院背后没有政治企图，人们也会对此产生怀疑。

5. 现实问题

此外尚有不少现实问题限制了孔子学院在语言教学和文化推广方面的影响力和效率。首先，孔子学院与大学及其系部的关系有待明晰。接受孔子学院的那些大学并不清楚孔子学院能做些什么事情。大学乐于接受孔子学院，甚至认为这是一种荣誉，但也不希望它争夺本校亚洲研究的生源和师资；他们也希望孔子学院能在大学和学生生活中做出贡献，但汉办却不这么想，至少在头几年如此。当然，如果某家孔子学院业已立住脚，有一定规模的员工和稳定的资金支持，这种情况下就另当别论了。孔子学院与某些系部的关系也与此类似，学生们会误会是孔子学院而非中文系提供中文课程，这很是令人忧虑。

其次，是孔子学院与其所在的高校及其系部之间缺乏交流与合作。有名受访者以奖学金为例指出了双方之间存在的问题："我之前任职的一所大学中，孔子学院与某系的关系就很不好。它们各自为政，很多问题因此而生。比如说，任何来自中国的消息——奖学金或前往中国实地学习——都到了孔子学院那里，而我很少得到这方面的消息。孔子学院组织一些学生活动，或挑选去中国的学生，而我作为他们的教师却对此一无所知，也不能推荐他们，这很不好。"

有些受访者还谈到孔子学院中方派出的教师问题。这些教师属于汉办，晚上在一些社区授课，但不能与高校系部的教师一起指导学生。这些中文教师希望趁机在大学里学一些新知识，希望接受训练，但却被汉办所禁止，令这些教师很不愉快。另有学者指出，被汉办或中国大学派往欧洲的孔子学院中文教师对当地的教学实际情况缺乏了解。至于在澳大利亚，这些中方教师也存在一些问题，如对自己的职责、工作量和雇工条件了解得不够。

最后一个是可持续性问题。孔子学院项目依赖于中国政府的意愿和支持，一旦发生变故，就会引发严重的后果。有一名受访者指出，"孔子学院可能难以为继，如果中国出现经济衰退或领导人更迭，孔子学院就得不到开展活动所需要的资金，难以继续存在下去"。

当然，所有这些问题可能都是因为孔子学院开办时间较短所致，会随着时间的推移而得到解决，正如一名受访者所说，汉办在调整各地具体情况、处理问题方面"很有灵活性"。汉办还通过孔子学院地区会议评估经验，寻求反馈意见，适时调整政策。

另一方面，如果语言教学和文化活动不能得到有效开展，孔子学院的贡献就乏善可陈。如中国一名学者所指出的，应该仔细研究全球"孔子学院热"，认真思考其战略，以保证孔子学院的可持续发展。孔子学院发展得太快，重数量轻质量，如果要持续发展，就要把重心转向质量。

结　论

中国向世界积极推广中国文化，以此作为创建良好文化的战略之一，在文化推广方面的一个重要内容就是通过孔子学院推动中文学习。本文显示，孔子学院已经遍及世界大部分地区，且在短期内开展了许多活动。在这些活动中，孔子学院在中文教学和学习方面贡献巨大，促进了外国人对中国文化的认识。但是，这并不必然导致他们对中国产生好感，而且也有很多因素限制了孔子学院开展这些活动。就此而言，从创建所需要的外部环境的角度看，孔子学院的影响既不确定，也较为有限。

上述结论支持了一些学者的观点，即尽管中国的吸引力在增长，但仍受制于诸多因素如官员腐败、环境恶化等。事实上上述问题在我们的调查问卷中也有所提及，认为中国试图把中文学习作为提高其软实力的一个途径，然而其效果可能因为一些国内、国外政策而被抵消。约瑟夫·奈对此有很好的论述，他指出"在马尼拉建一所孔子学院来讲授中国语言和文化，这有助于中国的软实力建设，但在中国强占黄岩岛的脉络中就不大可能"。所以，在国际层面上，中国是一个文化大国，但其软实力战略的效果仍较为有限。再宽泛一些讲，这样的结论也说明，在国际政治中，利用软实力的结果既不能立竿见影，也难以预测，而需要将其置于国际、国内的政策与行动中，并结合与其他国家的关系、与其目标受众的关系等种种因素加以考量。

（崔玉军　编译）

原文信息

原题：China's Cultural Projection：A Discussion of the Confucius Institutes

作者：Jeffrey Gil

出处：*China：An International Journal*，Vol. 13，No. 1，2015

中国软实力：对儒学和孔院的挑战

安雅·拉赫蒂宁

赫尔辛基大学孔子学院外方院长安雅·拉赫蒂宁 2015 年第 2 期发表文章，在《亚洲比较发展杂志》以切身经验与思考，对中国软实力传播特别是"孔子学院"的运作提供了有价值的反思。

中国人眼中的软实力

哈佛大学教授约瑟夫·奈把软实力定义为一个国家通过外交和吸引力而不是武力（如军事行动）获得其所希望结果的能力。这一概念很快被引入中国，受到中国的学者、记者和官方分析家的重视。

在中国人看来，西方人对中国的偏见根源于缺少对中国文化本质的理解，而现在是让世界更好理解中国的时候了。一旦他们更好地理解了中国人民，就会发现和谐是中国传统的本质部分，而一个推崇和谐的国家绝对不会对世界其他国家形成威胁。所以中国应该帮助外国了解中国的文化，了解中国的传统和宗教，尤其是中国人的思维方式。曾任复旦大学教授的王沪宁甚至提出了文化是软实力的理论："如果一个国家拥有令人羡慕的文化和意识形态体系，其他国家就会追随它……不需要使用硬实力，因为这既昂贵，又效率低。"

在全球化时代，软实力越来越重要，因此中国政府努力通过外交、经济和文化手段来提高其软实力，达到服务意识形态和政治的目的。

赫尔辛基孔子学院

2004 年中国在首尔建立了第一所孔子学院。到 2013 年年底，中国共在 120 个国家和地区建立了 440 家孔子学院和 646 个孔子课堂。作为"外国人学习中国语言和文化，理解现代中国的地方"，孔子学院致力于加深中国与其他国家的友好关系，促进多元文化的发展，以及建设和谐世界。作为推动中国软实力的合作与交流的平台，孔子学院与中国的全球活动和国际化关系密切。孔子学院还成为中国梦的重要内容，因此得到中国政府的全力支持。

赫尔辛基大学孔子学院成立于 2007 年，是赫尔辛基大学和汉办的合作项目，中国人民大学被指定为学术伙伴大学。本文即以赫尔辛基大学孔子学院为例，从战略、结构、制度、风格、人员、技能和共同价值观七个方面来考察该机构的基本情况。分析表明，孔子学院内部呈现多种冲突：主客两方的利益冲突，管理层的权力冲突，缺少信任和合作以及人员之间的矛盾等。

战　略

中外双方没有真正的、相互认可的战略。根据协议，孔子学院利用汉办和合作大学的资源来开展汉语教学和推广中国文化，以及开展中国研究。但中方在学术合作或中国研究方面并没有提供真正的支持，改善汉语教学方法或提高教师技能方面也乏善可陈。毫无疑问，国际化过程对中国而言是一个新鲜事物，因此"走向全球，入乡随俗"并没有得到真正贯彻。比如说，尽管汉办宣布孔子学院尊重当地文化和教育传统及社会风俗，但实际上其解释权却在汉办。

结　构

合作结构非常复杂，有孔子学院、汉办和中国大学（作为学术伙伴方）三方。孔子学院的管理层包括外方（本地）院长、中方院长，以及来自合作大学和中国伙伴大学的三名成员组成的董事会。外方院长来自合作大学，也是孔子学院董事会成员之一。汉办/孔子学院总部监督孔子学院，从中国大学里挑选中方院长和教师。汉办还提名中国大学作为学术伙伴方，支付中方院长和教师的报酬。由于人员的来源、背景不同，因此在不同级别和不同参与者之间缺乏交流，日积月累造成了很多误会，而消除这些误会则浪费了时间和资源。

制　度

孔子学院负责制定自己的预算和财务报表，但中方的和当地的（合作大学）两种制度却同时运行。汉办/孔子学院总部提供指导方针和资金，包括启动资金及年度资助（孔子学院批准的预算），合作大学提供设施及当地员工的薪酬。两种制度各行其是，因而运作起来既复杂又耗费时间。此外，中国方面的制度基本上是通过中文来沟通完成的，因此需要中方院长的协助，而此人协助外方院长和雇员的能力和愿望就变得尤其重要。

风　格

风格事关文化、公开的或潜在的规则。除了制度不同以外，中国和当地不同的工作风格也不容小觑。中国的工作文化是等级的，不同于当地主流的平均主义。这在交流的风格上也有所体现，如何与对方交谈，报告的内容和方式，如何表示赞同，如何表示反对，何为最重要的等。事实上，工作场所中的人员来自不同的文化背景非常容易引起误会和误解。

人　员

孔子学院有中方工作人员，也有当地人，能力水平各有不同。当地人员中包括孔子学院的外方院长和雇员。中方人员包括中方院长、一名教师和一名志愿者教师。此外，孔子学院还负责管理另外的 5 名志愿者教师。合作大学雇用外方院长和其他雇员，中国派遣中方院长、教师和志愿者教师。由于缺少共同战略和一体化的、适宜的工作制度，这种由不同文化背景、理想和能力的人员组成的团队所面对的挑战是巨大的。

技　能

外方院长和员工是合作大学通过公开招聘而招募的，而汉办则派遣中方院长来"帮助"外方院长和中文教师教授汉语和中国文化。随着孔子学院开办数量急剧上升，出现了外派教师短缺的现象，于是只好派出更多的志愿者教师，但由于他们基本上是年轻的大学毕业生，聪明、热情有余而教学经验不足。合格的中方教师又不熟悉当地的教学方法和现代技术，因此团队成员之间存在着不信任和疑虑，难以形成相互之间的信任和支持。

共同价值观

共同价值观是其他所有关键要素的中枢，但孔子学院的各方并无共有的经营价值观。孔子学院在战略、结构、制度、风格、人员和技能方面存在的问题表明，必须要做出改变。因为价值观和目标不一致，他们就不会全力投入工作中，也不会努力提高技能以满足工作需要。相反，孔子学院成了某些人体验异域文化、满足私人欲望的机会。

中国政府建立的孔子学院是中国软实力的一部分，而软实力的目标在于提高中国的国家形象、赢取人心，以及在全球建立伙伴关系和多边合作关系。通过推广中国语言和文化，外国合作伙伴——大学或其他实体——认为可以从中受益，而在外交助力之下的文化推广活动则实现了政府的目标。因此显而易见，所有外国伙伴都希望维持现状，不需要改变，甚至某种程度上陷入了无视上述弊病的文化局限性的陷阱。

结　论

作为一个大国，中国渴望得到世界的尊敬。中国政府致力于打造其国际形象，还通过把儒学与和谐世界作为西方哲学和霸权之外的另一种方式，以增强其软实力。但向古典学术和儒家伦理的回归能否帮助中国政府实现其"中国梦"？

中国政府耗费巨资在全世界建立孔子学院，目的就是扩大文化交流。积极的结果是中文的学习人数和文化交流有了大幅度提高，加大了对中国的了解。但是本文的分析也显示，孔子学院也面临着诸多挑战。

体制推动下的儒学和孔子学院在多大程度上能提升中国的软实力，建设一个能与西方价值观体系一决高下的新的世界秩序？儒学和文化本质上是思想的对话和观念的交流，而不是政治工具，因此儒学和孔子学院似乎并非如设想的那样成为强大的软实力的组成部分。

但历史悠久的中国有着伟大而深厚的文化传统，为中国开展公众外交提供了巨大的潜能。中国并不缺少公众外交和软实力资源，缺少的是推动软实力的意识和手段。此外，更为关键的是中国的软实力如何被世界感受到，如何利用软实力资源，如何行动以及如何提高吸引力。

（崔玉军　编译）

原文信息

原题：China's Soft Power：Challenges of Confucianism and Confucius Institutes

作者：Anja Lahtinen

出处：*Journal of Comparative Asian Development*，Vol. 14，Issue 2，2015

孔子学院能否作为支持中国崛起的
软实力工具：以南非为例

玛达莱娜·普罗科皮奥

本篇文章由伦敦政经学院（LSE）研究中非关系的研习生玛达莱娜·普罗科皮奥撰写，发表于《非洲东亚事务》2015 年第 2 期。作者在文中讨论了孔子学院的作用、文化与政治的联系，以及支撑中国软实力的其他资源，并以南非为例分析了孔子学院等中国崛起的支持性作用。

孔子学院与"文化"软实力

尽管事实上语言教学已经被称为一种外交政策工具，但是孔子学院和软实力之间的联系还不是很明显。有关这一项目的最终目标的争论一直在进行，而且还将持续。支持的论点认为孔子学院是语言学院，没有特别的政治内涵，而质疑的观点则认为它们是宣传工具。有意思的是，对于这些学院的性质，何为文化，文化的哪些方面应该在国外推广，以及有哪些其他的实力资源可以和文化推广相辅相成，尚未具备统一的认识，即使在中国的决策机构内部也是如此。

对孔子学院作用的认识

2011 年，国家汉办主任、孔子学院总部总干事许琳曾表示，不仅文化和软实力属于两个特定的领域，而且孔子学院与软实力或政治也毫无关系。她说："孔子学院与软实力无关。……孔子学院走出去是为了让外国人更多地了解中国，但更重要的是，孔子学院通过塑造一个零距离的平台来增加中外文化面对面的真切交流。这里没有意识形态的因素，完全是中华文化的因素。"这一陈述提出了几个问题，特别是涉及文化是什么，它有哪些方面应予以推广，而且它是否能与政治完全脱节。

2014 年，北京大学成立了一个从事软实力研究的机构（国家文化软实力研究中心），以帮助政府在国外普及中国文化和价值观，这在文化和软实力之间建立了联系，也使如何理解孔子学院更为复杂化。在成立仪式上，文化部长蔡武还指出："文化软实力正逐渐成为国家崛起的硬支撑，中国要实现民族崛起要着力提高文化软实力，以便在软较量中占得上风。"这一表述不仅将文化和软实力更紧密地联系起来，而且还需它们为中国的国际关系议程提供支撑。

孔子学院的文化以及与政治的联系

中国政府寻求在海外推广的文化一般围绕着传统的艺术表现形式（书法、中医、武术等），以及交流和商业贸易。孔子作为中国语言和文化的大使并非是用来讲授儒家思想，而仅仅是利用他以传授与儒家学说有关的一些当代价值含义，如和谐、和睦、稳定、有序的理念。

孔子真的是在全世界尽人皆知吗？抛开这一点不说，重要的是，仅将重点集中于儒家学说的几个特定元素，而未能带领学生广泛和深入地领略传统中国文化或当代创造，这是将文化压缩为一种局限的和简单化的认同观念的典型例子。有些人认为这要归咎于其难度，因为即使对中国学生而言，要理解这些复杂的文化表达也很困难；但也有人主张，一种特定的文化通常是政治动态的反映，而简化它也就淡化了政治的重要性。尽管如此，主张这种局限等同于宣传，似乎有点夸大其词。

其他的实力资源

中国为了实施软实力战略，依赖其经济实力，即贸易、投资及其特有的经济发展模式，来提升人们对中国的兴趣，进而支持其越来越普遍使用的文化手段。在非洲的背景下更是如此，中国的吸引力更多地集中在中国当今的发展成就和物质装备，这是与工业化国家形成对照的。对工业化国家而言，中国的吸引力主要基于对于中国文化和其历史文物的浪漫描写，当然还包括对中国"十亿消费者"了解和开发的追求。然而在非洲，艺术层面上的中国文化所形成的吸引力是最小的，虽然它可以作为软实力主要来源（经济资产）的一种补充。而正是基于此，一些学者指出，如果外国人出于经济目的而被吸引到中国语言和文化的学习中，那么一旦中国经济的发展出现衰退，将不可避免地抑制其文化的吸引力。此外，除去经济吸引力，只有简单和有限的文化认同观念可与外国人分享，这必将降低中国发展长期影响力的潜能。

南非的情况

依照约瑟夫·奈所提出的软实力发挥效用的先决条件，本文针对南非的情况进行了分析，以考察中国文化对南非是否具有吸引力，中国的政治价值准则在国内外是否一致，以及它们被转化为外交政策时是否被认为"具有合法性和道德权威"。之后，本文又考察了孔子学院的管理人员和学生如何与孔子学院互动，他们对于孔子学院目标的实现是否有影响。

作为非洲大陆屈指可数的中等收入国家之一，南非经济并非单纯依赖于资源开采，而是多种经营，其工业基础取得适度发展，拥有稳定的金融服务部门，甚至小规模的信息技术产业。在社会层面，南非有着明显的社会分割，反映着种族隔离制度下的种族分层。在文化取向上，南非传统上即偏重于英、美和欧洲。

南非的人口以黑人为主，其文化参照点很宽泛，这种多样化的和层级的背景对于中国软实力而言是一种异常复杂的互动环境。

南非，尤其是城市地区，自19世纪晚期就开始与中国文化有所接触，当时中国向南非的第一次移民潮就开始了。尽管流散人口在过去与南非建立了重要的社会联系，然而开始于21世纪初的新的移民浪潮加大了有关"中国含义"（"Chinese means"）的观点分歧。与文化交流相对照，经济方面已经成为当今最为显著的互动形式。对于与中国参与相关的经济诸方面，南非既有积极的看法，也有否定的观点，这主要取决于涉及的部门。由于中国移民人数增加，而他们的经营活动多种多样，文化吸引力也越来越与这些人所从事的活动相关。

中国的政治价值准则强调创建和谐社会的重要性，其中尊重权威在人民的头脑中根深蒂固，而经济发展是成功的关键。在国际关系领域，这些价值准则转换为不干涉的外交政策，重点放在经济领域。而对南非而言，一方面，这个国家有着复杂和分裂的国家认同，对于其国内和外交政策均有影响。而中国倡导的和谐和不干涉原则被诸如南非等许多国家所欢迎，它们更倾向于协商而不是使用武力解决冲突，尊重人权一直是其主要的社会—政治话语和实践，以及其外交政策的基本要素，因此，中国目前的政治价值观在一定程度上对南非是具有吸引力的。

对南非的考察发现，孔子学院作为支持中国崛起的工具在一定程度上是有效的。研究表明，尽管孔子学院能够很好地吸引大学开设此类机构，吸引学生参与学习，但无论是学院管理者还是学生，他们多种多样的参与行为有时候消解了这些努力。另外，对孔子学院的业绩缺少适当的评价机制也似乎表明，学院的重点并不在于对教育体验是否满意和效果如何，而仅仅在于提供这样一种教育经历，似乎仅此一点即足以满足项目的目标。在管理层面，由于对孔子学院背后的官僚机制有着困惑和疑虑，并意识到在教学的内容和做法上存在行为规范，使得行政人员对于中方的管理并非完全信任，而这会对未来的发展形成羁绊。就学生而言，意在让数量众多的学生接触到语言和文化是一种战略，由于孔子学院扩展了学生对中国的了解和认识，使他们能够表达有关中国的积极看法，或至少是不那么带有偏见的观点，已经足以证明这一战略是有效的。然而，就将孔子学院作为支撑中国崛起的有效工具而言，这是不是一个好的战略仍有待观察，因为短暂接触可能受到积极的影响，但是尚未到达这样的程度，即在他们未来的个人和专业生涯中也能保持对中国的拥戴。

（刘霓　编译）

原文信息

原题：The Effectiveness of Confucius Institutes as a Tool of China's Soft Power in South Africa

作者：Maddalena Procopio

出处：*African East-Asian Affairs*，Issue 2，2015

移民、孔子学院与中国在中亚的软实力

埃努·诺嘎耶瓦

哈萨克斯坦欧亚大学国际关系研究学者埃努·诺嘎耶瓦在《地缘政治》刊物上发表此文，讨论了中国如何利用人口数量优势，以及如何借助孔子学院形式在中亚地区发挥其影响力。

中国移民、中亚人口政策与软实力

中亚已经成为大国竞争之地，更被中国视为加强其政治和经济影响力之地，因此该地区对中国极为重要。对中国的中亚政策而言，另有两个意义重大的问题：获取该地区的能源及保证中国的投资安全。由于意识到只有通过正确地表达自己，只有通过形象建设活动，打造自身的和平形象，才能避免被看成一种威胁，因此，中国开始诉诸软实力，并为此投入了成百上千万美元。但中国此项工作的收效甚微。本文即以中国在中亚的人口和语言政策为中心，来评估何以会"回报不多"及中国软实力政策的整体局限。

移民和语言政策是中国扩展实力的重要工具。中国在海外的移民群体非常庞大，因此中国政府格外重视这一群体，从中国的中亚人口政策中即可见一斑。而因为与中国接壤，且人口稀少，移民成为其邻国最为担心的问题之一。根据中国科学家的估测，中国的自然资源和经济形势仅可支撑 15 亿人口，因此中国面临着"如何养活中国人"的挑战，这种情况让人担忧中国是否会通过向外扩张来解决这一问题。有些人认为中国大规模向邻国移民这种说法与事实不符，有被夸大之嫌。有些人则认为尽管短期内不大可能，但从长远而言是不可避免的。所以"中国威胁"在这些邻国中挥之不去。

曾于1992—1995年任哈萨克斯坦驻华大使的穆拉特·阿乌艾佐夫（Murat Auezov）认为，中国出于土地原因而将人口迁往新疆地区是其准备向中亚扩张的前奏。阿乌艾佐夫把中国及其邻国的核心问题总结为人口、土地和水，而土地和水资源对于中国的人口具有战略意义。这些观点部分反映出中亚地区学术界对中国的看法。

2009年由俄罗斯科学院主持、在哈萨克斯坦进行的一项大型民意调查（旨在了解当地居民对在此生活的中国人的态度）显示，大多数受访者并不关心他们，且受访人对中国知之甚少。67%的受访者认为未来5—10年中国移民将增加，另外28%认为会保持不变，只有5%的受访者认为会下降。

考虑到上述诸多因素，中国政府试图制定政策，通过加强经济联系以消除各种负面印象。此外，通过高层外交、政治和军事交流项目，中国也与其邻国建立了新的关系，提高了中国的地区影响力。

中亚地区的孔子学院与软实力

2005年中亚地区首家孔子学院在乌兹别克斯坦共和国首都塔什干成立，此后又有3家孔子学院先后在哈萨克斯坦等国成立。2008年10月，塔吉克斯坦国立民族大学开办孔子学院。根据2015—2020年合作计划，中国为塔吉克斯坦提供的援助，其中部分（28亿美元，约占该国GDP的30%）被用于基础设施投资，其余的则被用于提高中国在塔吉克斯坦的形象。中亚地区唯一的例外是土库曼斯坦。2008年8月，时任国家主席胡锦涛在其首都阿什哈巴德访问时提出要在该国建立一家孔子学院，但至今仍未落实。

孔子学院的影响不仅限于数量的增长，其质量近几年也大有提高。孔子学院的主管机构汉办开始通过各种途径提高孔子学院的曝光率，加快孔子学院的建设步伐，强化围绕孔子学院计划的战略意义。尽管有些学者认为孔子学院对中国的软实力颇有助益，但他们也多少认为这是一种"带有政治意图的刻意的宣传"。随着在国际层面上的活动增多，孔子学院也越来越高调。有些学者甚至指出，在孔子学院的扩张及与中国文化交流活动相关的诸多方面，中国没能掩饰其政治议程和战略意图。如此来讲，可以说孔子学院并不在软实力的框架之内，而是体现了中国的国家利益和全球文化民族主义。

通过孔子学院的章程，可以将其理解为中国政治和语言政策的执行者。比如说，通过教授北京认可的汉字简体字，使用北京认可的教材和读物，而将在港台地区使用的繁体字弃之不用，由此承担起边缘化台湾国际影响力这一中国外交政策目标的角色。

语言不仅仅是表达的工具，对地缘政治的形成也有着巨大的影响力。很明显，只要孔子学院直接隶属于中国政府，那么它们就仍将是中国推行国家政策的有效工具，而不仅仅是语言教学和文化推广的机构，如德国的歌德学院等。

中国软实力的局限性

中国加紧在国际上推广其政治价值观和文化，巧妙地向世界（尤其是其邻国）展现积极正面的国家形象，下面 4 个方面最有代表性：（1）打"孔子"牌：那些担心通过影响力和语言而面临"人口入侵"的人，以及那些不喜欢中国的人，都不会隐藏对这位东方伟大的思想家的尊崇。（2）以"上合组织"为跳板：在中亚地区建立孔子学院，或者为这些国家提供教育配额，是与上合组织（SCO）联系在一起的，都是中国实施其中亚政策最重要的工具。（3）"王者归来"的信号：首家孔子学院在韩国建立，而韩国是 19 世纪"中国传统文化帝国的一部分"。此举传递出"我要再创历史辉煌"的信号。（4）为了防止针对崛起大国的敌对情绪，"北京共识"被提出以表明中国是一个负责任的、爱好和平的大国，而非侵略成性。这种模式与"上海精神"一起被应用到中亚地区。

尽管最近几年中国政府非常关注公众外交，但中国传统文化和政治领域的关键方面令中国的公众外交遭遇到很大的障碍。另一方面，中国软实力政策仍是临时性的、被动的，其目的是反击中国威胁论、改善中国的海外形象。此外，中国政府的干预和主导也限制了中国的软实力。尽管政府采取措施，提高了人民的生活水平，但人权和文化方面的限制性政策也对其造成了负面影响。所以说，当与国内现实呈现差异的时候，利用文化和叙事来创造软实力并非易事。

（崔玉军　编译）

原文信息

原题：Limitations of Chinese "Soft Power" in Its Population and Language Policies in Central Asia

作者：Ainur Nogayeva

出处：*Geopolitics*，Vol. 20，Issue 3，2015

开放获取与中国学术的软实力

任翔　露西·蒙格玛丽

澳大利亚南昆士兰大学数字未来研究所（Australian Digital Futures Institute）研究员任翔和科廷大学的露西·蒙格玛丽（Lucy Montgomery）在《媒体、文化与社会》（*Media, Culture & Society*）2015 年第 3 期发表文章，该文基于网络化数字技术与开源运动令研究的进程与体制、知识的产出与传播变得富于全球化色彩这一背景，运用约瑟夫·奈的"软实力"概念考察了开放获取（Open Access，简称OA）如何促进中国的学术出版，进而提升该国的学术软实力，同时指出了传统学术出版体制与文化对开源数字出版发展的限制，以及 OA 对国家进行科研创新体系有效治理所带来的挑战。本文也对中国的学术开放和科研体制创新有所启示。

中国的文化软实力建设与国际学术话语权现状

中国政府已经并持续付出极大努力来推广中国的语言、文化、主张并扩展其影响（所谓的文化"软实力"）：不仅通过境外资助和各种发展计划、教育和文化外交项目以及本国新闻机构的全球扩张，同时还为中国文化产品打入国际市场提供资金等方面的支持。政府希望中国自己成长为知识和创新的原生国和出产方，而不是被动消费其他国家的知识与创新，这已经成为国家优先发展的战略之一。其中，在学术走出去的框架下就包括鼓励中国学术成果境外发表、中国学术出版社开展国际合作、在中国本土出版英文期刊等项目。上述政策无疑取得了一定成果。

据全球最大的索引摘要数据库 Scopus 的统计数据，1996—2012年间，共有 2680395 篇出自中国学者之手的学术文献被收录（绝大多数是英文），在单个国家学术论文生产总量排名上已经占据全球第二的位置。不过，就其中达到世界级科学技术创新的原创成果比例来看，中国并没有表现出类似的增长。2014 年，中国在论文被引率的全球排名中仅排在第 207 位。文章平均被引率，中国学者的论文仅有 6.17 次，而排名在前的美国、英国和澳大利亚的成绩分别是 20.45 次、18.29 次和 16.73 次。更值得警醒的是，SCI 索引中收录的中国学者的文章，有 35% 的被引率为 0。另一个统计数字来自于《华尔街日报》，2010 年，中国人口占世界 1/5，GDP 总量占全球的 9%，研发投入占到全球总量的 12%，但在海外注册专利的数量只占到世界总量的 1%，并且其中一半是由跨国企业完成的。

中国的决策者和学术界可能越来越意识到，鼓励中国研究者在海外高水平期刊上发表文章可能会加剧全球知识生产格局的不平衡。由于本国学术出版能力的滞后，中国学者不得不依赖外文学术期刊，出版后的成果版权悉数掌握在海外出版机构手中，要使用它们还得支付相关费用。据中国新闻出版广电总局的估计，超过 95% 的中国重要的科研成果版权被国外商业出版机构掌握，可以说，中国学术成果国外发表数量的大幅增长只是一种表面上的光彩。优秀成果大多在海外而非国内刊物发表，实际上意味着中国进一步流失了在国际学术界的话语权。

通过开放获取来提升学术软实力：中国的机遇

中国在应对如何更好地处理与国际期刊出版系统关系的问题时，同时会受到互联网改变学术生态这一重大局面的影响。有学者指出，未来 20 年由于互联网技术及其文化，研究人员发表成果、评估影响、交流合作的方式将发生巨大转变，其改变之巨甚至超过过去

200 年之总和。与此同时，传统的知识产权保护机制也越来越受到质疑，不仅是像中国这样的发展中国家，甚至在知识产权的主要输出国也有越来越多的人站出来挑战既有的知识产权体系，认为其更多是为特定利益群体服务。而诸如开放获取、知识共享许可协议（Creative Commonslicenses）这类机制在冲破既有的知识产权体系上发挥着十分重要的作用，促进了学术成果的自由流动、减少了知识获取过程中的种种不平等现象。利用开放获取，中国可以减少对国际出版商的依赖，并能一定程度上解决国内出版系统效率不高的问题，帮助提高中国学术交流体系的透明度和效能。

因此，中国对开放获取在本国的发展持支持态度。中国国家总理李克强在全球研究委员会（Global Research Council）2014 年于北京召开的年会上发表演讲，指出"中国奉行互利共赢的开放战略，正在推进新一轮对外开放，扩大国际科技交流与合作，鼓励知识、技术、人才的全球流动，支持建立公共财政资助的科学知识开放获取机制，促进中国和世界科学事业共同发展"。这不是一句空话，中国已颁发一系列文件，将科研成果允诺开放获取作为获得资助的一项条件，以此推动中国开放获取的基础设施建设。开放科学（Open Science）的理念和对国际开放获取运动的认同已成为中国科研提升自身品质、本国创新力发展并为经济转型服务的一个重要元素。

中国在开放获取方面的资源与实践

与其他国家较为不同的是，中国的开放获取平台基本都是国家层面牵头开发和运作的。例如，"中国科技论文在线"（SPO）是由中国教育部资助开发的一个开放获取项目，该项目采取先发布后评议的办法，目前该平台已收录超过 8 万篇原创首发文章。2012 年起，开放获取运动兴起了一种新兴模式，即通过网络互联、各国众筹而建立起的机构知识库网络，中国科学院机构知识库网格（CASIR Grid）就是其中一例。它与"中国科技论文在线"的不同之处在于，前者基本上收录的是中文论文，而它收录的全文文章中有三分之一是在国外英语期刊中发表过的。这对于本国和国外学者获取中国学者创作的高水平文章起到了不可忽视的作用。截至 2013 年年底，中国科学院机构知识库网格上的文章获得 1400 万次下载，将近 40% 的下载请求来自国外。

一般来说，国外的开放获取平台提供的是预印版或者最后一稿的文章（所谓的"绿色通道"或机构知识库），而非最终发表版，如果提供后者开放获取（所谓"金色通道"或开放获取期刊）就会向作者收取一定的"文章处理费用"（Article Processing Charge，在中国应该叫作"文章版面费"），但由于中国的开放获取平台多半是国家发起建设，所以大量的中国开放获取期刊不收取"文章版面费"，反而是那些低质量的、非开放获取期刊会收，更甚的是，有些这类刊物，只要给钱就管发表。这种情况与现行的中国学术出版体制和环境有关。

20 世纪 90 年代以后，许多刊物被推向市场，自负盈亏，而且期刊社数量庞大但规模很小，据 2008 年的统计，每个期刊社平均只拥有 1.6 种期刊，与此同时，学者们又被要求尽可能发表更多的文章，学者和高校、科研机构的考评和排名均与发文数挂钩，凡此种种，造成中国学术界大量炮制低水平论文和期刊社以文养刊等现象。中国的开放获取期刊则因其资助保障摆脱了上述先天困窘，从而发表更多高质量、被引概率高的文章。

尽管目前中国的开放获取期刊还处于起步阶段，在知名度和被使用度上还无法与万方、同方和维普这样的大型商业期刊数据库机构竞争，但不遗余力地发展开放获取终将给中国的学术生产和学术走出去乃至改变世界知识生产格局带来种种益处。例如，中国坚持完全免费的开放获取政策使得在与国际商业出版机构交易时拥有更多的谈判筹码，让他们更多地考虑中国学者们传播自己成果的需求，比如降低版面费。特别重要的是，在国家层面的支持下，可以避免市场化造成的资源分散，实现最大限度的出版资源整合，参与国际竞争。

仍需面对的挑战

中国提升学术软实力，肯定不能仅靠开放获取，而且更要紧的是，需要充分认识语言壁垒所造成的障碍。尽管 SCI 上中国学者的文章越来越多，但实际上能够运用英语写作和交流的中国学者还只是很小一部分。中国现在希望通过大量投入学术外译来解决问题，可是缺少合格的译者（兼具外语能力和专业知识）是一大问题。此外，即使是用英语撰文，学术写作中体现的文化、研究方法论乃至意识形态方面的差异也是中国学术走出去需要面对的问题，这些问题尤其反映在人文社会科学中，而人文社会科学成就有时更能展现一国的文化软实力。绝少有哪个国家政府像中国政府这样大力度地支持开放获取，这么做的出发点也许和它大力度地鼓励学术成果海外发表一样，有功利的一面。但如果过于功利，就会重蹈只重数量不重质量或者高投入低影响的覆辙。

学术出版的软实力有赖于一个高产同时健康的国内创新体系以及一个开放透明的出版传播产业，但这些中国目前还不具备或者说做得不够好。中国的相关决策者们需要在短期投入刺激数量增长和长期深化学术出版体制改革之间寻找平衡，一味依赖国家主导的平台或者政府发起的推广工程，无益于整个学术生产和传播体系基础架构的改良。像"奇迹文库"这样民间自发的开放获取平台从体量和影响力来说均不如国家主导的那些平台，但这样一股力量值得重视。

此外，对于高等教育和科研这样的对象，单纯使用竞争性的"软实力"也许并不合适。研究高等教育国际化的知名学者简·奈特（Jane Knight）建议在高等教育领域使用"共同实力"（Mutual Power），因为在这一领域，国际合作发挥着重要的作用。这一概念也许同样可以移植到开放获取和开放科学运动上。对中国来说，它希望国际合作者在科研和创新领域更多地向其开放，但另一方面，中国的决策者也应当首先将开放、透明和自由的原则更多地运用于本国的学术出版体系中，同时改善学术生产中目前所采取的那些僵化、封闭的管理体制，设法改善目前学术垃圾过多的现状。还有就是，中国应当吸纳更广泛的民众参与到学术知识生产中，在西方这被称为"公众科学"（citizen science）。所有这些举措，都将有助于中国实现在发展知识经济上的宏大目标。

（唐磊　编译）

原文信息

原题：Open Access and Soft Power：Chinese Voices in International Scholarship

作者：Xiang Ren，Lucy Montgomery

出处：*Media，Culture & Society*，Vol. 37，No. 3，2015

中国公民的对外认知如何影响对内评价

黄海峰

　　美国加州大学默塞德分校政治系助理教授黄海峰在《美国政治学评论》（*American Political Science Review*）上发表了《变迁中社会的国际认知与对内评价：以中国为例》一文。该文通过两项定量研究表明，人们对于国外经济社会状况的认知越正面（尤其是在高估了海外国家的经济社会状况时），对于中国的总体评价以及对未来的预期则越低；但在对国外的政治认知方面，当国际政治事件同政治混乱与社会动荡无关时，人们的对外政治认知同对内评价与预期之间并无相关性，而当国际政治事件涉及政治混乱与社会动荡时，人们的对外政治认知会提高其对中国的政治评价以及对未来的总体预期。

　　大量研究表明，人们在衡量自身以及所在社区的状况时，依据不仅包括客观现状，还包括同他人的对比。尽管这些研究揭示了在人们衡量自己及其政府时，国际状况会起到怎样的作用，但却都建立在一个假设之上，即人们在比较时所使用的信息都是正确的。然而，事实上，人们对于本国政策和社会经济状况的认知常常是错误的，对于外国的错误认知则更为严重且普遍。即便是在美国这种信息获取渠道通畅且平均教育程度相对较高的国家，对于他国状况的误解也很严重，那么在诸如中国等信息获取渠道相对欠缺、平均教育程度相对较低的国家，这种状况可能更加严重。如果这些国家的人没有注意到社会经济发展无法代表政治自由，他们就有可能低估海外国家；而如果缺乏足够准确的信息，这些人也可能神话海外国家从而高估它们。

此外，对国际状况的认知需要被分成政治认知和经济社会认知。两者的不同之处不仅在于它们所涉及的领域不同，还在于造成错误认知的原因有着极大的区别。政治上的错误认知常常来源于政治信息的缺乏（如政府并未告知其公民某些信息），但经济社会方面的错误认知则更多地来源于错误的或不够精确的信息（如人们高估或低估了美国的人均收入以及在此基础上得出了过于正面或负面的评价）。此外，许多逸事证据（anecdotal evidence）还表明，共产主义和后共产主义国家（范围从越南到俄罗斯）对西方的经济社会生活非常感兴趣，甚至常常超过对西方政治事务的关心。

那么，公众对于海外国家的认知究竟会在他们衡量自己国家时有着怎样的影响呢？纠正错误的认知会使人们对于自己国家的评价发生改变吗？为了回答这两个问题，黄海峰做了两个研究来探索人们对于国际状况的政治认知和经济社会认知同自我评价之间的关系：第一个研究调查了某所在中国排名中上的大学学生，第二个研究则对不同背景的中国网民进行了一项网络调查。

黄文通过上述两个研究来验证4个假设：

假设1：人们对于国外经济社会状况的认知越正面（尤其是高估了海外国家的经济社会状况），对于中国以及中国政府的评价就越低。

假设2：根据上述的逸事证据，人们对于国外日常政治事务的认知同他们的对内评价并不存在显著的关联性。

假设3：对国外经济社会状况的正面认知度与对内评价之间至少存在着部分的因果关系，即越是正面的认知至少会部分地导致越低的对内评价，这也意味着纠正人们对国外经济社会状况的错误认知会提高他们对中国的评价，对于那些高估海外国家经济社会状况的人尤为如此。

假设4：由于中国公民对于政治和社会稳定度有着众所周知的偏好，越是清楚海外国家存在政治不稳定与社会动荡状况的人越对中国有着更高的评价。

大学生调查

本研究中的数据来自于 2011 年 6 月对中国东部大学生的一项调查。受试者为参加校级必修课程的大二学生。调查是自愿且匿名的，在一项班级活动中开展，其覆盖了学校中一部分专业的所有学生。该所学校为中等规模且排名中上，这是为了保证受试者比精英大学中的学生具有更广泛的代表性。最终参加者共有 1200 名学生，但并非每个学生都回答了所有的问题。

受试者首先需要回答他们对于国内状况的评价（因变量）以及对于一些事情的态度，而后回答两组问题，其分别衡量了他们对于国外政治事务和经济社会状况（自变量）的认知。国内状况包括现状、对未来的预期、政府的响应能力（government responsiveness）、政治制度以及腐败的严重程度。除腐败问题外的其他问题用李克特五点量表衡量，数值越大则代表评价越正面，而腐败问题则被分成 6 个程度，数值越高表明腐败问题越严重。在国际政治认知方面，受试者被询问 2010 年至 2011 年年初发生的重要国际政治事件，如奥巴马政府的医改、本·拉登死亡、阿拉伯之春等，而后根据回答的正确率计算分值。除了阿拉伯之春外，其他多多少少都是和政治不稳定或社会动乱无关的普通政治事件。

在经济社会认知方面，受试者被要求去估算经合组织成员国（尤其是美国）的人均收入、失业率、预期寿命、贫富差距、受教育年限、住房拥有率、空气与水污染、自杀率状况，这些领域正是中国公众极其关注，且常常拿来同其他国家作对比以此认为中国做得并不好的地方。为了让受试者能够有判断标准，研究为他们提供中国的相关领域数据，而关于国外状况的正确答案则来自于最新的（2010 年）联合国《人类发展报告》以及美国的官方统计数据。

在本项研究中，控制变量包括信息消费状况、民族自豪感、政治效用意识（political efficacy）、个人主义以及总体生活满意度。在社会认可方面，我们也控制了性别、家庭收入、党员等变量。此外，数据通过罗吉特（Logit）回归进行计算分析。

根据分析可以得到以下结论：

（1）人们对国外经济社会状况的认知越正面，则对中国整体状况的评价以及对中国的未来预期越低，对中国政府和政治制度的评价也越低，并认为中国的腐败状况更加严重。

（2）高估国外经济社会状况是产生这种现象的主因，而低估国外经济社会状况对较高地评价中国现状之间虽然存在关联迹象，但并不显著。

（3）对国外政治事务的认知同对中国的总体评价以及对未来的预期之间并没有显著的相关性，同在政治方面的对内评价之间也没有显著相关性。

（4）前文提及的控制变量也会对总体评价和政治评价产生一些影响：生活满意度与民族自豪感同对内评价呈正相关，个人主义与内部效用意识（internal efficacy）同对内评价呈负相关，但外部效用意识（external efficacy）则同对内评价呈正相关。

本研究的计算结果同假设 1 与假设 2 吻合。

网络调查

网络调查在 2014 年 4 月开展，涉及了多样的网络样本。其被用来检测第一项研究是否可以适用于更加广泛的人群，也可以衡量在经济社会方面的对外认知同对内评价之间是否存在着从前至后的因果联系。

本研究从中国的知名众包网站中来找寻受试者，为了避免某些受试者重复参与，每个 IP 地址以及每个用户只被允许参加一次。该项调查的参与者中学生不到三分之一，其他则包括公司职员、政府职员、技术人员、普通工人、农民、个体户以及无业人员。虽然本研究中年轻人和大学学生的比例要高于他们在网民中的实际比例，但此项研究的学生比例要更加接近实际网民构成比例。为了避免受试者胡乱答题，问卷中加入了一些能够检测该种状况的题目以排除这些无效问卷。最终有 955 人参加了该项调查，他们被随机分成试验组（470 人）和对照组（485 人）。所有人的问卷同第一项研究相似，根据国内外情势的变化更新了其中的一些选项，但删去了对国内的政治社会认知，因为上一项研究发现它同对内评价并无相关性。此外，本研究还加入了一个衡量受试者对政府信任度的问题、一个衡量受试者的主观社会地位（以此控制收入以外的经济社会状况）以及一系列关于教育程度和年龄的问题。许多衡量标准也经过了调整。由于 2013—2014 年间发生的许多大事都同政治不稳定与社会动荡相关，本研究将同政治社会动荡相关的事件与不相关的事件做了区分。

试验组在回答完经济社会领域的认知问题以及民族自豪感、个人主义等政治社会态度之后会被告知正确答案，而后再回答关于对内评价的问题，而对照组则没有纠正答案这一环节。由于在政治认知问题方面并不出示正确答案，相关的问题会被置于对内认知之后。为了避免受试者猜测调查意图从而迎合他们所认为的研究者意图，问卷的问题中夹杂着一些无关研究的选项。

经过数据计算该项调查得出如下结论：

（1）受试者对国外经济社会状况的认知状况同第一项研究中的学生样本并无多大差异；

（2）人们对国外经济社会状况的认知越正面，对中国整体状况的评价以及对未来的预期也越低，且两者具有显著的相关性；

（3）对国外经济社会认知的正面程度与对中国政治现状（政府的响应能力、对政府的信任度、政治制度、腐败的严重程度）的评价呈现出负相关，这仍然主要是因为人们高估了国外状况；

（4）试验组和对照组的比较表明，纠正错误答案有助于提升人们的对内总体评价以及对未来的预期；

（5）由于纠正错误答案能够提高人们对政府的信任度并降低对腐败严重度的估算，因此纠正人们对于国外过高的认知状况能够提升人们对于中国政治状况的评价；

（6）同第一项研究不同的是，此项研究中对国外政治的认知同在政治方面的对内评价（其中只有腐败问题并没有显示出显著的相关性）以及对未来的总体预期呈显著的正相关，其最可能的原因是本项研究中国外政治认知的问卷同第一项研究相比包含了许多关于国外政治社会危机与不稳定的问题，而中国公民对于政治和社会稳定度有着众所周知的偏好；

（7）关于控制变量（尤其是民族自豪感、个人主义和生活满意度）的结论和第一项大学生研究相同；

（8）对国外经济社会状况有着客观认知但并未被纠正错误答案、低估国外经济社会状况但并未被纠正错误答案、低估国外经济社会状况但被纠正了错误答案、高估国外经济社会状况但未被纠正错误答案，以及高估国外经济社会状况但被纠正了错误答案的五组人之间对内总体评价的差异表明，对国外经济社会状况的正面认知度与对内评价之间至少部分存在着从前者到后者的因果关系。

因此，本项研究的结果同前文中的 4 个假设都相吻合。

研究中的一些问题

首先需要考虑的是，虽然对国外的经济社会状况认知同对内评价方面存在着负相关，但并不一定是前者导致后者，也可能是对内的消极评价促使人们有选择性地关注有关国外的正面信息而忽视负面信息从而塑造西方神话。不过由于对错误答案的纠正能够提高人们的对内评价，因此从对外经济社会状况认知到对内评价的因果关系至少部分存在。

另一个需要考虑的问题则是样本代表性，因为两项研究所选取的样本为学生和网民，并不具有最普遍的代表性。对于这一问题需要做出 4 点说明。首先，此项研究并没有相关的文献以及具有全国代表性的数据可借鉴。其次，也是最重要的是，由于制度和技术方面的限制，如果要获取具有全国代表性的数据，必须同受试者面对面访谈，但由于话题中包含腐败、体制、政府等敏感问题，受试者可能会有所顾忌。因此，对学生的匿名调查以及网络匿名调查会更加直接且真实。再次，网络群体（年轻人为主）和学生是中国在政治方面最为活跃的人群，且研究中的学生和网民样本相对比较接近于实际状况，因此这一群体值得高度关注。最后，除了上述两项，本研究还做了另两项网络调查，并改动了一些相关的调查设计，但得出的结论同上述结论并无太大差别。

此外，可能会有质疑认为纠正错误答案只会单单导致人们对于自身判断信任度的减弱，最终导致他们给出了一个更加折中更加安全的评价。但由于在研究中，对某些领域而不是所有领域的错误答案纠正影响了高估国外状况之人，且低估国外状况之人在纠正了自己的错误认知后并没有在对内评价方面做出太大的改变，这仍然可以说明受试者的回应并未受到上述质疑中所提及问题的干扰。即便人们对于国际事务与政治人物的熟悉度同政治认知有着联系，但前者并不能完全代表后者这一质疑仍然是有效的，而且大众的政治怨言与经济社会理想之间的关系也会随着时间和情境的改变而变化。本文的重点在于经济社会信息的重要性以及人们在此方面对于国外的认知，而国际政治认知的影响力这一问题的确需要更进一步的研究。

最后，值得注意的是，本研究中人们对于国内状况的满意度要远低于许多具有高引用率的调查，比如 2008 年世界价值观调查（World Value Survey）、亚洲民主动态调查（Asian Barometer Survey）以及皮尤全球态度调查（Pew GlobalAttitudes Survey）。除了本文的两个研究为匿名调查的缘故外，另一造成差异的可能性为本文所涉及的受试者为较为年青的一代。虽然这一代人的生活状况同他们的父辈年轻时相比有了普遍的提高，但对于国外的认知则对他们的观念产生了更为巨大的影响，也带来了更低的对内评价。

（韩侃瑶　编译）

原文信息

原题：International Knowledge and Domestic Evaluations in a Changing Society：The Case of China

作者：Haifeng Huang

出处：*American Political Science Review*，Vol. 109，Issue 3，2015

三

经济增长的挑战与应对

- 中国经济——自满、危机与改革的挑战
- 中国经济还会出现爆炸性增长吗？
- 城镇化真能推动中国经济增长？
- 中国经济改革方案的问题政治
- 社会资本与当代中国经济的发展
- 包容性经济增长以及未来的政策选择
- 混合所有制下的中国企业更符合国情
- 全球化与金融服务领域的中西之争
- 中国金融服务业的发展及其间澳大利亚的机会
- 不平等中的平等——皮凯蒂《21 世纪资本论》如何适用于中国
- 破除中国经济下行的迷思
- ◆ 书介：《中国经济的非凡增长》

中国经济——自满、危机与改革的挑战

巴瑞·诺顿

　　美国加州大学圣地亚哥分校巴瑞·诺顿（Barry Naughton）教授是中国经济研究领域的著名学者。本文刊发于 2014 年 3 月的美国人文与科学院电子会刊（Daedalus），文中观点同他对十八届三中全会前后中国经济状况和走向的一系列讲话大体一致。他认为，中国经济的巨大成功滋生出一种自满和抵制改变的情绪。中国民众认为既得利益阶层的反对阻塞了改革的可能性，从而造成了某种信任危机；经济改革的支持者们则认为，现有经济发展战略无法持续；改革倒退、投资过度、财政脆弱等问题将同快速的人口变动所造成的不可避免的经济倒退纠结在一起，并会导致经济和政治上的危机。因此，新的经济改革是唯一正确可行的道路。

　　中国新的领导集体似乎高估了中国经济的成功。习近平主席、李克强总理都明确表示出他们的看法，即中国的新的经济影响力使之获得了更多尊重和国际影响力。在中国经济被公认为"增长奇迹"、人均 GDP 超过中高收入的阈值、超越日本成为世界第二大经济体的情况下，一种中国必胜的心态和自豪感在政府和民众中间弥漫。

　　以如此速度进行转型必会带来巨大的压力和阻力。除了经济混乱、待遇不公、环境损耗等问题，飞速增长的经济也导致了向市场导向型经济改革的动力的减少。1993—1999 年，朱镕基曾主持开展了一系列财政、金融和市场体系改革，以应对经济—政治危机，随着国有企业在 1996—2001 年间的大幅裁员，这些改革的实施一度达到顶峰，而在 2001 年加入世贸组织后趋于停滞。受益于那些改革，2003 年开始主政的胡温领导集体接手了十分有利的经济形势，他们也似乎准备沿着前任的改革轨迹前进。最初的议案有许多好的想法，但大多并未执行。

人们认为，就以市场导向型经济改革而言，过去的十年是迷失的十年。尽管在社会层面，温家宝减免农村税收，增加教育和医疗经费，为国家医疗保险体系打下基础，增加国防预算，增强军事实力，但在建立未来持续繁荣所需的体制架构方面，这一代领导集体的成绩不多。

特权或者说既得利益阶层势力的膨胀通常被用来解释改革停滞和改革积极性的受挫等现象。"特权阶层"这一概念涵盖甚广。从一个极端来理解，既得利益群体对改革的反对逐渐与腐败问题交织等同，这一阶层包括的往往是具有强大社会资源的家族、腐败官员，甚至黑恶势力团体。从另一极端来理解，特权阶层问题是由现行体制造成的。

不管是中国内部还是中国之外的人都意识到，没有政治背景的人在中国将会越来越难做生意。私有部门得到了极大的发展，国有部门在绝对体量上也不再继续收缩，尽管私有部门在体量上已成为整个经济的主体，但私有企业主们越来越感受到国有企业的强大竞争力，也越来越需要同权力持有者们或是特权阶层达成和解。

过去十年中，经济改革每每风声大雨点小，这使政府可信度受到损害，再加上体制改革的停滞和特权阶层影响力的扩大，人们对中国实施改变的能力产生了质疑。习近平和李克强敏锐地觉察到这些意见，开始推进某些改革政策的落实。如今能观察到，经济改革在中国正在复苏。持改革态度者在政府和最具影响力的商业媒体中往往占据着重要席位。他们中的核心成员都保持一个共同的观点，也是唯一的共识，即现在的经济处境和政治路径并不稳定，如果政策制定者们不先行一步主动改变，即将到来的变化将具有极大的破坏性。他们对现状不可持续的观点有以下 4 方面理由。

第一，中国经济体制如得不到明显改进，其生产力发展的步伐也会受到牵制。中国生产力能不断提高有多种原因，包括新技术的采用和制度的改良；关键在于让表现不佳的实体破产，将生产集中在最具竞争力和生产力的公司上。但近年来，这种竞争机制的优势不断缩小。如果不进行新的一波改革，生产力增长将会日渐缓慢。生产力不是简单用来测量的，而且在生产效率的显现和我们对其进行测量的能力上，存在时滞效应。经济学家必须对此做出学理上的严格判断，我们的行动才有依据。但决策者会考量发展速度与投资的相对关系问题。有很多理由说明，发展速度应该降下来，但如果投资率依旧保持高位，就更说明现有体制的生产力有问题，需要加大力度进行改革。

第二，投资驱动型增长的弊端逐步显现。中国过去通过加大国内投资来规避全球经济危机的冲击，但在这方面的成功也付出了巨大代价。一部分投资无疑浪费在了一些毫无用处的项目上。更重要的是，对一个庞大的经济体来说，占 GDP 总量 48% 这样规模的投资是史无前例的。如今，中国从发达国家中搬袭的基础设施体系也建设得差不多了，要为经济演进的需求配以合适的投资变得越来越困难。产能过剩，说明投资驱动发展的红利已释放殆尽。另外，现存机遇减少，风险增加，投资者对未来期望不高，会导致来自民间的投资减少。

第三，投资过量造成财政脆弱。过去 5 年中创造的许多资产被用在体制不佳的公司中，如负债 4290 亿美元的中国高铁网络、成千上万的地方政府工程以及各地的债券发行。有国家背景的公司不仅能轻易获得银行贷款，还可随意进入新兴债券市场；政府从短期市场中筹措资金偿还长期借贷，使企业重构的工作很难进行。金融结构调整被延迟，但资源却不断流入低产值甚至无产值的公司。这种既不破产也不活跃的"僵尸公司"的大量出现最终会造成金融领域更大范围的恐慌。

第四，中国劳动市场正经历深层改变，趋势就是劳动力人口增长的大幅减缓。2005 年后，劳动者竞争促进了非技术工种工资上涨。观测者们断言，中国廉价劳动力的时代即将结束。这一迅速来临的改变也使得农村剩余劳动力减少，雇主需要付更多的工资吸引人们弃农从工（刘易斯拐点的到来，这通常预示着高增长时期的结束）。劳动密集型制造业出口带来的增长告一段落，中国在服装业、鞋业和玩具制造业逐渐失去竞争优势，出口增长对经济的拉动作用减弱。随着农村剩余劳动力的减少，中国的人口红利已经耗尽。人口老龄化出现，抚养比率上升；2012 年，工龄人口达到上限开始下降，并将在生育控制政策的影响下进一步加速。劳动力结构的变化意味着中国经济增长必然会变缓。但这不一定是坏事。毕竟，高工资意味着高收入和更好的生活，也给经济发展模式的改变带来契机。而且，中国是大陆型经济，无须单凭出口来拉动经济增长。这是一次巨大挑战，只要谨慎对待，便可带来一个更高产值、更为高效的社会；与之相反，中国经济将付出巨大代价。

在这方面，日本、韩国和台湾的经验值得借鉴。中国正面临一系列与过去不同的挑战。一般在结束高增长阶段后，一国经济通常会向技术密集型和先进产业进行升级。政府支持向"低干涉"转变，经济、社会方面限制放宽，用以促进升级过程。为了早做准备，中国从 2001 年开始大力投资高等教育、科研和新兴工业。但拥有大量资金的政府对科研创新过多直接干涉，最终将阻碍经济向创新、多样化和有活力转变。中国必须提高人口资源质量，明确潜力部门、产品和服务，从跟随者经济向全球领导者地位转变；减少国家干涉，消除创新产业发展道路上的障碍，授权消费者制定基础经济决策。

改革的支持者们一致认为，如果不进一步进行市场导向型改革，问题将无法解决。劳动力增长减缓、工资猛增、消费结构和竞争力快速改变，表明了现存经济发展战略的局限。甚至有可能，前面所说的 4 个不可持续的因素积聚的负效应会在同一时间到达顶峰。

十八届三中全会发表了不局限于传统经济领域的改革文件。与以往不同的是，其内容十分直接：它要求重新定义政府职能，减少政府在经济领域的决策制定，让市场在收集资源、发展社会管理上起关键作用；此外，还包括放宽独生子女政策以及增加国有企业上缴政府和社会福利基金红利比例。金融改革、财政改革、国有企业改革、价格改革以及行政壁垒的减少都有涉及。文件还提供了用以衡量改革是否切实实施的基准。

　　当然，实现这些野心勃勃的目标远比说起来困难。中国的政策制定者们能否以身作则，在严重的经济危机到来之前放弃特权呢？至少，主体机构必须改变，使经济更开放、更具竞争力、更加规范化。只有这样，才能避免毁灭性的严重问题。要使科技创新、制度灵活、百姓安居乐业，中国必须向更低的增长率转变。到那时，中国会变成更为富裕的国家。中国绝对有能力做到这一点，但政策制定者必须拥有意志和决心，起草有效预案，开启经济改革的崭新篇章。

（陈蓓尔　编译　唐磊　校）

原文信息

　　原题：China's Economy：Complacency，Crisis & the Challenge of Reform

　　作者：Barry Naughton

　　出处：http：//china. ucsd. edu/_ files/06132014_ naughton_ article. pdf

中国经济还会出现爆炸性增长吗？

列昂尼德·格里宁　谢尔盖·齐列里
安德烈·科罗塔耶夫

　　中国在世界经济中的地位越来越高，特别是在世界经济增长中起到了越来越重要的作用。但是，中国经济和社会的未来如何发展却众说纷纭。用新的方法和分析模式对中国经济进行分析，对预测世界的未来非常重要。本文从以下几方面分析了中国经济的未来：（1）本国分析：中国经济模式分析；（2）区域分析：将中国经济模式与东亚模式进行比较；（3）国际分析：从世界视角，探讨中国是否将取代美国而成为全球领袖。中国模式是东亚模式的特例，基于出口导向、资本和技术引进，以及廉价劳动力，这种模式的基础是中国共产党的领导和所拥有的丰富资源。中国模式具有多方面的增长驱动力。本文的结论是：在21世纪，中国要实现经济放缓，保持中度增长率，这样可在应对即将出现的复杂局面时减少损失。中国不必保持爆炸式增长。随着全球化的发展，霸权周期模式很可能会结束。这将导致世界体系的重构和新结构的出现，世界体系或可在没有霸主的情况下继续发展。

中国发展的最新趋势

　　近年来，中国在全球中所起的作用越来越大。世界对中国的认识跟不上其发展速度，有人钦佩中国的进步，有人则表示害怕。从中国将成为全球霸权的预测到中国崩溃论和解体论，中国现象在确证着各种想法、概念和预测。就中国的未来发展而言，一方面，今后几十年，中国的经济和政治地位会越来越高，而另一方面，假如未来中国在各方面都能取得成功，但要想在世界体系中取代美国的地位也有一定难度。中国成为世界领袖的局限性主要源于其自身的发展模式，其优势也变成了劣势。未来中国还会遇到各种危机和困难。中国采取的应对措施将决定其未来的发展。

世界体系的重构与中国

1. 即将失去全球领导地位的美国和可能的损失

大约在十年前，对"美国治下的和平"出现的可能性曾有过非常认真的讨论。过去十年这一局面并未延续，这表明美国的影响力有限，而且还呈明显的下降趋势。在可预见的未来，美国作为世界霸主的地位将会下降。许多美国专家也非常关注这一问题。然而，尽管趋势显示美国的作用在下降，中国的地位逐渐增强，但是谈论全球霸主的改变也显得过于单纯。

世界已经发生了巨大的变化，使我们确信在未来的几十年内不可能出现由一国担当全球新领袖的局面。主要原因在于：（1）由于美国的作用减小和全球化的发展，世界格局将会出现其他的运行轨迹。未来一国所起的作用在减弱，但是，国家之间的联盟将会增加，有些国家会同时加入若干联盟。（2）在可预见的未来，出现一个能够替代美国领导地位的国家可能性不大。

2. 为什么中国不是美国

从目前的增长速度看，未来几十年中国要想成为领袖首先要超过美国的 GDP，然后赶上发达国家人均生产总值。考虑到中国的人口，这意味着它将变得令人难以置信的强大。

事实上，这是基于两个相当模糊的前提：（1）高增长可以持续很长时间；（2）生产量与一个国家在世界体系中的地位密切相关。其实这两个前提都是错误的，支撑中国快速增长的资源是有限的。

由于很多原因，最大的生产国根本不能转变为世界体系中的霸主。其中的原因之一是，今天的政治、军事、金融、货币、经济、文化、科技、创新以及思想领袖大都集中在美国。很难有国家能够具有美国那样的在世界体系中的地位，也很难有国家能够在众多领域均处于领先地位。更重要的是，这样的国家地位在世界的整个历史中也是独有的。此外，很明显，中国在所有领域都担任领袖将非常困难。中国不能成为世界领袖还有其他方面的原因，如创新、劳动生产率和生活水平等方面。

中国模式

尽管中国无法成为世界体系的领导者，但是其自身的快速发展也会在不久的将来对世界体系产生影响。世界经济和环境在很大程度上取决于中国将维持多长时间的快速增长，以及选择怎样的增长模式。因此，有必要分析中国发展模式的主要特点和特殊性，中国经济发展现状为何？中国模式的特征为何？中国经济增长的短期和长期压力为何？

首先讨论东南亚模式，它具有以下几个基本特点：（1）外向型经济和出口导向型产业；（2）廉价劳动力；（3）吸引外商投资、创造良好的商业环境、积极引进技术；（4）投资占 GDP 比例大；（5）国家在经济发展中参与度高；（6）中国和其他一些国家都建立经济特区；（7）不同程度的国家威权主义或一党制。在不同程度上这种模式带来了长期的高经济增长率。由于对资本和投资的吸引，使国家能够推动技术的发展和劳动生产率的提高。其结果是，国家的现代化和城市化迅速发展，生活水平逐步提高。然而，随着人均国内生产总值和国内消费水平的增长，东亚模式国家的增长速度缓慢下降。一些学者认为，中国经济发展放缓的原因是，人均 GDP 达到了一定程度（不超过 1 万美元）。

1. 中国模式是推动中国发展的力量

中国模式具有东亚模式的明显特征，但也有其独特性。第一是人口庞大，国土面积广大，以及拥有核武器。这些使其成为超级大国。与其他国家相比，第二个独特性起了最大的作用，就是中国共产党的领导。在中国模式中，这一作用至关重要，它使改革成为可能。第三个原因是拥有来自海外华人和香港、澳门、台湾的资本，也有来自新加坡的资本。另外，香港和澳门的回归对中国的经济增长也起到了作用。

中国模式的不足是：（1）"廉价生态"，对环境保护不够。（2）廉价的社会政策严重困扰国家，如养老金制度不完善，教育和医疗服务投入低；工业生产安全率低等。（3）独生子女政策，减少了对下一代的支出。中国模式的优势是：（1）低估人民币值支持了出口；低汇率使中国避免了1997年的危机；而其他东南亚国家由于高估货币而遭受严重损失。（2）国家压低能源和原材料的关税和费用，进行基础设施建设，提高劳动生产率，加大国家创新和开放力度等。（3）逐渐增加对外资的开放，与促进国内业务和发展内需政策相比，这一点中国最成功。对外开放有益于中国产品的出口。（4）中国非凡的经济增长得益于中国领导人所发挥的作用、政府的治理和全社会的关注。（5）对外不断扩大机会和国内企业的长足发展也是值得关注的重要因素。

高投资率（某些年达到 GDP 的 50%）、巨大的外国资本流入、劳动生产率的增加促进了经济增长。技术现代化提供了令人印象深刻的发展。但是与发达国家相比，中国的劳动生产率仍然很低。

中国经济增长最重要的原因是：（1）大量的廉价劳动力和人口红利；（2）充足的矿产资源（铁矿石、煤炭、石油、稀有金属等）；（3）廉价生态；（4）"便宜"的社会政策。

分析中国经济的驱动力对于理解经济的快速增长和未来的发展非常重要。面对廉价劳动力储备即将枯竭，目前中国的增长来源主要是出口导向、投资（国内和国外）、各省市之间的竞争。但是，在出口导向的延续和对外投资的吸引力方面存在明显的问题。

民营企业在投资和扩大生产方面起了重要的作用。但是它们获得贷款的机会少而且受到许多限制。中国的工业和投资呈多层级发展。省市和地方之间进行投资和高成长率的竞争。国内投资为增长贡献了49%，出口和外资贡献了30%。中国政府设立这种机制意在调动地方和省级管理机制。这也表明对经济增长的重视。其结果是，地方政府对经济发展的影响巨大，与过去几十年苏联、日本、韩国和中国台湾相比，中国地方政府在推高增长速度上作用显著。

中国的投资特点是，中国具有独特的多层级增长驱动力。与发达国家不同的是，占主导地位的不是本地私营企业，而是国有企业、地方政府和外资企业。

2. 中国模式的局限与弊端

事实上，中国经济在技术创新水平方面越来越高，但是资源和资本的参与量仍然很大。同时存在的问题有：资源过度消费，能源消耗大，污染严重，过度依赖出口。在改革的第一个十年，投资带来了高回报，然而21世纪投资收益出现大幅下降。在2000—2007年，中国设法提高投资回报率，但是在全球金融危机爆发后再次下降。当然，这也是全球大势所趋。然而，西方国家并未增加投资额，而中国在投资收益递减时，仍然通过加大投资以保持高增长率。

在某些方面，中国模式效率的降低有可能预示着经济危机和增长放缓。中国领导人很清楚现有增长模式中存在的问题，他们为此做了目标调整。尽管如此，仍然未取得预期效果。

动态分析中国经济增长放缓

目前中国高增长模式具有明显的局限性，改变这种模式困难重重。如果改变成功，意味着中国经济增速将放缓。2012年的增速降到了7.7%。未来中国经济增速放缓不可避免。

在2007年之后，中国每年的GDP增长速度开始降低，这应该是受全球金融危机的影响。中国在全球金融危机结束后又回到了之前的水平。然而，有理由认为，危机影响了其发展速度。对中国经济增长率的动态观察，其周期相当接近古典朱格拉周期（classical Juglar cycles）。实际上，经济学家很早以前就曾提出过一个中国特殊的经济周期。

如果动态地观察中国经济周期，可知中国目前的放缓只是暂时的。连续观察各个周期，在即将到来的上升期中，中国将会再次出现高经济增长率，但是总体呈下降趋势。中国的经济增长率将很难再达到两位数。一方面，经济减速的过程是非线性的。未来中国的全球地位会继续提高。尽管会有波动，但总体将会伴随着经济放缓。未来中国能否平安度过中等收入陷阱，社会和政治是否会遇到严重危机则不可预知。

增长的制约因素

1. 能源和原材料短缺

中国的能源和原材料不能自给自足，严重依赖进口。同时，中国不断增加燃料、矿产和其他资源的进口，推高了世界市场的价格，提高了出口产品的成本。目前出口导向型发展对能源和资源的消耗只会增加，因此不久的将来，中国和世界资源的稀缺将成为中国经济增长的严重障碍。资源价格会抬高。资源消耗的增长也许是使经济增长率显著放缓的原因。

2. 不可避免的产品出口价格上涨和资本流入减少

假如出口导向模式不改变，中国经济则会严重受制于能源、原材料、劳动力价格上涨和其他支出。人民币升值和劳动力减少都可能成为出口增长的障碍。而一旦经济增速减慢，主要由国外资本参与的合资企业资金流入将会减少。同时，出口价格会明显上升，这也将导致经济增长放缓。2012年已经出现了出口增长减速和外国投资减少的情况。这一趋势在2013年年初仍在继续。

3. 每年非营利设施的维护费用在增加

中国几乎所有领域都有过剩的设施，这是一个巨大的数字。这并非罕见，政府已经关停了一些。尽管如此，其数量还在不断增加。不必要的费用支出和过度竞争使利润减少。当然，这种局面不会无节制地继续，总有一天投资会减少，增长率会降低。

4. 环境退化

环境退化是经济放缓的重要因素。解决这一问题需要巨大的资金支持。这将提高生产和出口成本，影响增长速度。

5. 社会支出不断增加

人口老龄化、不断提高的生活水平、维护社会稳定、防止两极分化，这些导致了国家支出的增加。中国每年要满足更多的社会需求，这对经济增长产生了一定的影响，从中长期来看，将会成为一个沉重的负担。政府试图将社会支出转移给企业。一方面是出于公平。但是，另一方面，这将会导致成本的增加，减少企业增加新就业岗位的意愿。当然，大多数发达国家也存在有类似的问题。然而，中国是社会主义国家，这就意味着与其他发展中国家相比，政府对其人民负有更多的责任。社会性支出的增加可能会使中国陷入中等收入陷阱。社会支出的增长将导致中国产品成本上升，影响出口，并加剧进口商品对国内市场的冲击。

6. 通货膨胀

不断增加的比例失调和对不平等的抑制对经济政策和增长率产生了严重影响。中国的基尼系数很高。尽管失业人口的绝对数字很高，很多地方仍会出现劳动力短缺。据预测，2015 年劳动力赤字将会增加；2015—2035 年中国的劳动人口将会减少 1.15 亿。农村仍然有大量的劳动力，但是户口登记制度阻碍了农村人口向城市的流动。而一旦从农村向城市迁移的人口增长过快，就将意味着卫生保健、教育和养老金费用的快速增长。而且，任何剩余劳动力的下降都将影响工资的未来走向，导致工人要求提高待遇。因此，在有限的劳动力和工资走高的推动下，保持高速增长非常困难，甚至是不可能的。中国的人口红利即将消失。事实上，抚养比率急剧下降是由近几十年的独生子女政策使生育率下降所致。中国总人口中15岁以下年龄人口的减少已经达到了极限，同时，还伴随着退休年龄人口的快速增加。利益诉求的压力将给中国经济带来沉重的负担。在经济增长速度放缓的背景下，任何方案几乎都不能有效减轻国家的财政负担。

另一个非常严重的问题是总人口中男女比例的失衡。这将有可能导致严重的社会问题，成为社会不满情绪的来源。值得关注的是，即使在2015年中国完全放弃独生子女政策，到2040年，中国的性别比例失衡问题也难以解决。因此，在今后几十年内会出现一个巨大的和不断增加的不满人群，即年轻男性。这是最容易出现暴力、激进主义和极端主义的群体。

经济增长放缓不可避免

经济增长模式很难改变。目前的增长模式加大了东西部之间、城市与农村人口之间、富人与穷人之间在发展水平和生活水平上的差距。因此，中国政府的目标是：通过创新提高经济增长率，提高知识经济对GDP的贡献；增加专利发明和高技术出口；增加国内消费，使之成为经济增长的基础，而不是以外贸为支撑；降低能源和原材料消耗；改善环境；平衡经济等。然而，中国要实现上述目标困难重重。

另一方面，政府没有真正放弃不惜代价实现经济高增长的想法。预计未来的5年内，增长率将保持在5%—6%。2016年增长速度可能会下降更多。发达国家如果减少对中国产品的需求，中国将面临更加严峻的挑战。

结　论

中国经济的爆炸式增长已经结束，未来会如何还没有明确的答案。中国能否顺利渡过难关将取决于中国如何调控，以及如何实现渐进的政治改革。

中国未来有两种选择。

（1）不修正经济发展增速，不惜代价保持高增长率。这种"硬着陆"的方式，将会导致中国的经济"机器"出现故障。一旦民众的期望超过政府的所为，则政权会被动摇。如果政府负责任，则不会做出这种选择。一旦人民认为政府不作为，则会出现长期的、非常严重的政治危机。

（2）实现软着陆，经济与政治协同发展。中国应该实现更长期和温和的转变。稳定的、有组织的、有计划的放缓可以使中国经济实现平稳发展。持续保持 GDP 增长率为 4%—5% 比较适度。这种放缓的经济增长将会产生积极影响，有助于消除爆炸性增长中形成的比例失调。这种平稳增长将使中国避免中等收入陷阱，有利于社会政治改革。

上述分析已经证明，中国并没有足够的储备，以支持极高的增长率。但是它有足够的准备进行发展模式的深层变革。这种转变越早启动，就越有更多的机会使中国经济避免硬着陆。计划和逐步放缓的增长率将使国家更稳定，而经济增长的主要来源将依靠扩大内需。这也会伴随着人口文化层次的提高，利于经济监管法律机制的有效性，促进民主化进程。

未来 30 年，中国的创新型转轨可以避免劳动力人口下降，减少失业，提高劳动生产率。中国农业的兴起与农民福祉的提高有助于扩大内需，克服产业对国外市场的依赖。此外，中国扩大内需的增长模式将会减少经济不平等，而经济不平等是出现政治不稳定的潜在的巨大威胁。当然，收入的增加也会使劳动力价格上升，这将导致出口项目的竞争力下降。软着陆也意味着一定的风险，它可能会导致生产下降，使得习惯于快速增长的中国社会经济系统出现紧张局势。然而，两害相权取其轻。

（杨丹 编译）

原文信息

原题：Will the Explosive Growth of China Continue?

作者：Leonid Grinin，Sergey Tsirel，Andrey Korotayev

出处：*Technological Forecasting & Social Change*，No. 8. 2014

城镇化真能推动中国经济增长?

迈克尔·佩蒂斯

北京正在规划新一轮重要的城市化激励措施。据认为,通过投资城市化进程,中国可以解决投资浪费的问题。那么事实是否如此?美国哥伦比亚大学国际公共学院顾问委员会成员佩蒂斯指出,城市化是一项大开支,如果中国借钱为其提供资金,其债务将巨额增长。只有当在其他项目上提高生产力,并抵消为此增加的负债,中国才能凭借城市化推动经济高速增长。

城镇化已成为支撑中国更高增长水平的最新论调,据此理论,通过投资城市化进程,中国可以解决投资浪费的问题,为所有新近城市化的地区开展与基础设施建设需要相关的大规模投资项目。

鉴于中国经济增长速度的放缓,人们希望城镇化运动能够推动中国经济,激发新一轮的投资潮,创造出大量的消费者并最终促使中国超越美国,成为世界第一大经济体。

北京正计划将数亿人口从农村转移到城市。将如此众多的人口从其土地上转移至新的城镇,可能会造成对于住房和基础设施需求的激增,如此一来,城市化便成为又一个预示着中国经济增长速率已经触底并即将反弹的理由。

然而,"城镇化是中国经济增长放缓的解决之道"这一新信念至少是建立在一种谬论,也有可能是多个谬论之上。第一个最明显的理由便是城镇化并非上帝行为,与世俗条件无关。国家之所以城市化是因为经济增长,城市里的好的生产性岗位比农村更多。就此意义而言,城市化并不是增长机器,它仅仅是顺周期的过程:当经济增长攀升的时候适应增长，经济下滑的时候相应减少增长。

顺周期性意味着经济增长攀升时会被强化，而经济增长减少时会被恶化。因此，它给经济带来的是代价高昂的波动性。随着经济减缓，换言之，就是城市化本身减缓，最终将导致经济活动减少。

第二个更为重要的原因是，城市化的投资红利支付来源比较复杂。我们假设美国伊利诺伊州政府决定把芝加哥铲平，然后再在数英里之外重新建一座一模一样的新城。如果新的芝加哥城同旧城完全一样，新城里的工人同旧城里的工人产出相同，那么，伊利诺伊州和美国政府将会因"重新城市化"而变得更穷。或许所有新建的大楼会带来一种暂时的、创造财富的假象，但必须记住的是，新建大楼得用税收支付，而随后还款期内家庭收入的减少也会导致家庭消费的减少，如此还会导致他处的就业机会和生产性支出的减少。更甚者，生产性岗位的工人离岗去建设新芝加哥市，转移这些工人去建新城的经济成本将会非常之高。

并不是建造所有这些东西的行为本身创造了财富，或者说真实的长期增长。只有当建造这类东西所导致的综合生产力水平的提升超越资本和雇用的人力成本时，社会财富才会增长。

这同样也适用于城镇化。当然，3 亿人口从中国农村转移至城市时，需要建造新的居民楼、公路、医院、学校等以容纳移民，但是，所有这些并不能让中国变得更富有。而这些都需要支付，且其成本等同于资本成本（资源、机器、钢材、铜料等）与工人建造这些东西所需的劳动力总量之和。我们可以假设所有这些劳动力之前都处于失业状态，因此劳动力成本可以归零，但所需的资源成本仍然十分巨大。

对所需资源，需从经济的其他领域转移支付，因此由所有这些建造活动所创造的经济活动实际上等同于从其他领域抽调的经济活动。假设为所有这些城市移民提供住宅将消耗 1 万亿元人民币，这 1 万亿元将会直接或间接地由中国家庭支付，这肯定会减少其可支配收入。随着可支配收入的减少，中国家庭将会相应缩减在食品、服装、度期、教育、医疗等方面的投入，因此中国要想通过城市化变得"更富裕"，其条件是新创造物品的价值大于本来可被创造但现在无法实现的物品价值。如果相信中国家庭非常乐意加大投入以给民工提供住宅，而减少对自己的食品、教育、服装等方面的投入，这是很难令人信服的。

然而，上述意味着城镇化只能导致经济增长的减少和中国总体财富的降低吗？当然不是。如果城市里提供的工作岗位够多，其生产力水平又远高于农村的生产力水平，以至于中国整体财富的增加能超过为了这3亿农民工安置所付出的成本，那么，城市化还是会给中国带来整体财富的增加。

这是关键。如果中国发展速度太快，急需将人口从生产力水平过低的农村工作岗位转移到生产力水平较高的城市工作岗位，那么，城镇化对中国而言意味着财富的提高。但是，城镇化本身并不能让中国更富裕。它只是在城市急缺工人的情况下让中国变得更富裕而已。

如果快速增长的条件已经具备，城镇化又能将低生产力水平岗位的劳动力转移向高生产力水平的工作岗位，那么城市化能够使经济增长得以实现。然而，如果中国还没能达到高速增长，那么这种强迫式的城市化只能使中国更穷，而不是更富。

"凯恩斯主义"在城市化上的支出并不是让中国 GDP 增速能够保持在7%以上的方法。如果中国经济增长急剧减缓导致失业率飙升，那么城镇化就是北京以大规模就业计划避免经济恶化失控的手段。

由此可见，关于中国大力推动城镇化、城镇化能保证经济增速在多年内保持在7%—8%的论点不过是一种幻想。

（杨莉　编译）

原文信息

原题：The Urbanization Fallacy

作者：Michael Pettis

出处：http：//blog. mpettis. com/2013/08/the‑urbanization‑fallacy/

中国经济改革方案的问题政治

荣凯尔

欧洲国际政治经济中心高级研究员荣凯尔于2014年5月提交了一份题为"中国经济改革方案的问题政治"的政策简报。荣凯尔认为,政治上收紧而经济上进一步放松将产生根本性矛盾,对中国共产党构成挑战。美籍奥地利裔经济学家熊彼特曾说过:经济无非就是"政治、政治和政治"。这句话在中国尤真,对中共十八届三中全会上提出的经济改革方案而言,政治问题既迫切又关键。对中国共产党而言,改革的重要性不言而喻。习近平在三中全会上亲自宣读60条改革方案,并担任改革领导小组组长以监督改革的贯彻实施,都表明了中国领导层立志变革的严肃态度。过去35年来,中国共产党通过快速、持续地改善民众生活水平、提高经济收入而获得了广泛支持,直到前几年,其经济年增速百分比一直维持在两位数。然而,目前维持过高的经济增速变得越来越困难,加上严峻的环境问题及资源限制,中国国内出现了有关中国经济模式再设计的政治辩论。

通过改革解决三大主要问题

习近平继任后,其政治议程上有三大首要问题需要通过改革解决。第一,紧随2008年的金融危机之后的全球需求疲弱导致了中国几个最大出口市场的低迷。与普遍看法相反,中国的经济并非出口驱动:出口之所以重要，是因为中国国内生产了大量的商品，其国内市场无法完全消化，而出口为其提供了至关重要的经销渠道，由此支撑了数百万计的生产商，提供了数不清的工作岗位。站在北京政府的角度来看，出口的重要性至少体现在维护了国内的社会安定上。

第二，投资效益锐减，同等单位的 GDP 增长所需信贷越来越多。投资一直是中国经济增长的主要驱动因素，并在很大程度上通过债务融资。据估算，每 1 美元的信贷所产生的 GDP 增长已经由 2007 年的 83 美分降至如今的不足 10 美分。

第三，中国 2009 年出台的大规模经济刺激计划。上述投资收益的递减，在很大程度上要归咎于这一由信贷推动的刺激计划。雷曼危机后，这一计划遗毒不浅：资产泡沫、工业产能长期过剩、一些城市里供过于求的房地产、投机活动热以及坏账的增加等。

尽管中国政府力图控制上述问题，但其社会融资总量的增速仍然是 GDP 增速的两倍。一方面，中国政府为了保持经济继续增长而不得不将更多信贷注入投资，但投资效益持续递减；另一方面，尽管中国领导层为稳定经济似乎已经做好准备容忍经济增速放缓，但又承担不起经济增长崩溃的后果。这便是中国今天面临的两难。决定中国能否从中挣脱出来的因素有很多，但没有一个因素的重要性超过政治问题，而习近平已经及时地意识到了这一点。

改革需谨慎处理下列问题

尽管十八届三中全会提出的一些提案正逐步得到落实，但大部分改革计划仍在进展中，尚未完成。此外，中国领导层能在改革实施中走多远、走多快仍受数个原因的影响。

第一，中国的改革是最高领导层自上而下推行的，而历史往往告诉我们，有效的市场经济改革通常是受到强大的直接压力或是某种巨大危机自下而上发起的。鉴于中国领导人将会竭尽全力避免上述的压力或危机驱动改革，那么改革成功与否就要寄希望于习近平与其同事能否通过运用纯粹的政治意志生发出足够的变革动力。

第二，作为改革方案的重要一环，三中全会赋予市场以"决定性"的作用。但若想真正兑现这个承诺，需满足两个条件：一是政府或党必须相应缩减过多的干预与微观管理；二是需要发展出市场所需的良好的制度框架、明确的规则与有效的监管。然而，上述方面问题仍然不少，如决策的不透明、市场规范受政治操控等。虽然北京政府承诺改变，但这些问题并非一朝一夕可以解决的。

第三，改革施行成功与否，在很大程度上依赖于能否获得地方各级政府的承诺与配合。近几年，中央政府试图减缓经济增速、控制债务与通货膨胀的努力往往都在地方政府一级受挫，地方政府官员不仅相互攀比，最大限度地扩张经济，而且从中谋取私利。中国领导层试图通过反腐运动以及改革地方政府财政来敦促地方政府合作，但这依然不够。北京还需要创建一整套激励体制以鼓励官员循规蹈矩，换言之，中国需要的是政治与制度文化的变革。

第四，中国所需要的结构性改革必然会导致下岗失业问题，并带来社会不稳定，哪怕只是暂时性问题。民意调查显示，中国人始终相信自己的明天比今天更好，至少在物质上如此。如果改革成功施行，经济"再平衡"的目标真的达到，就意味着需求要与国内消费与服务相适应，而非依靠固定资产投资与出口制定需求，那么未来经济增速就要下降。此外，城市中产阶级的不断壮大，通过社交媒体表达诉求的行为也给政府官员施加了越来越大的压力，这些诉求不是经济统计数据能衡量的，比如提供更好的公共产品：洁净的引用水与食品、药品安全，有效可靠的医疗保健服务，教育系统的廉洁等。

第五，改革的目的不仅仅是让中国摆脱陈旧经济增长模式的限制，也是为了能够为新增长模式打下基础，帮助中国实现高收入先进经济体与全球科技领跑者的抱负。要实现这一梦想，中国要避免陷入"中等收入陷阱"。能否成功跨越这一陷阱，取决于激励创新、生产力的政策能否实施到位，也取决于中国能否持续朝着高附加值商品与服务业迈进。这不仅需要选对政策，还需要正确整合这些政策，而这些都没有现成的教科书与蓝图。

（杨莉　编译）

原文信息

原题：The Problematic Politics of China's Economic Reform Plans

作者：Guy de Jonquières

出处：http：//www. ecipe. orgmediapublication_ pdfsPB05. pdf

社会资本与当代中国经济的发展

迈克尔·佩蒂斯

很多学者把中国改革开放 30 多年取得的巨大成就归功于中国执行了一套被称为"北京共识"的政策，但卡内基国际和平基金会高级研究员迈克尔·佩蒂斯（Michael Pettis）近日在该智库网站上发表的《中国经济的 4 个阶段》文章则否定了上述看法。佩蒂斯认为，30 多年来中国经历了社会资本建设、大规模投资和持续快速投资三种不同的政治经济政策，目前（第 4 阶段）正面临着债务能力趋近上限的风险。佩蒂斯认为，三中全会提出的一系列推动社会资本升级的自由化政策将是中国长期的改革能否成功的关键，但在此期间要面临力量强大的既得利益集团的挑战和抵抗。

社会资本与财富增长

在对为何必须区分出不同的阶段才能最好地理解这个经济发展轨迹做出解释之前，需要介绍一下"社会资本"这个概念。社会资本指的是一系列制度，包括法律框架、金融制度、公司治理的性质、政治实践以及传统、教育、健康水平和税收结构等，这套制度决定了个人是否有动机及如何用他们拥有的条件和基础来创造价值。

在一个社会资本高度发达的国家中，激励结构是一致的，摩擦成本也大为降低，因为行为体因其创新和高效生产力而获得回报。社会资本水平越高，社会成员越有可能独立地、创造性地利用当前的经济条件和平台来实现快速增长。发达国家之所以富裕，是因为其社会资本水平比落后国家更高，而不是——像有时候人们所认为的——因为它们资金充裕。正好相反，资金充裕与其说是财富多导致的，倒不如说是由社会资本充足引起的，但也不总是这样（中国或许就是一例子）。工人生产力提高了，就更容易证明建设更多基础设施的正当性，因为它节省了时间和劳动量。高水平社会资本是财富的表现，不是原因。

在发达国家，充裕的社会资本鼓励居民和企业尽可能以最有效的方式利用已有的条件和基础设施。相反，欠发达国家之所以贫穷，是因为缺少这些制度和设施，因而居民不能有效利用他们的经济和基础设施资源。

如果想提高其发展水平的话，发展中国家需要实施两套政策。第一套显而易见，这些政策的目标直接指向改善企业运营的环境——通过给予它们需要的资源，比如说良好的基础设施、资本以及受过教育的劳动力。第二套政策不好描述，其目标是提高社会资本，以便个体和企业能够有效地利用这些资源。这些政策包括建设高效的激励结构，有力有效且具有高预见性执行力的法律制度，高效益配置资本的财政制度，财富创造过程中有限的政治和利益集团介入，有限的寻租等。值得注意的是，在每一个国家，建设社会资本的改革措施可能都大致相同，视该社会特定的文化和历史而定，这也可以解释为什么发展理论大都一模一样，但在其原产国之外的国家从来没有成功过。

要理解当下中国面临的挑战，就必须理解这两套政策对不同的政治经济有何含义。因为第一套政策通常是由中心来配置资源，因此会受到惯于攫取公共资源——攫租（rent-capturing）——的精英阶层的大力支持。因为这些政策使这些精英阶层受益，精英阶层的支持就会不断加强。政策越多，对精英越好，反过来又提升了他们的实力，进一步使他们更加支持这些政策。

第二套政策实施起来非常困难，因为它们通常要求废除那些被扭曲的、矛盾的、能为精英带来收益（rent）的政策，因而也就降低了精英攫取大比例增长收益的能力。比如说，高效益配置资本的财政制度，不是以权力或接近权力（access）为基础。公平的、清晰的、可预见的法律制度不会允许某些集团比另外一些集团更有特权。如果人人都可以开办企业，垄断或寡头独占者的利益就会被削弱。

因此，以提高社会资本为目的的自由化改革有可能不受精英阶层的欢迎（因为不实行自由化改革才使他们更受益），除非随之而来的财富和生产力的增长足够大到能使精英阶层受益，即便其受益的份额有所下降。这可以解释为什么发展中国家通常只会在面临巨大的国际流动性时才会诉诸经济自由化改革，因为在这个时候资金会流向高风险产业如高科技、房地产以及发展中国家。

尽管自由化改革通常会削弱精英阶层攫取不当增长份额的能力，或者说，由于改革通常会吸引大规模外资流入，从而推高精英阶层控制的资产的价格，因此政治上反对改革的力量会变弱。如果果真如此，这就说明成功实施自由化改革的主要原因是在此期间大量外资的流入，而这可能对中国意义重大，尤其是如果未来几年全球中央银行开始回收支撑全球资产泡沫的巨量流动性的话。

从社会资本到有形资本

现在我们回到中国最近的经济发展历史。中国长期迅猛的经济增长可以用 4 个阶段进行概括。

1. 第一次自由化时期

在 20 世纪 70 年代末 80 年代初，中国开始了一系列自由化改革，可将其归纳为"建设社会资本"。通过废除严重限制中国人生产力的法规，这些改革带来了经济活力，创造了大量财富。比如说，个体生产和交易合法化了，不必再通过管理糟糕的、国家控制的集体组织了。少数农民被允许保留他们超出配额的产品，因此农业产量很快翻番。如果某人认为本乡镇砖块出现短缺，那么他可以建一家砖厂。某个地方砖块大量积压，而其他地方则严重短缺，这种可怕的局面很快得以改观：某人制砖和运砖的效率越高，其人和国家越富裕。

但是改革之路并非一帆风顺。它削弱了党的强大权威（更不用说以前由国家指派的厂长了），因此这些改革遭遇到了力量强大的精英阶层的抵制。仅仅是因为邓小平及其周围的人的威望和实力，以及他们在军队中建立起的忠诚，中国才有能力战胜精英们的抵制，中国的改革才得以实施。

2. "后发优势"时期

中国的生产活动迅速发展起来，但却遭遇到基础设施和能力的限制。这就开始了中国第二阶段的高速增长，其特点就是集中全国的资源进行大规模投资，目的是建设基础设施、提高能力。就像之前很多投资驱动型经济体的增长奇迹一样，中国开始着手解决下面两项重大限制：（1）储蓄不足无法满足国内投资需求，必须废除那些限制家庭收入增长进而限制消费增长的政策；（2）私有部门普遍地不能参与生产性投资，或许因为法律的不稳定，也因为它们没能抓住许多可带来投资的外部机会。因为中国的基础设施能力远远不能满足需求（换言之，社会资本超过有形资本），因此中央政府相对容易确定生产性投资项目。中央政府向这些项目的巨额投资引起了20世纪90年代之后十年中大量财富的出现。尽管所有的中国人都从这些财富创造中受益，但新的精英阶层获利最多。一段时间以后，这些新晋精英阶层在政治上站住脚跟。现在，这类精英在中国被称为"既得利益者"。

3. 投资过度时期

但是中国仍是一个欠发达经济体，其落后的社会、法律、金融和经济制度限制了个体达到发达国家的生产力水平。中国的社会资本依然过低，某种意义上不过是政府通过允许精英阶层获取廉价资本、土地和补贴引起的早期投资主导的经济增长政策的无心之举。随着投资的增加，中国的有形资本与其社会资本结合到了一起（已有的基础设施和利用这些设施的能力趋于平衡），而此后再增加的有形资本创造真实财富的能力也大不如前了。而占据主导地位的精英阶层（尤其在省市和地方一级）持续推行的投资快速增长导致了一种虚幻的增长假象，由于这种增长是在债务快速增长的基础上实现的，因而最终是不可持续的。这一时期开始于最近十年，迄今仍未结束。

4. 第二次自由化阶段

中国现在需要的是再一次推动促使社会资本大发展的自由化改革，使中国普通人和企业有动力改变他们的行为，使其生产更为有效。这必须包括改变法律结构，可预见的经济执法，改变资产定价和分配的方式等。只有这样，中国人将因为生产力的提高而获得更大的回报，而寻租行为将受到惩罚，至少回报相对少一些。但是因为这些改革将限制精英阶层攫取公共资源（如优先获得信贷，这是最重要的）的能力，因此一直遭遇强烈抵制，直到债务水平高升到紧急的程度。过去7—10年中，对改革的抵抗是"既得利益者"争论的根源。

十八届三中全会提出的改革大部分都是自由化改革，其目标非常明确，就是提高社会资本的水平，也得到了习近平主席和李克强总理的支持。几乎每一项改革——土地制度改革、户口制度改革、环境保护，利率自由化、在资本配置过程中的管理改革、市场决定价格及废除补贴、私有化等——都将有效地把财富从国家和精英阶层那里转移到家庭和中小企业。这些改革将消除限制生产性行为的那些阻力，当然精英阶层也无法寻租了。

自由化改革的不确定性过程

由于债务上限迅速逼近，中国实行的"过度投资"经济政策不可能长期持续下去。在这些政策下，任何高于某种水平的增长——比如说 GDP 增长高于 3%—4% 就意味着"过度投资"政策仍在自动地推动增长，至少在某种程度上如此——都需要债务的不可持续的增长。当然，这种增长持续的时间越长，中国达到债务能力上限的风险就越大，在这种情况下，中国将面临混乱的经济调整。

因此中国必须尽快、有力地实施第二次经济自由化政策，也就是 20 世纪 80 年代那种改革政策。这些政策的意义已经非常明确。尽管对改革措施的优先顺序存在争论，但中国决策层非常清楚当务之急是什么，他们明白相关问题的证据就是三中全会清楚地阐述了这些问题。

当然，诚如所见，中国的当务之急是在遭遇债务能力上限之前实施这些自由化改革政策。这正是习近平主席正在做的事情，这也是他在担任国家主席之前就寻求巩固权力、打击潜在的反对者、加强与军队的关系，以及团结那些拥护改革的决策者的原因。除非习近平主席成功地巩固了权力、控制了经济资产，否则的话，他不可能战胜精英阶层强大的抵抗。如果他成功了，他就有能力实施急需的自由化改革，将中国推向下一个阶段的可持续生产力增长。如此来说，他有可能被誉为邓小平之后中国最伟大的领导人。

或许不是所有的中国决策层都明白，要想完成这一目标，中国必须经历一个艰难的或许长期的调整过程，其间，GDP 增长率，或许还有家庭收入增长率，肯定要下降很多。这对中国长期的改革成功非常重要，因为增速减幅过大将引起政治上的反对，或是让这些人联合起来。

（崔玉军　编译）

原文信息

原题：The Four Stages of Chinese Growth

作者：Michael Pettis

出处：http：//carnegieendowment. org/2014/06/18/four - stages - of-chinesegrowth

包容性经济增长以及未来的政策选择

迪利普·杜塔

　　本文摘自悉尼大学中国研究中心 2014 年的一份政策研究报告。报告概括了中国几个经济增长阶段的特点，总结了形成中国经济奇迹的 5 大政策因素，特别指出了增长所带来的问题以及亟须的政策改革。作者认为，增长本身并不能保证实现预期的发展结果，特别是从健康和教育、公平和机会均等方面来衡量的话，也不能确保环境和资源的可持续性。政府的角色在人力资本的积累、自然资本的保护，以及减轻生产的负面外部效应等关键领域非常重要。就未来的政策选择，作者着重阐述了如下方面：社会经济不平等和环境恶化、包容性增长、兼顾地方层面的制度环境、以信息和通信技术为辅助的服务部门、国企私有化以及应对通胀和通缩。

　　自 1978 年历史性地实施"开放"政策以来，中国已经从一个以农业为主的低产能国家转型为一个以工业和服务业为主的经济体。然而，在 30 多年的经济高速发展中，中国也从一个平等社会转化为一个社会经济存在高度不平等的国家。伴随着的是不断加大的收入不平等，以及不断扩大的包括卫生、教育在内的社会指标的差异。性别平等这一前改革时代的主要成就甚至出现倒退。近期越发严重的收入差距问题大多为各种机会不平等所导致，而这一社会经济不平等对政治社会稳定构成的潜在威胁被普遍认为是当今中国面临的重大问题。除此之外，环境可持续性这一涉及高质量增长的关键维度，长久以来也被忽略了。

中国经济奇迹的 5 大政策要素

中国的经济奇迹延续了 30 多年，吸引了全球关注，并且掀起了一股研究热潮，以探索支撑这一增长的潜在因素。有 5 个要素被广泛认为是奇迹般增长表现的关键。

1. 经济改革政策

自 20 世纪 80 年代早期，中国高度扭曲且效率低下的中央计划经济已经逐渐转变为一个新的经济制度，在很大程度上依赖市场力量配置资源，强化私有财产权，并在一系列相对发达的监管机制中运行。

改革开始于农业部门的家庭责任制以及乡镇企业的建立。1992年中国共产党第十四次全国代表大会决定建立"社会主义市场经济"，为下一阶段国企和金融部门改革开辟了道路。国企改革涉及下放中央政府的管控权，通过改变国有资产所有权将国企私有化。随着国企改革的深化，私营企业已日益成为决定经济的主导力量。

另一项重要的结构改革则涉及从中央政府向地方层级组织下放财政与管理权。这种地方分权同样也促进了地方政府之间的相互竞争，促使地方政府根据自身条件与更好的信息流做出最佳决策，从而提高效率。这些改革极大地解放了个人、企业与地方政府的积极性与创造力，它们通过在国内外寻求机会，努力将经济回报最大化。

2. 政府承诺与中国式改革

历史证明，增长不仅仅事关经济，它还要求政府的领导层勇于承担、可信且强干。中国政府鲜明地展示出自身强有力的承诺与领导能力，通过实施各种长期的经济改革计划，将中国从一个落后贫困的国家改变为一个繁荣的国家，他们同样也意识到这些改革所带来的挑战与政治风险。

中国推行这些改革的方法是独特的。鉴于意识到如此大规模的经济改革将会带来巨大的不确定性，中国政府采取了渐进、试验且务实的方法，基于"边干边学"的方针逐步逐片地扩大成功的改革。

3. 强调社会服务与乡村建设的公共投资

第三个因素在于中国长期承诺的对于基础设施、教育与医疗以及基本服务的公共投资，尤其是在经济改革之前与初期。虽然中央计划经济严重扭曲资源分配并且阻碍了经济增长，但在促进医疗与教育，以及提供诸如电力、安全饮水与公共卫生等基本服务上的公共投资政策为中国经济的成功奠定了基础。就本质而言，在转型成为一个相对开放的经济体之前，有赖于政府在社会服务方面的投入，中国已经拥有了受过教育且身体健康的劳动人口，进行了基础设施建设。而当经济改革创造了高效的商业环境后，大多数的中国人完全有能力充分参与到由政策改革带来的更多经济机会中，迅速提高国民收入。

4. 融入全球经济

中国经济的增长因其与全球经济的整合而得到进一步加强。全球经济给予中国一个不可限量的出口商品与服务的市场，同时通过开发其在低廉劳动力和经济规模上的相对优势，也使中国提高了效率和生产力。与世界经济的整合还为中国提供了输入技术和理念的机会，通过外商直接投资与合资经营学习知识和现代管理技能。对外贸易和国外投资扩展了经济，中国出口贸易的增长也在很大程度上刺激了其技术升级。

5. 通过各种交换项目进行知识转移

各种交换项目是另一个重要的知识转移渠道。伴随着对外贸易与外国投资的开放，中国决策者对于通过交流而获取国外教育给予格外关注。中国政府邀请了大量的外国专家帮助他们掌握市场经济体系的功能与特点，同时将许多中国学生与政府官员送到欧美的大学里学习。中国不少杰出的改革者就是从西方培养的技术人才中脱颖而出的，他们被安排在经济改革政策智库中的关键岗位，在修订中国改革政策的过程中扮演着重要角色。

增长之后带来的主要问题

当国家正在经历结构转型时，收入不平等与经济增长便会相生相伴，特别是从以农业为基础的经济体转向以工业部门占主导的经济体的过程中。中国不断扩大的收入不平等应在其广泛的经济发展进程的背景下给予考察。

近几年，城市中不断扩大的不平等已经成为中国总体不平等状况的一个主要因素，有必要给予特别的政策关注，其原因有两点：首先，这具有重要的政治相关性，由于城市人口在中国社会中居支配地位，意味着城市地区不平等的激增有可能导致社会的动荡；其次，如果政策措施不能落实到位，不能遏制住农村人口不断大量涌入的趋势，就会进一步加重不平等，恶化城市的贫困。

1. 收入不平等

不断加大的空间收入不均，尤其是沿海地区与内陆地区之间的不平等，很有可能是由不同的地理条件与政府的工业优惠政策二者结合所导致的。造成中国收入差距加大的第二个原因是教育收益的显著增加。经济改革导致了劳动力市场上教育回报收益的显著增长。高技术含量工作的薪酬大幅增长，"白领"（例如专业/技术人员，企业经理和管理者）的工资一直高于低技术含量工作者，也就是"蓝领"工作者。

2. 社会指数与机会的不均等

个人权益、能力、自由与权利被认为是社会经济发展的核心，而经济发展是达致这些目标和公平的重要手段。公平的概念涉及收入和人的能力，例如健康与教育成就、机会均等和性别平等。然而，如果按这个概念来评价，那么近年来中国的经济增长过程，在许多方面都没有构成包容性发展。

3. 政府作用减弱

历史证明，若要取得包容性发展与平等，公共政策而非市场力量才是社会保障的重要来源。而当国家正在经历重大经济转型与快速的经济增长，同时又伴随着收入差距不断拉大时，尤其如此。与许多国家正因政府的巨额财政赤字和缓慢经济增长所拖累相比，中国的财政能力在 1980—2010 年间增长了 22 倍。然而，政府在社会服务供应中的作用却不断消减，政府在社会支出中所占的份额也比许多发达经济体低很多。

中国高度分散的财政制度也进一步加剧了社会不均等。由于地方政府负责为本地服务提供资金，而那些贫困地区的政府没有能力提供高质量的社会服务，贫困家庭也没有能力负担高额的医疗与教育服务。其结果就是不断增长的收入差距进一步加剧了社会指标的不均等。

4. 性别不平等

"妇女能顶半边天"这句话标志着中国女性所获得的平等地位，这是自 20 世纪 70 年代初聚焦性别平等的发展所取得的成果。然而，这一性别平等方面令人瞩目的成就近几年却出现倒退，特别反映在过高的女婴死亡率，以及人力资本积累与就业机会方面越来越大的性别差异上。人力资本性别差距的加大既受到教育回报率低的影响，也是由女性工作年限更短所造成的。而由于劳动力市场越来越依据性别来分隔，男性和女性也面临着不同的就业机会。

发展问题需要有远见的政策来解决

高质量增长的一个重要方面就是环境与资源的可持续性。中国过去几十年的经济发展产生了沉重的环境代价，导致严重的环境退化与资源消耗，以及大量的温室气体排放。空气和水资源污染，土壤的重金属污染，还有水资源严重短缺，都已经达到了警戒级别。

这是以煤为主要原料的能源密集型重工业快速发展所导致的直接结果，而过去几十年一直以此来刺激 GDP 的增长。然而，未采取足够政策措施保护环境，环境管理的执法乏力，尤其是中国政府各层级的"先污染后治理"的心态，对于目前的环境危机有着重要影响。

目前，经济增速减缓以及对于以权谋私的忧虑，已成为本届中央政府的两大主要关注重点。而就政策选择而言，社会经济不平等和环境恶化则成为亟待改善的重中之重。

中国第十二个五年计划（2011—2015）已经拟定了解决上述问题的目标，即通过改善教育和医保制度来扩大社会保障，通过提高能源效率减少污染。7%的年度经济增长目标也表明中国正致力于提高生活质量，而不是经济增长的速度。一项世界银行与发展研究中心的合作研究提出如下建议，应"强化包括农民工在内的技能发展规划；提升农村地区与小城镇的各种机会；为了更加均衡的地区发展改善运输网络"。为了走上能源相对可持续发展的道路，中国政府可以选择的政策包括"优化城市环境服务；推进城市低碳交通运输；推行可持续的农业耕作方法；引领可持续的自然资源管理路径；示范污染管理并强化应对气候变化的相关机制"。

此外有研究表明，作为政策目标的包容性增长与地方层级的制度环境有着千丝万缕的联系。在中国，包容性增长仅由中央政府介入是无法完成的，因为它也需依赖地方政府及其对地方企业发展的支持。中小型企业事关中国的包容性增长。中小型企业的整体发展可以促进更稳固和更均衡的增长，其具体途径包括创造就业机会（尤其在不发达地区）；形成充足的市场参与者与交易，以引导整体资源配置效率的改善；通过固定资产投资与出口带动经济增长；促进技术消化以提升产业专业化和差异化；增加税收，使政府得以资助重要的社会经济计划。由于中国的中小型企业正面临财政瓶颈，因此财政政策应当反映中小型企业金融结构的多样性与灵活性，尤其是，作为替代的制度性债—权金融框架（debt‐versus‐equity finance framework）是个值得探索的政策选择。

为拥有信息和通信技术的服务行业松绑也可能使中国经济实现再平衡。打破国有企业的垄断是前进的重要一步。而由于国企大多为资本密集型企业，因此打破其垄断还可以创造大量的就业机会。更进一步而言："鼓励更多的私人投资将有助于刺激国内消费，获得改革红利，并且保持经济的长期稳步增长。"

由于中共并不希望在近期对国有企业实行完全私有化，因此十八届三中全会转而讨论了国企改革的问题。在三中全会报告中，改革的蓝图已然呈现，使用的新词是"混合所有制经济"，其基本理念是鼓励私有资本参与国企改革。但是，许多私营企业家似乎并没有参与的热情。至于以"法治"为主题的第十八届四中全会将会对动员私有资本产生何种影响，还尚待观察。

同时，对抑制通胀/通缩的担忧也在困扰着中国决策层。这些通胀/通缩的趋势标志着长期产能过剩所造成的诸多深层次经济弊病——制造业的问题尤为明显；国内外的需求不足；对不必要的钢铁企业的浪费性投资，以及 2009 年在应对全球金融危机的刺激政策下出现的"鬼城"与闲置体育场馆。出于对通胀和通缩的担忧，中国人民银行 2014 年 11 月降低了利率，这是自 2012 年以来的首次下调。实际上，按渣打银行的统计，债务积累在中国 GDP 中所占的比重在过去 5 年中持续增长。根据目前趋势，如果经济环境进一步恶化，货币贬值或许是一种选择。人民币贬值可以刺激出口，因此可以反过来消耗过剩的产能，但是同时，它也会提高进口产品的价格。所以，货币贬值的效应依然未知，而如果其他国家跟进的话更是如此。

（王金戈　编译　刘霓　校）

原文信息

原题：China's Miracle Economic Growth：Its Policy Implication for Socioeconomic Inclusiveness & Beyond

作者：Dilip Dutta

出处：http：//sydney. edu. au/china_ studies_ centre/images/content/ccpublications/policy_ paper_ series/2014/dilip_ dutta_ chinas-miracle-economicgrowth. pdf

混合所有制下的中国企业更符合国情

刘芍佳 约翰·伯恩 孙霈

传统观点认为，国有企业的私有化将带来更好的公司业绩。英国布鲁内尔大学的刘芍佳等人将两大经济计量学方法（平均值统计法与固定效应样本统计法）用于 1184 家中国企业1997—2003 年间的样本数据上，评估了私有化对其带来的经济影响，重新考察了这一传统议题。刘芍佳等人的研究表明，在以国家资本主义为特色的中国政治制度的背景下，混合所有制是最佳的私有化形式。由于政府在市场竞争中拥有强大的影响力，混合所有制能让公司在获取政治资源与私营效率，以及支持方面获得结构性优势。同全私营企业相比，部分私有制企业的劳动生产率更高。此外，由私营资本掌控的公司，其赢利能力更强；而所谓的"内部知情人"——由管理人员与雇员组成的控股股东——在改革后阶段更愿意对自己公司的未来进行投资。

关于私有化对中国公司业绩产生何种影响的研究并不多见，而且已有研究表明，中国的经验似乎与传统观点背道而驰。不少学者指出，中国的私有企业表现不佳，而有些学者将其归咎于中国私有化的不完全性质——国家仍然保留了大部分股权。在这样的部分私有化背景下，国家对公司造成了扭曲，妨碍了效率与生产力的提高。

"所有制改变会引发公司业绩提高"这一假设，存在两大关键问题：第一，随着时间的推移，公司业绩是否真的发生了变化？第二，如果业绩真的有所提高，那么具体原因是什么？要寻求解决这两大问题，就需要在一系列业绩的变量中，将样本变量作为独立变量进行考察，并对市场影响及公司特有影响进行控制或排除，因为随时间而变的市场影响与随事件而变的公司特有影响都有可能影响公司业绩。影响公司业绩的变量包括净资产赢利能力、负债率、人均销售额、销售增长、资产增长与劳动力增长。除资产增长与销售增长变量以外，并没有证据表明，同其他业绩变量相比，对上述其他变量的估算存在内生效应。

本研究的结果表明，中国的所有制转型取得了成功，这一所有制转型应当继续用于那些仍然完全处于国有制下的企业。尤其是，如果中国政府在未来十年还将继续寻求经济改革带来的红利，那么，如何在公司治理中通过增加私有制比重来提高私营作用，就应该成为中国政策优先考虑的问题。大体而言，我们的发现同国际上的传统观点一致，即所有制重组将刺激公司业绩的改善。我们的发现还特别支持了"所有权偏好同经济体的政治体制相关"的论点：作为对现行政治体制——政府主导市场的国家资本主义——的理性回应，混合所有制在中国越来越盛行。这一观点产生的直接影响是，中国需要在广泛追求全面私有化作为其偏好的所有制策略前，先改革其政治体制。

改革对业绩影响的估测方法

所有制转型改变或者说提高了公司的业绩吗？由于调查方法多种多样且研究者各取所需，因此研究的发现各有不同，甚至结论相互冲突。本研究运用了两大方法来调研中国所有制转型带来的业绩影响。国务院发展研究中心企业研究所为我们提供了 1184 家于 1997—2003 年间进行了所有制转型的国有企业的相关数据。本文设计的主要变量有投资、销售增长、负债率、净资产赢利能力、资产增长、人均销售与劳动力增长。由于变量数据是按照改革后一年、改革后两年、改革后三年的时间段提供的，因而跨时段的分析成为可能。

平均值统计法

用数据统计来描述企业业绩，这一方法能为我们提供关于改革后业绩影响的高水平指标。无论是参数还是非参数数据统计测试技术，比如秩和检验（Wilcoxon Rank Sums）与 T 统计量，都被用来检验统计学意义上的平均差异。在解读这些结果时，需要秉持一定程度的谨慎态度，因为采用这些平均差异测试时存在一定的局限。首先，这些结果不提供因果关系要素的信息，比如"什么原因导致了差异"；其次，当控制其他影响后，该方法不能表明改革前后产生的业绩差异的稳健性。

固定效应样本数据模型

用来调查所有制转型后的业绩。在评估一段时间内的业绩时，这一方法尤其有效。此外，样本数据技术还支持我们在可控环境内评估这一问题，换言之，我们可以通过控制或排除其他可能的影响（比如不同的宏观经济条件、诸如行业、位置及技术这样的公司自有的影响等）来测试业绩变化。

预设结果及发现

1. 所有制转型在扭转企业绩效方面是否有效

首先，就全样本而言，我们对于"所有制转型后的阶段业绩是否变化"这一问题的答案既是否定的，也是肯定的。无论是平均差异测试还是进一步的样本数据考察都表明，企业的赢利能力（就净资产收益率而言）并没有产生变化。除了在平均差异测试中总资产利润率出现了正增长外，鉴于这一方法对于衡量赢利能力存在争议，相关证据并不足以推断出任何有意义的结论（由于所有制改革后资本结构变化存在可能影响，比如利率宽释、债务减轻以推进或加强所有制改革）。

而之所以答案也是肯定的，是因为劳动生产率在改革后出现了积极变化，有所提高。劳动生产率是通过人均销售额来进行测量的，而在控制样本结果中，劳动生产率在改革后的第二年出现了明显的增长，人均生产率平均上涨了 9 万元。这样一个估测数字排除了 21 世纪最初几年由有利的市场环境所引起的销售增长。此外，资产负债率在改革的第一年出现了明显下降，降幅达 3.4%，第二年下降了 3.8%，第三年则下降了 4.9%。负债率的下降意味着所有制改革刺激了企业为投资者创造额外的资产价值或减少了债务。

与销售业绩形成对比的是赢利能力没有出现变化，这可以用两大推测来解释。首先，我们推测企业的当前目标在于寻求更多的市场份额与更高的业务增长，那么企业在处于快速发展阶段时，利用改革契机先拓展业务是非常合理的行为。在赢利能力不变的情况下，更多的销售意味着更多的利润，可以用来吸引更多的投资以进一步拓展业务，从而满足更大的市场需求。其次，我们推测竞争侵蚀了利润，而中国市场是个竞争相当激烈的市场。我们样本中的绝大多数企业运作的行业都是开放竞争型行业，不是垄断行业。其结果是，在这样一个竞争日趋激烈的市场中为了让自己的价格具有竞争优势，很难维持其盈利能力。就现实而言，我们不能指望研究结果中会出现处于竞争日趋激烈的行业中的公司其赢利能力有大幅提高。

总之，正如我们所期待的那样，中国所有制改革在人力资源重组（更高效、生产率更高）与推动企业更具竞争力的所有制变革激励方面发挥了作用。

2. 所有制类型对业绩重要吗

在所有制改革的背景下，进一步提出的问题是：是否存在一部分企业，相比另一些企业，由于不同的改革安排或选择，其业绩表现更好，尤其是，所有制的类型对业绩变化重要与否？

这里的所有权指的是掌控该公司业务的公司控股股东身份。对于不同类型的所有权，三大业绩指标——总资产利润率、销售利润率和减员——中的部分或全部都表现出显著改善。尽管不同的所有权带来的指标改善各有千秋，但很难在所有权差异的基础上得出任何有意义的可能结果。我们无法得出结论，认为指标改善的差异是改革影响的结果，有太多因素能够导致这样的结果。

在控制了市场及公司自有因素影响的条件下，我们进一步检视了样本数据测试的估算结果。我们检测了三种所有权对净资产利润率的影响：政府、私营以及存在"内部知情人士"的私营——由管理人员和雇员组成的控股股东。但这三种所有权都没有在改革后显现出赢利能力的明显改善。

就劳动生产率及其他业绩指标而言，首先，国有企业的人均销售额在改革后出现显著增长，改革后第二年上涨了 10 万元人民币，第三年则上涨了 9 万元人民币。这样的显著变化既没有出现在私营企业中，也没有出现在拥有"内部知情人士"的私营企业中。此外，国有企业在改革后的三年间还经历了显著的债务持续削减，而这一影响对其他两组企业而言并不明显。国有企业与私营企业间这两种不同的结果表明中国政府对改革采取了"倾销策略"。所有制改革被认为是把不好的企业及大量需要取消掉的非生产性资产给予处理的契机。与此同时，更具竞争力、也更能创造经济价值的企业得以保留其国有企业身份，并得到国家更有利的支持，比如债务重组。

至于后改革时期的投资，拥有"内部知情人士"的私营企业比其他两组企业拥有更高的投资额。更高的投资额意味着在长期状况下其业务更可持续，也更具竞争力。证据表明，内部知情人士非常注重自己公司的业务，尤其是公司的未来，到那时，这些管理人员与雇员已是其效力多年的公司的控股股东。这一发现的结果促成了对中国目标管理法引导下的私有化的争论。显然，以目标管理为导向的私有化（内部知情人掌控公司），将导致改革后投资额度的升高。

所有制的类型对业绩变化重要吗？有的学者认为是，有的学者则否认这一点。从上述讨论中可以发现，所有制类型对公司业绩有影响，但这一影响并非如同传统观点所认为的那样，即完全私营的企业更可取。中国的改革经验表明，不同的所有制类型在其业绩成就中有其不同的长处，因为不同的所有者对公司首要目标的认识大相径庭。一些类型在某个特定的业绩变化类别中更加有效率，而另一些类型则产出其他的业绩收获。举例来说，部分私有化的公司在提高劳动生产率方面更高效，全私营企业对于提高投资者的金融回报更感兴趣，而管理控制（management-controlled）的私营企业（内部知情人）则更愿意对未来投资。

3. 出售方式对业绩变化重要吗

那么转型之后，随着业绩表现结果的差异，私有化的方式会不一样吗？我们用劳动生产率来衡量业绩，对下面几种销售方式做出测评：通过公开拍卖出售、通过谈判出售、通过向公众传播出售消息销售（全国性广告）以及通过出售股本或吸收新的投资来稀释国有化成分。

结果表明，通过在全国范围内向公众做广告而被卖掉的公司在人均销售额上的变化最为显著：改革后第一年的人均销售额为 20 万元人民币，第三年则达到了 30 万元人民币。与之形成对比的是，通过谈判或公开拍卖被出售的公司在其劳动生产率上则没有出现明显变化。向公众传播售卖信息能够最大化选择最佳投资者或管理人员接管公司的机会。

哪一种淡化国有化成分的方式能够在改革后取得最佳的业绩提升呢？是直接向私营企业售卖股本呢，还是从私营企业那里获取新的投资？我们的研究结果表明，两种方式的结合能够取得更好的业绩提升。比如，两种方式结合带来了公司的人均销售额在改革后的头两年内显著增加。

此外，改革之后，公司的背景也能影响业绩。那些经历了第一波所有制改革冲击、从完全国有制转为股份制的公司经历了人均销售额的显著增长，其增长额度高于那些遭受第二波改革冲击，即私人投资增加的公司。这或许是有了新的私人投资者，从而为企业管理与公司治理带来了全新变化的结果。简言之，在所有制转型后，出售方式对随后的业绩有影响。

结 论

中国的经验表明，所有制结构或类型的改变对业绩有影响，但不是传统观点推测的那种影响，私有化程度越高并不意味着业绩越好。更确切地说，改变对业绩的影响体现在不同的所有制结构或类型使企业具备了不同的长处。总体而言，国有制企业转变为国有、私营混合制结构似乎能够在改革后产出最佳业绩。

从经济增长的角度来看，部分私有制似乎是所有制模型中表现最佳的一个类型。国有与私有混合制公司在改善劳动生产率以获得更高人均销售额方面更有效率。全私营企业或私营资本控制的部分私营企业在提高诸如赢利能力的金融回报上更有效率。而内部知情人士的私营公司则更愿意投资公司的未来。总的说来，所有制转型在转型公司的业绩提高方面是成功的。我们的所有发现都表明，所有制结构重组（尤其是为国有企业引入了私人投资）是中国国企改革最合适的方法。此外，政府应该在剩下的国企中加快转型过程。国有与私有混合制形式应该大范围推广，因为它符合中国现阶段的政治背景，最适合中国。这一类型能够使公司同时获得来自政府与私人投资者的协同效益。

国家管控的部分私有制公司是否应该完全私有化将首先取决于全部私有化如何进一步提升公司业绩与竞争力。最重要的是，将取决于政治制度的变革。当前政府主导经济的国家资本主义在结构上是合理的，意味着企业通过与政府的联系获取更多的政治优势。因此，没有政治的先一步改革，就很难预见在不久的将来完全私有化成为中国企业的主导模式，尤其是对大公司而言。

（杨莉　编译）

原文信息

原题：The Performance Impact of Firm Ownership Transformation in

China: Mixed Ownership vs. Fully Privatized Ownership

　　作者: Guy S. Liu, John Beirne & Pei Sun

　　出处: *Journal of Chinese Economic and Business Studies*, Vol. 13, No. 3, 2015

全球化与金融服务领域的中西之争

彼得·诺兰

英国剑桥大学发展研究中心教授、知名经济学家、《中国能不能"购买"世界》一书作者彼得·诺兰在近期的《中国经济与商业研究》杂志刊文，探讨了自 20 世纪 70 年代以来全球金融领域产业结构的演变，而这段时间正是自由市场政策在理论与实际的政策讨论中占据主导地位的时期。作者在文中考察了全球金融产业结构变化的幕后逻辑以及产业合并的迹象，并分析了华盛顿共识是如何影响全球银行在发展中经济体和转型经济体中的扩张。特别值得关注的是，作者将国际银行业结构在全球化时代的演变与沿循全然不同路径的中国进行了比较，指出虽然中国的银行有着丰厚的利润与庞大市值，但它们的国际竞争力依旧有限。跨国银行在中国经济中的作用不大，而中国的银行在国际经济中的作用同样如此。作者认为，两种体制之间的对照之于全球金融领域的竞争方式和规则完善的路径具有至关重要的作用。由于篇幅所限，本编译文本略去"引言"、"全球化和产业结构的不同观点"以及"国际金融服务业的整合过程"等内容，着重介绍了作者对中国金融服务业的分析。

从 20 世纪 80 年代初开始，在各个发达经济体，金融市场一步一步地获得解放。金融领域中曾经的国有部门大部分被私有化。到 90 年代末，在欧洲和美国，对于跨区域或跨国的企业兼并与收购的立法限制大部分被取消了。分隔金融服务业不同部分之间的屏障已经被打破。此后数十年的整合过程表明，马克思 150 年前在《资本论》中提出的"资本集中法则"（law of concentration of capital）同样也适用于金融服务产业。确实，金融领域和非金融领域的资本集中过程相互交织且相互支持。而马克思有关金融集中化的观点完全适用于当今这个时代。

华盛顿共识与发展中国家的金融体系

华盛顿共识在塑造有关金融体系的思维方式中起着重要的作用。自 20 世纪 40 年代发端以来，华盛顿共识机制就被高收入国家所牢牢控制。在全球金融危机爆发前夕，经合组织国家（OECD）仅仅占全球人口的 16%，但是却在国际货币基金组织中（IMF）拥有 61% 的投票权。IMF 的领导几乎都是欧洲人，而世界银行的头目则总是来自美国。在全球金融危机后状况依旧如此。贯穿整个资本全球化时代，华盛顿共识一直在不懈地促进金融领域的全球自由市场，从而迎合美国与欧洲大型银行的利益。

国际货币基金组织与世界银行为了获取利益，强烈要求发展中国家允许跨国银行在本国自由发展。20 世纪 90 年代，为数众多的转型经济体与发展中经济体落实了华盛顿共识的政策，取消对于跨国兼并与收购的限制，在本地与跨国银行之间建立一个"公平的竞争环境"。在拉丁美洲的大部分国家，银行自由化导致了跨国银行市场份额的飞速增加。而 20 世纪 90 年代，东欧银行领域的自由化则掀起了全球银行巨头的收购狂潮。

中国如何探索自己的改革之路

当全球银行业革命兴起之时，中国的银行业改革正努力摸索自己的道路。面对来自外界的各种涉及银行业改革的鼓动，中国领导人决定继续严格控制外资银行在国内的发展，尤其限制它们在中国本土银行所持的股份。中国的决策者决定不拆分主要银行，而是将它们改革为"完整的实体银行"。改革内容包括：将不良贷款从资产负债表中移除、与全球大型银行结成战略伙伴、大力投资先进的信息技术、集中风险管理以及优化人力资源。改革进程的最后一步为：主要的大型银行将其少数股份在国际和国内的股票市场上市，将银行管理置于媒体的监督之下。

中国银行业监督管理委员会

中国的银行改革中十分重要的一项，是于 2003 年建立的强大的银行监管机构——中国银行业监督管理委员会（CBRC）。该委员会因其保守的管理方式以及严格限制银行所涉及的业务领域，遭到了许多专家的批评，特别是国际银行的专家。中国政府对银行的领导层握有选择权，因此能够对国内银行实施严格的控制，并通过党的领导来强有力地影响银行的行为。甚至对于一些已经在国际股票市场上市的银行来说，党委书记仍扮演着至关重要的角色。与高收入国家金融体系的发展相对照，中国的银行体系不可能实现"规制俘获"（regulatory capture）。

严格限制外资银行

就国内银行而言，中国对任何的个人投资一直保持着 20% 的上限，而对国外投资一直保持着 25% 的上限规定。美国曾因中国政府拒绝为美国的银行提供一个"公平竞争环境"而十分恼怒。国际银行由于既面临外资所有权的严格限制，又面临由银监会提出的严格监管要求，因此在中国经济中仍然只能扮演一个小角色。据 2012 年银监会的数据，在中国的银行总资产中国际银行仅占不到 2%。在中国举办的多次高层国际会议中，跨国银行的负责人一直强烈主张中国放松对外资银行在华投资的限制。

战略投资者

中国政府尽管严格限制外资股份所有权，但欢迎跨国银行持有少量有选择的股本股权。为了实现国有商业银行重组和改革为合资股份制银行，引进海外战略投资者是一项重要的、大胆的以及有争议的措施。人们期望，战略投资者将有助于引进最佳管理办法以及最先进的信息系统，有助于改善公司治理、风险管理以及内部管控机制，有助于提升银行的产品创新能力。

IT 系统

很少有人注意到，中国的大型银行已悄然实现了其 IT 系统的全面转型。这尽管牵涉巨大的投资，但它极大提高了银行运营机制的现代化，并有助于集中管理风险。十年前银行网上业务的比例少得可以忽略不计，而现在主要银行超过 60% 的业务是在线进行的。目前，中国主要银行 IT 系统的卓越性能可与全球同行相媲美。

竞争

中国政府明确表示，利率自由化将是一个缓慢但持续的过程。这迫使中国的银行寻求非利息形式的收入。此外，五大银行面临着来自中国银行业其他机构的激烈竞争。现在，五大银行的银行总资产份额已由 2003 年的 58% 收缩到 47%，而股份制商业银行和城市商业银行所占份额已迅速地从 2003 年的 16% 增长为 2011 年的 25%。

人力资源

为实现高水平管理，中国的国有银行实施了提升技能的综合计划。在国际领先的大学定期举办培训项目，从中国一流的大学聘用大批年轻的高素质毕业生，吸引毕业于国际一流大学的中国青年，并聘用一些资深国际专家作为独立非执行董事，以此来促进银行提升竞争力，有效改善企业治理和风险控制。

上市

2004 年以后，各主要国有银行都在国际上进行了少数股权上市，包括中国工商银行发行 190 亿美元股票，堪称历史上最大规模的公开募股。此后，较小规模的国内银行相继上市。2006 年，英国《金融时报》全球市值最大公司的 500 强名单中仅有一家中国的银行。到 2012 年，这一名单中出现了 12 家银行。并且，有 4 家中国的银行位居前十。在 2011—2012 年间，中国的四大银行净收入总值达 991 亿美元，与之相比，出现在上述名单中的美国四大银行净收入总值只有 612 亿美元。中国银行业的崛起让跨国银行本身和西方政府感到震惊和困惑。考虑到银行业在一个国家经济和政治体系中的中心地位，中国银行超越主要跨国银行这一事实具有重大的历史意义。

中国金融产业与跨国银行的对比

中国金融部门改革所取得的显著成功，远远超出了大多数国际观察员的期望。然而，在中国的银行和跨国银行之间存在着本质区别。它们相互之间开展直接竞争的范围仍然很小。因此，尽管中国有多家银行因其市值出现在了 500 强名单中，但这并不意味着它们拥有全球竞争力。关于国有银行以及相关产业体系的改革方向，中国的顶层决策者面临着复杂和困难的决策问题。

企业治理

表面上，中国的银行与跨国银行差别不大，然而在企业治理方面，两者存在本质的区别。首先，中国主要商业银行的大部分股份是国家所有，因此最重要的战略决策是政府做出的。其中最重要的便是高管人员的任命。中国共产党对商业银行的深入渗透以及主要银行均为国有银行，这些在与跨国银行的竞争中有着复杂的含义。

一方面它具有竞争优势，党和政府可以依据银行部门，以及中国政治经济整体的长远利益来考虑问题，而不仅仅是追求短期的利益。党和政府可以做出跨国银行难以实现的人事决策。政府可以避免"规制俘获"，这一问题已经严重损害了西方的银行系统，进而牵连了高收入国家的整个政治经济体系。国有银行和国有大型工业企业可以紧密合作，以构建一个具有全球竞争力的国家企业团队。银行官员可以接受党的有关社会和国家利益方面的教育，更好地了解银行在维护社会稳定和服务于广泛社会利益方面的责任。

另一方面，党在银行中的无处不在也为企业治理造成了一些困难。它形成了这样一种环境，即银行官员很难完全从商业角度做出贷款决策。而且，因为需要考虑更多的政治标准，也很难基于能力做出人事任命与升职的决定，妨碍银行吸引和留住人才。

人力资源

中国银行的聘用政策过于狭隘。只有极少数外国人在中国的商业银行工作，其中工作于商业银行高层的外国人有时会知难而退。文化的同质性可能会形成一些优势，例如使员工更容易相互沟通，以及为了共同的目标而奋斗。然而，文化的同质性也可能构成一个潜在的弱点。跨国银行业务的核心是全球客户，这些银行本身的雇员也是由多个国家的员工组成，包括使用英语作为公司通用语言。而在中国的银行，员工的文化局限可能会妨碍他们在国外参与竞争以及与国际客户进行交易。

收入结构

中国商业银行的收入结构与跨国银行大相径庭。中国的商业银行增加了包括理财产品、信用卡、汽车贷款以及房屋抵押贷款等非传统来源的收入比重。然而，银行的主要收入和利润来自存贷款的利息差，但这受到国家政策的严格控制。世界主要银行则有着更为广泛的业务组合，可以不断从高利润活动中增加收入。例如，它们大幅增加了投资银行业务，并在全球金融危机期间不断加速其进程。投资银行业务现在是一个不可小觑的收入要素，有时它甚至会给一些世界最大型银行带来超过50%的收益。而在全球银行业这个最有利可图和最激烈的竞争领域，中国大型银行也只能扮演微不足道的角色。

国际市场

以上所分析的因素不仅有助于解释原因，还反映了一个事实，即中国商业银行的国际存在仍然十分有限。它们之所以能获得巨额利润，主要是因为它们在一个受到高度保护且高速发展的国内市场内运营。

银行在产业政策中的作用

全球商业革命几乎在每一个行业领域都导致了极高的产业集中度。中国为了其大型企业和国内供应商的生存以及能够在全球性舞台上竞争，不得不实施强有力的由政府主导的产业政策。这一政策的核心部分包括：在一系列"战略产业"中保持国家所有权；以政府采购政策支持本土企业；要求跨国公司与国内企业建立合资关系；将本土化生产和技术转让作为进入国内市场的条件。

然而，在"民族产业"的发展中一个十分重要的因素一直是国有商业银行所提供的信贷。银行信贷在维持整体增长率上发挥了重要的作用，其在保持中国高投资率，将大量存款转化为生产投资上功不可没。同时，银行信贷也为初出茅庐的中国跨国企业能在竞争激烈的全球竞争平台找到一个落脚点提供了关键支持。

维持社会经济稳定

在高收入国家中，银行业仅有极少份额是国有的。而在中国，共产党处于国有银行体系的核心。中国共产党的银行工作主旨是，确保银行体系的各个环节都服务于实现国家利益的共同目标。这首先就意味着要为了全国人民广泛的共同利益而维持社会经济的稳定。西方的银行也逐渐重视"企业的社会责任"，并通过一些慈善、教育和"绿色"活动来履行这一责任。然而，就将银行行为与实现共同社会目标相联系的程度而言，西方银行要远逊于中国的银行。

结　论

资本主义全球化时代一直以金融部门产业集中化的爆炸性增长为特点，兼并与收购是其主要推动力，这导致高收入国家的大型金融公司与发展中国家的金融公司在竞争力上出现巨大差异，特别是在全球银行业务利润最高的那些环节。大型跨国银行在非金融企业的全球化中作用卓著，它们是将各个体系相互结合的黏合剂。然而，在少数大型金融企业掌控下的高度产业集中化是一把双刃剑。正是这种权力的高度集中形成了"规制俘获"，进而造成全球的金融危机。高度集中化使得监管薄弱的金融制度产生内源性的恶性循环，其中包括了货币扩张与资产价格上涨，而这却获得了人们的广泛支持，因为他们被账面财富的增长和与财富对应的更强的借贷能力蒙蔽了双眼。

在中美洲、拉丁美洲以及东欧，金融服务的自由化提供了一个生动的证明，即这一领域的"公平竞争环境"是极大地向来自高收入国家的金融巨头倾斜的。华盛顿共识的观点认为，金融市场的自由化将会通过竞争压力来强化本地银行，而现实的例子刚好否定了这一观点。在那些金融市场实现了自由化，并相应建立了金融服务"公平竞争环境"的地区，大型的本地银行通常是被全球巨头所收购，而不是被它们所"激励"。当地的众多小型银行则沦为了缝隙企业，为穷人和当地的、缺乏国际竞争力的中小型企业提供服务。发展中国家的实际经验反驳了华盛顿共识与欧美决策者的乐观看法，即自由化对当地金融系统会产生积极影响。这样的观点不是孤陋寡闻便是故意误导。

在发展中国家当中，中国一直是全球金融企业最富潜力的市场。它们认为中国加入世贸组织是一个前所未有的商机。然而令它们失望的是，尽管美国政府和美国的银行业，以及欧盟与欧洲的大型金融公司不断地游说中国，但是中国并没有选择华盛顿共识所倡导的政策。如果中国采纳了华盛顿共识的建议并听信高收入国家决策者们的说服，中国的主要银行如今早已四分五裂，而其中利润最丰厚的部分也会被跨国银行收购了。

相反的是，中国走了一条属于自己的道路，与华盛顿共识提倡的路径截然不同。中国严格限制了外资在主要银行中所占的股份，国家依旧是这些银行的大股东。此外，中国的银行受到管理部门的严格监控，它们提供的产品也是在严格限制的范围内。中国克服了全球金融危机所带来的巨大政策挑战，这其中对于银行业的严格管理发挥了极其重要的作用。中国在打造赢利且管理良好的银行产业方面已经取得了巨大的成就，为公司与客户提供了更为优质的服务。与几年前国际上的多数预期相反，中国在没有对银行进行全面私有化并允许跨国银行大举进入中国的情况下，却已经拥有了世界上盈利最丰厚且市值最高的银行。当然，高盈利与高市值并不代表中国的大型银行拥有了国际竞争力。

正如文中所述，中国银行在结构与运营方式上依旧存在很多问题。在经历了30多年的资本全球化之后，中国银行与跨国银行之间开展直接竞争的领域仍然不多。跨国银行在中国银行业务市场的占有率很小，而中国银行在高收入国家的银行市场中也同样不值一提。鉴于西方与中国的银行系统分处其各自政治经济体系的中心，双方在未来几年内的交集方式，将会对它们在全球金融产业中的竞争起到关键作用，也同样对于全球金融系统的管理方式起到决定性的作用。

（朱旻果　王金戈　编译）

原文信息

原题：The West and China：Globalisation and Competition in Financial Services

作者：Peter Nolan

出处：*Journal of Chinese Economic and Business Studies*，Vol. 13，No. 2，2015，http：//dx. doi. org/10. 1080/14765284. 2015. 1022978

中国金融服务业的发展及其间澳大利亚的机会

澳新金融服务业协会

本文为澳新金融服务业协会（Finsia）近期发布的研究报告，题目为"中国金融服务业的发展：澳大利亚的作用"。报告分析了中国金融服务业的发展以及澳大利亚可以从中发现的机会。报告指出，澳大利亚的金融服务业位居世界最先进行列，目前正是进军中国市场、提供高品质金融服务，同时吸引中国高质量金融投资的绝佳机会。报告认为，如果中国经济出现转型，那么澳大利亚也应当跟进，需求的重点已经转向了不同的贸易关系，而其中最核心的便是商品与服务。报告重点讨论了中国金融业的建设、与中国的合作关系对于澳大利亚的重要性，以及中国发起的亚洲基础设施投资银行（AIIB）对于两国合作的重大意义，并就如何实现与中国更全面的经济和政治合作提出了建议。本刊编译其中部分内容以资相关部门和学者参考。

结构性的挑战

中国领导人并不掩饰自己国家所面临的问题。自 2001 年起，中国经济一直保持着高速的增长。但这些都已成为过去。在 2014 年第二季度，中国经济的增长率为 7.5%，这与 2011 年制订的第十二个五年计划的预期相吻合。但这与 2009—2010 年 10% 的 GDP 增长率相比较有了明显下降。对于现任总理与首席宏观经济学家李克强来说，如今最核心的任务就是在自身经济中寻找"真空区"（the emptyspaces），创造出经济的"快速、可持续增长"。"可持续"在此处至关重要，因为之前的许多增长是建立在资源消耗、投资与资本密集的模式上，只能在短期内奏效，而现在是时候做出长远打算了。

李克强曾深入思考过造成中国经济独特性的种种特点，提出了4个核心结构的问题：消费、资本投资、服务与城市化。在过去30多年中，中国的国内消费率一直维持在GDP总量的36%左右。这个数据低于发展中国家55%的平均水平，更是远远低于像澳大利亚这样占比高达80%的发达经济体。中国人有存钱的习惯，即使是新兴的中产阶级也是如此。事实上，中国没有什么高回报的金融工具可以进行投资。中国仅有两家股票市场，在过去的15年内，它们的股指都极度不稳定。中国还有房地产市场，但由于过去数年中一直受到市场过热的威胁，因此政府频频出手干预，以限制个人可以拥有的房产数量与收益。最后，中国国内银行储蓄收益极低。银行利率低于通货膨胀率，而且主要作用是向储蓄征税而不是从中为投资者创造价值。2009年，中国政府曾经采取过财政刺激措施以鼓励民众更多地消费，而现任政府的挑战便是提高36%的国内消费率。就本质而言，这将意味着减轻个人与消费者的负担，并且缩减政府在经济中的作用。由此，政治、社会与经济的多方面后果将连带出现。

拉升消费率的基本举措将是提高服务业在中国经济中所占的比重。与美国经济相比较，我们可以发现制造业、建筑业与基础产业在中国GDP中占有很大比例。李克强就曾用中国服务业占经济总量40%这一数据，与发展中经济体的46%和发达国家的80%进行比较。对于中国这样追求创造高价值经济体、减少对出口（国外市场通常变幻无常）的依赖，并在未来可能会缩减出口规模的国家来说，服务业是至关重要的。

为了创建一个强健、多元的服务行业，中国的捷径便是城市化。自1978年起，中国经历了世界前所未有的规模最大的城市化运动。它使得中国从只有10%的城市人口，转变为城乡人口各半的社会。但是很明显，对北京目前的决策者而言，这一比例还需加大。到2020年，中国将会有70%的人口居住于城市。

最后是关于固定资产的资本投资问题。在中国，这类投资如今占据了政府支出的 45%，居世界首位，比澳大利亚高出了 30%。对于李克强来说，这意味着政府在经济中的作用依旧过大，而经济需要更为开放，需要让各类企业与市场扮演更为强大的角色。

中国的发展之路：外部世界的作用

中国消费的增长对于中国政府以及在中国寻求发展的外国公司来说是一个共同的挑战。澳大利亚就是一个很好的例子。目前的数据相当乐观。2013 年，双边贸易额达到了 1400 亿澳元，且实现了澳大利亚所期望的贸易平衡——出口占 2/3，而进口占 1/3。但是在 940 亿美元的出口额中，一半以上是资源出口。中国一直依赖澳大利亚的资源来支持自身发展，最近这种趋势随着中国经济增速的减缓有所下降，但是依旧强势。而当我们将目光转移到服务业上时，数据便大幅度下降。2013 年，澳大利亚对中国服务业的出口额仅仅有 60 亿澳元。至于出口中国的商品，数据也是相当惨淡。而中国消费行业的增长将会一直持续，企业需要决定它们怎样才能在市场上占有一席之地。

在未来，服务业将会成为中国高质量增长中至关重要的一环。像澳大利亚这样的国家，重要的问题是作为合作伙伴，如何为拥有 7.5 亿潜在客户的中国提供最好的服务。中国新兴的中产阶级将会需要保险、投资产品、财务规划、各类咨询以及更为精细的整体服务部门。由于经济的转型，服务业会比制造业与农业提供更多的就业岗位。在服务领域中，国际合作伙伴在经验、专业技能等方面还是拥有竞争优势的。

中国在未来十年计划加速推进城市化，这将会对社会、环境与经济产生巨大影响。一个城市化的中国将会面临巨大且持续性的挑战。而那些像澳大利亚一样拥有技术和城市管理经验的伙伴将会非常重要。中国需要更具能效的建筑、更可持续的能源利用、从化石燃料转变为使用其他有益于环境的能源资源，所有这些都提供了极佳的合作机会。一些澳大利亚企业已经开始开发这些领域，而为这一领域的项目提供资助也会变得非常重要。

两大外部问题

在过去十年里，中国经济全球化最引人注目的一点就是海外投资的不断增加。2007 年，中国投资有限责任公司的建立极具里程碑意义，该公司以主权基金模式投入了 2000 亿美元，并在 2008 年金融危机最低点时买入了诸如摩根大通等金融机构的股权。自那时起，更为多样化的中国海外投资便开始呈指数增长。2013 年，中国已经拥有超过 700 亿美元的海外投资积累股份，其中大部分投资到了香港地区，但是对于像欧洲、澳大利亚与美国等发达国家的投资也在日益增长。不过，事实上，在全球对外投资总量中，中国这个世界第二大经济体所占的份额依旧很小，仅为全球水平的 1%。不过近年来中国对外投资已经有了急剧增加，未来很可能会快速增长。

类似的问题还涉及人民币国际化。现在中国的资本账户是不开放的，处在政府严格的管控之下。中国的货币不可自由兑换，汇率由中央政府确定。自 2009 年起，中国开始逐步尝试在高度管控的环境下，提高人民币国际贸易额。香港是允许使用人民币的。作为金融中心的伦敦也在 2012 年与中国签订协议，成为人民币离岸业务中心。同样，悉尼也在澳大利亚总理吉拉德 2013 年 4 月访华期间签订了协议。新加坡是另一处授权中心。过去三年里人民币的贸易结算量一直在稳步提升。当然，从全球角度来看，这个数量还极其微小，与美元相比更是远不能及。

上述两个领域是中国经济与外界交集的两个核心层面，我们从中可以看到中国新一轮全球化开始的端倪。尽管目前不过是有一点点基础，但是这些数据意味着引人注目的政策变化将会产生巨大的影响，包括越发开放的货币兑换与对外投资监管，以及减少中央政府的管控作用。如今的现实问题并非这些领域今后是否会进一步拓展，这已经是板上钉钉了，真正的问题是，潜在的国外伙伴如何为此做好充分准备，并使自己处于最佳战略地位。

上海的独特作用与自由贸易区

随着中国国内金融行业的建设，以及 2013 年自由贸易区的建立，上海的战略重要性得到进一步提升，其成为中国门户的愿景也得以丰富，国内企业和跨国公司有望通过上海将它们的服务和产品提供给中国这个拥有 7.5 亿潜在客户的新兴市场。

自由贸易区的建立使上海获得了中国金融业发展的中心地位。目前已明确的重要改革包括资本项目可兑换、利率自由化、人民币跨境使用与外汇管理。此外为了开发上海希望提供的金融产品，改革还将涉及建立上海股权托管交易中心、资金市场、期货市场、保险市场和对冲基金。

与香港特别行政区作为国际金融中心的作用不同，上海更加面向国内，更多地发挥金融与服务业进入中国的门户作用，因此与这座城市的战略关系将会变得更为重要。

人民币国际化与澳大利亚的关系

过去十年中，中国资本账户的不断开放是中国经济全球化最引人注目的发展。正如一位分析家所言，随着人民币在 2013 年成为世界第九大交易货币，其"对于亚洲货币流通的影响变得越来越显著"。而且，人民币交易在未来十年显著增加的可能性非常高。如今，中国已经在全球跨境金融交易总额中占到 6%。根据澳大利亚储备银行的说法，"鉴于澳中之间强劲的贸易关系，以及深化金融联系的潜在可能性，中国的这些发展极其有意义"。

2013 年 4 月，前澳大利亚总理吉拉德访华，并在上海签署了一项协定，该协定推动了人民币与澳元之间的直接交易。2013 年协定的影响使得人民币与澳元之间的贸易额骤然增长，从 2013 年 3 月份的 3.24 亿美元攀升至了同年 5 月的 3.1 万亿美元。

尽管如此，进口商与出口商的人民币结算额依旧很低。2013 年 4 月在悉尼举行的首次澳大利亚与香港人民币贸易与投资对话所提供的一项调查显示，澳大利亚出口商与中国开展的贸易中，仅有 60% 是用人民币结算。联邦储备银行总结称：有一半以上的受调查者强调在实用性上的缺点让他们选择放弃人民币……大约一半的企业也指出对于人民币交易结算的陌生与不确定性是一个很大的障碍，并且有很大比例的人强调了管理上的困难以及对于延迟支付和拒绝支付的担忧。

尽管企业缺乏动力，不过应该清楚的是，"随着资本账户的逐步开放以及中国金融市场改革的深化，人民币很可能会成为主要的储备货币"。因此风险并不是参与进来，而是没有抓住机会。

结　论

澳大利亚很少被认为是一个服务业中心，尤其是在中国。尽管如此，澳大利亚的金融服务有着坚实的基础和巨大的潜能。中国金融界人士多数都知道，澳大利亚很好地走出了全球金融危机，与加拿大、英国和美国相比，澳大利亚的不良贷款占比极低，其银行业受到的波及微乎其微。根据经济学人智库（EIU）的数据，澳大利亚商业环境的质量与吸引力排在世界第七位；由于澳大利亚企业治理的不确定性极低，国际治理标准公司（Governance Metrics International）将其排在了第四位。而根据世界银行的数据，从监管质量到问责制再到法律规则，在治理的所有方面澳大利亚都能排在世界前十位。其金融发展指数的等级也非常优秀，按照国家的金融可及性（financial access）、金融稳定性、制度环境与金融市场这几方面衡量，澳大利亚排在了香港地区、美国、英国与新加坡之后，位列世界第五。

尽管专业服务业（其中金融占据了一部分）仅仅占到了澳大利亚出口额的 1.4%，但在 2012—2013 年它却实现了 18.9% 的高增长。要保持这种活力确实需要企业家与政府的支持。而可能带来增长的地区则肯定是中国。大多数澳大利亚金融业的独立评估都将中国排在了世界最佳的位置。因此很明显,澳大利亚拥有稳固的基础,既可以拓展中国市场,同时也吸引来自中国的高质量金融投资。

澳大利亚拥有其比较优势,有强大的监管体系、高度自信和外部信誉。而它最大的问题便是关注度。澳大利亚并没有进入中国决策者深化金融联系的考虑范围,因为后者并不清楚在澳大利亚有着什么样的机遇。基础设施适当地改变着这一现状,中国的银行已经在当地开设,而澳大利亚银行也在深化与中国之间的承诺。当今的主要任务是促进这种理解。

（王金戈　编译）

原文信息

原题：The Development of Financial Services in China：The Role for Australia

作者：Financial Services Institute of Australasia（Finsia）

出处：www. sydney. edu. au/csc-finsia-report-2014

不平等中的平等——皮凯蒂《21世纪资本论》如何适用于中国

白瑞琪

美国欧柏林学院（Oberlin College）中国研究教授白瑞琪（Marc Blecher）近日撰文，讨论了引起学界轰动的托马斯·皮凯蒂（Thomas Piketty）的《21世纪资本论》（*Capital in the Twenty-First Century*）的主要结论是否适用于及怎样适用于中国的问题。恰值托马斯·皮凯蒂本人也为即将出版的中文版写了序言，同样讨论了这个问题，我们编译白瑞琪教授文章如下，以供读者参阅。

过去几个月中，全世界的读者购买、谈及，有的还阅读了法国经济学家托马斯·皮凯蒂的《21世纪资本论》一书，该书分析了西方发达国家资本主义发展与不平等之间的关系。中国在经济发展的过程中也出现了大量经济不均衡的问题，皮凯蒂的分析框架能否适用于中国？还是说，中国被大为缩短的、与西方殊为不同的资本主义历史发展道路产生了十分不同的模式？对两个问题都可以做出肯定的判断。

资本主义在19世纪到20世纪30年代给美国和西欧国家造成了高度的不平等，随后40年不平等情况持续下降，到20世纪70年代开始重新上升，直至今日发展到顶峰，皮凯蒂勾勒出了这样一条U形曲线。资本回报率（简写为r）与经济发展率（简写为g）之间的比率是造成这种变化的主要驱动力。当r＞g，不平等程度加深，当r≤g，不平等状况趋于平稳或减轻。在特定的时空条件下，这一比率更多受政治而非经济因素影响——尤其是税收政策和战争（战争会刺激增长）。但不平等会通过传承而得以持续，财富传承令资本回报远高于经济增长；除非世界会采取一种向全球富人征税的措施（皮凯蒂的一大政策建议），否则在可预见的将来，上述情况仍会继续下去。他进而提出，若要实行这一举措，就需要真正的民主。

该书很少论及中国，但有所论及之处往往有助于我们重拾某些令人欢欣鼓舞的观点。皮凯蒂告诉我们，2000—2010 年间，中国顶端的 1% 人群其国民收入占总收入的份额，要少于（依落差次序由低到高）印度、印度尼西亚、英国、加拿大、南非、阿根廷和美国等国。他将中国出色的经济增长表现主要归功于知识和技术扩散——从毛泽东时代开始这方面的政策就已扎根于中国的政策体系中。他称赞中国的税收体制，认为它有能力成为有效的再分配工具，其原因有三：（1）它较诸俄罗斯和东欧国家的统一税（flat taxes）更先进；（2）将税收用于为社会福利提供资金；（3）作为区域的龙头国家，中国不像英国那样要面对德、法的竞争压力而不得不减税。皮凯蒂认为，中国有希望实行真正的财富税，如果那样，中国就必须实现民主。

除了上述极少数论及中国之处，我们如何能运用皮凯蒂对西方资本主义的研究来分析中国的经验和前景呢？我认为主要可以有如下 4 个方面的问题。第一个问题与不平等的（过去和未来的）发展路径有关。中国也经过自身不平等的 U 形发展曲线，晚清和民国时期不平等程度高，毛泽东时代相对较低，而今重回高位。当然，只有最后这一时期才可以归因于资本主义式的 $r > g$，而皮凯蒂指出，即使如此，中国也与西方资本主义国家大为不同。他指出，在发达工业国家，20 世纪 70 年代末以后资本回报率大幅超过经济发展率主要是由于增长不断放缓。相比而言，中国则在高速增长。这对解释下一现象极有帮助，即为何在中国和西方，资本回报都出现令人眩晕的飙升情况下，反对不平等的大众动员在西方国家发展起来——例如针对占据收入分配顶端 1% 人群的“占领”运动、极右活动乃至中产阶级的民粹主义，而在中国，即使在贫穷人群中，不平等也不是什么大不了的事情。皮凯蒂预言，西方会经历长时期的经济停滞，与之伴随的是，富人们会为保持高回报而持续斗争，并在政治上保持慷慨地付出以保护其既有的巨大财富能传给后人。

而在中国，资本回报率和经济发展率的前景都不太明晰。只要发展仍保持强劲，资本回报也会如是。但如果增长减缓，有钱的资本家们是否还能在新适应的领域获得高额回报呢？这在很大程度上取决于政府、资本和劳工之间存在的政治关系。从政府角度来看，增长放缓可能导致大规模失业的危机，并由此造成政治灾难。到那时，目前政治上仍然孱弱且依赖国家权力的中国富人们会不会倾向于抛弃政府而构筑起自己的统治权？中国大量的中产阶级中有不同的群体和阶层，历史社会学告诉我们，他们也许会做出不同的选择，从而引发某种复杂而危险的政治危机。

上述种种导向由皮凯蒂提出且可以针对中国的第二个大问题："对于任何有关财富和收入不平等的经济决定论都要保持警惕。财富分配的历史常常富于深刻的政治因素，而不能被简化为纯粹的经济机制。"

在西方社会，在增长放缓的情况下，资本在过去 30 年中都使自身保持着高回报率——这造成了高度的不平等。因战后繁荣的终结而遭受财政和政治危机影响的国家希望找寻一切可能的办法走出困境，正是这种动力重振了资本，并且是以政治的方式。各国所采用的政治机制包括对工人阶级采取全面攻势、放松管制、私有化、金融化、以征税实施防御、全球化以及为上述机制提供支持的意识形态攻势。相比之下，至少在英国和美国，通过无节制的政治献金、大企业和政府部门之间的旋转门，激进的意识形态竞争和政治竞选（美国）以及撒切尔主义和布莱尔的第三条道路（英国），资本重新绑架了政府。所有这些被提倡和付诸实践后，某些同样的政治机制就造成了具有倾向性的 r > g，扩大了不平等。中国的经济规则一直不够健全，所以现在的问题不是放松管制而是各种规章制度仍有待完善，至少与民生相关的基本需求的法规需要健全，例如空气、食品和饮用水。私有化、特别是土地私有化，可能是提高资本回报率最极端的抽取方式。与西方相比，金融化在中国没有发挥太大的作用，这要归功于中国政府对银行和资本市场的控制。

同样，税收在中国也不像它在西方那样构成潜在的威胁，中国没有西方那种向富人征收重税的历史。中国现行的税收体系也没有避税机会（由富人们创造）——西方国家越来越多的大众动员都针对此问题。最后，全球化带来了一个有趣的对照。西方国家提倡"自由贸易"（世贸组织、欧盟、北美自由贸易协定等）来抵御大量而持续的政治上的反对声音，旨在为资本攫取更多回报创造空间，而中国加入WTO是为了规制其国有企业，为本地资本的兴起创造内部空间，并鼓励外国投资持续进入中国。第三个问题在于资本家们自身。在皮凯蒂看来，他们是西方社会中基于继承的寡头，也正因此西方社会的不平等有可能持续保持较高水平（而社会流动性较低），即使发展（它是资本回报的物质基础）有所停滞也将如此。那么中国情况会如何？谁是资本家，他们在政治上会有怎样的作为，其财富的安全状况又如何呢？

对于第一个问题，最近有新闻媒体对高官家族不法谋取经济利益的事情进行报料，但这并不该让人们忽视如下的事实，即中国的大部分财富还是掌握在没有政治后台的国民私人手中。对于第二个问题，这些人都清楚有必要获得政治上的支持。皮凯蒂等其他许多人也都提醒我们，西方社会中人们也每天做着同样的事情。只是中国的私营资本家们可能在此方面要花费更多的时间、经历和资源，因为中国政府所执掌的经济权力要比西方政府大得多。

中国的资本家们，尤其是其中最富有的那一批人，其所作所为表现出他们的不安全感：他们筹划向国外转移资产（包括把人力资本即他们的孩子送到国外），他们也同领导官员结成伙伴，由于官场精英斗争的云谲波诡，这其实是一场危险的游戏。皮凯蒂问道："全球财富榜上中国的亿万富翁越来越多，但他们真的是其财富的主人么？比如说，他们能随意将自己的钱财挪出中国么？"

对皮凯蒂来说，中国富人财产权的不确定性恰是希望的源泉之一。但这种相对的不确定性是否得以继续保持下去，皮凯蒂认为"还处在迷雾之中"，取决于一套复杂的、不断演变的权利和义务关系。

上述所有还引出了另一个问题。由于资本与国家力量之间的政治平衡在中国是倾向于后者的，同时由于上文提出的，中国由于区域霸主地位而不会因承受竞争压力而尽力减少税赋，那么中国就能因此比西方更好地控制不平等问题吗？如皮凯蒂所说，也许果真如此。但该国领导人在有能力的情况下真愿意这么做吗？至今还没有这方面的迹象。目前中国领导人过于担心经济增长率跌落的问题，以至于无暇处理资本回报率的问题。如果中国能够发展出有中国特色的民主体制，不管这种体制是怎样的，西方和后国家社会主义（post-state socialist）的种种"民主"都不太可能为之提供基础。

（唐磊　编译）

原文信息

原题：Equal in Inequality? How Does Piketty's "Capital in the Twenty-First Century" Apply to China?

作者：Marc Blecher

出处：http://www.chinafile.com/reporting - opinion/viewpoint/equalinequality

破除中国经济下行的迷思

顾德明

　　过往几年，中国经济历经了超高速增长；就在人们开始对此习以为常，并认为专家政治论无懈可击时，国际观点却发生了急剧扭转。尽管李克强总理在政府工作报告中提及适应经济发展"新常态"，但外界却普遍认为中国经济正在走向衰退；与此同时，中国经济还面临着一系列负面因素的影响，例如基础经济领域产能和投资过剩、地方政府债台高筑、早期增速统计数据注水、对人民币估值过高及人口老龄化进程加快等。欧洲外交关系委员会（ECFR）亚洲和中国计划主任顾德明（François Godement）认为，中国面临的不是一场山摇地动般的经济危机，相反正是国内外观察员预料之中的局势。事实上，中国政府早在一年前就曾呼吁放缓增速；如今经济下行应被看成是中国向消费驱动型、服务业为主导的经济模式转变的信号。

中国经济下滑幅度到底有多大？

　　通过数据对比不难看出，当前中国经济面临的是转型困境，而非因金融或供需不平衡所导致的危机：基础性产业及过去以超高速增长的领域衰落的同时，消费、服务及互联网等相关产业则引领了新的增长模式。虽然近年来中国 GDP 增速逐步放缓，从 2010 年的 11.5% 回落到 2015 年上半年的 7% 及第三季度的 6.9%，但这组平均数值的背后也隐藏着一些现实差异：北方省份经济下滑相对严重

（其中辽宁同比仅增长 2.7%，排名垫底），而中东部地区经济则依然保持着 8% 以上的增幅。

除此之外，虽然钢铁、水泥、电力、煤炭和铁路运输等领域的增速都出现了不同程度的缩减，但多项指数在此形势下却持续走高，例如：家庭收入增长速度连续 5 年超过整体经济增速；自 2011 年起，受劳动力短缺等因素影响，产业链底端工人收入不断调高，农民与进城务工人员薪资增幅已超过城市职工，贫富差距逐步缩小；与此同时，服务业从国民经济边缘地位中脱颖而出，占到 2015 年 GDP 总量的 51.4%，1 月到 9 月增幅为 8.4%；更关键的是，城镇就业机会并未因经济下行而减少。2014 年新增工作岗位达到 1400 万个，2015 年上半年继续增加 720 万个工作岗位，这也意味着失业率并未因此上升（虽然其中所开放的岗位，更多的是面向蓝领工人而非普通大学生）；不得不提的是，中国的电子商务市场就份额及技术水平而言，已毫无争议地领跑世界，其线上销售额在 2015 年前三季度激增 36%。

在对外贸易领域，中国经济下行对进口的影响远大于出口。作为一个进口大国，中国对初级产品和原材料需求量极高，而经济转型将使其摆脱大规模建设所导致的部分行业产能过剩，从而大幅减少对国外产品进口的依赖。中国经济下行对世界经济有何影响？

关于中国与世界经济的关系，有如下两种误解亟待澄清。第一，中国股票市场波动会触发全球股市震荡。虽然中国拥有巨大的资本市场，但其国有企业发行的股票中，仅有 30% 可自由流动和交易，其余大部分则是由其他国家机构交叉控股。其次，中国股票市场历来对外封闭、开放程度极低，中国政府还制定了各色方案，过滤及审核"合格"的境外投资者；最近建立的沪港通机制，成为连接中外股票交易市场的唯一平台（主要是与香港地区）。中国股票市场对世界经济的影响被过分高估，且心理作用成分较高。

第二种错误观点认为，中国是拉动世界经济的火车头，经济下滑必将削弱其带动作用。事实上，作为世界最大经济体之一，中国虽为世界的发展做出了贡献，但长期在贸易和经常性账目平衡中保持顺差，使其发挥的带动作用仍具有局限性：中国经济下滑和通货紧缩对于诸多依赖对华出口的国家来说（能源和原料产国），影响是灾难性的；相反，对于长期从中国进口商品或寻求投资的国家而言，则是利好消息。

　　总而言之，中国经济下行的潜在影响是多方面的。以欧洲为例，对于东欧来说，利大于弊（东欧国家对中国出口甚少，被压低的国际原料价格和更便宜的来自中国的进口消费品价格都将使其受益）；对德国造成的影响则是消极的（中国是德国重要的出口市场）；南欧的经济体（包括法国在内），则应担心因通货紧缩、货币升值而增加的债务负担。

政策建议

　　中国在经济转型中也面临着两个亟待克服的困难。一是国内外经济参与者有增无减的悲观情绪。尤其是 2015 年 6 月 15 日股市暴跌后弥漫着的焦虑情绪，使人们对发展前景大为担忧。二是中国官方政策意图不清、指向不明。一系列踟蹰反复的经济政策和意见分歧将阻挠改革的彻底进行，也必将损害中国经济。现任政府的得失之患即表现在其对国有和私营经济两手都要抓的企图：在削减过度开支领域的同时，对其进行扶持以阻止过度衰退；放手市场导向股市的同时，进行一定程度的干涉等。

　　到目前为止，这场转型变革尚未被民族经济政策捆绑。加速向市场、服务、消费驱动型经济转变，将挤掉中国投资市场的泡沫、降低债务负担风险，从而平衡外部账目，减轻其所面临的货币升值等压力。

总　结

　　中国经济释放的下行信号不应被误读。这不是一场突如其来的灾难，而是期待已久的向消费驱动型、服务业为主导的经济模式转变的过程。中国经济下行对世界经济的影响被大大高估。虽然对某些依赖中国出口市场的国家来说负面影响较大，但长期从中国进口消费产品的国家也将从中受益。政府出台的一些短期政策与改革的长期目标相违背，但中国应咬紧牙关，接受经济暂时衰退的事实，加强与世界资本市场的联系，以提高未来竞争实力。

（李敏　编译）

原文信息

原题：China's Economic Downturn：The Facts Behind the Myth

作者：François Godement

出处：http：//www.ecfr.eu/page/-/China_ Economy. pdf

书介：《中国经济的非凡增长》

书名：*China's Remarkable Economic Growth*

作者：John Knight and Sai Ding

出版社：Oxford University Press

出版时间：2012 年

作者约翰·奈特是英国牛津大学荣誉退休教授，从事中国经济研究已 20 余年，涉及收入分配、贫困问题、工资、移民、教育、主观幸福感以及经济增长等问题。丁赛毕业于南开大学，在伯明翰大学获博士学位，目前在牛津大学从事中国公司的投资与金融等领域的研究。

本书中，作者首先概括描述了中国政府如何着手改造计划经济体系，这在很多人看来是件难以完成的任务。之后作者考察了中国经济快速增长的原因，以及这个增长是否可以持续，探讨了为什么中国的增长模式能够与中国改革很好地契合。作者将经济理论、经验估算以及制度分析进行了很好的整合，比较分析了地区间和各省间增长的近似性及差异，分析了影响增长率的潜在决定因素，试图解释为什么所有的省，尽管在人口、历史和经济结构上存在显著差别，却几乎在改革时期都取得了增长。另外，对诸如人力资本和教育、结构变革、工业化以及国家的高储蓄和投资率等关键变量也都进行了深入分析。

除却一般有关中国经济状况的乐观看法，本书还特别提到对国家增长模式的挑战。例如广泛的收入不平等，以及在中国大量的流动劳动人口中的不满情绪。基于此，作者探讨了中国增长的重要后果，讨论了一系列的关键问题。诸如：中国的廉价劳动力是否已经消耗殆尽，不平等的原因，经济发展是否提升了幸福感，赋予增长目标以压倒一切的优先权付出了哪些社会代价，其他国家可以从中国的经验中学到什么，中国还能够持续快速增长吗？或者其经济日趋成熟，或宏观经济失衡，或财政危机，或社会不稳定，导致其走向终结。

作者认为，中国的经济模式在一定程度上沿袭了 20 世纪 70—80 年代的亚洲发展模式，并针对中国众多的人口和由农业和制造业占主导的经济特征而进行了调整。对中国经济成功的探索可以有多条路径，但是作者认为没有哪种路径可以独立完成这一任务。作者使用"发展型国家"一词将中国经济的各项增长捆绑在一起，中国何以成为一个"发展型国家"，它又是如何保持的，对此进行的政治经济分析成为贯穿全书的一条主线。

作者指出，"发展型国家"能够成功在很大程度上是自我成就的过程。同时，只要能够继续为民众提供更多的繁荣和经济机遇，政府就能够维护其合法性。但是，正如奈特指出的那样，发展的下一个阶段将更难管理。对社会公正的期待，正伴随着经济利益深化而带来的权力一并壮大。

为分析中国现代化的经济基础，作者在书中使用了大量的方程、坐标和模型，这多少会让普通读者望而却步。然而，尽管读者对象主要针对经济专业人士，但由于本书的原创性和其深刻又具备说服力的统计分析，以及对伴随着经济突飞猛进的制度性变革所做的明晰叙述，即使不具备足够经济背景知识的读者，也可以从中了解到中国发展历史的独特性。

（刘霓　编译）

四

政府与社会治理模式的转变

- 中国政改：基层选举、公共物品与收入分配
- 城市变迁中的土地政治和地方政府能力
- 政府购买服务——民间组织面对的挑战与机会
- 医疗保健制度转型成就中国梦想
- 中国医保改革的局限
- 中国社会医疗保险的省级差异
- 取消农业税对中国乡村治理的影响
- 中国的食品安全难题：规模的政治学
- 生态农业与食品安全：政府与民间的努力
- 中国省级群体性事件的特点、模式及走势
- 中国民众的权利意识与维权行为
- 中国工会需深层结构调整以真正维护社会和谐稳定
- 慈善事业在中国
- 宗教非政府组织在中国的生存战略
- 中国企业社会责任的形成
- 非政府组织如何影响中国的企业社会责任
- 中国采掘业企业社会责任的现状及建议
- "第二代"民族政策和原住民问题
- 中国政府对公众舆论的迅速回应是把双刃剑
- 公众舆论与民族主义：官方和国内学者的态度

中国政改：基层选举、公共物品与收入分配

莫妮卡·马丁内斯-布拉沃　等

西班牙货币与金融研究中心（CMFS）的莫妮卡·马丁内斯-布拉沃（Monica Martinez-Bravo）、伦敦经济学院的杰拉德·帕德罗·米克尔（Gerard Padrói Miquel）、耶鲁大学的钱楠筠（Nancy Qian）和北京大学的姚洋，以中国政治改革为主题开展了一项合作研究。该研究基于过去24年的累积数据重点分析了中国的基层选举制度。在2014年7月第5期卡托研究中心（CATO）经济政策研究概述中，他们撰此短文简要介绍了该研究的主要成果。

控制庞大的官僚队伍是一项艰巨的任务。比如，中央官员往往缺乏有效监管地方官员所需的信息。中国就是典型的例子，它在建立从民众那里获得信息反馈的渠道方面尤其显得薄弱，中央在试图控制地方（乡镇）官员上面临各种各样的困难。例如，乡村官员要负责从村民处募集资金，并保证将之用于为村民提供教育这类公共物品上。但是，当乡村官员逃避募集资金以运营学校的责任时，中央官员就很难对之实施监管。地方官员还可以通过控制集体所有的资源（土地、乡镇企业等）来为自己和亲信牟利。

为了应对这些问题，中国在20世纪80年代至90年代引入了村级选举制度。政策制定者希望通过这种村级选举制度来解决监管问题，毕竟，为了赢得连任，当地官员可能会施行符合大多数选民需求的政策。我们的研究是基于严密的实证分析，探讨选举制度如何改变地方官员的动力。我们从中国29个省份中选取了200多个具有

代表性的乡村展开了"乡村民主调查"（VDS），数据采集的时间跨度从 1982 年到 2005 年。调查记录了该时期内经济政策变迁和政治改革的历史轨迹。这个致力于描述中国乡村、系统收集乡村政府财政和政治结构变化第一手数据的调查小组，无疑是历时最长久、规模最庞大的。"乡村民主调查"采纳了农业部同一时期"国家定点调查"中的经济数据作为补充。

为了构建选举制度的因果关系，我们利用了中国情境的两个特征。第一，人们认为选举制度引入的时间与不同乡村的特点无关；第二，选举改革仅在乡村层级，与政府高层机构或政策变化无关，也不会影响到村干部的法律权力。主要的实证分析分为以下三个步骤。首先，我们如实记录了不同省份农村推行选举的时间。结果发现，改革是自上而下推行的，与当地乡村的自身特点没有太大关系。

然后，我们比较了采用选举制度和没有采用选举制度的乡村在第一次选举前后的产出结果，同时控制其他有可能影响产出的因素。因果关系解释的假设前提是没有选举改革，不同乡村之间的产出变化基本相似。

我们分析的首要产出是乡村政府在诸如教育、灌溉等公共物品上的支出。在中国农村地区，公共物品的供给大都由乡镇财政支持，当地官员必须施加实质性的努力来提供。在后改革时代（1978 年后）早期，人们普遍认为官员逃避这一职责。我们的研究结果显示，引入选举后，地方政府公共产品支出总额增加了 22071 美元，增幅大致相当于每年乡村公共物品支出的样本均值。这种增长完全是村民们通过自己的支出投入实现的，选举并没有给上级政府的公共物品的财政支出带来变化。

第二个产出是土地使用。所有的农村土地归集体所有，其中大部分由村干部长期租赁承包到家庭。村领导可以保留部分土地并将其租赁给乡镇企业。村民本应平等地享有土地收益，但土地租赁和乡镇企业管理中缺乏透明度，为地方官员中饱私囊提供了机会。因此，村民通常倾向于把土地全部分配给家庭。我们发现已把土地租赁给企业的乡村，选举改革使企业用地减少了 3.8 公顷，几乎是样本均值的 50%。第三个产出是家庭收入。假设选举能系统地减少亲精英的政策性偏见，那么选举就会缩小家庭贫富差距。我们实际发现选举对一半的贫困家庭收入没有影响。然而第 90 百分位数家庭（90th percentile household）的收入降低了 722 美元，降幅相当于样本均值的 20%。这样一来，处于中位和第 90 百分位数家庭的收入比增加 1.7 个百分点。这种不平等的减少与观测到的引入选举后现有精英阶层地位下降的现象是一致的。

最主要的研究结果同我们的假设相一致，选举制度使村干部更积极地回应选民的偏好。当选的干部会提供更多的公共物品，他们把土地租给家庭而不是企业，这应该会有利于大多数村民。同时，选举还降低了位于收入分配顶部家庭的收入。

基于上述主要的研究发现，我们还探讨了选举之后增加公共物品支出以及减少不平等的政策。我们采用了有详细家庭层面收入和支出数据的村庄作为子样本，发现选举增加了家庭在地方性收费上的支出，这与村民增加对公共物品资助投入（从而促进公共物品支出增长）的情况相吻合。然而，作为家庭总收入中的一小部分，这部分支出数额不大且保持稳定。地方收费的低水平和缺乏累进的情况说明，它并非实行收入再分配的主要政策工具。由于没有征税的合法权利，乡镇政府唯一的收入再分配方式就是通过重新配置其管控下的创收活动和资产：村民就业、土地和乡镇企业。与此相一致，我们发现家庭收入比率的变化与农业税、企业所得税的变化平行。

最后，我们研究了为什么选举会导致这样的结果。根据政治问责理论，选举通过两种机制形成积极效果：连任激励的存在和选出更好的政治家。我们发现了与这两种机制相吻合的证据。激励奏效体现在即使没有经历领导者更换的乡村，选举也有较强的积极效应。村民们会选出不同类型的领导者，新的当选者会比前一任更年轻且受教育程度高。

总而言之，我们的调查研究结果显示，在促进地方官员治理绩效上，基层选举的做法优于官僚体系的监管机制。

（刘晓玉　编译　唐磊　校）

原文信息

原题：Political Reform in China：Elections，Public Goods，and Income Distribution

作者：Monica Martinez-Bravo，Gerard Padró i Miquel，Nancy Qian，Yang Yao

出处：http：//aida. wss. yale. edu/~nq3/NANCYS_ Yale_ Website/resources/papers/Vdem_ FINAL. pdf

城市变迁中的土地政治和地方政府能力

梅格·瑞斯玛尔

城市化的飞速发展已经成为中国经济奇迹的一个象征，很多地方希望通过城市改造拉动经济发展，但相同动机之下却遮蔽了城市发展战略和土地控制能力的深层次差别。美国哈佛商学院助理教授梅格·瑞斯玛尔根据其2007—2008年在中国的实地调查访谈，对原本同是东北老工业城市的大连和哈尔滨进行比较研究，发现由于城市阶层结构变化和改革开放次序，使得两个最初相似的城市形成了不同的发展战略和土地控制模式；政府对城市土地控制最强的地方，反而是最早采取市场化改革的城市。

两个城市，一个区域：大连和哈尔滨

东北老工业基地是研究改革开放后的城市土地现象的理想实验田，该区域的城市都有源自计划经济的遗产：大量国有部门工人、社会福利负担、国企主导的地方经济等。哈尔滨和大连最初有着相似的社会经济和城市景观，改革给这两个城市都带来了剧烈冲击，但却形成了迥异的政治经济结构和土地控制模式。

大连从20世纪90年代早期开始，就因城市环境获得多项殊荣，比如环境保护模范城、中国十大最美丽的花园城市、联合国全球环境五百佳等，大连的城市景观有明显的政府控制痕迹，尤其是市中心和城市新工业区，有大面积非正规市场和破旧住房被拆除。哈尔滨的城市景观则是视觉大杂烩，哈尔滨人常用"天堂"、"炼狱"、"地狱"分别形容道里、南岗、道外三个核心城区，道里区有很多特色俄式建筑、商业中心和新开发项目，南岗区既有很多大学、新建中央商务区和现代小区，也有摊贩市场、旧住宅和等待拆除的倒闭工厂，道外区则是荒凉的后工业城市的典型景象。

大连和哈尔滨这两个城市代表了地方政府对土地控制的不同结果。大连是一种"土地整合"，地方政府使其自身成为使用、占有和分配土地的唯一仲裁者；而哈尔滨则是"土地细分"，体制内外群体对城市土地的多元诉求，影响地方政府规划的执行。

大连的土地整合

大连较早获得开放地位，受益于国际贸易和投资，实行了开发区发展战略，从空间上把新经济活动从旧经济体中隔离出来，把企业迁到市中心外的开发区，并在改革中引入竞争机制，国企既要与外资竞争，也在彼此间竞争，由此地方政府调整了城市的权力分布，使自己成为政治冲突的仲裁者。

1984年5月，大连成为14个沿海开放城市之一，地方政府获得外资决策权，在市中心之外寻找空间来安置新经济活动，用优惠政策吸引外资。虽然开发区战略现在看来很常见，但当时，在距离市中心一个小时车程外的地方专门开展投资活动确是一种创新。邓小平视察南方后，大连开发区获得更大发展动力。1992年，大连保税区被批准设立，随后更多的开发区纷纷设立。开发区战略不仅对投资企业有集群优势，而且使地方政府自己主导发展和投资的空间分配，避免市中心"城市心脏病"问题，吸收了大量的流动人口。

在大连开发区，外资自由流入分化了社会要素，形成了对资金的竞争压力，刺激市中心停滞不前的国企与市区外富有活力的开发区彼此竞争。随后，20世纪90年代，市工商局、规划和国土资源局和房地产开发管理领导小组联合开展搬企运动，要求企业从市中心迁入开发区和工业区。政府以市中心土地出让为条件为搬迁企业提供资本注入，以极低的价格把开发区的土地出租给企业，再用出租企业原市中心土地的所得资金帮助企业设施升级和技术投资，同时还运用外资完成企业所有权重组。搬企运动的反对者主要是居住在市中心的工人，但由于企业在搬迁和重组时会裁员，抵制搬迁的工人面临失去工作的风险，加上没有居委会和单位的组织支持，所以居民只能接受补偿金和搬迁安排。

大连市政府的全球化发展战略伴随的是扩张和隔离的土地模式，市中心外建立开发区带来了国企之间的竞争、改革主义者与前政治掮客的竞争，竞争的结果是强大的地方政府成为城市政治的仲裁者，对土地维持着近乎垄断的权力。

哈尔滨的土地细分

哈尔滨在改革早期没有向外资开放，改革是在资源匮乏和维护稳定的氛围中进行的，地方政府通过精简公有经济、培育中小企业实现发展，为了应对体制内外群体（国有企业、下岗职工和私人企业）对城市土地的多元诉求，政府采取细分土地以安抚改革的利益受损者、刺激经济增长。

20世纪80年代起，哈尔滨对大型国企进行改革，主要采取多样化经营和进一步简政放权，这导致土地控制权的分散和下放。哈尔滨1985年的总规划没有拓展新的城市土地，而是对市中心现有基础设施集中投资，旨在限制工业"蔓生"和调整布局。为了获得企业对国企改革和城市规划的合作，地方政府将经济和土地控制权下放给企业，从而形成与政府相对的多元利益。

下岗职工是市场化改革的潜在"失败者"，城市土地成为对这些群体进行再分配的关键资源。70年代末80年代初，中国城市经历了一股住宅建设的风潮，在哈尔滨，新的住房资金直接分给企业，企业用来翻新单位住宅，在企业院区里建设新房。90年代很多企业进行了私有化和裁员，作为对改革"失败者"的"保险"，下岗职工获得这些新房的产权，使之能以高价出租或愿意承担创业风险。

伴随国企改革，私人经济开始兴起。哈尔滨工商局为这些商业活动创造了有利环境：鼓励私人商业试点、简化私人企业注册程序。1989 年 11 月政府做出规定：所有新建项目，无论是工业还是住宅，必须分配至少 7% 的空间用于商业目的，由此小规模私有经济集聚在指定区域，小商业市场的数量得到大幅度增长。90 年代后期的私有化使得市中心土地控制进一步多元化：一是很多国企土地被低价出售给私人企业主，造成这些土地被快速商品化；二是单位住房私有化改革正处于国企下岗和财政困难时期，政府只能以巨大损失为代价出售公共住房。

哈尔滨的生存政治经济学伴随的是土地细分模式，导致国有企业、下岗职工、新兴私人企业等对市中心土地提出多元诉求。在一个土地产权高度模糊的制度环境下，非正式控制是对产权最强有力的主张，政府一旦进行土地细分，就很难重申控制权。

结　论

大连和哈尔滨的土地政治模式表明：较早获得优惠政策使得地方政府能够控制社会群体，而缺少优惠政策则迫使地方政府向社会群体让步，越是富有、全球化程度高的城市，土地权力和政治权力越能集中在地方政府手中。这一研究结果似出乎意料，因为一般会认为更高程度的市场化将导致更自由的城市土地市场、更多元的土地利益群体，但这两个城市的比较反而说明了对外开放和经济改革扩大了地方政府的权力。

这种比较还能得出另外两个初步结论：第一，伴随过去 30 多年的改革开放政策，中国城市出现了多元非正式产权机制，这一机制是作为实际运行结果而非法理变化结果出现的，因此更细致的、实证的城市比较将有助于深入研究土地政治。第二，中国城市不太可能只有一种单独的土地政治或者城市产权模式，更可能是多元模式，这将加大中央政府在一些政策目标中取得相同结果的难度，比如提供保障性住房，控制农地流转，降温房地产市场等。

（屈亚　编译）

原文信息

原题：Land Politics and Local State Capacities：The Political Economy of Urban Change in China

作者：Meg Rithmire

出处：*The China Quarterly*，Vol. 216，2013

政府购买服务——民间组织面对的挑战与机会

安德烈·福尔达

英国诺丁汉大学政策研究所 2013 年第 4 期政策论文刊载该所高级研究员安德烈·福尔达（Andreas Fulda）的文章，就中国民间组织的资助来源、服务和管理等方面发表看法。作者指出，中国经济的快速攀升使其民间组织的资金来源发生了迅速变化：国际资助逐渐减少而中国政府开始参与其中。这样的变化既为民间组织带来了机遇，同时也提出了挑战。而过去的经验与教训都表明，政府机构与民间组织都需要发展出执行条例，以明晰各自应发挥的作用和承担的责任。

中国民间组织资助来源的迅速变化

1995 年北京召开联合国妇女大会后，来自美国基金组织的种子资金帮助中国迅速开启了自愿部门的发展。外国资金或多或少地促成了中国公民自治团体的建立，以减轻贫困、保障妇女及残障人士的权利，并保护环境。早在 20 世纪 80 年代，政府支持的非政府组织就已存在，而 90 年代，更多的草根自治团体则因得到了外国资金的援助而迅速发展。

随着中国经济的快速攀升，对中国民间组织的国际支持正在逐渐减少，这无疑对其未来的发展产生影响。为确保生存，中国的民间组织将越来越多地需要依靠国内的筹资渠道。

而诸如壹基金、阿拉善生态协会这样的中国私募基金的涌现则再次推动了民间组织的发展。中国政府也投身其中，开始通过民政部等国家机构为注册的民间组织筹措资金，而政府对民间组织服务的采购举措日益造成了政府主导民间组织的错觉。鉴于并非所有的中国民间组织都会从政府资助中获得同等利益，目前尚在跟进的国际资助应该重点支持一些处于政策领域边缘的民间组织，诸如环境、劳工、民主和人权等领域。

替党开展工作？

直到 2000 年，市级政府才对民间组织的服务有所资助。政府对公共服务的采购历史过于短暂，因此现阶段采购民间组织服务的总体政治、法律框架尚未成型。

在中国政府官员看来，政府采购有助于为公共服务提供多重选择，降低成本，促进政府职能创新，推进政府机构和中国民间组织间的关系制度化。同时，对公共服务的采购还有可能转变政府官员对民众及自治社团的态度，将之视为社会发展的合作者。这一态度上的转变表明中国政府在积极重塑民间组织的发展上越来越自信。

中央政府的态度转变也映射出地方政府采购民间组织服务的动机。无论是中央政府还是地方政府都必须面对经济转型的复杂性，就这一点而论，中国已经认识到了民间组织作为中介组织及服务提供方的价值。这也证明了中国共产党将社会行为主体整合进国家政府的官僚程序的适应能力。同时，这种做法也为所有愿意配合政府政策目标的民间组织打开了新的机会窗口。

总体而言，民间团体的实际工作者对于政府资金的涌现是欢迎的。中国民间组织合作促进会秘书长黄浩明认为，政府采购民间组织的服务行为可能会促进民间组织的健康发展，政府对这些组织开展的项目进行资助，不仅能提高其组织能力，还能促进其服务的专业化，同时，采购行为也转变了政府作为"裁判员"的职能，其中间作用能有助于打击腐败。

针对政府采购行为的批评则指出，中国政府利用民间团体组织进行"社会管理"，以达到维稳的目的。同时，还有批评认为事业单位有可能从政府资助中获取不均衡的利益。因此，政府采购民间组织服务的这一趋势最终会产生成功者与失败者。那些专注于社区服务、儿童、老人及残障人士服务，以及卫生服务的民间团体将成为政府新政的主要受益者，而旨在促进民主、人权，以及劳工问题的民间团体则很难适应捐款来源的变化。中国环保团体也将进退维艰。

技术及管理层面存在的挑战

对于中国政府机构与民间组织的合作关系，目前仍存在不少重大挑战，可能会妨碍其发展。中国学者曾指出，仍有许多地方官员不知民间组织为何物。而整个中国民间组织的发展也极不均衡。

由于目前中国政府缺乏与新兴民间组织部门合作关系的总体政治框架，很多偏远地区的实践者需要借助自己的个人关系来获取当地政府及官员的支持与合作。由于中国的干部轮调制度，这样的个人关系都只是短期的。这种对私人交往的过度依赖导致了基于法治的正规制度的发展不充分，而恰恰是这样一种正规制度才能指导政府对民间组织服务的采购。

鉴于目前地方政府与民间组织的跨部门合作因地而异，因此采购模式也多种多样。有的是有目的、针对某一问题的直接服务采购，有的则是对民间组织长期项目的资助，还有的是政府对民间组织所运行的公益活动的大力支持。在采购过程中，合作双方就政府的赞助金额及民间组织的所有权进行谈判。其各自的权利关系由融资依赖度或民间组织的独立程度所决定。而对于政府资金的竞争是否公平也会影响结果。

过去中央政府对民间组织服务的采购举措表明，无论是政府机构还是中国民间组织都需要制定出执行条例，以明晰各自应发挥的作用和承担的责任。

（杨莉　编译）

原文信息

原题：Government Procurement of CSO Services in the PR China：Doing the Party's Work？

作者：Andreas Fulda

出处：http：//www. nottingham. ac. uk/cpi/publications/policy-papers/index. aspx

医疗保健制度转型成就中国梦想

索伦·马特克　等

2014 年，兰德公司在其网站上发布长篇研究报告《医疗保健转型在中国梦中的作用：推动经济增长，促进和谐社会》，对中国医疗保健制度改革提出了较为全面系统的政策建议。在分析了中国当前医疗保健制度的一些不足及尽快实施改革的必要性之后，该报告提出，如果能利用成熟的信息技术，采纳人口保健管理（PHM）模式，建立起一套包括过程优化、动态监控、患者积极参与、医护服务有效配置的医疗保健网络，把健康促进和疾病预防结合起来，把全民保健和个人保健结合起来，从而建立起一个高效有力的、可持续的医疗保健基础设施（infrastructure），实现保健资源最优配置，那么中国将实现病有所医，老有所养，并推动中国梦的实现。

中国当前医疗保健制度面临的挑战与机会

1980 年以来，中国经济突飞猛进，一跃成为世界第二大经济体。与经济增长相随而来的是贫困率的急剧下降、生活水平的飞速提高，以及平均寿命增长近 75%。然而，中国工业化的快速发展也引起生活方式的变化（比如说健身活动越来越少），如果再把老龄人口的增加考虑在内的话，那么这些变化就会极大地增加现有保健系统的负担。中国目前的保健护理水平、职业队伍与护理需求之间存在着巨大的缺口，而且这一缺口还将继续加大。如果不能及时建立一种新式医保制度，中国将面临人口质量下降的风险，不但威胁到和谐社会的愿景，而且还将危及中国的经济增长。

不过，经济的迅速增长为中国提供了一个千载难逢的好机会。在西方国家，既有的体系架构和根深蒂固的利益集团阻碍了保健制度的变革，但中国没有这些拖累和障碍，因此能够采用基于 PHM 原则的创新型保健服务模式，利用先进的信息技术，并按照过程优化的工业原则来运作，实现医护资源的高效配置。这种模式不但可以避免过去的失误，还可使中国集中精力实现三个目标：更优质的护理质量和患者体验、更健康的人口与更低的成本。

基于 PHM 原则的中国未来医疗保健制度设想

人口保健管理模式（Population Health Management，PHM）是一种开创性的医疗保健管理原则，有三个主要特色：（1）关注全民人口的保健结果；（2）通过建立持续护理需求（continuum of care needs）（从预防和健康促进到药物治疗，疾病管理和保守治疗）把保健与医疗服务结合起来；（3）对护理需求开展前瞻性管理。中国未来医疗保健制度蓝图应基于这种系统性管理原则，其中包含如下 6 个相互勾连的要素（见图 1）。

1. 成熟的信息技术基础结构

这是 PHM 原则的中枢所在，将被用于存储重要数据，便于信息检索和充当临床决策支持、诊断算法（diagnosticalgorithms）和医嘱处置（clinical order sets）等，从而实现不同实体之间和不同信息系统之间的数据交换、访问等。

与之相配合的是一种可被称为保健引导员的新型专业。鉴于医疗人才严重不足（护士尤甚），以及医疗服务范围和环境的差异及各方面协调合作问题上的复杂性，保健引导员将在 PHM 中发挥关键作用。他们不提供护理服务，主要负责有效地分配医疗护理资源，以及确定和协调多种资源，如社区保健促进等。西方类型的保健体系

图 1　中国未来医疗保健制度蓝图

中也有类似的角色：比如说在美国，出院规划专员（discharge planner）负责从医院到家庭转院期间的事务，以及对诸如家访或送饭之类的服务进行协调。

2. 数据驱动的护理过程最优化

信息技术基础结构将实现基于临床实证和最佳实践的医疗/护理服务最优化。在那些临床实证明确的领域，医师可以将其处置意见编码后直接以决策算法（decision algorithms）和指令组（order set）的形式输入系统之中；在那些护理标准尚不明确的领域，保健服务研究人员可以对医师意见的差异做出分析，并将实践中的那些相关变动与结果联系起来，从而开发出一种可用于将来诊治或护理的实证案例。同样，管理人员可以应用运筹学工具和方法，优化资源利用决策，并为有效护理服务提供指导。

3. 建立标杆管理

对各层面的职能与表现开展监控，分析疗效和资源利用的情况，分析绩效不佳的原因并制订补救计划，确定最优和最差工作经验，对好的做法予以推广。这一目标可通过如下方式完成：建立一套全面的绩效考核指标，包括护理的专业质量、保健效果、患者体验及资源利用等。绩效监控效果可以公之于众，以鼓励消费者作出选择，在服务提供者之间形成竞争，并制定依绩效付费策略。

4. 医疗专业人才资源的有效分配

中国医疗专业人才不足，也缺乏足够的训练，尚未达到西方国家的人才水平。不过，我们希望通过把任务转移、提高护士训练以及改善非医学环境下保健护理人员的配置等方式结合起来，能够提升现有医护人员的水平和能力。专业人才的有效配置包括更好的任务转移和"人尽其才、人尽其用"的原则。比如说，首席护理医师应以诊治复杂的慢性患者为主，资深护士（APN）负责那些喜欢抱怨的患者如鼻窦炎患者或轻微伤者。药剂师负责用药咨询和用药控制，保健教练负责提供与健康相关的行为建议。同时，信息技术基础结构允许更多的医疗专业人员在护理过程中参与其中，因为他们能够意识到患者的需求，并记录他们的处置意见和服务细节，以保持各方相互协调。比如说，中医方法可与西式护理整合到一起。同样，工厂和学校的专业人士以及地方公共卫生官员也可以接受指派参与预防医学服务。

5. 及时调整激励措施

已有的医疗保健改革经验显示，为了达到更好的医疗效果和更低的成本，及时调整激励政策非常重要。中国拥有难得的机会引入成熟的支付制度，并在信息技术的支持之下，引导医疗保健服务提供者和患者做出切实的、审慎的选择。保健和护理费用不能与其设施条件挂钩，而应遵从患者的意愿。支付体系必须基于价值而非价格。

制定和维护一种如此复杂的支付制度要求有先进的信息系统，使其能自动完成大多数的流程和金融交易。患者也需要有人帮助他们理解自己的选择及其后果，保健引导员可以充任这一角色。

6. 消费者参与

除了成本分摊之外，患者还应该参与到自身的护理决策中。他们应该被告知有选择权，以及选择了某项服务的后果：他们可以在PHM 系统内自主选择生活方式、服务提供者以及治疗方案。但是，尽管 PHM 模式能够提供选项促进健康和降低成本，但患者也应得到关于疾病、自我管理的作用和治疗的效果及副作用等方面的教育，从而使其做出知情选择。更重要的是，患者需要从被动地接受医疗建议发展到成为自己疾病的专家，并参与护理决策之中。

PHM 模式下的护理服务

上面的政策设计表明，中国的医疗保健制度应建立在成熟的医疗保健信息技术基础上，依照 PHM 模式，并实施任务转移，以解决中国医疗保健资源相对短缺的问题。此外，保健制度既要解决其公民对健康和医疗方面的所有需求（尤其是那些长期患病的人），更应该把改善全部人口（公共保健）的保健水平和个人保健服务（医疗保健）结合起来。医疗保健的目标应该是一个涵盖从维护健康（通过从重病中康复到管理慢性疾病）到应对死亡的连续过程，每一个阶段包含着保健的所有维度，而主要以生理的、精神的和社会的三方面为主（见图 2）。

1. 健康促进与疾病预防

我们的分析表明，不健康的生活方式是中国慢性疾病的重要原因，这在迅速发展的经济体中也比较常见。吸烟率高居不下，传统的健康饮食正在被含有高饱和脂肪和糖的食品所替代，体育锻炼却正在减少。为了保证长期的、健康的生产力，领导层需要把改善公众健康生活方式和个人预防性活动结合起来，实施强有力的健康促进和疾病预防战略。

预防性服务包括评估与健康有关的行为（如吸烟、饮食和体育

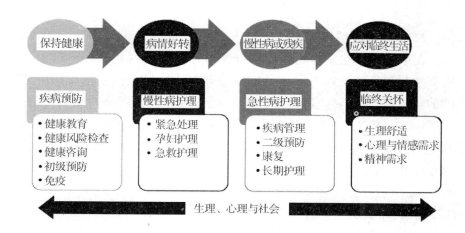

图 2 保健需求与保健服务全景

锻炼）和对生理指标（如身高体重指数、血压、血脂水平）的检查、测试与评估，辅之以所需的恰当的医护咨询和医疗处置服务。为避免医疗保健体系负担过重，健康促进和疾病预防活动可以借助于已有的机构，如公共卫生机构、学校医护单位，以及职场保健队伍（workplace health staff）等。

2. 急性患者护理

毫无疑问，中国在提供重大医疗问题方面有了巨大的进步。在过去的半个多世纪里，婴儿死亡率下降，平均寿命持续增长。大城市建立起世界一流的医院，像天津的泰达国际心血管病医院。将来任何形式的护理服务都需要建立在这种进步上，另外还应该有效配置资源，均衡地修建大型学术医疗中心（academic medical center），而把常规医护服务转移到相关的社区医院，同时避免在原本已经过剩的基础设施方面再过度投资。通过网络实现人员的轮班制，以方便患者近到接受专家医护服务；推动从医院护理到家庭（H2H）护理的观念转变，尽量减少制度护理（住院护理），以降低成本、提高成效；等等。

3. 慢性病人护理

在中国，慢性非传染性疾病（NCD）有较高的死亡率，这说明需要加强慢性病护理方面的基础结构建设。减轻慢性疾病负担的成功的经验是根据当地条件，把预防和治疗服务结合起来并加以优化。中国应该以病人为中心、以团队为基础，支持、监控和加强护理管理。中医应该在缓解病痛、维护健康而不会引起较大副作用方面发挥重要作用。

4. 临终护理

照料临终病人是一项复杂的挑战，不但要求保证患者身体舒适，而且还要提供情感和精神上的支持。大量数据显示，询证姑息护理（evidence-based palliative care）能改善患者的舒适度，减少无效的药物干预，但医生通常不愿与患者及其家人谈论这个话题。在中国，这种情况尤其普遍。由于现在慢性非传染性疾病已经成为最大的致死原因，中国需要制定出与其文化相适应的临终关怀指导方针，训练出一支高质量的专业队伍，增建养老院，避免让医院不必要地接收临终患者。

结　论

在过去50年中，中国的经济和社会进步速度超过了其医疗保健制度的发展速度。同时，中国的人口健康正在受到多方面的影响，如迅速增长的老龄人口、财富的增长和从乡村到城市的移民，以及越来越依赖低营养值食品和体育锻炼活动下降等。因此，中国的医疗保健制度必须做出转变。

因为劳动力（尤其是护士队伍）的短缺、过于依赖医院护理，以及缺少有力的信息技术支持，中国目前的医疗保健制度举步维艰。尽管中央政府投入巨资，但由于目前的制度吸收能力有限，使其难以扩大服务来满足预期需求，至少传统的医疗服务是这样的。但是中国具有少见的机会来推进另外一种进程/方向：中国相对而言不受旧有的基础结构和利益集团的羁绊，能够采纳一种创新的、专为21世纪设计的保健服务体制，而不是追随其他国家那些效率不高的模式。在满足居民需求和提供保健服务各个阶段的持续支持方面，创新性的PHM模式将是重中之重。该模式利用成熟的信息技术来弥补医疗专业人才的稀缺，改善质量，促进询证护理与责任制。它将成为服务领域的一个源泉——不仅仅是护理服务和管理领域，还包括信息技术领域——而且还有助于通过释放家庭储蓄而促进经济增长。

保健制度的这种转变，将会带来广泛的、可持续的经济增长。更重要的，还可使中国能够实现从以劳动力和自然资源型为主的经济发展模式向知识型经济转变。此外，通过释放用于卫生保健开支的那部分家庭储蓄，高质量的、民众能负担得起的卫生保健还能够刺激国内需求。如果眼光远大的领导人能启动这一雄心勃勃的议程、推动中国医疗保健制度转型的话，它将有助于消除那些对无法享受优质护理的抱怨，通过实施医疗保健制度改革来推动中国梦的实现。

（崔玉军　编译）

原文信息

原题：The Role of Health Care Transformation for the Chinese Dream：Powering Economic Growth，Promoting a Harmonious Society

作者：Soeren Mattke，Hangsheng Liu，Lauren E. Hunter，Kun Gu & Sydne Newberry

出处：http：//www. rand. org/pubs/research_ reports/RR600. html

中国医保改革的局限

黄严中

　　2014 年 3 月 4 日，美国对外关系委员会全球卫生高级研究员、西东大学外交和国际关系学院副教授黄严中在该委员会网站发表博文，介绍其近期出版的专著《当代中国的医疗治理》（*Governing Health in Contemporary China*）中的观点。作者指出，出于良好目的、有强大资金保障的医疗改革之所以没有取得好的效果，原因在于：第一，只有 1/3 的政府资金投向需求方（病人和消费者），不仅使医疗保险的总体获益程度相当低，而且政府投资也未能对公立医院的行为发挥杠杆作用；第二，中央政府迄今仅将 2%的资金用于实施基本药物目录，远不足以补偿公立医院的潜在经济损失；第三，被普遍认为是医疗改革的关键要素的公立医院改革尚未取得重大进展。因此，要想从根本上解决看病难和看病贵的问题，就要求政府给予需求方更多的投入，深化医疗改革，以改变医疗提供者的行为。

　　2009 年，中国宣布投入 1240 亿元以启动医保改革，4 年之后，政府实际花费超过 3710 亿元，中央政府仅在与医疗保险、公共卫生、公立医院改革以及加强社区医疗机构方面就花费了 1000 个亿。

　　这一庞大的政府开支所产生的直接结果是扩大了医疗保险的覆盖面，其所覆盖的人群从 2003 年的 30%激增至 2011 年的 95%，而同时期的自付份额从 56%降至 36%。改革还造成医疗需求的增加，医院的床位利用率从 36%升至 88%。然而与政府和一些学者描绘的大好图景相反，改革并没有从根本上解决看病难和看病贵的问题。

根据独立的零点研究咨询集团于 2013 年 10 月发布的调查，中国人在获得医疗保障上仍然存在很多困难。大约 81% 的受调查者称看病很困难，57% 以上的人反映现在看病要比 4 年以前更为困难（持相反意见的人占 20%）。在承受能力方面，95% 的受调查者提出看病很贵，87% 的人称看病成本要高于 4 年之前。尽管医疗服务的利用有了总体增长，但看病难和看病贵的问题压制了更多的医疗服务需求。在受调查者中，27% 的人表示他们不选择住院治疗，其中 74% 是因为住院治疗的成本高，41% 将此归咎于难以获得的床位。

在《当代中国的医疗治理》中，作者对于中国医改没有给予很高评价，而且震惊于人们对医改结果的压倒性的负面评价。出于良好目的、有强大资金保障的医疗改革为什么没有取得好的效果？作者认为，第一，只有 1/3 的政府资金投向需求方（病人和消费者），具有讽刺意味的是，即使是投向供给方（医疗提供者）的 2/3 资金，也未达到公立医院收入的 10%。其结果，不仅仅医疗保险的总体获益程度相当低，而且政府投资也未能对公立医院的行为发挥杠杆作用。第二，中央政府迄今仅将 2% 的资金用于实施基本药物目录（据此公立医院有望以零利润销售基本药品），而这远不足以补偿公立医院采用基本药物目录之后的潜在经济损失——据估计大约为现有政府投资的 10 倍。很自然，医院总收入的 45% 来自于卖药，而总体医疗成本以 10% 的年度增长率继续上升。第三，被普遍认为是医疗改革的关键要素的公立医院改革尚未取得重大进展，政府卫生部门仍然是公立医院的所有者和管理者，而公立医院提供了 90% 的门诊和住院患者服务，即使全国范围内有 43% 的医院是由非公共实体所拥有。因此，要想从根本上解决看病难和看病贵的问题，就要求政府给予需求方更多的投入，加深医疗改革，以改变医疗提供者的行为。这种改革尤其艰难，但是只要方向正确，还是值得一试的。

（附：黄严中《当代中国的医疗治理》一书从政治和政策角度考察了改革开放以来中国卫生领域的治理动态，探讨了当代中国公共卫生和医疗挑战的政治—制度基础，以及领导人对此进行的政策回应。这一研究有助于推进国内外学者理解中国政治体系的发展以及中国崛起的复杂性。此外，鉴于世界经济和国际安全在面对中国重大疾病的暴发时，表现得越来越脆弱，该书还使人对于中国在全球卫生治理中的作用给予更大关注。）

（刘霓　编译）

原文信息

原题：What Money Failed to Buy：The Limits of China's Healthcare Reform

作者：Yanzhong Huang

出处：http：//blogs. cfr. org/asia/2014/03/04/what － money － failed－ to － buythe － limits － of － chinas － healthcare － reform/；http：//www. cfr. org/china/governinghealth－contemporary－china/p29330

中国社会医疗保险的省级差异

黄　娴

　　2015 年 6 月出刊的《中国季刊》发表哥伦比亚大学政治学系博士研究生黄娴的论文，题为"中国福利的四重天地：认识中国社会医疗保险的省级差异"。文章指出，在过去的 12 年里中国社会医疗保险迅速发展，进步显著。但是，医疗保险覆盖面的迅速扩大和医疗保险项目的增加并未消减反而加大了地区间差异。作者认为，之所以如此，是因为中央政府出于维护社会稳定和因地制宜的考虑，将医保政策的决策权下放给地方政府；而地方官员会根据当地的具体情况，尤其是财政能力和地方人口的风险结构，结合中央的政策框架或建议来制定医疗保险政策。因此不同地方的社会经济条件导致中国社会医疗保险政策呈现明显的地区差异。作者除采用统计数字、集群分析等数量方法外，还在长达 4 年的时间内，对 16 个地区的 140 个对象进行了实地访谈，积累了翔实的证据，描述了中国社保提供中地方官员的作用，分析了他们所面对的困境、由此引发的忧虑，以及政策选择可能产生的社会影响。

　　广泛的社会福利供给被认为是民主政体的典型特征。然而过去十多年，中国最为显著的变化之一就是在没有实现民主化的情况下持续地扩大社会福利。诸如城镇职工基本医疗保险、新型农村合作医疗保险，以及城镇居民基本医疗保险等制度，不仅将劳动人口，而且将城市和乡村居民都纳入社保体系中，社会医疗保险覆盖面急剧扩大。到 2010 年，90% 以上的中国公民被纳入社会医保计划范围内，而 2004 年这一数字仅为 34.4%。同时，按人均支出衡量，社会医疗保险的投入也有了很大的增加。然而，仔细研究会发现，社会医疗保险在地区之间是不平衡的。不管是在投入还是覆盖上，各省之间都存在很大差别。例如，数据显示，在诸如青海、陕西和黑龙江等北部省份，城镇人口的 1/4 以上仍未被纳入医保，而在如四川、重庆、湖南和江西等沿江省份，90% 以上的城镇人口被医保所覆盖。在投入方面，北京的城镇医保人均支出是 1852 元（2007—2010 年平均支出），是江西人均支出的 4 倍以上。那么，为什么会有如此巨大的地区差异？如何描述和解释这些差别呢？

对中国社会福利的政治经济研究

国外学者曾从经济、公共政策和政治学等多个领域就中国的社会福利问题展开研究。在卫生政策和经济领域的相关学术研究常常以福利（benefit）作为出发点，在这类文献中，下面 4 个问题不断得到确认和讨论：（1）在各个社会群体之间，社会医疗保险福利的供给是否偏向于富有阶层？是否不公平？（2）在城乡之间，以及在贫穷和富有的社会阶层之间，医疗保险的覆盖是否不平等？（3）社会医疗保险福利在地区间的不平等。（4）风险分担和管理的割裂状态。此类研究虽然就社保计划的社会经济影响进行了严格的评估，但对造成这种结果的原因则分析不足。

从政治经济角度对中国社会福利供给进行的研究，多将经济改革或是从计划经济向市场经济的转型看作社会福利变革的决定因素，以及调适社会福利政策的压力所在。其中国家在经济改革之初从社会保障供给中的"撤出"尤其得到系统研究，并受到广泛批评。然而，尽管经济转型对中国社会福利制度影响巨大，但是导致社会福利供给各自为政的政治机制一直以来却并未得到充分解释，需要给予更多的研究。

近来，从政治学角度探讨中国社会福利改革的研究成果日益增多，为认识这一问题的政治机制提供了诸多新的视角。在这些研究中有两种不同的观点。观点之一集中于地方官员在提供社会福利上的经济和政治激励因素。如学者黄严中、马克·弗雷泽（Mark W. Frazier）、苏黛瑞（Dorothy J. Solinger）、卢晓波（Xiaobo Lu）和刘明兴，以及刘台伟（Taiwei Liu）等学者的研究。与此相反，另一种考察中国社会福利或政策变革的观点则聚焦于精英政治。例如杜珍（Jane Duckett）最近的成果就挑战了经济改革范式，认为 20 世纪 70 年代末精英领导层及意识形态的变化是农村合作医疗制度崩溃的主要原因。

威权中国的社会福利供给：理论和假设

理解中国的社会福利供给有两个关键点：一是社会福利分配的多维度性，另一个是中央领导和地方领导激励措施的相互作用。社会保险是中国社会福利供给的主要形式。保险福利的分配包含三个不同的方面：投入、覆盖和分层。这三个维度依据特定条件而以不同的方式相互关联。高投入然而窄覆盖显示社会福利的高度分层，而当社会福利的总量固定，广覆盖可能导致更低的人均所得，反之亦然。而且，这些不同的维度会产生明显的分布式影响和效果。例如，社会福利的高度分层意味着严重的不平等，而广覆盖又意味着平均主义。鉴于此，根据特定制度环境下的利益和政策选择，不同层级的政治领导人对这三个维度有着不同的政策偏好。

中央领导在社会福利供给上的优先考虑是保持政权稳定。由于对稳定的威胁既可能来自精英群体也可能来自大众，因此偏向任何一方的福利分配均非上策。中央政府试图有效地平衡精英和民众之间的利益，在重视精英群体的特殊福利供给的同时，为民众保持基本适度的社会福利。为实现这个目标，他们在决策中要面对控制与顺应社会需求之间的权衡。一方面，中央领导试图控制谁得到了什么，向那些政治相关性最高或对政体稳定最为重要的社会群体分配更多的福利。对这一分层模式的控制主要通过社会立法、财政转移和人事管理三个机制。自 20 世纪 90 年代以来，中央通过一系列的法律法规，建立了社会医疗保险制度，社会各群体根据其社会经济地位而享受不同的福利待遇。碎片化的社会福利制度有助于削弱社会群体的横向动员能力，同时为那些精英群体赋予特权。此外，中央分配巨额转移支付的资金为一些特权群体补贴医保支出，保证他们的福利水准。最后，通过集中的人事管理，中央使地方官员熟谙其政治重心和关注焦点——通过社会政策的决策和落实来维持社会秩序。另一方面，中央领导希望在某种程度上照顾到最多的社会群体，避免造成巨大的贫富落差。但由于中央领导身处高层，信息成本较高且专业知识不足，无法根据当地具体情况恰当地分配福利并获得最大化的政治回报，因此他们需要给予地方政府部门以自由裁量权，来制定和落实社会福利政策。鉴于中央控制着地方政府官员的激励和晋升之路，因此可以通过社会立法和财政转移等工具控制社会福利供给的结构。总之，中央赋予地方政府权力，并通过各种管理制度来规定社会医疗保险的覆盖和投入。

就社会福利的政策制定而言，地方官员面对着来自政治、财政和社会等方面各种各样的限制。第一，地方官员的政策选择是受限于中央所规定的政治责任。表面上看，地方官员管理着大部分社保基金并负责提供社会福利，可以通过大规模预算、更多的人员编制以及更大的管制权极大地提高自身权力，然而地方官员在社会福利供给上的表现是由中央通过自上而下的人事管理来引导和监督的。第二，在中国的财政分权或实际上的"财政联邦制"（fiscal federal-ism）的背景下，地方政府是社会福利的主要提供者和担保人：他们要为非职业人口筹措大约70%的社保资金，这些人口包括农民、老年人、学生和儿童。证据显示，一些地方政府面临着巨额的预算赤字，而全额、按时地支付医疗账单对一些地方来说是一个巨大的预算负担。因此，地方财政收入对于社会医疗保险投入的政策选择是一个重要的决定因素。值得注意的是，根据当地的财政来源不同（财政税收和从中央获得的财政转移），财政约束对社会福利供给的限制程度在各个地区之间是不同的。

涉及地方官员政策选择的第三个约束是社会风险。理由有三个方面：首先，社会医疗保险的性质是分担风险，因此社保的绩效是依当地的人口和风险状况来决定的。年轻人和健康人口集中的地区要比那些老龄的和非健康人口集中的地区面对更低的风险。其次，中国的社会医疗保险体制缺乏全国范围的风险分担和再分配机制，使得人口较少的小地方对于诸如流行病和自然灾害这类外部打击尤其脆弱。最后也是最重要的一点是，伴随经济改革和对外开放，数十年的大规模人口迁移已经极大地改变了一些地区的风险状况。

基于上述理由，由于地方官员在社会福利政策上的自由裁量权主要集中于覆盖和投入这两个维度，因此他们在社会福利分配上有4种不同的选择：（1）慷慨和包容的模式（给予更多人更好的福利）；（2）慷慨然而排外的模式（给予特定群体更多的福利）；（3）严格的但包容的模式（广泛覆盖但人均微薄）；（4）严格且排外的模式（给予特定群体以微薄福利）。

中国社会医疗保险的地区差异

本研究利用从各种年鉴上获得的统计数字，创建了一个省级的面板数据集（1999—2010），并采用集群分析（cluster analyses）以确定和考察社会医疗保险在覆盖和投入方面的地区模式。为评估地方社会经济状况和社保的覆盖与投入之间的关系所进行的统计分析结果表明，在地方社会经济状况和社保分配的特征之间有着明显的相互关联。有着高劳动力流动性的地区倾向于将医保覆盖至更多人口；而拥有更多财政资源的地区则倾向于提供更为慷慨的保险福利。

为对数量分析进行补充，本研究还提供了源自140个田野访谈的定性证据，以说明地方官员如何根据当地的社会经济状况，在中央规定的框架下，就社会医疗保险的覆盖和投入进行决策。实地调查共进行了4年，涉及16个地区，访谈对象包括中央及地方的政府官员和医保管理部门。调查结果发现，多数自主扩大社会医疗保险覆盖的省份分布在内陆沿江地区，如四川、河南、湖南、湖北、江西和安徽。访谈中，这些地区的地方官员常常流露出对医保基金中出现的或是即将出现的赤字的忧虑。这些忧虑主要源于这些地区劳动力的大量流出，而留在当地的，特别是农村地区的多为老人、疾患或残疾人以及儿童，是更为需要医疗服务的群体。这些内陆地区虽然扩大了医保的覆盖面，但是地方官员对于提高医保的投入却非常谨慎，有时甚至是反对，这与沿海地区的政策选择形成了鲜明的对照——后者在扩大覆盖面的同时也不断提高医保的投入。与沿海地区类似，一些享有"特权"的地区，如新疆、宁夏、北京、天津和上海等，或是能得到丰厚的财政转移，或是能得到中央的政治支持，这些地区的领导人是提高社保投入的先行者。

实地调查还发现了一些"维持现状"的地区，比如广西和黑龙江，其社会福利的支出少于预算的现象非常普遍。这些省份在过去十年没有出现大规模的人口流动，当地的社会风险不致扩大。而且，与特权地区不同，这些省份地方财政贫弱，中央给予的财政转移也不多，使其不能在社会福利方面开支过多。因此当地领导在社会医疗保险的改革上也选择"无作为"，即保持现状或许是成本最低的政策选择。

结　论

传统观点认为福利国家是民主政体的特征，然而与此相反，威权政体也可以在未经实现民主化的情况下提供甚至扩大社会福利。在威权政体中，对政治家们提供社会福利的激励结构是不同的，它是源自于上层，即国家领导人对于维持政权稳定的关注，而不是来自下层，源自公众对福利的要求。而且，正如本研究所证明的，在威权社会的福利供给中，省级领导的作用和影响很有意思也十分重要。在中央集权的干部评价体制下，中国地方官员的政治生涯是由上一级的权力当局所支配的，上级似乎对所辖地区拥有着实际上的、间接的"责任"。这种社会福利提供的"间接问责"机制，一如地方官员的主动调适或是和当地社会经济状况的通融，可能在一定程度上说明了中国威权政体令人迷惑的适应性和灵活性。

（刘霓　编译）

原文信息

原题：Four Worlds of Welfare in China：Understanding the Subnational Variation in Chinese Social Health Insurance

作者：Xian Huang

出处：*The China Quarterly*，Vol. 222，2015

取消农业税对中国乡村治理的影响

陈　安

集体化的取消使农民的地位发生了改变，而取消农业税对于中国农村发展而言又是一座里程碑，其动机是希望一劳永逸地减轻农民负担，并确保乡村社会的政治稳定。然而，取消农业税引发了一系列连锁反应：它极大地改变了村委会的工作内容、财务状况、领导权威及其功能。出于增加财政收入的共同需求，乡镇政府与村委会的功能渐趋一致。而村委会功能的转变使得村干部与村民日益疏离。新加坡国立大学政治学系的陈安教授基于对 5 省市的 14 个村庄历时 7 年的调查采访，详尽描述了取消农业税对村干部职能和普通村民生活带来的变化，并特别指出，这一改革进一步将村委会从党和国家对乡村治理的工具转变为以招商引资为主要目标的商业组织，其主要职能不但脱离了农民的生活，而且偏离了乡村治理的长期模式。该文发表于《中国季刊》2014 年第 219 卷。

2004 年 3 月，温家宝总理宣布农业税将在 5 年之内逐步废除。到 2005 年年中，22 个省取消了农业税。截至 2005 年年底，28 个省级行政区与河北、山东和云南的 210 个县停止征收农业税。从 2006 年 1 月 1 日起，农业税在全国范围内正式废除，比计划提前了 3 年。

取消农业税对中国农村发展而言是一座里程碑。取消农业税的初衷是期望一劳永逸地减轻农民负担，由此确保乡村社会和政治的稳定。然而，农业税取消在安抚农民之余，还带来了一系列的连锁反应。一方面，它将村委会从最受争议的辛苦工作（征税）中解脱出来，确实缓解了干部和农民之间的紧张关系；但另一方面，它也切断了村级财政收入的主要来源，在一些缺乏强大集体经济支撑，也不能获得多少转移支付的农村地区，取消农业税甚至导致村级财政破产。

此外，它还收窄了村委会对乡村事务的合法权限范围，即削减了许多村干部进行再分配和管理的权力，而这些权力既是有效管理所必需的，也是他们作为政权代理人的动力。

取消农业税使乡村治理陷入茫然

根据农业税对村、镇各级财政和管理功能的重要性，取消农业税对于村、镇的影响是极为不同的。在重庆、安徽、山东、福建和江苏等地的调查显示，农业税和各种附加税对于村镇财政至关重要，而且征税一直是村委会的主要工作。有村干部反映，取消农业税好像一下将背负的沉重石头掀掉了一样，尽管一般而言，收税不会遇到很大的暴力反抗，但它依然是一件"令人不愉快"的工作。干部既不能为村民赋权，也没有能力帮助他们，多数情况下他们只能依靠村民的良善与合作来完成任务。

尽管如此，取消农业税使村委会一直作为中心的工作突然结束，由此在乡村管理上造成了巨大的空白。农业税取消之后的一年，村干部似乎都没有从这种愉快的"打击"中恢复过来，找不到新的工作重心。村民们也指出干部的变化，最为显著的是，他们发现村干部们好像消失了。村民几乎看不到干部，在日常生活中与干部失去了联系，也不知道这些干部在做些什么。此外，由于乡镇政府不再需要村干部协助征税，镇—村之间一度紧密友好的工作关系也突然冷却了。

除了村干部无所事事外，乡镇政府官员的士气似乎更为低落，这不仅仅是因为取消农业税对乡镇财政造成了沉重打击，还因传言说镇政府随着征税的取消而变得多余，多数人将在分流中下岗或降级。

改革没有通过赋予干部新的责任来及时填补由农业税取消留下的空白，而是让他们陷入茫然。在调查所及的几乎所有村庄中，干部中普遍存在迷失方向的感觉，不清楚新的工作重点以及如何进行业绩考核。取消农业税，加之市场化在农村地区的推进，使村干部不仅对农民来说无关紧要，而且对政府而言似乎也可有可无。从村庄合并等形式造成村委会人数的减少和干部队伍的缩编即可看出，政府在落实政策上已经不再严重依赖村干部和村委会。

取消农业税使村—镇之间的关系发生了很大变化

费改税之后，除了农业附加税及特殊（农业）产品附加税外，村委会还有权享有分配给农村地区的转移支付，但每个村子能得到多少则是由乡镇政府裁量。费改税之后，在乡镇财政恶化的地方，镇政府更希望留下转移支付经费自己使用，因此分到村级财政的钱已经非常少了。取消农业税后，两种附加税也随之取消，这意味着一些乡村只能依赖于转移支付作为其仅有的收入来源。尽管在农业税取消之后对农村地区的转移支付有了大量增长，但分配方式并没有进行变革，乡镇政府除了拨付村干部的薪酬这类必需开支外，倾向于保留更多的转移支付，因此几乎所有村庄在农业税取消后获得的转移支付都没有增加，甚至有所减少。

征税曾经是村干部和乡镇官员的主要业绩指标，然而随着"维稳"取代征税成为乡镇政府的头等大事，乡镇官员和村干部之间的联盟也趋于解体。不少村干部抱怨，为了防止农民"闹事"，当村干部与村民发生矛盾时，乡镇政府不再一味地支持村干部。此外，由于村干部的作用越来越小，乡镇官员对他们的管束也越发严格。同时，由于控制着工资发放，也使得村干部对乡镇政府更为顺从。最根本的是自取消农业税以来，村、镇财政更为紧密地捆绑在一起，因此，只要有可能，乡镇政府就有意减少村政府的作用以节省开支。

村委会的商业化

尽管取消农业税使得村干部的存在无足轻重，但并没有导致村级管理组织的取消，而是改变了它的激励结构、作用和日常工作事项。于是，三个新的工作重点主导了村镇领导人的日程安排，即发展地方经济、增加农民收入和维持稳定。

分发种粮补贴、计划生育和收取新农合费用成为村干部的日常新工作，而其中最显著的变化是招商引资。事实上，招商引资从20世纪90年代以来就是村干部的责任之一，其重要性之所以提高是源于乡镇政府的压力，以及村干部自身的创新。具体操作上，村干部只是乡镇官员的助手，扮演辅助者的角色。乡镇政府负责吸引投资，而村里出租土地，由于多数土地需从农民手中租用，村干部不得不劝说农民放弃土地使用合同，并协助他们与投资者讨价还价以获得"合理的"租金。一些村干部因此将自己比喻为"沟通者"和"经纪人"。经纪工作几乎占据了他们的全部时间。

在费改税和取消农业税之前，种地几乎不能创造什么收入，取消农业税在一定程度上为农民提高了土地的价值。对于多数农村家庭来说，出租土地赚取租金要比种地的净收入高很多。而且除了租金，农户还可以从他处获益，如受雇于租用土地的企业等。当然，招商引资背后的主要驱动力在于村镇干部的巨大个人利益，繁荣的工业园区为他们提供了丰富的创收机会，也有利于他们的业绩考核。

招商引资对干群关系的影响

取消农业税尽管为村干部解除了最为繁重的征税责任，但这之后，村干部和村民的关系并没有从争执变为和谐，而是越发疏离。农业税的取消没有提升村干部的地位，恢复干部的权威，也没有增进村民对村干部的尊重。干部越来越脱离群众，却由此获得更大的自治权，并将村委会转变为一种公司形式的利益集团。

干部威信下降而自主权提高可以说是推进农村市场化改革所致。市场化使得农民不再依赖村干部获取技术支持、市场信息和产品销路，干部也未能提升他们的服务以满足市场驱动或政府支持的农业生产"结构调整"的需要，因此，除了诉诸市场或其他渠道寻求所需服务，农民别无选择。当然，市场化消减了农民对干部的依赖，同时也降低了干部与村民互动的需求。

由于各地的条件不同，招商引资的努力并非都能成功。那么招商引资的成功与否会在多大程度上对乡村治理的模式以及村委会的功能产生影响？调查比较发现，在那些具有得天独厚的条件，招商引资非常成功的村子，干群关系并没有出现明显的好转。因为除了在涉及土地租用的第一阶段需要村民参与之外，村干部几乎将全部精力投入同企业所有者及乡镇领导打交道之中。尽管村干部有义务为村民提供一系列的服务，但这些服务多为浮光掠影，缺乏实质性。

在取消农业税之前，由于乡村财政在一定程度上依赖从村民处征缴的农业附加税，再分配和支出问题常常是引发冲突的根源。农业税取消后，村民不再对村财政给予支撑，村里有多少收入，用于哪些地方，村民好像不再关心。村级财政收入完全依赖于村干部，依赖于他们招商工作的成效。干部寻找新财路的责任也给了他们更大的灵活性，减少了他们对村民做出解释的义务，也减少了束缚。

结　论

就其政治和经济后果而言，取消农业税的重要性堪比集体化的结束。如果说集体化结束销蚀了村级组织政治权威的基础，取消农业税则改变了村委会的职能，并因此改变了乡村治理的方式。虽然取消农业税是中国财税体系的一项改革，但其影响远远超出了经济或财政范畴。农业税的取消改变了共产党对农村治理的性质、目标和轨迹。在中国多数农业地区，村集体经济贫弱，农业税的取消，加之市场化导致的社会经济差异，使得村级管理组织的权威不再，其传统功能也被废弃。取消农业税还削弱了村干部的再分配与管理的权力，在一定程度上使党和国家从农村社会中加速退出。

取消农业税尘埃落定之后，村干部发现他们自身的地位发生了巨大变化：从积极方面看，他们被赋予了可观的自主权，既为集体也为个人寻找财源，弥补村级财政的缺失。而他们的努力与乡镇政府的需求不谋而合，共同的财政困境以及在增加收入上的利害关系，导致村、镇政府的功能渐趋一致甚至"合为一体"——招商引资成了他们工作中的头等大事。

村委会主要功能的转变重构了其与普通村民的关系。一方面，成熟的市场机制使村民对干部的经济依赖降至最低；另一方面，由于村民不再缴税，他们只能依靠干部的好意来获取帮助。由于寻找新的财源已经取代征税成了村干部的"中心工作"，因此村干部的交往对象主要是乡镇官员和民营企业家，其主要工作目标是创收，与普通村民全无关系，村干部和村民渐行渐远。

（刘霓　编译）

原文信息

原题：How Has the Abolition of Agricultural Taxes Transformed Village Governance in China? Evidence from Agricultural Regions

作者：An Chen

出处：*The China Quarterly*, Vol. 219, 2014

中国的食品安全难题：规模的政治学

约翰·安田小次郎

中国拥有超过 2.4 亿的农民、上百万的食品加工者以及数以百万的经销商，政府煞费苦心地建立起全国食品安全机制，以在治理的通用框架下有效地整合不同的利益。中国的大规模生产体系、庞大的官僚机构以及地理规模都对监管人员提出了独一无二的事关政策成本、设计与适应性的问题。宾夕法尼亚大学当代中国研究中心的学者约翰·安田小次郎在《中国季刊》2015 年第 223 卷上发表了《为何中国做不到食品安全：规模的政治学》论文，通过审视中国在食品安全领域的失败，来阐明规模是如何对监管政治（regulatory politics）产生影响的。文章评估了目前中国的 4 个规模管理举措：食品安全协调机构、食品安全行动、农业生产示范区以及监管权再划分，并建议中国的决策者在欧盟的食品安全多级举措中找到参考目标，用以有效管理其规模问题。

尽管政府不懈努力，但对中国食品专家的采访仍暴露出一个无序的食品安全体制：微生物危害仍然无力约束、供应链管理薄弱、政策缺乏协调。中国消费者协会 2011 年记录在案的假冒伪劣食品投诉相比 2010 年增加了 22%。最近由皮尤调研中心进行的一项调查表明，2012 年 41% 的受访者将食品安全列为"严重问题"，而这一比例在 2008 年仅有 12%。当下，食品安全与不平等、腐败一起成为中国公众眼中的三大治理问题。那么，为何中国的食品安全制度失灵并持续恶化？

中国的食品安全治理失灵应该被理解为其食品安全体系规模过大，以及随之引发的规模政治的结果。在监管治理中，"规模管理"描绘了在高度混杂的环境中建立一个通用的监管框架，以有效整合各治理层级的众多参与者的过程。在大规模体系中，监管人员必须协调好当地最佳实践与跨国标准、同级别的参与者和全球供应链，并引导管辖权的复杂性。为了建立起一个统一的治理框架以应对显著的差异，监管人员在成本、政策与适应性方面做出权衡，将其中某些利益相关者的利益置于他人之上。"规模政治"指的是由于政府力求在标准治理框架的需求与接受本地制度的多样性之间寻求平衡，上述的利益权衡引起的激烈冲突。

在食品安全问题上，由于这一体系必须在提供严格标准化的同时，适应好各地食品生产的多样性，因此发展出一个能够有效解决规模问题的监管体系是个严峻的挑战。

中国的食品安全问题预示着中央—地方关系的新格局，在这样一种关系中无论是中央集权还是地方分权都不足以应对规模政治。缺乏中央政府强力协调的地方分权战略将会加剧各省之间的冲突；然而，以中央集权处理食品安全又常常同当地食品安全的现实相脱节。对尺度的把握意味着在中央与地方之间需要一个全新的多层级劳动分工，以进行监管控制。

中国的食品安全体系也同欧盟、美国和印度的监管体系一样，经历了很多因规模造成的弊病，如监管能力不足、下级各政治单位标准的不匹配，以及中心与外围地区间委托人—代理人问题。然而，中国的规模问题在一些重要方面仍有别于其他一些大的政体。相比于西方同行，中国的生产基地更加广阔，但却不那么发达；省与省之间的生产实践差异很大；而且中国还缺乏一个联邦式的框架来为监管一体化提供一个更加清晰的模板。最后，也是最为重要的一点，中国为供养其庞大的人口，不得不更重视食品的大规模生产而非食品安全。

中国的食品安全监管体系在很大程度上是为了应对危机而发展起来的。就规模管理而言，专门的政策往往会相互矛盾，激起更多的监管冲突。本文将重点放在了当前 4 个主要的规模管理策略上：

食品安全协调机构、地方引导的生产示范基地、食品安全行动与监管权再划分。上述每项政策都遭遇了不同的挑战：协调机构遭遇的问题是地方整合，生产示范基地面对的挑战是全国一体化，而食品安全行动的短处是缺乏制度化，监管权再划分则遭遇了政策推广的问题。

规模造成的危机

大众媒体经常批评中国的食品安全问题是由缺乏处理问题的政治意愿或是投资不足造成的。不过，近来的研究表明，过去 5 年，中国政府支出 8 亿多美元，用于升级检测设备、建立实验室、雇用食品安全员。食品污染问题的蔓延激起了越来越多的社会焦虑，受此警醒，中央和地方的政府官员积极处理食品安全问题。涉及中国产品的全球性丑闻又给中央政府官员施加了巨大的压力，确保中国不会把其监管问题出口到海外。修订后的干部考核制度将严肃处理涉及群体食品中毒事件的官员。国务院还成立了两个专门的委员会，接受高层领导指挥，处理食品安全问题。2013 年，中央政府改组并成立了新的食品药品监督管理局。

本研究并非认为中国的食品安全问题与腐败、政府能力缺位或是缺乏社会信任无关，相反，旨在强调一个经常被忽略的层面——规模，这也是中国食品安全失灵的原因之一。中国官僚机构的臃肿导致了监管实践的薄弱，而监管实践的薄弱反过来又会导致腐败问题以及其他治理弊病的滋生。由于生产者数目庞大，地理、气候及社会经济条件差异明显，全国各地的生产实践相去甚远。其结果是，生产者往往漠视与当地生产现实不一致的中央政策。在食品安全问题上国家能力的缺位在一定程度上也是由中国的规模引起的。在一个本就庞大的体系中，单单添加一级机构就能导致人员呈指数增长，并引起大量的扭曲与拖延。

20 世纪 80 年代以前，中国一直处于食物短缺的状态。为了刺激食品部门的生产力与创新，食品生产被下放给地方政府，刺激了食品加工的相关投资。到 90 年代，食品工业成为中国第三大工业部门，到 2001 年，食品的工业产出价值达到了 9546 亿元。数百万的小承包者与龙头企业并存。

随着供应链的延长及复杂化，食品安全问题也发生了变化。之前，食品安全问题主要是局部的、小范围的，多半是卫生问题、农药的意外误用或是餐馆的卫生条件不达标。然而，市场竞争的日趋激烈，以及监管实践的薄弱，再加上政府对食品安全的空洞承诺，导致了食品安全新问题的出现：故意掺假、非法添加剂、假冒伪劣以及以农药作为食品防腐剂。这些新的问题要求中国的食品安全制度进行根本性的结构重组。

20 世纪 90 年代，一个新生的但碎片化的监管体系开始形成。食品监管权由包含卫生部、农业部、国家质量监督检验检疫总局在内的多家涉及食品生产与储存各阶段的机构共享，碎片化的体系导致了监督管理中的严重真空、标准冲突与地盘之争。中国政府从 2000 年年初起，开始通过重大改革重新设计其食品安全体系，以应对中国规模渐趋庞大的食品生产现实。

规模管理的概念突出了决策过程的以下三个方面。第一，监管者必须评估政策在成本与影响控制方面的可行性，把食品安全问题的紧迫性列入考量。相比于采取一套复杂的制度建设程序，发起食品安全行动或许是个更划算、更及时的方式，以敦促大量的食品生产商遵纪守法。不过专门的解决方案并不能取代制度性解决方案。第二，监管者必须考虑到政策设计时出现的目标冲突。集中处理食品安全的方式或许能使治理简单化，但也会导致整合地方监管活动失败。相反，分散的体系或许能提高地方食品生产与规章条例之间的契合度，但又缺乏一致性，无法成为全国监管的标准系统。第三，监管者必须在考虑到规模的基础上，评估范围广大的食品安全问题解决方案是否具有可操作性。一项政策能否适用于所有的生产者还是仅仅适用于一部分专门的精英加工厂商？

由于这些权衡交易，全国性食品安全制度的发展通常是关于如何管理规模的一场政治较量过程。在规模管理中，监管者如何评估政策的设计、可行性与广泛基础上的实用性，其驱动因素通常是技术方面的担忧，而非经济利益。中国的食品安全政策迄今为止并不能有效整合规模管理中存在的相互冲突的监管利益。由于这些政策涉及了利益权衡，因此监管冲突又导致了协调机制的崩溃与失灵的食品安全体系。

集权与协调

中国首个主要的食品安全计划是建设并加强中央级别的协调机构。"协调"是指为与食品安全相关的各大部委制订年度工作计划，推动不同部委、地方各级政府之间的沟通，以及处理日益严重的官僚地盘之争。一个统一的中央协调单位为整个食品安全体系创造了唯一的参考点，通过减少行政复杂度、简化问责制、制定清晰的监管目标来处理因规模造成的各种问题。当出现不可抗拒的管辖权复杂性问题、地方的蓄意阻挠、多个标准与规则时，作为规模管理策略的监管控制集权化能越过制度的多样性，优先处理标准化需要。

迈入 21 世纪后，中国已经建立起了多家协调机构，以调控其碎片化的食品安全机构。2003 年，国家食品药品监督管理局成立，通过推进信息共享、明确监管责任，以协调中国的食品安全监督机构。由于一连串由信息流问题导致的食品安全失灵事件，以及机构间的竞争与腐败，食品药品监督管理局让路给其他的协调机构。2007 年，国务院成立了一个专门处理食品安全挑战的委员会，由时任副总理吴仪领导。2009 年，卫生部被指派为新的领导部委，负责协调监管活动。2010 年，国家食品安全委员会成立，并由时任副总理李克强担任领导，该委员会的成立也使得每一级地方政府都相应建立了食品安全委员会，以协调监管活动。最新成立的协调机构是 2013 年成立的中国食品药品监督管理局（CFDA），其效率还有待全面考察。

在一些地方，协调机构运作极为高效。上海食品药品监督管理局的技术专长及其监管的独立性使其脱颖而出，该机构将来自其他省市不安全的食品来源成功隔离在本地市场之外，有效地做到了食品召回，并扩大了其监督检测网络。宁夏的食品药品监管局也同样成功地协调了当地各大机构的食品安全措施，推广了国家食品安全标准计划，并推动了省级、县级与镇级各政府间的合作。不过，宁夏与上海的经验仅仅是个案，大部分地方的协调机构运作仍然面临问题：

（1）"协调"概念的模糊性导致了实施问题。

省级、县级与镇级的官员很难理解食品安全管理中协调机构应当发挥的作用，而这会导致严重的实施问题。"协调"在现实层面上到底包含什么内容，存在不确定性。在各级食品安全机构中推进协调的最大挑战是，"协调"本身是个"软目标"，很难评估。除了名义上成立委员会外，绝大部分监管官员并不真正清楚如何在实际中协调食品安全活动。地方官员最担忧的是防范重大食品安全丑闻，在某些地方，这样的丑闻会导致解除公职，因而，协调工作成为食品安全优先问题的最末选项。

食品安全委员会在食品安全管理中的职责模糊性又因法律基准的缺失而进一步恶化。尽管新的监管机构成立起来了，但没有一个明确阐述了其任务指标或章程细节，决定如何规划食品安全条例的协调、如何同其他机构打交道以及如何裁定部委与各级政府间的冲突。

（2）新的协调机构未能整合融入之前就存在的地方监管框架。

由于协调机构并没有在实际上取代既存的部委，机构之间的紧张与监管活动的重叠始终存在。即使在食品安全委员会成立后，官员也抱怨食品安全问题涉及的机构数量实在太多，一旦超出其职责权限，他们就无能为力。再成立新的机构也只是进一步加重了官员本就负荷不堪的报告任务。

就政策设计而言，通过协调机构集中管理食品安全，实际上剥夺了地方参与者的权利，这些参与者具备有效监管生产网络的必要知识。一名研究人员注意到，省级委员会委员并不足以胜任工作，且远离实际，也不想负责任。此外由于食品安全委员会的人数限制，监管工作实际上还是由当地机构指导的。一名食品安全委员会主任抱怨食品安全委员会的角色就好比是"日本天皇"，出镜率高，但法律权威有限。

协调机构引起的碎片化监管政治恰好是建立这些机构的初衷。在标准化过程中，食品安全委员会没有做到整合各方利益，反而使得食品安全政策的实施复杂化了，并忽略了地方监管者使食品安全风险管理符合地方实际的真正需要。

农业示范基地

农业生产示范基地的发展在协调机构计划之前，但直到 2000 年初期才在中国的食品安全计划中崭露头角。如果说协调机构强调的是标准化，那么地方农业示范基地的建立则寻求利用多样性以解决规模过大的问题。通过地方指导下的农业示范基地，将监管控制权分散，能在以下几个方面处理规模大造成的问题。首先，监管者不再需要制定出复杂的全国性法律，而只需要将监管权委托给地方政府。就治理而言，分权能够鼓励地方创新与跨政府的学习。巡查员能够利用对当地情况的了解辨识出不遵从法律的生产者。事实上，农业生产示范基地通过分权来解决规模性问题，放弃自上而下的整合式措施而代之以自下而上地建立起有效的治理。

在农业示范基地计划下，地方政府建立专门的工业化食品生产基地是受到鼓励的。国家官员将农业部门的现代化视作解决中国食品安全危机的关键，其潜在逻辑是通过农场的扩大与科学程序的采用来解决食品安全问题。农民在农业生产基地学习新技术，并受到监管者的密切监管。仅 2007 年一年，全中国一共有 24600 家无公害生产基地，593 家国家级示范区，100 个示范县与 3500 家省级示范区，绝大多数的示范基地都配备了农药残留与非法添加剂的快速检测设备。

根据"一村一个产品"的政策，省政府与县政府选择不同的村落生产各自的高价值农作物，这也是农业品牌打造策略的一部分。县政府则自行制定当地的章程。就食品安全管理而言，县一级的监管者观察发现，农业示范基地以成本效率的方式使得规范实施变得容易了。将农民聚集在基地里，方便监管者定期巡视；单一农作物也有助于集中地培训各个环节；农民们遵循统一的种植、农药使用与收获的安排，也使得监管人员能够在不过度使用资源的情况下辨别问题所在。最重要的是，农业示范基地为地方特产打开市场创造了条件，同时还极大地提高了农民的收入。通过数月的讲授安全生产技术的培训课程，生产示范基地为解决紧急的食品安全挑战提供了更可行的办法。

然而，这样的政策设计也存在问题。

（1）地方引导的生产示范区能否同国家对食品安全的解决方案一致存在不确定性。地方农业项目的差异会导致地方之间的监管差异，也会加重跨省监管政治：标准可能冲突，检测程序也可能相互矛盾。

（2）各异的地方标准，同国际普遍支持的新兴安全标准相冲突。地方标准或许确实在某些方面促进了生产者循规蹈矩，但如果这些标准同国际最佳实践相冲突就存在问题。食品安全专家认为，当地的变通是可以允许的，只要是在已经建立的国际标准的基准线以内。比如，中国第二版《良好农业规范》中的关键点控制就较少，以帮助中国农民逐渐向更高要求的全球《良好农业规范》过渡。缺乏中央指导的地方性试验可能导致严重的食品安全协调问题，让中国处于更加糟糕的情况。

许多专家都指出，农业示范基地主要被用作地方特产的生产，并不一定能作为更大众化食品的样板。一些地方官员相信，农业示范基地代表了一种难以企及的农业工业化典范，并不适合中国农业的大环境。许多农村家庭的成员都是文盲，家里的老人往往觉得安全农业技术是个负担，而且很难学到。

总而言之，分权式的规模管理战略利用地方情况与地方创新来推进人们对食品安全的遵从。不过，提供给地方一定的灵活性，也造成了全国监管整合的问题。地方标准的差异或可导致监管冲突，而地区解决方案也会失灵。

食品安全行动

尽管政府大力发展协调机构与农业生产示范基地，21 世纪的头十年，重大食品安全丑闻仍然不停涌现。2008 年婴儿奶粉事件后，政府越发频繁地发起了针对不法生产商与贪官污吏的行动。作为一个规模管理策略，专项行动在一个大型的、多样化政体的治理中是极具成本效应的。群众运动能够在行政复杂性中辟出一条通路。这些运动与旷日持久的制度建设不那么相关，主要致力于树立榜样，"严打"并严惩不遵纪守法的个体。监管活动的频繁开展能有助于营造一个遵纪守法的氛围，重建政府信任。政府指导下的行动给出了明确的信号：食品安全问题十分重要，是当务之急。事实上，通过重新调整措施激励食品安全，至少在短期内，这些专门的举措在全国范围内推广了政策一致性。

食品安全行动可以被大致分为以下三类：（1）严打行动；（2）政府整治行动；（3）节日检查行动。严打行动由中央及省级政府发起，专注于食品丑闻。这类行动主要有两个目的：一是重建对政府监管人员的信任，二是重塑消费者的信心。就可行性而言，站在中央政府的角度，食品安全行动对于在高度多样化的食品生产大环境下重新调整激励措施成本效益高。但是，由于中央政府的支持力度不大，大部分的成本日益由地方政府承担，导致了不满情绪的滋生。

就政策设计而言，专项行动放弃了制度建设。短期内专项行动可以重建市场信心。然而，制度建设对长期预防食品安全丑闻而言也是必要的。短期运动式的解决方案通常会同长期理性的监管发展相冲突。政府官员已越来越多地质疑这么多的食品安全行动的有效性。

官员们承认持续不断的密集行动中断了日常的监控与监测工作。由于新的食品安全实施措施还处于起草阶段，食品安全行动仍然处于优先地位。这些行动的性质是针对性的，由于食品安全目标随时在变，这也同样造成了监管的不确定性。地方政府官员还担心这些行动"一刀切"的性质，中央政府这种应对食品安全问题的应急式方式并不能反映对地方食品安全问题的真正关切。

监管权划分

早在 20 世纪 90 年代，出口部门就建设了一套独立于国内体系的专门的监管制度。中国政府报告表明，海外中国食品的检测通过率高达 99%，而这一数据得到了 2007 年外国政府的消费者数据的支持，日本的中国食品检测通过率只比这一数字低了 0.58 个百分点，欧盟则低了 0.2 个百分点，美国不到 1 个百分点。中国出口食品安全计划的相对高效得益于其出口与国内部门"监管权的分离"。

其实，在全面改革不可行、技术能力缺乏且成本过高的情况下，往往采用分开监管的方式来实施监管控制。一个封闭的监管体系也可以让政府推动食品部门适应更严格的安全管控。将整个体系限定为某一类型的食品加工商，有助于发展出一套食品安全政策，更加符合这些面临类似的市场压力、食品安全风险的加工商的利益。

出口部门的食品安全受到国家质量监督检验检疫总局的监控，质检总局通过一个严格的执照系统限制出口商的数量，并使这些出口工厂接受额外的监控与巡查。遴选出来的企业在政府的协助下进入并保持在危害分析与关键控制点体系（HACCP）中。政府还建立了出口品牌发展资金以帮助企业在品牌打造中的营销与采购专业协助。政府为所有出口企业都提供了一系列的培训，以提高技术标准、加强食品安全监控与获取国际认证。

在出口部门执行监管独立的策略，成本极高。然而很明显，小范围且封闭的出口部门能够带来回应度较高、更有效率的市场。对食品安全的投资额较高，出口食品加工厂商必须以更高的价格来出售其产品。进口国也支持这种规模缩小的中国出口体系，更愿意同这些可靠的精英生产商打交道，因为它们能够提供安全的高质量食品。各国官员普遍认同中国的封闭式出口体系高度适合其当前的发展阶段。中国自身的国内标准同其绝大部分贸易伙伴国相比更为宽松。因此，创造一个独立的、受控制的出口体系能为中国提供足够的灵活性以使其出口食品部门适应进口国的特殊要求。这种封闭式的体系也同样使中国质检总局可以密切监控一小部分获得了执照的农民，而无须浪费其有限的资源覆盖全部 2.4 亿农民。此外，一个独立的出口部门监管制度可以让食品安全投资直接而集中地投向高价值产品。

监管权划分回避了食品安全治理挑战，也没有解决中国的规模问题。一些国际观察人士认为，出口部门可以作为中国国内食品安全体系的范式。不过，将一个建立在监管权划分基础之上的体系推广至各类生产基地，且这些生产基地面临的市场条件也各不相同，这已经被证明是问题多多的。首先，国内部门的监管人员并不具备出口部门监管者的那种危机管理视角；其次，国内生产商难以适应高标准、严要求。大部分出口企业经理得出的结论是，出口部门的实践无法应用于不受管控的国内部门。强行推进出口部门的标准只能让大多数农民破产。

结论及建议

某些规模管理政策出现了重要的变体，其有效性值得注意。比如，上海和宁夏的协调机构运作就十分成功。四川与浙江某些县的农业生产示范基地的表现也极为抢眼，政府能够对其发展投资。就监管权划分而言，私营部门的食品安全审计员注意到，尽管出口部门的实践难以在内陆省份推广，但在山东这个出口厂商密集的地方，国内的食品生产商日益掌握了新的风险管理技术。那些目标明确的食品安全行动在查处非法添加剂上大获成功，而且食品安全专家注意到，在很大程度上，由于实施了专项行动，现在越来越难以在市场上购买到某些非法农药。

中国在食品安全方面的斗争反映出规模管理框架无法满足现代监管治理要求的现实。在政策实施上，标准化历来不是中国的强项。国家法律编写得十分宽泛，以便地方政府可以因地制宜地实施法律。

然而，中国的食品安全体系在标准化需求与地方监管自治上很难获得有效的平衡。中央与地方间的不确定性也无法提供一个清晰的监管责任划分。随着中国的国际贸易伙伴越来越强调全球标准的采用，中国也必须在其国内市场中有样学样。

中国的决策者或能在欧盟的食品安全多级举措中找到参考目标，用以有效管理其规模问题。参照欧盟的做法，中国可以采取类似的方式，将中央政府的权威集中在"中国共同市场"的管理上，进而推动省级食品安全体系的积极整合。各省将获准发展其自身的食品安全体系，但必须符合国家食品安全的最低标准，才能同其他省份的市场有经济往来。各省可以在中央级别的决策机构中就共同市场的发展、风险评估与政策执行陈述自己的意见。这种方式的主要政治问题在于，多层级框架需要重新配置中国单一的治理结构。

随着中国食品出口商在海外食品供应中份额的不断加大，中国的食品安全问题或许会很快成为世界的问题。对中国而言，更重要的是，一旦中国政府无法为其 13 亿人口提供安全的食品，将预示着一场重大的治理危机。腐败与不平等问题或许仍将是对共产党权威的长期挑战，而食品安全的缺失，威胁的是最基本的人类生存，因而可能同样是爆炸性的。

（杨莉　编译）

原文信息

原题：Why Food Safety Fails in China：The Politics of Scale

作者：John Kojiro Yasuda

出处：*The China Quarterly*，Vol. 223，2015

生态农业与食品安全：政府与民间的努力

斯戴芬妮·斯科特　等

20 世纪 90 年代，中国已经制定出了独立的、逐步严格的"无公害"、"绿色"和有机的食品安全生产标准，发展目标是零生态影响和零食品安全风险。本文利用 2010—2012 年间对 95 个相关人员的访谈，研究了国家和民众对于实现零计划的做法和双方的矛盾，探讨了民间发起的社区支持农业（CSA）农场的形式和利弊，介绍了西方发展生态农业的做法和经验。

中国人口众多，食品供应与环境保护之间的关系不容忽视。目前，农业用地被严重侵蚀；城市化加速带来了压力；农药的过度使用污染了水资源；气候变化也对未来造成了威胁。

中国政府正在通过制定更加严格的生产标准以达到化学肥料的零使用。另一方面，由于大量食品安全问题的出现，出于对良好环境和对食品零风险的渴望，中国消费者开始关注农业、农民和食品生产。然而，这其中也存在一些内在的矛盾。中国在 20 世纪 80 年代限制使用化学肥料，90 年代推动"绿色食品"和"无公害"的"零计划"，重点检测农药残留。为了发展出口市场，进一步助推"零计划"，中国制定了有机标准，以便与国际标准接轨。然而，这一标准并没有清晰地传达给消费者，也没有得到公众信任。

由于民众对认证的有机食品和绿色食品普遍缺乏信任，这直接带动了一种潮流，即消费者为了追求食品安全，通过与农场或农贸市场直接联系，送货上门，或者在农场租地自己种植蔬菜。

国家对生态农业的支持

1. 国家对生态农业的直接政策支持

国家对生态农业除了制定标准，还提供政策支持。这种政策支持对省和地方各级政府有重要意义。为了增加农民收入，促进当地经济发展，地方政府采用了行政手段、财政手段和其他激励措施，鼓励无公害、绿色、生态的生产方式。

这些支持包括：制定管理标准；建立生态农业区、有机农业园示范基地；提供认证补贴；与品牌企业联手举办博览会，以及其他的产品推广形式；推进生态农业旅游；培训与教育；提供低息或无息贷款；提供资金用于建设温室；促进农民合作等。

2. 国家对生态农业旅游的间接支持

国家对生态农业领域的影响力不仅包括制定生态农业政策，还包括发展生态农业旅游，建设新农村。除了发展生态农业，追求环境零污染以外，国家也出台了针对农民的零金融风险政策。中国的生态农业旅游是降低或者实现零金融风险的途径。

农业旅游可以缩小城乡收入水平之间的差距，使生态农业与农村的经济发展相结合。生态旅游是实现这一目标的转折点：生态农业是发展农业旅游的基础。与传统农村旅游不同，生态农业技术和方法促进生态与传统文化的和谐发展，使之更具吸引力。发展生态农业旅游业，可以鼓励城市消费者支持可持续农业发展，包括直营模式，使消费者和生产者在地理和社会两方面结合得更加紧密。

具有中国特色的生态农业旅游已成为旅游业的新趋势。这一模式反映出中国政府正在推动农业企业的资本进入生态养殖业。这有利于生态农业的普及。大企业并不是农业生态旅游的唯一受益者，虽然大企业有大型的生态旅游景点，但个体农民也纷纷采取了"农家乐"的方式。都市人通过与农民同吃同住，有机会观察和了解农村的生活方式。农民则可以通过生态旅游和农家乐增加收入，降低经济风险。

　　总之，中国对生态危害的零容忍是出于食品安全和生态保护的目的。政府采取逐步严格的标准和对生态农业给予支持在一定程度上是对食品安全和环境保护方面公众压力的回应。然而对于国家和地方政府而言，生态农业还可以被看作发展的要素，可以促进经济增长，提高农村生活水平，促进社会稳定。

民间社会组织对实现食品零风险的努力

1. 中国和西方的农业生态环境差异

　　尽管政府在努力建立食品质量安全标准，但是普通市民对有机食品和绿色食品标准的执行仍缺乏信心。欧洲对食品问题的关注已经超越了食品安全本身，而是关注"生活的商品化（commodification of life）、小农户的命运，以及因跨国资本主义导致的全球文化同质化（the global homogenization of culture by multinational capitalism）"。而今天中国担心的是经济私有化的风险；一些农民为了提高产量会使用有毒农药；有些企业为了节约成本忽视卫生标准；私人零售商有可能会在客户不知情的情况下出售假冒或受污染的食品。由于对食品质量标准缺乏信任，民间社会已经开始自己解决，他们不购买超市中认证的有机和绿色食品，越来越多的人与未经过认证的生产者建立起直营渠道。如，通过社区支持农场（Community Supported Agriculture farms—CSAs）、购物俱乐部（buying clubs）和有机"赶集"农贸市场。这种现象可以从两个层面来解释：一方面，证明了民众的力量，市民社会有能力发起创新，建立食品替代网络；另一方面，在中国，支撑 CSA 的社会和生态价值还流于表面。

2. 社区生态农业农场的发展

　　20 世纪 80 年代中期，社区支持农业模式已经呈现出多元化，遍布北美、欧洲和大洋洲。自 2007 年以来，中国的 CSA 也得到迅速发展，已经有 80 多家 CSAs。在被调研的 11 家 CSAs 中，"中国制造"

的 CSAs 表现出了与西方不同的特点。中国多数这类的农场其运作更多的是以市场为主导，风险由生产者承担，消费者可以选择生产者，以市场定价为准。调查表明，绝大多数 CSAs 没有一种让消费者分担耕作风险的基础和结构。相反，他们使用这个西方的流行词，作为自营的家庭送货形式的商标。参与这类计划的消费者主要出于自身健康的考虑，也有人仅仅是为了追求时尚，来购买有机或绿色食品。但绝大部分消费者并没有对环境保护和支持农民而表现出多少担当。事实上，他们指责农民在农作物中滥用化肥，在家禽喂养中使用激素和抗生素，是食品安全风险的源头。调查发现，在昆明的城镇居民家庭中，很少有出于"道德消费"动机购买生态食品的。在国家食品安全质量控制和消费者追求之间其实存在差异，前者希望对生态零影响，而后者追求的是食品安全零风险。

总体趋势是，在中国主要城市出现的少数 CSAs、生态农场和有机农贸市场体现了一种新兴的价值观，促进了消费者与生产者之间的联系以及城乡结合，也表现出人们对自然和土地的留恋。最早出现的成都的安龙村和北京的小毛驴农场就是明显的例证。

政府支持生态农业创新的另一种形式是为 CSAs 提供土地和基础设施支持。一般情况下，CSAs 的运营商认为缺乏政府的支持。然而，少数经过挑选的 CSAs 得到过重点扶持。政府似乎是把 CSA 作为大规模发展多功能农业，提高农民收入，为农业旅游提供机会和解决食品安全问题的契机。总之，消费者选择了 CSA 形式，以保证食品安全零风险。CSA 则提供了一种替代解决方式。

对于消费者、生产者和供应商来说，追求"零"生态风险意味着什么？研究表明，中国政府主导的生态路径之一，似乎是逐步将小农户排除在认证和制度化系统之外。中国政府要维护农业高产和优质粮食生产，希望通过"现代"的、规模化和大企业来实现。这也是政府对 11 万个农业产业化龙头企业提供补贴和其他福利的原因。企业和国有企业大规模生产和销售农产品，以增强本地经济能力，发挥强大的市场功能。政府鼓励龙头企业对其产品进行无公害、绿色和有机认证并标注产地。

相反，与对大规模养殖经营的支持相比，对分散的小农户的支持则比较少。实际上，比起大规模的机械化耕种，小规模的家庭农场更适合中国新时代的农业发展。家庭农场目前应该与农工企业合作或者采取集体行动，如成立农民专业合作社。然而，在实践中，中国政府一直积极支持大规模农业，将其作为垂直整合的优选模式。

3. 对有机食品认证的不信任

研究者在采访中得知，很多小股东不能做到有机生产，其中有两个原因。第一，生产成本过高，特别是按 2012 年修订的标准；第二，即使认证费用由地方政府补贴，小农户也会拒绝，因为消费者对之并不信任。如果农民直接销售给消费者，就不需要认证。是谁在呼吁"零"生态风险？监管对谁影响最大？中国"零"生态风险的举措最初是由国家启动，没有民间社会组织的参与。大范围的食品安全问题和欺诈行为，促使民间社会组织的形成。国家推动零生态影响，推动小型有机农户的出现，导致民间社会组织的形成，这是其始料未及的。

中国食品系统各个环节的新兴的、迅速发展的替代模式受到当地社会和经济背景以及地方政府政策的强大影响。虽然它们在中国食品系统中仍然占比不高，但却代表了未来的发展方向。这种模式中的有机农产品往往是未经认证的，对质量的鉴定是基于生产者与消费者之间的信任，有时也可称为"参与"或"道德"认证与检验。这构成了一种完全基于信任的机制，与以市场为导向的有机认证模式形成了鲜明对比。这种替代机制在中国的出现是由于在混乱的有机产品市场中存在虚假的有机品牌，从而出现了对认证模式的不信任。

政府与民间在推动生态农业发展中的矛盾

政府与民间在推动生态农业发展中都做出了努力，但是在政府、民间组织和消费者之间也存在着一定的矛盾。一方面，中国政府一直通过发展更严格的生产标准，追求化肥和转基因产品的零使用；

另一方面，消费者一直在寻求食品零风险和零化学残留，并尝试通过直营方式与农民建立联系。然而，各方的追求目标都存在固有的矛盾。第一，生态农业仍属小众，公众在食品质量标准方面缺乏共识。更深层次的分析是，中国的零计划中存在政府对生态农业的承诺未落到实处的问题。如果国家真正致力于追求化肥的零使用，可以做很多的事情，比如限制化肥的使用，培养良好的公众意识，特别是发挥媒体的重要影响。第二，消费者的动机以食品安全为主，对环境保护和农民的生计关注不够。从送货上门这一模式中，消费者并没有真正与农民和农业建立联系便可见一斑。

还有第三条零路径，需要通过国家政策来实施，即实现农业金融零风险。国家扶持土地合并，发展农业生态旅游，吸引一批新的企业家，取代缺乏现代意识和可能造成食品安全风险的农民。然而，这些方法与生态"零路径"相矛盾。新吸引的企业家大多出于低风险和高收益的目的。这种对农业的支持似乎是出于生产本位主义，淘汰了传统生态农业的做法。

因此，需要注意的是在替代农业的转变中流失了哪些优良传统。北美和欧洲的粮食体系似乎不适合未来的中国。中国已经开始促进多功能农业，促进多元化食品体系的建立。国家和省市各级基层组织和民间社会的行动都在传播着这一新兴的理念。虽然有几个公平贸易倡议，但是对于加入 CSA 的农民并不具有强大的社会公正意义，不像在西方，人们乐于通过分担风险来支持农民赚取合理的收入。在北美，食品本地化一直与广泛的有机运动相结合，从而鼓励消费者支持当地的有机食品生产者。而在中国，由于缺乏食品本地化运动，有机产品更容易被大型食品企业所收纳，转变为常规食品商业。但无论如何，随着消费者和生产者寻求沟通和弥合食品体系中的分界，食品体系中"传统"和"非传统"部门中正在发生快速的变化。

（杨丹　编译）

原文信息

原题：Contradictions in State- and Civil Society-driven Developments in China's Ecological Agriculture Sector

作者：Steffanie Scott, Zhenzhong Si, Theresa Schumilas, Aijuan Chen

出处：*Food Policy*, No. 45, 2014.

中国省级群体性事件的特点、模式及走势

杰里米·巴克斯卓　　T. 大卫·梅森

陈彦彰（音）

　　美国北得克萨斯大学政治学系教授大卫·梅森与杰里米·巴克斯卓和陈彦彰两位学者在《亚洲事务：美国评论》杂志2014年第3期上发表了合作撰写的文章，题为"中华人民共和国的抗议模式：省级行政单位分析"。文章通过分析魏德曼（A. Wedeman）采集的关于中国各省群体性事件发生的相关数据，推测了群体性事件易发的社会、经济、人口特征，并得出结论：城市化的社会经济影响加深了地方官员的利益与公众利益之间的深刻矛盾，从而导致了各省之间不同概率的群体性事件。

中国省级群体性事件的特点

　　中国自八九风波后再未有过全国性的抗议活动，但小规模的地方性抗议活动则从1994年的9000起上升到了2004年的74000起。官方统计数字表明，1993—1999年，群体性事件的增幅高达268%，年均增幅超过9%，截至2010年，群体性事件超过180000起。

　　但这些抗议活动与八九事件有着本质区别。第一，最大的不同是抗议者不再寻求政治体制的民主化，也不再试图改变党的政治结构。相反，这些事件多源起于人们在地方上蒙受的冤屈，比如征地、下岗或是地方政府的乱收费、乱罚款。事件的起因在地方，其范围也局限在地方。第二，参加抗议活动的主体是农民或工人，不再是

学生。第三，事件针对的是地方党政机关和政府，或公司。第四，抗议的目标在于要求快速和切实地解决问题、化解冤屈。

各地发生的群体性事件又存在共性：很大一部分抗议活动涉及土地征收，要么是农民抗议土地被征收，要么是城市居民抗议居住地被挪作他用；还有一部分抗议活动涉及工人遭遇的不公正待遇，要么针对的是其工作地点，要么针对的是当地政府区别对待不同类型公司（比如国有企业、非国有企业、乡镇企业等）中的各类员工（比如正式工与临时工）。群体性事件中还频现暴力，比如破坏公共财产、肢体冲突等。

导致群体性事件的两大中心问题：土地与劳动力

1985 年的财政改革使地方的政治经济模式出现变化，并在一定程度上导致了一些不公平问题的产生。财政分权的结果是，为了吸引投资，尤其是工业投资，地方政府更加积极地制定相关政策与推进开发计划的落实。正是这一经济增长模式导致了地方政府与一部分当地居民之间的冲突，进而引发了群体性事件。这些事件的中心问题主要是土地与劳动力。

首先，工业增长，尤其是除沿海地区之外的内陆不断扩展的工业增长为中国带来了迅速的城市化，土地纠纷由此产生。为了吸引工业投资而推出的基础设施项目与工业扩张造成了对城市土地及县、镇周边土地需求的攀升：一方面是地方政府征用土地以修建基础设施，或将之转租给工业企业；另一方面是农民的耕地、城市居民的住宅被占用，且大部分的占地补偿被当地政府划入财政资金或是非法落入了当地官员的口袋。以云南省为例，60%—70%的土地出让金为乡镇和县级政府占有，25%—30%落入村政府手中，而被占地农民所获得的补偿金仅占 5%—10%。

其次，工业增长又引发农村居民前往城市寻找工作，但以户口制度为基础的劳工歧视导致了各式各样的不平等，并最终引发了劳动力纠纷。户口制度让没有当地户口的工人，即所谓的"临时工"

在劳动力市场中处于劣势，特别是同国企员工相比较。一方面，这些"临时工"因户口制度而缺乏组织，且相互之间因工作机会与房屋购置等问题形成竞争；另一方面，城市居民又因大量非户籍居民的涌入继而对工资产生影响表示不满。此外，国企员工享有的优厚的工作保障，又引发了其与私企、外企、乡镇企业员工之间的紧张与矛盾。

群体性事件易发的社会、经济与人口特征

考虑到以上导致紧张及不公正待遇的原因，在省一级发生的抗议活动其频率随下列变量的变化而变：工业扩张指数、外商投资、土地压力以及非当地居民的数量。

通过分析1995—2009年（其中每5年为一个时段）31个省级行政单位（22省、5个自治区和4个直辖市）的相关数据推测出，在满足下列条件时，群体性事件更易发生：

（1）城市发展水平越高，城市土地数量比耕地数量的比值越高，越容易发生群体性事件。其原因在于耕地不足会给农民造成土地压力，城市发展越快，政府更有可能征收农民土地用于非农业用途。

（2）该省居民中如果本地户籍的人数越少，那么易因户口受歧视人数就越多，因此该省非户籍人口与总居住人口数的比值越高，越容易发生群体性事件。

（3）一省的国企员工人数与外企、私企员工人数相比，数值越低，越易发生群体性事件。若国企员工人数多，就意味着当地政府更容易阻止工人参与抗议活动，反之则不然。

（4）外企、私企员工工资与国企员工工资相比较，其数值越低，越易发生群体性事件。

（5）城市居民收入与农村居民收入相比较，其比值越高，越易发生群体性事件。因为该数值反映的是农村—城市收入的不平等程度。

（6）农村人口不变的情况下，耕地数量急剧减少，很有可能会

影响农民生计问题，从而导致群体性事件的发生。

其他发现

第一，得到确认的是，农村人口数量会影响群体性事件发生的概率，二者之间存在负关联：在其他条件不变的情况下，农村人口数量越大，群体性事件发生的概率越低（大量人口居住在农村，意味着城市化发展水平不高）。

第二，农村人均收入与群体性事件发生概率成反比，而城市人均收入、城市人均收入与农村人均收入之比都不会影响群体性事件的发生概率。

第三，一省的"临时工"（没有户口）人口总量与群体性事件发生概率成正比，但户籍居民的总量、户籍居民与总居住人口之比都不会影响群体性事件的发生概率。

但上述结论与推测则受到数据收集问题的影响有所局限。首先，中国政府公布的数据不涉及西藏与青海的某些变量，如失业人数与外资企业员工人数。因此，得出的失业率与群体性事件之间的任何关系的结论可能因数据限制而出现偏倚。其次，文中参考的群体性事件的数量是从媒体报道（包括新华社与西方媒体数据）而来，这些数据不可避免受报道偏好的影响。

（杨莉　编译）

原文信息

原题：Patterns of Protest in the People's Republic of China：A Provincial Level Analysis

作者：Jeremy Bacstrom，T. David Mason，Victor Cheung Yin Chan

出处：*Asian Affairs：An American Review*，Vol. 41，Issue 3，2014

中国民众的权利意识与维权行为

彼得·洛伦岑　苏珊娜·司高根

在 2015 年第 223 卷《中国季刊》（*China Quarterly*）上，加州大学伯克利分校政治学系的两位学者彼得·洛伦岑、苏珊娜·司高根（Peter Lorentzen，Suzanne Scoggins）撰文分析目前中国的权利意识，他们从人们是否支持权利的选择入手解释这一概念，指出维权行为受三种因素影响，分别是价值观、政策以及个体对维权行为反响预期的变化。对这三种因素的具体分析有助于人们理解权利意识的提升对政权稳定性的影响。虽然实践中，三种因素相互之间的作用错综复杂，但这并不意味着不应该将其进行区别对待。政策变化是导致维权行为增加的最重要因素，但这一结论并未得到充分印证。文章希望通过所建立的模型为未来的实证研究指明方向，探明维权行为的本质究竟是什么。

近年来，发生在中国的罢工等形式的群体性抗议事件日益增多，有学者将这些现象归结为中国民众权利意识的提升，也有学者认为权利意识的提升给中国的政治带来了一些重要的变化，这些变化甚至有可能会推进中国的民主化进程。

可能正是由于人们广泛使用"权利意识"，这一概念反而因为缺乏清晰所指而饱受诟病。本文使用理性选择理论来探明权利意识的提升对当下中国的意味。借此，我们能更为系统地研究这一概念。只有如此，我们才能更好地评析权利意识对中国社会的影响，找出推动中国政治改革的驱动力，并预判权利意识的增强是否是未来发生更大变革的先兆。

权利意识是受到不法侵害者基于"特定权利"而寻求补救的一种强烈愿望。学者为权利意识的增强提出了三种可能：价值观念的转变、政府政策的变动以及个体对维权行为反响预期的变化。其中，最为常见的是价值观念转变的影响，这种转变所导致的权利意识提升似乎对于当前体制好坏参半。而如果国家授予了民众新的权利或者提升了某项权利请求的成功概率，那么意味着权利意识的提升源于政府政策的变动，它所导致的权利意识增强将有利于政权稳定。如果人们因为预料到其他人的共同支持而发起权利请求，这种权利意识的提升则源于个体对维权行为社会反响预期的变化（社会群体对其维权行为的认同度的变化），它带来的权利意识提升可能对现有政权的威胁性相对最大。

权利意识行为的三种渊源

为了用理性选择理论分析权利请求，我们首先需要理解哪种选择是可接受的。一个理性行为人仅在他认为表达诉求可以给他带来更多利益时才会这样做。比如，2010 年发生在广东省佛山市本田零部件厂的工人罢工事件，工人们之所以进行集体罢工，是因为他们认为这样做可以带来预期的利益。工人们的预期净利益受三个因素影响：请求得到支持的概率（简称为 p），通过罢工所得利益（简称为 b），以及表达诉求的代价，比如遭到殴打（简称为 c）。提出权益请求的预期净利益可以表述为"pb-c"。p、b、c 可能随着请求人、请求方式或是请求内容的不同而发生改变。如果我们发现向国家发起权利请求的人比以往更多，这表明 pb-c 在增加。以下，我们将对三种因素分别进行解释。

价值观念的改变

学者们谈及权利意识的提升所最常提到的就是价值观的改变。

梁启超曾这样评论，权利意识一如贵族武士为捍卫荣誉不惜牺牲自己生命的意志一样，不会被轻易磨灭。

我们可以将个体成功维权而得到的利益划分为物质利益和心理利益，并表述为：b（利益）= bp（精神利益）+bm（物质利益）。当然，某些请求也可能同时涉及两种利益。bp 的大小可能随着时间发生改变。比如，1965 年攀枝花修建钢铁厂时，附近的村民不会就环境受到破坏发起权利请求；而 2012 年宁波政府在批准开展 PX 项目后，附近村民闻讯发起了抗议活动，要求政府停止这一计划。时隔近 50 年，民众意识到自己的健康及财产权受到侵犯，从而向政府提出权利请求。因此，维权行为的增加表明民众价值观念发生了转变。

如果价值观念的转变带来更多有关公民权利和政治权利的维权行为，并且这种趋势愈演愈烈，那么就会对现有政权构成冲击。因为一开始，人们会选择提出较容易满足的诉求，而随着人们对各项权利的日益重视，他们会更少顾及成功率以及相应代价而提出更多请求。因此，对于预测中国的未来，有几个问题需要解决：中国是否真实存在这样的价值观念改变？如果是，那是为什么？转变是否会继续下去？政府又是否能够很好地解决这一问题？

政策转变

权利意识提升的第二种可能原因是政府政策的转变。持这种观点的学者认为，维权行为的增加是因为当权者对于权利诉求应对政策的转变。就我们所建立的模型而言，这意味着个人更愿意提出诉求并不是因为 bp 的变化，而是因为 p 的提升，或者 c 出现的概率的下降。而且，p 主要取决于政府对这些诉求所采取的政策。P 的转变一方面由于法律法规的修改，另一方面，在中国这样一个法定权利可能难以实现的国家，政府对权利的重视程度也同样重要。政策的改变可能还会影响人们对非成文权利的遵守。比如，在宁波 PX 项目事件中，化工厂的建设符合环境保护法要求，因此有人批评群众堵塞交通的行为无理，但《人民日报》评论却支持这种群众积极维权的行为。人们提出权利请求的原因在于，从之前发生在厦门和大连的反 PX 项目事件中正确地解读了政府政策的转变。这也反映出，权利诉求实际随着政策变化，而不是依价值观念发生改变。

此外，如果政府政策变动是民众发起诉求的原因，那么权利意识的提升可以实际反映出政府决策可以巩固政权。权利受到侵犯的群体面对的选择可能是以下三种：接受现状，利用政府可控的方式提出请求（请求不会对政权构成威胁，比如寻求司法救济），或者向政府发起更为激烈的对抗。

根据博弈论的逻辑，政府将以受害者的反应来决定支持诉求的概率。政府最为关注的是那些因权利受到侵害而发起诉求的人，而不是安于现状者，所以我们可以只对这一部分人进行研究。为了防止请求者与政府发生激烈对抗，温和政策主张尽可能支持诉求，让人们愿意以政府可控的方式发起诉求，即 $psbc>PB-C$（ps 代表温和政策下诉求获得支持的概率；B、C 分别代表的是以对抗方式发起诉求的利益以及代价）；相反，持强硬政策的政府会尽可能地减少对诉求的支持使得 $phb-c<PB-C$（ph 代表强硬政策下诉求获得支持的概率）。如果政府持强硬政策，权利受到侵害者会认为以政府可控的方式发起诉求不容易得到支持，转而与政府发生激烈对抗。

当然，政府最希望看到的是百姓接受现状，但因为民众会追求利益最大化从而发起权利请求，所以政府必须在强硬政策和温和政策中做出抉择。持强硬政策的政府可能因为促使工人发动大规模反抗而危及自身统治，而温和政策则因为对现有政权不构成挑战而更受欢迎。这样一来，权利意识的提升事实上只是源于政府的温和政策。

个体对维权行为反响预期的变化

维权行为日益普遍的第三种原因是个体对维权行为反响预期的变化。即使个人权利观念以及政府政策不变，这一改变也会发生，从而影响维权行为，此即博弈论学者所述的多重平衡现象。因为每个人的行为是相互影响的，个人会倾向于做出相同的决定，所以，权利意识行为取决于社会中其他个体对于某项诉求的反应。"权利意识"的字面意思在很大程度上忽略了其政治行为属性，但由于社会成员预期可能发生迅速转变，因此，这种原因更能反映出权利意识可能导致政治变化的现实。

博弈论作为我们思考的重要工具，其核心是，权益受到侵害的个体首先决定是否发起一项诉求，如果他决定发起，那么由社会的其他个体决定是否支持此项诉求。诉求是否成功取决于社会成员的支持度，只要支持度高到迫使政府做出回应，此项诉求就算是成功了。

个体之所以愿意提出诉求是因为其对获益的积极预期。一项请求的成功取决于足够多的社会成员的支持，所以，个人愿意发起诉求取决于对社会潜在支持者的行为预期。而影响潜在支持者决定的因素有：第一，此项诉求对于其他个体的价值。第二，他人支持诉求所付出的代价。如果他们预估所获得的价值大于相应代价，而且他们认为人数多到迫使政府做出回应的时候，他们会支持此项诉求。反之，如果两个条件有任一条件不满足，他们将不会支持诉求。（潜在支持者的利益回报见表 1）

表 1　　　　　　　　　　　　潜在支持者的利益回报

支持者的数量：	少于 M-1	M-1	多于 M
支持	-c	V+v-c	V+v-c
不支持	0	0	V

M：使得诉求成功的支持者数量；c：个人所付代价；V：诉求成功的公众获益；v：参与成功行动的个人获益。根据博弈论的观点，第一种情况是 c<V 且人数至少为 M，如果这其中某个人认为支持诉求的人数少于 M-1，那么他也不会去支持此项诉求，因为他知道这项诉求最终不会得到支持。而受害者如果准确地预料到了群众的态度，也就不会提出此项诉求。反之，潜在的支持者会选择支持

诉求，原告也会提出诉求。也就是说，一项诉求提出后，两种结果可能处于均衡状态。

那么以上理论对当今中国有何启示？最值得警醒的是，个体对维权行为预期影响的判断会发生迅速转变，因为它不需要以个人价值观或客观环境的改变为前提，这会使得事态难以控制。如果诉求涉及根本政治权利，将会造成极大的社会动荡。

相互作用

事实上，权利意识的提升并非某种因素独立作用的结果，比如，在 2005 年以前，许多省份拒绝乙肝患者进入公务员队伍。这一状况之所以发生转变，原因在于：首先，随着价值观的转变，人们不能忍受政府部门的歧视行为；其次，政府也于 2005 年出台了新的公务员招录标准；最后，个体对维权行为反响预期也发生了转变，乙肝病人组成了反歧视的网络阵线。

一种权利得到重视也可能促使人们关注其他权利，人们甚至会通过抗议要求一些非法权利。出现这种情况的原因在于，温和政策最开始确实可以起到巩固政权的作用。但久而久之，人们会希望得到更多权利，进而提出危及政权的诉求。此外，温和政策还会导致价值观的改变，权利的多样化会增加人们对请求获得支持的心理预期，促使人们更多地提出请求，但事实上，这并未增加请求获得成功的概率。人们见多了失败的请求，会对此失去信心，从而引发群体事件。最后，温和政策还会影响人们对于他人行为的预期。其一，如果政府表示，将不阻碍人们发起可控的诉求，这将降低成本，潜在支持者也会选择支持。其二，如果受害者选择发起可控的诉求并忠于祖国，这将促使社会成员都只参加政府许可的活动。

（李川崟　编译　唐磊　校）

原文信息

原题：Understanding China's Rising Rights Consciousness

作者：Peter Lorentzen & Suzanne Scoggins

出处：*The China Quarterly*，Vol. 223，2015

中国工会需深层结构调整以真正维护社会和谐稳定

卡尔·施林格　舒君德

中国的工会拥有世界上最多的会员，但大多数工人认为工会不能代表自己的利益。尽管中国的经济体制随着国有企业改革和私营经济成分的扩大有了根本性的变革，但工会担负的职责依旧是协调职工与企业权益的"委托任务"，由此产生的无组织的劳动冲突近年来数量不断增加。就此而言，工会没有实现其维护社会和谐安定的职责。伦敦东方及非洲研究院的施林格与德国全球与区域研究所研究员舒君德撰文指出，中国企业的工会组织通常由"上层"组建，在许多方面受到管理层的直接影响；区县工会则与党——国家关系紧密，其领导层大多是脱离工人实际的官员，如果不进行政治改革，这种困境难以解决。

充满矛盾的中国工会

在中华全国总工会领导下的中国工会可以说是一个矛盾体。一方面，它拥有 2.8 亿多会员，占工业、服务业就业人口的 55%，是世界上会员人数最多的工会。另一方面，大部分工人却认为其毫无用处，因为工会仅仅是传达共产党政策的"传声筒"。特别是在国有企业中，管理者和工人有着共同的社会主义目标，因此，工会的首要任务是使工人与国家之间的权益保持一致。

自 1978 年改革开放以来，随着私营经济比例的增长，工会的"传声筒"性质有所减弱，工人们期待工会能够真正协调劳资关系。

沃尔玛公司等外资企业在公司内部成立工会的做法可以说是近年来这种转变的一个信号。不过，工会基层组织应当致力于为工人争取权益，但这种转变并不十分明确，2014年的不少例子足以证明这一点。

2014年3月1日，成都一家沃尔玛70余名员工罢工。这次罢工由员工自行选举出来的企业工会主席领导，起因是该分店即将关闭，但没有提早通知员工这一消息，员工抗议企业损害其知情权，并要求更高的赔偿金。最终，员工与沃尔玛管理层的谈判以失败告终，因为当地政府站在沃尔玛一方，当地市工会在最初表示过同情后也站到了政府一边。5月26日，深圳一鞋厂工人罢工，反对结构性裁员。市工会到场的原因是为了劝说工人重新开工。两个月后，该厂裁减了109名工人。区工会对此解释说，因为这些工人的行为影响了工厂秩序。

从上述例子可以看出，中国工会的立场并不总是一致。如果工会领导者是由工人选举出来的，那么他们可能偶尔会为工人说话；而更高级别的工会组织则一般与企业管理层和当地政府一个阵营。上述两种情形哪种更符合国家对工会的"委托任务"，即维护社会和谐稳定？"底层"工人的罢工能否推动工会的自我改革，从而真正成为工人的代表？

国家委托格局基本未变

1978年改革开放以来，工会的任务和机构基本没有改变。独立的工会自始至终都是不被允许的。与西方工业国家的工会在劳资谈判中站在雇主的对立面不同，中国工会始终坚持原来的意识形态，即工人和企业家最终都要维护国家的"共同利益"。1982年宪法甚至取消了罢工权。

2013年中华全国总工会章程中明确将工会定位为"国家政权的重要社会支柱"，作为"工人阶级群众组织"，工会应当是"党联系职工群众的桥梁和纽带"，实现"两个维护"。这就意味着，工会的主要任务虽然是维护工人的"合法权益"，但同时也应促进中国经济发展与企业发展，但首先应当维护社会稳定，也就是说，工会应当尽量将冲突扼杀在萌芽状态，或者至少要采取一切手段防止冲突升级和激化。

工会在其双重角色中更倾向于工人还是企业，主要取决于工人罢工带来的压力。但即使工会站在工人一方，其宗旨依然是维护社会稳定，代表工人对抗雇主对工会来说完全不现实。

自上而下的组织形式

工会的组织结构（中央—省—地方—企业）与行政结构一致，在功能与区域上有所区分。2012 年中华全国总工会下辖 12 个产业工会（其中两个是国家机构）和 34 个省级工会，之下又设有 2846 个区工会和 28000 个村、小城镇及街道工会，这些被统称为地方工会。地方工会的数量自 2006 年以来增长了 30%，同期，企业、机构等基层组织数量翻了一番，达到 266 万个。

工会基层组织数量的增加是企业市场经济改制的结果。在 20 世纪 90 年代私有化和国有企业改制过程中，工会组织急剧减少，其成员数量从 1990 年的 1.1 亿人减少到 1999 年的 8700 万人。之后，工会开始在私有企业、外资企业中建立组织，组织农民工，这才成功地止住了这一趋势。目前，工会成员中有 1/3 是农民工。2006 年，在中央领导的支持下，工会成功地在沃尔玛中设立组织，而沃尔玛的管理层是出了名的反工会，因此这一成绩受到世界瞩目。

然而，工会惊人的组织发展速度（成员占全国就业人数比例从 1999 年的 24% 增长到 2012 年的 55%）并不意味着其主动性的提高。到目前为止，并无实证可以证明工会在企业中的组织度与工人工资或就业保障相关。根据法律规定，企业员工中工会成员数量超过 25 人就必须成立工会组织。地方工会与企业进行谈判，在党和政府的支持下迫使其成立企业工会。即使工会成员是由企业管理层安排的，地方工会也算完成了它们的任务。中国工会的组织其实是自上而下的，因此，许多基层组织都是由企业管理层任命的，以沃尔玛为例，2006 年只有少数分公司的员工成功地自选工会领导，而这其中大部分也不能长期与管理层对抗。

仍旧依赖企业管理层和政府

由员工选举出来的工会领导对维护工人权益有着重要意义，这一点有许多例子可以证明，上面提到的成都沃尔玛罢工就是一例。工人运动的积极分子一直要求工人自主选举工会领导，认为这是实现"工会民主化"的重要一步。但是这种选举能否引导"自下而上的革命"，结束工会依靠企业管理层和政府的命运？

工会的任务是防止冲突的发生，只有在不危害政治稳定的前提下才会代表工人的权益。工会首先是一个国家机构，其管理人员自上而下都是由政府任命的。他们首先是官员，而非工人代表。区县以上的工会主席中有 12% 同时是党委成员，15% 是人大代表。即使工会基层组织的领导者由工会成员自己选举产生，也不可能对上一级工会组织领导者的任命产生影响。相反，他们会与企业管理者结成统一战线，以便其对工会直接施加压力。

地方工会与当地政府和党委关系密切，企业工会则主要依靠企业管理层。这种依赖关系体现为工会的经费收入。工会最主要的经费来源是企业。无论工会有多少成员，企业都要向工会缴纳工人工资总额的 2%，缴纳数额的 35% 再上交地方工会，5% 交给上级工会。其余收入来自当地政府的津补贴，以及拥有工会的企业利润。工会成员按税前工资 0.5% 的比例缴纳会费，但会费仅占工会总收入的 20%。

自发罢工现象明显增加

由于工会未能切实代表工人权益，工人越来越多地转向自发的、无组织的罢工以维护自身权益不受侵害，或实现涨工资等要求。这种自发罢工的数量连年增长，与抗议环境污染和农民反对征地的自发行为一起成为目前中国最主要的公开抗议行动。《中国劳动报》指出，工人罢工呈持续增长趋势：2011 年工人罢工 183 起，2012 年 402 起，2013 年 655 起，2014 年上半年已达到 437 起。

罢工数量的增长其实与政府战略是相契合的。工人罢工通常是个案。一方面，工人认为他们的问题带有地区性和特殊性，通过将罢工问题的解决"下放"基层的方式使罢工"去政治化"，可以阻止不同的工人团体像城市居民和农民工一样联合起来。另一方面，尽管网络和社交媒体可以很快将不同地方的罢工消息传播到其他企业和地区，但为了避免"政治化"，各地的罢工也不会联合起来。因而，中国政府倾向于一个问题一个问题地解决，而不是运用劳动法，从根本上规范企业行为。一方面，政府可以从罢工了解到基层管理缺位和干部失职的情况。另一方面，不成功的罢工使工人们认识到，维护自身利益只能依靠自己的力量，而不能依靠政府、工会或法律等外物。政府借此将工人的不满控制在有限的行动范围内，削弱工人争取劳动法修改的力量。

工会不能代表工人权益是导致罢工增长的原因之一，同时工会还被要求疏导罢工，以维护社会稳定。有的工会在罢工中扮演着阻止者、终止者、监察者的角色。通常情况下，工会会向工人宣传，应通过"集体谈判"的方式解决问题，这样工会就可以在谈判中疏导工人的不满，从而避免罢工的升级或激化。由国家主导的工资谈判可以解决许多冲突，同时避免"由工人主导劳资谈判"。

2008 年经济危机伊始，"集体谈判"取代了"集体协商"，这种改变事实上是承认了劳资冲突的存在。然而，在实践中，离真正的谈判还有很长的路要走。包括广州、深圳在内的多个城市都拟订了"集体谈判"制度化草案，但最终还是以失败而告终。一旦直接压力消失，工会自我调整的努力也会随之终止。《中国劳动报》的调查数据显示，在过去两年中，集体谈判的情况再度减少，而警察介入罢工的情形有所增加。

调整而非改革性的变化

随着社会各界呼吁对罢工有选择地理解和包容的声音越来越多，工会也面临着重新思考自身角色的压力。2013 年 10 月 23 日，习近平总书记与中华全国总工会新一届领导班子谈话时指出，工会要维护工人权益，促进社会公平正义，赢得工人的信赖和支持。工会应当改变其工作方式，贴近工人，倾听他们的要求，真正成为工人信赖的组织。

工会确实发生了一系列变化，包括增加基层组织选举领导人比例，设立法律咨询机构，进行地区工资谈判，促进与企业的"集体谈判"。为了避免冲突和罢工的增加或升级，工会不得不更多地站在工人一方。然而，这些改变并非根本性的，仍然没有偏离维护社会稳定的最高准则。沃尔玛罢工说明，工会在姿态上向工人"靠拢"也是有界限的，因为工会承担着国家委托的维护劳资关系和谐的任务。然而，在罢工的情况下，工会根本不能完成国家交付的任务。

工会是政治体制的组成部分，其功能是维护社会稳定。工会作为共产党领导下的集体组织，要自上而下维护和谐的劳资关系，同时又想作为合法权益代表受到工人的认可。如果不进行政治体制改革，这种矛盾的困境根本无法解决。

（祝伟伟　编译）

原文信息

原题：Mission：impossible！Gewerkschaften und Arbeitsfrieden in China

作者：Karl Schlinger & Günter Schucher

出处：http：//www. giga - hamburg. de/de/system/files/publica-tions/gf_ asien_ 1408. pdf

慈善事业在中国

杜博思　伊莱恩·杰弗里斯

2015 年第 4 期《亚洲研究评论》刊发了两篇澳大利亚学者撰写的文章，一为澳大利亚国立大学亚太研究院的高级研究员杜博思（Thomas David DuBois）博士的《历史视角中的中国慈善事业》，另一篇为悉尼科技大学中国研究副教授伊莱恩·杰弗里斯（Elaine Jeffreys）的《中国大陆的名人慈善》，两文分别对中国慈善事业的历史、发展以及近年来名人慈善的兴起给予了考察。

慈善事业在中国发展的简要轨迹

尽管只是其中的一个部分，但慈善团体是最具象征意义的民间组织，而且在许多方面代表了非政府组织的整体发展轨迹。

中国自身就有民办慈善的长期历史。慈善的文化理念深深植根于儒、释、道三家的宗教传统，如儒家的仁和佛教强调的慈、善。宗教和慈善之间的联系既是伦理的同时也具有可操作性，多年以来，寺院都是作为因贫困、战乱和饥荒而流离失所的难民的栖身之地。在明清时期，由宗教所激励的世俗慈善机构——"善堂"的出现作为一种新的组织形式加入进来。

19 世纪，西方慈善团体（以基督教传教团为主）的到来为这一本土传统带来了挑战和机会。民国时期（1912—1949）新一代的混合型慈善机构发展起来，其背景一方面是民间组织的整体发展，另一方面则来自于一系列自然和人为危机所产生的需求，而这些需求是当时政府没有能力应对的。

中华人民共和国成立后，慈善事业并未立即消失，有些继续发挥着特殊的社会作用。新的国家最初踌躇于这样的问题，即可以给予民间组织多大的活动范围，然后最终政府支持采取严格限制性的法律框架和以党的机构取代民间组织的政策。这些变化尤其打击了宗教慈善团体，然而到了1954年，即使是那些最受优待的慈善团体也被政治运动、注册的要求和缺少资金而导致解散，或者是只能局限于国家主导的框架内活动。

在经过数十年的休眠之后，中国的慈善事业于20世纪80年代开始恢复，并在整个90年代保持稳定发展。到21世纪之初，政府开始对慈善事业采取谨慎支持的政策，进一步促进了来自国外或本土生长的慈善组织的发展和制度化。2008年的汶川地震为来自国外的慈善机构参与援救和重建打开了大门，并推动了中国人的捐赠热潮，使得中国慈善事业取得了更大发展，也更为人知晓。

当代慈善事业的发展及其生态变化

当今中国的慈善事业再度取得蓬勃发展，一方面得益于政府的鼓励，另一方面源于社会福利的需求和财富不断地向私人手中转移。之前由国家或工作单位承担的责任更多地转向民办部门，1984年成立的中国残疾人福利基金会和1988年成立的中国残疾人联合会就是其中标志。最近的立法，如2013年开始施行的《老年人权益保障法》也延续了这一趋势，即将政府关照老人的道德和法律责任向民间社会角色（例如家庭）转移。

除了节约资源，鼓励民间应对社会问题的政策还将慈善事业与90年代以来越来越得到重视的德育计划结合起来。简言之，慈善成为国家认可的道德行为的一种公开展示，而在大众传媒时代，对这种公益举动的倡导使其焕发了新的生命力。

此外，除了鼓励，国家还希望对于复兴中的慈善事业施行恰当的控制，例如最近推出的《慈善法》（草案）。中国对慈善领域施行控制的愿望由来已久。国民党时期的慈善法律重点在于对两个方面施加管控，即捐助和宗教，前者防止慈善成为外资流入的不受监管的渠道，或成为犯罪、贪腐的工具，而后者则是力图使政府占据社会精神的中心地位。新中国成立之初，其慈善政策并未发生重大变化。而在近 20 年慈善事业的复兴当中，相关的规章制度同样显示出这种愿望，即不能让膨胀的热情摆脱控制。目前的法律草案可能涉及面更广和更为严格，但是很明显与过去 80 年的监管政策有着本质的不同。

由于国家与慈善团体的关系逐渐转向一种共生的和相互依赖的关系，而且提供社会福利的责任越来越转移给民办领域，因此监管问题变得越来越复杂和重要。中国政府一直面对着国外影响的挑战，包括国外非政府组织所展现的理念以及由外来资助所不可避免引起的问题。其中，倡导（advocacy）就是一个值得注意的关键。因为社会福利活动实际上接近于倡导。例如，一个组织在为贫困工人募捐或野生动物保护募集资金，这样的活动非常易于转化为倡导工人权利或环保事业。正如此前一样，注册仍然是政府采用的首要监管方式，其理念是这些组织将主动自律以便保持其合法地位。然而实际上，寻找方式绕开这些规则并不十分困难。

近年来，个人财富重要性的凸显已经导致了慈善领域的巨大变化。过去十年慈善事业的可用资金总量有了很大扩展，而个人财富的使用使得个体对于国家和民办福利的侧重点和实践具有了重要的影响力。

除此，动员舆论的能力也是一个未知的尚待探索的问题。中国过去两个多世纪所发生的最为根本的变革始终是政治和社会意识的不断扩展。近期互联网的加入使得对一些阴暗面的报道成为可能，而互联网的助推已经证明其在引起公众对这些问题的关注上的成功。

名人慈善对社会福利缺失的补充

中国大陆的名人慈善是一个新近的现象，它既吸引了媒体宣传也引发了公众争论。对于这些名人支持的慈善事业的分析显示，其最初的发展主要源于对诸如 2008 年汶川地震之类的人道主义危机的回应。分析还显示，政府的支持在慈善组织和精英慈善的加速发展中发挥了重要作用，而政府此举的目的一定程度上是要补救因"社会主义福利"的衰落、市场经济的兴起所造成的福利缺口。

调查显示，名人慈善虽然是一个新现象，但是对于新一代精英来说，支持慈善事业却成为一种较为普遍的活动。从 145 份大陆名人的调查样本看，名人慈善家一般而言都相对年轻，男女比例大致相当。其中，2/3 以上的名人慈善家通过支持非营利组织来从事慈善事业，尤其是政府组建的非政府组织（GONGOs）或是政府支持的国际非政府组织（INGOs），而很少的一部分人是通过他们自己的基金会、基金或是设立项目来从事慈善活动——即使这些基金会和基金主要通过隶属于政府的和独立的慈善机构来进行管理。

与发展中国家的典型国内需求相对应，中国大陆名人慈善的最主要内容是赈灾、减贫和为贫困地区的人口，尤其是农村和移民区的儿童和母亲提供教育和饮用水，或是为白血病和艾滋病患者提供医疗。这些活动与中国政府的政策目标是紧密联系的，2001—2015年三个五年计划都强调要为儿童提供教育，帮助需要帮助的人，并为老年人和残疾人提供更好的医疗保障。而自 21 世纪之初以来，私人慈善的发展一直是国家政策的明确目标，并被诸如年度慈善奖等其他活动所补充。最近的政策文献显示，政府对国内慈善组织的持续支持激励了它们的发展，这种支持以税收优惠制度作为支撑，着眼于使民办慈善补充并最终取代某些政府的福利提供功能。

名人慈善迄今的快速扩张还表明，符合政府政策的存在可以有助于抵消自新中国成立以来民间慈善活动传统的缺乏。名人慈善可以采取很多形式，或建立地方的联系，或是全球的联系，包括以粉丝为基础。尽管目前政府干预的痕迹很重，但最终仍会形成不同的社会和市民活动的空间。

总之，从慈善事业的历史发展来看，尽管不同政权的治理规则在严苛与精细的程度上有所不同，但其实质是一样的，即政府都认为自己有权利和义务来管理慈善部门，并在提供社会服务以及约束公民意识的表达等方面尝试与民间结盟。21世纪的慈善团体和非政府组织仍将面对一个严格划定的范围，其合法性和成功运作的关键在于它们将自身议程与政府的计划和需求相衔接的能力。

此外还应看到，慈善事业的公众意义具有双重效应。清末和民国时期的基督教传教团通过慈善活动发散了重要影响，它们通过学校、医院和孤儿院，直接接触了数百万的民众，使很多人接受到来自国外的文化影响。

至于近年来名人慈善的发展，显示出私人财富和公众舆论的力量的形成。名人慈善的勃兴反映出金钱的力量可以形成为一种独立的权力基础，而线上舆论的聚声效应也不可小觑。借助于"名望"和更大的媒体覆盖面，吸引新的受众，获得阐明问题的机会，呼吁赞助，提高公众意识并鼓动市民参与，名人慈善可以有助于提升针对特定社会问题所开展运动的公共形象。与此同时，此类慈善活动也受到诟病，被认为其有助于不平等的合理化，而且由于它遮蔽了商贸关系的剥削性质，被媒体对讲故事和开发名人产业的渴求所驱动，因此实际上是商业性而非政治性的。

（刘霓　编译）

原文信息

原题：Before the NGO：Chinese Charities in Historical Perspective；Celebrity Philanthropy in Mainland China

作者：Thomas David DuBois，Elaine Jeffreys

出处：*Asian Studies Review*，Vol. 39，No. 4，2015

宗教非政府组织在中国的生存战略

乔纳森·丹　列扎·哈斯马斯

　　2015 年第 3 期《市民社会杂志》（*Journal of Civil Society*）刊载两位英国学者的论文，讨论宗教非政府组织（RNGOs）在中国的生存战略。两位学者分别来自牛津大学社会学系和跨学科区域研究学院，他们以新制度理论作为分析工具，重点关注宗教非政府组织所面对的各种同构压力，以及它们化解这些压力的战略。作者认为，在可预见的未来，RNGOs 还将继续作为党国结构之外最具弹性的社会组织，它们的数目和活动也将扩展，因此了解和探索它们应对威权社会政治环境的生存战略是十分重要的。

　　近年来中国的非政府组织（NGOs）正成为一个越来越热的分析课题，然而宗教非政府组织的情况并未得到充分了解。部分原因在于不好判断哪些非政府组织可以归类为宗教的抑或非宗教的。

　　中国政府对于宗教势力作为一种社会运动的发展始终心存忧虑，中央文件就曾提到"国外敌对势力"利用宗教向中国渗透，以达到它们西化和分裂中国的图谋。在中国，宗教所处的社会政治环境也在不断变化，宗教非政府组织出于谨慎也要调整它们的运作以适应不稳定的宗教环境。

　　鉴于宗教势力被国家视为一种潜在的不稳定因素，政府采取的控制逻辑就是过度监管。在中国，宗教组织的注册有别于其他类型的非政府组织，是由中央的国家宗教事务局（SARA）和各地方的宗教事务局（RAB）来负责注册和管理的。由于很难取得非营利地位，多数非政府组织以商业形式注册，但是却发挥着 NGO 的作用。为了生存，NGOs 以为政府提供基本服务的形式来推销自己，由此取得存在的合法性。而只要服从于政府的稳定和经济发展的目标，地方政府对于来自 NGO 的免费资源是乐于接受的。

面对这种特殊的制度环境，RNGOs 依然成为在党国结构之外最具有弹性的社会组织。它们在中国大陆，尤其是在相对发达的城市越来越普遍。那么，RNGOs 究竟采用了哪些策略而得以在中国保持存在？本文利用新制度理论中的"同构概念"（concept of isomorphism）作为分析工具，考察有着较强国际背景的福音派基督教 RNGOs 所采用的生存战略和"潜规则"。

研究方法与样本

2013 年 5—7 月间，本研究对在中国大陆的 8 家 RNGOs 的领导人进行了半结构访谈，接受调查的这 8 家福音派 RNGOs 都是属于以信仰为唯一目标（faith-permeated）、以信仰为核心目标（faith-centred）或是隶属于某一信仰（faith-affiliated）的类别。上述作为样本的 RNGOs 有着几个共同的特点：它们都以北美为总部，都对自己在中国的教育成就感到满意，都与地方伙伴建立了工作联系，而且都处于较为完备的状态，在中国生存发展了至少十年。

多数 RNGOs 拥有上百万美元的运营预算，人员配置由专职、兼职和志愿者所组成。所有 RNGOs 都能提供档案资料，如小册子或官方网址。这些 RNGOs 的地方伙伴或是政府批准的三自爱国教会，或是地下家庭教会。在地理上，RNGOs 分散于中国各地，其伙伴和目标群体有着很大不同。

调查结果和讨论

强制性同构压力（coercive isomorphic pressures）

RNGOs 可能有多种方法来应对强制性同构压力，但特别值得提到的是它们与地方代理机构（local agents）的合作、加强与当地政府的互信以及保持低调，使得它们在受限的制度环境内得以生存。

与地方代理机构的合作

上述 8 家 RNGOs 都与地方代理机构有着某种形式的合作。这些地方代理机构包括学校领导、三自爱国教会（TSPC）或家庭教会、大学俱乐部、培训中心（从事基督教神学教育）和神学院。一旦伙伴关系形成，这些机构所拥有的空间即可以为 RNGOs 传道所用，特别是这些伙伴关系为教育服务提供了空间，例如讲习班、教学课程、假期圣经学校（vacation Bible school）或英语夏令营，以及为当地学校提供教员。

之所以寻求与地方代理机构合作，是因为：第一，作为 RNGOs 在中国购买土地须冒极大的风险，一旦国家政策有变，RNGOs 就将失去一切，也因此，多数 RNGOs 在中国都是租用办公室。第二，在北京、上海这些中心城市很难获得土地，因为有大量的非政府组织热衷于在这些地区提供服务。而如果它们乐于扎根更为偏远的地方，对地方政府而言不啻为一件好事。而且由于这些组织所提供的免费的、高质量的资源，地方政府对它们的援助和宗教使命都是可以接受的。

促进与当地政府的互信

大体上，一旦 RNGOs 与政府建立了信任关系，就会得到准许开展工作，甚至进入政府的关系网。从另一个角度来说，与政府的信任关系还可有助于应对它们所面对的强制性同构压力。

RNGOs 的历史，以及是否为华裔人士运作，都是影响政府决定是否信任某个组织的考量因素。政府对于混杂着各种政治议程的西方人有些担忧，而华裔运作的 RNGOs 由于有着民族—文化的亲和力而被认为更值得信任。考虑到这一点，多数受访的 RNGOs 都偏好华裔雇员，甚至特意避免雇用非华裔雇员。当然，这在一定程度上也是由于它们主要在中国人的社会网络中发挥作用，其中语言能力和对群体规范的理解都是必备的。

此外，对 RNGOs 的信任、了解和认知是相辅相成的。一旦 RN-GOs 开始提供优质服务，并向国家证明它是值得信任的组织，政府也将逐步放松束缚并允许其在更大范围内开展活动。

保持低调

所有的受访者都谈到，由于政府在三自爱国教会和家庭教会都有耳目，因此对于它们在中国从事的宗教活动心知肚明。如果家庭教会及其成员过于喧嚣，就将会受到打压，因此，无论是 TSPC 和家庭教会，还是形式各不相同的宗教非政府组织都刻意保持低调。有些 RNGOs 为了缓解这一问题，采取一种宗教—世俗混合的身份，在民政局登记，而不是在国家宗教事务局注册。

对于如何保持低调，受访者大都谈到几种模式：第一，它们不应该大张旗鼓地进行传道。第二，尽管 RNGOs 可以讲授宗教文献，但是它们应该保持克制，不要对政治发表评论。第三，RNGOs 不要渲染自身成就，以作为在中国谋取利益的方式。不利用与政府的关系为自己进行宣传，反而更能得到政府的信任，并取得实际的发展。第四，RNGOs 不要使用令政府感到不安的词汇。例如不要称自己为牧师，应代之以"老师"等。第五，机巧地规避一些宗教政策，可以使 RNGOs 不引起地方当局的不悦。第六，保持低调也就是对政治局势保持敏感。

总之，政府就像中国传统的父亲，不要让他丢面子或公开使其难堪。换言之，如果 RNGOs 希望传道，只要它们遵守这些潜规则就可以获得许可。模仿性同构压力（mimetic isomorphic pressures）鉴于在中国的运作具有不确定性，因此 RNGOs 面对着很强的模仿性同构压力。被观察的这些宗教非政府组织通过雇员交流和教派监管（denominational supervisions），以及进入传统的全球平台，基本上是采用类似的模式应对上述不确定性。

跨国的福音教派 RNGOs 都进行雇员交流，这也促进了观念的交流。人员流动还带来雇员、支持者、捐赠者等网络的流动。也就是说，在中国的跨国宗教社团允许基督教雇员在组织间流动，这促进了模仿性的同构，也使这些雇员有效地融入中国的关系网络。

本质上，在中国的宗教非政府组织都附属于一个更为大型的组织，而这个大型组织可能拥有多重的宗教非政府组织，通过同一个教派网络共享资源、人员和统一的战略。其结果是这些 RNGOs 在极大提高生存能力的同时也变得非常相似了。

最后，也可能是最重要的，即跨国的全球宗教网络在观念的协调和流动上发挥了关键作用。在华裔网络中最为突出的例子是准教会组织国际华人基督教网络（International Chinese Christian Network——ICCN），该组织旨在于华裔教育中通过共享信息和战略来促进模仿性同构。而作为 RNGO，隶属于该组织可以获得若干重要的优势。第一，附属的 RNGOs 的承受能力更强，因为它们可以通过跨国网络汲取资金、资源和理念；第二，一个在中国成功运作的 RNGO 模式可以将信息传递到 ICCN，然后使所有其他的 RNGOs 受益，因为它们也要应对中国的不确定性；第三，鉴于这些华人基督教徒有着共同的愿景和使命，建立伙伴关系成功的比例非常高。

规范性同构压力（normative isomorphic pressures）

对于在中国的福音派 RNGOs，主要的规范性同构压力来自于政府在两个领域推进的专业化。首先，政府寻求以培训基督教工作者作为在 TSPC 和家庭教会维护稳定的手段；其次，尽管 RNGOs 有其宗教使命，但中国地方政府更希望获得其免费的优质资源。作为回应，RNGOs 采取多种措施应对这些挑战并巩固其合法地位。

基督教高等教育的专业化

宗教非政府组织参与中国基督教高等教育是这一专业化进程最具说明性的例子。自 1949 年以来，中国在基督教高等教育上存在40 年的差距，有资质的教师稀缺。政府意识到了基督教高等教育亟待改进，同时，推进健康的基督教高等教育与维护稳定、防止邪教的产生、克服和控制西方的消极影响和培养"好公民"有异曲同工之效。而所有这些都需要跨国 RNGOs 参与其中。

近年新出现的"城市教会"，通常也被称为"海归教会"，使得 TSPC 和家庭教会的两分天下变得复杂化。这些海归努力与三自爱国教会或是社会经济地位更低的农村家庭教会相联系，并寻求与国外类似的更有经验的神学教学。其结果是对高质量的神学培训有了更大的需求。此外，一种趋向文凭主义的运动也起到了推波助澜的作用。

全盘、整合的传道方法

至于 RNGO 如何将提供服务与传道相结合，有受访者描述了一种全盘整合的、两条腿走路的方法，使传道与教育服务并行不悖。例如通过为地方提供清洁水或是蒙特梭利课程，某些宗教非政府组织创造了自己在非正式场合或是在教堂传道的机会。

地方政府认为 RNGOs 是一种可用的免费资源，有助于提高它们的可信度和合法性。如有的宗教非政府组织在西部地区开办幼儿园，设置蒙特梭利课程并为当地教师进行培训，同时也使教师皈依基督教。因为其众所周知的高质量教育，地方政府并不希望关闭这些幼儿园，甚至政府官员也将自己的小孩送进去。所以，全盘、整合的方法是受到政府欢迎的，只要 RNGOs 服从共产党的领导而不是动摇社会。

结　论

RNGOs 在中国制度环境中的顺应力可以用三个因素来解释。首先，RNGOs 通过与地方代理机构合作、促进与当地政府的信任并保持低调来成功应付强制性压力。其次，RNGOs 的实际工作通常围绕着雇员交流、教派监管以及与跨国的全球平台的接入。这些类似的活动显示 RNGOs 在应对中国的制度复杂性方面表现出较强的组织适应能力。最后，RNGOs 大多投身于某项专业计划，而且通常这些计划是由政府推进的。这使得 RNGOs 活动呈现为可预测的形式，也进一步促进了地方政府对它们的信任。

在可预见的未来，RNGOs 还将继续作为党—国结构之外最具弹性的社会组织，它们的数目和活动也将扩展。因此进一步探索它们应对威权社会政治环境的生存战略是十分重要的。

（刘霓 编译）

原文信息

原题：Navigating Uncertainty：The Survival Strategies of Religious NGOs in China

作者：Jonathan Tam & Reza Hasmath

出处：*Journal of Civil Society*，Vol. 11，No. 3，2015

中国企业社会责任的形成

梅·T-马林思　彼得·霍夫曼

社会责任是各类企业共同的价值追求，对经济发展和社会进步有着长期、多样化影响。《当代中国事务杂志》2014 年第 4 期就此发表多篇文章，探讨这一话题。宁波诺丁汉大学国际关系教授梅·T-马林思和国际商业与管理系主任彼得·霍夫曼撰写的文章从企业社会责任产生的驱动力、中国的企业社会责任现状和企业社会责任的未来挑战等方面阐述了这一问题。

改革开放政策实行后，随着中国企业的私有化与非国有化，中国经济高速发展。然而，随着经济发展而来的是私营企业监管缺位，不道德商业行为增加，对社会、环境造成了高度侵害。目前，中国环境保护的最大挑战在于如何规范各大利益相关方——各级政府、工业部门与公众——的行为与关系。

来自公众的挑战已经引起了一系列的政府行为，中国政府正越来越多地向企业寻求帮助以应对政策方面的短板。中国各大企业开始着手一些更广泛的社会问题，比如对自然资源的利用，企业自身对环境、贫穷与健康的影响。事实上，很多公司都开始承担其法律要求之外的社会与政治责任，保护与促进公民权利。企业社会责任成为缓和新自由主义经济冲击的可行性手段。此外，企业社会责任对诸如国际标准化组织的 ISO 标准、联合国全球契约（UNGC）的全球措施（global measures）也能产生积极影响。这些措施要么被中国直接采用，要么在适应了中国当地环境后通过企业社会责任活动得到落实，比如慈善活动、项目前环境影响评估等。

企业社会责任产生的驱动力

首先，中国企业社会责任受外部因素推动，产生于 20 世纪 90 年代。在"反血汗工厂"运动中，为了抗议恶劣的工作条件，跨国公司引入了西方企业社会责任的规范与标准。彼时的中国公司还是全球组装工厂的供货商，只好被动接受了企业社会责任的各项要求，尤其是劳动条件的要求，作为加入全球市场竞争的先决条件。但是，由于"企业社会责任是具有迷惑性的概念"这一论断，这一概念并没有获得广泛接受，许多标准也与中国现实不符。此外，国际组织与非政府组织也推动了企业社会责任的被动接受。所以，与其说中国企业社会责任的产生是受到内部规范性变革期望的驱动，不如说是受到外部因素的驱动。

其次，中国政府在推动企业社会责任方面也发挥了巨大作用。早在 2003 年，科学发展观的提出便给企业社会责任提供了合法性支撑，随后"构建和谐社会"的提出也显示出中国政府对积极推动企业社会责任的兴趣。制定的各式法律、法规成为企业社会责任的主要驱动力。2008 年，国家资产监督管理委员会发布了国有公司企业社会责任的指导方针，进一步加强了中国企业对企业社会责任的接受。

再次，媒体关注度的不断提高，引发了公众对环境污染、劳动条件等议题的意识提高，企业社会责任得到进一步发展。

中国的企业社会责任现状

2005 年，首份来自国有企业的企业社会责任报告由国家电网公开出版。

2008 年，中国近 200 家公司加入了联合国全球契约计划，承诺遵循在劳动、环境、人权与反腐败等领域的十项原则。迄今，最大的 100 多家公司中超过 70% 的公司都发行了《企业社会责任报告》。绝大部分报告解决的问题包括员工管理、产品质量、社会贡献（慈善）与环境治理（主要是针对污染）。

在中国，大型企业通常是国有企业。政府与企业之间千丝万缕的关系使得透明度问题复杂化，很难估定国有企业与政府之间的账目。中国公司对企业社会责任的理解也与西方公司大不相同。据中国社会科学院对商界领袖的一项调查，中国商界领袖认为企业社会责任包括通过地方经济增长、遵守地方法律法规、爱护环境、捐助学校与医院等方式达成社会预期。中国公司对企业社会责任的理解更偏重慈善与福利，而不是其投资行为的透明度与责任制。事实上，中国与西方概念中的企业社会责任的关键不同点就在于中国愿意在多大程度上考虑其商业实践到底是加强还是削弱了当地的法律与政治制度，尤其是在一些制度薄弱的国家。西方模式强调企业社会责任应通过鼓励透明度来克服政府在管理自然资源收入上的腐败，而中国模式则倾向于依靠直接的公共基础建设供给，在非洲的中国企业更是如此。

社会影响不断提高的新兴参与者

中国政府对企业社会责任的推动止步于制定法律，相关法律法规的实施与执行相对松散，这主要是由中国治理体系的分散性造成的。此外，地方官员的政绩评估的标准建立在能否达成经济增长目标之上。因此，社会与环境福利可能会被低估，从而降低企业社会责任、社会及环境保护的优先性。企业社会责任的实施主要依靠的还是企业自身的意愿，不过中国公司对企业社会责任的承担主要还是应对不断变化的国内环境与全球需求，由此可见，中国企业的社会责任可以被看作遵循政府相关立法的"绿色包装战略"，其实际影响与效果很小。由于在社会问题的解决与政策制定上民间力量所能发挥的作用有限，这种"漂绿"的形象又进一步得到加剧。

民间力量指除政府以外的参与者，比如媒体、非政府组织等，在企业社会责任领域内，非政府组织主要关注环境问题、劳工权利与性别权利。尽管早在 2006 年，中国的社会组织数便达到了 18.6 万家，但直到 21 世纪头十年末，民间力量的作用才开始凸显。

中国政府规定，非政府组织不得设立地区办事处，不得自筹资金，并且限制其规模与影响。此外，中国政府并不允许同一行政区域内出现多家工作性质类似的非政府组织。不过，涉及环境保护的非政府组织不在此列。一是因为政府明确承诺从法律与政策上严格规范环境标准，二是因为政府官员不再把环境问题当作敏感问题，三是因为这类非政府组织可以作为政府的耳目，帮助政府监督并报告企业的违法违规行为。

值得注意的是，企业社会责任已经成为非政府组织获得许可的平台——尤其是那些活跃在非敏感领域的组织——借此平台，它们可以参与并影响私营公司的操作实践，甚至是敏感领域中的劳资关系。在中国国内，非政府组织主要从品牌概念着手，影响中国的供货公司；在国际上，全球非政府组织则寻求通过立法与标准实施来影响中国的标准设定。在提升环境保护实践的质量上，中国当地的非政府组织与全球非政府组织一道设法支持了中国政府。这种支持不仅发生在中国国内，也发生在中国公司在海外履行企业社会责任时。尽管非政府参与者在环境、社会与劳动等领域参与决策过程方面有了积极变化，有越来越多的非政府主体参与其中，但中国政府仍然小心控制着这种决策过程中的权力共享。在决策的某些特定方面，比如环境问题，非政府组织的参与易于被接受，而在诸如能源与领土争议等方面则受到严格控制。这表明，企业社会责任计划在中国的政治化为非政府主体的认可提供了实质性的平台。

企业社会责任的未来挑战

就企业社会责任政策的推广与接受而言，非政府参与者的任务仍相对服从于政府任务，中国政府仍然是影响企业社会责任结果的主要促变因素。不过，面对快速的全球化、新自由主义方法的盛行以及有效监管的缺失，再加上经济与生态相互依存度越来越高，严格的国家政策和有效的国际集体行动变得非常必要。传统的政府机构很难有效应对这些新问题和新挑战，于是有了管理方式的改变，从以政府为中心的工作方式转变为"多方参与管理"方式。这种治理风格的转变证实了政府与非政府参与方之间权力关系的重新配置。

除了依靠中国政府强有力的政治意志来改善治理外，促使中国公司接受企业社会责任仍存在不少重大挑战。首当其冲的两大挑战分别是透明度与问责制。中国的政治、文化与社会状况决定了讨论透明度问题将是件异常困难的事。因此，要想在这两大问题上取得进展、达成目标还需要文化思维方式的渐变，这无疑是一项长期计划。

其次，在全球背景下，缺乏相应的知识、信息与技术将企业社会责任政策付诸实践，成为取得实质性改变的一大障碍。比如中石化虽然在其官网上发布全面的企业社会责任计划，但其企业社会责任的履行背景主要在中国国内，至于海外投资地区则没有提及。

再次，中国企业社会责任方案在理论上是普适的，但海外项目中的企业社会责任执行起来却存在差异，这主要是由所在国的当地条件差异决定的。

最后，如果海外投资所在国治理松懈或是根本就没有治理，尤其是在非洲与亚洲一些贫弱或失控的国家中，那么企业社会责任的实施就存在真空状态。

（杨莉　编译）

原文信息

原题：The Shaping of Chinese Corporate Social Responsibility

作者：May Tan-Mullins & Peter S. Hofman

出处：*Journal of Current Chinese Affairs*，Vol. 43，No. 4，2014

非政府组织如何影响中国的
企业社会责任

苏珊娜·戴维斯　德克·莫斯迈尔

　　宁波诺丁汉大学英语教育中心苏珊娜·戴维斯和该校市场营销助理教授德克·莫斯迈尔发表于《当代中国事务杂志》2014 年第 4 期的文章讨论了非政府组织对中国企业社会责任的影响。作者指出，近年来，非政府组织（NGO）在规范企业的环境及社会责任方面发挥着越来越重要的作用，并被看作推动企业社会责任的主力之一。随着企业社会责任为更多社会大众所接受，非政府组织也在企业决策过程中发挥了重大影响。企业社会责任的地位在许多工业化国家、特别是发达经济体早已确立，而在中国这样的新兴市场却并非如此。中国拥有强硬的政府，企业与社会团体之间的联系相对薄弱，这就意味着在中国企业社会责任机制是通过自上而下的规定形成的，而并非通过自下而上的民众参与过程形成。

中国企业社会责任的特点

　　中国企业的社会责任近年来成为研究的热点。其中，有三种观点特别值得注意：第一，中国企业的社会责任是在官方的支持下发展起来的，是自上而下的；第二，中国企业的社会责任并不太注重外部利益相关者的参与，有调查发现，经营管理人员认为地方政府和雇员是主要的利益相关者，极少与地方民间团体、消费者及媒体进行沟通；第三，研究发现，中西方公司对于企业社会责任所涵盖内容的侧重点有所不同：中国公司更强调慈善和福利层面。有学者认为中国消费者的企业社会责任意识相对较弱，他们更看重企业履行社会责任的行为而非动机。

这种中国式的企业社会责任机制似乎没有给非政府组织提供多少参与空间，尤其是相对薄弱的利益相关者观念使得它们很难对企业施加影响。而广大消费者对企业社会责任机制缺乏支持，也使承担环境和社会责任的行为难以维持。

国际性非政府组织与中国非政府组织

国际性非政府组织在改革开放以后进入中国，它们拥有大量的资金，比中国同行更加专业，因此也拥有更大的影响力。不仅如此，国际性非政府组织还同中国的高层有着密切来往。例如，总部设在美国的自然资源保护协会（NRDC），就为中国政府提供技术援助，并参与国家建筑节能标准的制定。然而国际性非政府组织面对的是一个完全不同于其母国的制度环境，因此它们必须适应新的环境，要根据不同的社会背景采用不同的发声方式。

中国的环保主义者也选择了 NGO 这个形式，并根据实际情况进行了调整，同时也受到了当地条件和资源的制约。中国的非政府组织有多种组织形式，包括政府组织的 NGO 以及完全独立的西方式的 NGO。这些组织在资金、能力建设和知识传播等方面都得到了国际同行的帮助。但是，由于其法律地位模糊不清，在注册和融资方面受到诸多限制。因此，中国的 NGO 对国家的政治环境非常敏感，其活动也主要局限于政策建议、教育和研究。

尽管在活动范围和物质资源方面不如国际性 NGO，中国 NGO 却更了解当地情况并拥有地方关系网。因此，它们可以通过非正式渠道施加影响。比如许多 NGO 员工都曾有新闻工作的背景，能帮助"绿化"中国的媒体。

NGO 能在中国的企业社会责任发展中，尤其是环保方面发挥更大的作用，其原因有以下三点：一是逐渐放宽的法规限制，比如在北京和深圳，NGO 可以直接向市民政局申请注册，无须先找业务主管单位；二是新法律法规的制定和实施为公众参与管理提供了更大的空间；三是社会对 NGO 的支持度在提高。

以场域理论分析 NGO 对企业社会责任的影响方式

当个体拥有相似的目标并为之展开行动时，就形成了一个场域。场域里每个参与者的动机是由其在场域中的位置而不是它的身份决定的。所以，动机并不是固定的，而是随着参与者在场域中位置的改变而变化。场域的主要要素包括参与者、指导其行为的规则、参与者为维持或改变规则所进行的计划、计划的框架以及为增加在场域中的影响力所使用的社交技巧。本文运用场域理论分析了中国纺织业的两个案例：第一个是国际性 NGO 绿色和平组织主张在纺织供应链中禁止使用有毒化学品，第二个是中国的环保 NGO 联盟要求各大品牌企业保证其供应商遵守中国的环境法。

作为世界纺织业大国，中国每年出口约 1073 亿美元的服装，约占 GDP 的 7%，其从业人员占中国制造业就业人数的 20%。但是，尽管国家制定了中国纺织服装企业社会责任管理制度，但中国公司却并不买账。尽管国际性 NGO 与中国环保 NGO 的行动目的都是环境保护，尤其是水质保护，但基于它们在场域中的不同位置，两类 NGO 针对供应链责任问题展开了不同的行动。两个案例中，服装品牌都被认定为供应链责任体系中的主要参与者，基于它们与供应商的权力位置对比，品牌应该对供应过程承担道德责任。此外，两个案例中的 NGO 组织都利用利益相关者的说法来确保它们参与企业社会责任活动的合法身份。

然而，两种 NGO 组织的措辞却不尽相同。国际性 NGO 利用了国际标准和国际社会，强调了国际上的环保问题，并指出中国的法律是不完善的。绿色和平组织的利益相关者身份是通过作为国际声音的代表实现的。与此相反，中国 NGO 在报告中强调了中国环境保护法的权威性，以及污染对环境和中国社会造成的危害。这种从本土出发的观点，加上当地居民的"亲身经历"，使它们成为中国利益的真正的合法性代表。

语料分析的结果表明，"纺织"、"品牌"、"污染"、"废水"这些关键词同时出现在两份报告中。但是，绿色和平组织的报告侧重于产生污染的物质，表明其目的在于建立一个化学制品使用的新标准。"危险"、"化学品"、"物质"、"有毒"、"持久的"、"全氟化物"、"全氟辛烷磺酸盐"等词汇表明了报告的重点在于污染的化学源头。而中国 NGO 的报告中，包含了与污染行为和污染地点相关的词汇，如"工厂"、"染色"、"印刷"和"后处理"等。其中，"违反"和"改正"也较常出现。这都表明中国 NGO 的目的在于环保法的执行和污染的减少。

多年以来，绿色和平组织都致力于让国内和国际社会关注中国的污染问题，其采取的策略是公开知名服装品牌及其供应商所使用的化学制剂，无论这些品牌的产品中是否含有这些化学品。它将品牌视为"关键因素"，拥有高于供应商的权力，因此也应当对供应商的行为负责。绿色和平组织认为许多公司的行为准则只要求供应商遵守当地法律，因此是有缺陷的，品牌和供应商都应该了解并停止使用那些有毒化学物质。

中国的环保 NGO 利用环境信息披露法及企业社会责任制度的实施来推动污染控制。它们将法律权威和市场压力结合起来，利用供应商破坏环境的信息公开与品牌进行合作，迫使供应商遵守环保法，减少环境破坏。中国在 2008 年开始实施环境信息披露法，规定政府环保部门和特定企业必须向公众公开诸如污染记录、执法活动和有害物质排放等信息。以公共环境研究中心（IPE）为首的中国 NGO 建立了一个公开的违法信息网络披露平台，同时还联合其他环保NGO 组成了绿色选择联盟（GCA），鼓励企业使用上述平台对在华供应商进行筛选，从而推动供应链责任制。

单独来看，NGO 的力量并不强大，但它们可以和跨国公司合作，或者借助中国法律的力量进行干预。很重要的一点是，NGO 显然与某些跨国企业达成了一定的共识，使这些企业接受了 NGO 利益相关者的地位。中国的企业并不把 NGO 看作利益相关者，因此与 NGO

之间的关系并不密切。场域理论认为造成这种差异的原因是中国公司在场域中的位置（比如说，是品牌还是供应商）。随着不同成员间关系的演变，场域的格局也会改变，参与者的动机也会随之改变。当一个新的参与者进入场域或者场域成员的认知改变时，场域也会发生变化。比如消费者是 NGO 与企业互动的观众，但也是能对场域产生影响的潜在因素。不过，中国消费者似乎在 NGO 的活动中没有发挥太大作用。消费者教育是 NGO 信息战的重要组成部分，NGO 可以借此改变消费者的观点。问题的关键在于消费者，尤其是中国消费者在消费时会多大程度地考虑企业的社会责任。如果消费者的确将企业社会责任列入考量，那么场域关系就发生了变化，消费者的反应也将成为中国品牌越来越需要考虑的因素。

　　企业接受了 NGO 的利益相关者身份，就会积极与 NGO 合作。在企业不合作时，NGO 就需要寻求第三者的帮助来施加影响。通常 NGO 干预企业社会责任的模式是通过品牌向供应商施加压力，特别是利用跨国公司向中国供应商施压。不过上述纺织业的例子表明了法律也是 NGO 所能借助的外力。中国 NGO 利用当地法律的做法不仅将它们与国际性组织区别开，也让它们的地位更具有合法性，更容易获得国家的支持。

结论与建议

　　为了使行动计划获得更多支持，NGO 采用了各种不同的行动框架。绿色和平组织为国际社会发声，诉诸国际标准；而中国环保 NGO 则根据中国环境法制定行动框架，动用信息而非群众，聚焦企业而非政府，这种行动框架和形式，比起对抗性的策略更易为人接受，使 NGO 能够在监督企业社会责任的同时不对社会稳定产生威胁，处理好国家、企业和民间力量之间的关系。

　　此外，它们还运用独特的社交技巧为其活动赢得支持。为了向中国供应商施压，绿色和平组织运用了品牌的力量，中国 NGO 则采取了两种策略：一是诉诸中国法律，要求供应商遵守地方法规运营，二是利用品牌的市场力量与供应商打交道，利用采购方施压迫使供应商遵守地方法律。

随着 NGO 在企业社会责任，特别是企业环保责任方面的影响越来越大，在中国经营的公司必须准备好与这些民间团体打交道。而 NGO 也需要研究如何解决"关键因素"策略的局限性。为解决这种局限性，许多环保 NGO 已经开始通过环保和消费者教育来推广绿色消费习惯。不过，它们仍需要更多创新。对于政策制定者来说，需要研究如何进一步推动 NGO 参与到中国的企业社会责任机制中。因此，国家可采取措施完善环境信息披露法规，支持 NGO 与企业互动合作，共同美化环境。

（黄姗　编译　杨莉　校）

原文信息

原题：Greening the Field? How NGOs Are Shaping Corporate Social Responsibility in China

作者：Susannah M. Davis & Dirk C. Moosmayer

出处：*Journal of Current Chinese Affairs*，Vol. 43，No. 4，2014

中国采掘业企业社会责任的现状及建议

梅·T-马林思

　　宁波诺丁汉大学国际关系教授梅·T-马林思发表于《当代中国事务杂志》2014 年第 4 期的文章，讨论了中国采掘业企业的社会责任。作者指出，随着经济的发展，中国对资源和能源的需求越来越大，目前已经涉足储藏丰富的非洲和南美地区寻求更多的资源，而这正是一个鼓励企业承担相应社会责任的关键时刻。作者分析了中国采掘业企业社会责任的概况、采掘业企业社会责任的机制和结果、多方参与的治理机制所面对的挑战，并就此提出了改革的建议。

中国采掘业的生态足迹

　　中国需要大量的自然资源来推动国内经济增长，同时还需确保其能源需求，这两大需求在世界环境中留下了无可比拟的生态足迹，且这一印记还在不断扩大。对内，采掘业（采矿、伐木与捕捞）在推动中国发展方面发挥了重要作用，无论是在提供就业岗位方面还是在工业增长方面。不过，中国日益增加的能源需求未来将会导致国内供应不足，使得中国将追逐那些资源丰富的国家；对外，中国通过资源外交成功获取了海外的石油、天然气和矿产。尽管中国对这些自然资源领域的投资有助于提升全球供应，但也屡遭国际社会诟病，被指控为向非洲的专制政府售卖军火以换取石油与矿藏，或被指控在不透明的情况下获得特许权、缺乏竞争性招标、其环境影响评估行为可疑等。

最近几年，中国的全球参与行为已经引起了越来越多的环境监管机构的注意，究其原因，主要是中国在国内与国际上的影响力伴随着巨大的环境与社会代价。水资源缺乏与水质下降、工业污染、劳动环境恶劣、产品安全问题，以及腐败与收入不平等都是中国政府亟须处理的问题。2004 年的一份报告指出，中国每年水污染与空气污染的损失就高达 540 亿美元，约占国内生产总值的 3.5%—8%。中国中央政府已经意识到了解决这些问题的必要性。

导致上述变化的部分原因是来自国内与国际的非政府参与者的压力日益凸显，非政府参与者在带头将中国"纳入"良治规范中取得了积极的成果。这些参与者包括：国际货币基金（IMF）与世界银行这样的多边组织，世界野生动物基金（WWF）与国际河流网络（IRN）与工会联盟这样的民间团体。此外，媒体对环境问题关注度提高了，公众的环境污染、劳动环境意识也随之提高，并在国内激起了关于中国发展道路、环境退化及其对人民影响的讨论。

中国采掘业的企业社会责任概况

对跨国公司而言，其企业社会责任主要是将社会与环境问题整合并纳入公司的运营中，并与各利益相关方以资源为基础展开互动。因此，跨国公司的企业社会责任对环境、社会以及周边依附的社区的生计都会产生重大影响。大体而言，无论是在国内还是国际上，中国采掘业在环境与社会问题上的履历都乏善可陈。绝大部分投资采掘业的中国公司都是国有企业，它们拥有可观的资本投入大规模的开采作业，其对环境的影响是直接的。

中国政府也了解减轻中国经济活动带来的消极后果十分重要，因此越来越重视向企业寻求帮助以解决各式各样的挑战，从问题的源头——公司——来解决问题无疑是最好的方式。过去，中国的私营部门最紧迫的责任是确保其利益相关方的利益，而现在则朝着积极着手更广泛的社会问题方向发展，比如自然资源的采用、环境影响、贫困与健康问题等。2003 年，"科学发展观"的提出又为企业社会责任提供了合法性支持，尽管如此，采掘业的企业社会责任仍然进展缓慢。其原因主要在于企业社会责任承担的主要推动力仍然是法律法规的制定，而没有来自企业的真正的承诺与执行。一些企业正逐渐承担起企业社会责任，中国政府也为企业社会责任标准提供了更为具体的指导方针。不过，初期证据表明，这些标准并不是很严格。尤其是公司竞相制定、实施与执行这些标准，这很有可能导致环境与社会的负面结果。

采掘业中涉及自然资源产业的最主要的一些企业社会责任全球方案包括：

《赤道原则》（EP）、森林管理委员会（FSC）、全球报告倡议组织（GRI）、采掘业透明度行动计划（EITI）、国际矿业与矿物委员会（ICMM）、金伯利进程（KP）与联合国全球契约（UNGC）。中国企业采纳企业社会责任全球标准的成功案例之一便是兴业银行以《赤道原则》为其项目审核的指导方针。大部分成功案例主要集中在某个特定领域，针对整个产业的整体方案则没有。此外，在海外背景下，相关政策的执行所采取的方式大不相同，其原因多种多样，有时候是因为语言障碍，有时候是对当地的情况与文化缺乏了解。因此，企业社会责任政策的实施结果大多令人失望。在非洲，很多公司主要依靠经理个人的经验处理企业社会责任问题，这也会引起某些特别反应或是前后结果不一致。

鉴于中国采掘业在国内与海外环境中留下的生态足迹越来越多，让中国参与到更有效的企业社会责任实践中去，提高其采掘业领域投资管理的透明度、加强问责制，已迫在眉睫，可以通过积极推进一些全面的企业社会责任机制，比如采掘业透明度行动计划来达成这一目标。

中国采掘业的企业社会责任机制及其结果

由于采掘业的商业决策将影响到环境、社会及健康，企业必须考虑其投资行为可能带来的非经济后果。同时，透明度与问责制的问题也同样会影响特定地区及其周边社区的长期发展。企业应支持并遵守自然资源税收与矿区使用费的规定。上述目标最易通过企业社会责任机制达成，比如采掘业透明度行动计划。

通过采纳相关标准、制定新标准或影响既有标准等方式，中国活跃于大部分采掘企业社会责任的机制当中，其中最成功的案例莫过于 2009 年森林管理委员会指导方针在中国的适应与采纳，另一大成功案例是国际标准化组织（ISO）的指导方针，比如 ISO 14001。ISO 14001 是一系列环境管理标准，其目标在于帮助相关组织最小化企业运作造成的负面环境影响。同时，ISO 14001 也是定义比较松散的指导方针，允许企业"挑拣"最符合其情况的推荐标准。这样的灵活性使得 ISO 成为中国最受欢迎的企业社会责任机制。

不过，诸如石油与天然气等行业的中国公司在采纳企业社会责任标准上则进程缓慢，尽管其投资活动造成了严重的环境、社会与劳工问题。而且中国的治理结构中也不存在任何一个个人或机构负责监督、评估中国境内及境外的采掘业及企业社会责任方案。中国至少有 12 家不同的政府机构管理自然资源采掘，但却缺乏一个整体的管理方案。因此，有必要从整体上考虑，打破部门隔阂，并在采掘业内部各行业中增进企业社会责任的承担。

多方参与治理机制面临的挑战

在采矿业，除了重要的政府参与部门外，近年来民间团体的身影也频频出现。与环境相关的非政府组织在中国蓬勃发展。不过，国家立法仍然倾向于限制非政府组织的繁荣发展，以便保留政策制定与自然资源管理的权力，尤其是在涉及能源问题时。在中国也不存在采掘业领域的国际非政府组织，或是专注透明度与问责制的国际非政府组织。然而，专注于不可持续采掘与环境污染影响的国际非政府组织（如铁匠研究院）正在增多。媒体在自然资源管理中发挥的作用也是有限的。首先，缺乏政策处理优先顺序、政策起草与审定的相关信息，决策过程透明度低。其次，中国绝大部分线上媒体与电视节目是为了解释政府政策，媒体报道仅仅包含事实，缺乏详尽的分析。不过，由于社交媒体与微媒体（微博）提升了大众意识以及互联网的普及，中国政府正逐渐意识到监控万维网是不可能的，承认需要与时俱进并满足大众的需求。

采掘业透明度行动计划涵盖了所有的采掘行业，是行业透明度问题的重要解决方案。目前有超过 70 多家的机构投资者与国际组织积极支持这一计划，比如世界银行、8 国集团、20 国集团和欧盟，32 个国家出具采掘业透明度行动报告。该计划敦促私营企业公开其向政府支付的所有税收与费用，从而敦促政府公布各种形式的收入。这些报告都会出版并向公众开放，同时还支持外部组织执行的审计。该计划还要求利益相关方的多方协商，以确保所有利益相关方都参与进来。

在中国从事采掘业透明度行动计划进展缓慢的原因主要在于该计划对透明度与问责制的强调，其次在于中国缺乏包容性的利益相关方协商过程，可以在政府与非政府参与者之间形成某种权力共享，再次是采掘业透明度行动计划所要求的程序非常严格，需要所有利益相关方的参与，也需要披露更多关于收益与合同细节的信息。由于采掘业被视作外交政策的一部分且管理方主要是政府与国有企业，这一性质决定了该领域的权力结构严重失衡。此外，中国政府控制关键资源——不仅包括自然资源，还包括信息技术——的能力也使得包容性的多方参与程序不具备可行性，权力共享也成为空谈。

中国目前不想仅仅成为一名参与者，还想成为规则的制定者，在采掘业透明度行动计划下出台新的项目专门针对新兴经济体可能比较合适。让中国全面披露所有交易、金融与其他的相关信息太难，第一步可以将多方参与作为目标，这样一来，信息披露可以局限在一个安全的范围内，信息保密可以直到最后阶段。这样一来也能促进新兴经济体逐渐培养出对该计划的所有权感，从而有助于该计划的采纳、延续与执行。

改革建议

面对挑战，中国政府正不断取得进展，敦促国内企业遵循全球规范。2011 年，中国能源与采矿业内实施了税收改革：国家对原油、天然气征税，并且提高对焦煤及稀土的税率，中国政府的这一举措旨在资源保护与减少环境破坏。上述这些微小的进步表明是时候调动中国采掘业各主要利益相关方参与的积极性、推动多方参与治理模式了。

首先，一些诸如收入监测研究所这样的国际组织可以同当地成熟非政府组织（比如全球环境研究所、中华环保联合会及公共和环境事务研究所等）就采掘业的相关问题展开合作。不过，国际非政府组织与当地的利益相关方合作之初会遇到困难，尤其是在提倡国际标准问题上，宣传这些标准很有可能会被曲解为宣扬西方标准。克服这一问题的最好方式是避免说教灌输与批评，而是将双方的合作处理为双向交流，只有通过共同制定标准才可能使企业社会责任的机制具备长期可持续性。

其次，中国企业是采掘业中的主要利益相关方，因此，应加大同其打交道的力度，敦促其在中国境内及境外采纳相关计划。通过强调企业社会责任计划的重要性，尤其是透明度与问责制的重要性，在有关公司的网站或年度报告中披露其收支情况的信息。另外，需提高双边资源准入协议的透明度，最理想的情况莫过于鼓励中国公司公开合同条款，这一举措在非洲与南美洲尤为重要。增进企业交易的透明度不仅有助于促进中国的问责制，也有助于改善贫弱政府的治理与问责制。

再次，鉴于中国在全球采掘业中的投资主要是由国有企业主导的，鼓励国有企业恪守社会责任的承诺非常关键。提高对企业社会责任计划的意识可以通过举办会议这样的平台来达成，通过开会集中讨论世界各地的最佳案例。可以通过企业案例与诸如潜在风险这样的概念来达成一些构建良治的重要性法则，这能够获得公司方面的支持。征求其他利益相关方的意见并咨询企业社会责任顾问，则能够很好地宣传最佳实践，传播相关知识，根据不同公司量体裁衣打造社会企业责任。

最后，通过多方参与治理与保密程序（信息披露局限于有关方面，所有信息直到后期阶段才能解密），将采掘业透明度计划的程序引入中国。鼓励新兴经济体负责可以激起新兴国家对这些计划的所有权感，这将有助于确保条款执行与实施的成功与可持续。

（杨莉　编译）

原文信息

原题：Successes and Failures of Corporate Social Responsibility Mechanisms in Chinese Extractive Industries

作者：May Tan-Mullins

出处：*Journal of Current Chinese Affairs*，Vol. 43，No. 4，2014

"第二代"民族政策和原住民问题

欧立德

  近年来，有关"第二代"民族政策的争论不绝于耳，这一政策如果得以贯彻，将对中国的民族政策构成重大修正。哈佛大学东亚语言文明系中国与内陆亚洲史教授欧立德（Mark C. Elliott）在澳大利亚《中国杂志》（*The China Journal*）2015年1月号发表文章，对这一争论进行了回顾和评论。欧立德认为，尽管民族政策问题是个较为敏感的话题，但是这一公开辩论允许从不同角度开展充分探讨，这对于政策发展是有益的。同时他不同意一些学者提出的去政治化的主张，认为民族问题不管在美国还是中国，都有其固有的政治性。然而作者还指出，在当前的辩论中，没有看到任何关于中国少数民族与世界其他土著民族的比较，认为向第二代民族政策的转向，应该以联合国宣言中的原则为基准，才可能以一种新制度取代目前的自治制度。当然，向关注原住民问题的转向也存在问题，如作者指出，民族性再加上土著性，不仅仅仍然是一个政治问题，而且与对土地权利的主张有着更为明确的联系，使得民族身份和领土主张之间的联系变得难解难分，蕴含着诸多政治风险。

  近年来，在中国的知识界和政府官员中，针对少数民族事务管理的辩论一直不绝于耳。讨论最初主要是对确定少数民族成分的现存体系提出质疑，但是自2008年以来，随着少数民族边疆地区的局势不断恶化，这一讨论迅速扩大化。为有效应对民族骚乱问题，一些学者纷纷提出备选方案，以期对国家的民族政策做出调整。

例如，北京大学社会学家马戎就主张取消少数民族成分，提倡民族同化，采用"族群"来取代"民族"一词，以实现"去政治化"的民族认同，由此减少地方和中央领导在少数民族地区管理中不断遇到的困难。马戎认为潜在的"民族独立运动"是中国在 21 世纪面临的最大威胁，而推动汉族和其他民族逐渐在中华民族的名称之下统一，这样一种政策将带来更为稳定的社会局面。

很难不同意马戎的批评，即目前中国的民族政策在许多方面是有严重缺陷的。自 2008 年西藏骚乱事件以来，中国各地民族冲突事件频仍，局势明显恶化。即便是政府喉舌（如《环球时报》）也不得不承认，当前很难说中国的 55 个少数民族一派和谐。其他一些媒体对于民族政策落实过程的批评则更为直率。问题于是变成：该做些什么？

民族政策的转折点

至于如何处理当今的民族政策，基本的选择很简单：或者持续目前的政策，但是需要在改善落实上下功夫；或者修改（或完全抛弃）目前的政策并创造一种新的秩序，通过消除官方对民族差别等的承认来解决民族冲突的问题。拟议的新秩序的一个版本是上面提到的由马戎倡导的多元模式，但这一模式迄今并未获得普遍支持。即使在涉及国家的民族状况上，以及对采取更为多元的路径解决民族问题方面，他们与马戎的观点有共鸣，但是许多学者仍然反对他的理论前提和政策改革建议。其他一些持与马戎相反意见的学者本身也有着少数民族背景，他们担心几十年来一直悉心呵护的民族身份构成一旦消除，将成为中国少数民族身份与文化终结的开始。取消现存的对本土文化和宗教的最基本的保护，将使少数民族相对于汉族的主导地位显得更为脆弱。许多论及马戎建议的论文都表达出了深刻的质疑态度。以 2010 年统战部有关民族关系问题讨论的年度综述为例，其中所引证的观点即指出，用"政治无涉"的方法处理民族问题不适宜中国的历史和社会现实。对马戎建议的主流的回应似乎是，改变目前的民族秩序是不可能的。

除马戎之外，还有一些支持重新制定民族政策的重要意见被提出，尽管可能基于不同的理由。在这些意见中居于首位的是清华大学国情研究中心的胡鞍钢和胡联合，他们在其《第二代民族政策》的文章中提出三个"更加"，即促进国内各民族更加主动交往、更加深入交流和更加自觉交融，成为交融一体的中华民族。

这一观点与马戎的观点异曲同工，都暗示自1979年以来民族形势已经发生了很大变化，因此需要对政策进行重新审议。新的政策应该废除目前的少数民族体系，他们将之命名为"第二代民族政策"。

前中共中央统战部常务副部长朱维群在2011年1月公开表示支持第二代民族政策的某些说法，这引起了不小的轰动。朱维群反对采用行政手段强行推进民族融合，在他看来，"融合"不能与"同化"或"汉化"（"sinification"）相混淆，而是创造一个幸福、多元的整合。这表明，朱维群意识到自中华人民共和国成立以来，许多情况已经发生了改变，因此民族政策应予修订，并为未来有关修改现有政策的讨论开辟了空间。

一年之后，朱维群做了进一步的推进。重申了他的立场，即结束民族区域自治制度或是转向某种形式的联邦制度。朱维群的建议，即逐步淡化政府对于保持民族政策现状的承诺是高层官员首次做出的此类陈述，尽管他强调这是个人观点，但依然引起很大关注。

随着西藏特别是新疆民族关系紧张状况的持续发展，这一辩论在2013年和2014年得以延续，前后有100多篇论文发表在学术刊物和各类出版物上。2013年中共十八大再次肯定了目前民族自治政策的正确性，似乎表明变革尚遥遥无期。然而，习近平主席2014年5月在新疆工作会议上的讲话，引人注目地引用了胡鞍钢等"三个相互"的提法，似乎发出了一个明确的信号，即至少是在新疆，他可能希望实施一系列实际上接近于倡导民族同化模式的政策。这对于那些支持第二代政策转变的人来说无疑是一种鼓舞。

全球视角：种族划分（ethnicity）和原住性（indigeneity）

在有关第二代民族政策的辩论中，有一个值得关注的方面，即对术语的使用，以及对"种族划分"和少数民族身份问题的架构。辩论沿着两条轨道向前推进。第一条轨道（或多或少已经结束了）集中讨论这样一个问题，即涉及种族地位时应采用什么适当的中文词。第二方面则涉及中国民族状况的可比性问题，并寻找合适的类推法，尤其是在牵涉原住居民时。

讨论中有关身份的汉语用词相对较新，而且在许多情况下容易混淆，因为它们几乎从未与英语或其他西方语言中的术语取得对应。针对身份的话语，中国有着自己的长期历史，但是由于西方是现代学术中有关身份的话语发源地，是进行身份分析的一些中心概念的根基所在，因此尝试固定中西术语间的对应关系非常重要。然而这在涉及民族一词时却显得非常困难。汉语中，对民族一词有着宽泛的翻译和解释，大致可分解为三组主要的含义，即"国家"（nation）、"族群/种族"（ethnic group/ethnos）和"少数民族群体"（minority group），而上述含义之间的混淆已经导致很多误解。

对民族一词含义的挑战还在中国学术界形成广泛的共识，即"民族"不再适宜描述英语中所谓的"种族划分"。尽管仍然有许多文献中就这一问题进行讨论，但多数中国学者似乎都同意，民族应该专指这样一些概念，如"nation"或"people"，而对于更具人类学意义的 ethnicity 概念，更好的是使用族群一词。如果这一共识能够保持，似乎是朝向一个通用词汇的确立迈进，有利于更有效的思想交流，并使偏重政治和偏重于人类学或社会学的观念之间有一个更加清晰的区别。

离开民族而发现族群，是目前有关第二代民族政策辩论的另一条线索。有意识地用族群等同于"种族"的一个结果是，它提示说中国的民族状况并非绝无仅有，从整体而言，它与世界其他地方的民族状况事实上相差无几。一些学者主张，中国的民族问题即使有其特殊性，也并非是独有的，事实上中国和其他一些多民族国家、多文化社会有着很多共通之处（比如美国），在将现代国家构成（modern national form）问题与其错综复杂的人口现实进行协调方面，中国并不孤单。

因此，寻找适宜的全球类比方法来认识中国的现状，这成为民族政策讨论中的第二个重要的元叙述。讨论中，各路分析家频繁提及世界其他地方的民族政策，其中尤以马戎为甚。在对美国进行研究之后，马戎主张应采用美国的方式来解决中国的民族问题。然而，鉴于他对美国社会及其涉及民族问题的文献有了如此深入的了解，却仍坚信可以用单纯处理文化事务的方法来处理民族问题，十分令人惊讶。原因至少有两点：第一，正如他所知，种族问题在美国有其固有的政治性，以美国作为如何将"民族问题"去政治化的例子似乎是错误的。

第二，他的不再为少数民族提供优惠政策的依据也以美国为例，诸如平权法案。马戎的目的在于说服读者，如果平权法案和其他一些承认种族差异的制度机制被取消，那么种族差异将"自然地"逐渐消失。马戎观察美国的第二个令人吃惊的方面是，美国首先是一个移民社会。不仅大部分少数民族，而且主体人口也是来自世界其他地方的移民。而这与中国的情况大相径庭，马戎就此也一直受到批评。

与这些批评者有所不同的是，我想指出的是马戎和其他一些学者选择了一种错误的类推方法。如果以全球的视角来观察，较之"非洲裔美国人"（"African-Americans"）、"亚裔英国人"（"British Asians"）等更好的类比，是上述所有地区的原住民。中国的少数民族若干世纪以来一直生活在那片土地，比起目前生活在美国、欧洲等地方的移民，他们更类似于土著居民或"原住民"。此外，中国的一些少数民族，如藏族、维吾尔、蒙古族、哈萨克族等，在许多层面（收入／占 GDP 的份额、教育、人口动态统计、历史经验和文化危机）与美洲原住民、因纽特人、土著居民和托雷斯海峡岛民以及毛利人等有着惊人的相似之处。

鉴于许多中国少数民族的经验与世界其他地区的原住民很类似，

人们不禁要问，为什么在上述讨论中没有任何提及原住民群体的内容，即使是在辩论处于如此开放的程度，同时政府和学界也都在积极寻找更好地处理民族关系的外部模式。我认为，这一禁忌的原因主要是政治的。

首先，使用原住民话语可能与有关原住民权利的国际规范出现复杂关联的风险。也就是说，如果政府放弃目前的少数民族范式，代之以承认一些少数民族是事实上的原住民，这将引发新的问题。例如，中国可能会感到要遵守联合国有关原住民权利宣言的压力，怀有不满情绪的少数民族群体也可能向联合国原住民问题常设论坛进行投诉。而这一宣言中的最敏感问题是有关土地权利的问题。

其次，"原住性"（indigeneity）这一概念似乎与中国作为一个"统一的多民族国家"的概念不相符。在中国官方看来，"本土的"（indigenous）是对应于外部殖民者的概念，而中国的 56 个民族都是中国的定居民族，换句话说，中国没有"原住民"，因为原住民只有在殖民势力存在的地方才出现。然而，有关原住性的讨论也在慢慢地发生变化。例如，最近一名中国学者就呼吁关注对于"原住民"或"土著居民"的含义在认识上的局限性，指出与原住民有关的词语和概念和那些与中文土著一词有关的概念之间存在诸多的平行推论（discursive parallels）。

当然，目前中国政府的观点仍然是中国没有原住民（indigenes、first-nationpeoples），中国的 56 个民族，包括汉族，都是中国的世居民族，因此不存在原住民问题。从此可以看出，官方的立场仍然是防止有关原住民问题的讨论在中国泛滥。

（刘霓　编译）

原文信息

原题：The Case of the Missing Indigene：Debate Over a "Second-Generation" Ethnic Policy

作者：Mark Elliott

出处：*The China Journal*，Vol. 73，2015

中国政府对公众舆论的迅速
回应是把双刃剑

乔纳森·哈西德

　　爱荷华州立大学政治学系助理教授乔纳森·哈西德在最新一期的《当代中国事务》（*Journal of Current Chinese Affairs*）上发表了一篇题为"中国对互联网舆论的回应：一把双刃剑"的论文。哈西德指出，中国共产党对公众舆论反应迅速，虽然对于中国的广大民众而言是有利的，但同时也会对中国处于改革中的司法体系造成破坏。网络舆论的制造者在人口学上多为中国经济改革的获利者，他们并不能真正代表普通的民众。政府对网络舆论的快速反应只能够创造出短期的稳定，但长此以往却可能导致那些普通民众的最迫切的需求被忽视，也会让政治法律体系改革面临被扭曲的风险。

　　中国被认为拥有全球最成熟的互联网审查机构，不过这种看法也掩盖了另外一个事实：政府对公众舆论反应迅速，尤其是网上舆论。一旦网民发现并曝光政府官员的权力滥用、腐败或玩忽职守后，当局通常会迅速做出反应，并果断地解决被曝光的问题。评论人士、记者以及学者认为这是一个积极的信号，有望出现政治变革，也是维护内部稳定的方式。但当局一而再，再而三地因为公众情绪愤怒而做出妥协，这种做法不能不说存在着诸多隐忧。

　　危险之一，网络舆论的制造者在人口学上多为中国经济改革的相对"成功者"，中国政府对网络舆论的快速反应，实际上只是一个能够创造出短期稳定的过程，长此以往却可能导致那些更普通的民众的问题遭到忽视。危险之二，互联网评论与日俱增的力量，会让本就缓慢、断续的真正的政治法律体系改革进程面临被扭曲的风险。

中国政府令人惊讶的反应度

记者、公共知识分子、作家、律师与普通公众可以在网上产生重大影响，甚至以某种令人惊讶的方式影响某些敏感问题的讨论。虽然包括中国报业在内的传统媒体仍然对网上讨论的议程保持了实质性的控制，但网上爆料却越来越多。在暴露问题和影响公共政策方面，互联网的重要性正日渐加大。中国政府的"快速回应"特指政府快速处罚（被揭露的）有罪方的行动。在中国，当然有其他官方追责的机制，比如信访制度。文中讨论的"快速回应"仅涉及中国官方愿意快速、果决应对丑闻的意愿，通常是通过惩处被揭发的违法犯罪分子。重要的是不能将快速回应与问责制混淆。应对举措指的是官方对公众的反应，而问责制指的是公众对官方行动的常规性回应。尽管在某些特定环境下，中国政府对在线公众压力反应迅速，但这并不意味着中国官员对当地民众十分负责。

同样需要强调的是，大体上中央政府设定了一套反腐议程，并制定章程供网民遵循。多年来，中央政府一直在强调他们打击腐败的决心，习近平还把追逃腐败官员当作政府的中心工作。当北京方面发出反腐声明后，广大网民和媒体人便有了追问政府高层不知情或加以谴责的地方性问题的空间。相信政府的言论——甚至当不同的官员或是不同层级的政府部门都不同意时——便成为一种强大力量，促使公众积极行动起来。中央政府之所以对暴露出来的丑闻回应迅速，并非是担心公民任性不易控制，实则是某些高层官员希望公众支持其政策。与此相似，中央容忍一些公开批评是因为将之当作了"火警"，帮助高层官员发现下级的腐败行为。

2003 年的孙志刚事件特别能够说明线下与线上媒体之间的关联。《南方都市报》的一名记者首先通过孙志刚家人在互联网上发的帖子知悉此事，然后在报纸上报道了孙志刚死亡的消息。孙志刚之死引发网上一片哗然，之后主流媒体争相跟进报道。数周之后，北京方面便废除了收容制度，此事成为公众舆论集中力量的一次巨大胜利。当然，关键的是，整个网络社区都因为"孙志刚案"被动员起来了——线上的每一个网民都可能成为下一个孙志刚，一个受过高等教育的职业人士。如果孙志刚只是一个普通的农民工，他的死不太可能引起任何人的关注。

2007 年震惊中原地区的黑砖窑案件中，被愤怒的传统媒体激发起来的公众发挥了关键作用，迫使该案快速结案。黑砖窑案件一开始并没有引起全国震动，直到数百位焦虑到快要发疯的父亲在互联网上贴出了一份题为"400 位父亲泣血呼救：谁来救救我们的孩子？"的帖子后，该案件立即获得全国媒体和网络铺天盖地的报道。案件的最终结果是受害人员被解救出来，主要涉案人被判死刑，涉案的 95 名地方官员被降职、被开除党籍或被开除公职。

最能代表公众舆论的力量日益壮大的事件或许要数 2011 年的温州动车事件。尽管中宣部内部命令记者对事件本身"不得提问，不得详尽报道"，且铁道部匆忙掩埋了撞毁的车厢，但数天之内，就传出网民"贴出的有关这次惨剧的消息数量惊人，高达 2600 万条，其中不少还迫使倍感难堪的官员进行更全面调查"的消息。最终，公众要求追责的呼声导致了铁道部官员被撤职，并促使中国放慢了铁路建设的速度。

必须承认的是，这都是些不很常见的例子。大部分官员的违法乱纪可能根本就发现不了。虽然对违法犯罪的官员进行惩处比较罕见，但一旦他们的罪行暴露到公众视线中，惩处往往又迅速又无情。当网民们发现了腐败问题，或将传统媒体上报道的案件在网上广为转发之时，就意味着他们正对政府施予压力，要求迅速惩处犯罪分子，平息众怒。上述案例就是政府对被曝光的腐败问题典型的官方回应方式。尽管政府可能无法或无意遏制体制性腐败，但它可以迅速果决地对公众压力做出回应。因此，在合适的环境下，中国政府是一个能够对网络舆情做出迅速回应的政府。

从比较的角度来看中国的快速回应

肯尼亚与中国差异巨大。肯尼亚是一个出版自由的民主国家，理论上讲，它应该比中国更有可能改变政策以回应公众要求。传统观点认为，当公众要求政府解决某个具体问题时，肯尼亚的政客们应该迅速回应；而由于没有选票箱的压力，中国政府官员可以任意而为，无须顾忌广大愤怒群众的需求。

为了衡量中国与肯尼亚政府对公众压力的回应，本文搜索了 EB-SCO 报纸数据库中所有包含两国国名以及"丑闻"、"贪污"或"腐败"三者中任何之一词汇的英文文章，时间为 2000 年至 2010 年，一共筛选出 258 篇关于中国的文章与 248 篇关于肯尼亚的文章。为了排除当地审查制度与媒体控制的影响，这些文章都不是出自其国内报纸。虽然国际媒体只可能报道那些大的、引人注目的丑闻，但比之受到禁言的当地媒体，这些报道仍可能较好地反映中国与肯尼亚的状况。

接下来，对筛选出的文章进行了计算机内容分析。该分析软件有一个分门别类的预定义关键词的词典，能对文中出现的词进行比较。为了判定政府是否对丑闻做出了回应，暗示司法回应的词典类目——跟监狱、处罚与司法相关的词——被挑了出来。分析这些类目下的词有助于审视那些被揭发出来的丑闻最后有多少是以惩处涉事各方而结束的。

运用 T 检验法，两种类目的单词（与监狱和处罚相关的词）表明了对中国及肯尼亚丑闻的媒体报道在统计上差异显著。当媒体曝光肯尼亚的丑闻时，同中国相比，涉案人员不太可能因此坐牢或受到惩处。实际上，在有关两国各自丑闻的文章中，提到判决入狱的有关中国的文章数量几乎是肯尼亚的 3 倍，而提到其他处罚方式的文章数量中国是肯尼亚的 2 倍，这表明两国在处理结果上存在明显差异。上述分析结果表明，同肯尼亚丑闻相关的文章相比，有关中国的报道中，事关处罚与牢狱的文章数量要明显偏高。换言之，在合适的条件下，威权型政府实际上比民主政府更能回应公众压力。

或许有人认为同文化上相似的国家或地区相比，可能更说明问题，新加坡与台湾地区同中国大陆相比，对丑闻的回应程度大致相当。实际上，在测试的所有类目中，中国迅速回应的得分都高于新加坡，台湾地区则比中国大陆与新加坡的得分都高一点点，只有"惩罚"类目除外——它与中国不相上下。

另外一种建议则是与富裕程度相当、体制类似的国家相比较。中国、约旦、埃及与白俄罗斯在"自由之家"的得分相近，都被归为"不自由"国家，除了较为贫穷的埃及之外，这几个国家的人均GDP 都属于 5000—7000/年一档。利用方差分析（ANOVA）与邦费罗尼校正（Bonferroni correction）后发现，这些国家中的任意一方在丑闻报道出来后，对其惩处的力度上不存在明显差别，除了中国与埃及相比以及中国与约旦相比。因此，在是否同意惩罚被揭露出来的违法犯罪者上，中国比埃及与约旦的得分都要高。上述结果表明，政府对丑闻的回应与体制类型、民主程度或国家财富无关。换言之，尽管中国是个威权国家，但其表现出来的平息公众怒火的敏捷度令人吃惊。

中国政府的快速回应：双刃剑

迫于媒体和网络上的压力，政府或者修改政策，或对涉事官员进行惩戒，这样的例子已有很多。令人感兴趣的不是中国官员对大众的要求是否回应，而是他们为何要这么做。政府回应在很大程度上似乎都是出于担心公众批评政府不作为。

在中国官场上，似乎"隐藏的危险"通常比"民声"更能获得政府官员的重视。研究表明，中国的官场文化中，官员尤其是那些低级官员，常害怕互联网上的公众舆论，因为这些公众舆论可以成为一种"警报体系"，向其上峰指出问题。因此，政府的快速回应并不是因为政府想要这么做，而是多数官员将之看作一种维护稳定并预防事情失控的手段。

从某一方面来说，政府对公众舆论——尤其是线上舆论——的积极回应对中国公民而言是有利的。如同其他任何国家一样，中国面临着一系列当局不愿或无法处理的社会问题。媒体日益活跃有为，当它与被煽动起来的公众舆论结合在一起时，其强大的力量迫使不情不愿的官员去面对诸如官员腐败这样的问题。

这样一种乐观的视角认为中国共产党同公民越来越多的接触不仅有助于解决不断恶化的社会问题，还能增加制度的整体有效性。对共产党而言，再也没有比"合法性"更重要的了。在意识形态根源不断消失，而以发展为导向的政策创造出成功者与失败者的大背景下，议政过程（包括线上讨论在内）能够产生出合法性，从而有可能帮助共产党维持权力。该观点也说明大多数的中国人仍然觉得生活在一个认真对待公众要求的国家要好得多。

但中国共产党越来越愿意屈服于公众压力的背后或许隐藏着一个陷阱。

第一，网络上的评论专家并不能代表广大的普通中国民众这也是最重要的一点。

"倾向性评论专家"——那些阅读报纸和互联网讨论主题的人，跟进公共事务发展，在微博站点发表评论的人——并不等同于中国公民。原因之一在于，虽然截至 2014 年 7 月，中国有差不多 63200 万的网民，但这一群体仍然只能代表中国不到 47% 的人口。这意味着超过半数以上的普通中国人仍然通过电视、广播与报纸来获取消息。此外，即便是传统媒体，对中国西部及其他欠发达省份的覆盖也相对有限。即使这些非互联网用户能够跟进公共事务发展，但实质上他们仍然无法参与公众讨论。而参与线上公众讨论的人很难代表普通的中国民众，他们一般更年轻、城市化程度更高、受教育程度也更高，且多为男性，富裕程度处于平均水平之上。

此外，影响政府行为最有力的媒体目前是微博。但根据 2013 年 8 月的一项针对微博用户社会阶层的随机调查，相比其他网民，微博用户在人口构成上更加向着社会与经济精英倾斜。中国微博用户向精英的倾斜在地理集中性上尤为明显，47% 的新浪微博用户集中在北京、上海和广东省三个中国最富裕的地区。华中地区几乎没有代表。而西部省份，除了互联网普及率逐年攀升外，几乎没有微博用户。受调查的微博用户同样比普通的中国公民要富裕得多，也更具备专业素养。

中国网民相对代表了全国人口中的精英部分这一事实本身并没有什么问题，但这意味着中国的互联网用户与倾向性评论人士相对而言都是经济与社会地位上的"优胜者"。因此，评论人士评论并引起了政府关注的问题很有可能会偏离那些最需要帮助的人。

第二，可能破坏建立更高效、更独立的司法机构的努力。

另一个担忧是，政府对公众压力的迅速回应可能会对当前建立更有效力、更独立的中国司法机构的尝试造成破坏。改革时代开始以来，中国共产党在提高中国法律体系的品质方面的进展时断时续。1999 年，中国共产党第十五次代表大会对中国法律体系改革起到了重要的推动作用，最高人民法院颁布了司法改革蓝图。自 2002 年起，最高人民法院要求所有新任的法官都要至少拥有大学学历并通过全国司法考试，该项改革的结果是拥有大学学历的法官从 1995 年的 12% 快速攀升至 2005 年的 50% 以上。

对大多数日常案件而言，根据案件的法律依据，法官拥有越来越多的裁量余地。越来越多的中国与外国公司都认为这一制度正日益"去党化"，并变得公正起来，特别是涉及经济案件时。近几年来，出现了某种程度上的"背离法律"，一些法官受到鼓励去调解，而非诉讼。法官的法律自主权与专业地位已经远高于改革初期。

但是，中国共产党—政府对公众压力的易感性有时却会破坏这一朝着更专业的司法体系迈进的进程。尽管互联网的力量能够促进正义——比如佘祥林一案中，被错误定罪谋杀了自己妻子的佘祥林在互联网的压力下被无罪释放——但同样的也能轻易扭曲中国脆弱的司法进步。

最能看出此征兆的案件之一便是对沈阳黑帮老板刘涌的审判（以及再审）。2003 年辽宁法院系统判决了刘涌一系列罪状，包括组织黑社会、贿赂以及非法持有武器等，并被判处死刑。两次上诉后，辽宁人民最高法院撤销死刑判决，改判刘涌终身监禁，判决减轻的原因之一就是其认罪供词是严刑拷问得来的。在上海一家名为《外滩画报》的杂志质问了刘涌判决的减刑后，互联网各大论坛充斥着愤怒的评论，谴责了对刘涌的宽大处理。在公众压力的迫使下，最高人民法院迅速援引了一条之前从未用过的法律条款，判决刘涌死刑，并在当天执行。如果一个案件足够成为轰动一时的案件，那么党政当局明显愿意忽视现有规则和程序，转而做出粗糙且预先准备好的判决。

（杨莉　编译）

原文信息

原题：China's Responsiveness to Internet Opinion：A Double-Edged Sword

作者：Jonathan Hassid

出处：*Journal of Current Chinese Affairs*，Vol. 44，No. 2，2015

公众舆论与民族主义：官方和国内学者的态度

玛利亚·瑞普尼科娃

在线学术期刊《亚洲论坛》2014 年第 3 期组织一组专题文章，讨论中国在国际关系方面的诸层面话语表现。长期致力于中国媒体研究的牛津大学亚洲政策研究所学者（现为乔治亚大学访问学者）玛利亚·瑞普尼科娃（Maria Repnikova）在其中撰文，讨论了中国国内公共舆论对国际关系话语的影响。

近年来，就中国国内舆论对中国外交政策的影响问题出现两种对比鲜明的观点。一种（下力推动论）认为大众民族主义对外交政策制定有明显驱动作用，特别是在对日、对美问题的政策制定上。对于大众民族主义，商业媒体乐于借势炒作、官方私底下默默迎合，政治领袖们也对其保持莫大关注，并乐于采取那些更能获得民众积极响应的政策方案。另一种观点（上力引导论）则认为，大众民意是中央宣传部门和其他意识形态机构为配合国家政策而刻意营造出来的，他们非常清楚在敏感问题上媒体和民众的哪些态度是适当的，哪些是捣乱的。西方的研究者们和政策解读者们往往游走在这两种看法间，不是走向一种极端就是走向另一种极端（近来更偏向后者），而且明显罔视了中国国内对这一问题的讨论，而正是后者为我们观察和思考这一问题提供了别样的思路和视角，并且提示研究者们要从两种模式的互动过程中把握公众民意和官方引导二者如何影响中国在国际舞台上的行止。

瑞普尼科娃列举了张清敏的《中国对外关系的国内管理与对外统筹》（《世界经济与政治》2013 年第 8 期）、王存刚的《中国外交政策：谁在制定？谁在影响？》（《外交评论》2012 年第 2 期）和李开盛的《中国外交要善用网络舆论》（《学习月刊》2010 年第 21 期）等文章来说明，在有关公众舆论与外交事务决策的关系上，中国学者已做出了不少有深度的分析。这些文章都注意到公众舆论对决策的双刃剑作用，也都提到官方希望合理引导公众舆论并愿意积极参与、推动那些支持政府对外政策的公众言论。此外，这些文章也都指出，媒体和网民在通过议程设置的公共话语来影响决策方面显得远不够成熟，从而政府对相关公众舆论的处置方式也基本同对媒体和大众在国内事务上的言论一样。与西方文献多采用"民族主义"或"网络民族主义"的概念不同，中国国内学者在讨论中倾向于采用更加温和的表述，比如"民意"、"普通公众"、"社会环境"，他们也不把人们对国际问题关注度的提高置于民族主义框架内分析。不过，从他们最热衷于讨论中日关系问题上还是能够看出他们其实受到大众民族主义的裹挟，他们常常诉诸大众的民族主义情感，暗示自己的言论是代表大众向政府请愿。

互联网兴起特别是 2005 年之后微博的兴起，为网民参与国际问题讨论提供了丰富的信息源和富于灵活性的言论空间。中国参与全球化程度的加深也为中国网民对国际问题的讨论提供了素材。比如中国与在地理和文化上彼此远隔的非洲和南美地区往来增多，使网民们能够接触到全球网络，而中国独特的经济治理模式及其成绩对西方主导的模式构成挑战，这也激发了国人的自信和具有民族主义内涵的种种期盼。此外，中国学者王辑思也指出，中国人对国际事务的关注也在于"中国的国际关系问题直接与这个国家的存亡问题相联系"。这种说法其实更多指向的是中国近代以来的历史而非当下，"百年国耻"的历史记忆总是会潜伏在当代中国的国际关系话语中，媒体的传播和报道则与这类话语一道将中国国内的民族主义情绪加强并向外释放。

民族主义的公众舆论是把双刃剑，中国学者普遍认识到这一点。民族主义的公众舆论，在学者们和官方评论者们看来，其积极方面在于：它能直接或间接地起到维护外交政策立场的作用，也作为一种（官方对民间情绪的）回应机制发挥作用。但学者们对它更多的是保持警惕，认为它弊大于利。正如《世界知识》杂志的主编所指出的：最近以来，在政治家、决策者和国际关系研究者中鲜有看好公众外交者，他们认为非理性的公众舆论可能会给国家带来危害。中国学者们也注意到网络民族主义与线下抗议（特别是针对日本）的结合。也有学者认为外交政策制定和民族主义的公众舆论形成了某种恶性循环，对外交政策的意见导致公众的不满情绪，这种情绪又反过来令执政者不愿满足民众们所吁求的国家利益。

对于民族主义的公众舆论，官方的态度还是希望通过合理引导使其发挥积极作用。如今，中央政府积极参与（在线）公众舆论并努力加强自身的响应能力。不仅是国际事务，在国内改革问题上的公众讨论，政府也是积极介入。治权与稳定仍是中国共产党及其政府在应对民众舆论时最核心的考量要素。

不可否认，在管控、引导大众民族主义方面，党和政府变得越来越自信，但它仍然具有动摇政权的威力。如何同时而有区分地对大众民族主义进行刺激、引导、收束对中国领导人来说是一个重大的挑战。这首先要求他们对大众的情绪有着全面和深入的了解。然而，近来微博这样的公众言论平台逐渐走向衰落，代之而起的是微信这类更加个人化的聊天平台。这不仅大大增加了政府监管、引导的难度，也使得网络民族主义的舆论表现形式本身变得更加难以把握。

（唐磊　编译）

原文信息

原题：Domestic Factors in China's International Relations Discourse：Chinese Debates on the Role of Public Opinion

作者：Maria Repnikova

出处：*Asian Forum*，Vol. 2，No. 3，2014；

http://www.theasanforum.org/domestic-factors-in-chinas-internationalrelations-discourse-chinese-debates-on-the-role-of-public-opinion/

五

人口与就业问题

- 人口变化拖累中国崛起
- 户籍制度改革的得与失
- 中国家庭收入分布：不平等、贫困与政策
- 中国贫困家庭的脆弱性及其对策分析
- 关注"留守"妇女的能动性及其贡献
- 中国保持性别平衡至关重要
- 从制度变革着手矫正性别比例失衡
- 嘀嗒作响的定时炸弹——中国青年就业不充分问题
- 非洲人在中国：问题、研究与评论

人口变化拖累中国崛起

翁笙和　戴慕珍　等

美国斯坦福大学亚太研究中心研究员翁笙和、斯坦福大学政治学系教授戴慕珍等学者在《亚洲研究杂志》2013 年第 3 期发表文章，讨论了性别失衡、人口老龄化，以及它们与快速城市化之间的相互作用将如何左右中国改革时代的发展，并强烈地影响中国的未来。作者指出，中国人口的老龄化将改变依附率，减少劳动力，从而驱使薪酬增加。这些变化可使中国的高增长率放缓。人口老化与性别失衡和快速城市化一起，也将危及金融和社会稳定，并对中国传统的治理方法提出根本性的挑战。人口变化将影响中国如何应对不断降低的经济增长率的几乎各个方面，有可能在未来中国的社会稳定中起着决定性的作用，并对地区和世界其他地方产生外溢效应。

中国的人口老龄化迫在眉睫且不可避免，其衍生后果严重且影响长远。中国人口众多，人均国民收入又处于相对低的水平，老龄化将如何与严重的性别失衡以及快速城市化相互作用？中国的出生人口性别比 20 多年来一直更偏重男孩，而且这一趋势有增无减，将在未来数十年产生大量"大龄未婚男性"。婚姻挤压将导致婚姻和家庭制度的严重不稳，继而极大地威胁国家社会秩序的稳定。

此外，这些张力将不再限于中国的偏远乡村，而是已经发展到城市中心地区。如果城市化持续目前的速度，未来 20 年中国城市将吸收 3.35 亿新居民。这些相互关联的人口结构变化将对社会和经济治理提出前所未有的挑战。

历史趋势的趋同

中国的人口转型独一无二，人口变化之规模、范围和速度均前所未有。这些变化对中国的治理提出了一系列挑战。在传统中国以及中华人民共和国成立后的大部分时间里，当局对农村人口的管理主要通过诸如亲属关系网和基于相互扶持的社会关系，解决问题的能力植根于乡村生活方式。随着农村人口迁入城市，传统的地方上解决问题的能力渐被削弱甚至消失，与社会福利、老年扶持、保健以及解决纠纷等相关的问题成为明显的挑战。近期农村人口的大规模外迁使得不少乡村仅剩下老人和孩子，这不仅提出了社会问题，还为国家制造了两难状态，即是否及如何重组乡村中国以促进治理和公共产品的提供。在城市地区，中国政府正尝试通过所谓"社会管理"的官僚方法来应对这些挑战。无论在城市还是乡村，这类努力已导致官僚政府的极大扩张，而这一扩张可能成为未来争论的焦点。这些变化还加剧了中央和地方之间的紧张关系。中央善意的计划为地方当局制造了一系列没有配套经费的任务，加剧了各地乡村对土地权利的争夺，进而加剧社会的不满。

劳动力及其生产率

中国的人口增长自 2000 年起处于收缩状态，预计到 2014 年将完全结束，除非政策发生明显变化。由于年龄结构，中国的人口还将继续增长一段时间，但工作年龄人口的增长将会放缓，并从 2010 年的最高比例（总人口的 74.5%）逐渐下降。

有经济学家认为，劳动力短缺将导致薪酬增加，并迫使中国的产业结构进行代价高昂的升级，从而使经济增长放缓。也有经济学家认为，中国较高的老年人口抚养比加大了经济增长放缓的可能性。除非中国保持生产率的快速增长，中国经济增长可能会长时期减缓。

　　与国际先进水平相比，中国在提高生产率方面尚有充分的空间。在教育方面的巨额投资为劳动力生产率奠定了基础。然而，中国的教育总投入在 GDP 中的百分比依然较低。目前的教育制度是低效的和不公平的。中国 592 个贫困县的学龄儿童占全国同龄人口的 25%—30%，在中国未来劳动力中占据很大一部分。如果要避免产生数千万将在未来高薪酬、高技能的经济中被边缘化的劳动力，政府必须迅速改革其农村教育。

　　中国人健康状况改善和寿命延长的主要意义已经不在于提高劳动参与率，而是延长退休生活。寿命的变化意味着工作年限在人一生当中所占比例的减少，并需要不断增加对医疗养老的经费支持。

　　幸运的是，人口变化造成的社会经济变化在一定程度上抵消了对劳动力的负面影响。中国人口控制政策的发展将有力地影响未来中国年轻人的受教育状况。鉴于人口控制政策和社会经济变化都意味着城市地区更低的生育率和更高的学历，与放宽农村人口政策相比，放宽城市的"独生子女政策"将导致儿童人数减少但受教育更好。

　　如果中国未来的劳动力要像过去 30 多年那样促进人均收入的增加，就必须有创意思维和创新政策。

资本和储蓄

　　改革时期中国储蓄大幅增加，其中有 1/3 可以用家庭人口减少和依靠子女（特别是儿子）养老来解释。这有助于说明为什么（尤其在农村）仍然存在重男轻女现象，并在性别选择技术可以广泛获得后出现严重的性别失衡。

　　问题在很大程度上取决于中国的代际转移如何变化，以及政府保障网络的慷慨程度。中国是唯一完全用劳动收入支付"生命周期赤字"的国家，其高储蓄率在一定程度上反映了人们的储蓄目的是为了防病、防老和防家庭的预料外支出。要建立更合理的社会保障网络，发展金融市场，并实行其他限制预防性储蓄所必需的改革，提高国内消费在中国经济中的份额，这尚须时日。健康保险方案仍然处在较低的福利保障水平，在城乡之间和不同省份之间存在着巨大差异。

虽然降低预防性储蓄、增加国内消费被普遍认为是中国经济增长的动力来源，但储蓄的快速减少也可能因其损害现行金融体系的基础而危及中国未来的经济增长。

多因素生产率、社会稳定和治理

历史上，产出增长减缓的最直接决定性因素就是多因素生产率增长的减缓。市场和治理的稳定性和可预测性都影响多因素生产率。多数观察者（包括中国最高领导层）都认为解决社会不平等问题是持续发展的关键，但人们尚未充分理解适应人口结构的变化与社会经济体制的发展之间密不可分的关系。

例如，人口变化与城市化之间的联系。中国农村一直是千百万农民工的保障，使其在经济衰退期可以返回家乡。但随着城市化的发展，当这一土地保障不复存在时会出现什么情况？这对中国社会（及其中央和地方政府）吸收未来经济波动和处理社会混乱的能力提出了一个重要的问题。

此外，婚姻一直被认为是有助于稳定的社会化因素，而高性别比是导致犯罪增加的原因之一。家庭规模的缩小还减少了家庭对老人的照顾。夫妻中的一方留守家中照顾老人和孩子，而长期分居导致农村离婚率上升。传统的代际关系承受着压力。迁移削弱了家庭纽带，破坏了赡养父母的社会规范。

也许最重要的是，人口变化将从根本上挑战中国传统的治理结构。强行使用官僚手段来解决中国面临的盘根错节的社会挑战几乎将无可避免地激化社会与国家之间的紧张关系。

未来难以预测

　　中国人口的老龄化将改变依附率，减少劳动力，从而驱使薪酬增加。这些变化可使中国的高增长率放缓。人口老化与性别失衡和快速城市化一起，也将危及金融和社会稳定，并对中国传统的治理方法提出根本性的挑战。人口变化将影响中国如何应对不断降低的经济增长率的几乎各个方面，有可能在未来中国的社会稳定中起着决定性的作用，并对地区和世界其他地方产生外溢效应。

（黄育馥　摘译）

原文信息

原题：Will Demographic Change Slow China's Rise？

作者：Karen Eggleston，Jean C. Oi，Scott Rozelle，Ang Sun，Andrew Walder and Xueguang Zhou

出处：*The Journal of Asian Studies*，Vol. 72，Issue 3，2013；http：//journals. cambridge. org/abstract S0021911813000557

户籍制度改革的得与失

唐　磊　　韩侃瑶

近年来，中国政府一直致力于户籍制度改革，改革内容主要包括全面或逐步开放中小城市落户限制，合理或严格限制大型、特大型城市人口规模，以及致力于废除"农业户口"与"非农业户口"二元对立。然而，现实表明，上述改革能否根本解决户口背后资源过度集中以及人均资源匮乏等问题还有待观察。分析者担心，愈加严苛的城市准入标准以及一些农村人口并无转入小城镇的意愿，可能会严重影响户籍制度改革初衷的落实。

2014 年 7 月，国务院印发《关于进一步推进户籍制度改革的意见》，用以贯彻落实党的十八大、十八届三中全会和中央城镇化工作会议关于进一步推进户籍制度改革的要求。近年来中央政府对户籍制度改革的反复提及似乎表明了政府对传统户籍制度弊端的认识以及对其进行改造的决心，其中最为突出的一点便是"农业"与"非农业"两分的户籍制度将被废除。然而，新型户籍制度是否能真正解决旧式户籍制度背后的社会问题？

中国现行的户籍制度主要源自于 1958 年《中华人民共和国户口登记条例》，这一条例首次明确将城乡居民区分为"农业户口"和"非农业户口"两种不同的户籍。出于当时对计划经济体制的考虑，政府其后便严格限制两种户口之间的互相转换，以确保国家在政府制定的轨道上发展。此外，除了"农业户口"与"非农业户口"之间转换的困难，不同地区之间的户口迁移也显得异常困难。

虽然自改革开放以来，特别是近年来，随着人口流动的大幅增加，旧式的户籍制度似乎在逐步松动，户口迁移也逐渐变得有例可循，但总体上，无论是"农业"与"非农业"之间的转换，还是不同地区之间的户口迁移，都仍然十分困难。户口迁移，绝大部分情况下是农转非的户口迁移，主要的刺激来自于与城市户口挂钩的资源与福利。由于城乡以及地域发展的不平衡，中国的农村以及欠发达地区较之于城镇和发达地区，实行着更低的福利标准以及只有更少且质量更差的教育、文化、公共设施等资源。

此外，改革开放以来严重的"人户分离"状况导致了在城镇甚至大城市工作的人无法享受当地的福利和资源。而对于流动人口，他们面临的要么是户口所在地的福利支撑远低于城市生活保障所需，要么就是由于离开户口所在地而根本无法享受当地的福利。以教育资源为例，北京、上海等地拥有质量颇高且为数众多的基础教育机构以及高校，而河南、山东等地的情况却恰恰相反。一对持有河南与山东户口的夫妇，无论在北京或上海工作多长时间，为城市的发展做出多大的贡献，同他们持有相同户口的子女（事实上，他们的子女即便在北京或上海出生，也不可能获得当地的户口）并不能享受北京或上海良好的教育资源。因此，旧式的户口制度渐渐成为阻碍社会公平的绊脚石之一，而其导致的不公平往往延续到下一代。那么，新型户籍制度是否能真正改变这一现状？

细读《中共中央关于全面深化改革若干重大问题的决定》和《关于进一步推进户籍制度改革的意见》这两份最为重要的户籍制度改革文件，我们会发现，新型户籍制度最为核心的内容便是"全面放开建制镇和小城市落户限制，有序放开中等城市落户限制，合理确定大城市落户条件，严格控制特大城市人口规模"，以及废除"农业"与"非农业"二分的户口制度。新的户籍制度对二分制度的废除以及对小城镇落户的支持在统一同一地域的城乡社会福利与资源方面，看上去很美，但如果考虑到农村的隐性福利和资源以及地域间的差异和不平等状况，新型户籍制度的实际效果则有待于进一步衡量。

表面上，在统一同一地域的城乡社会福利与资源方面，新型户籍制度可能给农村居民带来的制度红利还是比较明显的。按照新的制度设计，农村居民可以更容易地迁徙到城市之中，在工作的同时享受到所在城市所提供的福利与资源。不过，据哈佛大学的尼克·史密斯（Nick Smith）在重庆市市辖区九龙坡区的海龙村所做的田野调查发现，村民们（包括在外打工的农民工）往往并不愿意加入城市户口。其主要原因是，大多数村民相信在农村所享有的（隐形）资源要比国家在城市提供的福利与资源更为可靠。这些隐形资源包括农村互助式的人际关系、多样化的收入与机会（低成本建出租房、开小卖部、棋牌室、饭馆等）、更为宽敞的住房等。迁移到城市则意味着这些隐形资源的消失，许多村民认为这会得不偿失。此外，农村人口对需要自掏腰包的国家福利制度（主要是医保和养老保险）并不信任，即便他们迁徙到城市，是否会缴纳医保或养老保险仍是疑问。当然，这一田野调查并不能代表中国所有的农村，但也表明，这一问题至少在某些地区是存在的。

相比于同一区域内或发达程度相似的区域间的城乡差异，不发达区域与发达区域间社会福利与资源的不平等状况可能更是户口问题的关键所在。尤其在资源方面，无论是政治资源、经济（机会）资源还是文化资源，中国东部地区集中了大部分，北上广等大城市（以北京、上海为甚）则集中了东部地区的大部分，而大部分中西部的小城镇如果说对于农村而言真的还有优势的话（考虑到农村的隐形优势，我们就很难理直气壮地这么说），他们的优势相比于东部大城市所具有的绝对优势而言，实在有些微不足道。从官方两份最重要的文件来看，中央政府期望逐渐拥有制定准入标准权力的地方政府采取更为开放但同时也更为严格的大城市与特大城市准入制度，诸如更长的居住与工作年限、更为严格的工作领域和职称标准、更高的税款缴纳标准等。但是，对于地方政府而言，正如澳大利亚国立大学副教授李秉勤（Bingqin Li）所说，不愿或无法提供更多社会福利的地方政府常常会制定极为严苛的准入标准。这一状况带来的结果便是，北京、上海这两个中国最大、资源最集中的城市的准入标准较之以往已然更为严苛，而为数众多的中大型城市也制定了较高的准入制度，期望以最小的代价引进高质量的移民。

因此，我们似乎可以得出一个结论：生活在农村的人可能因为隐形福利而并不愿意迁往小城市，即使他们愿意择木而栖，也很有可能不为中型和（超）大型城市接受。正如乔治·华盛顿大学教授陈金永和威尔·白金汉姆在 2008 年所做的预测：虽然中国一直在改革户籍制度，但是改革所积累的效应并没有通向废除户籍制度，而是将制定准入标准的权力下放到了地方政府，最终的结果便是农民更难得到城市户口。此外，北京、上海等特大城市严苛的准入制度并未能真正阻挡外来人口的涌入，它们只是使得涌入的外来人口无法落户。因此，在城市治理方面，北京、上海等大城市仍然面临着交通拥堵、人均资源并不丰富等问题。而且，只要大型、特大型城市仍然集中着不为其他城市所拥有的优质资源与机会，人们仍然会抱着一丝希望涌入这些城市。

事实上，政府对这一现实状况并非一无所知，但户口背后错综复杂的利益问题以及城市治理问题却时刻令其左右为难。已拥有大城市户口的居民并不愿意失去户口所附加的特权，地方政府出于城市治理的考虑总是尽可能提高城市准入门槛，毕竟谁也不想看到拥堵的交通、浑浊的空气以及教育程度不高的人口，而资源集中于大城市的现象也是城市化道路中必然经历的一环。其实我们应该明白，只要地域发展不平衡与资源过度集中的问题还未解决，只要中国的人均资源拥有量尚匮乏，我们就很难要求政府单单通过改革户籍制度一劳永逸地解决所有问题。因此，从本质上而言，新型户籍制度所带来的问题并不完全由旧有制度的惯性或者新制度未能入轨引起，它们在更大程度上源自中国现今的发展不平衡。

参考文献

1. Kam Wing Chan and Will Buckingham, Is China Abolishing the Hukou System? *The China Quarterly*, No. 195, September 2008.

2. Bingqin Li, *China's Hukou Reform a Small Step in the Right Direction*, 2015, in http://www.eastasiaforum.org/2015/01/13/chinas-hukou-reform-a-small-step-inthe-right-direction.

3. Nick R. Smith, "Living On the Edge: Household Registration Reform and Peri-urban Precarity in China", *Journal of Urban Affairs*, Vol. 36, Issue s1, 2014.

中国家庭收入分布：不平等、贫困与政策

李　实　史泰丽

　　《中国季刊》2014年3月发表北京师范大学教授李实和加拿大西安大略大学经济学教授史泰丽（Terry Sicular）合写的文章，对中国家庭收入不平等的原因进行了分析，探讨了各种分配政策对消除社会不平等所起的作用。

　　最近，中国的政策讨论一直围绕着不平等这一中心话题。城市与农村、沿海与内陆、利益集团与百姓等社会经济群体之间的收入差距被认为已经到了不可容忍的程度。目前，政府已经推出了一些解决方案，如改善社会福利和税收措施、劳动力市场的保护等，其中包括机构改革和政治改革。对中国不平等问题的政策讨论一直困于信息的不完整和不一致。不平等的程度有多大？在增加还是在减少？哪个阶层更好些？哪些因素造成了收入差距？国家的政策调控对改善不平等有哪些影响？测量不平等程度非常困难，对这些问题的回答也实属不易。尽管如此，研究人员仍在努力提供越来越多的相关证据，对中国家庭收入不平等和贫困的近期趋势进行研究。

　　中国的收入差距早已出现，这是由既往政策和经济增长模式造成的。20世纪90年代，政府在财政、外贸和企业方面都进行了改革，以促进经济的快速发展，而与此同时，贫富不均的现象也相应出现。近年来，中国提倡"和谐社会"和"科学发展观"，强调可持续发展和公平的经济增长。中央政府实施了一系列措施以减少收入差异，保护脆弱的经济，包括农业扶持政策、社会福利支付转移计划、有针对性地减税、提高最低工资、加大扶贫支出等。

世界金融危机带来了新的挑战。在危机期间，中国积极寻求稳定策略，包括4万亿元的财政刺激计划，并伴随出台货币宽松政策、减税和其他措施。但这些政策和措施只是对已有项目提供扶持。

从20世纪90年代中期到2008年，中国的收入差距大幅增加。2008—2012年略有下降，但是收入不平等的程度仍然高于国际标准。通过对城乡家庭收入进行研究，发现其中存在一些导致不平等的原因。具体而言，目前城乡收入差距主要来自于私人资产和财富的增长。农民打工收入的快速增长对收入不平等现象有所缓解。

在中国的收入分配政策中，并非所有的政策都能有效地缓解不平等和贫困。

城市中农民工的收入要比务农收入高，但是仍比城镇居民的收入低。对于贫困人口，造成贫富不均的原因不是收入未增加或者下降，而是富人的收入增长速度更快。从2002—2007年，中国出现了巨大的和不断扩大的城乡收入差距。这种趋势并不能说明农村收入停滞不前。农民收入增长也很快，只是增长速度不及城市。这种城乡劳动力收入差距反映出了城市和农村教育机会的不平等，以及城市居民拥有更高的教育回报。

工资是城市家庭收入的最大来源。自20世纪90年代末，就业收入增长相对缓慢。而养老金收入增长迅速，主要原因是政府增加了城市养老金领取的范围和数量。以前，中国城市的收入差别不明显。但是，据官方统计，近年来城市居民收入差距明显增大。其原因主要是收入增长速度严重不均。

近十年，中国的再分配政策包括个人所得税改革、取消农业税、最低工资政策、低保政策、财政转移以促进区域发展和扶贫项目等，这些政策对收入分配有不同的影响。

个人所得税

对个人所得税的研究发现，虽然税收收入大幅增长，但是对缓解不平等的作用不大。其主要原因在于：第一，个人所得税是针对个人征收，而不是整个家庭。因此，所得税由劳动者缴付，不受家庭人口数量影响，而通常低收入家庭人口数量多。第二，税收管理和征缴低效，高收入群体已经找到了避税方法。第三，提高了起征点，减少了合法纳税人的数量。

取消农业税费

农村不平等的测量是通过人均收入。农村税收改革对收入的影响可以通过城乡收入差距来测算。有数据表明，通过降低农村税费可以减少农村不平等。

最低工资政策

最初引入最低工资规定是在 20 世纪 90 年代，但是近年来的执行情况更好些。研究发现，最低工资规定的实施对分配的影响有限。虽然近年来严格执行最低工资规定，但是对减少不平等的作用有限。

放宽对移民的限制

中国经济改革之初，向城市迁移的农业人口很少。20 世纪 90 年代后期，特别是 2000 年以来，乡—城移民明显增加。户籍政策的松动使农村人口向城市迁移，移民的就业和生活条件也有所改善。

对收入不平等的研究表明，进入城市的农村务工人员的收入增加缩小了城乡收入差距。没有这些移民的收入，农村收入的增长会更慢，城乡收入差距会更大。移民收入可能抑制了整个国家的收入不平等。

最低生活标准保障计划

有学者对城市低保政策对收入分配的影响进行研究发现，尽管最低生活标准保障的范围很大，但是其对城市收入差距影响不大。对于贫困县，农村低保政策使农民受益。但是由于覆盖面有限，只是使国家贫困率降低了 1%。研究表明，农村低保政策对缩小收入差距的影响也有限。

区域发展战略致使中国的经济改革出现了地区发展的不平衡。20 世纪 80 年代和 90 年代以来，沿海地区的经济增长远比西部地区高，人均 GDP 存在地区差异。政府收入、公共服务、家庭收入和消费差距都在扩大。2000 年，中央政府启动西部开发战略。有学者认为，没有直接的证据证明西部开发战略有效地减小了地区收入差距。

（杨丹 编译）

原文信息

原题：The Distribution of Household Income in China：Inequality，Poverty and Policies

作者：Shi Li and Terry Sicular

出处：*The China Quarterly*，Vol. 217，2014

中国贫困家庭的脆弱性及其对策分析

尼古拉·安杰利洛

各种经济计量技术一直被用来评估贫困的脆弱性，即基于特定家庭的特点来评估其陷入（或持续处于）贫困状态的概率。意大利佛罗伦萨大学经济学家尼古拉·安杰利洛在《中国经济与商业研究》2014年第4期发表的文章《脆弱性贫困：主观贫困线的进路》，即利用来自中国家庭收入系列项目的跨部门数据和主观贫困线来说明导致中国家庭陷入贫困的不确定性的来源，包括在农村地区缺少综合的养老金制度和远离市场所导致的脆弱性，以及户口登记制度在城市地区造成的大量既受盘剥又缺少保护的移民。作者认为，过去十年，中国政府在改进社会福利制度方面的努力是显著的，然而人们的生活满意度却不断下降，尤其是那些更为贫困的人口和更为脆弱的家庭。这一现象说明，主观贫困线是一个将人们的希望以及他们对福利水平进行比较的倾向进行综合考虑的方法，为观察贫困问题和进行脆弱性评估提供了额外的路径。

诸如贫困人口比例（HCR）或贫富差距等指数是一些很好的应对与贫困相关问题的工具。但是，单纯依赖贫困评估不能预防下一个时段所发生的不测，而在未来哪些人将陷入贫困，与此相关的研究不仅有助于与贫困做斗争，还可以使政府能够提前进行干预，从而节约资源。但就目前而言，由于导致贫困的因素很多，这样一种预测机制尚未实现完全可控。

尽管很困难，但推进脆弱性评估却是一项现实的任务。脆弱性涉及贫困、风险和风险管理之间的关系。脆弱性这一概念可以被看作为遭受重大福利打击、使得家庭难以达到某种基准的概率，它能使我们更具洞察力。也可以将脆弱性理解为"一个家庭，如果目前不贫困，但却可能滑落至贫困线以下，或是，如果目前即处于贫困，但仍将维持这种贫困状态的预期概率"。了解哪些因素会导致人们的收入和消费数据出现波动，掌握造成不确定性和风险敞口的决定要素，这些对于决策者来说都是非常重要的。

消费（或收入）模式受到各种情境的影响，在经济方面，如未来出现失业的可能性；心理方面，如对未来创收能力的不确定；以及政治和环境方面，如政府的稳定性或是受自然灾害影响的风险等。本文的目的是利用主观贫困线来分析中国家庭的脆弱性来源，并探讨缺乏公共养老金覆盖，以及加剧社会和经济差异的户口制度是如何导致脆弱性的。过去数十年中国的工业化战略加大了西部地区与东部省份福利水平的差距；增长也在某种程度上带来了更大的不平等；获得高等教育的机会使城市居民更具有从改革中谋取好处的能力，因此城乡差距随之扩大。而在城市中，因为无数农民聚居在新兴大都市的市郊，差异同样加大。

利用来自中国家庭收入系列项目的跨部门数据进行分析，显示出以下结果：在中国农村地区，如果作为一家之主的父母和配偶还健在，家庭的脆弱性程度就会有所减弱。这说明家庭扶助老人的必要性被老人们的劳作和在家务及照料孩子方面所发挥的作用抵消；正如所预期的，公共养老金覆盖的作用是正面的，但遗憾的是，农村养老制度的改善似乎不是中国政府目前的优先考虑事项；能够利用水利设施有助于缓解脆弱性；家庭主要成员的移民也降低了风险敞口；而如果一家之主的年龄小于 30 岁或大于 60 岁，则可发现风险敞口有所扩大；与教育相关的分析显示，大学毕业生的脆弱程度较低，提升专业程度也被证明是一种减轻脆弱性的有价值投资。

此外，在农村地区发现，居住在与城市地区接壤的农户以及那些其村落与交通和通信网络较近的人家显示出较低的风险程度；同样的推理也适用于该地区的电力供应；20 世纪 70 年代社队企业的存在似乎有助于降低脆弱性；而那些具有较强流动能力的家庭一般来说更能抵御福利方面的冲击；此外，能从亲戚和朋友处借钱被证明是比求助于官方或贷款更方便的缓解风险的方式。

脆弱性可能受消费前景低迷或是波动性较高的影响。然而在我们的样本中，只有24%的脆弱农村家庭是因为预期收入前景低而处于风险中，其余则是由于预期收入的波动性较高。分析显示，尽管预期收入低，但如果同时收入的波动性预期也较低，就意味着拥有较为稳定的货币收入。例如，数据表明，尽管身体残疾使收入减少，但是国家的扶助被证明是降低脆弱性的有力手段。

当然，收入并不是决定脆弱性的唯一指标，对单纯货币变量的观察有可能传达的只是对人们实际生活状况的片面描述。在我们的扩展分析中，收入代表的只是人们生活水准的决定因素之一，环境状况、耐用品的拥有、借贷成功的可能性、教育、养老金覆盖，以及拥有"真正的户口"以提高找到合适工作的可能性，这些都是决定性的因素。

脆弱性评估有助于更深入地理解贫困现象。而我们的方法提供了一个额外的路径来观察贫困问题和进行脆弱性分析。首先，通过对脆弱性来源的评估进行预先干预，这一作用已经得到认可；其次，对于主观临界值的依赖表明，尽管"客观衡量的"贫困显著减少，但由于人们的期望逐步提高，因此对这一减少的感受是有限的。

纳入主观贫困线也存在其问题，如调查中针对最低收入问题的回应不仅是由一个家庭生存所需的客观计算所引导，还包括过上体面生活的需求。受访者一方面倾向于将更多的用项包括在内，显示出增长与愿望之间的不平衡；另一方面也揭示出家庭对于未来的不确定性：一旦生病需要花多少钱？为孩子们创造公平的教育背景需要花费几何？风险、不确定性和逐渐爬高的希望拉升了贫困线。

那么究竟应该如何对待主观贫困线？是否应该以怀疑的眼光看待贫困和脆弱性分析？我们认为，主观贫困线可以成为评估贫困和脆弱性的一个实用手段，尽管单纯依赖这类方法可能会产生误导，但想当然地拒绝也并非明智之举。正如前述所强调，贫困是一个多层面的现象，与此同时，中国是一个庞大的现实，因此可以为任何局部的讨论提供机会。未来的研究还可以关注以下问题，如尝试判断是哪些因素令少数民族面对更大的风险，政府是否正在尝试消除差异，国内移民与贫困问题的关系等。

基础设施的建设有助于进一步降低脆弱性：尽管沿海地区有分布广泛的道路和铁路网，港口、机场等将东部省份与外部世界相连接，但西部地区则较为落后。一些农户到最近的市场都很困难，孩子们也需要长途跋涉去上学。来自国内外的投资有助于降低脆弱性，而投资计划的更均衡分布也可以抵消差异。

当然，本文所讨论的一些调查结果不会磨灭改革带来的成果，即政府在过去十年为改善国家福利制度而做出的努力。2003年启动的新的合作医疗制度有利于贫困家庭，也促进了更大范围的农村人口获得医疗保障。财政体系中也有一些积极的进展，农业税的取消被证明是对农户的一个有效激励，并迅速导致投入—产出效率的提高和家庭消费潜力的提升。

正如有些学者所指出，社会行动可以缓和风险，并因此降低脆弱性。中国应该调整其承诺，从无限制的增长转向更为均衡的和兼顾多方的路径，并因此给予过去十年所开始的改革进程以力量和持续性。

（刘霓　编译）

原文信息

原题：Vulnerability to Poverty in China：a Subjective Poverty Line Approach

作者：Nicola Angelilloa

出处：*Journal of Chinese Economic and Business Studies*，Vol. 12，No. 4，2014

关注"留守"妇女的能动性及其贡献

杰 华

对那些留守农村的老年妇女而言，主流观点是她们属于被抛弃、不能照料自己的弱势群体。澳大利亚国立大学学者杰华（Tamara Jacka）发表于《亚洲研究评论》2014 年第 2 期的文章就此提出了不同的看法。她通过在宁夏的实地调查发现，农村老年留守妇女既活跃又能干，她们的困难主要来自于贫困、医疗保障短缺和性别不平等，因此对这一群体的关注不应仅仅着眼于其弱势品格，更要看到其能动作用。

进入 21 世纪以来，在"和谐社会"、"以人为本"和"新农村建设"等政策背景下，一批新的学术研究成果出现。这些著述描述了当今农村妇女、儿童和老人所面对的困难以及福利的缺失，对这一人群的状况给予了极大的同情和关注，但大多数仍未摆脱年龄论和性别论的窠臼，即那些涌入城市的农村青年男女仍被视为发展的主要力量，而留在农村的妇女、儿童和老人则无足轻重，他们只是"弱势群体"，由于被"抛弃"而受欺负，压力大、孤独和体弱多病。

本文作者在宁夏某贫困县（化名雪县）针对 50—80 岁的留守妇女开展了定性和定量的田野调查，重点关注她们所发挥的能动性以及对发展做出的贡献。基于调查，作者对中国近期的政策话语和学术成果中有关留守妇女的讨论提出了质疑。

弱势群体一词于 20 世纪 80 年代首次提出，意在呼吁对那些因为世界银行结构调整政策而受到伤害的妇女和其他贫穷人群给予关注，之后便被联合国及其分支机构以及各类活动者们纷纷使用，认为强调一个群体的脆弱和贫困可以有助于增强他们对于资源的呼求。但是作者指出，首先，弱势群体的话语在中国的广泛使用加强了一种刻板印象，即留守农村的老年妇女是被抛弃的、依赖他人、消极软弱，不能照料自己，更何况为发展做出贡献。当然，如同所有的刻板印象一样，这里有其真实的一面，即对于一些患病或高龄妇女来说确系如此，但是作为对老年留守妇女的一般性描述显然是不正确的，并易于引起误导。其次，即使是作为一种争取资源的短期战略，强调脆弱性在政治上也是有风险的。它并不一定能够导致更为公平的福利资源分配，反而存在出现个人的家长式社会福利的风险，导致自信心的丧失和被动接受者的增加。类似的福利待遇还可能助长一种看法，即福利接受者只是消耗财政的负担，对她们的支持不应提高，而是应该保持在最低限度。

基于上述立场，作者选取 63 岁的雪县妇女杨玉兰（译音）为例，通过这个典型的老年留守妇女的生活现实，说明精英们的弱势群体话语与雪县多数老年妇女生活现实之间的差距，并强调这一话语对于留守妇女的有限作用。作者指出，像许多其他农村老年妇女一样，杨玉兰过着艰难的生活，但是她的困难主要来自于贫困、身体状况、医疗保障的短缺、性别不平等以及家庭内部的冲突，而不是源于被抛弃、缺少照料与赡养。在雪县，调查接触到的绝大多数老年妇女的家中都有其他成年人，她们中约有 43% 与儿女及孙辈生活在一起，所有成年人都外出工作达 6 个月或以上的家庭仅占 14%。此外，与老年妇女主要"依赖"别人的印象相反，杨玉兰等妇女既活跃又能干。实际上，在中国农村，大量的农活和照料家庭的工作都是由老年留守妇女承担的，她们的劳作对于其家庭来说至关重要。同时，许多老年妇女也通过她们的劳作在家庭中获得极大的尊敬、自信和某种权威。

重新认识妇女的能动性及其社会贡献的重要性，对于旨在改善老年留守妇女状况的理论和方法具有特殊意义。尽管与西方国家有着非常不同的政治历史，当代中国的主要社会制度一直基于某种固有的社会契约。而且，随着改革开放，人们之间的等级差别不断被复制。一些人被认为是模范公民（model citizens），是社会契约的一方，他们"应得"或"博得"尊敬、权利、自主权和社会资格，而其他一些人则被认为不大应该得到这些。

广而言之，当今中国，模范公民是一个健全的男性，独立赚取收入，通过在生产性工作领域就业和自主就业对社会做出贡献。而那些没有或不能通过有偿工作赚取收入和贡献于社会的人则被边缘化、被贬低，被认为是"依赖的"、"非生产性的"以及缺乏能力和能动性。一般认为属于后一类的人们是不适于参与政治生活的，因此她们也就没有能力塑造社会和政治制度，以便改善自身和他人的福利；此外，她们获得的任何社会支持通常都不被视为一种应得的权利，而是某种形式的"施舍"、福利"救济"或特殊帮助和保护。

在当今中国，尽管社会福利的供给取得了长足进步，经济增长令人印象深刻，平均生活水平也有了改善，但是决策者、学者和社会活动家们同样面对着西方和世界其他地区面对的严重问题，即如何确保为那些因为没有通过"生产性"有酬工作赚取收入或"贡献"于社会的人们提供福利待遇，包括赋予她们能动性、自主权和尊重。女性主义一直寻求解决这一问题，她们倡导的主要进路包括：第一，推动妇女参与"生产性"工作；第二，挑战这种观念，即只有有酬的和"生产性"的工作才能算作对社会的贡献，并强调妇女在无酬的"再生产"工作中所做出的其他贡献；第三，一些学者还挑战那种"独立"和"依赖"的二元观念，主张所有人在其生命过程中都会在不同时间以不同方式依赖于他人，而相互支撑和照料应该被视为人们创建自主和尊严的生活的必要基础。

鉴于资本主义和新自由主义思想体系仍然在全球处于主导地位，因此，不考虑人们的生产力如何，而是满足所有人获得尊重以及获取其他能力的需求，这样一种社会秩序的实现尚需付出巨大的努力。然而这样的社会秩序必须成为发展的核心目标。强调和提高"弱势群体"的能动性不论是对于她们自身的福利，还是对于朝向公正的社会秩序的全面发展都是十分关键的。这是联合国《马德里老龄问题国际行动计划》（2002）的思想基础，该《计划》的目标是确保世界各地的人们能够有保障和有尊严地度过晚年，并作为拥有充分权利的公民继续参与社会生活。《计划》指出，"老年人应该获得公平和有尊严的对待，不管是处于残疾或其他状况，而他们的经济贡献应该得到独立的评价"。基于社会主义的传统和近年来"以人为本"的发展，在实现马德里计划的目标上中国拥有有利的条件，与此同时，决策者、活动家以及学者们还需寻找恰当的路径，将下述三个因素进行整合：首先，赞赏和提高老年妇女的能动性；其次，关注性别和年龄不平等的结构基础，其对老年妇女能动性的限制，以及可能导致的盘剥的风险；最后对公正的展望，即在发展的概念化中实现能动性、尊重和满足其他基本需求的平衡。

（刘霓　编译）

原文信息

原题：Left-behind and Vulnerable? Conceptualising Development and Older Women's Agency in Rural China

作者：Tamara Jacka

出处：*Asian Studies Review*, Vol. 38, No. 2, 2014

中国保持性别平衡至关重要

戈　雷　罗德·泰尔斯

本文作者戈雷（Jane Golley）和罗德·泰尔斯（Rod Tyers）分别来自澳大利亚国立大学中华全球研究中心（*Australian Centre for China in the World*）和西澳大利亚大学商学院。这篇发表于《亚洲人口研究》（*Asian Population Studies*）2014 年第 2 期的论文利用一个全球动态模型（global dynamic model），呈现 2030 年之前中国的人口行为和经济表现，从政治、经济、社会等角度讨论了在中国保持性别再平衡的重要性。

20 世纪 80 年代中期，中国的出生性别比（SRB）达到 107（以女孩为 100）以上，首次进入非正常范围。2011 年，中国发布的官方数字达到 117.78，已经成为世界上性别最不平衡的国家。省一级的数字更为惊人，2005 年 1% 人口抽样调查显示，有 6 个省的 1—4 岁年龄群的性别比超过了 130，而有 9 个省的二胎性别比超过 160。此外，女童过高的非正常死亡率（EFCM）又为这些令人不快的统计数字雪上加霜。

"消失的女性"（missing women）一词是 20 世纪 80 年代末由经济学家和哲学家阿玛蒂亚·森（Amartya Sen）首次提出。基于个人研究，森提出世界范围内由于人为干预或性别偏好等导致了上亿女性消失，而中国在这一方面比较突出。对于每一个"消失"的女性而言，都有一个"多出来的"、"额外的"和"无配偶"的男性。对未来的预测表明，到 2030 年中国有接近 3000 万男性将找不到妻子。

中国性别不平衡的趋高与其劳动力增长的放慢同期而至，后者近年来受到经济学家们的格外关注。在既定生育率水平下，由于女性人数减少，进一步拉低了人口增长率以及劳动力的增长，因此性别不平衡的趋高加重了劳动力增长放缓。而这只是性别不匹配的一系列经济后果中的一个，其他一些社会问题则集中在未婚男性比例的上升上，包括过度储蓄（一些男孩子的家庭为让自己孩子能在找对象上处在更有利的位置）和犯罪率的增加等。

在中国，出生性别比的急剧上升源于偏爱男孩的文化传统，特别是独生子女政策实施以来，以及 20 世纪 80 年代中期 B 型超声技术的广泛使用。虽然有些研究指出中国存在生了女孩而不予登记的现象，但是大量的证据仍显示，根据性别选择堕胎是近年来出生性别比攀升的主要原因。虽然严厉的计划生育政策不是造成父母考虑性别选择的唯一原因，但也的确是其中的一个因素。2000 年的人口普查数据进行的分析显示，在中国落实一孩、一孩半、两孩和三孩政策的不同地区，其 SRB 水平分别为 112、125、109 和 198，可看出两孩政策使 SRB 几乎降至正常水平，而一孩半政策（在农村地区当第一个孩子是女孩的情况下可以生育二胎）对 SRB 的影响较之独生子女政策更为有害。

埃德隆德（Edlund et al.，2007、2010）等人的研究显示，在 1988 年到 2004 年，性别比每升高 1%，导致财产和暴力犯罪将增长 3%，而这一时期犯罪总体高发的 1/6 以上可以归咎到剩余男性人口的增长。虽然上述研究所提出的所有论点并未得到证实，但的确表明中国性别不平衡的内在成本是巨大的。

未婚男性人口的不断增多还会带来诸多间接成本。人类学的研究显示，在男性大大多于女性的社会中，男性将更多地投入一些非生产性的活动以及有风险的寻找配偶行为，并因此降低自身的生产力、牺牲了父辈的投资。还有一些成本涉及未婚男性身体和心理健康的水平，以及照料这类老年男性的福利成本。男性人口增多，从经济角度而言可能会有一些好处，例如储蓄率的提高，也可能刺激企业活动，使私营部门得到发展。但是虽然高储蓄率会对中国经济增长产生积极影响，但对全球经济而言并不一定有利，对于中国的对外双边关系也如是。

针对中国高性别比的原因和结构，本文利用全球动态模型对人口行为和经济表现进行了分析，结果显示：到 2030 年，处于生育年龄的未婚低技能男性的比例将高达 1/4，达到 2700 万—5000 万人，并将继续升高；这部分男性人口出现的犯罪会导致生产力的下降，而相关成本将超过因男童家庭增加储蓄所带来的收益，对国民平均收入的总体增长也将产生消极影响。分析还显示，即使政策变化能够成功地将 SRB 降至正常水平，其产生的纯粹的人口统计意义上的影响也很小，至少在 2030 年之前是如此。而经济方面的影响仍然不能确定：一方面，即使有经济方面的影响，但短期内难以实现，而且并非所有这些影响都一定是积极的。另一方面，尽管如此，降低性别不平衡还是会对中国的外部失衡以及其总体经济表现有好处，尽管量级不是很强。

鉴于可能产生影响的因素众多，中国 SRB 的未来趋势尚难以精确预测。进化生物学家主张，当一个社会中同层结亲比较普遍时，其性别比可能达到平衡。人口统计学者和社会学家主张，随着性别歧视的弱化，性别比有望趋向平衡，而包括高等教育和农业机械化等社会经济变革有助于降低对男孩的偏好。一些经济学家则将希望寄托于市场，他们主张市场将提升女性价值，生女孩会处于有利地位。有学者提出的证据表明高性别比导致女性收入更好，而且农村的女孩生存率也就更高。尽管其他人认为，多种社会经济力量会驱动性别比经过一段时间趋向平衡，但墨菲等人（Murphy et al.，2011）的研究指出，这些因素迄今对中国农村几乎没有什么影响，因为女性在土地权益、薪酬和教育方面都处于不利地位。换言之，性别不平衡的长期市场解决方案尚未出现。

鉴于这些所谓的"自然"再平衡力量的极大不确定性，中国政府已经选择不坐视其演变或等待市场，而是确定将降低 SRB 作为国家的一项重要工作，并将目标设定为 2015 年达到 115。官方将 SRB 从 2009 年的 119.45 降至 2011 年的 117.78 归功于其近期对非法产前性别检测和选择性堕胎的打击，还承认加强推进机会平等和提高女性社会地位是解决问题的根本方法。

不管性别不平衡、储蓄、犯罪和生产率之间的联系是否确定，有着 2500 万以上未婚男性人口的国家，存在重大的社会不安定隐忧，这是不容置疑的。尽管不应太过渲染中国的性别问题对国际安全的威胁程度，但也不应忽视。正如马语琴（Mara Hvistendahl）在她的《非自然选择》（ *Unnatural Selection* ）一书中写道：要男不要女，以及一个满是男人的世界，这种不断增长的性别不平衡在经济和其他方面产生的影响有可能在未来造成严重的全球性后果。

（刘霓　编译）

原文信息

原题：Gender "Rebalancing" in China

作者：Jane Golley, Rod Tyers

出处：*Asian Population Studies* , Vol. 10, No. 2 , 2014

从制度变革着手矫正性别比例失衡

瑞雪·墨菲

在 21 世纪的第一个十年，中国的出生性别比（SRB）徘徊在 120（120 个男孩比 100 个女孩）。为应对这一问题，中国政府采取了一系列的政策措施，但其成效尚不明显。牛津大学东方学院社会学副教授瑞雪·墨菲发表于《中国季刊》2014 年第 219 期的文章，基于相关的社会学文献，并以 2003 年启动的"关爱女孩"计划为例，探讨 SRB 失衡作为社会问题是如何被建构的，以及相应的政策回应。分析表明，中国政府和社会将 SRB 失衡的主要原因归咎于农村人口在文化和经济上的落后，而没有主张女孩的内在价值，以及对农村家庭基本社会福利权益的认可。基于现有的社会问题建构路径，使得国家相应地推行了"以关心来控制"的对应政策，其中包括思想教育和有条件的物质激励或惩罚，但同时却回避了对体制变革的需求。

中国的 SRB 失衡在 20 世纪 80 年代和 90 年代所开展的调查中即已显露端倪，但直至 21 世纪初才作为一个社会问题得到公开承认，并引起相应的政策回应，特别是 2003 年发起的"关爱女孩"计划。

社会问题的构建

有关"社会问题"的丰富文献揭示出，"社会问题"不是"客观、可确定的，且在本质上具有负面影响的社会状况"，相反，社会问题是通过一个限定的过程呈现的，这个过程嵌入在带有某种情感共鸣的主导政治语言和文化符号之中。社会问题往往依据政策受益者所缺失的诸多方面来进行限定，而随之的解决方法即提供相应的帮助以改善受益者的缺失，而不是针对制度秩序进行广泛的变革。同时，利用这些帮助或关爱来解决社会问题降低了在行使社会控制时采用高压政治的需要，因为对政策受益者的情感表达鼓励这些受益者认可精英们对问题的性质以及解决办法的规定。

作为一个社会问题的 SRB 失衡

在中国，对 SRB 问题的承认和阐释一直基于这样一种假设，即 SRB 的失衡主要源于农村人口在文化和经济上的落后，而从总体上讲，对中国人口过多问题的解释也大致如此。作为封建遗产的农村落后文化以官方话语的形式进行表述，使性别偏见对家庭人口构成的影响与现行政策和社会现状的影响之间出现断裂，也即诸如计划生育政策或市场经济时期经济脆弱性等方面的影响几近被忽略。农村人口经济上的落后同样是根据其能力缺陷来给予解释的，例如他们在人力资本上的局限。这一解释将应对 SRB 失衡的措施纳入更为广泛的、旨在增加人力资源投资和提高人均收入的政策关注中，比如，减少人口规模和推进经济增长的政策。

在中国，将 SRB 作为一个社会问题给予承认经历了三个阶段。20 世纪 80 年代，SRB 还是一个需要避讳的问题，当时的主要目标在于实现人均增长，而缩小人口规模对这一点至关重要。到 90 年代，虽然 SRB 失衡问题没有得到公开承认，但决策者已经开始注意农村封建文化对家庭性别构成的影响。21 世纪以来，性别比失衡开始引起越来越多的关注。这其中的部分原因是之前几年开展调查的数据此时得以公开。在这些调查和学者研究的基础上，1999 年国家计划生育委员会开展了全国范围的对生育漏报情况的清查，发现多数省份都存在对 SRB 失衡情况的漏报现象。

清查结果显示，官方数字低估了 SRB 失衡的真实程度。2000 年人口普查的数据显示 SRB 为 117，这一数字曾一度引起恐慌。然而，忧虑的重点并非在于"女孩消失"的困境，而是 SRB 失衡对婚姻市场的影响，以及农村单身男性数量增多将对社会秩序造成的威胁。

在这一背景下，计划生育的政策重心出现调整，即在生育控制、改善人口"质量"之后，增加了调整人口结构这一新的重点。虽然人口部门的权威人士仍将 SRB 问题的加剧归咎于农村人口的素质低下，但无论如何，调整人口结构的提出的确为解决失衡问题开辟了新的政策空间。

"关爱女孩"计划

"关爱女孩"计划发端于 2000 年，意在建立试点地区，就选择性堕胎的防控措施进行实验。至 2003 年，相关的专家小组正式成立，并选定了 11 个试点地区，2004 年又增加了 13 个。协调小组则在各地监督措施的落实情况。

2004 年 3 月，中央政府的人口与资源环境工作会议决定，要在 3—5 年时间内使 SRB 失衡加剧的情况得到控制，并在 2020 年使问题得到完全解决。根据这一精神，国家人口和计划生育委员会出台文件，指导各级政府利用思想教育、经济激励和奖惩制度来控制性别比例失衡的问题。至 2006 年，关爱女孩计划正式扩展至所有县市。

如前所述，关爱女孩计划的主要内容包括思想教育、有条件的物质奖励和相关的处罚。从社会建构的角度而言，其中的每项内容都映射出官方所坚持的对 SRB 失衡原因的解释。正是基于农村经济、文化落后以及社会秩序缺失所制定的干预措施，被表述为农村人需要接受的对他们的"关心"，相应地，国家的身份便被确定为教育者、保护者和纪律的执行者。

结　论

　　鉴于"关爱女孩"计划是政府对 SRB 严重失衡问题的正式的政策回应，也是计划生育政策的重要组成部分，因此作者以大量篇幅对这一计划所包含的几个要素给予解释和实例说明。分析认为，国家行为者通过利用特殊社会政治背景下的文化含义、政治假定和所有可能的组织方式，将自己的角色确定为教育者、保护者和纪律执行者，并由此构建问题和提出解决的方法。关爱女孩计划的个案研究再次证明了这一点，也支持了此前相关研究所主张的观点，即社会问题的构建和解决打造并维持着社会和政治的等级制度。

　　与其他国家有所不同，在中国，对敏感的社会问题给予认定和解决的过程不是公开的，特别是涉及人口问题时，仿佛仅仅限于人口和计划生育部门的职权范围。然而事实表明，精英们提出的解决方法似乎并未成功地使 SRB 正常化。

　　相关信息显示，尽管干预带来了一些积极的结果，但是由于导致性别不平等的诸多制度规则仍然存在、政策落实上存在困难，加之当前的政治环境使应对 SRB 问题的资源不足，导致长期的效果并不理想。因此，如果使政府其他部门和更广泛的市民社会能够在理解和应对 SRB 失衡的过程中发挥更大的作用，那么就导致问题产生的制度原因的观点和看法（例如性别不平等、福利保障缺失以及计划生育政策本身等），就有可能获得更多的支撑，并有助于形成不同的和更为创新的应对之策。

　　对 SRB 失衡的政策回应似乎总是意在帮助女性，其原因之一在于不恰当地将"过剩的男性"问题化，好像农村男性都成了父权制的加害者，而女孩和妇女成为受害者。事实上，农村男性，特别是被迫单身的男性也在某种程度上受到了伤害，单纯地从社会性别（gendered）的角度对问题给予阐释忽略了社会政策的广泛影响。此外，尽管提出"关爱女孩"的口号，然而，实质的政策干预并不重在承认女性的内在价值，或是提高她们的权利。相反，这一政策重点始终着眼于鼓励农村人口限制其生育率。

还需要承认的是，SRB 失衡问题不仅出现在农村，在城市地区同样存在。例如 2005 年，城市地区 1 岁以下婴儿的性别比是 115，城镇为 120，农村地区为 123。因此，对 SRB 失衡问题的讨论应该更为开放，全社会公开地研究、讨论和理解在中国社会中性别不平等的复杂性，以及这一不平等在形成家庭构成上的作用。确保妇女获得更多的教育是党和国家推进性别平等的一贯路线。然而，正如多位学者所强调，以教育为中心推进性别平等的路径并不一定实现更为平衡的 SRB，而且也不能替代与性别歧视做斗争的具体措施，因此，女性主义对市民社会和政治生活的参与也是必要的。

应对 SRB 的政策制定中未能关注到所有农村人口的福利需求，以及与城市居民比较起来的不利地位。相反，在"关爱女孩"计划中提供的物质关照是有条件的，而且多数是临时的。多项研究表明，在中国，家庭经济的不稳定和缺少福利保障与严重的 SRB 偏差是相关的，而福利保障，尤其是老龄人口的保障，则会导致更为平衡的 SRB。例如，对 1991 年和 2000 年民政部的一项养老金计划的农村自愿参与者的研究表明，在参与计划的村庄里，SRB 的上升率较之其他区县要低 9%。更为重要的是，2009 年民政部再一次推出了农村养老金计划，尽管额度不高，但方向无疑是正确的，因为这一权益的赋予不依赖于个人对生育政策的遵守与否。

计划生育政策对于 SRB 加速失衡的影响不应被忽略，特别是那些执行一孩半或两孩政策的省份，SRB 更为不平衡。长期以来，应对 SRB 问题的基点一直是限制生育，针对目前状况，亟须补充新的观念和新的方法，开放政策制定的过程，不局限于人口和计划生育部门内部，同时不仅限于控制生育，这些对于解决 SRB 失衡的问题都将是有益的。

（刘霓　编译）

原文信息

原题：Sex Ratio Imbalances and China's Care for Girls Programme：A Case Study of a Social Problem

作者：Rachel Murphy

出处：*The China Quarterly*，No. 219，2014

嘀嗒作响的定时炸弹——中国青年就业不充分问题

舒君德

　　青年失业与巨大的收入差距问题日益成为当今世界面临的最紧迫的挑战。大部分专家学者将青年失业问题看作"嘀嗒作响的定时炸弹"，它足以摧毁一个国家的社会结构，并造成严重的经济损失，仅有一小部分人将之看作经济发展的机遇。德国全球和区域研究所（GIGA）亚洲研究分部的研究员舒君德自 20 世纪 80 年代以来便开始采访中国劳动力市场专家，并以 2000 年、2005 年及 2010 年三次人口普查数据为主要参考，于 2014 年 10 月发表了自己的工作论文，指出中国劳动力市场中的青年大军面临的主要问题不是简单的失业，而是各种形式的就业不充分问题。随着劳动力市场中的青年群体的逐步萎缩，由此带来的人口红利逐渐消失，中国需要解决好青年就业不充分问题，以抵消青年劳动人口缩减对经济乃至社会的负面冲击。

　　据国际劳工组织估测，截至 2013 年年底，世界范围内年龄在 15—24 岁的失业青年达 7450 万人，而实际数字要比这个高得多。尽管 2013 年中国的官方失业率仅为 4.05%，但中国领导层仍对青年就业问题表达出了高度的关切。随着中国经济再平衡，受到中国贸易伙伴因危机减少订单的影响，制造业的增速放缓，近期失业人口数字很有可能继续上升。人们无法收获经济增长带来的利益，还面临高通货膨胀、高失业率，青年与妇女往往是受冲击最大的人群。

　　中国民众对当前就业现状的种种缺憾存在一定程度的焦虑感。各种民意测验显示，中国人多年来最关心的十大问题中总有就业与失业问题，中国民众抱怨的不是失业，而是歧视与不公正阻碍他们找到合适的工作。就业技能不匹配、就业现实与自己和父母的期望相去甚远、工作不合适甚至失业，这些都是中国受教育青年所面临的就业不充分问题。这些问题使年轻人滋生出了挫败感，且这种挫败感日益加深，加大了青年动乱的可能性。

就业不充分的多重维度

青年就业不充分这一现象涉及的维度要远比青年失业宽广得多。要全面了解这一现象，首先需要将青年劳动力适龄人口做如下划分。

经济活动人口（A）

经济活动人口主要分为三类：全职（a）、非正常就业（b）与求职（c）人口，前二者又可被统称为就业人口。失业人口指的是有工作能力但没有工作并积极寻求的人群，因此，求职人数除以经济活动人口总数就可以得出失业率（c/a+b）。

非经济活动人口（B）

非经济活动人口主要分为两类：无经济活动（d）与在校学习（e）人口。前者又可细分为两类人群：失业但不积极找工作人群；因家庭环境、健康状况等多种原因不直接参与任何形式经济活动的人群。

失业率并不足以解释青年就业的不充分。一般说来，受教育人口越多，那么青年劳动参与率就低，在经济不景气时期，许多年轻人选择继续学业以躲避失业。较为准确的衡量指标是青年 NEET 率，即未就业、未受教育、未受培训青年占所有青年人口的比率，也就是上文中的求职人数与无经济活动人数的总和与青年人口总数之间的比率，即 c+d/A+B。其次，工作质量的高低也能说明青年就业充分与否。兼职、定期合同、中介雇佣以及个体经营等，一旦出现收入偏低、社会保险不能完全覆盖等问题，那么这些工作都属于非正常就业，并不稳定：一方面，青年人口因经济不稳定，在失业与非正常就业之间选择后者；另一方面，一旦经济出现问题，这部分人将会成为首批被裁员的对象。

中国青年就业不充分的表象

2012 年，青年劳动人口参与率下降至 56.2%，比总劳动人口参与率的 77% 低了 20 个百分点。其中，大部分年轻人在教育机构求学，一部分失业，还有很大数量的一批人已经完全退出了劳动力市场，沦为"啃老族"或"待定族"。从人口普查数据来看，青年 NEET 率要高于青年失业率，尤其是在农村地区，特别是女性。除了失业，很大一批年轻人还面临高学历低就业、技能与工作不匹配、各种形式的就业不充分问题，这些问题增加了青年人在劳动力市场遭遇的挫败感，又反过来打击了他们求职的积极性，从而进一步恶化了青年就业不充分问题。

第一，青年失业率要高于成人失业率，青年农民工面临的失业风险较高。国际劳工组织估测，2011 年中国的青年失业率为 9.3%，而成人失业率仅为 3.4%，中国半官方与非官方的数据与这一结论一致，《中国首次青年就业状况调查报告》估测的青年失业率为 9%，而西南财经大学 2012 年发布的调查数据显示，截至 2012 年 6 月，年龄在 21—25 周岁的人群失业率为 9.8%。这一年龄阶段的人群无疑是青年群体最重要的组成部分：随着中国高等教育扩招，劳动力人口进入劳动力市场的年龄一直在攀升。其中，农村流动人口受到的失业影响要小于城镇居民，但其失业问题也存在一定程度的"隐性"——相关统计数据中，失业的农村务工人员未被计数，一旦失业，制度性限制又会阻碍他们留在城市，而高流动性又促使他们向他处流动寻找新的工作。

相比成年农民工，青年农民工面临的失业风险更高。同样根据西南财经大学的调查数据，2011 年，农村务工人员的总体失业率为 3.4%，而 25 岁以下的青年农民工失业率则为 4.7%，这一数字未来还可能上升。一方面，第二代农民工同其父辈相比，流动性低且更愿意在城市安家落户；另一方面，他们受教育的水平仍然不高，而现代化的制造系统越来越需要技能劳动力。

第二，青年失业的持续时间要短于成人失业。就性质而言，青年失业往往是短期问题，主要反映的是从学校到职场的过渡问题，其持续时间多不超过 6 个月，仅极少数人失业时间超过一年。根据人社部统计数据，2013 年求职的青年约占到求职总人数的 26.1%，其中 47.5% 的求职青年是高等院校的毕业生，求职总人数的另外 1/3 则由农村人口构成，而其中绝大部分又都是青年人。年龄在 16—19 岁的青年人，其失业率要高于 20—24 岁年龄组。青年失业问题持续时间短，究其原因，一是中国雇主偏好有一定工作经验的年轻人，二是青年面临失业时会放弃自己最初的职业理想，转而适应劳动力市场的就业现实。

第三，受教育水平越高，面临的失业风险越大。在欧洲，良好的教育是预防失业的最佳保证，完善的高职教育与培训体系尤其能够将失业率控制在较低水平。在中国则不然，西南财经大学调查数据显示，青年失业率随受教育程度的增加而升高，但就受雇劳动力整体而言，失业率随受教育程度的增加而下降。由于高等教育领域扩张速度远超经济发展速度，课程设置与劳动力市场没有接轨，个人对职业及薪酬期望过高等原因，相比拥有高中及以下学历者，中国拥有高等学历的青年失业率世界排名靠前，特别是研究生的失业率显著增长：拥有城镇户口的研究生失业率高达 10.4%，而农村户口的更是高达 45.3%。居高不下的高学历青年失业率反映出中国的生产水平就质量和工业结构的性质而言仍然发展不充分，而农村地区缺乏就业机会也反映出农村生源受到的就业歧视。

自 2003 年起，寻找到适合的工作也成为首批扩招大学生进入劳动力市场时面临的问题之一。以高等教育为例，大学本科毕业生的就业率超过大专院校毕业生，而拥有学士学位的毕业生的就业率又高于前二者，这意味着拥有更高学历的求职者接受了较低资历要求的工作，从而挤占了较低教育水平竞争者的工作机遇。

第四，非正常就业攀升。自 1978 年经济改革起，中国存在一股明显有据可考的趋势，即灵活就业或者说非正式就业增加，受影响群体不仅有农民工，也有城镇居民，该类型就业往往是缺乏恰当保护的就业。这类非正常就业率自 1995 年的 9% 陡升至 2003 年的 40%，此后又缓慢降至 2012 年的 24.4%。算上私营企业的员工和个体自营人群，整体非正式就业率在 2013 年达到了 60%。相关研究资料显示，其中，制造业与服务业超过 60% 的雇佣关系未签订合同，为兼职。

与该种就业状况相关的另一问题便是社会保障覆盖的扭曲——社会保障体系让经济状况良好的人受益，同时妨碍贫穷人群加入这一体系，尤其是青年人，他们享有的社会保障通常只有其成年同行的一半。此外，类似于临时工、劳务派遣这样的劳资关系，多半出现在大型国有企业或外企，尤其是基础工业领域的大型国企，这些公司利用人力资源公司绕开劳动法，减少其雇佣成本，扩大企业灵活性并将企业风险降至最低。

两大类青年群组受非正常就业影响最为严重，一是青年农民工，一是大专院校毕业生。超过 50% 以上的青年农民工没有签订劳动合同，办理社会保险的年轻农民工比例低于平均水平。而高校毕业生为了留在大城市，又找不到合适的工作，会以非正式就业形式等待理想的就业机会。麦可思教育数据咨询公司（MyCOS）调研指出，仅 2011 年，14% 的高校毕业生属于高学历低就业，其中 10.4% 属自愿，余下 3.6% 为被迫。拥有学位的毕业生情况稍好，但女性青年的高学历低就业状况几乎为男性的 2 倍，农村户口的毕业生是受就业不充分影响的最大群体。

第五，就职业技能与期望值而言，劳动力市场供需严重失衡。20 世纪 90 年代中期，国有企业开始结构改革，大量削减人工。与此同时，大专院校敞开大门扩招，又未能及时修整其课程设置，便逐渐造成了劳动力市场的供需失衡。相关数据显示出两大趋势：首先，中国经济的现代化决定了对受过良好教育的劳动力需求的持续增加，因此，自 2002 年起，受过高等教育的剩余劳动力持续减少；其次，中低水平资历的劳动力在过去十年供不应求，尤其是职业技能工种严重短缺。各学历层次的专门技术人才一直处于短缺状态，无论是扩招前还是扩招后，与之相对应的是，对工程学、自然科学与经济学领域的高校毕业生、研究生的需求在扩招后有所下降。

相应地，毕业生对其首份工作的不满程度也相当高，就业现实远低于个人期望。约有50%的毕业生对其第一份工作表示不满，在参加工作的头一年半，许多人选择跳槽，其中，过半人跳槽的原因是工作缺乏挑战性或薪酬过低。尽管他们中的许多人就经济状况而言不算失败，但就社会意义而言却是失败者——作为市场化改革的受益者，其主观幸福感却在不断降低，他们渴望稳定的高报酬工作，理想与现实差距却过大，很多人成为"沮丧的成功者"。

结　论

人口发展趋势是青年失业问题最重要的变量之一，尤其是考虑到青年膨胀对该问题的挑战。过去30多年来，中国的发展在很大程度上是受到了青年膨胀带来的积极影响——劳动年龄人口增加带来的人口红利。随着中国城镇化、高等教育领域的扩招，技能与实际就业不匹配问题的日益突出，中国劳动力市场中的青年人群分化为有重合又各自特色鲜明的四大群体：农村青年、城镇青年、外来农村务工青年与高校毕业生。其中，高校毕业生占到了进入中国劳动力市场人口的大约一半，他们也代表了中国领导层在展望与设计小康社会时寄予厚望的新兴中产阶级。高等教育领域扩招的初衷在于为这些新兴的中产阶级拓展向社会上层流动的机遇，但这样的路径目前却遭遇了阻碍，伴随着对未来的不确定，教育—职业—财富三位一体的组合正受到越来越多人的质疑，中国青年的不满也日益膨胀。

中国青年失业问题与其说是周期性问题不如说是结构性问题。迄今为止，中国经济未能给高校扩招的年轻人创造出足够数量的高质量就业岗位。劳动力市场对高校毕业生的需求滞后，年轻人对工作的体面性、薪酬、职业稳定性的期望又过高，这导致了两个结果：一方面是公务员职业与国有企业职位不断走高的吸引力，另一方面是"自愿失业"或自愿"低就业"现象的增加。尽管未来人口变化趋势（青年群体的整体萎缩）可以抵消掉一部分中国经济再平衡、经济增速放缓以及劳动力市场高生产率带来的负面影响，但青年就业不充分问题与就业技能不匹配问题仍将是中国领导人需要对青年就业问题持续关注的重中之重。

建议：充分利用隐藏在"青年膨胀"下的尚未开发的就业潜力。包括如下两点：

第一，正视廉价劳动力资源的枯竭问题，做好经济再平衡与结构重组两项工作，并尽快引入高质量的经济增长模式，以减缓经济扩张的速度，解决劳动力市场供需失衡问题，尤其是为高校毕业生创造出足够数量的高质量就业岗位。

第二，通过职业宣传、教育、社保等相关领域的改革提高青年就业积极性，而不是通过学习再深造躲避就业，增加劳动适龄人口的劳动参与率。劳动适龄人口的缩减将会导致工资提高、储蓄减少、利率上升，因此，有必要展开 NEET 统计，针对不同人群出台有效的就业鼓励政策，真正做到有效的社会阶层流动。

（杨莉　编译）

原文信息

原题：A Ticking "Time Bomb"? Youth Employment Problems in China

作者：Günter Schucher

出处：http://www.giga-hamburg.de/en/system/files/publications/wp258_schucher.pdf

非洲人在中国：问题、研究与评论

博艾敦　等

  随着中国加入 WTO，从 2001 年开始，前往中国经商的非洲人日益增多，大量非洲人因此聚居广州。在这种情况下，报纸和杂志就非法移民问题做了大量负面报道。然而在华非洲人（Africans in China）也有很多积极的故事；特别是他们对非中关系发展的贡献一直以来很少得到关注。《泛非研究杂志》（*The Journal of Pan African Studies*）2015 年 5 月以"在华非洲人：广州及之外——问题与评论"为主题出版特刊，发表 6 篇相关文章，从历史、社会、文化、语言以及非中关系等视角讨论了在华非洲移民的诸多问题，如非洲人如何受到所在国的影响，而他们反过来又对当地产生哪些影响？他们在中国的存在如何影响着非中之间的贸易，以及这些非洲人如何推动他们自己祖国的经济发展？这一新的、正在发展中的非洲人口迁移现象是否有别于以前的非洲人口流散？有关这一问题研究的理论和方法论与移民研究的理论有何关系？等等。特刊客座主编博艾敦教授指出，进入 21 世纪以来，非中关系逐渐成为人文和社会科学诸学科的重要研究论题，这其中一个主要方面即非洲和中国之间的移民问题。鉴于目前研究中的缺憾，有必要对在华非洲人开展深入的实地研究而非蜻蜓点水式的报道，以便形成更加深入的认识。

非洲贸易商对中非商贸发展的贡献

加拿大阿尔伯塔大学中国研究所研究员达乌达·西塞（Daouda Cissé）此次发表的文章题为"义乌的非洲贸易商：他们的贸易网络及其对"中国制造"产品在非洲分销中的作用"。作者认为，受贸易和投资的驱动，非中关系发展已经不限于国家之间的宏观层面，个体贸易商对走出各自国门寻求商业机会表现出了越来越大的兴趣。非中贸易在过去几年取得显著增长，其中非洲和中国的贸易商的作用不容小觑，需要给予格外关注。

传统上，欧洲和美国是非洲人的移民目的地，但是随着世界经济的重心转向亚洲，非洲人的商业兴趣也随之转移。而在 1997 年金融危机重创东南亚之后，曾落脚于东南亚国家的非洲贸易商开始重新寻找其他的、可以提供更好机会的国家，而中国以其繁荣的工业和制造业的发展吸引了他们。

得益于当地政府意欲打造国际贸易中心的全面政策改革，义乌成为非洲贸易商新的目标城市。凭借城市周边的生产基地、市场以及海关等各种便利设施，义乌不单吸引了非洲的贸易商，而且吸引了来自全世界的贸易商。非洲人的存在使义乌与非洲国家的贸易网络相连接，甚至通过他们与非洲、欧洲、美洲和亚洲的贸易网络建立了联系。

作者于 2012 年 6—7 月在义乌开展了实地调查。调查显示，随着义乌逐渐发展为一个商品贸易中心，目前有来自 100 多个国家和地区的 13000 名商人在此地居住并从事国际贸易。此外，有 3000 家外国企业在这里设立了代表处，44 万名外国贸易商每年来访并进行采购。2006 年在义乌登记的非洲人有 20311 人，2009 年增至 54050 人，并且还在继续增长。

义乌的非洲贸易商大致分为企业家、贸易代理商和临时性游商三类。企业家拥有成熟的商业企业，中国市场的价格竞争力和名目繁多的商品吸引了他们，通过参加商品交易会并签署订单，他们意识到义乌的发展和变化，于是开始注册贸易公司，并充分利用义乌市场的集合效应。除了企业家，非洲贸易代理商也越来越多，他们持有短期的商务或旅游签证，在中国的厂家、批发商和非洲贸易商之间从事中介和销售工作。他们或是经营自己的贸易代理公司，或是受雇于中国的企业家、批发商和物流公司的经理，建立跨国的商业网络并充分利用非中经济关系发展所带来的机会。他们为促成临时造访的非洲贸易商与中国商人做买卖发挥了重要作用。除了上述两类人，还有越来越多的非洲人出于商业目的定期前往中国，他们得到贸易代理商们的协助，购买中国商品并在非洲市场进行销售。

非洲贸易网络的传统形式是家族型的，与不同地区商人之间建立长期的商贸关系。鉴于非洲经济贸易环境的特点，几乎所有这些交易都是非正式的，因此在许多情况下，信任是双方之间联系的唯一基础。在中国各城市的市场中，情况也颇为类似。例如义乌的非洲贸易商与其非洲客户的交易并不依赖正式或合法的贸易系统，他们只是与其信得过的商人做买卖。不过，近来非洲贸易商的网络有所变化，越来越多地受到商业特色驱动，新一代的非洲企业家呈现出商业全球主义者的特色，他们在国家、地区和泛非组织的基础上创建工商网络，国籍、宗教和种族已经退居次要地位。这种变化使非洲贸易商的活动不断扩展，贸易网络也更加多样化。

在义乌国际物流中心工作的一位受访者谈到，在义乌从事国际贸易的人中，非洲贸易商占到40%。他们购买大量的各类消费品，通过物流和航运公司运抵非洲各个城市，有时甚至使用大型旅行箱带回这些货物。凭借对家乡市场和消费者需求的熟悉和了解，非洲贸易商为当地市场供应各种"中国制造"的产品。不管是往来穿梭，还是常住义乌，通过跨国贸易网络，非洲贸易商将中国制造的消费品分销至非洲大陆的各个市场。随着中国进口产品的涌入，许多年轻人获得了供养自己和家人的商业机会。除此，一些非洲贸易商还在自己家乡开设商店，兼做批发和零售，产品类型则扩展至家用电器、家具和建筑材料等，为具有不同消费能力的客户服务。

立足于中国，非洲贸易商与全世界的商人发展了商业联系，由此为中国产品分销至非洲以及其他市场做出了贡献。通过正规或非正规的国际贸易体系，他们设法与非洲商人、中国制造商和批发商建立联系，由此建立起跨国的商贸网络。他们为中国对非出口以及打造非中关系中的商业环境发挥了重要作用。

在华非洲人的人数几何？

过去十年，针对在华非洲人的问题进行了很多研究，发表的期刊论文也达数十篇之多，在非中关系研究中已经成为一个重要的研究领域，然而，迄今一直未能弄清楚的问题是，到底有多少非洲人居住或频繁来往中国。维也纳大学全球非洲散居人口研究（GADS）论坛主任、非洲语言与文学教授博艾敦（Adams Bodomo）在特刊中发表的论文正是针对这一问题的讨论。

作者指出，下面几个原因使解答这一问题颇为困难。第一，在中国开展研究面临的困难之一便是不能获得有关外国居住者的统计数字，以及在边境检查站出入境的人数统计。因为不管是在中央还是各省，中国都没有类似移民局或移民事务处那样的移民管理部门。不管在广州、义乌、上海或是北京，研究者都不能找到一个专门的办公室以询问有关在华非洲人的官方数字。最近的数字来源是《中国日报》（China Daily）2013 年 9 月 16 日的报道，称截至 2012 年年底，有 633000 名外国人生活在中国。报道称这些人主要来自美国、日本、加拿大、澳大利亚和德国。报道显然忽略了大量的定期往返中国的非洲贸易商，还遗漏了数量众多的非洲学生，他们依靠中国的政府奖学金学习。的确，如果考虑到大量的外国人（不仅限于非洲人）居住或持 3—6 个月签证频繁出入中国，并不断续签以便留在中国，那么 633000 这个数字就不过是冰山一角，对于研究学者来说是非常不切实际的和不可靠的。

谈到学者的研究和调查，第二个问题即与研究方法有关。许多从事在华非洲人研究的学者（以社会学家、人类学家和新闻工作者为主）采用的研究方法主要是所谓的定性方法，忽视甚至鄙弃定量方法。不管是新闻调查的蜻蜓点水，还是社会学和人类学的参与式观察，都回避了大范围的人员采访，有些论文的访谈人数尚不足 10 人，还有一些作者甚至都没有去过广州。这种没有实证基础的研究很难对在华非洲人的人数问题作出令人满意的解释。

第三个原因涉及语言学的问题，即如何准确理解 "在华非洲人" 这一词语本身。这一指称中的每个词都有不同的限定方式，根据研究者理解和解释的不同，研究对象的限定也会有所不同。

针对上述难题，作者及其研究团队在中国大陆的主要城市以及香港地区和澳门地区开展了 5 年的实地调查，并在 2012 年对大约 700—1000 名居住在主要城市的非洲人进行了定性、定量和实证调查，在此基础上，作者对在华非洲人社群的轮廓进行了大致描述。

研究团队获得的 736 份有效答卷显示，调查所涉及的在华非洲人中 80% 是男性；在教育方面，93% 的人至少完成了中等教育，288 人已经完成了大学/学院的课程，139 人为研究生毕业；多数人（60%）确认自己为经商者或从事贸易工作，第二大群体是学生（20% 以上）；在年龄方面，25—34 岁的人占据大多数，为 60% 以上，显示这是一个相对年轻的群体，处于经济上最具生产力的年龄段；至于他们来自哪些国家，统计显示尼日利亚、加纳、马里、几内亚等国排在前几位。基于上述调查，作者得出的结论是，在任意 12 个月的时间段内，中国居住有 40 万—50 万名非洲人，其中 30 万—40 万名贸易商，3 万—4 万名学生，0.4 万—0.5 万名专业人员，1 万—10 万名旅游者以及 1 万—2 万名游商。

尽管研究主要与人数相关，但是作者认为，这里面涉及的问题对于人文和社会科学的研究方法论同样具有意义。在 21 世纪，随着移民和散居人口问题变得更为复杂化，采取混合的方法（定性方法和定量方法兼而有之）才更为合理。追求纯粹的定性方法，会导致研究结论缺乏可靠的实证基础。而定量数据对于社会文化理论的发展是不可或缺的。

另一种鼓励两种方法相结合的观点源自于跨学科的思考。有关流散人口的研究涉及若干不同的学术领域，如语言学、社会学、政治学和历史学。而多种方法的结合可以形成更为深入的认识。而且，通过与不同学术领域的互动，尽可能多的相关问题会得到考察和分析，因此导致方法间的互动也是不可避免的。作者认为，为获得可靠的统计数字，学术界和政府官员在未来需要更紧密的合作。因为非中关系研究领域中的政策制定在很大程度上有赖于对在华非洲人以及在非华人的数量的确定。

（刘霓　编译）

原文信息

原题：Africans in China：Guangzhou and Beyond － Issues and Reviews；African Traders in Yiwu：Their Trade Networks and Their Role in the Distribution of "Made in China" Products in Africa；Counting Beans：Some Empirical and Methodological Problems for Calibrating the African Presence in Greater China

作者：Adams Bodomo，Daouda Cissé，Caroline Pajancic

出处：*The Journal of Pan African Studies*，Vol. 7，No. 10，2015

中国社会科学院哲学社会科学创新工程成果

国家社科基金重大项目"境外智库中国研究数据库与专题研究"阶段性成果（项目编号：14ZDB163）

国际中国学研究丛书

观中国

《国际中国研究动态》精选集（下）

2013—2015

杨莉　唐磊　崔易　刘霓　韦莉莉◎编

A Live View of China:
International Developments in China Studies（*Selected Essays*）

中国社会科学出版社

下册目录

六　网络时代的中国及其治理

七　教育与科技创新

八 生态保护与环境治理

九 中国崛起与世界秩序的变革

十 中国的国际战略与全球治理

十一 各国对华关系及政策

六

网络时代的中国及其治理

- 20 年来英语世界有关中国互联网研究之回顾
- ◆ 书介:《亲密对手: 日本内政与中国崛起》
- 微博与政府治理策略的改进
- 在线议政和公民反响影响中国的决策进程
- 互联网如何影响群体性社会运动
- "屌丝"现象折射出的中国互联网底层政治
- 中国网络的政治表达、民族主义及其对政权的影响
- "反智主义"倾向在中国大陆抬头

20 年来英语世界有关中国互联网研究之回顾

戴维·库尔特·哈罗德 等

香港大学应用社会科学系哈罗德教授（David Kurt Herold）长年致力于中国互联网与社会的研究，曾与马若特（Peter Marolt）合编过两部有影响力的论文集，分别是《中国的网络社会》（*Online Society in China*，Routledge，2011）和《在线的中国》（*China Online*，Routledge，2014）。今年年初，哈罗德教授与其意大利籍学生加布里埃莱·德·塞塔（Gabriele de Seta）合撰的一篇回顾 20 年来英语世界有关中国互联网研究的文章在《信息社会》（*The Information Society*）杂志刊发，借此我们可以大致窥得国际学术界对这一问题的关注点和研究发展状况。该文所使用的计量方法也可资学术发展史研究者借鉴。

研究思路与方法

此文是对中国互联网研究的一次元综述（meta-review），为此作者搜集了 590 篇（1990—2013 年）已发表的学术文献，其中对于中国互联网研究进行过系统总结的只有两篇（Randy Kluver and Chen Yang，2005；Qiu and Chan，2004），此外，近来英文世界也出现了少量关于中国信息技术发展研究综述的文献（Qiu and Bu，2013）。

作者使用文献管理软件 Mendeley 整理搜集文献，并对它们进行初步的标引（能够自动识别 pdf 文件中包含的文档元数据），同时利用数据库软件 Filemaker 对上述文献进行了二次标引，最终对每篇文献都标引出"发表时间（年）"、"第一作者"、"第一作者所属机构"、"第一作者所属国家"、"文献题名"、"摘要"和"关键词"（不超过10个），全部相关文献总计800篇，剔除报纸文章和商业报告之类的非学术文献，共有590篇学术文献。

在关键词标引问题上，作者仔细辨析了每篇文献的关键词，剔除掉过于抽象或过于具体的文献原作者自报的关键词（如中国、互联网、信息技术或超女、强国论坛等）。另外，为每篇文献人工标引一个主题类别关键词（从商业、国际问题、政治、社会以及理论与方法中选一）。在确定主题关键词时，也进行了甄别。例如，讨论如何在中国做生意的归入商业类，而影响商业运作的中国文化因素的归入社会类，讨论中国在线经营（电子商务）具体理论和研究方法问题的归入理论与方法类。

除用上述标引后的数据库进行量化分析外，作者还选取了100篇左右代表性文献进行了质性分析，进一步剖析了这些文献的主旨，并根据其与五大主题分类的联系组织起来。例如，通过把中国互联网看作一个公共空间来考察中国电信行业构建基础设施的商业诉求，以及人们如何沉迷于博客之中。

基本印象：研究力量分散，研究范式单一

克鲁弗和杨（Kluver and Yang，2005）在十年前的综述文章中就指出，英语世界的中国互联网研究缺乏一种系统的进路，很多研究都是探索性的，问题域也是基于既有的，比如中国的政治转型这类问题。十年过去了，研究成果整体的分散性和试探性依旧没有得到明显改观，少有研究能够将自己置于互联网研究的国际主流话语体系中。中国的政治转型仍然是这一领域研究的主要问题意识之一。

定量分析的一些结果

从发文数量看，逐年增长趋势还是比较明显，尤其是 1997 年之后，不过总量并不大，即使到了 2010 年以后，每年相关文章数量也不过是 60 篇上下。从第一作者所属国家来看，发文最多的国家或地区是美国（232），其次是中国大陆（141 篇）、欧洲（75 篇）和香港（60 篇），其他发文较多（按第一作者计）的国家或地区包括英国（39 篇）、澳大利亚（22 篇）和台湾地区（18 篇）。大中华地区（大陆及港澳台）的合计发文量（224 篇）已与美国相差无几。

从第一作者的专业系所来源看，涉足该领域的学者来自于传播学的最多，且数量远远超出排名二三的来源学科，社会科学和商科并列第二大来源学科，信息科学（Information Studies）略居其后。其他较多贡献第一作者的学科和研究领域包括政治学、亚洲研究、法学和计算机科学等（见图）。

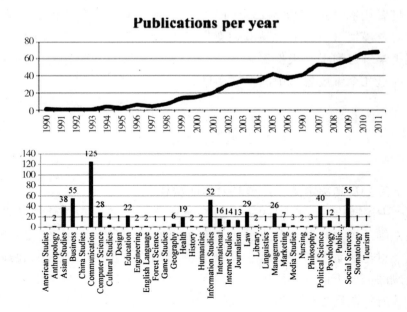

哈罗德和德·塞塔还将涉及的诸多学科和领域进行了分组，将其归入六个大的领域并进行统计，归并后的发文数量比是，区域研究 7%，商业与经济 14%，传播 24%，技术相关 16%，医疗健康 6%，政治研究 15%，社会与文化研究 16%。

按照开始设定的五大主题类别统计，其结果则是商业类 19%，国际问题 5%，政治 35%，社会 37%，理论与方法 4%。如果再将时间因素叠加上来，就会发现，随着时间推移，尽管总体上各主题类别发文数都在增长，但增长速度最快的是政治和社会主题类别，并且到了 2010 年以后，政治类文章显著减少，而社会类文章显著增多，似乎反映了研究趋势的某种变化。不过，作者也提醒到，这种逐年发展趋势只是从大的方面对该领域（某一主题框架下的中国互联网研究）做出描绘，而不是明确的学术史判断。这么做主要是为后来的研究者提供一些可能的参考。

在国家和地区层面，统计发现美国和英国学界更多的文章是在政治领域（其次是社会领域），而中国大陆和香港地区更多是在社会领域（其次是政治领域）。在"技术是否带来民主"这一问题上，仍是美国和英国学者持认同态度的多（美英两国的支持者和持其他意见者比例分别是 88∶13 和 13∶2），而中国大陆和香港的学者则相对要谨慎（支持者和持其他意见者比例分别是 17∶13 和 10∶8）。英美学者习惯上会根据民主决定论、参与性行动和政府对互联网的管控这几个维度思考中国互联网世界的现象和问题。

若干核心的议题与范式

民主及其决定论：英美学术界的特色

中国政府对互联网的监管是一个重要的议题，且常常被学者们同中国的民主化联系起来，边沁和福柯的"全景敞视主义"理论是这类讨论的重要理论资源。研究者们指出，在中国，因国家和地方权威的需要不同，对媒体的控制形式也因之不同。尽管学术界容易对政府控制网络的措施提出批评，但学者们也承认，在老百姓当中，有不少人还是支持政府实施网络监管，甚至有些人呼吁监管应该更多些才好。

另一方面，互联网能够带来解放也是学者们热衷讨论的主题。英美世界的这类研究通常会关注网络上的异见声音和行动主义，并联系到民主化、政治参与、言论自由等议题。政府和批评者们在网络上的角色和活动有时被描绘成"猫鼠游戏"，有时又被刻画为信息管控和公民参与之间的斗争。作者提醒我们，英美世界此类研究的范式和结论常常体现出学术研究其实与习惯性思维（偏见）并行的特点。

公共空间中的网民

公民社会（civic society）和哈贝马斯意义上的公共空间（public sphere）是这一类视角和主题的中国互联网研究的常见关键词。此类研究一般认为互联网为中国人创造了一个难得的自由交换信息和思想的空间。也有学者如杨国斌等认为，中国的互联网与公民社会其实在共同进步，互联网为公民社会发展提供空间的同时，公民社会也在动员网民参与其中。这种认识同样也被运用于线下的社会分析。但也有学者认为，这类并行发展的看法过于乐观，现阶段中国的网络公民社会的概念还只是停留于假设的一种理论工具，或者说对目前一些趋势的提炼总结，离现实还很远。

具体到研究路径，非政府、非营利组织的网络社会运动参与和网络公共事件往往是这类研究的切入点。通过对网络公共事件的分析，研究者们希望揭示大众网民是如何通过网络舆论影响乃至直接干预传统的媒体议程。在具体网络公共事件案例的分析上，研究者们往往放弃宏大的政治叙事和总体媒体环境因素考量，而更多聚焦于多元的、地方性的具体背景。

将哈贝马斯的公共空间理论施用于互联网研究的做法一直有学者质疑。哈罗德（D. K. Herold）认为"互联网基本不是一个能理性交流观点的空间"，这个空间充满了噪声和干扰，一时兴起的话语风尚也不是审慎磋商所得。像博客、论坛、新闻站点评论区这些空间，有的只是众声嘈杂、无节制的发泄和无休止的争吵。

中国学术界更关注用户成瘾

在研究自己国家互联网问题时，中国学者们表现出两种主流趋势，要么针对西方话语按照某种中国中心的视角予以回应，要么就是针对具体的技术性的问题进行讨论，例如社区建设、在线教育、基础设施发展、各种数字鸿沟问题等，研究面向的是学者们所属各级机构的需求，或者是市场的需求。

中国本土的研究成果，一个显著特色就是存在大量心理学和行为学视角的文献，这类研究者们把上网（成瘾）当作一种问题或病态（主要在青年人群中）来处理，从他们的术语使用上就可以看出这种倾向，他们不用网民（netizens），而用上网者（Internet users），他们对"网瘾者"的种种描述让人联想起 19 世纪鸦片战争时期说的那种瘾君子，在这种话语暗示下，互联网似乎成了污染人身心的洋毒药。此外，对网瘾的研究还涉及许多相关问题，比如网瘾和寻求感官刺激的关系，同性恋网站访问者的危险行为、信息过载与技术压抑症、网络色情等。这样一类研究的主题和路数与前面提到的几种有很大的区别。

总　结

克鲁弗和杨（2005）曾说过，"尽管互联网是一个全球性的媒介，但对它的使用以及相关的研究往往囿于一国范围之内"。有西方学者批评某种"数字东方主义"使得西方学者在研究中国互联网问题时不能放开手脚考察他们研究西方网络社会时所提出的那些问题。本文作者认为，对中国互联网进行研究的空间其实很大，如果仅仅局限于政治视角，就容易把对中国互联网的研究变成中国政治研究的分支领域，而不是基于一国的互联网研究。有必要放宽视野，从中国网民的网络实践中考察中国如何影响了互联网以及互联网如何影响着中国。

此外，有必要扩大研究资料的来源，不仅限于征用中文材料，还有必要扩大中国互联网研究的学术共同体，吸收不同国家、不同语种的学者加入其中。作者希望通过本文的这次元综述，指出英文世界现有研究成果单调和短视的一面，并指出以中国自身学术话语进路研究互联网的不足。克鲁弗和杨说过，互联网研究这一领域，需要超越传统的国家和文化边界来拓展其问题域和理论域，既然互联网是全球性的（不止于技术意义上的），那么中国就会在决定互联网的未来上发挥更重要的作用。

参考文献

1. D. K. Herold, *Noise, spectacle, politics：carnival in Chinese cyberspace*, 2011.

2. In D. K. Herold and P. Marolt（eds.）, *Online society in China：Creating, celebrating, and instrumentalising the online carnival*, Abingdon, UK：Routledge, pp. 1-19.

3. R. Kluver and C. Yang, "The Internet in China：A meta-review of research", *in The Information Society*, Vol. 21, No. 4, 2005, pp. 301-8.

4. J. L. Qiu, "Virtual censorship in China：Keeping the gate between the cyberspaces", *in International Journal of Communications Law and Policy*, Vol. 4, 1999, pp. 1-25.

5. J. L. Qiu and J. Chan, *China Internet studies：A review of the field*, in Helen Nissenbaum and Monroe Price（eds.）, The Academy and the Internet, New York, NY：Peter Lang, 2004, pp. 275-307.

6. J. L. Qiu and W. Bu, "China ICT studies：A review of the field", 1989-2012, *in China Review*, Vol. 13, No. 2, 2013, pp. 123-52.

（唐磊　编译）

原文信息

原题：Through the Looking Glass：Twenty Years of Chinese Internet Research

作者：David Kurt Herolda & Gabriele de Seta
出处：*The Information Society*，Vol. 31，No. 1，2015

书介：《亲密对手：日本内政与中国崛起》

书名：*Intimate Rivals：Japanese Domestic Politics and a Rising China*
作者：Sheila A. Smith
出版社：Columbia University Press
出版时间：2015 年 2 月

没有国家像日本那样对中国崛起感受深刻。美国外交关系学会资深研究员希拉·史密斯在其新著中，通过采访参拜过靖国神社的日本政要，深入调研中日两国在东海问题上的冲突、食品安全问题以及岛国防御问题，考察了日本政府在面临中国崛起时所接受的对华政策考验。

史密斯发现，日本在与中国的互动上，远不止于外交上的你来我往，很多意图影响中日关系的社会因素也在发挥作用。有些紧张会使中日关系变得复杂，例如参拜靖国神社和领土纷争，这些二战以来就存在，并且是致力于日本政府走向强大的政治主张，这令日本政府自身总与这些问题脱不开干系。其他诸如在有关海疆和食品安全问题上的体制和法规变动也会造成两国间的矛盾。

史密斯详细阐述了日本政府如何应对中国影响力与日俱增所带来的政坛争论，以及民间社会对日本安全的更多要求。政府一方面为此努力，一方面又面临着应变能力不足和亚洲经济领导地位动摇的挑战。总体上，中国的崛起意味着日本的相对衰落，日本在其战后外交和安全道路上的自信也在消失，基于此，史密斯为日本如何保持其地区和全球地位及影响力提出若干建言。

另外，该书也显示了，日本作为一个政治保守势力主导下的区域大国，如何在与崛起的中国的互动中进行政治和区域安全政策上的调整，这种经验对美国等其他西方发达国家同样具有参考意义。

微博与政府治理策略的改进

倪宁灵

德国全球与区域研究所研究员倪宁灵（Nele Noesselt）在 2014 年第 3 期《国际治理学刊》上发表文章指出，中国政府正在调整其治理策略。中国研究机构和政策咨询人士近来对微博在治理进程中作用的讨论，说明了政治精英们正尝试将微博运用于中国新公共管理策略中，即有意在决策过程中纳入对网络民意的回应。中国政府这种更具响应力的治理方式再一次体现了威权政府在数字时代做出的自我调适。

中国政府近年来调整了其治理策略，以适应社会化媒体和微博所带来的社会沟通与协调活动中的结构性变化。有些问题看上去十分矛盾，威权体制下的中国政治精英们不得不对国内的网络环境做出反应，但他们从一开始并没有参与规划和约制新技术条件下国家—社会的互动关系，而是眼睁睁看着通信技术和网络自身发展出一套新的体系。也有人会奇怪，对中国这样一个国家，竟会放任通信技术的普及，即使这可能引发类似阿拉伯之春的社会革命。当我们深入考察中国的微博发展，就可能获得对上述问题的一些理解。

像新浪和腾讯这两家最大的微博提供商，它们都是私营企业，逐利是其最终目标。网络通信技术起初就是一种中性的工具，谁都可以使用，而不是专为政治意见者和社会反抗运动量身打造。中国网民中微博最受关注的是名人和影星，很多网民开微博就是为了同他们的偶像互动。现下号称有超过 5 亿人注册了微博，但根据香港大学的一项研究表明，超过 60% 的微博账号是不发言的空账号，而积极发微博的账号不足 1%。因此，微博的政治影响力并没有从用户数字上感受到的那么大。

对于微博舆论是应该限制还是引导，中国的政治精英们常陷入矛盾。他们担心过于开放的言论会导致合法性受到冲击乃至政权不稳，但过度干涉社会化媒体，会使这一行业一蹶不振，从而失去一个重要的新兴产业税收来源。此外，微博上的公众讨论，也表达了大众的看法、需求和关注的问题。要提高党—国体系的效能，并打造一种新的"基于政绩的合法性"，政治精英们在决策中会主动接近并回应民意（在线公众舆论）。社会化媒体和政治（决策）过程的互动在其他发达国家早已司空见惯，对于一个善于学习其他国家政治体制的政权来说，中国政府这样的表现不足为奇。在中国，互联网不应被视作党—国体制同社会行动者之间权力斗争的一项独立变量，而应被理解为国家—社会展开互动的平台。

构建协商的反馈回路

按社会控制论模型，政治制度的合法性有赖于制定出能尽量满足多数人要求的政策的能力。而按照协商理论，人们的需求和偏好不是给定的，而是在不断的商议、讨价还价过程中确定下来的。因此，决策若要合法，受该决策影响的那部分人应具有优先权，就影响政治决策的基本理念展开协商。从这一点看，协商民主是与选举和代议制民主有所不同的民主模式。中国学者对协商民主概念十分感兴趣，并认为在线 BBS 和聊天室能让网民通过非正式的协商机制展开在线协商，也是一种中国式的协商民主。有华裔学者（Jiang Ming）创造出"威权式协商"（authoritarian deliberation）一词来描述这种在线协商，即政府在塑造在线话语的边界和内容（哪些当讲、能讲到什么份儿上）方面起着核心的作用。

政府官网上通常都建立常规的电子咨政系统（在线问答、投票等）。政府微博的开通提供了新的双向互动渠道，但目前这些微博主要还是单向发布信息，而且更新也不频繁。但国务院法制办、人大和政协都相继开通专门的收集民意的在线渠道，这种做法也播散到省市层面，倾听在线公众舆论成为某些省市年度工作报告的一部分。胡锦涛在任上时就提出过让官员加强网络素养从而提高自身领导艺术。政府问政于百姓提供了纾解百姓各种不满的一条渠道，从而减少政府所受的压力。

中国的电子政务与政府微博

在线问政方式意味着中国政府扮演起议程设置者和中间人的角色，对公众诉求做出口头和实际的响应。这种自上而下的模式也可以置于 E 政府（E-government）的框架中分析，但还不是 E 治理（E-governance）。世界银行对 E 政府的定义是运用信息技术提高政府服务的质量和效率。

从 20 世纪 80 年代开始，中国在政府和政务信息化方面始终表现积极，从那时起，政府就开始为电子政府打下基础。但有学者（Randolph Kluver）指出，胡温时期大举进行的电子政务计划主旨不在为民赋权或是招商引资，而是提高政务过程的有序化和加强政府的权力。而 E 治理和 E 政府的区别在于前者容纳了公民积极参与和融入到治理过程中。不过，随着改革深化带来的一系列社会政治矛盾，中央政府也开始将电子政务推及社会管理层面，引进 E 治理的某些机制，尽管政府对互联网的管控并没有些许放松。在十八大报告中，电子政务与社会管理被整合到一起，提出要加强对互联网的社会管理，促进网络行为符合法律法规的要求；一方面，官方鼓励贴近现实、老百姓喜闻乐见的媒体报道。再加上中国的微博服务提供商都是商业化、股份化的公司，需要保证微博有人气支撑。比如，新浪微博的策略就是吸引名人、艺人和大 V 实名制加入，并鼓励他们持续发声。另一方面，它也积极吸引政府机构入驻并为地方官员提供培训，帮助他们更好地在互联网上发声。

根据人民网祝华新团队的调研，新浪微博中超过 1/3 的政府—官方微博由政府中与公共安全有关的官员和部门承担维护工作。比如 2011 年十大官方微博排名第一的平安北京，就是由北京市公安局维护。2012 年的十大官微中，有一半属于公安部门。同样据祝华新团队的调研，各省/直辖市开通官方微博的数量与该省市的经济发展水平有密切联系。2012 年开通官微最多的是广东，其次是北京、江苏等地。

另外，中国国际救援队和外交部官方微博在 2011 年的官微中分列第二、第三位，显示出该年中国民众对中国参与国际事务的极大兴趣和关注，这一定程度上也与当年的一些重大事件（比如中国参与日本福岛核电站泄漏救援等）有关。到了 2012 年，网民的关注点转向国内，表现在微博上则是地方政府的官微受关注度纷纷跃升到前列。截至 2012 年年底，注册的政府官方微博超过 17 万个，较 2011 年增长了 250%，其中近 1/3（6 万个）是由政府官员个人注册，其他则为组织或机构所拥有。官微的增长主要来自地方的组织和公务员，政府人员微博账号的增长主要表现在市县级官员。这反映出，不同层级的管理需要不同类型的管理模式。不过各层级的政府—官方微博有一些共同的功能，包括：（1）传播官方准许传播的信息；（2）引导公众舆论；（3）加强人民对政权的信任；（4）树立政府的正面形象；（5）通过开放百姓对特定话题的评论来创造新型的公民参与形式。

微博与公民社会

在一些重大公共事件上，尤其是发生于发达地区（政府微博数量也较多的地区，如广东、浙江等地）的重大事件上，在微博上形成的公共舆论会产生较强的舆论压力。比如，2011 年温州动车事故，尽管官方曾一度试图掩盖真相，但在网民的持续关注和舆论压力下，铁道部官员受到惩处，最终导致 2013 年人大会议上决定重组铁道部及加强铁路运营安全。其他波及广泛并涉及人民核心利益的"重大事件"，比如非法卖地、在居住区附近上马污染环境的工程等都会引发强烈的网络反响。比如广东"乌坎事件"就导源于地方政府非法征地，事件持续发酵并在互联网上引发广泛舆论后，微博上有关乌坎的言论一度被封锁和清理，但针对该事件的言论仍然在微博上通过各种渠道和方式传播。后来的相似事件，比如广东海门事件，公众抗议和形成舆论的方式都吸取了乌坎的经验。线下抗议通过社会化媒体走向公众，已成为中国社会抗争的一种常见形式，特别是在环境维权方面表现得尤为突出。比如四川什邡、浙江海宁、辽宁大连、广东番禺在2011—2012年的几次著名的环境维权事件，最终都令可能导致环境污染的工业项目难以上马。

除此之外，网民们还常常使用人肉搜索来揭发贪污腐败的官员，"公民记者"也参与发掘事件真相，比如浙江的钱云会案。所有上述案例都说明，微博给民众提供了某种面对面监督政府的新型工具，同时也为民众提供了组织集体抗争的工具，从而迫使政府提高自身公正性和廉洁度。目前，政府应对重大事件微博舆情的做法，或者采取封堵过滤，或者令其归化于官方表述的话语中。不管政府—官方微博多么火热，但总体来说，政府的互联网治理策略仍摆不脱所谓电子政务（E-government）的框架，而不是电子治理或电子民主（E-democracy）。不过从习近平主席喜欢微博这一现象来看，中国的政治精英会持续探索如何将社会化媒体作为管理国家—社会关系的新工具来运用。

（唐磊　编译）

原文信息

原题：Microblogs and the Adaptation of the Chinese Party-State's Governance Strategy

作者：Nele Noesselt

出处：*Governance*：*An International Journal of Policy*，*Administration*，*and Institutions*，Vol. 27，No. 3，July 2014

在线议政和公民反响影响中国的
决策进程

斯蒂芬·J. 巴拉　周　辽

　　《中国时事》2013 年第 3 期（秋季号）刊登华盛顿大学副教授斯蒂芬·J. 巴拉和该校政治学系博士生周辽（音）的合撰文章，以网民在线参与医改讨论为例，指出近年来中国政府有意识地让互联网成为中国公民参政议政的场所，主要是给民众就法律法规草案提供意见的机会。文章认为网民们的评论会对实质性问题发表有深度的意见，也会对政府的决策提出批评，因此在线协商有希望成为政府增强治理能力从而提高民众支持的一个有力工具。

　　中国政府近年来启动一系列改革来提高其民众支持度，以应对改革过程中来自经济、政治和社会诸方面的挑战，比如允许和鼓励民众对公共预算支出、社会福利增长和可持续能源政策进行讨论，通过这种方式来增强政府治理和公共产品供给的能力。其中，尤其引人注目的是吸引民众通过在线协商来对某些即将出台的政府政策提供反馈。

　　有关互联网的研究，迄今为止主要集中于探索信息和交流技术的理论可行性，通过网络议政案例的实证研究来分析中国共产党如何展开网络治理的成果尚不多。本文的研究样本来自一个月内 500 位中国公民在发改委官网上的相关评论，研究关注的主要是那些具有明确立场（支持或反对医改方案）和实质性意见（对医改方案的具体内容进行评议）的网帖。

在线议政与网民反响的基本情况

作为中国决策过程的新兴元素,在线议政和网民意见的介入首先是由于过去几十年间中国网民数量的大幅增长。不过,由于政府尚未正式将互联网作为吸引民众参与决策过程的交流平台,网民的在线议政还处于不成熟的发展期。以往对公民在线表达政治诉求的研究主要考察的是在政府决策过程之外的在线话语,例如博客空间。有研究曾调查了 550 篇对时政进行议论的博文,发现其中 2/3 饱含批评意见,而且有 1/5 将矛头指向中央政府。博主们还常把官方的表述作为官方腐败和施政不公的注脚。另外一项对广州日报官网论坛的调查则显示,这里活动的博主们对参政议政毫无兴趣。

过去,人们参与到决策讨论的机会不多。从 1949 年到 2007 年,人大总共曾有 15 项法律草案公开供人们评议。2001 年的新婚姻法草案是第一份上网供民众商议的法案。进入 21 世纪以来,这样的例子越来越多。比如,新的劳动合同法草案就曾注意回应公民反响,工人群众的某些建议甚至成为具体条款。从 2008 年起,国务院在总结以往网络议政的经验基础上,提出把"利用互联网吸引民意加入法律法规草案制定过程"作为一种常规方式。问题是,网络议政调动起民众的兴趣和热望,政府决策过程和最终的政策产出能否与人们的期待相匹配呢?如若不然,人们对政府的希望和信任很容易流失。

医疗体制改革草案的在线评议过程和内容分析

2008 年 10 月,中央政府在发改委官网上公布了医疗体制改革的基本方针和目标,包括为城乡居民提供基本健康服务、提高公共卫生事件的透明度、振兴传统中医及保障药物生产的安全与供给等,同时在一个月时间内对网友开放评论,结果收到近 3 万条回复。

在被选取为样本的 541 条回复中，我们注意到，大部分发言主体是所谓的专业技术人员，他们以个人从业经验和感受为基础参与讨论。总体上，他们对医疗体制改革的关注超过了对现行体制和决策过程的支持，同时他们对政府采纳他们的建言不抱太大希望，不过来自政府组织和医疗产业的人士则对此更具信心。

作为样本的回复来自不同的注册用户，平均每人发言长度达到 610 字，最少的不过 16 字，而最长的发言超过 5000 字。但并不是长篇发言就一定有价值而寥寥数语则没有。

对于现行医疗体制，不难想象人们的一般态度。在全部评论中，有 332 条表现出轻微的反对意见，只有 26 条表示出对现行医疗体制强烈的不满，而对现行体制持既不肯定也不否定态度的占到了 169 条。对于医改方案，有 117 条表现出轻微不满，同时有 353 条回复在态度上既不肯定也不否定。

在全部评论中，有价值的信息或中肯的意见不在少数，有 302 条陈述了系统的意见，提供了可能有用的信息。例如，有一位自称县级医院医务人员的网友指出，2008 年全面实行新农合以后，农民不但没有得到实惠反而增加了经济负担。有的网友则建议，应该取消对民营医院的限制，让民营医院与公立医院在同一平台上展开竞争。

样本中，关注度最高的五项医改内容包括：公共医疗保险，农村医疗保障，处方药问题，医疗欺诈、医疗资源浪费和滥用问题，医护人员的报偿问题。总体来说，作为样本的网评意见呈现两大特点。首先，评论意见往往以务实的态度把政府决策者的意见和观点作为未来改革方针的可行逻辑，以此为基础而展开讨论。其次，网评意见对改革方案总体持保留态度，这是一开始没有料到的。以往研究表明，在政府决策进程中，中国民众不轻易在调查时流露出反对意见，这大概与参与评论者多是社会中坚力量和一线专业人员有关。从政府的角度看，这样的参与是值得发扬的。如果在线协商真能对政府决策产生影响、增强法律法规的合理性和可执行性，并提升中国共产党执政的合法性基础，那么前提就是需要具有实质意义和价值的网民反馈声音。

有深度、务实的同时又是不同的（倾向提供反对意见）网民意见，正是在新一轮改革浪潮中决心提高自身治理能力的中央政府所需要的。在线协商也将越来越成为政府提升治理水平和民众支持度的手段。

（唐磊　编译）

原文信息

原题：Online Consultation and Citizen Feedback in Chinese Policy-making

作者：Steven J. Balla & Liao Zhou

出处：*Journal of Current Chinese Affairs*，Vol. 42，No. 3，2013

互联网如何影响群体性社会运动

奥列西娅·特卡乔夫　等

　　2013 年 9 月 23 日兰德公司网站发布《互联网与政治空间》一文，作者是来自密歇根大学的奥列西娅·特卡乔夫等学者，文章考察了中国、埃及、叙利亚、俄罗斯四国近年来网络活动与社会运动之间的关系。报告认为，由于网络的普及以及用户利用网络进行社会动员意识的提高，政府应充分意识到网络影响社会发展的能力，否则或可引致社会动乱。该报告对我国当前的网络发展和社会治理有正反两方面的借鉴意义。

网络活动与群体事件

　　埃及、叙利亚、中国与俄罗斯四国各自社会运动对网络的运用方式不同，政府的应对措施也各有差异。

　　在埃及，网络和社会媒体相互补充，弥补了反对派在传统组织资源方面的不足。那些构成抗议群体核心的社会组织既缺少宗教组织的支持，也缺少穆斯林兄弟会的支持，在动乱之初尤其如此。社会媒体先是制作和分发标语牌或行动图，不久又加入到民众动员之列。网络上的抗议始于 Facebook 用户上传 2010 年警察殴打 Khaled Said 的照片，之后迅速演变成"我们都是 Khaled Said"运动。2011 年 1 月 25 日抗议者涌向街头，但因为人数不多，没有引起当局的注意。随后触发的多米诺效应终导致了穆巴拉克总统的那些关键支持者与其决裂。

在叙利亚，因为当局对网络的严密审查、禁止 Facebook，以及对市民权力活动分子采取有效的控制措施，网络的动员能力受到严重限制，内战前夜网络对政治的有形影响微乎其微，但在吸引国际社会关注及之后曝光当局的暴行方面发挥了不可替代的作用。由于网络的推动，叙利亚局势在全世界广为人知，提高了俄罗斯等国家支持阿萨德当局的政治成本。

在中国，网上市民空间不断扩展以及中产阶级人数的增长，网络的社会动员能力呈扩大趋势，但其主要目的是呼吁政府改善服务质量，而不是挑战当局权威。在中国，由于网上动员的自发性没有引起当局的警惕，以及不能提早知道线上交流而加以阻止，网上动员难度不大。另外，中国网络动员的能力在不同的社会层面上并不一致，对于那些受过良好教育和富裕人群的要求当局比较重视，但对那些比较贫穷的乡村居民的要求则较少理睬。

在俄罗斯，2011 年网上对国家杜马大选结果的抗议表明网上动员力量极其强大。尽管政府对传统媒体实施严格控制，但非政府组织却利用网络来告诉选民当局的选举舞弊行为。通过曝光投票站的违规行为并将之上传到著名视频网站 YouTube 上，以及分析统计数据和公布其结果，使网民相信投票结果被非法操纵。在俄罗斯，网络的作用就是加强市民社会、非政府组织和反对派之间的联系，而个人的线下社会交往则对网上动员有助推作用，尤其是在那些白领、受过良好教育者和中产阶级以及城市居民之间更为明显。

结论与政策意义

我们的分析得出了以下重要结论。

（1）网络的动员能力及其渠道有赖于网络普及的程度，以及来自政府的控制能力。

有三类网络使用者：一般用户、网民和网上活动分子。一般用户中，大部分人缺少信息技术能力，不能安装翻墙软件，或者不愿意在这些软件上花钱；网民利用网络来参与线上社区的交流，而线上活动分子则出于某些事件利用网络来鼓动他人，或者提出一个具体的提议。在网络动员中，上述三类群体的作用各不相同。网民把一般用户的注意力引向政府的具体行动或政策，针对某种行动在一般用户中建立共识。线上活动分子将线上交流与线下组织资源和市民社会组织连接起来，但如果没有这些线下组织的支持，线上动员在线下就无法展示自己。一般用户通过线上和线下的社会网络传播他们的看法。一些国家对这些人所采取的强制措施使他们的选择非常有限，从而使得网上动员的成本变大，这些人所能采取的网上行动的选项视政府的类型而定。

（2）网上社会空间的扩展可能引起政治空间的扩展，即便网民并非出于政治目的。

在中国，经济的迅速发展带来了全面的社会变迁，出现了一些新的社会群体和组织。网络使他们能够通过与遍及社会各阶层的网民合作来挑战政府。在俄罗斯，使用网络从事经营活动的公司越来越多，由此提高了俄罗斯公民的信息技术技能，这些技能在 2011 年杜马选举之后被用于曝光政府的选举舞弊行为。

（3）线上信息能够通过引发信息阶流来削弱非民主政体的稳定性。①

抗议活动的影响通常与走上街头的抗议者的数量成正比关系。网络能够使网民匿名表达其真实想法和协调集体行动，从而引起多米诺效应。这是网络能推动社会抗议的原因。在埃及和俄罗斯，正是因为网上动员才触发了民众的抗议，造成了长期的后果——最明显的是穆巴拉克政权的迅速倒台。

（4）公开的协商能够弥补社会分歧，网络据此可以使政治结盟更具包容性，并将信息传播给那些平时交往不多的人群。

线下与网络之间可以进行有效互动。如果说弱连接促进了网上

---

① 信息阶流（information cascade）也称为信息瀑布，指当某个人在观察到他之前许多人的行为后，不管自身的信息而追随那些人的行为，且这种追随是最优选择的时候，就意味着出现了信息瀑布。（参见周明、曾向红《埃及"一·二五革命中"的信息瀑布与虚拟社交网络》,《外交评论》2012 年第 2 期，第 67—68 页。）

消息的传播，那么强连接则提升了线下社会动员形成的压力。①

（5）如果针对的是一个具体的政策结果而不是政府的话，网络动员更容易成功。

这一结论主要是基于中国的情况得出的。在中国，网络活动分子得益于中央与地方官员之间的垂直竞争。不过，提升政策议题的满意度，在网民对某些政策结果不满意的时候地方官员也会利用网络动员。

（6）网络的技术赋权各国存在差异。②

较之经济不很富裕的个体而言，中产阶级从网络中受益更大。在俄罗斯，2011 年大多数抗议者是白领，这些专业人员同时也是活跃的网络使用者。在中国，当局重点关注的也是中产阶级的网上和线下动员，对农村居民类似的要求则很少关注。在埃及，城市学生和新近毕业的大学生是参与第一波游行示威的核心。

网络动员与社会进步

有些国家采取了一些限制网络动员的措施，如对网络实施全面封锁，屏蔽站点或内容，建立过滤软件以封锁内容等。但这也引起了网民的反制，如开设自己的独立空间，或使用替代词汇来避开关键词过滤（如用"散步"表示"抗议"），以及开发翻墙或代理软件等。

---

① 弱连接（weak ties）和强连接（strong ties）：人与人之间的关系，从沟通互动的频率来看，可以简单划分为强连接和弱连接。美国学者 Mark Granovetter 指出，亲人、同事和朋友构成个体社交网络中的强连接，但因为这是一个封闭的系统，所以产生的信息通常是重复、有限的；而与不很熟悉、互动机会少的社会对象（如公司客户）构成的弱连接因为数量众多，系统开放，信息收集和传播反而更快，更有效。——译者注

② 技术赋权（Technological empowerment）：是指草根民众通过网络技术的使用，将分散的力量聚合在一起，形成某种变革社会权力关系的力量的过程，其主要形式就是草根民众与其他主体之间的传播互动。因特网让个人更有机会就公共事务发言。"赋权"就是一种传播互动过程，尤其在小团体中，民众彼此很容易产生认同感，从而形成可以变革社会的力量。此即为"网络技术赋权"。（参见王全权、陈相雨《网络赋权与环境抗争》，《江海学刊》2013 年第 4 期，第 103 页。）

　　网络动员的程度与政体性质关系密切。在有些混合型国家（如俄罗斯），市民社会比较活跃，网络的影响力就比较大。一旦网络访问被阻止，这些市民社会的反应就很迅速。伊朗的情形有所不同。伊朗当局想方设法屏蔽那些不希望让其公民访问的网站和内容，但有时事与愿违，因为这些措施反倒促使网民使用翻墙软件而不担心被监控。

　　另外，网络动员促使网民关注一些社会问题，如环境恶化、基础设施脆弱等。网民可以通过匿名方式曝光地方腐败官员，迫使其他官员更有责任心。

（崔玉军　编译）

原文信息

原题：Internet and Political Space

作者：Olesya Tkacheva, Lowell H. Schwartz, Martin C. Libicki, Julie E. Taylor, Jeffrey Martini, Caroline Baxter

出处：http://www.rand.org/pubs/research_reports/RR295.html

"屌丝"现象折射出的中国
互联网底层政治

杨沛东　等

新加坡南洋理工大学研究人员杨沛东、唐立军（音）、王璇（音）在《媒体、文化与社会》（*Media, Culture & Society*）杂志2015年第2期上发表了《作为底层政治的"屌丝"现象：中国互联网上的污言秽语、身份创造与文化亲密性》研究论文。该文考察并分析了中国互联网上的"屌丝"现象，杨沛东等人指出，这一现象既不能被视作纯粹意义上的政治问题，也不单纯是文化上的娱乐与消费。"屌丝"现象是对官方话语过度规范化的反抗，是社会阶层分化中出现的身份认同。从文化亲密性概念出发，"屌丝"现象反映出某种流动、变化的前沿，而有关中国人身份认同的创新想象与磋商正在此前沿处发生。

中国的网络空间充斥着一对矛盾组合：一方是政府的严格管制，一方是活力满满的网络激进主义。一方面，通过正式法规、监控技术、经济激励与惩罚措施，政府试图阻止并粉碎一切可能威胁社会与政治稳定的在线活动；另一方面，高调的网络激进主义案例不时涌现且呈增长趋势，对政府的政策、实践、权力腐败与滥用构成了挑战。

由于直接在线讨论政治议题在中国的网络空间中仍受重重监管，因此，这样的讨论往往有意或无意地以文化形式所体现，并在嬉笑怒骂的过程中传播开来。"屌丝"现象表明，在由互联网所形成的公共空间中，存在一个巨大的"底层政治"（infrapolitics）空间，也可以看作"一个低调的政治斗争领域"，在此空间内政治还可以混杂地以一种难以被辨别出的方式显现于大众文化产品中。

作为底层政治的流行文化

底层政治可以被视为下层群体所采用的一系列特殊的抗争策略，具有以下特点：一是采取了语言的伪装形式，比如流言、笑话、文字游戏、民间故事等，对权力本身或当权者进行批判；二是这些批判都是匿名的，或是大家都秉持"批判行为一定要无伤大雅"的默契；三是这些抗争都很低调，并且不会指名道姓。

流行文化可以被解读为隐藏的政治斗争。美国乔治亚大学教授杰弗里·P. 琼斯（Jeffrey. P. Jones）指出，普通公民所遭遇的媒体化政治（mediated politics）通常都与对娱乐、消遣、好奇心、群体性甚至是突发事件的热衷和追逐密切相关，交流不一定是为了获得信息，而是为了促进社会融合，即蕴含着认同、团体、社交能力的意义。由于娱乐与文化节目比正式的话语更能有效地注入情感、情绪与信仰，相比于公开的、理性的政治诉求，娱乐与文化节目可能与普通人之间更容易产生政治共鸣，政治参与可能蕴含在每日的文化话语与实践当中。

据观察，中国的网络空间满是笑话、模仿与双关语。互联网让"参与文化"与"集体智慧"在中国的社会政治环境中成为可能，并在中国培育出了一个"讽刺文化"。网上恶搞与"屌丝"现象有一定的相似性，二者都属于讽刺文化，但不同之处在于，恶搞倾向于嘲笑有权有势之人或者政府当局，更接近激进主义；而"屌丝"现象更贴近娱乐，是自嘲的一种实践，可以被理解为集体身份创造的一种自发的行为，尽管它不可避免地被灌输了政治思想。

"屌丝"现象在中国的兴起

"屌丝"一词最早出现在 2011 年年末中国足球运动员李毅的百

度贴吧，是"魔兽世界吧"对"李毅吧"球迷的恶搞称谓。李毅的粉丝欣然接受了这一称谓，并将之当作"荣誉勋章"佩戴起来，最终让这一贬义词流行起来。这种接受嘲讽、将之转换为自我嘲讽并从中享受开心与满足的态度，或许正是"屌丝"现象的精神本质。2012年，"屌丝"在中国互联网上全面开花，像病毒一样迅速扩散直到无处不在。

"屌丝"成为某种类似于身份认同的标签，或许甚至是一个社会阶层的虚构形象：这一阶层自认是城市中竞争的失败者，主要由相对年轻的人组成，其社会地位低下。但值得指出的是，"屌丝"的确切含义很难轻易确定，也无法详尽、精确地描述出来。定义中某种程度上刻意导致的模糊性与灵活性毫无疑问助长了"屌丝"的流行。一言以蔽之，"屌丝"基本上是指处于中产阶级或低于中产阶级地位，干着低薪、难以让人满意的工作，几乎没有什么优势（比如有着吸引人的外表或是富裕的家庭背景），似乎代表着当代中国社会可怜的失败者形象的一类人。

但是，很快，几乎互联网上的所有人似乎都热衷于称呼他人和自己为"屌丝"，且其人员构成早已超越了这一词语本身所指向的"社会地位低下的失败者"的范畴。这一波所谓的"屌丝心态"的泛滥甚至可能影响到官方媒体对其的态度，《人民日报》在社评文章中承认该词，大概是为了做出"官方的出版物也要与新的社会潮流相关"的姿态。"屌丝"在中国网民中非比寻常的受欢迎程度使得它成为各类文化商品的销售载体，在某种程度上成为没有指向（包罗万象）的符号。

脏话的解裂、团结与社交功用

很多研究者进一步将中国的网络文化解释为深含社会、政治意义与重要性的文化。"屌丝"现象与中国内外的许多文化事件有着相似点或共同点，但它也有其独特的性质，并反过来揭示出催生它的社会文化的独特方面。

"屌丝"广受欢迎的部分原因可归咎于它涉及了一个最普遍的下流词：屌，它为人们提供了一种说脏话的宣泄的快乐。"屌丝"同几年前另一横扫中国网络空间的语言事件——"草泥马"其实并没有什么不同。"草泥马"主要被解读为中国网民对政府当局的语言政策及线上发言的严格监管的一种隐蔽而巧妙的破坏。但是这一分析还有未竟之处：中国网民对语言猥亵的共同欲望，这一点更普遍也更广泛，这一共同欲望部分地确立了"屌丝"受欢迎程度的基础。中国的官方话语与流行话语之间存在巨大的差距。前者是中国共产党和政府的话语体系，风格僵硬、正式/格式化，渗透着宣传与意识形态的措辞；而后者主要见于人们的日常对话与网络空间，风格明显不正式、充满创造性但通常粗鄙下流。美国莱斯大学的人类学家多米尼克·博伊尔（Dominic Boyer）与加州大学伯克利分校的阿列克谢·尤尔恰克（Alexei Yurchak）将这一官方"话语生产的高度垄断与规范化条件"称为"过度规范化"，其效果是"受政府支持的政治话语充满了过度修饰的、重复的，并且经常晦涩难懂的公式化表述，导致了社会主义的权威话语与其期望背道而驰：无法建立起同公民主体的语言与思维的亲密联系"。

必须承认的是，20世纪80年代的中国同今日之中国，在传播环境与宏观社会环境上大有不同，这种差异随着互联网的普及更加明显。尽管如此，过度规范化仍然是中国社会生活中可感知的现实。大多数人都受到这种话语过度规范化的影响，通常这种影响是通过学校教育、工作场所/基层组织的宣传工作实现的。为了对抗政府的这种令人感觉隔膜的语言，中国公众更加普遍与直接的反应是走向说脏话这一极端。在某种意义上，污言秽语是最人性的表达，是对政府过度规范化最直接的反应。

中国网络近来盛行的许多双关语与文字游戏正是一些有着一定政治立场的脏话。比如"屁民"一词，它捕捉到了普通中国民众所感受到的普遍意义上的无力感与被剥夺感。这样一种反应在中国的网络空间中创造出了对脏话的无止境的欲望。

社会阶层分化中的身份认同

那么"屌丝"现象在多大程度上与中国当代社会普遍存在的情绪产生了共鸣呢？"屌丝"是当前数量庞大的中国城市年轻人对自己的定位。对资本主义大众消费主义的信奉以及高度不平等的财富再分配交织在一起，造就了一个炫耀消费、金钱崇拜、因"拥有"而自大傲慢、因"没有"而嫉妒不满的中国社会。当这样一个社会受到了互联网、社交媒体、便携式通信设备所提供的即时连接的强力推动后，突然间所有人都开始感受到同他人相比自己在物质上拥有什么缺少什么。这也能够解释为什么大量同"屌丝"相关的幽默都是建立在"屌丝"所缺乏的物质之上的。

这种因缺乏财富、权势、安全与希望而普遍存在的不满情绪与精神不振，或许可以被看作"屌丝"一词的"隐藏文本"。"屌丝"之所以如此受欢迎就是因为它简洁、有趣、下流，并以一种间接、含糊的方式发展成为社会不满情绪的"公开宣言"。由于"屌丝"是种加密的、间接的社会批判形式，其病毒式的传播过程实际上并没有受到政府审查制度的干预。

考虑到"屌丝"现象的自发性、不同的背景，以及被中国草根阶层所接受的规模与速度，"屌丝"现象大概是近年来中国最重要的身份认同创造事件。如果"屌丝"是种社会竞争失败者的身份，并由此假定他们遭遇了自身社会权力的赤字，那么为什么人们会如此趋之若鹜地自称"屌丝"呢？这里，很重要的一点是要区分将这一语词适用于单个"社会能动者"（social agent）时，"屌丝"一词代表的无（社会）权力与该词被一大群社会能动者所认领时它可能存在的极端有（话语）权力。

"屌丝"阶层宣称其一无所有，但正是这一公开宣称让他们发起了尖锐的社会/政治批判，表明了他们的权力诉求，尽管说"屌丝"现象是革命性的或者是颠覆性的太言过其实，但"屌丝"现象批判了促使其兴起的社会条件。"屌丝"逐渐成为一种身份标签，可以用来识别他人、与他人产生共鸣和自我识别。当某个人或某个行为被贴上了"屌丝"的标签，便很难将这一贴标签的行为中存在的嘲讽（轻蔑/攻击）、玩笑（中性的/善意的）以及团结建设（安抚/欢乐）区分开来。当数以百万的中国人给自己贴上"屌丝"的标签，同样，也难以将自嘲、社会批判与先发制人的自我保护这几者区分开来。

文化亲密性与对集体归属感的渴求

尽管"屌丝"的受欢迎程度毫无疑问是建立在社会问题与社会条件的基础之上的，但其目的并不在于造成社会转型，而是点明社会疾病。"屌丝"现象并没有激发出革命的情绪，也没有达成对社会结构/条件的严格分析、洞察。事实上，"屌丝"的政治立场比之前提到过的那些脏话嘲讽，比如草泥马，要隐蔽得多。

它让数以百万使用它、喜爱它的中国人在情感领域内获得了满足，因为它为人们提供了一种可获得的真实联系感、交流感与相亲相爱的感觉（甚至包括那些实际上社会处境良好的人们），而在人们所处的大环境中，这样的感情在结构上是被剥夺了的。正如人类学者阎云翔指出的那样，后毛泽东时代的改革触发了中国社会大规模的个体化过程，在这一过程中，人们被从旧的社会范畴与关系中连根挖出，但又没有被植入新的保障范畴或网络。同西方福利国家的个体化进程相比，中国的个体化进程缺乏足够的社会保障体系，从而使人们陷入了一种不安全与焦虑的个体状态。"屌丝"不仅生动地捕捉到了这一普遍存在的不安全感与焦虑感，还为人们提供了一个虚构的共同基础，在此基础上，人们可以体会到当代中国社会上已大体消失的集体感。

那么中国的公民概念和"屌丝"之间可能存在何种联系？可以从文化亲密性这一概念出发考虑。文化认同中的某些方面可以是外部尴尬境地的源泉，但同时又能为处于文化内部的人提供一种普遍团结的保证，这便是文化亲密性。文化亲密性是将民族、国家、社会维系在一起的关键性力量。理想的"民族美德"与这种共同体验到的尴尬一起，组成了对"想象共同体"的归属感的基础。

尴尬与自怜自艾的自我认识，是文化亲密性中的两大关键标志。最重要的是，文化亲密性的实践是由内部成员自己完成的。如果外国人敢提出同样的批评，中国大众的反应很可能就不是赞同了，而是强烈的谴责和抗议。这也有力地证明了文化与社会的亲密性在构成人们的民族经验与归属感上的重要作用。

"屌丝"无疑分享了这一亲密性。那些欢快地承认自己是"屌丝"或者称呼他人为"屌丝"的人在互联网的非个人空间中获得了一种亲密感。"屌丝"身份可以被视作对中国公民身份/成员身份的一种全新阐释，因为至少"屌丝"捕捉到了中国人的自我认知中多面向中的一面：在当今时代做一名普通的中国人意味着什么。

（杨莉　编译）

原文信息

原题：Diaosi as Infrapolitics：Scatological Tropes，Identity－making and Cultural Intimacy on China's Internet

作者：Peidong Yang，Lijun Tang，Xuan Wang

出处：*Media*，*Culture & Society*，Vol. 37，No. 2，2015

中国网络的政治表达、民族主义及其对政权的影响

玄基德　金津熙

　　美国伟谷州立大学传播学助理教授玄基德（Ki Deuk Hyun音译）和韩国浦项科技大学金津熙（Jinhee Kim音译）在《信息、传播与社会》（*Information*，*Communication & Society*）杂志上发表论文，对中国网络空间的政治表达、民族主义话语及其与民众对制度的支持度之间的关系进行了实证研究，并讨论了新媒体在巩固中国现有政权和制度方面所起的作用。二人的研究显示，网络空间的政治性表达及其激发的民族主义情感有助于巩固政权的稳定而不是挑战政治现状。

引　言

　　随着中国公民的网络参与度日益提高并乐于在网络世界中公开表达自身意见，学界和媒体也变得非常关注新媒体技术对中国社会与政治制度的影响。由于新媒体具有公共赋权的能力，一些人期待中国的网络社会能够成为社会变革（变为更开放、更多元的社会）的核心场域。而另一些人在意识到中国政府能够通过审查和宣传来治理网络政治话语后则认为，新媒体的主要作用只是维持并支持现状。

　　不同观点所争论的核心焦点之一便是网络上高涨的民粹民族主义（populist nationalism）及其对中共领导权的影响。随着市场导向的社会转变以及共产主义意识形态作用的日益减弱，民族主义已成

为中共维持公众支持度的重要手段。

然而，如果统治精英们在协调公众民族主义情绪方面处理失当，网络民粹民族主义情绪的剧烈高涨也可能促进公共批评甚至反对中共领导地位的运动。现今的许多研究大多注重戏剧性事件中公众对政府的不满，但这显然高估了网络上对中共统治的反抗力量。为了阐明网络政治表达究竟是挑战还是维护了中国现状，本文旨在探究中国网民的政治表达、民族主义态度与制度支持度之间存在何种关系。

基于前人研究，本文假定信息消费所促进的网络政治表达，会通过民族主义提高网民对现有社会政治结构的支持度。此外，我们审查了网络政治表达是否会直接影响制度支持度。

假设与问题

1. 信息使用与网络政治表达

中国网络为公众参与政治表达和政治对话制造了许多空间。尽管中国政府对网络有着严格的管制，但以用户为导向的网络服务与站点——电子邮件、网络论坛/BBS、社交网络站点——拓宽了尚有自主性的政治表达和政治讨论空间。尽管不清楚中国网民在多大程度上出于政治传播目的而使用上述网络媒体，但一些数据显示中国网民对于网络表达的参与处于中等水平。大约30%的受访者回答他们"有时"会在网络上发表评论，而回答"经常"的人则占10%。此外，国外机构的大量调查研究显示，在西方，传统信息源（如纸媒）和网络信息源都会激发个体网民的网络政治传播活动。在中国的调查有类似的发现。我们因此预测，出于获取政治信息目的而使用社交媒体会进一步促进（而不是阻碍）网民参与政治表达。最终我们提出以下两个假设：

假设1：传统信息的利用可以导向网络政治表达。

假设2：出于信息获取的目的而使用社交媒体也可以导向网络政治表达。

2. 网络政治表达与民族主义

无论是在专制国家还是民主国家中，人们都能够发现，统治精英和团体会战略性地灌输国民身份意识和自豪感来获得民众对其权威与领导地位的支持。在中国，这一状况便体现在中共通过其领导的民族主义运动来抵消逐渐式微的共产主义意识形态所带来的影响。

同其他政治态度相似，民族主义通过政治社会化（political socialization）产生与发展。鉴于中国政府对主要政治社会化中介机构（如学校和大众媒体）的垄断，中共所主导的民族主义会在日常的政治对话中被加强而非被挑战。此外，近期崛起的网络民族主义也令我们有理由认为，网络政治对话与表达更有可能支持而不是反对民族主义。激进民族主义活动（比如反日活动）也常常获得大量中国公众的支持。

自发的网络民族主义的草根特性将其同官方民族主义区别开来。中共主导的民族主义是自卫的、实用主义的，极力避免对外侵略；网络民族主义则常常直接展现出对外国的仇恨与侵略性，尤其是那些同中国有着外交或领土纠纷的国家。鉴于该种民粹特性，一些人认为网络民族主义可能成为中国外交政策甚至政权合法性的挑战。然而这种说法并没有足够的证据支持。有研究显示，网民的发言常常反映了政府和媒体所关注的话题，也即暗示了中共和新闻媒体的议题导向能力。此外，负面评论也主要针对假想的外部侵略者，但批判性的分析则几乎不存在。因此，这证明了中共成功地将公众的民族主义能量用于对自身合法性的支持之上。

通过管控新媒体令其传播中共主导的民族主义观念，高涨的网络民族主义被限定在官方民族主义所划定的边界之内。这暗示了政治表达和讨论的新机遇很可能只是重复与加强中共所期望的民族主义意识形态。此外，也有数据表明，在中日矛盾方面的网络政治表达也同民族主义态度呈正相关。

鉴于以上论述，我们提出第三个假设：

假设3：网络政治表达会导向民族主义。

3. 网络政治表达、民族主义与制度支持

尽管民族主义同现状支持之间的正相关关系是不证自明的，但制度正当性理论仍然提供了一个理论视角来帮助我们回答民族主义是如何有助于维护现存的权力安排的。该理论认为，无论个人在某种制度所构建的权力结构中处于何种位置，为了避免对制度的批评或负面评价所带来的心理上的不满，都倾向于相信现状是公正且合法的。即便该制度同其个人或团体利益发生冲突时，他们也会通过各种不合理的解释来掩盖自身的弱势地位以使现状正当化。其中，制度依赖性是个人对制度支持度的关键性背景因素。当人们认为个人利益极大地取决于现存制度时，他们便更可能支持现存制度。鉴于中共强调民生福利取决于国家的发展和繁荣，我们预测民族主义同对中国制度的支持度呈正相关。

假设 4：网络民族主义将导向对制度的支持。

由于假设 3 认为网络政治表达预示了民族主义，因此：

假设 5：网络政治表达通过民族主义导向了制度支持度。

最后，我们要检测网络政治表达同政策支持度之间是否有直接的关系。研究人员发现中国网络上时常会有对政府腐败以及违规行为的批评，它们有时候会吸引媒体注意，中央政府因此通过调查与惩治官员以平息众怒。这些研究人员以此认为公民网络传播埋下了社会变革的种子。然而，在强调网络传播的赋权潜力的同时，人们忽略了中共正在利用新媒体技术来达成自己的政治目的。中共渐渐通过日益增长的公众参与来维持政权的稳定性与合法性：部分的网络政治参与充当了平息中国制度潜在集体异议的"安全阀门"，帮助中央政府监督地方政府与官员，衡量并引导了网络舆论，并在某种程度上巩固了中共的地位、支持其政策，最后掩盖了政府对公众需求和不满回应能力有限的事实。在政治传播的结构方面，虽然半官方或非政府媒体的数量已然超过了官方媒体，但由于所有的媒体信息都受中共管控，民众所接受的日常信息还是单一的、对制度进行支持的信息与舆论，因此也很难形成异于官方政治叙事的舆论。民众参与政治的机会则是另一个影响要素。西方民主理论家认为政治

参与通过赋予公民权力感与参与感而增强了政治制度的合法性，经验证据也在西方验证了这一理论的有效性。然而，网络政治表达是否同传统政治参与形式有着相同的作用则仍然是一个问题。因此，本文的研究仍然要关注网络政治表达是否会导向制度支持度这一核心问题。

研究样本与方法

我们利用总部位于上海的调查公司所提供的固定样本进行了一个网络调查。该公司随机向北京、上海和深圳的固定样本成员发送邮件，如果固定样本成员愿意参与调查，则填写一份网络问卷。最终共有 500 人参与了研究，其中一半是男性。受试者的年龄为 20—49 岁（平均 33.53 岁，方差 8.15 岁）；教育程度以 1（小学及以下）到 7（研究生或专业学校）分成 7 个阶段，平均数为 5.86，大概相当于大学本科毕业生，方差为 0.69；年收入以 1（1 万元）到 10（十万元以上）分成 10 个等级，平均数为 8.11，方差为 2.64。其中有 21% 的受试者为党员，这大概是全体人口党员比例的 2 倍。由于党员的学历普遍较高，且政治参与积极性也更高，这可能是导致样本中党员人数偏高的原因。

在网络问卷方面，我们获取了 5 个变量：

（1）信息使用：分别测量了传统媒体信息使用频率和社交媒体信息使用频率，从 0（不使用）到 7（一周使用 7 天）8 个等级。

（2）网络政治表达：测量了在三种类型媒体（邮件、网络论坛/BBS、社交网络）上的政治表达频率，从 0（从不表达）到 7（非常频繁）8 个等级。

（3）国家主义：分别测量受试者对以下 4 个问题的回答——"中国人是世界上最聪明最勤奋的民族"、"中国文化和传统价值是世界上最优越的"、"总体而言，中国对其他国家的影响越大，那些国家的境况就越好"、"如果中国领导世界事务，世界会变得更好"，从 1（非常不同意）到 7（非常同意）7 个等级。

（4）制度支持度：分别测量受试者对以下 4 个问题的回答——"遵循政府的政策来发展中国非常重要"、"批评当局的人只是在做无意义的质疑"、"如果国家更加繁荣，那么公民的生活也会更好"、"巨大的收入差距是让人们工作更加努力的必要条件"。从 1（非常不同意）到 7（非常同意）7 个等级。

（5）控制变量：性别、年龄、教育程度与收入都为控制变量，共产党员也同样是，因为它会影响一个人的民族主义态度和制度支持度（1 = 党员）。

结果与讨论

通过回归分析计算可知，传统方式的信息使用和社交媒体的信息使用都同网络政治表达频率呈正相关；网络政治表达频率同民族主义程度与制度支持度呈正相关；民族主义同制度支持度也呈正相关。此外，我们还可获知两个重要的间接影响：网络政治表达频率通过民族主义程度同制度支持度呈间接正相关。以上结论表明公众以政治表达为目的的互联网使用有助于维持而不是挑战现存的中国制度。

关于新媒体技术对中国社会变革的影响方面，人们有着或悲观或乐观的看法。持乐观态度的人认为互联网能够带来更加开放与民主的社会，而持悲观态度的人则担心网络传播所激发的民粹民族主义浪潮会导致社会不稳定，并会向中共施加压力使其制定更具侵略性的外交立场，这最终将导致国际关系的紧张与冲突。然而我们的研究则显示，网络政治表达所提高的民族主义增加了公众对于现行社会结构的接受度，并巩固了政权合法性。因此，技术本身在中国等国家并不能成为民主转型的导火线，技术的变革力量取决于社会中介运用新技术时所秉持的政治目的。

许多研究并不否认网络的赋权潜力，以及它在某些契机下可能成为挑战现存制度的力量，毕竟新媒体上的星星之火足以对政权构成挑战。进一步说，从长期效果来看，中国公众持续的政治参与会改变公众的想法与态度，即要求更为开放与民主的社会。然而，我们的研究显示至少在现在，在短期内，网络政治表达仍然会巩固政权并加强其合法性。

（韩侃瑶　编译）

原文信息

原题：The Role of New Media in Sustaining the Status Quo：Online Political Expression，Nationalism，and System Support in China

作者：Ki Deuk Hyun & Jinhee Kim

出处：*Information*，*Communication & Society*，Vol. 18，No. 7，2015

"反智主义"倾向在中国大陆抬头

黄严中

昔日普林斯顿大学余英时教授曾撰写过《反智论与中国政治传统》的长文，其论儒家主智、法家反智及其在秦后政治的影响令人久久折服。另一方面互联网对人类社会智识和理性能力的侵害是西方互联网研究者、未来学家们十分关切的问题，较著名的如尼古拉斯·卡尔的《浅薄：互联网如何毒化了我们的大脑》。通过美国对外关系委员会研究员黄严中的这篇文章，我们有机会将传统遗留与现代情景双重背景下反智主义的表现予以透视，但读者也应对其明显的精英主义和自由主义立场保持清醒。

2015年6月，一名以写博客为主的网络作家周小平当选为四川省网络作家协会主席，而早在2014年11月，另一位博客写手花千芳被选为辽宁省抚顺市作协副主席，这个荣誉职务过去一般只授予那些在文学创作上成就广为人知的作家。这两位其实都只有高中文凭，又都曾受邀参加过2014年10月在京举行的文艺工作座谈会。他们的声名鹊起透露出中国大陆反智主义抬头的趋势。

反智主义，是在社会—政治生活中一种对知识分子和智识追求充满敌意的态度，并非指某种理论或思想。从花千芳的职业道路和他的作品中能看到他对知识分子和智识能力持有基本的反感。他高中毕业后，在回到老家务农之前，曾在城里打过一段时间工。在一次采访中，他承认他没有读过什么历史、政治或科技方面的书，他在这些方面的知识全都来自于互联网和其他人的博文。不过这些不足也没有阻挡他批评那些顶尖学者"胡说八道"、"混淆是非"。当人们质疑花千芳的作家资质时，《环球时报》站出来为其辩护，说他应该得到"传统精英"的尊重，因为他"以其草根生活的独特视角诠释了他身处的国家和时代"。两位博客作者都因其作品"接地气"而得到官方的赞誉。

对学者和学术不信任在中国并非新鲜事。秦始皇焚书坑儒大概是史上头一次运用国家权力来反对知识及其承载者。毛泽东时代的"文化大革命"也做过类似的事情。他把知识分子称为"臭老九"，发动高中和大学学生出来做"红卫兵"，其中一些人对教师和学者实施过折辱和虐待。毛泽东还提出过"知识越多越反动"的说法，他让数百万知识青年上山下乡接受农民"再教育"。20世纪70年代晚期，邓小平复出后，为了实现现代化的目标，邓小平试图扭转毛的反智主义做法。在邓小平的努力下，高考得以恢复，知识分子被重新归入政治正确的"工人阶级"。20世纪80年代初走出计划经济后，"鼓励一部分人先富起来"的政策导致了"造原子弹不如卖茶叶蛋"的现象。"脑体倒挂"以及社会上知识教育无用论泛滥等现象带来的失落感，为1989年的政治运动起到了推波助澜的作用，而这场运动又使得邓小平改变了对知识分子的态度。

1989年以后，官方采取了更加精细和灵活的办法来应对知识分子。通过鼓励知识分子个人凭借其专业能力从中国蓬勃发展的经济中获取利益，政府成功拉拢了一大批知识分子，包括那些在80年代积极批评政府的人。在提高政治地位和获得政府大额资助的引诱下，一些海归学者不再抱持批评立场，转而从内心拥护政府立场，维护现实的正当性。市场力量的迅速增长则进一步削弱了知识分子的影响力。金钱崇拜，以及1999年以后出现的高教领域"大跃进"带来的失业问题，造成社会上重视实用科目（如商业、金融），而那些珍视思考和智识追求的学科则受到挤压。2011年中国东南地区一所名校的应届毕业生只有3人来自哲学系，因此有人主张取消该专业。技术革命和社交媒体的广泛应用进一步加重了反智主义的趋势。淹没在信息大潮中的人们，错误地把信息流当作知识流，进而越发重视实利主义而轻视正规教育。

置身于消费主义和实利主义处处弥漫的场域，一些知识分子自己也开始沉湎于享乐，惯于欺诈及其他学术不端行为。其结果则是中国的知识分子作为一个群体逐渐丧失其独立人格和作为社会道德与智识领袖的地位。老师本是向学生传道授业解惑者，如今只要是比对话人多掌握一点点知识或技能就可以被称为老师，连性工作者也称她（他）们的客户为"老师"。教授如今被人们嘲谑为"叫兽"（"p-roar-fessors"，指那些非礼学生的教授）。公共知识分子又被称为"公知"，这个名号已经被嘲弄到令许多严肃的学者唯恐避之不及的地步。

最近的"王林事件"为我的观点再次做了背书。据网友们晒出来的照片，诸如马云、李连杰等商界、演艺界名流出入其门，连政府高官（包括数位前政治局委员和部级领导）都趋之若鹜。王林不是唯一一个被揭批显形的假大师，过去几十年里，中国的大众文化中每过几年就冒出那么一些占卜、玄学或气功大师。他们绝大多数受教育水平不高，却能成功地愚弄上至达官贵人下至平民百姓。比如曹永正，一位来自新疆的"圣人"，被周永康奉为"最值得信赖的人"。这种案例让小说家王朔痛斥中国的商业和政治精英"智商低"，"缺乏基本的科学常识"。这种说法有点过激，但中国精英普遍沉迷于伪劣的精神品的现象说明反智主义已经波及中国的最上层社会。

反智主义的上升对中国的政治发展而言并非好兆头。按照普林斯顿大学余英时教授的说法，民主这类舶来品唯有经过充分讨论和争议才会在中国生根发芽。一方面，中国的知识分子在努力为自身话语的公共影响力创造空间。另一方面，政府总是希望话语权掌握在自己手里，并且能够保持公共话语意识形态的统一，最近出现了很多令人关注的政府对知识分子和意识形态加强管理的事件。反智主义在中国的上升对其外交政策可能有显著影响，比如把很多事件的原因归于"境外敌对势力"，挑战传统看法的种种"阴谋论"也容易充斥市场。最近在微信上就广泛流传一篇《美国十五年来进行对华文化冷战》的文章，股市的重挫也被归咎于美国主要的几家金融机构（尽管事实上中国政府严格限制外资进入中国股市）。

　　无论是怎样的奇谈怪论，只要是民族主义的就会有大批拥趸。像周小平这样以反美著称的博客作家可以拥有 1100 万微博粉丝。由于有着强大的社会基础和政府默许的配合，这些民族主义话语破坏了中国政府有关和平崛起的官方表述的可信度，同时也限制了中国外交政策制定的回旋余地。诚然，反智主义不是中国独有的现象：很少有政治领袖，尤其是希望巩固自身权力的领袖，会觉得知识分子配合多障碍少。这些人喜欢对政治权威和既定政策大发议论，吹毛求疵。这种逻辑解释了为什么美国总统艾森豪威尔要嘲讽知识分子，斯大林会支持李森科（Trofim Lysenko）的伪科学，以及红色高棉领导人波尔布特（Pol Pot）扬言杀光所有戴眼镜的人。好在历经反复，反智主义在今天已不再能够代表中国公共话语的主流。习近平主席自己也是一个勤奋的读书人。值得警惕的是反智主义言论在社会政治生活的某些主要方面得以系统地表达出来，这种现象在增多。考虑到反智主义在中国有着悠久的历史和强大的社会基础，一旦它和民族主义、民粹主义合流，就可能干扰中国政治的健康发展，还有可能造成中国与周边国家及美国的现实碰撞。

（唐磊　编译）

原文信息

原题：The Rising Anti-intellectualism in China

作者：黄严中

出处：http://blogs.cfr.org/asia/2015/07/21/the-rising-anti-intellectualism-inchina-part-i/

http://blogs.cfr.org/asia/2015/07/21/the-rising-anti-intellectualism-in-chinapart-ii/

中国政府推进研发活动的经验值得汲取

马在新 等

　　2014 年第 2 期《中国述评》杂志发表韩国梨花女子大学法律与发展研究所教授马在新（Jai Sheen Mah，音译）等人的论文，阐述中国政府在推动研发活动和发展技术密集型产业中的作用。其中，对中国政府推行的各种研发政策进行了描述和评估，并总结了发展中国家可从中国汲取的经验。

中国政府推进研发的政策

　　20 世纪 80 年代以来，中国政府采取了一系列政策来推进研发活动。其最早的计划涉及三个战略重点，即科学与教育、能源和交通，以及农业领域。80 年代中期，政府开始着手调整科技管理体系，以便将研究与经济发展更好地结合，由此"国家高技术研究发展计划"（863 计划）开始运转。此后，"火炬计划"（CTP）于 1988 年启动，以应对新的技术革命，并促进高科技最新研究成果的商业化和产业化。基于"火炬计划"，中央政府为达标的项目提供税收优惠和资金支持，而地方政府也提供配套的资金支持。

　　1992 年，中国政府通过对外资企业提供税收激励，加强了对外国直接投资的吸引，并希望由此获取先进的技术。在第九和第十个五年计划中，科学技术被视为经济发展的主要驱动力，研发能力的加强和本地技术的开发得到强调，政府希望由此提升国内产业结构。

　　目前，中国研发政策的主要目标是将经济置于创新的基础上，培养国内的创新能力，建立以企业为中心的技术创新体系，在技术开发和基础研究的目标战略领域大踏步前进。

1. 建立科技园区

1988 年，中国政府批准建立北京新技术和工业发展实验区，也即中关村科技园的前身，随后批准了另外 52 个国家级高科技园区的发展。中国的高科技园区大致分为三类：第一类是拥有较强基础设施和人力资源的地区；第二类是高科技企业比较集中的地区；第三类是位于经济开发区之内，例如深圳。高科技产业推动了技术从大学和研究机构的转移，并创造了一系列具有市场潜力和竞争优势的产品。

2. 税收激励

中国政府为希望开展研发并对技术发展有所贡献的企业提供税收激励。通过降低税收负担、拓宽税收基数、简化税收体系以及平等对待国内企业和外资企业，政府持续地为与研发活动相关的投资者铺平道路。

3. 增加研发支出

截至 2009 年，中国研发经费达到 910 亿美元，是韩国的 3 倍，并在 2008 年取代法国跃居世界第三位。虽然与最发达国家相比仍然不高，但研发支出在 GDP 中所占份额一直呈现增长态势，从 1994 年的 0.64% 上升到 2009 年的 1.70%。中国的研发资金主要来自 4 个渠道，即政府资助、企业自筹、外资以及其他来源。2010 年，企业已经成为主要资金来源，达到总投入的 71.6%，而政府资助占 24%。政府份额的下降反映了私营部门的发展，而外资对研发的投入仍然非常有限，在 21 世纪前十年，一直未能超过总投入的 2%。

研发政策的效果和技术密集型产业

1. 人力资源和出版物

统计显示，中国专职研发人员的数量有很大增长，从 1992 年的 674000 人增长到 2010 年的 2554000 人，在总人口中的比重分别是 0.06% 和 0.19%。在研发人员中，从事基础研究和应用研究的人员从 1992 年的 40% 下降至 20%，同期，实验开发人员从 60% 增加到 80%。

科学家们的业绩可以通过发表论文的数量来衡量。统计显示，中国科学家在 SCI 杂志上发表的论文数量从 1995 年以来显著增长，在大约十年的时间中增加了大约 5 倍。至于这些论文的影响可通过被引次数来说明：1995—1999 年，SCI 杂志上中国学者发表论文的被引次数是 1.58，在 2005—2009 年，这一数字上升为 3.80，这显示出中国科学家在国际知名学术刊物上发表论文数量和质量的显著提升。

2. 专利

专利数量可以反映在生产过程和产品方面的创新程度。中国于 1984 年通过了第一个专利法，1992 年专利法进行了修订。中国加入 WTO 之后，进一步改革了行政程序，简化了专利申请过程。

在专利法修订之后，专利申请数量猛增。从 1995 年至 2010 年，中国国内专利申请的数量增长了 16 倍，而在加入 WTO 之后，来自外国人的专利申请也显著上升。从 2000 年到 2010 年，中国专利授予总量从 10 万个猛增至 70 万个。2010 年，中国在世界专利申请数量上位居第二位，而其在世界知识产权保护组织（WIPO）的专利申请中所占份额从 2008 年的 15% 增加至 2010 年的 20%。

3. 技术密集型产品的生产与出口

经济发展通常伴随着出口产品成分的变化以及出口价值的增长。

1995 年至 2010 年，中国企业的数量一直呈上升趋势，从大约 19000 家增加到 28000 家以上，从事高科技产业的年度平均人数则增加了 2.5 倍，总产值也突飞猛进，在 15 年中增加了大约 18 倍，同期高科技产业的盈利也提高了 27 倍。在高科技产品出口方面，中国也取得了发展。20 世纪 80 年代和 90 年代，中国的出口主要依赖劳动密集型的产品，1991 年，技术密集型高科技产品的出口总值很低，在出口总额中仅占 4%。2000 年，这一份额上升到 15%，至 2010 年，高科技产品的出口额达 4920 亿元，占出口总额的 31%。这些成就说明中国在过去数十年所取得的成功，其中政府促进研发的政策功不可没。

中国经验的意义

第一，中国持续增加研发投入，加大其在 GDP 中的份额，这一举措促进了经济增长和高附加值的技术密集型产业的发展。这表明在经济发展到一定程度，如果要超越严重依赖重工业和劳动密集型产业的阶段，保持经济发展的速度，政府就必须强调研发的作用以及它们对增长的贡献。

第二，进入 21 世纪以来，政府在研发投入总量中所占的份额持续下降，与此同时，私营企业所占份额不断上升。这说明，随着经济快速增长，相比私营部门，政府的作用相对减弱，即使是在政府干预市场的程度依然很高的转型经济中。也说明，在经济发展的初期阶段政府在促进研发中的作用是很关键的，虽然私营部门很可能主导国家创新体系和技术密集型产业的发展。

第三，虽然中国自 20 世纪 80 年代以来吸引了大量的外国投资，但是外资在研发总体投入中所占份额很低，不足 2%，因此中国政府应重视吸引那些有意愿在中国建立自己的研发中心的外企，不然，这些企业对于技术密集型产业的发展和提高生产率的贡献将是有限的，尽管外国直接投资的其他益处显而易见。

第四，尽管政府资助的研究机构在研发活动中和技术密集型产业发展中的相对份额持续走低，但在产业发展初期，这些机构的作用十分重要。这说明在初期，政府尤其有必要设立和维持这些研究机构，因为它们可以为企业提供先进技术。

第五，自中国加入 WTO 以来，专利授予数量突飞猛进。这一增长反映出伴随着技术水平的提高，创新活动非常活跃。因此提高知识产权保护不管是在创新方面还是在经济增长上都对发展中国家十分有益。

（刘霓 编译）

原文信息

原题：The Role of the Government in R&D Promotion and the Development of Technology－Intensive Industries in China

作者：Jai S. Mah, Myeong Yeo

出处：*China Report*, Vol. 50, No. 2, 2014

中国的创新投入终将获得回报

大卫·沃泰姆

美国总统奥巴马在其 2014 年国情咨文中谈道："今天在创新方面锐意进取的国家将在明天主宰世界经济。"而最新报告显示，北京正在全力参与创新领域的竞争。就此，新兴英文网络杂志《茶叶之国》（*Tea Leaf Nation*）的资深编辑大卫·沃泰姆在《外交政策》网站发表文章，称"中国这个世界工厂正在变为研发机器，并将迅速赶上美国"。

鉴于中国 30 多年的独生子女政策业已造成其劳动力储备的"锐减"，北京急于寻找开发设计自己产品的途径，而不是生产别人的产品。换句话说，它希望从制造苹果手机转为创造它们。最近，美国某联邦机构的一份报告显示，中国的高科技产品产量越来越接近美国，中国正在大规模地对研发给予投入，而中国具有理工科学位的毕业生人数也大幅增加，其赶超美国的机会已初现端倪。

中国的创新活动热闹非凡，有着新的产品、新的观念和新的投资，例如其移动信息应用程序——微信，为用户提供的体验堪与美国的任何竞争对手相匹敌。2014 年 1 月 16 日《华尔街日报》慨叹"中国创新机制的崛起"，美国国家科学委员会（National Science Board，NSB）的一份报告则详解了实际发生的变化。报告的基本结论是，高科技的重心正在向亚洲，特别是向美国最大的地缘政治对手中国转移。报告称，在世界高科技制造业中，中国占有的份额从 2003 年的 8% 上升至 2012 年的 24%，鉴于中国总体研发规模正以每年 18% 的速度增长，恐怕美国所占有的 27% 的份额难以长期维持第一的位置。

过去 15 年中国的高科技产品产量一直处于上升态势，这一趋势仍将持续。国家科学委员会主席丹·阿尔维祖（Dan E. Arvizu）称，"中国在高科技产品方面有可能在不远的将来取代美国"，但这并不是说美国就落后了，国际研发的总量实际上越摊越大，而美国的那份只是相对小了一点。过去十年间，美国乃至欧洲一直在通过私人和公共两个渠道加大研发投资，然而在全球整体投入中它们的份额却有所缩减。从 2001 年到 2011 年，美国在全球研发中的份额从 37% 降至 30%，同时，中国的份额则从 2000 年的 2.2% 跃升到 2011 年的 14.5%。

中国另一个出现增益的领域是报告所称的"研发强度"（R&D intensity），即将研发支出与该国的 GDP 进行比较。在过去 20 年，美国的份额一直比较稳定，只是在 2010 年和 2011 年出现轻微下降，而在此期间，中国对研发的投入不断加大。至于教育情况，1999 年中国的大学毕业生不足 100 万名，2013 年，这一数字达到 700 万，其结果是中国快速制造出了比美国更多的受过高等教育的人。尽管如此，鉴于中国的人口大约有 13 亿，而美国仅有大约 3.16 亿，因此倒也并不特别令人担心。需要关注的是学位授予的类型，在中国，31% 的大学生获得理工科学位，而在美国，这一数字是 5%。

但仅是这样，中国还不足以在创新方面迅速赶超美国。美国高科技产业在 GDP 中所占比重要比任何国家都多，达 40%。而与此同时，中国在寻求主导世界创新方面正面临严重的挑战：许多有才华的毕业生寻求前往更富裕的国家学习或从事研究；其大学也备受官僚的繁文缛节和学者的学术不端行为的困扰。中国教育体系强调的仍然是死记硬背，而非创造，这使人们对于中国未来能否培养出像乔布斯、盖茨和扎克伯格类似的人物深存疑虑。国家科学委员会副主席凯尔文·德勒格迈耶（Kelvin K. Droegemeier）指出，"中国能够培养出很多聪颖的人"，然而在将发明转化为有实用价值的新产品方面"他们做得还不好"，而产品才是创新的标志。

当然，中国在科技方面的巨大投资随着时间的推移终会得到回报。德州农工大学荣誉退休教授、国家科学委员会委员雷·布朗

（Ray M. Bowen）强调，"培养高科技的人力资源"是"创新的重要基石"。

总之，对于关注中美关系的人而言，这份报告确认了两个重要趋势：第一，美国是而且仍将是世界技术的中心，其研究人员和研发经费的数量都是不能匹敌的，加之其不断开发创造的独特创新文化。第二，中国正在迎头赶上。布朗指出，全球格局的变化值得美国更加警醒，如果它想保住其领先地位的话。当然，至少在相当长的一段时间内，美国的研究者拥有超越其国际竞争对手的手段，美国仍有保持其世界创新重地的能力。

（刘霓　编译）

原文信息

原题：It's Official：China Is Becoming a New Innovation Powerhouse

作者：David Wertime

出处：http：//www. foreignpolicy. com/articles/2014/02/06/its _ official_ china_ is_ becoming_ a_ new_ innovation_ powerhouse

通过政策促进创新：变化与问题

庞卫国　乔纳森·普吕克

华东师范大学的庞卫国与康涅狄格大学的乔纳森·普吕克在《创造性行为杂志》2013 年第 4 期上合作撰文，探讨中国为促进创新在经济、社会和教育政策方面所做的努力。文章认为，中国的创新教育政策与建设创新型国家的目标紧密相关，但目前在教育政策制定方面还存在问题。

很多到访中国大陆的人都感到，这是一片矛盾的土地。当然，中国人对于自身创造力的看法也是如此。一方面，世界各地的人们都能够列举数千年来中国的发明；另一方面，关于"中国学生缺乏创造力"和"中国人需要更多创意"的观点在媒体和刊物中不绝于耳，反映出一种普遍的看法，即中国已不再是一个创造型国家。

在过去 20 年里，研究人员进行了大量的相关研究，力图合理地解释中国学生和成年人感知创造力缺乏的问题。有学者认为，中国的社会价值准则、学校的教学实践和教育考试体系都不利于学生创造力的培养，过分强调遵从、分析思维和考试分数都阻碍了学生创造力的发挥。教师们往往认为有创造性特征的学生是不受社会欢迎的。之前的研究也表明，尽管中国教师承认创造力的重要性，但他们却对如何培育创造力知之甚少。

创新政策的发展阶段

自 1995 年以来，中国政府针对创新和创造力问题制定了一系列国家政策。创新政策的发展可以分为三个阶段：促进科技创新，增强自主创新，培养创新型人才和促进协同创新。

第一阶段：促进科技创新（1995—2003 年）

该时期是中国创新和创造力政策的开始阶段。国家策略更多地局限于技术领域的创新，以促进经济的可持续增长，而很少强调创造力教育问题。

以促进技术创新确保经济发展为重心，政策范围主要涉及以下几方面：（1）技术变化是经济发展的主要引擎；（2）创新推动技术变化；（3）创新依靠相关知识的积累和发展；（4）教育在促进经济发展中扮演了关键的角色。

第二阶段：增强自主创新（2004—2009 年）

2003 年起，中国生产成本和土地价格飙升，投资者被迫向其他低成本国家转移。因此，政策制定者认为，应该从劳动密集型产业向技术密集型产业转移，以推动制造业经济创新。

该时期，国家政策开始关注发展创造力的教育。主要包括以下几方面：

（1）改革教学和学习方法；（2）增加课外科技活动；（3）学生参与研究项目；（4）对创造力提供环境支持；（5）加强创造力的基础研究。

第三阶段：创新人才与合作创新（2010 年至今）

进入 21 世纪，中国政策制定者普遍认为，经济发展依靠自主创新，自主创新取决于人的创新精神和创新能力。这一思路通过开发人力资源这一强国战略来实现。然而，这种策略缺乏效率和实用性，因此，2010 年中国颁布了国家《中长期人才发展规划纲要》。

总之，中国创新政策发展呈现 4 个主要趋势，即从忽视到强调，从适应和改造到自主创新，从强调技术创新到重视创新人才培养，从个体创新到协同创新。

促进创造性的教育政策

20 世纪末开始，中国教育政策在内外推动力作用下发生了巨大变化。一方面，以考试为导向的教育传统体系导致了一系列严重的问题；另一方面，可持续发展的国家战略呼唤教育改革，提高学生创造力以适应全球知识经济的挑战。因此，创造力教育开始明显受到教育政策制定者的关注。

创造力教育开始阶段（1998—2001 年）

此阶段的政策重点：（1）把创造力发展作为教育目标；（2）推动高端创新人才计划；（3）改革教学模式以激活学生的创造性思维；（4）调整评估体系。

1998—2001 年是中国创造力教育的觉醒时期，为以后的发展打下了基础。

政策发展和实施阶段（2002—2009 年）

此阶段的政策重点：（1）将创造力教育写入义务教育法；（2）在高等教育中增加创造力教育项目；（3）加强创造力和创新方面的学术研究。

2002—2009 年的政策除了对创造力和创新研究给予支持之外，还涉及科学技术和其他学术领域。然而，主要的政策变化是在义务教育法中强调了创造力教育。

近期创造力教育政策的转变（2010 年至今）

此阶段的政策重点：（1）加强高等教育中的合作创新；（2）为

创新教育制定教学策略；（3）强调创造力课程设置；（4）加强以创新、创意为导向的评估。

目前存在的问题

虽然中国自上而下的政策制定方式有助于提高公众对创造力重要性的认识，并为学校提供资源，但是仍然有许多重要的问题需要解决。

1. 政策是由政府而非教育专家制定，这导致了对创造力定义的歧义

尽管最近在政策方面有所改进，但是在教育政策中创造力更多的是被定义为科技创新。与创造力一词相比，中国的政策制定者更多地使用创新一词，而创新和创造力是两个不同的概念。中小学教师可能会将创造力与创新等同，概念歧义也可能使教师和学生过于强调创造力的实用方面。

2. 对中小学创造力教育重视不够

中国创新活动的目的是促进经济发展。因此，政策更多地关注高校和企业中的创造力。然而，在中小学中，创造力培养是基础，应该得到决策者的更多关注。因为创造力教育不能被全面纳入学术成果的测评和入学考试中，因此，在课堂上常被边缘化。

3. 缺乏对隐性价值和促进创造性教学的评估体系

无论学生的创造性思维能力是否与老师的评价相关，教师都应该为开发学生的创造力提供机会。从促进创造性教育的角度来看，中国的教育管理机构应该把发展创造力评估体系作为一个重要任务。

4. 缺乏独立的官方文件和专门机构的支持，以协调和加强创造力教育

中国自上而下的政策制定模式经常会使多头管理变成无人管理，创造力教育也不例外。

（杨丹　编译）

原文信息

原题：Recent Transformations in China's Economic，Social，and Education Policies for Promoting Innovation and Creativity

作者：Wei Guo Pang，Jonathan Plucker

出处：*The Journal of Creative Behavior*，Vol. 46，Iss. 4，2013

中国的高科技战略到底能够挑战谁

居伊·德·容凯尔

过去 30 年，中国的经济崛起让整个世界为之震惊，中国政府并已为其下阶段的发展勾画出了新的蓝图。就此，身为欧洲国际政治经济中心高级研究员的容凯尔在其《谁该害怕中国的高科技挑战》一文中探讨了这样两个问题：在取得先进工业领域的世界领导地位的长征路上，中国是否势不可当？中国政府的干预与控制模式是否构成中国工业崛起的原因，值得他国学习或敬畏？

中国在高新科技领域取得的成就令人印象深刻，英国皇家学会指出，到 2020 年，中国将取代美国成为科学出版物的最大来源。其政府主导的"战略性新兴产业计划"则旨在清洁能源、信息技术、生物技术、先进制造及新材料等领域赶上甚至超越西方国家和日本，并在 2020 年前，将科研支出由目前占 GDP 的 2%提升至 2.5%。

中国的雄心壮志以及政府在战略制定、资源调配中所起的关键作用在不同国家引起了不同反应。一些国家的决策者和商业部门抱怨，中国政府的干预做法和补贴扭曲了竞争，违反了贸易规则；相反，另一些决策者则认为其他国家应从中得到启发，采取更为积极的工业政策以便在高科技领域拔得头筹。

真正的创新还是统计假象？

创新成功与否的评判标准之一就是专利数量。过去十年，中国国内专利申请的数量急剧上升，不过数字的飙升反映出的事实同政府的专利申请数量目标息息相关——至 2015 年，专利申请的官方目标应达到 200 万个。

多项研究表明，授予中国的专利总体而言质量较低，其最直观的反映就是中国付给国外专利的使用费及其收到的专利使用费之间的巨大差距：2011 年，前者约为 180 亿美元，而后者仅为 10 亿美元。与此形成强烈对比的是美国在专利使用费上享有 820 亿美元的盈余。中国专利使用费上的赤字部分是因为多国公司会对其旗下的中国子公司收取研发、行销及品牌费用，但无论如何，证据表明中国依然非常依赖技术进口，而非主要依靠自主技术开发。

最引人注目的是中国试图通过对外国公司施压，迫使其用最敏感的专利技术来交换中国市场准入，以弥补其同他国的创新缺口。这项政策遭到了国际社会的广泛诟病。

影响研发资金投入、产出不成比例的原因

中国不缺少研发资金，仅 2012 年中国的研发投入就高达 3000 亿美元，但对产出却少有说明。在产出成绩上面，中国的表现值得商榷。

中国也不缺少杰出的科学头脑，不缺少受过良好训练的工程师，中国的教育体系每年都能培养出数目庞大的工科、理科大学生与研究生，但其质量与工作适应性大都不如西方学生。2005 年麦肯锡咨询公司针对全球 80 多家企业的调查结果表明，绝大多数受调查公司认为在美国接受教育的工程技术人员更符合雇佣要求。

还有其他一些因素也阻碍了中国的研发：急于出成绩导致的激

烈竞争，并最终引发学术剽窃现象；对失败的零容忍扼杀了独创性，追求赞誉鼓励了敷衍心态；中国人缺乏团队合作的技巧也导致其难以驾驭复杂项目。更普遍而言，中国不鼓励自由思考，偏重机械学习和倡导顺从都抑制了自由思考，而这一点恰恰是挑战传统智慧、取得重大突破的必备条件。

创新并非仅仅是发明，它需要将实验室的突破性研究转化为可上市销售的产品或服务以满足真正的需求，并最终为提供这些技术的人员带来收益。因此，这不仅需要技术实力，还需要同时驾驭技术和才华的能力。中国的经济增长很大程度上还依赖大量的廉价资本和劳动力，要向以质量与智能脑力为基础的经济增长模式跨越，中国又要如何准确定位呢？

衡量一个国家完成这一目标进程的一般性标尺是全要素生产率：技术实力、管理能力、组织能力、资源配置以及生产研发和技术应用的能力。21 世纪头几年，中国在全要素生产率上取得了快速的年增长，然而，自 2007 年起，全要素生产率大约下降了一半，与此同时，为保证 GDP 增长，投入其中的资本急剧增加，之前快速增长的人均产出不增反跌，资本生产率骤降。安永会计师事务所发现中国并没有朝着"技术前沿"的目标迈进，而是渐行渐远。

全球巨人还是国际扩张中的新军

目前看来，中国还缺乏有能力实现主导世界市场梦想的公司，短时间内也不会涌现这样的公司。中国的产业结构主要存在下列三方面的缺陷。

1. 生产碎片化及连续、持久的产能过剩

以汽车制造业为例，超过 100 家中国公司为生存大打价格战，而非依靠质量取胜。主要原因在于：首先，地方当局热衷培养行业状元，不惜给予大力支持和庇护；其次，严重扭曲的金融体系及其对固定资产投资的严重依赖，即金融抑制，导致了国有银行拥有庞

大的廉价资金，而银行又将其中的大部分贷给了对非必要工业能力及房地产开发的投资。

中国政府正通过并购和接管来积极促进高度碎片化、产能过剩领域的整合，不过，政府主要依靠的还是行政命令，而非加大市场调控的力度。这样的做法只能在短期内起到修补作用，但缺乏实质性的改善。

2. 国有企业的作用

尽管小生产商激增，国有企业仍主导着中国市场，在很多情况下，还享有垄断和寡头地位。在某些具有"战略重要性"的领域，诸如银行业、钢铁、航空航天、电信及能源等，国有企业更是势力非凡。事实上，相比私营企业，绝大部分的国有企业缺乏效率、灵活性和进取心。虽然近年来国有企业发挥的经济作用有所缩减，它们仍然产出了40%甚至更多的工业产值。

3. 国际能力的制约

尽管北京方面敦促各大中国公司"走向全球"，并赋予了这些公司可以任意处置的充足资源，但除能源与自然资源部门外少有公司能够成功做到这一点。大部分中国公司缺乏国际认同的消费品牌、用以控制下游活动的营销知识和销售渠道，而后者恰恰是其西方竞争对手赚取最大利润之处。此外，一系列的卫生安全丑闻又给中国的制药、玩具制造和食品加工业留下了不光彩的名声。作为分包商，这些中国公司又缺乏同海外市场的直接接触，在处理一些微妙然而举足轻重的问题时准备不足，比如跨境经营所涉及的品位、文化和市场行情等问题。

实际上，中国工业正着手国际扩张，但绝非一支势不可当的优势力量，还远远落后于全球领军者，需要学习的地方还有很多。

中国政府应调整其产业政策

　　几乎所有证据都表明，中国经济最充满活力的部分往往是中国政府干预最少、市场开放程度最高的地方，而私营经济就整体而言始终优于国有部门。所谓的中国"模式"早就为法国（和一些欧洲国家）在 20 世纪 60 年代至 80 年代采用过，其目的在于振兴工业发展，但取得的效果有限。中国应吸取其中的教训。但这并不意味着没有工业政策存在的空间。工业政策不应由光鲜的公共计划组成，以吸引官员的眼球。相反，工业政策应着力创造良性环境，健全的企业精神，以便创造力与财富生产都能自由地蓬勃发展。

　　中国政府的当务之急是把重点放在提供公共产品之上，比如现代基础设施、高等教育与培训标准、为基础性研发提供资金、建立健全的规章制度与灵活的劳动力市场，同时致力于开放市场并最大化市场竞争以促进生产率的提升。中国工业发展应遵循增量创新者、改进者与"快速跟进者"的路径，这能给中国带来迅速发展的坚实平台及繁荣的国家经济。

（杨莉　编译）

原文信息

原题：Who's Afraid of China's High-Tech Challenge?

作者：Guy de Jonquières

出处：http://www.ecipe.org/publications/whos-afraid-Chinas-high-tech-challenge/

中国成为创新大国的挑战与路径

玛格丽特·许勒尔　云·许勒尔-周

德国全球与区域研究中心（GIGA）亚洲研究所副主任、高级研究员玛格丽特·许勒尔与另一研究员云·许勒尔-周于2014年撰文指出，中国正在向创新经济模式发展，但总体看来仍存在不少问题，比如创新多在科技含量低的领域获得成功，创新成果重量而非质、科技成果转化为生产的比例过低等。但中国已在新一代信息技术、节能环保和电动汽车行业中产生了科技提升的希望之星，只要中国继续坚持现有的创新政策，创造更好的框架条件，引导企业更多地进行创新而非模仿，中国就能逐渐成为全球创新体系中的领跑者。

2014年经济合作与发展组织（OECD）预测，从中长期来看，中国将成为科研经费支出最多的国家。然而经费支出的增加并不能保证中国崛起为创新大国。转型成为创新大国是中国政府的核心目标之一，不少技术项目也取得了一定成绩，创新体系的各项指标也显示中国正在向创新经济模式发展，但总体来看仍存在不少问题。

国际比较视野下的中国创新力

在国际范围内对创新的投入和产出指标进行比较，可以发现，虽然中国完成了不少科技项目，在科技含量低的领域取得了成功，在中等收入国家中创新力居于领先地位，但与全球创新排名前十位的国家相比，尚有很大差距。2014 年，由康奈尔大学、欧洲工商管理学院（INSEAD）和世界知识产权组织（WIPO）共同发布的全球创新指数（GII）按照 81 个指标对全球 143 个国家的创新能力进行了排名。GII 不仅考察了创新投入指标（体制背景、人力资本、科研基础结构），还考察了产出指标（新知识的产生与推广）。在这一排名中，中国位列第 29，比上一年的第 35 名有所提升。值得注意的是，在二级指标——科技产出中，中国位列第二。这首先体现为专利与高科技出口的大幅增长，中国的创新质量在中等收入国家中首屈一指。

此外，弗劳恩霍夫体制与创新研究所、欧洲经济研究中心（ZEW）和马斯特里赫特大学的经济社会创新与科技研究所（MERIT）也做过一个创新排名。该排名涵盖 35 个国家，对经济、科研、教育、国际与社会领域共 38 个投入与产出指标进行了汇总分析。2000—2003 年，中国超越了匈牙利、意大利、俄罗斯、印度、巴西和墨西哥，从第 29 名上升至第 24 名。需要注意的是，该排名中的很多单个指标是人均指标，反映的是创新力的相对规模，而非绝对规模。此外，2014 年《全球竞争力报告》（*Global Competitiveness Report*）对 144 个国家的科技创新力进行了排名，其中，中国紧随印度尼西亚，列第 32 位。

中国关键创新指标的排名

2002—2013 年，中国科研经费支出与国内生产总值的比例从 1.1% 上升到 2.08%。2012 年这一比例已经达到了 OECD 成员国的平均水平（1.97%）。中国科研经费支出的绝对值目前仅次于美国，位列世界第二。根据 OECD 的预测，由于美国、欧盟和日本的科研经费支出增长幅度有所收缩，因此，在未来几年中，中国有望成为科研经费支出最多的国家，并成为全球创新的火车头。

创新和科研的核心投入指标是人力资本。人力资本方面，尤其是中国高校毕业生和学者数量的发展趋势十分类似。2011 年中国科技专业的高校毕业生约为 140 万名，而欧盟仅有 87.5 万名。但是与人口总数相比，中国又明显落后于顶级创新大国。中国每万名从业者中仅有 25 名学者，丹麦这一数字为 122，韩国 107，日本 100，美国 91，德国 78。

在重要的产出指标，如学术刊物上的发文量、发明专利的数量方面，中国有明显增长。2012 年中国在 SSCI 上的发文量为 158615 篇，与 2005 年相比增加了 44%。其中在国外期刊上的发文比例为 21.3%（2011 年）。专利数量增长也很快。2013 年被批准的专利（包括发明专利、日用品专利）数量约为 131.3 万项，远超过 2006 年的 26.8 万项。此间，对创新具有重要意义的发明专利从 57786 项增长到约 20.8 万项，占所有专利的 32.1%。根据 WIPO 的统计，这一比例居世界首位（美国为 22.3%）。但是中国在国外注册的专利仅 3 万项，而美国和日本在这方面的数量均超过 20 万项。

中国的科研成果在国际上的受重视程度也相对不高。除了材料科学、化学、信息科学和工程科学，大部分学术文章和专利被引率很低。2001—2011 年，尽管中国科学院材料研究方面居于世界领先地位，但在影响因子方面，成果量和被引量全球 20 佳的研究所中只有欧美的大学，没有一家中国研究机构。科研成果绝对数量多拉升了中国产出指标在全球中的排名，但要进入创新大国前十名，中国依然面临诸多挑战。

中国创新体制的弱点

中国自上而下的创新政策成功推动了科技进步，但同时也存在不少问题。例如，领导层将创新误解为一种线性进程，对学者和企业的创新吸引制度不合理，科研经费及人力资源配置对基础研究重视不足等。此外，中国仍拘泥于单方面的技术转让，即将科研体制中的创新理念运用于公司之中，但国家、科研机构、大学和企业等不同创新主体之间缺乏合作。

以量化目标为导向的创新管理理念也严重影响了创新投入与产

出的质量，例如对专利的生成影响就十分明显。近几年中国企业注册的未经充分试验或测试的日用品专利数量井喷，但同时也伴随着与国外企业的法律纷争。近年来对在中国境内注册专利和许可证的知识产权的保护也大幅增加，但未能利用这些专利实现具有开创性意义的创新。2012 年中国对知识产权投入 177.49 亿美元，但利用知识产权所获得的收益仅为 10.44 亿美元，而美国、德国、日本则正好相反，投入要比收益少很多。2012 年美国对知识产权投入 395.01 亿美元，收益 1254.92 亿美元；德国投入 62.85 亿美元，收益 98.28 亿美元；日本投入 198.98 亿美元，收益 318.92 亿美元。

对学术成果的管理同样也是重"量"多于重"质"。自从中国学术界引入 SSCI 发文评价体系，并且像西方一样与科研经费和职称评定等挂钩，许多学者只注重提高成果发表数量和获取科研经费，而不关心解决社会问题。此外，不少科研项目的审批是由政府部门和大学，而不是独立学者组成的专家组决定的。2013 年，中国科研经费仅 4.7% 用于基础研究，与国际创新大国相比，这一比例非常低。绝大部分科研经费用于实验性研发（84.6%）和应用性研究（10.7%）。而美国、英国等国家用于基础研究的经费比例相对更高（2011 年分别为 17% 和 12%）。中国 2/3 的科研经费用于企业，尤其是国有企业。而中国国有企业科研投入较低，无法引领创新。

科技提升的希望之星

除了传统工业现代化，中国政府还注重对最新科技的投入，希望它们成为未来创新的动力。2010 年 10 月出台的《国务院关于加快培育和发展战略性新兴产业的决定》中指出，至 2015 年七大战略性新兴产业（新一代信息技术产业、节能环保产业、高端装备制造产业、生物产业、新能源产业、新材料产业和新能源汽车产业）增加值占国内生产总值的比重力争达到 8%，至 2020 年力争达到 15%。其中新一代信息技术、节能环保和电动汽车行业已经相继取得了显著成效，相关企业已成为创新领头羊。

新一代信息技术产业

中国的信息传播技术产业已处于世界领先地位。2011 年中国对该领域的科研经费及投入率为 14%，与日本持平，低于美国（33%）。与此同时，中国在该领域的专利注册量迅速攀升，尤其是关于电脑技术和传播技术的专利。

2009—2011 年，中国跨国专利注册量比例从 0.8% 增长到 30.4%。在中国的高科技产业中，信息传播技术企业占大多数，而且表现上佳。2012 年这些企业的利润占比（38.2%）最高，出口量占比（57.1%）最高，科研经费占比（50.5%）也最高。但与其他高科技产业相比，信息传播技术产业 5.07% 的利润率低于平均水平。这说明，中国信息传播技术产业的价值创造一如既往的偏低，依旧未能摆脱供应中间产品和零部件的状况。

中国在计算机硬件领域的国际竞争力大有提高，但芯片制造的核心技术依然被掌握在英特尔、三星等外国企业手中。智能手机程序开发也由美国高通公司掌控，而中国的手机半导体还依靠进口。飞机制造业的情况也十分类似，零部件供应以及与外国企业合资生产仍占主流。

节能环保产业

在这一战略性领域中，中国在过去几十年中实现了技术的巨大进步。2011 年，中国环保产品（新能源和节能产品）的全球出口份额约为 20.1%（德国 13.2%）。太阳能面板产量全球排名前五的厂商中有三家来自中国。中国在风力行业中的市场占有率也大幅提高。2013 年，中国风电技术设备企业金风科技的全球市场占有率达 11%，仅次于丹麦的维斯塔斯风力系统公司（13.1%）。

中国企业在新能源领域的成功一方面得益于政府的大力扶持，另一方面早期的新能源产业国际化弥补了中国企业的技术欠缺。通过与在华西方企业合作和收购外国企业，中国新能源企业的创新力大幅提升。关键问题在于，中国在能源领域至今仍落于国际技术发展之后，未能实现自我创新，仍依赖于国外核心技术。

电动汽车

另一个由中国政府大力扶持的战略性产业是电动汽车。上海、深圳、杭州、长春、合肥等试点城市都推行了"十城千辆"工程，对使用电动汽车的政府机构和个人进行补贴。电动汽车充电的基础设施建设也由政府资助。中国在电动汽车研发领域也取得了成功。2010 年中国关于电动汽车的科研成果发表量占电池研究总成果的 18.4%，仅次于美国（28.5%）。燃料电池和电池领域的科研成果被引率也比较高。

然而，在中国专利局注册的专利中，不少专利是由在华外企注册的，尤其是关于电动发动机、能源回收和电源的专利。2006—2008 年在中国注册的电动汽车专利中有 1/3 根本没有中方的参与。2011 年中国在国际上的电动汽车专利注册量仅 330 项，处于国际较低水平。也就是说，中国企业和科研机构至今仍未能成功地将科研成果转化运用于电动汽车的生产之中。原因在于，生产的自动化水平较低，而且缺乏足够的工业标准，电池质量和耐用度都存在问题，进而又导致了设计和性能问题。

以创新取代模仿？

尽管中国企业在调适和深化现有技术方面取得了成功，但战略性产业的发展一如既往地缺少关键技术。虽然它们的国际市场占有率很高，但很多行业的价值创造率很低。只有华为、中兴、联想、阿里巴巴、海尔等企业依靠自身创新成为国际知名品牌。小米、腾讯等新秀也在迅速进步。

但迄今为止，中国企业仅在信息传播技术领域达到世界领先地位。例如，华为的成功就是基于其高度国际化，2/3 的销售额是在国外实现的。同时，华为的科研强度高（2013 年占销售额的 12.8%），科研人员比例高（45%）。2003—2013 年，华为的科研经费支出从 3.89 亿美元增加到 54.6 亿美元，如此大幅的科研投入在

2013 年年底实现了可观的专利注册量（在中国注册量为 44768，在国外注册量为 18791）。中兴在技术方面的进步也有迹可循。2012 年中兴在欧洲专利局注册了 1184 项专利，世界排名第十。这是中国企业在欧洲专利局注册专利数量首次迈进前十名，同年华为居第 17 位。

建　议

第一，为了进一步实现创新经济增长，必须继续贯彻中国政府的创新政策，创造更好的框架条件，以吸引企业更多地进行创新而非模仿。

第二，不仅要严惩侵犯知识产权的行为，扶持风险资本市场协调，促进学术界与产业界的合作，而且要大力开发人力资源。创造性人才的必要性不仅体现在全球创新领头地位的实现中，而且体现在向内需拉动型经济模式的转型中。

第三，创新体系调整的指导方向是自主创新。因此，应在战略性工业领域实现企业转型，使之成为科技领头羊。

（祝伟伟　编译）

原文信息

原题：China：Die neue Innovationssupermacht？

作者：Margot Schüller & Yun Schüler-Zhou

出处：http：//www. giga - hamburg. de/de/publication/china - die - neueinnovationssupermacht

中国知识产权法执行不力的多重原因

约翰内斯·乐琼

德国法兰克福大学政治学所副研究员乐琼（Johannes Leje-une）在《当代中国》杂志第 23 卷 88 期上发表了一篇《中国知识产权法执行不力：整合政治、文化及结构的解释》的文章。文章指出，对中国知识产权法执行不力的原因，目前存在三大类解释性框架，即政治、文化及结构性框架。然而，以三大框架为分析工具，不仅导致了它们之间的对抗倾向，也增强了其特定的缺陷与偏见。乐琼在对三大框架进行分析后指出，结构性框架尽管指出了问题的核心，但仍需要在大背景下检视，无论是政治框架还是文化框架都有助于此。乐琼还在最后一部分给出了两种可能的解决方法。

中国关于知识产权保护的讨论由来已久，如今大家的共识是，中国的法律系统至少在理论上能够达成保护知识产权的目的。事实上，中国政府早在 2001 年加入世贸组织前夕就曾颁布了许多法律法规，其中绝大多数都是以发达国家的法律法规为蓝本，意在让中国的法规在较大程度上同西方定义的国际标准接轨。然而，侵犯知识产权的行为在中国仍然屡见不鲜。法律与事实之间存在差距，其主要解释可分为三类：（1）缺乏贯彻现行法律的政治意愿（政治性框架）；（2）缺乏支撑知识产权保护的文化与传统（文化性框架）；（3）阻碍知识产权法实施的结构性问题（结构性框架）。

以上述三大框架为分析工具，不仅会导致三者之间的对立，也增强了其特定的缺陷与偏见。首先，分析发现，仅仅指责北京忽视其自身法律，是对中国政治程序做了过于简单化的理解；对政治性框架的执着，最能成立的解释是，这一框架在对中国施加压力上（对于外国行为主体而言）十分有效。其次，文化论据至少可以被解读为抵御上述压力的有效工具，它依靠的是脆弱的因果解释，容易过分强调传统及法律意识的重要性，同时将中国政府的责任转嫁给普通大众。最后，作为解释中国知识产权违法现象的三大工具之一的结构性框架，强调的是政治及官僚机构的碎片化及分权制，也是最具说服力的。不过，它过于强调组织问题及当事人—委托人问题（这一问题与地方落实中央颁布的政策相关），也带来了问题：由于地方政治层级承担了知识产权保护执法不力的责任，中央一级的责任被淡化。

因此，结构性框架尽管指出了问题的核心，但仍需要在大背景下检视。无论是政治框架还是文化框架都有助于此。虽然事实远比标准的政治框架显示的复杂，但中国中央政治层级确实在结构性框架所提出的问题上有着决定性影响：由于中国领导层保护知识产权的意愿通常与诸如经济增长、社会稳定这样的目标相抵触，前者往往抵不过后者，地方干部面临的诱因常常是相互矛盾的。

另一方面，文化性框架则应该将关注点更多地放在统治精英而非普通大众上。整合的框架将上述相互关系都考虑在内，对中国未来知识产权保护的发展也有重大意义。

政治性框架

在此框架下，中国官方政策与现实之间的差距可以解释为政治意愿的缺乏：中国领导层对于知识产权的保护举措只是敷衍海外批评而已，实际上忽视甚至支持了知识产权侵权活动以促进国内经济，并提升中国的技术能力。这样的指责常见于西方国家的政治和公共讨论中，这些讨论倾向于将中国薄弱的知识产权保护看作中国追赶技术领先的西方的总体规划的一部分。

但中国领导层为了改善知识产权保护的所作所为至少为他们的

言论增加了一些可信度，例如积极提升人们与知识产权保护相关的法律意识，改革司法机关，提高知识产权保护行政体系的有效性。或许这些动作还不够彻底，但指责中国不作为也过于绝对。如果北京只想盗窃国外技术的话，为什么还将大量的精力和政治影响力付诸改善中国的知识产权保护制度呢？

一个可能的解释是知识产权保护是符合中国自身利益的。在经济理论中，知识产权保护不仅是保护个人智力成果的工具，也是市场驱动知识生产的先决条件。只有知识产权保护提供的独占性才能让一个品牌得以建立、一件艺术品得以诞生或是给研发投入带来经济上的合理性，而新知识的生产反过来又会促进一国的经济增长与发展。国际货币基金组织承认，对于最不发达国家而言，在其经济发展达到某种程度之前，偏弱的知识产权保护制度也许更有好处。只有在更发达的国家，受国内研发和吸引国外投资所创造的回报吸引的强烈程度，才可能超过对山寨假冒的渴望，才会考虑有效地保护知识产权以获取效益。

关键就在于如何判断一个国家何时跨过了这条经济效益线。虽然中国仍算是一个发展中国家，但是综合数据表明，还把中国跟其他发展中国家归为一类在分析时起不到太大作用。再加上中国内部并存的不同发展阶段，令评估其整体发展程度更加困难。此外，虽然中国大量依赖不注重产权保护的生产商，但越来越多的公司正试图将自己塑造成为注重产品质量、具有创新力和信誉度的品牌厂商。鉴于知识产权保护以多种方式影响了一个国家的经济，因此很难从成本的角度获取数据来分析影响，不可能做出一个真实的成本—效益分析。

处理这一问题的一个有效方式是，不再试图评估知识产权保护制度的目标效益，转而评估中国领导层自身是如何阐述这一问题的现状的。2006 年，中国政府颁布了《国家科学技术中长期发展规划纲要》（2006—2020），号召加强中国的"自主创新能力"，减少国家对外国技术的依赖。中国政府尝试达成这一目标的策略在很大程度上与古典经济学论点一致：加强中国的自主创新能力主要被视为市场企业的任务，而知识产权保护则是加强自主创新力战略的主要组成部分。

尽管北京对创新的重视可被解释为中国致力于沿全球经济价值链向上攀爬，"自主创新"涉及的并不仅仅是经济利益，还事关安全与国家地位。有能力进行技术创新不仅是一个国家保持独立的先决条件，也是争取大国地位的关键一步。尽管有实质性的论据证明，中国在知识产权保护上有着真正的兴趣，但我们仍须承认，中国的真实意图尚难确定。或许，对国家权力过于碎片化的理解和相互竞争的利益能够让我们更靠近事实。即便我们只观察与处理知识产权保护相关的国家级行政机构，观察对象也是数目众多的，国务院、国家发展改革委员会、商务部、文化部、国家知识产权局、国家版权局与国家工商行政管理总局，等等。这还不包括党的机关以及不那么正式但又影响极大的机构，比如专门建立起来处理知识产权保护相关问题的领导小组。

因此，传统的政治性框架对中国政府、中国利益，以及现实中可预期目标的理解都过于简单。政治论点只有助于西方政客对中国施压，有助于西方企业及游说团体传达其信息，有助于西方媒体赚人眼球的报道。

文化性框架

虽然文化性框架存在不少变体，但所有的解释都有一个基本假定：中国文化与传统的某些方面阻碍了知识产权保护法的有效执行。最有影响的学术著作当数安守廉（William P. Alford）的《窃书为雅罪：中国文明中的知识产权法》（*To Steal a Book is an Elegant Offense*：*Intellectual Property Law in Chinese Civilization*）。安守廉认为中国的政治文化造成了本土知识产权保护体系的缺失。中国的政治及社会环境受儒学影响太深，类似欧美的知识产权保护法的建立在中国难以实现。因此，为相关法律建造一个良性环境是首要条件，而且需要时间。

需要注意的是，该书成书于美中知识产权保护纠纷日益紧张的背景下，其目的在于缓和紧张局势。因此，安守廉强调，外国向中国施压并不能从根本上改变现状，只能造成双方的挫败。变革需要从内部开始，而且必须依靠"进一步的政治自由化，以及对制度、人事和以权利为基础的合法性的价值观的进一步承诺"。安守廉主张，西方对中国不要抱有太高的期望。

随后的研究对文化框架的关注从政治文化转移到了一般性文化上，进一步降低了这样的期望。《窃书为雅罪》一书被当作了参考书目以支撑"西方知识产权保护观点异于甚至不融于中国文化的诸多方面"这样的论点。对文化框架的关注不仅由政治文化转移到了一般性文化上，也从国家与政治精英转移到了普通大众身上。

在中国对频繁违反知识产权行为的官方解释中，文化因素十分突出。不仅提高公众意识成了战略文件与官方声明的中心要点，而且党和政府的宣传与教育工作也对其重要性反复强调。

中国政府在处理文化框架内的问题上做了很多工作，但这是否意味着其处理的是侵犯知识产权行为的最主要原因呢？评价文化要素的重要性很困难，部分原因在于分析和方法论的问题。应对的方法之一是依靠相对可靠的调查数据。2009年的一项调查表明，知识产权保护意识在中国各省之间差异巨大，广东与北京居民保护意识居首，但发达地区同样也是中国山寨产业的中心。这说明，了解知识产权保护并不一定就能尊重知识产权。而发达国家也有类似经验。如果没有惩处的风险，那么人们将很难抵抗免费获取某些东西的诱惑，这与个人的文化背景无关。

这并不是说文化不重要，而是文化的影响力存在被夸大的危险。文化不是静态的，而台湾地区的情况也证明了在中国文化环境中保护知识产权是可行的。

结构性框架

在结构性框架下，对遍布中国的知识产权侵权行为的主要解释是中国政治体制的碎片化与分权制。为这一框架铺平道路的研究是奥森伯格、波特与阿布尼特三人合著的《推进知识产权保护：中国的信息技术与经济发展进程》（Michel Oksenberg, Pitman B. Potter and William B. Abnett, *Advancing Intellectual Property Rights: Information Technologies and the Course of Economic Development in China*），三人将碎片化的威权主义应用到了中国的知识产权保护上。其观点强调了改革时代的中国在威权政治体制背景下，中央政治层级以外的行为体不断膨胀的自治权及其导致的权力的碎片化。

奥森伯格等人重点关注了地方干部在处理知识产权保护时面对的诱因结构。简单说来，地方干部受到嘉奖的原因是经济增长与就业率，而非打击知识产权侵权行为。此外，中国体制的最大特点是碎片化的威权主义，其各组织内、组织间相互作用的复杂环境也导致了现行的法律法规难以有效执行。因此，奥森伯格等人得出结论，外国向中国施压将很难带来期望的结果，中国及外部国家应该联合起来，合作改善现状。

尽管结构性框架也存在问题，但在理解现状上非常关键。首先，对制定及实施知识产权保护政策的相关行为体的利益进行考察；其次，在此框架下将这些行为体分为利益冲突的两组。第一组为亲知识产权保护的利益小组，其组成不仅包括外国行为体与中国知识产权拥有者，还包括中国的中央政治层，即政治框架中的中国领导层。虽然这一组能够制定政策法规，但却很难控制政策法规的执行。因为政策法规的落实是在地方一级，即反知识产权利益小组所处之地，他们会试图捍卫现状。这一小组不仅能够从他人成果中牟利，由于小组其他成员的保护，他们所面对的严肃惩处风险也极低。

结构性框架对地方干部保护仿制品的诱因做出了解释。地方干部多因经济增长及社会稳定受到嘉奖。查封山寨工厂会导致税收的减少、工人失业，也会导致收取贿赂的机会减少，因此，地方干部对此缺乏动力。此外，山寨商品价格低廉，因此也提高了公众的满意度。

尽管就长期来看，地方可以从减少的非法工厂和商品中获益（原因有二，一是消费者安全，二是一些工厂可以填补山寨企业留下的空白），但地方干部很难接受这一观点：党委书记与政府领导定期轮换，在特定地区的任期是固定的、短期的。频繁的调动其初衷是为了减少干部与地方的牵连，但也同样减少了干部对地方的责任。其结果是，短期成就受到表彰，地方干部并无动力追求长期战略。地方干部还握有权力可以抵制更高政治层级的相应要求。日常决策大体说来是由地方政府及其下属机构做出的，监管大大减少。中央对地方信息获取有限，也缺乏控制机制。纵向的自上而下的控制严重受限，而横向的同一行政级别的独立机构也难以控制地方干部的行为。大权在握的地方干部不仅有机会掩盖其活动，还能将其意志强加给其他国家机关，部分原因就在于知识产权保护机构对同级的地方政府负责。尽管这么做的初衷是增加这些机构对当地情况的敏感度，但同时也打开了多条干涉渠道。

即便没有这些干预，中国的知识产权保护机构也难以有效运转。中国的知识产权保护管理涉及了许多政府部门，责任不明晰、责任领域重叠又进一步使得政策连贯性难以保持。知识产权保护的行政系统与经济活动的牵连意味着许多官员都有理由加入地方保护主义。最终，即便这些知识产权保护机构愿意保护知识产权，它们常常面对的不仅是严重的资金及人事限制，还有不确定甚至相互冲突的目标。综合上述原因，对侵犯知识产权的制裁风险相当低。

当知识产权侵犯者与拥有者对决法庭时，关键问题又出现了：地方干部的干预，尤其是因为司法部门的预算依赖同级别的政府，法官本就是地方保护主义机制中的一部分。

整合框架

结构性框架为中国知识产权保护的法律与事实间的差距提供了最令人信服的解释。相比于政治理论，结构性理论考虑到了中国碎片化的政治体系的复杂现实，其基于的因果关系及解释性关联要比文化性理论中的因果关系及解释性关联合理得多。结构性理论框架将知识产权侵犯归咎于政治中心之外的行为体，并对改变需要时间的原因做出了解释。不过，这一观点忽视了中央政治层在激励设定及影响结构上的关键作用。虽然中国政治体制存在碎片化，但不应忽视中央对地方自治分级控制的程度。中国领导层如果更看重别的目标，那么其对知识产权保护的承诺将会受到削弱，因此，在地方层级上出现的矛盾实际上源于中央，对知识产权保护的定位没有高到与其他政策（有时候是相互矛盾的政策）竞争的地步。尽管中国共产党想要保护知识产权，但对社会秩序、就业及经济增长的关切超过这一关切。这是可以理解的，但也表明了中国领导层如果愿意，也是可以取得更大成就的。

　　另外一种可行的处理方式是改革中国政治体制中导致选择性效率的因素。理论上讲，在理想状况下，有两种互补的方法让当事人获得代理人的服从：首先，改善监督机制；其次，让代理人的利益与自己的利益一致。中国共产党在这两种方法的应用中都取得了一定的成功。但是受社会功能分化的复杂性及日益复杂的经济的影响，纵向监督机制的效率大打折扣。在历经30多年的经济增长和社会变革后再回到改革前的由上而下的严格控制也是不现实的。最好的方式将是加强横向监督机制，不过，受到透明度、问责制以及监督在中国严重受限于政治权力结构的影响，可以改善的空间不大。而建立正确的激励机制也受当前中国经济增长与社会稳定高于一切的指导方针所限。

（杨莉　编译）

原文信息

原题：Weak Enforcement of Intellectual Property Rights in China：Integrating Political，Cultural and Structural Explanations

作者：Johannes Lejeune

出处：*Journal of Contemporary China*，Vol. 23，No. 88，2014

建立高等教育、创新与经济繁荣的良性循环

克里斯特·莫尔豪斯　马提亚·布塞

　　国民的技术、能力与创新能力对一国的经济竞争力至关重要。2014 年 6 月，欧洲政策研究中心发布了一份专题报告《如何在人才竞争中保持优势》。报告比较中、美、欧三地的高等教育，期望从中汲取经验以改善欧盟的高等教育，进而提升其人力资源存量资本。报告分为 4 部分：中美欧三地的教育表现、教育经费资助来源、创新高等教育的关键要素以及政策建议。尽管报告提出的政策建议针对的是欧盟国家，但其中一些普遍问题对中国的高等教育改革也有一定参考价值，尤其是在创新高等教育的关键要素中提出的三点：（1）技术与教育数字化影响今后教育走向；（2）教育与就业能力；（3）高等教育治理。

　　经济合作与发展组织（OECD）的调查数据显示，高水平的教育与就业、收入、创新及经济繁荣之间存在正相关关系。当今世界发展已经走出了工业时代，仅积累金融资本已不足以吸引人力资源以及最重要的脑力资源。有人认为世界已进入人才时代：经济平衡可能更青睐创新型国家，而创新需要健康的人力资源存量资本。在这场"脑力竞赛"中，大学承担了推进器的作用，公共与私营部门都应促进技术发展。全球人才流动、毕业生的就业能力对国际人才平衡均会产生影响。

中国的高等教育表现

如果从数量方面谈中国教育，中国正加速成为高学历人才聚集中心。据 OECD 估测，到 2020 年中国的高等教育毕业率将达到 27%，就其目前的人口规模而言，这一数字将使中国主导未来的科研人员人才库；如果就质量谈教育，美国大学高踞全球各大排行榜榜首，欧洲大学落后于美国，而中国大学正奋起直追。但证据表明中国将在高校排行榜中有更好的表现，其不断发展的经济、高校声名鹊起也将为其吸引不少海外人才。

到 2020 年，全球高等教育版图将被完全改写。中国将在 20 年内崛起为世界上最大的人才资源库，预计到 2020 年，中国年龄在 25—34 岁、持有大专及以上学历的人口将占到世界持大学学历人口的 29%，中国将在数量上主导未来的"脑力博弈"。

科学、技术、工程与数学这四大教育领域（STEM）将对全球"脑力平衡"产生影响。随着新兴经济体转型为知识经济，技术需求还将持续。美国《科学与工程指标》2014 年报告测算，2010 年，全球约有 550 万理工科本科毕业生，其中，中国占到 24%，2000—2010 年，中国理工科的毕业生从 359000 增长了三倍多，达到了 1300000 人，其中工程学本科毕业生达到了毕业总人数的 31%。中国很有可能保持这一新近取得的全球科学、工程学毕业生主要来源的地位。当今围绕创造就业机会、创新的经济趋势表明，该领域的毕业生吸收率相当高，而且对此种技能的需求在不断增长。

创新高等教育的关键要素

影响未来高等教育机构数量及质量的要素主要有三。

1. 技术与教育数字化

教育数字化或许是影响学习的最重要、也最不可预测的因素。它影响的不仅仅是学生学习、教师授课的方式，还将转变监测、评估学生表现的方式。教育数字化还将促使即将进入职场的劳动力做好准备，让他们能很快适应工作所需的不断变化的技术知识。

美国在教育数字化领域表现抢眼，目前最大、最先进的数字化课程均是在美国开发和上线的，大型开放式网络课程（MOOC）主要由课程时代（Coursera）、X 教育（edX）和大无畏（Udacity）三大美国供应商主导。中国在教育数字化方面属于后来者，2013 年才正式进入 MOOC 市场，北大与清华通过课程时代与 X 教育分别推出了自己的在线课程。中国大学当前进退维谷：一方面是以极低的成本扩大教育规模所带来的潜在优势，另一方面是对年轻人所接触的思想失去控制的担忧。中国各大高校与教育部门还没有发展出明确的数字教育战略。

2. 教育与就业能力，包括教育与人才流动和劳动力供需平衡两方面

随着全球经济的再平衡，人才流动有可能向发展中经济体倾斜。组成全球流动人才库的国际学生越来越多地来自亚洲，2011 年最大的留学生群体来自中国，约 72.3 万名学生。美国、德国等发达国家依然是最受国际学生欢迎的留学目的国。不过，中国正在吸引越来越多的国际交换学生，预计未来还会吸引更多。

然而，尽管目前中国是人口大国，但其人口正因长期推行独生子女政策导致劳动力人口减少。2010—2050 年，预计中国的劳动力人口将会减少近 20%，这将危及中国未来经济增长。另外，各行业的劳动力缺口将分布不均，而且许多高技术工种也将出现缺口。在这种情况下，预计中国将会日益依赖全球人才库以吸引海外的熟练工人。通过增加收入并提升研发投资能力，中国将有望增加对国际学生的吸引力。

中国目前正着眼于国内人口流动政策以提高工作—技能的匹配

度。中国政府对国内劳动力流动的严格控制，限制了市场培养技能
与工作匹配度的能力，但是，如果中国的高校毕业生可以完全自由
流动，那么大城市的吸引力也将导致其他地区的劳动力短缺，年轻
人北漂、东移的现象就导致了西部人才大缺口。提升劳动力供给与
需求平衡的措施有助于弥补技能差距并提升经济体的竞争力。政府、
各大高校以及私营部门应该提高学生的职业意识，尤其是需要熟练
工人的工种。政府、高校及私营部门对于劳动力需求与供给配比的
精确预测，以及利用这些信息做好学生的建议工作，对于劳动力人
口缩减的国家而言将是十分重要的竞争力决定因素。

世界货币基金组织（IMF）数据表明，中国当前的失业率为
4.1%，约合3300万人口没有工作。但预计到2020年中国将出现劳
动力供应短缺，约合8000万人口。因此，中国须更谨慎地利用人力
资本。政府鼓励并大力扶植科学、技术、工程与数学等领域技能或
许有助于平衡中国变化中的劳动力需求，然而中国高校毕业生质量
堪忧，这对中国竞争力是个不小的挑战。麦肯锡公司估计，中国仅
有1/10的工程类高校毕业生有能力获得国际公司里的相应职位。

3. 高等教育治理

高等教育治理包含诸多方面：组织架构、教师与学生的权利与
义务、财政资源的获取与管理。高质量的高校治理至少应包括：

（1）协调高校内部、外部不同利益相关者的利益；

（2）允许高校全力以赴并改进自身弱点；

（3）以公平、透明的入学机会做到优秀人才平衡；

（4）允许高校在各大机构竞争的格局中提供最急需的教育服务。

在评价高校治理优劣程度时，需要用到下列参数：

（1）高校自治水平；

（2）高校表现（学术自由、学生满意程度）；

（3）教育质量；

（4）收入保障及多样化；

（5）对国际教师与学生的吸引力（国际化，包括学生的国际
化）；

（6）政治背景及政策目标（扩大教育供应，扩大质量改进范围）。

中国近年来引入了校长负责制，赋予了高校不小的自治权，但对中国政府而言，在平衡问题上，未来的路还很艰难。除非中国能够提供具有全球竞争力标准的学术自由、信息获取渠道以及出版研究成果的能力，否则难以吸引到最好的学生。

建　议

第一，加大私营部门在培养科学、技术、工程学、数学方面技能的参与度。要想在创新及企业领域成为领跑者，在教育部门与市场之间建立对话是十分必要的。企业与高等教育机构之间的合作能够促进知识共享与转换，并有助于创建长期的合作关系与机遇，并最终驱动创新。高校与企业之间的紧密合作有助于大学开发相关课程并满足个人与社会的需求，让毕业生具备劳动力市场恰好需要的技能与思维方式。

私营部门参与培养科学、技术、工程学与数学技能意义重大：一方面确保了学习到的技能符合当前劳动力市场的标准，另一方面通过在高校学习期间将学生引入工作场所、了解就业前景，也能激发学生学习技能的积极性。在这一方面，欧盟的做法值得借鉴。欧盟的"大学—商业合作计划"联合了欧盟委员会与私营部门的共同努力以达成上述目标，并在实践中考察技能与就业之间的关系。该项合作计划还包括大学商业论坛，该论坛每年举办一次，汇聚高教机构、各大公司、商业协会、中介机构与公共机构，为利益相关方提供对话、联网与交流实际经验的平台。

第二，加大对高等教育的支持力度，提高支出效率，同时保持公共部门的投入。对高等教育进行资助是政府的主要职责，在监督私营部门扩大资助带来的影响的同时，政府部门还应制定更多的激励措施，鼓励私人资金资助教育并对高校支出效率建立最佳实践档案。上述目标可通过私营部门的研发投入（增加创新）、奖学金与实习（降低入学门槛）、帮助学生从大学过渡到职场的项目来达成。公共部门与私营部门需共同协作，设定目标和鼓励措施。对于设定目标并完成理性支出的机构，应给予额外的资助。

第三，培养"客户至上"、合作知识生产的大学学习文化。学生通常不被当作大学最重要的客户。但高等教育机构应当想尽办法做到以服务为导向（比如更多地发挥学术咨询的作用），将学生视为知识的合作生产者，并大力培养这样的学习文化。

（杨莉　编译）

原文信息

原题：How to keep a competitive edge in the talent game：Lessons for the EU from China and the US

作者：Christal Morehouse & Matthias Busse

出处：http：//www. ceps. eu/book/how－keep－competitive－edge－talent－gamelessons－eu－china－and－us

从教师入手改进农村教育的质量

游丽莎（音）　　珍妮弗·亚当斯

美国斯坦福大学教育学院两位学者在《中国季刊》（*The China Quarterly*）发表了她们有关中国农村教育的研究成果，题为"变革农村教育：理解教师对农村青年的期望值"。该项研究利用 2000—2007 年在中国甘肃省采集的追踪调查数据，分析并揭示了此前一直未予重视，然而却是教学质量的关键维度——教师的希望值对于农村学生教育成就的影响。

研究者对教师希望值的分析得出 5 个特别值得注意的方面。第一，结果显示，教师有关性别和社会经济背景的固有看法会影响他们对学生的教育预期。也就是说，性别偏见影响教师预期，特别是在后义务教育阶段。自 2007 年以来，女孩子参与义务教育的障碍被极大地消除，然而，在后义务教育阶段，女孩子仍然比男孩面对更大的经济成本和机会成本，处于相对劣势。与此相类似，教师对贫困学生也持更低的教育预期，尤其是在后义务教育阶段。

第二，与外来教师相比较，本地教师对他们的学生持有更高的教育预期。本地教师在当地的家族渊源构成某种社会从属感，他们通过文化上的联系，以及对学生能力、行为和生活机会的把握，形成对学生未来教育成就的判断。

第三，分析显示，具有较高效率观念的教师也会给予学生较高期望，对于学生的成就、行为和发展会有更为乐观的期盼。教师的效率信念会影响他们在教学上的投入和目标的确立，面对教学困难和问题学生时更具坚韧精神。

第四，调查显示，相对较少的教师（8%）希望学生在义务教育之后接受职业教育。这一结果使人担心职业教育能否在改善农村教育方面发挥作用。除了长期存在的文化偏见，经济也是一个重要因素。一般而言，职业教育的收费更高，教学质量却普遍偏低，基础设施不足，教师质量差，这些都影响到教师的选择。

第五，农村教师一般而言都对学生持有较高的希望，对他们教育成就的高估要远多于低估。从学生的角度而言，有13%的学生取得了高于教师预期的教育成就，而35%的学生则未达到预期目标。虽然研究未能确认其中的原因，但这种现象反映了教师的信心与学生的能力以及农村家庭所面临的经济现实之间的差距。无论如何，对学生教育成就的高估或低估都表明他们的学习潜力没有得到充分发挥。

过去20多年，为扩大农村入学率所开展的创新活动对于缩小城乡教育差距，并最终推动社会平等发挥了重要作用。随着农村孩子面临的入学障碍逐渐消除，教育决策者必须将注意力转向改进农村教育的质量。由于教师的期望会影响学生日常在校经历和长远教育发展，这一研究成果为现有的农村教育改革的讨论增加了新的视角。

研究确认，对于农村孩子的教育，本地教师更有优势。因此，政策应鼓励并辅助农村青年对教师职业的追求，而通过招聘非本地教师来提高农村教师质量的政策创新需得到更加仔细的评估。

研究结果揭示出教学效率和教师预期之间存在联系，因此，招募没有经验的大学生担当农村教师，以此改进农村教育的战略也存在瑕疵。这些大学生缺少作为教师的专业经验和技能，教学效率低，对农村学生的生活缺乏了解，面对教学中的困难缺乏坚韧精神，也更倾向于对学生持有较低的教育预期。最后，政府将职业和技术教育作为应对贫困农村地区失业问题的首要战略，给予极大的投入，而研究结果显示，对职业教育的严重文化偏见可能消解了政府的努力。对体力劳动的消极刻板印象依然在社会中盛行，加剧了对职业教育的消极态度。此外，职业学校毕业生的生产率水平较低，而职业教育的设备成本又相对较高，这引发了对国家政策的成本效率的忧虑。本研究建议决策者应该意识到，要将职业教育转变为前景光明的教育路径，来自文化态度上的挑战将是严峻的。

国家提升农村地区教学质量的教育改革是取得城乡平衡发展的战略性资源投资。在家庭之外，教师对学生今天和未来的学习具有最为重要的影响，因此，教师希望对学生教育成就的影响机制是一个事关 21 世纪乡村中国的教育公平以及社会平等的重要研究课题。

（刘霓　编译）

原文信息

原题：Reforming Rural Education：Understanding Teacher Expectations for Rural Youth

作者：Lisa Yiu & Jennifer Adams

出处：*The China Quarterly*，Vol. 216，2013

http：//journals. cambridge. org/action/displayAbstract？fromPage = online&aid = 9113327

八

生态保护与环境治理

- 环境污染是执政党面对的政治挑战
- 中国的环境治理需要突破传统政策思维
- 中国的城市化、土地利用与环境变化
- 中国欲改善环境需向地方政府提供更多支持
- 地方领导频繁流动不利于环境政策的落实
- 综合治理以应对气候变化和移民的社会影响
- 当前中国气候变化意识的现状及 NGO、公民参与的作用
- 中国的空气污染：为何关系重大
- 中国城市空气治理政策措施成本估测
- 中非关系中的环境维度
- 东北亚资源安全战略及亚洲国际资源政治
- 《中美气候变化联合声明》的国际反响
- 加强欧盟与中国在资源治理与低碳发展上的承诺

环境污染是执政党面对的政治挑战

罗米·哈因

健全的环境是政治稳定的一个关键因素，作为世界第二大经济体和最大的制造业国家，中国是开展此类研究的一个最合适不过的案例。在 1979—2009 年，中国实现了 GDP 9.7% 的年平均增长，2001—2010 年更达到 10.5%。然而，与这一令人印象深刻的增长相伴随的是环境的恶化，特别是空气污染，导致呼吸道疾病并威胁到人们的预期寿命，更不要提那些"癌症村"的出现。美国克利夫兰州立大学政治学系客座教授罗米·哈因在《亚洲事务》杂志 2015 年第 42 期上发表了题为"巨龙踏上污染之路：中国共产党面前的政治困境"的论文。通过观察大规模抗议活动，并对中共的绿色增长战略进行评判，作者考察和评估了环境污染对执政党政治影响的程度和量级。文章认为，在行动主义、社会—媒体无所不在的环境中，国家和社会之间建立信任是至关重要的，尤其是通过积极地治理污染以及向公众传达反污染努力的诚意。

污染之痛与群体性抗议

"全球疾病负担研究"（Global Burden of Disease Study）的报告指出，2010 年，中国的户外污染造成 120 万人口早逝，而且，环境污染引发了对工业项目的大规模抗议活动，而"不透明的环境管理和决策"进一步加剧了这些抗议浪潮。

中国环保部在 2009 年就曾表示，过去十年，中国环境恶化和资源枯竭的成本已经达到 GDP 的 10%——空气污染占 6.5%，水污染占 2.1%，土壤退化占 1.1%，与此同时，中国已经成为世界最大的温室气体排放国和最大的能源消费国。《经济学人》指出，自 1990 年以来，中国的碳排放已经从 20 亿吨上升到 90 亿吨，占全球排放量的 30%。更为重要的是，中国的科学家已经提出警告，有害的空气类似于"核冬天，阻碍植物的光合作用，并对国家的粮食供应造成潜在危害"。而根据亚洲开发银行的报告，2012 年，中国 500 座大城市中只有不到 1% 达到世界卫生组织的空气质量标准。

由于污染对于健康的影响显而易见，加之环境意识的日益增强，中国民众近年来发起了大规模的抗议活动。据称，2010—2011 年，中国重大的环境抗议活动的数量增长了 120%，而 1996—2011 年，抗议活动的数量年平均增长 29%。通过对民众抗议规模的观察，有学者指出，如今各类人群都参与到环境运动中来了，从大学生到城市中产阶级（抗议建设污染的石化企业或是焚化炉），乃至乡村民众（愤怒于污染对农作物和他们健康的影响）。的确，抗议活动的包容程度说明了公众对于污染问题的深重忧虑。民众力量因环境非政府组织引导的行动主义以及社会媒体的动员能力而得到加强。事实上，随着第一个环境 NGO——"自然之友"在 1994 年注册，目前已有 3500 多个合法的环境组织活跃于中国，它们从事环境教育、自然保护、物种保护、政策倡议和诸多其他活动。

正如世界观察研究所（World Watch Institute）网站的评论所言："环境 NGOs 已经成为强化中国市民社会的领导者，它们将专业知识和其他资源相结合，能够更有效地对环境事件进行监控并做出反应。这些群体不仅使中国公民独立地在政治上发声，而且促进了跨越学科和政治界线的联合，它们还通过推进政治制度中的法律实施、问责和透明来支持政府的环境努力。"

尽管非政府组织的活动和目标要更为广泛，但目前邻避主义或居民对公共或工业项目的抵制成为中国群体性抗议活动发展的主要趋势，各个地区的抗议活动导致地方政府暂停或取消了若干工业工程项目。

中国政府与环境保护

从 1979 年起，中国政府陆续颁布了大约 30 项涉及环境保护、自然资源保护、节约能源、清洁生产和促进循环经济的法律法规。根据联合国环境规划署 2013 年的报告，中国是为改善资源效率和保护环境而"最早将循环经济方法作为经济和工业发展新范式的国家之一"。由世界银行和中国国务院合作撰写的报告《中国 2030》(*China* 2030)，确定了绿色增长的发展模式，通过开创新的绿色产品市场、技术、投资与改变消费和保护行为来促进增长。

除了确定减少碳排放的目标外，中国还在可再生能源市场和投资方面占据鳌头。而且，中国还围绕环境问题建立了双边和多边的合作伙伴关系。例如，中国尽管和欧盟在贸易问题上屡有摩擦，但是在可持续发展领域它们却是重要的伙伴。同样，日本也与中国分享控制污染的技术，当然这与其商业利益和防止来自邻国的污染有关。

中国领导人和中国政府对污染状况表达了严重关切，习近平主席将污染视为北京所面对的最大挑战，要求各级政府要像与贫困作战一样地向污染宣战。早在 2007 年，中国政府就发布了《国家环境与健康行动计划》（2007—2015），2013 年，中国环保部又发布了《大气污染防治行动计划》（2013—2017），提出了减少煤炭消耗，改善空气质量的目标。

尽管承诺与污染作战，但是在减轻百姓的焦虑和建设环境友好型经济上，中共仍然面对着多方面的挑战。这些挑战主要包括：

（1）在地方层面落实约束和监督。在地方上对污染程度进行监控或落实环境法是一个巨大的挑战。不管中央政府整治环境的决心和积极性有多大，但众所周知，地方政府更关注 GDP 的增长，总是从"零和"角度来看待增长—环境的关系。环保部一直敦促地方当局更透明地提供涉及建设项目潜在危害的数据，但对地方政府而言，从这些企业获得税收收入似乎更为重要。在中国的体制中，中央政府在环境领域面对诸多掣肘。此外，罚款远低于遵纪守法的成本，因此惩罚不足以遏制对环境的忽视。

（2）地方官员无所适从。一方面，在环境方面很难对地方官员进行监督；另一方面，正如《中国日报》所报道，由于北京寻求在环境保护和经济增长之间取得平衡，因此向地方官员发出的是含混的信号，中央对绿色增长的重视并未明确地反映在对地方官员的指令当中。因此，中央政府须为地方政府指出清晰的方向，并在服从与否上采取坚定立场。

（3）问题涉及广泛。由于煤炭消费在中国非常普遍，因此抑制碳增长需要在经济和城市规划的全面修订上有所反映。

（4）可持续的城市化。中国政府将城市化作为支撑国内消费，促进和维持经济发展的关键。比较而言，2010年城市居民的年平均消费为2525美元，而农村人口的年平均消费为707美元。然而，城市化如果不可持续，反而可能会影响人类环境和自然环境，转而阻碍长期的经济增长。可持续的城市化应该是在快速城市化和环境完整性之间取得平衡。

（5）对抑制煤炭消耗量的挑战。尽管政府的《行动计划》（2013—2017）获得掌声，但仍不乏怀疑的声音。根据绿色和平组织的估算，要在2017年实现PM2.5水平下降25%的目标，将需要京津冀地区未来5年内减少8000万—9000万吨煤炭的使用，然而北京及其邻省所发布的数字并没有反映出这一幅度的消减。其他不少学者也指出了规划与目标的矛盾之处。例如煤炭转换为天然气的过程需要消耗大量的水，因此，中国试图控制城市的空气污染有可能对水的供应带来灾难。

（6）司法在实施中的作用。有研究指出，环境问题只有通过"进行司法赔偿和限制政府权力"才能得到解决，在环评过程中一定要落实法律法规，这样，抗议者会更倾向于"司法途径"，参与政府组织的听证会，以便清晰和全面地了解情况。还有学者指出，虽然新的法律表明了政府与污染斗争的诚意，但是一直没有解决的"体制问题"消减了法律的效力。此外，正如中国环保知名人士马军所言，修订的法律的确赋予了普通百姓以权利，知晓并监督反污染措施的落实，然而，由于缺乏一个共同的、易于获取的环境信息收集的公共平台，因此对于个人而言很难对各种环境记录进行检验。因此，他建议创建类似美国《有毒物质释放清单》（U. S. Toxics Release Inventory）的公共数据库。

民众抗议对中共的政治影响

尽管未来任何实质的参与性环境治理都将意味着对民主力量的运用，但目前针对污染的群体性抗议并没有表现出推翻政权或颠覆政治体制的目标，还是相对缓和的。而且，一旦有争议的项目被"搁置"，环境抗议就会平息。此外，对清洁环境的公共需求也符合中央政府实现绿色增长的目标。然而，情况也并非完全乐观，中共也面对着诸多由环境和群体性抗议导致的困局。

（1）不同的列车：直接的和长期的冲突。公众和中央政府对与环境相关问题的认知和重视程度似乎是两列不同的列车。公众列车的方向是快速的污染抑制措施，撤销污染的工业项目。与此同时，政府的列车则在追逐公众的列车（防止其被裹挟到民主的轨道上），并驶上长期可持续发展的轨道，以与民众的列车并行不悖。虽然绿色发展是中国共产党的主要目标，但是对正在和污染的空气和不洁饮用水抗争的人们似乎影响不大。而且，面对公众的愤怒而废除有争议的项目会形成并加强一种印象，即政府不关心污染问题，只是迫于压力而采取行动。此外，当公众期盼积极主动的措施以清除污染时，中央政府则寻求在公众中倡导绿色消费，作为其实现绿色增长的政策组成部分。

（2）沟通不畅以及缺乏信任。另一个观点是公众的抗议甚至导致那些"合理合法的"的项目被叫停。例如，在什邡引起抗议的冶炼厂是得到国家支持的震后重建项目，不存在"落后"技术，而且是由计划内的重大环保投资所支撑的。与此相类似，另一个环境抗议的事件，即宁波的化工厂项目，其防控污染的设备投资有望达到5.73亿美元。如果情况的确如此，当局和市民之间信任不足和沟通不畅是显而易见的。

（3）"聚集"效应。随着支持民主的气息渐趋浓厚，旋涡可能正在形成。有学者指出，尽管党的领导没有受到直接的威胁，但是官员们担心这些抗议活动积聚成为对于政权更广泛和更有组织的挑战。无论如何，环境抗议活动可能为在这一大旗下推动民主的积极分子提供一个安全的出口和平台。

（4）对集体力量的信心大增。群体性事件取得的胜利使群众增强了信心，即他们的集体抗争使得地方官员做出让步，取消了在邻近地区建设"有着环境风险的企业"的计划。通过实质性的参与，抗议民众得以进入与环境治理相关的决策过程，这使他们在未来面对不通融的地方政府时，会勇于通过政治动员提出更为积极的政治民主诉求。而且，公众对社会媒体的信任和一些环保积极分子的成功事迹可能鼓舞和激励年轻人去仿效，以为社会福祉进行创新或寻求解决问题的方法，进而与地方官员形成对抗。

（5）呼吁制度改革。中央政府很清楚，在落实环境法规的制度结构上进行实质性改革是带有政治风险的，但是零敲碎打的措施局限性很大，会消耗民众的耐心，政府也难以在政治和规制改革之外获得更多选择。与此同时，中央政府也被寄予更大希望，承担更大的落实责任，包括对环境承诺进行更严密的监督和更有效地管控地方官员，监控并遏制他们对污染企业的纵容。

中国的环境抗议活动（主要以邻避主义为特征）发生于社会媒体和环境行动主义活跃的背景下，由此加强了抗议者面对地方政府的力量，各地存在争议的工业项目纷纷被叫停即为证明。其结果是，公众可能会认为是他们的主张赢得了胜利，而中央政府在没有公众压力的情况下不会采取反污染的措施。此外，环保积极分子们大多发现，目前的环保措施碎片化，而他们更希望的是项目审查许可和法律规则的进一步透明。因此，中央政府有责任通过实质性的法律改革来控制环境的恶化，尤其是污染。就此而言，主要的改革呼吁来自于环保活跃分子而不是普通民众（他们更关注清洁的空气和饮用水）。而且，除了防治污染方面的技术和政治挑战，中共的环境目标和民众对于根治污染的即时需求之间未能很好地衔接，这也是中国环境政治学的突出特征。中央政府和地方政府需要证明它们在治理环境上是积极主动和富于进取的，而不要表现为是迫于抗议活动的压力，这对于在国家和社会之间建立信任是非常重要的。

（刘霓　编译）

原文信息

原题：The Dragon Treads the Polluted Path：Political Dilemmas before the Chinese Communist Party

作者：Romi Jain

出处：*Asian Affairs：An American Review*，No. 42，2015

中国的环境治理需要突破传统政策思维

易　明

2014 年年初，美国对外关系协会亚洲研究中心主任、研究员易明（Elizabeth C. Economy）先后发表两篇文章，探讨中国环境问题的解决方案。易明认为，当前中国与 20 世纪 60—70 年代时的美国相比，尽管都面临生态环境与经济发展之间的矛盾，但无论在环境恶化的规模、范围还是在人口压力、制度基础等方面，都相差极大，美国的经验不能解决中国的环境问题。当前，中国的环境问题非常严重，公众的环保意识逐渐增强。中国领导层提出"向污染宣战"，并勾画出了一系列目标、政策以解决环境的恶化问题，是对上述挑战的回应，但关键应该改变那种自上而下的传统政策思维方式，恢复之前被废除的国家环境保护委员会，加强部门和机构之间的协作，建立官员问责制度，用行动而不是承诺来满足公众改善环境的要求。

中国公众的环保意识正在觉醒

最近几年，中国的环境问题日益突出。在中国那些遭到严重污染的河流附近，有近 500 座村庄的癌症发病率上升，水污染被指与此有关。北京中林资产评估公司的一份报告估计，交通拥堵给北京带来的损失每年大约 100 亿美元，环境损害 70 亿美元。雾霾也严重打击了首都的旅游业，2013 年的旅游人数下降 10%。据中国环境规划院的估计，从整体上讲，环境恶化和污染造成的损失高达 9.3 万亿美元，相当于每年 GDP 的 3.5%。

　　与此同时，中国公众也意识到了环境的重要性。2011—2012 年间，美国驻华使馆在北京测量并发布首都实时有毒污染物水平。不久之后，中国人要求政府提供类似的数据。政府在 2012 年发布空气质量数据之后，民众希望政府治理空气污染的要求日渐增加。现在，中国有数千家非政府组织，它们敦促地方官员公开精确的污染数据，与新闻界合作对腐败展开调查，并对破坏环境的腐败现象发起公共运动。最重要的是，中国人正在用脚投票。根据胡润研究院的报告，总资产在 160 万美元或更多的富人中有 2/3 已经或准备离开，环境是他们最常提及的原因之一。不能离开的则走上街头：中国每年有超过 18 万起示威活动，环境问题已经成为其最主要的原因。

　　在此背景下，李克强总理 2014 年 3 月初宣布"向污染宣战"，并勾画出了一系列的目标、政策，以解决环境的恶化问题。总理的讲话是最新的一次努力，目的是在环境严重威胁政府公信力之前将其解决。

美国的经验对中国意义不大

　　中国官员喜欢把当下的中国与处在工业化阶段的其他国家作对比。但是这种比较是会引起误会的。中国目前与美国 20 世纪 60—70 年代所面对的环境挑战的规模和范围相差极大。比如说，人口对环境和资源的压力不在一个量级上。尽管两国的领土面积相近，但是 1962—1982 年美国人口从 1.92 亿人增至 2.32 亿人，而中国则上升至 10 亿人，现在已经超过 13 亿人。更为关键的是，中美两国环境保护的制度基础完全不同。像美国一样，中国的环保机构和法律也是在 1972 年联合国人类环境大会之后发展起来的，然而透明度、官员问责制——且不管是否有待完善——在美国已经成为环境保护的基石，但在中国这并不存在。这些差别说明，中国不能按照美国的经验来治理其环境问题。

　　不过，在一个关键方面，中国正在步美国后尘。20 世纪 60—70

年代，美国公民意识觉醒，其结果之一就是一些非政府组织的成立，像环境保护基金和自然资源保护理事会。非政府组织的出现，促使美国政府通过了更加严厉的环境保护法律和法规。

中国领导层需要突破传统思维

迄今为止，领导层提出的大多数建议，例如限制能源消费、控制二氧化硫排放、降低化学需氧量（COD）和测量水质等，都是之前环保工作的延续。最近又有一项新政策，即要求地方官员要为当地环境负责，实际上这项政策已经出台数十年，但从未被真正实施过。另外，政府发起的清理运动——关闭 5 万台小锅炉，淘汰 600 万辆高污染汽车和卡车——听上去不错，但这种目标之前从未实现过。而且，把中国污染最重的工业转移到西部地区，这项政策既不符合长期的环境利益，也不利于社会稳定。

中国所需要的不是大胆的承诺，而是大胆的结构性改革。政府多个相关部门应该更好地协同合作，把环境政策放在第一位。在忙于成立经济改革委员会、国家安全委员会和网络安全委员会的同时，政府还需要恢复国家环境保护委员会——这是 1998 年在政府机构重组中消失的一个监督机构。由于这个跨部门委员会有权召集各部会议，推进环境问题的解决，因此在解决目前各部门在从治污费到资源管理等一系列问题上的吵闹或推诿方面上，有着至关重要的作用。

新一届领导暗示要实行司法改革。按照江苏省一名地方环保局前任主管的话说，地方政府、评估机构和项目开发商已经围绕着环境影响评估（EIAs）渐渐形成了一个造假产业链。2013 年 11 月，青岛发生石油管道爆炸事件，死伤超过 100 人，其中部分原因就在其虚假的环境影响评估过程。正如中国环境记者刘建强（音译）对该事件的评论中所指出的，"在中国，环境影响评估伪造很常见，而规划评估（planning assessment）压根儿就不存在"。同样令人困惑的是，中央政府拨付的、用于地方环保的资金约有一半被用于其他支出。要解决这些官员腐败和渎职问题就应建立一种能够针对地方官员和商人问责的法律制度。

透明性是中国环保工作中出现的第一个亮点。现在，很多中国人都会关注每天的空气质量数据。下一个重要措施有可能是实时公布 15000 家工厂的排放物，有些地方政府甚至已经自行实施这一政策了。广东省的土地资源官员已经向地方人大部门提交了珠江三角洲地区的土壤污染情况分析报告，结果显示该地区 28% 的土地（其中广州和佛山市占到 50%）的重金属已经严重超标。中国专家希望环境政策的水平能提高，而且这些政策应该根植于对环境问题的透彻理解。尤其是，当政府发动一项大规模运动的时候，好的政策常常被忽视。在河北省发起清洁空气运动的时候，当地一座小镇关闭了大量水泥厂。但空气质量未见改善，数千名工人却失去了工作。

新一届中国领导人正在努力扭转环境恶化的局面，但过多依赖老旧的方式：从限制炼钢厂的数量到削减汽车的数量，凡事都是自上而下下达目标。他们还相信技术能够解决一切问题，要求地方官员承担起改善环境的责任等。但是，如果说领导层仍没有突破传统思维方式的话，那么普通老百姓已经不是了，他们正在自下而上地迫使政府做出改变。领导层必须意识到，中国人的环境意识正在觉醒。现在，摆在领导层面前的问题是，他们是否做好了满足公众需求的准备：这种需求不仅仅是坚决改变的承诺，而且还要真的做出改变。

（崔玉军　编译）

原文信息

原题：China's Incomparable Environmental Challenge；China Wakes Up to Its Environmental Catastrophe

作者：Elizabeth C. Economy

出处：http://thediplomat.com/2014/01/chinas-incomparable-environmental-challenge/

http://www.businessweek.com/articles/2014-03-13/china-wakes-up-to-its-environmental-catastrophe

中国的城市化、土地利用与环境变化

魏也华　　叶信岳

　　20 世纪 80 年代以来，中国经历了前所未有的经济增长和城市化进程。就经济、社会和环境而言，中国的转型、城市化速度及其复杂性都是前所未有的，中国经济的快速增长和结构变化也提出了很多引人注目的问题，例如城市化和土地利用的范围、进程和后果。美国犹他大学公共与国际事务关系学院的魏也华教授与肯特州立大学计算社会科学实验室的叶信岳博士在《随机环境研究风险评估》（*Stochastic Environmental Research Risk Assessment*）杂志上发表的论文《中国的城市化、土地利用与环境变化》即为相关成果之一。文中指出，中国城市化新阶段的核心任务应该是推动城市化的质量，控制城市的数量，认真制定和贯彻控制增长与稳定发展的理念可以引导城市化进程和土地资源的合理利用。

　　自 2012 年以来，中国有一半以上的人口居住在城市，越来越多的人成为城镇人口，对住房、食品、就业、社会服务和环境可持续发展等领域都提出了严峻挑战。由于机会不平等的加剧，社会冲突和人类行为对资源、土地空间和环境所造成的负面后果，中国对于城市化和土地使用变化的关注度也在不断提高。随着土地变成了地方政府促进经济增长、资助基础设施发展和竞争外部投资的重要工具，土地发展成为一个复杂的问题。研究人员对城市发展的程度和空间形式做出了引证，并探讨了土地扩张的潜在驱动力，以及城市扩张与环境变化之间的关系。

全球化背景下的经济发展与土地城镇化

中国城市扩张与城市建筑的无计划延伸涉及诸多制度与经济的因素，比如全球化、农村工业化、交通改善和土地管理制度等。随着贫困地区的资源外流以及地区冲突与保护主义的出现，城市发展还可能会加剧地区不平等。改革开放以来，中国经济出现了显著增长，随后开始了城市综合改革，集体和私营企业逐步超过了国有企业。在对外开放战略的指导下，中国建立了经济特区、开放沿海城市，为外国投资和贸易提供优惠政策，允许沿海省份利用全球资源加快融入全球经济。

随着中国经济自由化与全球化，中国的城市化进程也在加速。中国城市经历了前所未有的经济增长和结构调整，数以百万的农村人口涌入大大小小的城市，城镇人口在历史上首次超过了农村人口。据官方统计，在 1978—2008 年，中国耕地总量从 1.344 亿公顷减少到 1.2172 公顷，城市化水平则从 17.9% 增加到 1995 年的 29%，到 2011 年上升为 51.3%。

中国的对外贸易与投资也急剧上升。中国加入 WTO 的行为推动了国内制造业的全球竞争，同时，改革措施使中国经济更加开放，更具有全球化特征，也将中国的城市化置于全球化背景之下。以往外国直接投资的地点主要受传统因素影响，如劳动力成本、市场规模、工会力量、运输等，而今则更多考虑到全球化、民族国家和企业网络的重要性。研究表明，政府在全球化和中国城市转型中发挥了无可争议的作用。

土地在外国直接投资地点和经济发展中起到了重要作用，但往往被研究人员所忽视。在外国直接投资区，外资企业享有更低廉甚至是免费的土地和办公空间。外商投资区往往是中国各大城市中全球化程度最高的地区，起到了全球化枢纽、联络本地与全球的作用，因此，这些地区都经历了土地利用的剧变。外国直接投资区与中央商务区（CBD）与传统的城市空间和城中村形成了鲜明的对比，造成了城市土地利用的二元结构。而高科技园区则集中展示了城市聚集效应与高科技工业的发展。此外，外国直接投资的流入还带动了相邻城市的外国直接投资，因此，各个城市往往通过提供更大和更廉价的土地空间来吸引投资，这样的空间竞争也从沿海城市逐步转移到了内陆地区。

全球化、经济发展与城市化都涉及空间不平等这一普遍现象。国家政策、地方政府代表和外国投资共同作用的结果是加速了沿海和内陆省份差距的扩大。外国直接投资行为在中国的地区不平等中起到了重要的作用。除了地区政策差异以外，地点和基础设施也有很大影响。加强基础设施建设和促进人力资本的形成（如教育和医疗）以克服地理障碍，对于解决经济增长和城市化发展不平衡十分关键。

全球化和经济的快速发展也促进了中国的城市化进程。快速的城市化又对中国经济和社会的二元性，特别是制度造成的机会不平等与包括户籍制度、计划生育、公共资源配置和土地制度等在内的二元结构形成了挑战。土地还造成了全球化和经济增长的不均衡：土地城市化和区域发展相辅相成，城市用地扩张既是城市经济增长的驱动力也是经济增长的结果。土地供应对经济增长的意义比对国内和国外投资、劳动力供应和政府支出更大。

城市扩张、城市建筑的无计划延伸和土地利用的变化

发展中国家特别是亚洲的城市快速发展和土地利用的变化已经引起政府和学界的高度关注。由于关系到经济增长、资源配置、不平等、社会动荡和发展的可持续性，这些问题对于政府来说十分重要。

中国的土地利用、土地覆盖形式主要是城市地区的城市扩张和耕地减少。中国人口分布不均，生态承载能力也不尽相同，有的地区超负荷，有的地区仍有富裕。虽然耕地流失的部分原因是农业结构转型，如耕地变草场、牧场和鱼塘，但关键原因之一还是农业土

地转变为城市活动场所。研究文献表明，经济改革以来，绝大多数中国城市，特别是沿海地区的市区建成区面积已经翻倍，有些甚至达到原有面积的三倍多。房屋添建、扩建、无规划延伸以及线性发展是城市土地扩张的 4 种主要类型，在中国的各个城市中十分普遍。快速的城市扩张和耕地减少对粮食安全、社会治理和经济两级化构成了严峻挑战。研究发现，1993—2009 年，居住在县级城市的总人口增加了 75%，从 1.2657 亿人增加到 2.1982 亿人。另一方面，同期城市建成面积翻了一番多，从 10549 平方公里增至 26100 平方公里。中国城市人口的扩张在地理上也呈现出不平衡性，沿海城市发展领先。官方统计显示，东部省份的城市人口增加要快于西部省份，从 1993 年的 6925 万人，增加到了 2009 年的 1.3071 亿人。随着人口从西部省份向东大规模流动，东部地区的城市用地扩张非常明显，城市土地总面积几乎翻了三倍。这表明土地已经成为经济增长和人口变化的先驱动力。

为了应对城市土地需求的增加，土地利用模式呈现多样化。尽管大量的农村土地被用于城市发展，但中国城市对于农村土地的需求仍不满足，房价继续飞涨，中国城市成为世界上居住成本最高的地方。尽管城市土地短缺背后有多重原因，但大部分城市土地被用于工业用途。全国土地利用调查报告显示，中国城市土地在 1996—2008 年增加了 51.68%，同期农村居民用地仅增加了 1.44%。而中国住房与城乡建设部统计数据表明，长江三角洲地区城市用地扩张的主要原因是工业用地扩张——居住用地总量尽管增加了，但居住用地所占百分比却下降了 2.37 个百分点，同期的工业用地比重则上涨了 1.38%，换言之，中国城市土地扩张在结构上主要是工业用地的扩张。

城市化、土地利用和环境变化

快速的城市化对中国环境造成了深刻的影响。由于能源消耗不断增加、空气和水资源恶化、噪声污染、农业和自然土地流失，城市的急速发展往往伴随着农村和城市环境负担的增加。无节制的城市化导致了耕地短缺问题的日益严重。城市的各种机会吸引了大量的农村务工人员源源不断地从农村地区流向城市，快速的城市发展和人口增加，导致了农业生产基地的不断萎缩，就长期而言，粮食自给自足受到威胁。城市化还破坏了生态系统，改变了城市地区和附近区域的水文环境。因此，城市化不仅给局部环境造成影响，同时也在地区之外留下巨大的生态足迹，甚至影响全球。

中国持续快速的城市化将使城市土地扩张和侵占耕地造成的生态赤字日益扩大。中国的快速增长增加了对能源和资源的需求，对自然资源的大规模开采又危害了环境。由于经济单一追求国内生产总值的增长，环境的挑战日益严峻。其经济增长伴随着自然资源的污染和退化，并日益冲击全球环境。伴随着人口和城市的变化，中国环境的整体质量在恶化，造成了严重的健康问题和经济损失，甚至有可能危及经济的可持续发展。

中国的道路上每天大约会出现1.4万辆新车，世界上污染最严重的20个城市中，中国就占到了16个。城市的快速发展吸引了越来越多的人关注中国国内和全球的能源安全和温室气体排放问题。但是在经济发展和环境气候变化之间存在两难境地：既要发展充满活力和智慧的城市，又要降低对环境的破坏。然而，中国地方官员都忙于追求经济增长以达到职业晋升的目的，同时，中国的体制又缺乏环境优先的激励机制。

结　论

在过去的30多年，中国经历了世所罕见的城市转型。在市场化和土地利用的变化速度加快的同时，中国的转型带来了令人印象深刻的经济增长速率。但是，作为全球经济增长最快的国家，中国也面临着严重的环境恶化问题。经济进一步发展下去，如发展贸易，通过公路、直达铁路和复杂的能源运输网加强区域互联，以及扩大自然资源的开采和运输造成的压力不断加大，这些导致利益攸关各方与感兴趣的观察人士形成的观点与期望对比鲜明。

　　无限制的城市化会导致发展无序化，破坏环境、经济发展和社会稳定。中国的决策者已经意识到城市化要以可持续的方式发展。然而，目前缺乏实现城市化可持续发展的操作模式和土地利用进程。

（杨丹　编译）

原文信息

　　原题：Urbanization，Urban Land Expansion and Environmental Change in China

　　作者：Yehua Dennis Wei & Xinyue Ye

　　出处：*Stochastic Environmental Research Risk Assessment*，Vol. 28，2014

中国欲改善环境需向地方政府提供更多支持

易　明

　　美国外交关系协会研究员、环保专家易明 2015 年 1 月在日本《外交学人》网站刊发文章指出，由于缺少必要的人力和财力资源，中国地方官员难以完成中央政府制订的环境保护计划。文章建议大力雇请和训练环境保护工人，保证地方环保部门有足够的人力、物力监控污染企业，为地方政府的污染治理提供制度支持。

　　中国当前环境保护的进展是非常明显的。2015 年年初，中国就批准了新的、更严格的环境保护法；领导层也为地区煤炭消费和空气质量制定了新的目标；尽管油价下跌，但最受欢迎的依然是清洁能源投资；各级法院对污染企业课以重罚以迫使其改进生产方式。但如果领导层的雄心壮志与地方官员们实现这一愿望的能力不匹配的问题不能得到很好解决，所有这些努力都将付诸东流。尽管有许多原因——腐败、没有兴趣、激励措施不协调等——可以解释中央政府的法律法规和指令不能得到有效的贯彻执行，但主要原因却是中央在环境保护方面要求太多而投入太少，地方官员没有能力满足中央政府为其制定的越来越多的环境挑战清单。

　　环境保护法规执行不力的例子比比皆是。比如说，"财新网"最近报道，河南、湖北和陕西省三省南水北调中线段 474 个水污染防治项目的 90% 都没完成。长江流域水资源保护局前局长说不必担心——他把此段的水质列为 2 级（清洁）。但他的监测体系中并不包括氮气，否则的话水质将降为 4 级（不适合与人类直接接触）。结果就是，数十亿美元被用于将被污染的水从一个地方输送到另一个地方。

北京建立的京津冀及山东、山西和内蒙古排放监控中心已经在北京之外引起非议。河北环保局局长说他的废气排放监控小组不足50人，而北京有700人。跨部门（横向）责任制也意味着监控与处罚归属不同的机构。地方政府希望得到更多的指导和资金。

有些时候，地方官员往往诉诸一些极端的措施来完成中央政府的环境目标，却对身边真正的问题袖手旁观。根据世界银行的一份研究报告，为了完成中央的节能减排目标，河北某县竟然切断全部村庄的电源，一家医院被强迫每隔4天停电一次。该报告进一步指出，面对电力配额制度，许多企业为了不中断运营而改用柴油发电，结果造成了更大的污染。

此外，企业逃避检查也使得执法效果复杂化。如某省环保局一名官员所透露的，"污染不是一夜之间形成的。废气处理器非常昂贵，企业主根本就不用——他们在白天打开废气处理器，但到了晚上则统统关掉"。

但北京没有放手或改变做法的迹象。2014年年底，中央政府再次发布一组雄心勃勃的计划，即《关于加强环境监管执法的通知》，要求地方政府"2015年6月底前全面清理、废除阻碍环境监管执法的土政策，2015年年底前要完成全国的环保大检查，2016年年底前全面清理违法违章建设项目"。

地方政府官员明显感觉到来自中央政府采取行动改善中国环境状况的巨大压力，这未尝不是一件好事情。现在是中央政府发挥作用的时候了，即应大力雇请和训练环境保护工人，保证地方环保部门有足够的人力、物力监控污染工厂。此外，中央政府不但应该提供环保目标和时间表，还应该提供制度支持以确保这些目标能顺利完成。较之2012年，2013年中国在环境保护方面的投入减少了10%。不仅如此，环保经济学家石磊指出，"有效"解决中国的环境问题所需开支接近中国目前预算的二倍。对中国的"反污战争"而言，尽管为一线环保部门提供必需的人力和财政支持仅仅是第一步，但的确是非常关键的一步。地方政府官员说得对，"给钱才能办事"。只有这样，蓝天和净水才指日可待。

（崔玉军　编译）

原文信息

原题：China's Environmental Enforcement Glitch

作者：Elizabeth Economy

出处：http：//thediplomat. com/2015/01/chinas － environmental －
enforcementglitch/

地方领导频繁流动不利于
环境政策的落实

萨拉·伊顿　热尼亚·科斯特卡

由于富有的民主国家在应对全球环境危机方面乏善可陈，于是威权国家能否更好地管理环境成为近年来引起广泛关注的问题。而中国在环保领域的快速进步使其成为有关民主环保主义和威权环保主义孰优孰劣的争论焦点。牛津大学跨学科区域研究学院当代中国研究讲师萨拉·伊顿（Sarah Eaton）博士和法兰克福金融与管理学院助理教授热尼亚·科斯特卡（Genia Kostka）发表于《中国季刊》的论文，就对中国具有相关优势的乐观判断进行了批判性的考察。

尽管中国的国家领导人承诺解决环境危机，但承担着解释和落实环境政策责任的却是地方领导，他们任职时限一般较短，加之缺乏恰当的激励，多不愿放弃牺牲一切追求增长的模式，为向讲求资源效益和可持续增长道路转变而开展艰苦的工作。

本研究的基础是作者于2010—2012年开展的范围广泛的田野工作。在2010—2011年的第一阶段，作者利用5个月的时间，调查了陕西省5个市和11个县干部流动情况的变化以及对环境政策落实的影响。实证部分则是基于作者2012年在湖南和山东就相同主题开展的田野调查。具体来说，作者总共做了89例访谈（陕西45例、湖南26例、山东18例）。大多数访谈对象是党的领导干部，组织部门、环保局、发改委和经委的主要官员，还包括参与经济转型计划的工业企业的管理者。除此，访谈中获得的政府报告、地方志和媒体报道也对研究结论的形成有所帮助。

高层干部流动的合理性和政策影响

在中国，官员轮调制度由来已久。1978 年之后这一制度的再度施行源于改革之初重建干部管理机制的努力，意在减少地方主义的诱因与机会，加强中央对地方官员的管控。除此，干部流动还是减少地区差异和弥合管理差距的一个重要手段。近来，诸多辅助目标也被整合进这一机制，例如干部培养、普及地方政策创新的经验等。然而，对于干部流动计划到底如何影响政策落实的过程，以及它是否实现了预期目标，却很少有人开展研究。

滚石不生苔是中国地方官员的现实境况。县、市一级政府领导的法定任职期限是 5 年，然而除少数例外，大多数人都在 3—4 年调往了下一个工作岗位。1993 年至 2011 年，898 名前市委书记的任命数据显示，他们的平均任职年限是 3.8 年，最短为 2—3 个月，最长达 12.8 年。23% 的市委书记在其岗位上仅工作 2 年或更短的时间，只有 25% 的人任职达到 5 年或更长时间。除去地方领导，在环境政策落实方面具有关键作用的省、部级领导也平均每 4 年轮换一次。

更需引起关注的是，目前呈现出地方官员流动加速的趋势。在过去 20 年中，地方官员平均任期明显缩短。在 20 世纪 90 年代，平均任期是 4.2 年，898 名市委书记中，有 35% 以上的人任期超过 5 年，而在 2002—2011 年平均任期缩短为 3.3 年，不到 14% 的人任期超过 5 年。皮埃尔·兰德里（Pierre Landry，2008）对 2058 名市长在 1990—2001 年的平均任职时间的分析更令人震惊，其调查显示这些市长的任职时间从 90 年代的平均 3.2 年降至 2001 年的 2.5 年。

当然，就政策落实而言，地方官员的任职时限并非唯一因素。如同其他国家一样，在中国，政策落实是一个复杂的过程，地方领导的意向和行为只是拼图中的一片。然而，在中国的"分权"（decentralized authoritarian）体制下，强有力的地方领导在政策落实过程中又具有举足轻重的作用。正缘于此，干部轮换成为对落实的过程和结果都具有重要意义的问题。

尽管有些人将干部轮换看作提高地方落实中央指示的成功机会，然而此前的研究显示，较为短暂的任职时限会导致掠夺行为和在公共政策和公共产品的提供上投资不足。地方官员的任职时限短还可能导致重大、负面且难以预料的结果，因为地方领导人将对那些不能形成特殊利益的项目，或是不能在个人任期内完成的中央指示推诿扯皮。而尤其受到这种行为影响的政策领域恰恰是在短期内只会产生成本，只有长期才能显现效益的领域，例如艾滋病防治或环境保护。

环境政策的特点

环境政策独有其特点，为落实造成困难。其一为滞后性，短期只见成本，而长期才见效益。与其他政策领域相比较，环境政策还有一个劣势，即政策成果并不总是可见的和易于衡量的。此外，环境政策通常涉及与经济增长之间的权衡。最后，环境政策的落实还常会受到组织的挑战，许多涉及不同问题领域的环境政策需要不同部门的合作，而不同的经济发展水平会妨碍地区间在环保方面的合作。

干部轮换对环境政策落实的影响

干部轮换制度的好处在于：从横向而言，可以改善部门之间的协调；在纵向上，可以进行资源、知识和政策支持的转移；在地区之间，则有利于观念和信息的传播普及；而在政府和企业的联系上，有利于发展政企关系和建立同盟（地方干部和国企之间的非正式联系可以有效地辅助环境管理）。

尽管有着如上好处，但是目前这种形式的轮换体制的确也存在诸多弊端。地方干部频繁调动，使他们每每作为一名外来者，被派往新的岗位任职3—4年，承受了快速做出政绩的强大时间压力。面对新的环境，他们缺乏当地的常识和人际网络，因此很难制订出有效的政策落实计划，而一旦地方干部对当地情况有了充分的了解，并有志于成为一名高效的领导者时，却又到了他们赴下一个岗位履新的时候了。

具体而言，干部轮换体制的弊端体现在：流寇心理导致自我最大化和寻租行为，短暂的任职周期激励干部偏重短期回报而忽视长期利益；每3—4年的轮换使官员如坐针毡，为满足定期向上级报告业绩的要求，他们更重视能在任期内取得成果的短期的、吸引眼球的项目，而长期的、高成本和复杂的创新活动则通常被搁置；"一任官家一任法"（new lords, new laws），干部流动频繁可能导致地方上可持续发展的创新活动遭到腰斩；因为缺乏当地知识和网络，干部落实政策的能力受到限制，难以将地方企业引入绿色增长创新活动，或是获得省级和中央政府的额外资助。他们或需要花费时间熟悉环境，或好高骛远，设定与当地情况不合宜且不现实的目标。

结　论

调查发现，中国的国家领导人已经越来越关注地方上的短视行为，而地方官员本身也看到了这一体制的局限。中国的决策者应矫正干部流动所造成的不利影响，力争延长地方干部的任职时限。这方面已经出现的一个进步是中央政府2006年出台的《党政领导干部职务任期暂行规定》，其中鼓励领导干部除非特殊情况，应该干满5年一届的任期。与赶任期（tenure rush）相关的短期行为也促使广东省委提醒地方干部"功成不必在我任期"。但是，尽管最近国家呼吁严格坚持5年的任期规则，然而仍未看到对省、市一级官员流动的明显影响，相反，目前的趋势仍然朝向更快的轮换频率。

最后，考虑到地方官员任职时限所造成的不利影响，有理由质疑那些对中国威权环保主义的乐观看法。威权环保的优势在于，与民主政体的国家相比较，生态精英享有更大的行动自由，可以相对独立于利益集团并获得有保障的权力地位。然而分析表明，官员任职时限所引发的短视行为削减了这些潜在的优势。在短短几年当中，地方领导承受着取得"政治成就"的压力，他们会选择阻力最小的路径，以快捷、低质的方式落实环境政策，表面上遵循着国家的指导，实则为可持续增长的道路制造障碍。

（刘霓　编译）

原文信息

原题：Authoritarian Environmentalism Undermined？Local Leaders' Time Horizons and Environmental Policy Implementation

作者：Sarah Eaton & Genia Kostka

出处：*The China Quarterly*，Vol. 218，2014

综合治理以应对气候变化和移民的社会影响

迈克尔·沃尔兹　劳伦·里德

2014 年 5 月，美国进步中心（CAP）网站刊登由该中心研究员迈克尔·沃尔兹（Michael Werz）和劳伦·里德（Lauren Reed）合撰的报告《中国的气候变化、移民与非传统安全威胁》。该报告综合考察了气候变化、环境退化、人口流动与社会稳定之间的复杂关系，并讨论了它们对国内及区域政策的影响。报告认为，尽管领导层意识到了上述问题可能的社会后果并采取了一系列的政策措施，但这些政策的贯彻实施是由碎片化的、各自独立的部门来完成的，缺乏一种整体政策思路。报告建议，决策层应该通盘考察，统筹协调，制定出全面的、综合的整体战略，以化解气候变化和人口流动带来的社会影响。

气候变化、环境退化与移民

经济发展与气候变化的平行推进削弱了传统的农村秩序，造就了大量全新的、高污染的都市圈，也引起了普遍的社会失调。环境的恶化给每个人的日常生活带来了巨大的变化，而当人们为了应付这些各式各样的压力而被迫迁往他处时，他们的日常生活又面临再一次的变化。

在过去的几十年中，中国经济在迅速发展的同时也带来了大量的温室气体排放，对气候、环境和人口造成了不小的影响。因为气候变化而导致的全球气温的上升与降水分布的变化对水循环和中国的湖泊河流的淡水存量——这是农业和工业生产及人类生活的命脉——产生了深远的影响，有可能威胁到未来数十年中国的经济和社会发展。

气候变化所影响到的不仅仅是中国的食品安全和水资源安全，它还影响到中国的国内移民和城镇化方向。自从 20 世纪 80 年代初期以来，中国在迅速的工业化过程中，东部沿海地区因为对劳动力的需求而吸引了大量国内移民。但目前的研究表明劳动力需求不再是国内移民的单一驱动因素，移民还受到诸如食品安全、沿海地区海平面上升以及极端天气事件等环境变化因素的影响。

城镇化的挑战

从农村向城市的人口迁移正在改变中国的政治、经济和社会发展动力，这不但会带来社会稳定问题，而且还影响到中央和地方的决策。

一些中国学者预测，到 2020 年中国的城镇化率将达到 60%，如果这一数字准确无误，如果对 2020 年中国人口总数将达到 14.5 亿人的估计不出差错，那么 60% 的城镇化率意味着 2005—2020 年将有 3.08 亿农村人口涌入城市。这一巨大移民潮的影响不可低估，任何能使局势恶化的因素——比如说气候变化——都将对中国的未来产生重要影响。

城市地区常常因为缺乏针对移民群体的卫生保健服务而引起社会稳定问题。户口制度使外来务工人员不能享受当地的医疗及其他社会服务，这就增加了城区传染病流行的可能性。来自农村的移民在母婴健康指标上普遍表现较差，在感染性传染病（STD）方面存在较高的风险，而且卫生知识普遍不足。财政和经济危机也能使本已不稳定的城市环境雪上加霜。在 2008—2009 年世界金融危机期间，2300 万进城务工人员失去工作。此外，气候灾难并不限于城市的贫困人群，由于空气质量下降，有些外国人和富裕的中国人正在离开，而外资企业因为难以招聘到高质量的雇员也准备将投资转移到其他地区。

社会不稳定与国内安全风险

气候变化的根本原因是人为地、长期地向大气中排放有害温室气体，但由于它与气候变化的社会后果之间的关联关系不明显，中国的抗议活动很少是直接由环境变化而引发的。不过，那些最大的工业污染肇事者通常也是明显的环境犯罪实施者，正是这些直接的、赤裸裸的违法行为才成为许多抗议行为和社会不稳定的焦点因素。

污染和环境退化不仅引起越来越多的关注，而且还成为中国普通百姓能够表达不满的一个话题来源。其他造成社会不稳定的原因还包括与劳工问题或与当地人冲突有关的抗议活动。鉴于这种气候变化在未来可能以不可预见的方式影响到不同的群体，环境问题、农业问题和劳工的投诉与气候安全问题之间的相互影响或可引致难以预料的后果。

气候、环境和移民投诉之间的主要交互影响之一，是越来越多的地方因为气候变化而导致生态脆弱性加剧，以至于整个村子不得不重新安置。尽管少数几个公开报道的群体事件未与气候移民（EDP）联系起来，但是当地政府的确因为环境移民的补偿而疲于应付。随着更多的人因为生态脆弱性而被迫搬离，预计将来这样的事件和社会不稳定的可能性不降反增。另外，环境积极分子和移民团体中的群体性事件将成为社会不稳定和公共辩论的重要来源。

令人担忧的水资源管理政策

中国气候安全的另一个问题是低效过时的水资源管理制度。由于水资源被看作一种公共福利，因此政府给予用水以高额补贴。由于水价较低，这项政策并未能激励居民或企业有效利用水资源。那些老旧和低效的供水基础设施也是如此——有一些甚至可追溯到毛泽东时代。城市供水管网泄漏率超过 20%，而农业用水的有效利用率仅为 25%—40%。此外，由于工业和农业排污，水资源受到严重污染，很多几乎丧失利用价值。

这一问题非常严重，因此中央政府采取了一系列措施，其中就包括南水北调工程。南水北调工程受惠最大的是城市地区，但可能对南方未来的水资源安全形成负面影响。唯一可持续的解决方案就是降低对水资源的补贴，但这一政策将不会受到欢迎，可能还会遭到政治上的激烈抵制。

然而更有效地利用水资源的确非常必要，因为气温上升和水资源短缺已经影响到了粮食安全和农业生产。中国 75% 的粮食种植依赖灌溉水，但随着径流量下降和土壤蒸发量的提高，水源将日渐匮乏。由于气候变化造成的干旱和洪涝灾难有可能严重损害农业：2001 年和 2002 年的严重干旱造成粮食减产 5000 万吨。气温的上升还加剧了农作物的脆弱性，需要更多的杀虫剂和肥料来保证产量，从而使农民蒙受巨大的经济损失。而由于经济发展、沙漠化和森林砍伐引起了耕地面积的减少，上述问题进一步复杂化。

中央政府意识到了气候变化、能源安全、水资源短缺、环境退化的严重性，也清楚环境污染将阻碍中国经济的可持续发展，但目前领导层提出的创建"生态文明"的目标还仅仅是一个空洞的承诺，在全国整体政策制定和政策实施框架内并没有一个综合性的计划，以解决环境—移民—安全三方关系问题。

设置新的气候变化议程

气候变化和移民对社会和经济的长期影响可能引起诸多不稳定性，对此中国应该制定出国家层面的气候安全和移民政策战略。

气候变化、移民和社会不稳定为当前中国的经济发展带来了巨大的阻力，如果不能解决因为温室气体排放、移民热点地区（长三角、珠三角等地）和社会稳定引起的安全风险问题，那么中国在成为世界大国、强国之路上将遭遇诸多挑战。尽管中国在气候变化、城乡移民、城市化和资源短缺等性质迥然的领域都取得了较大的进步，但是唯独缺乏一个通盘考虑的总体政策把它们连接起来，以解决复杂的危机局势。

在处理气候变化和移民挑战等单个问题方面，中国领导层取得了很大的进步，他们清楚自己面对的威胁，而且制定了相应的政策试图解决能源不足、环境污染和资源短缺问题。但是这些政策的贯彻实施是由碎片化的、各自独立的部门来完成的，也没有与其他涉及气候安全的政策关联协调起来。中国需要制定一个全面综合的战略，通盘解决因为气候变化和人口流动等带来的一揽子问题。

（崔玉军　编译）

原文信息

原题：Climate Change，Migration，and Nontraditional Security Threats in China：Complex Crisis Scenarios and Policy Options for China and the World

作者：Michael Werz；Lauren Reed

出处：http：//www.americanprogress.org/wp － content/uploads/2014/05/ChinaClimateMigration.pdf

当前中国气候变化意识的现状及
NGO、公民参与的作用

康保锐　　张洋勇

《中国时事》杂志 2014 年第 1 期刊登了由柏林自由大学兼任教授康保锐（Berthold Kuhn）和厦门大学助教张洋勇合撰的调研报告《中国气候变化意识与民众参与的专家调查》。该调研的目的是考察气候变化意识在中国的基本情况，以及 NGO 和普通民众在气候变化意识中的作用及局限性。

受访对象、调研目的及方式

本课题通过网络抽样法和滚雪球抽样法两种方式来挑选受访专家。课题组向 250 名专家发出问卷，其中，收回问卷 133 份，有 40 人接受访谈。北京和成都的焦点小组的参加者超过 35 人。被挑选出的专家分为以下 4 组：（1）具有社会、政治或环境科学背景，积极参与环境和气候变化问题讨论的中国研究人员（R）；（2）中国环境 NGO 主管或职员（N）；（3）在政府部门或在由政府支持的项目中任职的项目官员（PM）；（4）参与中国的环境和气候变化问题或经常在华旅行的外国专家（IE），这些人多数受雇于德国机构，既从事研究又兼做管理工作。

由于在政府机构任职的人不愿意在没有其上司许可的情况下发表看法，因此这些人的回答最难获得。当然这种情况并非中国独有，因为在其他国家开展调查也会经常碰到。有鉴于此，我们转而联系那些间接为政府机构服务的专家。商界代表则未予考虑。

　　本课题的主要目的是探索不同职业背景的专家在环境问题上的评价差异，其次是考察这些专家在下面三个问题上的一般印象：气候变化意识在中国的总体情况以及 NGO 和民众参与其中的作用。不过，我们也把诸如性别、年龄和国外经历等变量考虑在内，也将之用于数据分析。

　　本课题小组采用三种方法：评定量表问卷调查、访谈和焦点小组讨论会（在北京和成都举办）。问卷和大部分访谈采集于 2012 年 5—8 月，大部分问卷（尤其是 NGO 专家提交的问卷）是在 2012 年 7 月收集上来的。专家调查包括三个类别的问题：（1）中国社会中的气候变化意识；（2）中国气候变化与环境保护中 NGO 的作用；（3）气候变化与环境保护中的民众参与。

　　访谈对调查有补充之功。受访者除了被要求就提升气候变化意识的机会和限制做出即兴回答外，还要针对 NGO 及公民在气候变化和环境保护中的作用及局限性发表意见。这些访谈结果随后被分门别类并成为定性分析和焦点小组讨论的基础。

　　气候变化意识：是否有所提升及通过何种方式得以提升？

　　平均来看，专家对民众的气候变化意识的评分在"中等"以上，对当前媒体的评分平均值为 3.25 分（1 分表示"很低"，5 分表示"很高"）。在这个问题上，尽管不同小组的评分相差不大，但仍显示出一些不同意见。中国专家对媒体的气候变化意识的评分高于国际专家，他们的评分都在"中等"以上（平均值为 M = 3.55），国际专家的评分（M = 2.90）略低于"中等"，其最小标准偏差（SD）为 0.539，意味着国际专家对媒体气候变化意识的看法高度一致。中国管理人员的看法则高低不一。

　　对上述发现，课题组和焦点小组认为，外国专家可能将中国媒体的气候变化意识与其他国家的媒体有所比较，而后者对气候变化问题的报道更多，关注方式也变化多样。

　　焦点小组的讨论（尤其成都小组）突出了社交媒体——尤其是微博和微信——不断增长的作用和影响力。传统媒体在报道气候变化及其后果方面有所顾虑且经验不足，但博客和社交媒体却经常谈及。国际专家可能也低估了社交媒体在中国的重要性，因此才对民众的气候变化意识评分较低。

针对"最近几年中国的气候变化意识提高了吗"这一问题，受访者的回答普遍是肯定的。参加访谈的 40 名专家中的大多数人确认气候变化意识"绝对"或"逐渐"地提高了，只有一个人认为降低了。3 名专家（2 人为 NGO 专家，1 人为项目官员）认为没有变化。对那些经常与气候变化问题打交道的人来说，这可能没什么奇怪的，但是气候变化受到越来越多的人关注，这件事的确很有意义。但是，有一名中国 NGO 专家（他刚刚完成了一项较大的田野调查）认为，大多数民众的气候变化意识可能并没有提高，因为一般老百姓主要关注的还是他们自己的日常生活。另外一位 NGO 专家认为，"较之污染和城市管理问题，大众媒体、NGO 和政府对气候变化的关注并不多"。

在提高气候变化意识方面媒体的关注贡献最大，紧随其后的是政府的政策法规。有趣的是，在阻碍公民的气候变化意识和教育方面，政府因素（体制、法律和政策等）也位列高位。不过，国际专家在看待阻碍气候变化意识的因素方面更看重的是公民的意识和教育，而不是政府。

中国研究人员指出，关于气候变化的科学证据和知识积累大幅提高，互联网在其中发挥了很大的作用：从事环境和气候变化问题研究的学者最主要的信息资料来自网络，国际合作方面的重大活动有在线报道。但也有专家指出，气候变化是一个非常抽象的事情，甚至比环境保护还抽象。他们认为中国民众的首选目标是提高自己的生活水平。

NGO 在中国气候变化中的作用

所有受访专家均认为国际 NGO 对议程设置的影响在"中等"偏上，略高于中国本土 NGO。仅有几名中国受访专家记得起少数几个具体的 NGO 活动，如"我的地球"倡议和"26 摄氏度空调节能活动"（呼吁将空调温度设置在 26 摄氏度以下），说明本土 NGO 及其活动受关注程度不高。

调查还显示，国际组织对中国 NGO 议程设置的影响略高，中国研究人员对国际组织给予最高的评价，NGO 专家的评价则最低——后者之所以评分最低，是因为他们了解国际组织面对的日常政治限制和实际生活中的困难（比如说，项目审批程序复杂，政府官员对国际组织在华活动不配合等）；另一方面，中国研究人员的工作比较抽象，不直接涉及倡导或动员民众的活动，因而相对更自由一些。

许多 NGO 在国际层面上相互之间联系很密切，但并未扎根当地，在当地的知名度也不怎么高。相较而言，外交部在处理气候变化问题方面是一个重要角色，高于环保总署（可能因为组建时间不长的缘故），这一点与其他国家不一样。中国越来越多地参与气候变化问题，因此国际专家和项目官员对中国 NGO 积极参加国际会议表示肯定。国际会议提高了中国 NGO 的知名度，另外网络技术、移动电话技术和社交媒体也扩大了中国 NGO 和国际组织之间的联系。

就地方因素对 NGO 议程设置的影响问题而言，中国研究人员的估值最高，其次是 NGO 主管，国际专家的评价最低。这反映出不同背景的人的视角不同，以及他们在全面认识地方层面社会交往中的难度。地方层面上与利益相关者的合作受到多个负面因素的影响，如资源缺乏，以及政府官员的不支持（他们更关心社会稳定和公共安全）。有一名 NGO 专家说，政府不愿意中国 NGO 在地方层面上涉足推动民众参与气候变化的活动，社会稳定才是地方政府最关心的问题。

如果参与活动的人数过多的话，有些环境和气候保护问题有可能引发不稳定。在 NGO 面临的挑战方面，调查结果显示，政府的作用被认为非常关键，NGO 的能力和形象也很重要。

研究小组还讨论了在中国的 NGO 工作的最高机会成本。在一个像中国这样的发展中经济体，受到良好教育的年轻人的就业前景相对较好。中国仍是一个发展中国家，出身富裕的慈善家庭的年轻人还很少。年轻人通常是出于家庭压力才去找一份工作，挣一份体面的薪水。而且，NGO 工作人员的环境不能与私营部门的雇员的工作环境相提并论，NGO 本身在日常运作中也要面对很多困难。

公民参与的作用

1. 对评定量表问卷的反应的分析

中国公民参与气候变化问题是最近才有的事情。调查显示，在公民参与方面，志愿服务工作的估值相对最高（M = 2.80），个人交通与旅行紧随其后（M = 2.66），购买低碳产品位列第三，倒数第一者为家庭水平（M = 2.16）。成本因素是公民参与最具决定性的障碍。

项目官员对中国公民低碳意识的估值最高，尽管其平均估值仍低于"中等"（M = 2.95，SD = 1.174）。他们中有些人参与了使用低碳交通工具的推广活动，或者至少熟悉这些活动。他们也指出，像限制车辆使用这样的命令与控制机制，或者像税收这样的基于市场的机制，对个人的选择有更正面的影响。访谈的结果也支持政府法令有更明显的作用。我们认为，中国城市缺乏足够的地铁网络等因素是公民不愿意选择低碳出行方式的重要原因之一。

低碳行为尚未进入大多数家庭的议程。对家庭的低碳行为的评估低于平均值（M = 2.16，SD = 0.936），国际专家的评价最低（M = 1.71，SD = 0.784）。国际专家之所以评价低，是因为下面的事实：在中国，家庭参与垃圾分类、家庭层面的垃圾回收和节省能源不如某些发达国家（德国和北欧国家）。

最后，对于在环保和气候变化方面志愿服务工作的问卷结果显示，在 NGO 专家（M = 3.30，SD = 0.863）和国际专家（M = 2.05，SD = 0.740）两方之间有较大的差异。NGO 专家的估值高于中等，而中国研究人员和项目官员的估值则低于中等。国际专家的估值最低。考虑到许多在中国的国际专家与 NGO 的密切关系，这一结果颇令人吃惊。这可以从下面的原因中得到解释：第一，志愿服务工作的概念在中国专家这里可能比较宽泛，包括由政府或政府组织主导的工作；第二，国际专家可能将中国的情况与发达国家的情况进行比较，但发达国家的 NGO 在动员志愿服务方面更为自由，而且志愿服务精神也已经被广泛接受，成为文化和传统中的一个重要部分；第三，NGO 专家实际上也参加了动员志愿服务的工作，也知道在中国志愿服务工作的具体情形。这可以解释为什么 NGO 专家的评价更积极一些。

一个值得注意的迹象是，年青的一代对中国的志愿服务非常乐观。研究小组在观察和分析厦门大学员工和学生的情况后得出了同样的结论，他们发现许多学生不但对志愿服务工作有兴趣、有热情，而且其热情还高于其他国家的学生。中国年青的一代有很多机会参加志愿服务工作，可以被引导到支持环境保护的活动中去。

2. 访谈分析：影响公民参与

访谈结果显示，专家们格外看重机构的作用，大多数专家认为政府在公民参与中起关键作用，其次是民间团体。他们还认为经济条件和生活水平等因素也比较重要。当被问及在推动公民参与中机构和组织的能力时，专家更倾向于 NGO 的活动，其次是政府，之后是媒体和教研机构。

值得注意的是，国际专家很少提到民间团体，他们更看重家庭的贡献。国际专家可能将中国的情况与其自己国家家庭层面的贡献做了对比。在德国，家庭层面的环境意识非常高，垃圾分类和循环利用都做得很好。

许多专家认为政府的作用、经济条件和生活水平是公民参与的重要限制因素。NGO 管理者对政府的批评要甚于其他专家组，认为政府的计划妨碍了公民的参与。在提到经济条件时，专家指出，中国经济水平的两极化和社会竞争的压力，使公民把更多的时间用在找工作和保住工作上。在气候变化问题上，有些专家也认为大多数公民缺少社会责任感，觉得这些问题与自己无关，不愿意改变他们现在的生活方式。

有趣的是，在被问及能否推动公民参与时，NGO 获得的分数最高。显然，专家们区分了推动公民环境意识和推动公民参与之间的不同。意识可以通过无所不在的政府来推动，但环保参与则要求 NGO 亲力亲为、付诸行动。不过政府的得分也不低，受访者也很看重地方政府的作用。

也有专家指出，科学家、专家、环境组织代表、企业界和政府需要联合起来，让公众知道成功的环境保护需要各方合作。社会主流的行动是成功的关键。如果各界能联合起来，一些地方层面的环境保护项目就能获得更大的关注，也可以动员更多的公众参与进来。

结　论

与德国不同，气候变化最初在中国并不是一个能引起很大争议的问题，而是位列经济增长、腐败、就业和社会福利之后。但是现在它已经借助污染问题进入政治性辩论议程中，因为环境污染已经在中国很多城市严重影响到了公民的日常生活。参加本次调查的专家都谈到气候变化意识在中国正在提高，但仍未达到最受关注的程度。

调查显示，中国媒体对气候变化问题的报道也在不断升温。社交媒体在传播气候变化的信息方面已经发挥了重要作用。传统媒体在这类问题上仍比较消极，但对与气候变化有关的问题（尤其是污染问题）的报道已经有了大幅度的提高。许多中国专家认为，了解气候变化或有过类似 NGO 工作经历的中国新闻记者数量太少。

对访谈结果的分析显示，政府的作用非常大，但并非唯一的因素。其他的如媒体、公民社会和志愿者以及学校等都很重要。气候变化比较抽象，这也是有碍公民意识提高的一个负面因素。

（崔玉军　编译）

原文信息

原题：Survey of Experts on Climate Change Awareness and Public Participation in China

作者：Berthold Kuhn，Yangyong Zhang

出处：*Journal of Current Chinese Affairs*，Vol. 43，No. 1，2014

中国的空气污染：为何关系重大

丹尼尔·K. 加德纳

美国国家亚洲研究局网站刊登史密斯学院教授丹尼尔·K. 加德纳的访谈文章，讨论了中国严重的空气污染对于中国自身、周边国家以及美国的影响。文章认为中国政府已经意识到空气污染问题的严重性，并已经着手积极应对，努力在治理污染和发展经济之间寻求平衡。

当邓小平在 20 世纪 70 年代末提出市场经济改革时，没有人料想到未来的 30 年将发生什么。自那以来，中国的经济以年均约 10% 的速度增长着。物质上的发展既令中国人引以为傲，也是中国共产党执政地位合法性的根基。但这种发展却有着沉重的代价：有毒害的空气。

中国的空气充斥着从发电厂、重工业、建筑工地和汽车排放出的污染物。吸入这样的空气，尤其是被称为颗粒物的物质，会对人类造成严重的健康威胁。空气污染带来的经济成本也是巨大的。有多项研究试图计算出中国空气污染成本在 GDP 中所占的比例，但得出的数据却大相径庭。这与研究人员所采用的不同的衡量标准相关。麻省理工学院和全球疾病负担研究项目（Global Burden of Disease Study）发现，空气污染会大幅度提高发病率和死亡率，进而导致医疗成本的升高和更多的缺勤天数（生产力的下降）。此外，空气污染还会带来资源减少（如酸雨造成的土壤酸化）并损毁建筑结构——很多人对空气中的化学成分可能对中国珍贵的历史遗迹所造成的影响忧心忡忡。空气污染的间接经济影响也需要考虑。例如，有害健康的空气成为上海自贸区吸引外企的"拦路虎";2013 年赴中国旅游的外国游客人数总体下降了 5%,去北京的游客则是下降了 10.3%。

中国并非唯一有空气质量问题的亚洲国家。根据世界卫生组织的数据,巴基斯坦、孟加拉和印度的 PM10 污染水平都要比中国严重。然而,中国的飞速发展以及燃料消耗量的激增使得其成为更加令世界担忧的国家。作为中国的近邻,日本与韩国的年均污染水平就低得多。如果将年均 PM10 污染水平作为衡量标准,美国的情况则要好很多。但同时我们也不能忽略这样的事实:尽管美国在净化空气方面高歌猛进,但这个国家仍是除中国外的第二大温室气体排放国,而其人均二氧化碳排放量将近中国的三倍。

随着越来越多的从中国燃煤发电厂排放的硫磺、汞、臭氧和颗粒物顺风飘越东海,日本与韩国越发频繁地表示担忧。两国的新闻媒体都曾报道,当有风从中国刮来时,当地 PM2.5 的水平随之升高。该地区本就因钓鱼岛等问题而剑拔弩张的国家关系——尤其是中、日、韩关系——可能因中国污染物的跨境传播而更加紧张。而乐观的观察家则将该问题视为可令三个国家开展合作的机遇,认为甚至可能缓解该地区的紧张态势。

21 世纪一项令人信服的研究表明,中国空气中的污染物可以最短在 4 天内到达美国西海岸。从中国飘到美国的污染物还相对较少,也许还不会对美国人的健康造成太大的影响。但如果中国的空气正如研究人员所言的确正飘向美国,并且中国对化石燃料的消耗正像多数能源专家所预期的那样不断增长,那么中国的污染对于美国人健康的影响就将逐渐升级。此外不应忘记的是,中国也是一个温室气体排放大国。中美两国二氧化碳排放总量占世界的 44%(中国占 29%,美国占 15%)。温室气体所导致的全球变暖对地球上所有人的健康都造成了影响。

从经济的角度来看,如果中国的确准备减少对煤炭的依赖,美国的煤炭公司就会面临出口需求的下降。在美国国内对煤炭的需求已开始减少的情况下,出口需求的下降对煤炭公司(及其投资者)来说不啻雪上加霜。

中国的空气污染还有一个不良影响：它令美国在改善环境和发展绿色经济方面变得懈怠。经常见诸美国媒体的展示中国噩梦般空气质量的图片，使得美国和该国大多数的民选官员对中国在应对环境污染和全球变暖方面所做的贡献视而不见，而理由十分牵强：对于中国制造的空气污染，美国或其他国家能做的弥补工作很少。这种立场，不仅是糟糕的政治政策和环境政策，也是糟糕且不负责任的经济政策。美国在开发清洁能源和相关技术上的人力和资金投入，其发展速度无法和中国相比。可以肯定的是，两国在环境保护方面开展越多的双边合作，就越能让世界在抗击空气污染和全球变暖方面获益。

对于中国严重的空气污染，美国当如何应对？这就更具体地引出一个富于挑战性的问题：奥巴马政府正致力于限制美国国内对煤炭的使用，那么他是否应同时限制甚至是阻止煤炭的出口（包括对中国）？要知道，美国向中国出口煤炭，而中国回报以温室气体——对美国和对全世界。

中国政府并不否认自己正面临着严重的污染问题。中共高层似乎就此持一致的态度，承认过去几十年造成沉重环境代价的无序的经济发展方式不能再维持下去，然而，他们也知道面临的挑战，即在不妨碍该国经济发展的前提下抑制环境的恶化。的确如此，因为化石燃料——尤其是煤炭，一直都是驱动经济发展的引擎。在过去十年里，中国平均每星期兴建两座新的燃煤发电厂；今天，中国的煤炭消耗量甚至略高于世界所有其他国家的消耗量之和。

中国现任政府正在走钢丝：一方面，令数百万人得以脱离贫困的经济繁荣一直都是共产党合法性的强大根基；另一方面，造就此种繁荣而导致的对空气、水和人民福祉的伤害，无疑正在人民中引发不满。

显然，中国共产党正努力在保持经济增长与保护环境之间寻求平衡。领导层正在采取严格措施减少碳排放，从限制严重污染地区的煤炭消耗，关停小型和效率低下的煤厂，到禁止在三大重要经济区（京津冀、长三角、珠三角）内建立新的燃煤发电场，乃至在北京、上海、深圳和广州试行碳交易。为了减少对煤炭的依赖，中国政府正在发展天然气、风能、太阳能、水力发电与核能。更重要的是，中国政府在努力提高能源利用的整体效率，以减少对能源的消耗。

在将相关措施付诸实施的时候，中国政府面临的真正挑战将来自地方。中央制定了新的环境政策与措施，但要将它们付诸实践却是地方官员的责任。现实的情况是，同保护环境相比，地方官员对发展经济的兴趣更大。部分原因是他们能凭经济增长的政绩获得赏识。显然，如果中国政府真下决心治理被污染的空气、水和土地，就必须重新考虑他们提拔和嘉奖官员的标准。相关的问题则是对环境政策与法规的执行。2008 年，中国国家环境保护局被升格为正部级的国家环境保护总局，人们希望这是国家将更加重视环境保护的标志。然而直至今日，环保主义者对于国家环保总局的效力感到些许失望。

制定政策与措施并不是成功的保证。但关键的一点是，中国政府感受到污染对空气质量、人民健康乃至其本身合法性所造成的危害，并对此做出了积极的回应。例如，中国国务院 2013 年 9 月公布了《大气污染防治行动计划》。无论它最终是否有效，都可以表明中国共产党应对污染问题的决心。

（陈源　编译）

原文信息

原题：China's Off-the-Chart Air Pollution：Why It Matters（and Not Only to the Chinese）

作者：Daniel K. Gardner

出处：http：//www. nbr. org/research/activity. aspx？id＝394；http：//www. nbr. org/research/activity. aspx？id＝397#. UvhoP3nEz_ A

中国城市空气治理政策措施成本估测

基斯·克兰　等

改善中国城市地区空气污染恶化局面需要采取哪些政策措施？成本如何？兰德公司环境、能源和经济发展部主任克兰等人所撰一篇《中国治理空气污染所选政策的成本》的研究报告提出了三项政策建议，并估测了各自成本，即用天然气取代煤炭供暖（320亿—520亿美元），用可再生能源及核能取代半数燃煤发电（1840亿美元，总费用为2150亿—2350亿美元），淘汰高污染老旧机动车（一次性，210亿—420亿美元）。去除燃煤所需的750亿美元之后，得出年度成本为1400亿—1600亿美元，不及每年因污染造成的损失（2012年为5350亿美元）的1/3。

中国城市空气污染基本情况及主要来源

中国快速发展的经济增长不但提高了收入，也造成了大规模的空气、水资源和土地污染。污染造成了巨大的损失，在过去的十年中接近GDP的10%。这一比率高出亚洲发达经济体如韩国和日本数倍之多。空气污染占去这些损失的主要部分，2000—2010年约为中国GDP的6.5%，水资源污染和土地退化分别占2.1%和1.1%。尽管污染程度有所下降，但随着中国人收入的提高，治污的成本也随之提高。尽管中央和地方政府为改善空气付出了巨大努力，空气质量也有所改善，但问题仍非常严重：中国所有主要城市地区的污染物含量均超过世界卫生组织（WHO）的推荐标准，只有少数几座城市的氧化氮符合标准，大多数城市超过 PM10 日平均限值 5 倍或更多。

如果不能将空气污染物减少到 WHO 推荐标准之下的话，人体健康将被严重损害。最近的一项研究发现，在中国，一年中每立方米空气总悬浮颗粒物（TSP）每增加 100 微克，人的平均预期寿命将减少 3 年。该研究还发现，在空气质量最差的华北地区人的平均预期寿命减少 5.5 年。此外，空气污染还造成了其他损失，包括耕地质量恶化及森林、植物、牲畜和野生动物的身体遭到损害。空气污染还能侵蚀楼房和其他建筑的外表。

根据 2012 年度《中国统计年鉴》，最近十年中，中国大部分城市的空气质量有所改善，2003 年以来，北京、重庆、广州和上海 4 个城市的年平均二氧化硫和氧化氮的浓度已经下降。尽管如此，空气总悬浮颗粒物、氧化氮和二氧化硫浓度依然超过 WHO 标准。中国采用年度平均污染物数值来测量污染水平并非测量空气质量的最佳方式——WHO 设定的标准为 24 小时和 8 小时。污染严重的天数则采取另外一种指标。

城市空气污染有三个主要来源，分别是冬季用燃煤取暖、燃煤电厂和老旧机动车。在中国的城市地区，家庭和小企业在制造总悬浮颗粒物方面的比重大小不一，视使用者的能源消耗情况而定。主要的问题是家庭和商业用煤、工业和家庭垃圾及木材和生物质发热排放大量的污染物。2011 年，家庭和商业用煤为 11400 百万吨，相当于中国当年煤炭消费的 3.2%，但其锅炉或火炉却没有安装污染控制设备。小企业和家庭对塑料、化工品等的处理方式是一烧了之。这些废弃物大多数没有充分燃烧，释放出大量有毒物质如多环芳香族碳氢化合物（PAH）。此外，城乡地区的农业活动也造成了高浓度的总悬浮颗粒物：秋收之后，农民们常常就地焚烧野草或秸秆等。

发电厂是氧化氮最大的来源，其次是水泥厂和冶金厂。煤炭是这些污染物的罪魁祸首。1990—2010 年中国的煤炭消费翻了两番，同期燃煤电厂排放的总悬浮颗粒物却下降了近 40%，原因是中国政府强制要求这些发电厂安装袋式除尘器以减少污染物排放量。然而，同期中国境内的二氧化硫排放量却增加了 31%，因此总悬浮颗粒物依然居高不下。

中国汽车的数量从 2004 年的 1740 万辆上升到 2011 年的 7480 万辆。2011 年以来每年增加 2000 万辆。同期卡车数量翻了一番，2011 年接近 1800 万辆。随着车辆的增加，机动车已日益成为城市空气的污染源，尤其是氧化氮和挥发性有机污染物（VOC）。大多数污染物来自没有安装污染控制设备的老旧机动车。

改善城市空气质量的三项政策建议

西方发达经济体在减少空气污染方面采取了多项措施，包括以下 5 个方面：（1）用天然气或丙烷替换家用或商业用煤；（2）在主要污染点源强制安装、使用污染控制设备；（3）关闭燃煤电厂，代之以采用诸如天然气、核能或可再生能源等清洁燃料的电厂；（4）强制新车安装污染控制设备，废弃缺少这种设备的旧车；（5）关闭那些临近人口高密度地区或不适合安装污染控制设备的工厂。这些措施取得了较好的效果。我们根据中国的情况，提出如下三项政策建议：（1）用天然气或丙烷代替家庭和商业采暖；（2）用可再生能源和核能源代替燃煤发电用的煤炭；（3）废弃缺少污染控制设备的老旧机动车。

三项政策建议的成本

如果要改善城市空气质量，使其污染物低于损害人体健康的水平，中国需要积极落实上述措施。但这要付出成本：天然气、核能源和可再生能源的价格高于煤炭，大规模地替换这些燃料将增加电力的成本，关闭或淘汰工厂和机动车要遭受经济损失。下面是上述三项政策措施可能成本的估测。

1. 用天然气或丙烷替换家用或商业用煤

如果中国想达到 WHO 空气质量标准，就必须停止城区家用和商业用煤，停止焚烧生物质和塑料垃圾等行为。在过去数十年中，许多国家发现必须用天然气替换煤炭供暖。20 世纪伦敦和布达佩斯强制规定用天然气或其他燃料来代替煤炭，以之作为减少空气污染的手段。天然气或丙烷不会产生颗粒物或二氧化硫，尽管它们的确会排放氧化氮和一氧化碳。如果用天然气替换煤炭，城市不再焚烧生物质和塑料及其他垃圾，那么城市颗粒物浓度和二氧化硫将大幅下降。

表 1 列出的是替换 2012 年煤炭供暖量所需等效天然气用量。根据美国能源信息管理局（EIA）的标准，设定每吨煤炭标准能含量为 27.8 百万英热单位（BTU），每千立方米天然气能含量为 36.1 百万英热单位。假设每英热单位天然气可替换每英热单位家庭和商用煤炭，这是一种保守性假设，因为新式天然气炉比煤炉的效果更好。

表 1 天然气替代煤炭取暖

用途	煤炭用量（百万吨标准煤当量）	等效变换值	等效天然气（10 亿立方米）
商业取暖	22.1	0.77	17
家庭取暖	92.1	0.77	70.8
合计	114.2		87.8

资料来源：《2013 年中国统计年鉴》表 8—5，美国能源信息管理局网页。

2011 年中国的煤炭总消费量相当于 36.1 亿吨标准煤，其中 1.14 亿吨（占上述总量的 3.2%）被用于家用和商用采暖。但如此一来，中国将需要额外购买 878 亿立方米天然气。这是一个庞大的数字，尤其是考虑到 2012 年中国天然气的消费量已经高达 1470 亿立方米的时候，这意味着实施该措施将须再购买超过 60% 的天然气。中国的计划是到 2015 年天然气供应（国内生产和进口）增加 480 亿立方米。这样中国就必须比此计划再多生产或进口 400 亿立方米天然气。

2. 安装污染控制装置并用清洁能源代替煤炭发电

所有国家都采用以轻污染燃料替代煤炭、在煤电厂加装污染控制装置相结合的方式减少二氧化硫等污染物浓度。在中国，半数煤炭被用来发电，因此煤电厂要为二氧化硫的排放量承担一半的责任。为了达到使其空气污染物降至 WHO 标准之内的目标，中国必须用轻污染燃料如天然气、核能、风能或太阳能发电的电厂来替换大量的煤电厂。大多数希望真正解决污染的国家都采用了这一战略。

2012 年，中国 79% 的电量（3.91 万亿度）来自矿石燃料燃烧发电，其中大部分来自煤电厂——在美国及大多数工业化国家，这一数字为 40%。如果中国想达到这一比率，意味着必须将其煤炭发电量再降低 39%（1.918 万亿度）。利用 2012 年的基数，这表明电力部门煤炭用量将从每年 18.24 亿吨降至 9.29 亿吨。如果煤电厂被废除的话，二氧化硫等污染物的排放量将下降 25%。2012 年中国的水力发电为 0.866 万亿度，占本年度发电总量的 17.4%。中国计划将水力发电能力从 2490 亿瓦特提高到 3250 亿瓦特，这将使水力发电量增加 0.264 万亿度，相当于 2012 年燃煤电厂 5.3% 的发电量。2012 年，中国风力发电量为 0.102 亿度。截至 2012 年，中国风电并网容量 610 亿瓦特，计划到 2015 年达到 1000 亿瓦特，这将增加 0.064 亿度电量，相当于 2012 年燃煤电厂发电量的 1.6%。太阳能发电仍微不足道，到 2012 年装机量仅为 30 亿瓦特，但中国政府计划到 2015 年将其扩大到 350 亿瓦特。

由于风能和太阳能发电易于受到外界（如风速、天气情况等）影响，因此我们凭概测法将风能或太阳能发电量在中国供应量的比重限制在 20% 以内，超过此阈值将带来输电网管理上的难度。如果中国想利用风能生产 0.996 万亿度电（2012 年中国用电的 20%），依照现在的发电能力，中国需要再增加 5400 亿瓦特的装机容量。这将接近当前风电和太阳能发电装机总量的 9 倍。

核电站也能代替燃煤电厂。如果水电和风电分别再增加 0.264 万亿和 0.894 万亿度电，就意味着核电发电量必须达到 0.758 万亿度电（2012 年中国电量的 15.2%），只有这样中国才能完成减少燃煤用量 39% 的目标。在 2012 年，中国的电力消费中有 2.0% 来自核电，如果 2012 年中国核电站利用能力达到 90% 的话（美国为 86%），那么中国核电装机容量需要再增加 840 亿瓦特，而当前的目标是到 2020 年时增加 580 亿瓦特。基于上述估算，表 2 显示出中国如何利用可再生能源和核能生产出原本由燃煤生产的 1.918 万亿度电。

表 2　替换燃煤生产的 1.918 万亿度电所需额外增加的核电、风电和水电量

燃料	新增装机量（十亿瓦特）	新增产量（万亿度）	相比 2012 年增量（百分比）
水电	76	0.264	31%
风电	540	0.894	890%
核电	84	0.758	769%
合计	700	1.916	

资料来源：作者依据《2013 年中国统计年鉴》等计算。

3. 在机动车上安装污染控制设备、淘汰老旧机动车

机动车是中国空气污染不断增长的来源，尤其是氧化氮的排放。中国已经采取了严格的措施，通过采用欧盟标准来降低机动车的空气污染。在中国出售的机动车大部分是由合资企业制造，这意味着制造商能获得外国生产商的污染控制技术，不存在技术壁垒问题。中国制造的所有机动车在设计上都能满足欧盟的排放标准。但只有在机动车燃油符合规定标准的前提下，这些技术才能有效发挥作用。

只有高污染机动车被淘汰之后，才能大幅度减少污染物排放。为此，中国需要废弃所有那些没有安装或仅有基本污染控制设备的机动车。2012 年这样的机动车有 1450 万辆。政府已经承诺到 2015 年淘汰其中的 50 万辆，剩余的到 2017 年全部淘汰。

减少空气污染的政策成本核算及净收益

中国因为空气污染造成的损失达到其 GDP 的 6.5%，而 2012 年

其 GDP 为 8277 万亿美元（我们大部分分析也是基于这一年的数据），这意味着将中国的空气污染降至 WHO 的标准将每年付出 5350 亿美元。随着收入的提高和中国城市化水平的不断提高，这一数字还要更高。尽管我们提出的政策建议不一定能达到 WHO 的标准，但可能大大改善中国的空气质量。停止燃煤发电以及城市地区家用和商业用煤尤其有效。

采用上述措施将大幅度减少中国的煤炭消费。把 2012 年的家用和商业用煤及用于发电的煤炭替换掉，意味着煤炭用量将减少 10.09 亿吨，这是中国当年煤炭消费的 27%。从边际成本估计（比如，进口煤炭的成本，2012 年为每吨 74 美元），用量下降将在当年煤炭方面的开支减少 750 亿美元。以下我们对上面讨论的三个政策措施的成本进行大致的估算。

1. 用天然气或丙烷替换家庭和商业用煤

2011 年，用于家庭和商业供暖的煤炭为 1.14 亿吨，为此，中国需要 880 亿立方米天然气或丙烷。2012 年，中国天然气平均价格为 360 美元/立方米，由于东亚地区对液化气需求增长，2013 年天然气的价格上涨至 587 美元/立方米。

2. 用可再生燃料和核能代替煤炭用于发电

电力成本因素依据资源的不同而有所不同。比如说，风电成本由安装风力发电机的资本成本决定，天然气发电厂的电力成本则以天然气的成本为主，核电成本依其建筑成本而定。

为了估计用上面讨论过的三种资源（水电、风能和核能）替代燃煤电厂的煤炭的成本，我们采用的是每种电力的平准化成本（levelized cost），即电厂寿命周期内发电总量与发电设备的建筑成本之比。

假定水电可承担 0.264 万亿度燃煤电厂的发电量，风能为 0.895 万亿度，核能为 0.758 万亿度。美国能源信息管理局估计在 2012 年水电成本为 90.30 美元/千度，风能和核能电价分别为 86.60 美元/千度和 108.40 美元/千度。因此 2012 年上述三种电力的成本分别为 238 亿美元、775 亿美元和 822 亿美元。

3. 废除老旧机动车

2012 年中国有 1450 万辆没安装污染控制设备的机动车即"黄标车"，中国政府已经决定在 2015 年淘汰其中的 50 万辆，其余的在 2017 年全部淘汰。依据现有的价格，淘汰现有的黄标车的成本在 210 亿美元到 420 亿美元。与用天然气替换煤炭不同，淘汰黄标车的成本是一次性的。

4. 净收益

表 3 和表 4 所显示的，用天然气取代煤炭的供暖成本在 316800 亿美元到 516560 亿美元。用可再生能源和核能源取代半数燃煤电厂的成本为 1830 亿美元——总成本则在 2150 亿美元到 2350 亿美元。除去由此省去的煤炭的总支出（750 亿美元），年度成本可在 1400 亿美元到 1600 亿美元。

表 3　　减少空气污染政策措施的年度成本（以 2012 年为基础）

政策措施	数量	价格（美元）	总成本（亿美元）
用天然气替代煤炭供暖			
均价	880 亿立方米	360/立方米	316800
最高价	880 亿立方米	587/立方米	516560
用其他能源替代煤炭发电			
水电	0.26 万亿度	90.3/千度	235
风电	0.89 万亿度	86.6/千度	771
核电	0.76 万亿度	108.4/千度	824
合计			1830
总计			
最低（天然气价格最低时）		2150	
最高（天然气价格最高时）		2350	
煤炭用量减少	10.09 亿吨	74/吨	747
年度直接总成本			
最低			1400
最高			1600

资料来源：作者计算。

表4 废除老旧机动车辆一次性成本

废除老旧机动车	数量	价格（美元）	总成本（亿美元）
假定所有老旧机动车为小客车	1450 万	1430	207
假定所有老旧机动车为卡车	1450 万	2860	415

资料来源：作者依据《2013 年中国统计年鉴》等计算。

　　这些措施可大幅改善城市的空气质量。颗粒物的浓度、二氧化硫和氧化氮将至少减少 1/4 甚至更多，空气污染的年度成本将得到实质上的减少。其净经济收益可能非常大，其中前两项措施的年度成本不及空气污染造成的损失的 1/3——在 2012 年这一损失为 5350 亿美元（占 GDP 的 6.5%）。

（崔玉军　编译）

原文信息

原题：Costs of Selected Policies to Address Air Pollution in China

作者：Keith Crane & Zhimin Mao

出处：http：//www.rand.org/pubs/research_ reports/RR861.html

中非关系中的环境维度

哈里·埃斯特许斯　梅里尔·伯吉斯

　　南非斯坦陵布什大学中国研究中心主办的杂志《非洲东亚事务》(*African East-Asian Affairs*) 2014 年第 1 期发表该中心分析研究员哈里·埃斯特许斯 (Harrie Esterhuyse) 和梅里尔·伯吉斯 (Meryl Burgess) 的文章,阐述中非关系中的环境要素。作者指出,人类活动一直并正在影响全球气候系统,人口压力和污染减少了物种栖息地,导致生物多样性以前所未有的速度流失。鉴于这一"有限性"("limits")的现实,可持续发展的理念越来越重要。环境研究、保护、创新和可持续发展是中非关系中包含诸多间接影响的领域,超越政府规划的预期。在全球化的世界,保护和创新应该成为研究的课题,并应纳入国际议程,包括中国和非洲之间的互动。

　　20 世纪 90 年代初,全球环境压力开始进入主流公共意识,然而,这一事实似乎并未影响中国的发展模式,其经济的增长仍然带来了严重的环境破坏。鉴于成本加大(人们的健康成本),能源效率降低(生产成本增高并因此丧失竞争力),以及公共压力,近年来中央政府开始给予可持续发展和绿色经济更多的关注。根据世界银行 2007 年的研究,中国空气和水污染导致的卫生成本大约占其 GDP 的 4.3%,加之污染造成的其他影响,空气和水污染导致的总成本约为其 GDP 的 5.8%。因此,在中国大约 7% 的年度经济增长中,留给实际增长的空间非常少。这也是中国向高附加值出口导向经济转型的部分原因。而在这一过程中,中国有可能开始向其他的发展中地区

（包括非洲）转移其污染企业和行业。

中国将自己定位为一个负责任的大国，基于此，政府一直要求（不具法律约束力）投资境外的中国公司制定环境保护标准。此外，中国被批评为世界最大的温室气体排放国。就此，中国与发展中国家一道，抱怨事实上正是工业化国家造成了气候变化，作为一个发展中国家，它不能对其发展赋予过于沉重的环境禁锢。就这一论点而言，中国和非洲一直休戚与共，要求"工业化的西方"承担与气候变化抗争的主要成本。然而，有限的世界意味着无论哪个国家都不能再继续制造污染。北美和欧洲以极大的环境成本取得了发展。今天，发展中国家不能延续相同的发展方式，因为地球已经难以承受人类活动的影响。资源有限的世界需要保护和创新，保护的目的在于使有限的自然资源可持续；创新则包括开发新的、清洁的技术，采取新的行为方式，以及改变对发展问题的思考模式。

保护：关注生物多样性

世界生物多样性的消耗和灭绝与日俱增，已经成为一个严重的问题。这个问题在中非环境研究领域也变得格外重要，因为其中的多个方面对于中非关系有着重大影响。

挑战涉及全球不断增长的非法野生动植物贸易，诸如象牙和犀牛角产品；以及木制产品导致的对诸如水和森林这些自然资源的消耗。除了挑战当然也存在机会，例如对动植物保护区的需求，中国和非洲国家可以共同分享各自的经验和教训。

由于近几十年中国经济和人口的快速增长，对自然资源和动植物自然栖息地的压力一直很大，其生物多样性一直受到侵蚀和威胁。与中国类似，非洲也是生物多样性最为丰富的地区之一，但很多国家也同样受到自然和人类活动因素的威胁。为了应对这一局面，近年来诸如自然保护区、植物园、景观地貌、历史地区和国家公园建设得越来越多。虽然非洲人口稀少，但非洲国家在保护方面的经验值得学习。中非合作中应该包括自然保护区方面的内容。保护区需作为一个网络，而不是孤立地维持，因此，许多非洲国家都可以提供这方面的经验和教训，包括一些跨国界的范例。

中非环境研究中另一个重要的议题领域是非法野生动物贸易的情况，特别是偷猎犀牛。在南非，2013 年有 1000 多头犀牛的偷猎记录，在非洲和亚洲的一些地区，某些犀牛品种濒临灭绝。犀角主要供应亚洲市场，特别是越南、中国和泰国。随着东亚财富的增加，犀牛角的需求也在增长，非法野生动物贸易已经成为严重的犯罪行业，其产品价值数百万美元。很明显，与这一非法贸易的斗争是非洲和亚洲国家合作的一个重要领域。

创新：可再生能源引导新的发展路径

中国对建立可再生能源产业的投入极大。中国推动绿色技术的最初动机是回应其经济需求的变化，一定程度上是在更高层次的价值链上重新定位其经济发展模式的尝试。由于利用高端技术，需要技术工人，并且有掌握一项技术的潜力，因此，可再生能源具有经济效益，有可能是未来最为重要的能源资源。富于进取心的政府对这一产业（风能、太阳能和水力）的支持，已经使中国在可再生能源的开发、生产和销售中占据世界领导地位。由于担忧中国倾销，欧盟强力推行诸多限制措施，造成市场冷清，因而其他地区，如非洲的发展中市场变得越来越重要。许多非洲国家正在经历严重的能源短缺，即使是非洲一些最大的经济体，诸如尼日利亚和南非，也都饱受能源不足的困扰〔例如南非国家电力公司（Eskom）采用分区停电的方式来限制工业用电〕，这的确为中国和不同的非洲国家开展合作提供了高回报的机遇。

至 2050 年，世界能源生产的 75% 有望是可再生能源，这意味着将出现一个非常巨大的市场。可再生能源既刺激经济增长，又为国家提供能源。一个国家能源构成中可再生能源的比例越高，降低能源产品成本的可能性就越大，其经济竞争力也会随之增强。因此，绿色经济不仅仅是听起来很美，而且具有经济意义。

非洲对能源的需求非常大，而目前非洲的总发电量仅仅为每年 600 太瓦时（TWh）。相比之下，非洲的风能潜能大约为每年 6000 太瓦时，太阳能的潜能超过 170000 太瓦时（2011）。非洲 80% 以上的能源生产依靠煤、天然气以及石油（2014），这使非洲国家易受国际市场化石燃料价格波动的影响。此外，由于成本增加，非洲的传统能源基础设施网络也很难扩展。非洲 60% 的人口仍然生活在农村地区，而且由于这些地区人口密度相对较低，因此在这些地区发展电网的成本效率也较低。相比之下，可再生能源无须接入电网即可安装，诸如太阳能这样的能源几乎是安装之后即可受益。因此，对中国和非洲来说，这是一个开展合作的契机，可再生能源领域的合作具有无限潜力。

（刘霓 编译）

原文信息

原题：Engaging the Environment in the Relationship between China and Africa

作者：Harrie Esterhuyse & Meryl Burgess

出处：http://aeaa.journals.ac.za/pub/article/view/122

东北亚资源安全战略及亚洲国际资源政治

杰弗瑞·威尔逊

澳大利亚默多克大学政治与国际研究讲师杰弗瑞·威尔逊（Jeffrey D. Wilson）在 2014 年第 1 期《亚洲研究评论》上发表文章，指出近年来资源安全成为亚洲各国政府的主要问题。究其原因，就在于过去十年间发展中国家快速上升的增长需求，以及矿石和能源国际价格的上涨，这对众多的消费国家而言构成了资源安全挑战，尤其是对那些国内资源储备稀缺的国家而言。

对于亚洲的资源政治，学界与官方的注意力都集中在了中国的资源安全措施上，却忽略了当代亚洲国际资源政治的变化——该区域内另外两大依赖能源进口的消费国韩国和日本也于同时期发布了资源安全战略。一场资源危机正在兴起，东北亚几大政府竞相推出竞争政策，资源重商主义正在蔓延。这预示着亚洲资源合作前景的暗淡，极有可能引发资源竞赛并强化该区域内国与国之间的竞争与敌对关系。

国家资源安全政策

在经济全球化时代，对许多国家而言，确保自然资源供应的压力正日益增长。自然资源依赖进口无疑令许多国家产生了高度的不安全感，各国政府纷纷出台资源安全战略以降低风险。根据是否引入国家或市场机制，这些战略被分为重商主义与自由主义资源安全战略。

重商主义资源安全战略依靠的是国家主导的策略来处理进口资源的风险。这一策略含有在特权基础上确保外国资源供应国准入的政府政策，其目的在于通过国有企业在生产现场开发项目来确保对资源供应的控制，其典型要素则包括："股权资源"——政府偏向于从受国有企业控制或国企所有的供应商处进口资源；经济政策——为获取外国资源项目而向国有企业提供金融及监管援助；"资源外交"——用以增进同重要资源供应国之间的双边联系，以改善投资环境。

重商主义资源战略的竞争性，会蔓延至其他国家并最终导致他国出台类似政策，并破坏国际市场的有效运作，使世界资源供应沦为封闭的、受单个国家控制的一个个网络。如果国家采取地缘政治竞争以封锁资源供应，该战略还有可能导致资源问题的军事化。

与之相对照的是自由主义资源安全战略，由市场导向，消费国政府依靠国际市场来处理其资源安全问题。上述的情况都是理想状态下的资源安全战略，现实中，一国的资源安全政策往往是二者的结合。

中国的崛起引发了对亚洲资源安全战略担忧的讨论。随着中国步入工业化密集阶段，其资源需求猛增，又因其国内相对贫乏的矿产与能源储备，中国成为世界上增长最快的资源进口国，极大促成了始自 2005 年的全球资源热潮，也对所有依赖进口的国家构成了资源安全威胁。以宾夕法尼亚大学国际关系学院的莱弗里特（Flynt Leverett）教授，德国联邦外交部高级战略分析专家、外交政策规划成员克莱福特（Heinrich Kreft）以及美国普林斯顿大学政治及国际关系教授弗里德伯格（Aaron Friedberg）等为代表的学者认为中国的"走出去"战略在本质上是重商主义的；而布鲁金斯学会的艾丽卡·唐斯（Erica Downs）和美国乔治城大学的国际商业与金融教授莫兰（Theodore Moran）等学者则对中国的资源安全战略做出了自由主义阐释。

鉴于中国日益增长的经济与政治重要性，对中国资源安全战略的关注是可以理解的，但中国绝不是亚洲资源政治中的唯一重要选手：该区域内的另外两大依赖进口的消费大国韩国与日本近来刚刚发布了新的资源安全战略。与中国类似，这两个国家的战略同样要求其国有企业投资于以安全为导向的海外资源项目。

资源危机与东北亚资源安全战略

推动亚洲政府采取新的资源安全战略的最主要因素是全球资源热潮——站在消费国家的角度来看，是始于 21 世纪头十年中期的资源危机。随着一批发展中国家的经济快速增长，世界对矿石与能源的需求急剧上涨，而资源投资因其投产准备阶段过长（5—10 年），全球资源供应与需求脱节。

作为亚洲最主要的资源消费国，日本、韩国与中国，仅 2011 年一年，其进口资源便占到了世界进口总额的 1/4、亚洲的 3/4。为应对危机，中、日、韩三国政府分别于 2003 年、2006 年和 2004 年发布了新的资源安全战略，每个国家的战略都包含了需求与供应两方面的政策措施，以应对飞涨的国际资源价格。需求方面的措施主要针对国内，通过工业政策提升能源效率以及通过养护措施降低消耗。在供应方面，三国国内储备的缺乏决定了其着力点主要集中在国际方面，即对外寻求促进国有企业对海外国家新资源项目的投资。三国都对外宣称其资源安全战略是为了应对不断飙升的国际资源价格与日益激烈的国际资源供应竞争。

东北亚三国的战略在本质上多为重商主义，极为相似，均由三大不同但相互关联的要素组成：对外国投资的政府金融资助、资源外交举措以及资源相关的自由贸易协定。

对外国资源投资的金融资助

金融资助政策是指政府以优惠的条件向其公司提供贷款融资，

以达到在海外建立受国家控制的资源项目的目的。政府的金融资助政策起到了投资补贴的作用，为国有资源消耗公司与其国际同行在竞争矿产与能源投资时提供了优势。中国政府是在最近一次资源危机中最早采取金融资助政策的国家。2004 年，中国国家开发银行与中国进出口银行调整资本结构，并在政府的指导下向获取海外资源项目的中国企业提供了贴现贷款。2006 年，日本与韩国政府同时宣布了相同的金融资助政策，要求国内金融机构向其在海外有资源项目投资的国有企业提供贴现贷款。这些政府补助投资帮助东北亚公司在海外建立起了新的资源项目。仅油、气领域，韩国公司便启动了 12 个海外项目，日本为 19 个，中国则为 42 个。

资源外交举措

资源外交举措是对金融资助手段的补充。资源丰富的国家多欢迎外国投资，因此，当前在多个国家兴起了一股民族主义资源政策制度。这种政策会破坏资源公司在关键市场的投资能力，并被日、韩政府视为对其国家资源安全的主要风险。

2003 年，中国首先启动了正式的资源外交计划，旨在提升同重要供应国的双边关系以赢取对中国投资的支持。自此，中国便将目光瞄准了双边资源外交举措，并签署了众多正式的双边及多边资源协议。

近年来，日韩两国政府也启动了类似的项目，这两国早在 20 世纪 70 年代的资源热潮中就采取过相同战略。但与中国不同的是，日韩两国政府采取的是"首脑外交政策"，即组织政府首脑或是资源部长间的高层会晤。仅 2007—2010 年，日本政府就举办了 43 场同资源供应国的政府间会晤，韩国政府则举办了 35 场。

与资源相关的自由贸易协定

与资源相关的自由贸易协定谈判比资源外交更正式，其寻求的是官方的、并在法律上锁定供应国政府的政策承诺。它可包括对消费国公司的监管保护，如投资保护与贸易政策特许权。

2004 年，日本首先发布了全新的自由贸易协定战略，优先考虑与"有助于资源稳定进口"的伙伴国进行谈判，随后又于 2006 年正式宣布自由贸易协定是其资源安全战略的核心组成部分。韩国则在 2007 年将资源安全目标纳入其自由贸易协定战略。自 2004 年起日本着手同 9 个主要的资源供应国开展自由贸易协定对话，而韩国则同 6 个国家发起了对话，两国政府都将资源政策条款作为了谈判的重中之重。到目前为止，中国还没有发布相关战略，但分析其近期举措，中国也将采取类似的战略——自 2004 年起，中国已经开始同 6 个资源供应国展开相关对话。东北亚三国签订的 57 项自由贸易协定中，与资源供应国的协定占到将近一半。

结论与影响

首先，东北亚三国的资源安全战略的特点是重商主义，而非自由主义。三国政府都支持其国有企业掌握资源项目来为本国提供一定程度的资源安全；其战略的不同要素——金融资助政策、资源外交举措以及自由贸易协定等都明显是由国家主导的。

其次，重商主义已经成为区域性现象。虽然学界及政界的注意力主要集中在中国，但实际上对该区域内的主要资源消费国而言，重商主义很普遍。中国采取的手段与日韩相比略有不同，更咄咄逼人。

重商主义资源安全战略在亚洲的蔓延原因有二：一是资源安全忧虑，二是竞相出台的竞争性政策。这样一种竞赛为整个亚洲地区的资源政治带来了两败俱伤的影响。受单个国家控制的资源项目为区域资源市场带来了风险，恐将之分为单独的、受不同国家控制的供应链。一旦成真，会使得资源市场更加不透明、缺乏效率。此外，这些竞争性策略还将动摇区域内的国际关系模式，让本就紧张的亚洲安全局势雪上加霜。无论是中国东海还是南中国海的领土争议，都将因此进一步被激发。目前尚没有实质性的证据表明东北亚各国政府的资源安全战略会放弃重商主义轨道策略。

（杨莉　编译）

原文信息

原题：Northeast Asian Resource Security Strategies and International Resource Politics in Asia

作者：Jeffrey D. Wilson

出处：*Asian Studies Review*，Vol. 38，No. 1，2014

《中美气候变化联合声明》的国际反响

费利克斯·普雷斯顿　沙恩·汤姆林森　易　明
蒂姆·布尔斯玛

2014 年 11 月，亚太经济合作组织峰会在京召开，会上，中美两国签署了《中美气候变化联合声明》。国际社会普遍认为该《联合声明》的达成意义非凡。英国皇家国际事务研究所（Chatham House）的费利克斯·普雷斯顿和沙恩·汤姆林森，美国的环境专家易明，以及布鲁金斯的蒂姆·布尔斯玛很快就在其各自所属的智库官网发表了评论文章，肯定了此次会议对气候变化问题的积极意义。

英国皇家国际事务研究所的费利克斯·普雷斯顿与沙恩·汤姆林森认为，《中美气候联合声明》的签署开启了气候外交的新纪元。二人指出，2014 年 12 月初，国际气候谈判将在利马举行，届时各国首脑将提交他们在 2015 年第一季度为改善气候变化所要做出的贡献计划，而《中美气候变化联合声明》发表的时机无疑将为此次谈判注入动力。其他国家，特别是发达国家和新兴经济体，如澳大利亚、加拿大、日本、印度、巴西和南非将根据美中声明重新调整各自的计划。

在《联合声明》中，中国计划于 2030 年左右达到二氧化碳排放峰值，并在 2030 年将非化石能源占一次能源消费比重提高到 20% 左右。这是中国第一次为排放峰值设定日期，它是中国与美国共同做出承诺的标志。普雷斯顿与汤姆林森认为，中国在这一问题上开始行动并显示出领导能力，从而赢得了国际社会的信任。

但二位专家同时也点出，两国的公告在实质上还未达到科学家们所论及的高度，即需要避免气候变化的危险。美国在 2025 年实现 26%—28% 的减排目标要低于其在 2009 年哥本哈根峰会时通过立法设定的目标，该目标意在 2025 年实现 30% 的减排。考虑到这一点，政府间气候变化专门委员会规划的努力推动实现全球变暖不超过 3.7—4.8 摄氏度的目标，要远高于各国政府一致致力于实现的 2 摄氏度目标。而中国到底要何种程度的承诺尚不明朗——中国到目前为止还没有宣布二氧化碳的峰值排放量，且在时间上也存在一定的灵活性。

二人最后指出，虽然《联合声明》是一个巨大的进步，但还有许多工作要做，且各方都需为此努力。《联合声明》中涉及的诸多实际合作领域将有助于实现更高的抱负，最近的一项内容即在 2015 年 4 月启动相关低碳商品的双边贸易谈判。这一贸易将有助于扩大绿色技术的全球市场，避免破坏性的贸易争端。绿色贸易协议还将进一步推进 2015 年年末巴黎峰会前的中美合作。

而布鲁金斯学会的布尔斯玛则进一步肯定了中国政府为气候变化问题所做出的努力，他指出，中国计划到 2030 年将非化石能源消费提高到一次能源的 20% 左右，这意味着中国需要配备 8000 亿到 10000 亿瓦特的核能、水电、太阳能或风能。从本质上讲，中国需要在如此短暂的时间内开展相当规模的行动。从宏观层面上看，世界温室气体两大排放国用实际行动向世人证明，它们愿意在这个问题上开展合作。

而易明则从自由国际秩序的角度评论了中、美两国的这一举动。易明指出，亚太经济合作组织峰会上美国大获全胜，但胜利的原因却不是人们津津乐道的《联合声明》本身，而是奥巴马加强了北京对自由国际秩序的承诺。此次 APEC 会议上习、奥二人会晤的真正意义在于北京重新置身于美国的博弈规则之下。双方达成的一整套协议——延长签证期限、制定西太平洋区域航道与空中遭遇规则、降低甚至减免多达 200 余种信息技术产品的关税，以及承诺在气候变化问题上做出更多贡献——无疑都是美国的大胜。虽然对中国而言，这也是一场胜利，但这场胜利使中国更深地陷入了美国拥护的国际安全、贸易及环境体制。

　　易明进一步指出，在习近平就任的过去两年，中国追求的是另一种世界秩序，对于违抗既有规则，中国展现出越来越大的兴趣：在南中国海与中国东海领域强调海上领土主张、提议建立亚洲基础设施投资银行同世界银行与亚洲发展银行展开竞争、提出新的亚洲区域安全架构将美国排除在外、倡议亚太自由贸易协定（FPFTA）以抗衡跨太平洋伙伴关系（TPP）。易明认为，APEC 峰会上，中国没有在战略上做出改变，但却做出了战术调整。事实上，习近平没有放弃其建立竞争性国际制度的努力。因此，美中关系将会继续充满挑战，双方仍将为各自愿景中的全球秩序展开相互竞争。

（刘霓　崔玉军　杨莉　编译）

原文信息

原题：US and China Launch a New Era of Climate Diplomacy

Notwithstanding Significant Uncertainties, the U. S. - China Joint Announcement on Climate Change Is a Big Deal

Obama's Big China Win at APEC: Not What You Think

作者：Felix Preston, Shane Tomlinson, Elizabeth Economy, Tim Boersma

出处：http：//www. chathamhouse. org/expert/comment/16249；

http：//www. brookings. edu/blogs/planetpolicy/posts/2014/11/13 - uschina-joint-announcement-on-climate-change-boersma

http：//blogs. cfr. org/asia/2014/11/13/obamas - big - china - win - atapec - not - what - you - think/

加强欧盟与中国在资源治理与低碳发展上的承诺

李永怡 等

　　2015 年 6 月，英国皇家国际事务研究所（Chatham House）发布了一份《加强欧盟与中国在资源治理与低碳发展上的承诺》的研究报告。报告指出，过去十年，随着国际安全问题、技术进步和相关科技的发展，公众对能源和气候变化问题的关注也不断发生变化。减少对碳和能源进口的依赖是中欧共同面临的问题。中欧这两大经济体如能合作建立共同机制应对这些问题将对整个世界产生重大影响。推动应对气候变化有许多工作要做，在能源和环境安全问题方面也有许多教训需要吸取。运转良好的国际资源市场仍将是中欧未来发展与繁荣的前提。

　　在推进气候变化政策方面，存在四大制约条件。
　　首先，是对贸易与竞争力的担忧。许多国家都把传统的制造业及现有的工业政策摆在了其摆脱经济衰退计划的核心位置。随着经济下行并导致政策的内向性，经济合作的前景变差。欧盟与中国合作的障碍因为一系列涉及中国贸易与投资规则的争端及紧张态势而有所加强，中国不平等的知识产权保护也阻碍了双方的合作。出口限制、地方成分要求（local-content requirements）及中国公司的优惠待遇都是阻碍双边合作的争议性问题。
　　同样不利于欧盟与中国合作的因素还有欧盟变化中的经济环境。2008 年后的经济下行大大凸显了欧盟对竞争力的担忧。这些担忧再加上长期存在的欧洲人对中国人权记录所持的保留意见恶化了欧洲公众对中国的看法。发达国家与发展中国家处理气候变化问题的责任分配问题也破坏了欧中合作前景，在大部分欧盟国家财政紧缩、增长滞缓的时候，让政客给发展中国家提供协助十分困难。

其次，是低碳负担能力。"低碳转型可以负担得起"这一观念还没有广为接受，尤其是在一些经济紧缩的国家。在大部分经济紧缩的国家中，支持低碳技术的直接成本相比降低化石燃料依赖能够产生更大的政治影响。政治讨论的速度也没能跟上许多低碳技术成本下降的速度。事实上，在一些关键领域的成本急剧下降后——尤其是可再生能源、高效照明与智能技术——近年来，低碳选择越来越具有竞争性，而成本降低的速度也远快于前些年的预测。

再次，是化石燃料，尤其是更为清洁的天然气带来的制约。受到高碳能源的制约是中国与欧盟设立更高的气候行动目标的关键障碍。中国的能源约有 80% 是由燃煤产生的，正是考虑到这一比例，中国才试图将其能源消耗从这一燃料上转移开。但行业分析表明，中国的煤炭需求可能会在 2014 年及 2016 年达到峰值。欧盟除了在可再生能源方面的投资创下纪录外，也在努力逐步淘汰其电力部门中的煤炭使用。

在应对气候变化的政策制定方面，天然气是把双刃剑。一方面，天然气产生的二氧化碳排放大约为煤炭的 1/2，其所产生的危险颗粒污染也要低得多。同一些可再生能源及核能相比，天然气也相对便宜很多，可以作为"桥接燃料"发挥重要的作用。另一方面，有人害怕"天然气黄金时代"的前景可能会抑制对可再生能源的投资。实际上，尽管更多使用天然气能够达成短期排放目标，天然气也能在电力部门发挥重要作用很多年，但到 21 世纪 20 年代，各主要经济体电力部门仍将需要快速去碳化。这样一来，对于那些进一步大范围替换为天然气的国家而言，其资产闲置的可能性提高，重新爆发的对天然气的追捧可能会导致更高的成本。

最后，是城市化的可持续性问题。城市化与经济增长和能源消费之间存在着强关联。中国的城市人口从 2005 年的 40.4% 上升到了 2012 年的 52.3%，预计到 2030 年将达到 70%。城市基础设施一旦建成，就会"固定"对化石燃料的使用，建立起排放路径，并很难再改变能源消费模式。中国的城市化比率对改善生活标准、实现短期气候目标并避免由城市发展速度与规模引起的碳锁定提出了前所未有的挑战。

不同的能源消费驱动了城市能源需求，提出了复杂的短期与长期挑战。居住生活，主要是商品、食品、采暖、供电等能源消费占据了约 4/5 的城市能源消费。居民楼建设中的能源使用则是下一项能源消费大头，其次是商业建筑与基础设施的建设。建设基础设施所需的能源会造成短期内的能源需求高峰，建筑中的能源消费占到了世界终端能源消费总量的 40%。交通一般是城市能源中最大的使用者，也是温室气体排放与长期局部污染的主要原因。城市产生的资源消费与浪费也越来越多，这使得更大范围内的资源不安全状况恶化。大面积的居住及基础设施建设增加了对金属与矿石的需求。此外，城市化还加剧了对水资源及农用土地的压力，资源浪费预计也会相应增加。气候变化与社会经济不平等问题将成为催化剂，而贫穷的城市将会受到水短缺、空气污染及其他环境挑战的严重打击。量化城市规划与弹性基础设施，尤其是规划错误造成的代价，对于克服短视的政策并为可持续的低碳城市化放开金融政策都是最基本的。

报告最后还给出了关于中欧资源与可持续性议程的政策推荐。

（杨莉　黄姗　编译）

原文信息

原题：Enhancing Engagement between China and the EU on Resource Governance and Low-Carbon Development

作者：Bernice Lee，Nicky Mabey，Felix Preston，Antony Froggatt and Sian Bradley

出处：https：//www.chathamhouse.org/sites/files/chathamhouse/field/field_ document/20150623EnhancingEngagementChinaEULeeMabeyPrestonFroggattBradley.pdf

九

中国崛起与世界秩序的变革

西方崛起的东方根源及亚洲的"回归"

约翰·霍布森

英国学者约翰·霍布森所著的《西方文明的东方起源》（*Eastern Origins of Western Civilization*）曾在学术界引起较大反响，该书通过比较社会学和历史社会学的进路重绘了世界历史版图，追溯了东方文明对西方文明（所谓的当今主流文明）的重大贡献，以此挑战了传统的欧洲中心论的世界史观。《东亚》季刊（*East Asia*）近期刊登霍布森的《西方崛起的东方根源及亚洲的"回归"》一文，再次谈及这一话题，他指出，西方学术界如今对中国（以及印度）的关注其实是一种历史回潮现象。

在国际关系及其相关学科中存在着一种欧洲主义式的老生常谈：无论是在过去还是今日的世界历史中，亚洲的地位低于欧洲与西方。西方通常被认为是 500 年来国际体系和经济发展的主要推动力，而东方则被贬斥为西方活动的被动接受者。随着今日西方学界对亚洲整体——尤其是中国的"崛起"——的兴趣急剧升温，重新衡量欧洲中心主义观念的时机似乎已经到来。

亚洲的重要国家在 15 世纪中后期出现的全球经济萌芽方面发挥着关键性作用，中国则是其中的主要经济体。大约在 1850 年以后，中国和印度的经济实力在欧洲面前开始黯然失色，而且西方显然在随后主导了世界。然而，自 1978 年以来到 21 世纪初，中国的发展也经历了这一过程，并成了世界的头条新闻。我们确实是到了最近才发现中国的国家收入已经令美国黯然失色（如果根据购买力平价来衡量的话）。

　　然而，尽管许多西方学者认为中国的崛起应上溯到 1978 年——将 1978 年视为零纪元——我却认为应该往前推几乎 1000 年，亦即 960 年，宋朝兴起的时候。到了 11 世纪末，中国已是世界上的主要经济体，而大约在 1450 年之后，则在全球经济萌芽中扮演了关键性角色。这一中心地位一直持续到 1830 年，而在之后的 150 余年时间中无疑屈居于西方之下。因此今天的中国并非"崛起"，而是"重回"全球经济的中心。

欧洲中心的"大变革"论对欧洲和中国的概念化叙事

　　亚洲和欧洲通常被置于关于全球化/世界历史和全球政治经济/世界政治的欧洲中心大变革理论中，其由两个步骤的叙事组成。大变革理论叙事的第一步认为，至 16 世纪或在 16 世纪期间，欧洲完全出于自己的原因攀上了世界物质权力等级的顶峰。因此，人们认为西方是自力更生的文明：欧洲内部已经包含了崛起的种子，它拥有所有必要的社会活力/创造力，尤其是理性化的制度和文化，以至于它能"自我生产"。

　　对许多（尽管不是全部）欧洲中心论来说同样关键的是，它们并不认为东方也有着此种发展历程。东方被构建为相对于西方次等的、对立的他者，而且其自我生产的发展能力被否定了。因此，为了推动东方，西方有义务承担起帝国主义式的或全球的文明化的任务，以便于东方能够进入西方模式的发展轨道，这最终能将东方送至终点，亦即基于西方的资本主义文明（对马克思来说则是共产主义）。

　　在这时，欧洲中心大变革理论的第二步便出现了。由于资本主义自发地在 16 世纪的欧洲爆发性发展并在那时已经发展到一定极限，西方开始以一种将自身作为蓝图来重塑世界的方式向外扩张。人们认为，1492 年之后，欧洲文明以帝国为交易基地，按照正式或非正式的帝国主义方式扩散到亚洲、非洲和中东。在欧洲中心论中，1492—1954 年这一时期实际上被认为是以西方领导的"早期全球化"为特征的时期。期间，西方大国相继登上世界权力中心的舞台，它们所执行的基本任务便是摧毁文明的西方和原始野蛮的东方之间的障碍墙。

在本文中，我提出了一个作为替代的非西方中心观点，这一观点实际上颠覆了典型的西方中心式的年表（chronology）和阐释。其中包括以下三个关键性的反转：

（1）欧洲是后期而非早期的开发者，而东亚、中东和北非以及印度则是更早的初始开发者。根据后期的发展理论，西方因其借鉴、吸收、占用了更为发达的东方技术、思想和制度才能够取得突破性发展而进入现代性中。

（2）西方是在东方化进程所主导的第一个全球时代（1492—约 1830 年）中现代化的。也就是说，东方化进程使得西方崛起成为可能。

（3）在 650—1830 年，东方的重要国家——仍然是中东、北非、中国和印度——是全球经济的关键参与者，而且尽管西方在 1830—2010 年主导了世界经济，但如今的主流已经回到中国和印度等在内的东亚。

非洲—欧亚区域化以及东方引领的前全球化

我在此将约 650—1800 年这一长时段分成两个阶段，第一个阶段为 500—1450/1492 年的非洲—欧亚区域化/前全球化。

尽管当时的许多东方商人都很重要，但关键性的先驱角色则由西亚穆斯林扮演。他们的经济活动范围在当时非常夸张，以至于西亚实际上已经构成了以麦加为中心的非洲—亚欧轴。除了商贸外，伊斯兰教的力量也于 7 世纪之后在地中海地区迅速传播，而"西欧"不过是非洲—欧亚区域经济圈的一个海角。

伊斯兰的倭玛亚王朝、阿巴斯王朝以及北非的法蒂玛王朝在联结多条长距离的商贸干道方面起着至关重要的作用。这主要涉及的是北部、中部和南部的路线——这三条陆路或海路路线联结了地中海沿岸国家、巴格达、波斯湾、印度、中国以及北非。1258 年巴格达的衰落见证了伊斯兰世界首都迁往开罗，它随后变成了非洲—欧亚商贸中心。埃及变得如此关键以至于阿布—卢格霍德（Abu-Lughod）断言"无论谁掌控了通往亚洲的海路，都能为如今衰退的欧洲制定贸易条款"。有利可图的东方贸易通过商业路线扩展到非洲以及处于该区域体系遥远的西端的欧洲（主要通过意大利），它又反过来使得威尼斯人能够在欧洲和东方之间扮演中间人的角色。

因此，威尼斯和热那亚人是全球商贸活动的捐客，其成功依赖于其钻入亚非主导的贸易体系缝隙中的能力。此外，他们在埃及和亚洲穆斯林地区所制定的严格条件下进入初期的全球经济当中。

东方引领的全球化的早期阶段：1450/1492—1830 年

在欧洲中心论关于世界历史普遍的叙述中，存在一个主要的假设，即世界在 1492 年之前是被分割或细分为自治的、孤立的区域，以至于只有到了欧洲的大发现时期，屏障才渐渐开始消失。然而，上述事实表明欧洲最终直接加入到了初期的全球经济中，而随着 6 世纪左右亚洲的大发现而出现的无数东方商人已经奠定了全球经济的基础。中国在 1434 年以后成为全球经济的中心，欧洲同非洲—欧亚的商贸联系正是在这个时期被加强的，而且出现这一状况的很大一部分原因在于穆斯林、印度人，尤其是中国人在其中发挥了作用。那么，我们应该如何去理解中国在萌芽中的全球经济中的中心地位呢？至关重要的契机便在于 15 世纪中期中国经济转变为银本位制。中国的经济实力带来了巨大的出口驱动力。然而，由于中国对欧洲商品并无需求，因此补偿欧洲结构性贸易逆差的唯一方法就是以白银换取中国商品。毫不意外，这导致了世界的白银涌入中国和南亚。这最终构成了 1492 年以后出现的一套中国占据中枢地位的全球套汇体系（或者说是"世界白银循环系统"），其刺激了全球白银套汇体系。也正是通过这一体系，美洲的白银被欧洲人运往中国以换取黄金。更为重要的一点在于，各式的东方代理人在 15 世纪后对全球经济的推动发挥了关键性作用，因为欧洲的航海贸易和美洲矿产的利润率取决于印度和中国（尤其是后者）对白银的需求。

综上所述，我们能够断定，亚洲商人所主导的太平洋和印度洋经济强力地催生了大西洋经济的再生产。尽管这并不是说欧洲在大西洋体系中作用寥寥，但说明太平洋/印度洋贸易体系有助于欧洲人同时进入这两个体系中，同时也有助于维持欧洲在大西洋体系中的作用。此外，西方在事实上扮演了一个依赖亚洲本土知识、亚洲资本（许多来自于富有的印度商人）和亚洲统治者友好态度的次要角色。

印度、西亚和中国对西方崛起的影响

在详述一些非西方对西方崛起的关键性影响因素之前，停下来思考一下全球对话历史（global-dialogical history）所面临的持久挑战这一议题——尤其是关于流动的证据这一问题——是有意义的。当有观点宣称某一思想/制度/技术来自于欧洲之外时，来自于欧洲中心论的观点往往就会回应说，非欧洲的起源毫无作用，或者它只是一个巧合。想要通过常常作为唯一"证据"的间接证据来证明某一具体的流动往往是不可能的。阿伦·巴拉（Arun Bala）讨论过这一点。他同意在一些情况下（在欧洲出现的某个观点早就存在于其他地区）断言跨文明的流动简直是不充分的，但当某一文化（指欧洲）有兴趣理解早先的非西方文明中的发明，且当欧洲展示出对非西方发明（思想、制度与技术）的兴趣之后不久便出现了这些发明时，我们才有理由推断出东方对西方的影响。我将会据此描述使西方崛起成为可能的一些非西方的关键性影响。

文艺复兴和科学革命源于中国、印度和伊斯兰文明

现今存在着一些重要的文献，它们将文艺复兴和科学革命这两次认识论革命重新置于东方的影响之中。

是伊斯兰和印度（主要为数学领域）而不是欧洲最早发现或发明了代数、三角函数、各种医药、麻醉剂、解剖学、地图绘制、天文学、占星学以及被视作文艺复兴时期代表的透视法、科学实验方法以及作为自由理性的主体的人的概念。于是问题变成：是否存在能够确保该种知识传播的貌似可信的传递路径，或者说是否这全部都只是东方和西方巧合的、独立的创造？首先，瓦斯科·达·伽马

（Vasco da Gama）来到印度的数学研究中心卡利卡特，因此他有大量的机会接触这一学院。其次，16 世纪印度数学家加斯特德维（Jyest-hadeva）有关无穷级数的著述文本在进入欧洲非常短暂一段时间之后，其中的方法便被欧洲使用以讨论相关问题。此外，数量充足的传播路径是存在的：大约自 900 年后，欧洲逐渐开始将伊斯兰文本翻译成拉丁文，伊斯兰思想还通过卷入东欧事务（有时是巴尔干半岛）的奥斯曼帝国进入欧洲，通过从西亚到北非的商路以及 902 年后通过伊斯兰治下的西西里半岛（阿拉伯在 1050 年以后对于萨勒诺学院的影响体现了这点）进入威尼斯。

中国与伊斯兰对欧洲"大发现时代"的贡献

欧洲中心的世界历史认为文艺复兴是欧洲地理大发现时代的导火索，然而极有可能的情况是东方知识和技术的传播首先保证了航海，其中许多来自于西亚和中国。斜挂大帆船、三角航行路线计算方法所依赖的数学知识、阴历、公历、航海图绘制法、经纬度表、星盘和象限仪的知识来源于西亚，而三重桅杆系统、指南针、方形船体、尾舵和船上配备的加农炮首先由中国发明。

其中加农炮从中国传往欧洲只是基于间接证据，其主要为中国文献记录了加农炮的发展历史，而欧洲没有，西方商人、修道士或在中国服雇佣兵役的穆斯林可以接触到加农炮，中欧民间交流充分，以及没有证据证明加农炮在欧洲必然发展等线索都使得上述的传递路径成为一个可信的解释。此外，加农炮的前提火药也由中国发明，而且西方火药发明者培根的私人朋友以及更早的在中国游历的欧洲人都可能带回火药秘方。

启蒙如何寻源于中国

欧洲的许多地区从中国文明获益良多，尤其是"理性"观念。鉴于大量的中国文献和小册子在 18 世纪大部分时间里涌入欧洲（其中有许多是耶稣会的人带回来的），因此它们在欧洲可看作业已存在的。对亚当·斯密（Adam Smith）影响极大的法国重农主义经济学家富朗索瓦·魁奈（François Quesnay）的观念则来自于中国的政治经济学，以至于魁奈常常被称作"欧洲的孔子"。

所有的这些要点并不是想要说明欧洲启蒙运动纯粹是中国思想的产品，因为一些启蒙思想家显然拒绝把中国当作欧洲的榜样——最典型的就是孟德斯鸠（Montesquieu）和费奈隆（Fénelon）。然而，全然忽略中国对西方文明认识论重要转向的影响则有失偏颇。

英国农业革命如何寻源于中国

农业革命中关键性的发明——包括铧式铁犁、杰斯罗·塔尔（Jethro Tull）的条播机与马力耕机、马力打谷机、旋转式风扬机以及在轮作制度上的创新——都能在 6 世纪前的中国找到。中国铧式铁犁的发明要远远早于西方，而且 17 世纪旅居西亚的荷兰人带回了中国的铁犁模型并制造了粗犁，而后影响了英国犁的铸造。风扬机则在 18 世纪 20 年代由耶稣会带到西方，之后又被瑞典科学家所改造。条播机的观念由当时已经存在的关于该种设备的书本和手册进行传播，比如条播机的发明者杰斯罗·塔尔的著作《马力耕机耕种》（*Hore-hoeing Husbandry*，1733）几乎逐字抄袭了中国的农业技术手册。被视为英国核心农业突破的轮作制也早在 6 世纪便出现在中国，17 世纪传入欧洲的中国手册很可能影响到英国，尤其是英国正是在这段时期对发展农业产生了兴趣。

英国工业革命如何寻源于中国和印度

蒸汽机的基本原理可以追溯到王祯的《王祯农书》（1313），继而追溯到公元 31 年的水力鼓风机，因为水力鼓风机的工作形式同瓦特的蒸汽机非常相似。此外，中国在枪支制造上的突破也确保了后期蒸汽机的发明（鉴于加农炮或枪支都是单缸燃烧的器械）。而且，进一步相关的一点是，瓦特所面临的一个主要困难是他需要钻出一个密封汽缸，因此他需要向威尔金森（Wilkinson）寻求帮助——威尔金森拥有一家旨在制造加农炮的钻孔磨坊。

在英国工业革命的两大支柱钢铁业和棉纺织业方面，中国和印度在英国之前许久就已经发展出了该产业。英国制造商直到 18 世纪才为了发展炼制钢铁的技术而向中国和印度的制造方法学习。此外，尽管人们认为英国的发明家约翰·洛姆（John Lombe）借鉴了意大利机器的理念，发明了日后成为兰开夏郡棉纺织机模型的丝织机，但事实上意大利机器复制了 13 世纪以来早期的中国发明。因此，英国部分的本事即是其海纳他人发明的能力。

结　论

重审本文的关键目标，我们讨论的要点有三。第一，关于现代性/全球化的欧洲中心大变革理论的第一步假设——西方完全是自力更生的，本文对之进行了挑战，因为这种说法掩盖了一个观点，即西方通过吸收更早的东方发明而获益。

第二，本文认为，西方的崛起在很大程度上发生在早期全球化时期，在这一时期东方化是主导进程而西方化则是次要进程。因此，关于种种东方资源向西方传播的讨论承担起双重的认知作用：首先它质疑了欧洲中心主义赋予欧洲的自力更生的状态；其次是这种传播起到了坐实 1492 年以后东方引领的早期全球化是否存在的作用，即是说，它激发出某种影响倾向，欧洲依靠该种倾向以及因为该种全球传播而至少部分地被重组。

第三，尽管欧洲在 19 世纪取代中国成为世界的领导者（1945 年以后美国也加入其中），以至于中国相对落后，但我们今天所目睹的并不是中国的崛起，而是中国重回其在约 1830 年所占据的世界经济的中心地位。此外，中国的领导地位很大程度上是因为宋朝时期的产业发展，这表明也许将 960 年而非 1978 年视作中国崛起的纪元更为合理。

（唐磊　韩侃瑶　编译）

原文信息

原题：The Eastern Origins of the Rise of the West and the "Return" of Asia

作者：John M. Hobson
出处：*East Asia*，Vol. 32，No. 3，2015

书介：《巨龙回归：崛起的中国与地区安全》

书名：*Return of the Dragon：Rising China arid Regional Security*
作者：Denny Roy
出版社：Columbia University Press
出版时间：2013 年

《巨龙回归》重点关注中国的对外关系，对中国之于亚洲安全动态以及美国在亚洲利益的影响提供了最新观察和作者的见解。

作者认为，中国的崛起正在改变世界。中国的经济发展为世界的消费者提供了价格低廉的产品，但也增加了对全球资源的竞争。中国崛起在国家安全方面的影响与经济方面同等重要。尽管中国与其邻国保持和平共处，但是其军事和经济增长所带来的威胁不可忽视。中国计划建立一支强大的军队，以保护其经济利益，并提升其在全球的地位。通过认真分析历史的因素和现实的素材，作者考察了在政治、经济和军事上更加强大的中国可能带来的益处和后果。作者指出，中国有"百年屈辱"的说法，因此，中国的近代历史大多是丧权辱国的记录。正是出于这样的原因，中国必须努力避免重新回到这样的脆弱地位。

中国要保证屈辱的历史不再重演，就意味着要寻求强大的军队来保护国家安全以及经济利益，包括矿产、石油和其他资源。中国认为，一个强大的国家要具有强大的军事实力。同时，中国认为其目前政治影响力的上升也是合乎常情的，并认为其在全球事务中应拥有合理的地位。作者指出，美国对亚洲的关注度在增加，这使中国领导人感到紧张，并怀疑美国的意图。中美两国如何能清楚地向对方传达自己的利益诉求，接受对方提出的协议，这是非常关键的。

（杨丹　编译）

中国意欲塑造的国际秩序对西方国家的冲击

顾德明

欧洲对外关系委员会（ECFR）中国问题专家顾德明于2015年5月在欧洲对外关系委员会的官网上刊登了一篇《中国正在推进低成本国际秩序?》的评论文章。顾德明在文中对人民币问题、气候变化问题、领土争端以及人权问题分别进行了分析，并指出，对国际秩序的寻求一般意味着在成本与质量间权衡，如果中国成为最低价的竞标者，那么其他竞争国家为了保持竞争力，必然会被迫降低其提议的质量，其结果是低成本的国际秩序——野心不那么大，但要求也没那么高。

全球权力正在发生转移，这毋庸置疑，但其结果究竟为何？预测之一是中国将"统治世界"。不过，这一预测面临的一大缺陷是中国似乎对国际责任没有太大兴趣，更别提全球领导地位了。另一推测则是所谓的"修正主义"，即中国努力反抗并改变现有秩序，以及随后导致的向达尔文主义地缘政治的回归。但是这一推论忽视了中国与全球经济及全球领先行业间至深的相互联系。当中国刚开始改革开放时，"趋同共存"（convergence）是当时盛行的推测。不过，这一推测因中国自己的强力否认而遭到削弱。中国也被置于了当初日本的位置，即搭便车。但是，一个比其他所有乘客分量都重的国家要怎么搭便车呢？当中国成为世界第一大经济体时，就会出现上述问题。

那么如果中国迫使我们自己改变了观点呢？如同任何公开招标，对国际秩序的寻求一般意味着在质量与成本间权衡。如果中国成为最低价的投标者，其他的竞标者为了保持竞争力，必然会被迫降低其提议的质量。其结果是低成本版的国际秩序——野心没那么大，但同样要求也没那么高。中国既不会主宰国际秩序也不会颠覆它，多半会是对其做出调整。

中国对国际秩序的调整正在发生。中国发起的亚洲基础建设投资银行的成功，干净利落地笼络了57个国家，其中有14个欧盟成员国，而这些创始成员国并不清楚游戏规则为何，这表明，许多战后自由秩序的创立国已经准备好降低其眼光以跟得上竞赛的步伐。创立竞争性的替代机构，对既存的国际机构来说，中国在做的不仅仅是完善，也是竞争。"如果不能打败他们，那就加入他们"，这句话现在看起来是许多西方领导秩序的成员国的指导原则。

人民币正争取成为国际货币基金的储备货币，这或许将强化其欲推行的低成本的国际新秩序的趋势。很明显，人民币确实应该占有一席之地。但如果允许人民币成为国际货币基金的储备货币，而中国还保留资本控制与固定/限制汇率的话，则标志着国际准则的重大改变：自1971年以来，布雷顿森林体系的各大协议基础都是货币浮动的原则。人们期望的一直是中国能完全放开货币汇率与资本制度。如果，中国反其道而行，将国际货币体系推回到固定汇率，该怎么办？

气候变化谈判也与此类似。为了同中国达成协议，美国同意两国并肩做出承诺。或许因为中国声称自己是发展中国家，可以推迟其二氧化碳排放量触及峰值的时间直到2030年，而美国则承诺其二氧化碳排放峰值的时间为21世纪20年代中期。如果世界上第一、第二大经济体（同时也是第二、第一大污染国）都已经达成这样的协议，那么在2015年12月举办的气候变化大会上，其他国家提出更好提议的概率又有多大呢？

至于领土争端，受限制的危机管理机制取代了法律或多边解决方案；而关于核不扩散问题，中国经常斡旋于朝鲜与西方国家之间。

最后，关于人权问题，欧洲正就欧盟对华关系展开热烈讨论：一是要不要把人权问题作为欧盟对华关系的主旨，二是应不应该把法治对话提到首要位置，后者似乎成功的可能性更大。

有些西方人批评国际准则的扩散是对发展的阻碍，或者说在世界上大部分地区都难以强制执行国际准则。实用主义观点支持降低条款，以吸引中国与其他新兴国家履行长期的国际承诺。与此同时，大多数西方大国都因干涉行动而疲惫不堪，对主权干涉并不赞同，一些政策正退回到各国自行制定的状态。为了达成总协定，我们能够接受降低到什么程度的国际秩序？这样的一种国际秩序又能在哪个层级上被接受进而发挥作用？低成本的国际秩序可能会产生什么？最低的价值又是什么？内容要求又有什么？西方大国之间就这些问题又能达成什么协议？

冷战后的法律秩序以及单极世界的梦想（或者说恐慌）已经过去。金钱万能。中国所发起的国际体系是由商业动机推动的，而不是软实力或硬实力。问题在于中国的伙伴，尤其是西方或其新兴国家竞争对手为了保有自己的根本利益，准备做出什么样的妥协，又有哪些是不能或不应该磋商的。这里我们可以用航空市场做一个类比。存在或者曾经存在过三类航空公司，第一类公司已经过时，可以被称为瑞士航空模式，属于高品质航空服务，已经基本退市。这正是欧盟或日本（2004 年以前）处理国际关系的规范性方式，也正是这样的方式使其陷入困境。第二种模式是主要航空网络（比如星空联盟、天合联盟与寰宇一家），类似于跨大西洋贸易与投资伙伴关系（TTIP）、跨太平洋伙伴关系（TTP）以及欧盟—日本自由贸易计划：归属于联盟所带来的利益、消费者享受到的便利，对这些庞大的团体而言都具有决定性的影响，联盟的存在不仅加剧了竞争，也缩小了竞争范围。但是第二种模式自身则受到了来自第三类航空公司——廉价航空公司的挑战。这类公司既不加入任何联盟，又在服务与便利性上偷工减料（希望不是在安全条款上）以节约成本。类似于易捷航空与亚洲航空这样的公司越来越多，并且这些公司往往产生于行业增长之地。规范与价值还能否如同免费的饮料那样继续存在？新兴的秩序是否只关注基本需求，比如贸易管理并避免大国冲突？

凭借竞争性报价、日益增长的军事实力以及战略克制，中国能在多大程度上迫使他国最小化其对国际秩序的承诺？比如，武力干涉是否会成为高成本的提议以至于干预的红线标准被设定得越来越高？制裁与限制条款被认为是最小化实际冲突的替代选择，但几乎每种情况下都有后门存在，中国总能找到理由为自己辩护并抵制限制条款，推行"双赢"。发达国家愿意在多大程度上降低其标准以配合这套不太理想的规则秩序，这套规则秩序才能使新兴国家保持活力？长期同中国竞争的后果是不是"战略谨慎"？最低的人权态度应是什么样的，既不会对牛弹琴又不会违背我们的原则？"所谓外交即是向完全不相同的人做出妥协"的说法又时髦起来。在这个互联的世界里，我们不再希望"他者"变得更像"自己"，而是接受"自己"变得越来越像"他者"的可能性又有多高呢？

（杨莉　编译）

原文信息

原题：China's Promotion of a Low-cost International Order?

作者：François Godement

出处：http://www.ecfr.eu/article/commentary_chinas_promotion_of_a_low_cost_international_order3017

亚洲权力与秩序——区域预期调查

迈克尔·J. 格林　尼古拉斯·赛切尼

　　亚洲作为世界上最具活力的地区，竞争和对抗与日渐增加的经济合作及一体化建设并存，十分引人注目。在麦克阿瑟基金会、《朝日新闻》（日）、《中央日报》（韩）及《中国时报》（中国台湾）的支持下，美国国际与战略研究中心和美国民意动态集团合作，对亚太地区的11个国家及地区的战略精英就亚洲新兴国家关系、制度与规范等问题进行了调查，以期反映出亚太地区的区域走向，并于2014年6月正式发布了区域预期调查报告。

　　美国国际与战略研究中心和美国民意动态集团合作，对亚太地区的11个国家及地区的战略精英就亚洲新兴国家关系、制度与规范等问题进行了调查，以期反映出亚太地区的区域走向。报告所涉及的11个国家及地区分别是：美国、日本、韩国、中国、泰国、印度尼西亚、印度、澳大利亚、新加坡、缅甸和中国台湾。国际与战略研究中心在上述国家或地区中各选出150名受访者，并在互联网上建立调查模板，邀请这些专家完成问答。最后完成调查的受访者总数实际为402名，其中，中国为64名（含台湾地区的29名）。所谓的战略精英是指不担任政府职务，但在国际事务或亚洲区域事务上有影响力的专家。为了能公平地权衡比较这11个经济体，报告中的百分比均采用了平均值。

　　这种精英调查样本的优势在于它能反映出亚太地区对权力与秩序问题的战略思考，并做出较为透彻的比较；缺点则在于对所谓战略精英的筛选是主观的，且最后各国接受调查的人数也不尽相同。此外，这一样本也不能完全反映出所有的精英观点。

九大关键发现

1. 权力将向中国转移

53%的受访者相信十年后中国将会成为东亚超级大国，认为美国仍为东亚超级大国的人占到43%，居第二位。与之相应的是，有56%的受访者期待十年后中国成为其国家最重要的经济伙伴，而认为美国仍然是最重要的经济伙伴的受访者只占到28%。79%的受访专家认为中国对区域经济发展的影响是正面积极的，但61%的人感到中国对区域安全有负面影响。

2. 美国的领导地位仍将不可动摇

尽管美国的相对权力衰落，受访专家认为美国仍将保持区域领导地位。在被问及十年后东亚地区的国际关系格局时，57%的受访者预测美国仍将处于领导地位，仅有7%的人预测中国将取得首位。日、韩专家对美国的领导地位最深信不疑，甚至大部分中国专家也如是认为。同样，许多专家认为美国的领导地位最符合其国家利益，有11%的中国专家表示认同。而作为美国盟友的泰国对美国的领导地位最不感兴趣。

3. 对美国的"再平衡"战略普遍支持，但对其贯彻执行担忧甚重

平均79%的受访者表示支持奥巴马政府的亚洲再平衡战略，但大部分中国专家对此表示不认同。当要求对再平衡战略进行评估时，51%的受访者对该战略表示赞同，但认为资源不足且执行乏力；24%的专家感觉该战略加强了区域稳定，增进了区域繁荣。74%的中国受访者认为该战略太过针对中国。

4. 领土冲突是区域一体化建设的最大障碍

受访者被要求为东亚一体化的九大潜在障碍打分，结果显示，不能成功解决领土问题将成为区域一体化建设的最大障碍。历史问题居第二位，韩国、新加坡和中国对此最为担心。第三大障碍是中国崛起的不确定性，日本与台湾地区的专家表现得忧心忡忡。当被问及如果外交手段失效，是否会诉诸武力以对抗领土占领时，超过80%的中国和日本专家给出了肯定的回答。

5. 东北亚国家深陷历史问题

韩国与中国的专家对历史遗留问题的担忧更甚于领土争端。此外，88%的中国专家、台湾地区62%的专家及60%的韩国专家指出日本对区域安全的影响是负面的。平均42%的受访者认为历史问题仍将通过外交解决，而非武力，但43%的中国专家认为历史分歧可能导致武力对抗。

6. 区域经济危机被视为对国家安全的最大挑战

绝大多数受访专家认为区域经济及金融危机是对其国家安全最大的挑战，持这一观点的人数以印度尼西亚居首。其次是领土与历史争端，韩国、中国、中国台湾地区、印度及日本依次对此表示了担忧。平均说来，气候变化成为第三大挑战，以印度和新加坡专家最为担忧，而东北亚国家则相对不那么关心。

7. 对跨太平洋地区经济框架的大力支持

当被问及各种经济框架对本国未来经济的重要性时，一般说来，受访者将亚太经济合作组织（APEC）与20国集团（G20）列在首位，其支持率占到82%；紧随其后的是东盟经济共同体（AEC支持率为81%）与跨太平洋伙伴关系（TPP，支持率为75%）。

8. 该区域对民主价值观的支持在加强，但美国对此的怀疑在加深

在国际与战略研究中心2008—2009年的调查中，受访者曾将民

主准则作为区域一体化建设的重中之重，美国受访者的支持率居第
一位，中国受访者对此最不确定。而在此次调查中，令人惊讶的是，
美国受访者对民主准则的支持率垫底。在人权及女性赋权问题上，
美国专家对其支持率最低，不及中国同行；在推广自由及公平选举
上，美国专家排在倒数第二。

9. 台湾海峡的和平问题事关整个区域

70%的受访专家承认，如果中国大陆对台湾使用高压手段以完成
统一，那么这对其本国的国家利益产生的影响将是负面的。美国与日
本受访者对此最为关切（分别有99%和98%的受访者选择了"有点消
极或非常消极"的选项），其次是台湾地区学者（89%）、澳大利亚
（85%）和韩国（80%）。而认为高压手段产生负面影响的中国学者也
多于持正面影响观点的学者，其百分比分别为43%和40%。

结　论

调查报告最后为美国政府提出九项政策建议，包括向其亚洲盟
友证明实施亚洲再平衡战略的决心、建立对TPP的政治支持、重新
评估美国的亚洲计划、继续努力改善东亚的历史遗留问题、关注泰
国、加强美—印关系、敦促中国发挥建设性安全作用，以及继续支
持区域制度建设等。报告的结论部分还指出，美中两国精英在许多
方面的关切是重合的，而在这些重合领域继续探寻加深双边合作的
方式十分重要。中国应该进一步发挥对区域经济发展的积极作用，
同时在区域安全问题上更为审慎。

（杨莉　编译）

原文信息

原题：Power and Order in Asia：a Survey of Regional Expectations
作者：Michael J. Green，Nicolas Szechenyi

出处：http：//csis. org/files/publication/140605 _ Green _ Powe-randOrder_ WEB. pdf

书介：《战略再保证与决心：21 世纪的美中关系》

书名：*Strategic Reassurance and Resolve：U. S. - China Relations in the Twenty - First Century*

作者：James Steinberg and Michael E. O'Hanlon

出版社：Princeton University Press

出版时间：2015 年 4 月

中美经过 40 年的合作之后，双方的决策者、政治家和专家们都意识到两国的紧张关系正在加剧。有些人甚至预言道，因为这是老牌大国与崛起大国之间不可避免的竞争，所以两国未来的冲突在所难免，因此建议其领导人未雨绸缪，以备将来一决胜负；也有另外一些人认为，两国经济相互依赖，且在许多领域利益相同，这将使两国在未来数十年中更会合作。

本书作者为美国前副国务卿詹姆斯·史坦伯格（James Steinberg）和布鲁金斯学会研究员欧汉龙（Michael O'Hanlon）。在本书中，两位作者提出了第三种可能性，即两国未来的关系将是含糊的、可变动的。他们指出，国内和国际上一些强大的因素，尤其在军事和安全领域，或迫使双方走向军备竞赛与对抗。他们也认为，只要中美两国精心设计和制定政策，努力解决好困扰新旧大国关系的安全困境，这种悲观猜测也是可以避免的。

两位作者提出了一整套政策建议，以使中国和美国能建立起一种可持续的、合作的关系。他们的建议基于在如下关键领域提供相互战略再保证这一概念上：核武器和导弹防御、太空与网络行动，以及军事基地建设与部署，此外也要展示出解决战略问题的决心，以保护各自的核心国家利益，其中包括——在美国方面——它对地区盟国的承诺。

大国关系与国际新秩序构建

布鲁斯·琼斯 托马斯·赖特 等

世事纷繁，定大势者，莫过于大国。随着中美、中欧、中俄等世界主要力量之间的摩擦互动，新型大国关系正悄然成为构建国际新秩序的新理念，而非洲、中东、拉丁美洲及东南亚各国，凭借其资源优势与地缘政治微妙地影响着世界主要力量之间的关系。布鲁金斯学会的外交政策项目在 2014 年 2 月 25 日发布了一份《国际秩序状况报告》，同时还启动了新的课题"国际秩序与战略"。该报告对全球经济危机过后经济、外交和安全领域的国际合作进行了评估，并分析得出当今国际秩序的 11 个主要特点。

全球经济秩序尚存，但意见分歧仍在

全球经济秩序有效地应对了 2008 年的金融危机，但明显的意见分歧仍然存在，这将阻碍经济恢复强劲增长，还可能导致其他不稳定。长期挑战是双重的：一是要建立更深层次的保护制度以避免金融不稳定；二是要使全球金融贸易体系适应经济大国复杂的新现实，这些国家的结构特征不同，人均发展水平也各异。

欧洲失落的十年

欧元区避免了欧元的崩溃，但似乎正进入经济长期停滞的阶段：超低增长、僵尸银行以及欧元区外围成员国的高失业率。这失落的十年是结构缺陷——尤其是缺乏统一的财政和金融——与政策错误的直接结果。欧元区不太可能崩塌，但未能解决的问题将会拖累欧洲乃至全球经济，同时还将削减欧洲影响全球新兴秩序走向的能力与意愿。

国际贸易格局的变化——西方停滞，其他地区崛起

目前，发展中国家及新兴经济体在国际贸易中所占份额远高于过去十年，它们一跃成为欧洲和美国最大的贸易伙伴。这些国家和经济体的崛起使全球经济受益，是种积极的趋势，但西方国家的死气沉沉则又引发了另一种忧虑。大型自由贸易协定所取得的进展，比如"跨太平洋伙伴关系"及"跨大西洋贸易与投资伙伴关系"，表明西方世界有希望开始一起行动。

金砖国家：危机乍现

在 2008 年金融危机后，金砖国家比西方经济体有更好的表现。然而，严重的经济困境正渐行渐近：经济增长前景预期不佳、可能陷入的中等收入陷阱。金砖国家需要面对它们幻想破灭的民众，以及一个日益严重的问题，即虽然是一个集团，却明显缺乏一致性。

地缘政治竞争与大国冲突的风险有可能再现

自 1991 年起，世界开始享有大国和平，主要国家之间发生战争的可能性很低。这样的时代似乎即将结束，若干主要大国卷入了激烈的安全竞赛。最大的风险来源于中国和日本在中国东海的对抗；在东南亚甚至在东欧，美国与中国的对抗也存在，不过程度较轻。大国安全竞赛的再现不仅威胁和平，还可能让应对共同挑战的国际合作复杂化。

领海纠纷

世界已进入了争夺全球公域的时代。中国东海与南中国海上的争端危险性日益增大，并有可能升级为危机。迄今为止，引入行为准则或其他机制以缓和紧张局势的所有努力都宣告失败。不过，北极的海事合作以及亚丁湾的联合打击海盗行动多少缓和了对抗的坏消息。

武力使用以及战争新规则

过去十年，战场上的新技术得到扩散，其中包括无人驾驶空中侦察机，而作战空间也转移到了网络空间。这些新式武器促成了反恐、反核扩散的巨大成功，但同时也带来了巨大的风险。

除了中东，世界各地人类安全得以改善

冷战结束后，全球所有地区中，无论是大规模还是小规模冲突的数量和强度都迅速减少和降低，但中东地区却逆势而上。中东地

区秩序的崩坏导致了叙利亚内战，伊拉克、埃及和黎巴嫩国内冲突的风险。不过，即便冲突持续，发展中国家进步的标志（婴儿死亡率、减贫、识字率、预期寿命等）仍然前途一片光明。

保护责任（R2P）受到挑战

自 2005 年联合国正式批准以来，保护责任的原则受到了诸多挑战，最大的挑战即如何结束叙利亚内战这一僵局。R2P 也获得过成功：2011 年北约介入利比亚、2010 年联合国干涉科特迪瓦，以及让肯尼亚领导人为 2007 年的选举暴力负责所做出的努力。即便如此，保护责任的原则仍然受到了不少国家的攻击和诟病，认为其主权理想或战略利益受到了威胁。

新的能源地缘政治

过去十年，随着美国的非传统革命将其转变为世界上最大的石油出产国，全球能源地图发生了根本性改变。美国的新发现削弱了传统供应商对国际能源市场的控制。这一剧变也暴露出全球能源贸易缺乏治理的弊端，并引发中国对其能源安全的担忧。这一新范例也为美国提供了巨大的影响力，以左右未来全球能源贸易。出于确保其经济生命线的安全，国与国之间将出现巨大冲突。但气候变化依然是不容小觑的挑战。

海湾地区的动荡

对于二战后的美国而言，保护进入波斯湾石油丰富地区的通道一直是其大战略的关键支柱。随着美国的页岩革命，其国内不断增加的忧虑，以及可能全面实施的针对伊朗核计划的处置措施，很多国家害怕美国准备减少，或者至少是改变其对海湾地区安全的承诺。波斯湾地区变得越发不稳定，但认为保证该地区的稳定不再是美国核心利益的看法开始在美国蔓延滋长。然而是否会出现新的平衡还有待观察。

毫无疑问，国际秩序的状况复杂交织。自两伊战争后国际秩序出现相对强势的恢复，主要大国之间的合作并没有如预言的那样破碎。西方大国间的同盟得到修复，它们与新兴大国，比如中国、印度和巴西之间的交往充满建设性。经济层面，世界经历了大萧条以来最为严重的一次金融危机，但恢复的速度却要快得多。比起 20 世纪 90 年代和 21 世纪初，国内冲突，尤其是非洲国家的国内冲突的范围相对收窄，危害性降低。所有国家都在合作，在不同的场所，针对不同的情况，并共同对抗恐怖主义与打击海盗。能源生产的趋势是积极的，甚至令人忧虑的气候变化问题的趋势也是积极的。

然而，新兴市场可能正处于新的经济危机的边缘。世界第二大、第三大经济体之间（中日）的军事冲突也并非不可能。中东的地区秩序似乎正在从内部崩坏，至今仍然没有明确的替代平衡出现。新技术正在改变武力使用的方式，将之变得更不稳定，喜忧参半。

作者之一布鲁斯·琼斯在报告中特别指出当今国际秩序的实质性问题：能源与气候。这两大问题将最终影响全球权力的再分配、新兴大国的崛起与国际秩序的稳定。如果仔细观察能源增长在新兴大国崛起的轨道上所发挥的作用，就可以发现对新兴国家而言，能源问题是其战略的中心。世界面对的，一方面是其能源需要与传统西方大国的能源角色，另一方面是气候变化的挑战问题及二者之间的张力。

（杨莉 编译）

原文信息

原题：The State of the International Order

作者：Bruce Jones, Thomas Wright, Jeremy Shapiro & Robert Keane

出处：http://www.brookings.edu/research/reports/2014/02/state-of-theinternational-order

"亚太梦"指向的区域国际秩序

胡元豹

　　亚太经济合作组织峰会的工商领导人会议上，中国国家主席习近平向与会者提出了将中国梦推广至亚太梦的希望。加拿大亚太基金会的研究员胡元豹于 2014 年 11 月在《中美焦点》（*China-US Focus*）杂志上发表了评论文章《中国梦是否是亚太梦?》，对习近平的亚太梦做出了评述。胡元豹指出，亚太梦更多的是一种有潜力的合作形式，而非既定目标，表明了中国领导人在中国境外发挥领导作用的希望，体现了中国对此前多年的外交政策所做出的调整。

　　习近平提出亚太梦的时机非常好，中国在亚太地区所发挥的作用、影响力和竞争力都在日益加强。但是偏激者也许会将亚太梦解读为影响短暂的、不成熟的宣传机制，而惯于质疑中国的人士则会从这一宣言中看出更多的潜在危险，他们担心亚太地区（特别是东亚、东南亚和中亚地区）将会遵循"北京规则"而"被中国化"。实际上，习近平将亚太梦描述为"坚持亚太大家庭精神和命运共同体意识，顺应和平、发展、合作、共赢的时代潮流，共同致力于亚太繁荣进步"，这一说法自会在时间的检验中体现出其意义。

　　习近平对于亚太梦的设想与"美国梦"这一概念截然不同。美国梦，象征着繁荣、自由和好莱坞电影式的英雄主义，是贫困国家追求的目标；而习近平的亚太梦（以及其中必不可少的中国梦）则尚未构建完成，事实上，这一梦想仍处于萌芽状态。正如习近平所描述的，亚太梦更多的是一种有潜力的合作形式而非既定目标。

　　习近平的发言中实际上隐藏着一些帮助解读亚太梦的线索。例如，他将重点放在基础建设和地区互联互通的重要性上，再次重申了中国将投资 400 亿美元用于地区基础设施发展的承诺，并提出："中国有能力、有意愿向亚太和全球提供更多公共产品，特别是为促进区域合作的深入发展提出新倡议、新设想。"过去十年中，虽然APEC 在努力促进地区需求方面更加高效，但习近平指出，APEC 的宗旨"自由贸易和开放投资"尚未能有效提高亚太贫困地区人民的生活水平。中国比其他国家更加深知基础设施建设对经济发展的关键作用。因此，中国人率先投资亚洲基础设施投资银行（AIIB）。而此前，亚投行还需要向美国、日本或韩国寻求支持，并频频受挫于马尼拉的亚洲发展银行。不可否认，亚太地区的基础设施建设尚需数以万亿美元的投资。而如果一家新的开发银行能够以优惠条件投资这些发展计划，对其服务的需求则会相当可观。

　　对于亚洲基础设施投资银行的争论从某种程度上反映了中国和美国在亚太自由贸易区（FTAAP）与跨太平洋伙伴关系（TPP）上的分歧。习近平在讲话中表达了他对亚太自由贸易区的支持，但也认为亚太自由贸易区应在开放区域主义原则的基础上发展，暗示出他认为跨太平洋自由贸易协定应向所有有意国开放。习近平强调："通往亚太自由贸易区的大门永远是敞开的。"

　　事实上，柬埔寨、孟加拉、巴基斯坦、老挝、蒙古、缅甸和塔吉克斯坦的领导人在峰会前夜应邀相聚北京。中国的这一举动有力地传递出其欲扩大亚太经济合作组织规模（特别是将印度吸纳进来）的信息。中国并不在 APEC 创始成员国之列，加入以来也一直保持低调，现在却在多方面成为这一区域论坛的最大赢家和最忠实的追随者。

　　习近平的亚太梦并不仅局限于亚太地区，这事实上是一份体现中国雄心的宣言，表明了中国领导人在中国境外发挥领导作用的希望，体现了中国对此前多年的外交政策所做出的调整。

　　习近平的讲话暗含了为实现亚洲梦而制定的"中国方案"概念。这一概念的提出更加证实了中国经济发展的独特构想，表明了中国在亚太地区增加活跃度和影响力的期望。"北京共识"的提出将会与现存的以华盛顿为中心的多边机制形成竞争，中国方案极有可能成为另一种可能性的关键。

然而，上述一切却并不能保证习近平的亚太梦能够真正实现。世界都在密切关注这一梦想如何进一步成形、中国方案对亚太地区又意味着什么。尽管习近平就促进合作和互惠互利做出了保证，中国的许多邻国仍担心中国会变得愈加强势。

无论是中国梦还是亚太梦，中国都任重道远。亚太梦的实现需要中国扩大其经济开放度，提高在亚太地区的商业覆盖率，以及大量投资基础设施建设，而上述这些都将会促进亚太地区的繁荣发展。

（陈蓓尔　编译　唐磊　校）

原文信息
原题：Is China's Dream an Asia-Pacific Dream？
作者：Yuen Pau Woo
出处：http：//www.chinausfocus.com/foreign-policy/is-chinas-dream-anasia-pacific-dream

重新思考中国的世界秩序

赵穗生　等

　　近两年来，大同/和谐社会与天下主义已然成为海内外学术圈的高频词汇。不过中国学者对这些观念的讨论并未停留在其两千年前的原始含义之上，而是期望通过改造这些观念来为今日中国的发展指明理论道路。其中一种改造方案便体现在偏重国家能力的新左派与侧重仁义礼法的新儒家的磨合之中。为回顾与回应这种改造方案，2015 年第 96 期《当代中国》（*Journal of Contemporary China*）刊登了三篇文章，分别是金德芳（June Teufel Dreyer）的《"天下"概念：中国会改变国际体系吗?》、赵穗生的《重新思考中国的世界秩序：帝国圈与中国崛起》以及柯岚安（William A. Callahan）的《历史、传统与中国梦：大同世界中的社会主义现代化》。

　　金德芳回顾了以赵汀阳为首的一些学者对于国际体系的讨论。他们认为今日的世界秩序建立在民族国家的基础之上，民族国家之间相互承认主权独立且互不干涉内政。该种秩序的必然结果便是存在外来者与"异教徒"的观念，其实质不过是一个个国家交替成为帝国，通过掌控知识生产来主导世界。而中国在近代西方列强入侵之前并没有今日的"世界"观念，有的只是没有外来者或"异教徒"存在的天下观念。在天下体系中，存在一个世界性政府与周边民族文化各异的附属国，它们共享一套普世的制度、法律、秩序与资源，且人们在各国之间来去自由。当世界政府违反正义法则或滥用职权时则会丧失统治的合法性。

赵穗生则回顾了古代中国与周边组织结构方面的论述。一些中国学者认为，虽然中国根据文化区分了华夷，但这并不代表内或外，而只是代表中心与周边的关系。中国处在中心地位，而其他国家则为周边。中心与周边依靠朝贡或藩属体系维系亲密的关系——中心保护周边，周边藩屏中心，形成中国与四邻互相依赖，共存共荣的格局。天下体系便是周边环拱中心的模式。在该套世界秩序中，中国依靠王道、仁政与德治而非强力治理天下，并保持着天下归一却和而不同的局面。古代中国因此被描述成一个和平的国家，由中国和周边国家所组成的亚洲也被描述成和谐社会，即便是亚洲的内部战争也被视作基于正义与礼法而非利益。

金德芳与赵穗生所描述的一些学者构想的天下体系中，一个强有力的超级大国或实体的存在是体系得以运转，社会得以和而不同的关键性要素。但是"强有力"又并不仅仅意味着物质性力量或是集中一切的"苏联模式"，还意味着一套以仁为基础的价值观念与文化氛围。不过另一个问题却是，在这些中国学者的心目中，今日的世界里谁能够充当作为中心的超级大国或实体？金德芳和赵穗生在文章中叙述了中国学者的选择：西方国家作为现代民族国家体系的始作俑者，自然从一开始就被排除在候选人之外；而联合国充其量不过是协调这一体系的中间人，并非拥有切实权力之主体，也并没有能力建立起天下体系；于是，在近代被迫放弃原先制度与价值观念、被迫承认主权平等原则而进入到由民族国家构成的世界体系中的中国成为选择之一。在这套关于天下体系的话语中，关键不仅在于中国能否超越美国成为世界第一，还在于其能否占据今日美国都尚未完全实现的绝对中心的地位。儒家文化当然不足以支撑这一野心——证据之一便是新儒家尚未同新左派结合之前往往只是宣扬复兴传统文化，但没有构建起其中心地位的目标。那么，何种思想传统或来源支撑了该抱负呢？柯岚安试图从毛泽东传统中寻找端倪。

柯岚安发现新左派学者普遍重视作为"大跃进"前兆的《增强党的团结，继承党的传统》一文。该文章是毛泽东1956年在中国共产党第八次全国代表大会预备会议第一次会议上的讲话记录。毛泽东在其中提及的两个关键点引起了柯岚安的注意，一是中国要对全世界人民与人类做出贡献，二是要在几十年内赶英超美。这两个目标自然同今日的天下体系构想息息相关——中国有能力且有责任成为这一中心。柯岚安在回顾胡鞍钢等人言论时认为，新左派学者并非完全否认"大跃进"和"文革"所带来的各式弊端，而是从"有能力且有责任成为中心"这一政治总路线的视角下肯定了这些运动与毛泽东思想，并将其视为邓小平改革开放的必要条件，因为改革开放以来的一系列举措似乎都在朝这个方向前进。因此，柯岚安将中国对于世界第一与世界中心的痴迷归功于毛泽东的影响，尤其对于那些经历过大跃进或文革且在今日掌握了学术话语的人而言。当然，成为世界中心尚未足够，宣扬和平与和谐则是另外一步。中国式的和平与和谐不仅仅是共产主义式的，还带有儒家文化的印记。比如，柯岚安并不认为毛泽东的思想与儒家文化之间截然对立，因为无论是官方还是毛泽东都曾通过《礼记》中的大同观念——和而不同——来描述社会主义或共产主义社会。

那么，古代中国真的存在天下体系吗？学者们对于天下体系的构想真的能够实现吗？中共与政府真的会接受这套学说并借以挑战今日以民族国家为基础的世界秩序吗？无论是金德芳、赵穗生还是柯岚安都认为这套学说其实是乌托邦式的构想。赵穗生从历史角度剖析了天下体系的假想性质，即在真实的历史上古代中国所领导的亚洲秩序不像今日许多学者所描述的那般温情脉脉、仁义皆全。虽然古代中国在东亚地区实行朝贡或藩属制度，但这套中心—周边式的朝贡或藩属体系其实只是表面现象。赵穗生借助濮德培（Peter Perdue）的观点指出，表面上维系中心—周边结构的朝贡或藩属体系在有些时候只是礼仪性的。比如有泰国学者认为，在清朝时期，由于中国在接受周边国家朝贡之时也会回赠物品，因此当时的暹罗政府将朝贡体系视为某种形式的商业贸易，但却并没有真正接受清政府的册封。许多亚洲国家并没有如一些中国学者们所想成为中心—周边关系的一部分。此外，诸如濮德培和文安立（Odd Arne Westad）等学者还认为历史上中国的一些朝代同奥斯曼帝国、俄国等帝国有着类似的扩张倾向。但是这些观点却历来遭到中国学者的拒斥。

金德芳则从今日中国政府的态度来说明这一学说的不可能。虽然中国政府经常强调和平崛起以及传统文化中关于和谐社会的思想渊源，并试图建立一个新的国际秩序，但却不会接受天下体系的构想，因为政府加入联合国以及强调民族国家之主权的行为同天下体系实则相悖，后者反对以民族国家为基础的国际体系。正如金德芳和赵穗生共同指出的那样，中国政府并未宣誓此种野心，其对传统文化中和谐社会思想资源的宣扬只是为了在改变世界秩序时减少来自他国的阻力，而不是接受被学者们所构想的乌托邦式的绝对中心与周边结构。中国政府其实很清楚强者生存的铁则，其对传统文化的使用实则是古代中国外儒内法，外德内威的现代翻版。因此，正如"美国的领导地位"是美国霸权的委婉说辞，"天下"也会是中国霸权的委婉说辞。

柯岚安的评论同金德芳和赵穗生也大同小异。他认为学者们构建的天下体系或和谐观念看似美好，但却空有目标而疏于细节。如果添加上各式现实细节，那么最终所呈现的画面并非和而不同（harmony-with-difference），而是同而不和（sameness-without-harmony）。此外，柯岚安在最后还指出，重要的并不是指出这种构想的乌托邦性质，而是需要看到中国的政府与民众对于此种构想——他们眼中唯一正确的模式——的讨论在实际上意味的是对自由主义、西方和美国的敌视。

（韩侃瑶　编译）

原文信息

原题与作者：

June Teufel Dreyer, The "Tianxia Trope": Will China Change the International System?

Suisheng Zhao, Rethinking the Chinese World Order: The Imperial Cycle and the Rise of China.

William A. Callahan, History, Tradition and the China Dream: Socialist Modernization in the World of Great Harmony.

出处：*Journal of Contemporary China*, Vol. 24, No. 96, 2015.

为什么中国崛起不会引起权力转移之战

Sorpong Peou

在海外学界，中国崛起及对世界、对亚太地区的影响早已不是新鲜话题，最近十多年来相关著述层出不穷。在《亚洲政治与政策》（*Asian Politics & Policy*）2014 年第 1 期刊登的一篇论文中，加拿大瑞尔森大学政治学与公共管理系主任 Sorpong Peou 教授对最近出版的两部著作（《中国崛起》和《东南亚与中国崛起》）进行了详细的介绍和评议。值得注意的是，尽管本文中充斥着诸多冷战思维主导下的歧见与谬误，但它的确提出了几个亟待解决的问题：中国应如何积极参与世界及地区安全制度建设？如何让周边地区充分了解我国和平崛起的对外战略？如何制定并有效实施切合实际的公共外交策略？

《中国崛起》（*China's Ascent：Power，Security，and the Future of International Politics*）是由陆伯彬（美国）和朱锋（中国）合编的论文集，共收有中、美、日、韩等国的知名学者撰写的论文 12 篇。虽然有着不同的理论背景，基于不同理由，但这些作者都认为，中国实力的增长不会引起亚太地区的不稳定。

在第一篇"权力转移理论与中国的崛起"中，美国罗格斯大学政治学教授杰克·列维（Jack Levy）提出，在一个地区内部，为了阻止崛起大国威胁自身，占主导地位的大国更有可能参与预防性的战争以保护其现有地位。权力转移理论的拥护者忽视了上述事实。在核时代，当区内有地位争端的国家具备核威慑力时，地区内大国之间的战争不可能发生。作为一个核国家，中国和美国不会发动针对彼此的战争。北京大学的朱锋认为，中国一直而且还将被当前以单极为特色、由美国主导的国际体系所约束，其国内的限制也加强了中国的战略约束力。

陆伯彬和朱锋合撰的《中国崛起：理论与政策视角》，从区域两极的角度分析了亚太地区的稳定性。作者认为，亚太地区之所以稳定，是因为不管美国还是中国都没有能力凌驾于对方之上。中国在东南亚、朝鲜和亚洲的内陆地区已经成长为一个主要角色。由于具有海军优势，美国主导了东南亚的沿海国家和日本。全球单极性和地区两极性有助于"减少因为权力转移而爆发战争的可能性"。

第三篇"剖析中国崛起：国际环境与国家属性"的作者，宾夕法尼亚大学政治学教授金骏远（Avery Goldstein）则指出，上述两极并存格局及相对实力、地理和武器技术等固然都非常重要，但是其他变量如国内政治和经济条件也不容忽视。金骏远认为，如果中国的经济出现动荡，那么其对外政策就可能更具攻击性。当面对国内经济问题时，出于维持政治合法性的考虑，中国领导人有可能更趋好战。

第十篇论文"中国经济崛起对中美关系的重要性：对抗、政治冲突与是否爆发战争"的作者，康奈尔大学的乔纳森·科什纳（Jonathan Kirshner）教授进一步充实了上述观点。他认为，如果世界经济出现不稳定，或者中国增长轨迹突然中断，也可能迫使北京采用好战的对外政策。因此，帮助中国继续发展经济、让中国参与全球经济将有助于中国寻求一种温和的对外政策。作者认为，所有这些都意味着：使中国融入其中的、稳定的全球经济有可能让中国与其他国家（美国尤甚）和平相处。

还有一些其他因素会限制中国的崛起，如国际制度、规则、规范和区域共同体认同等。普林斯顿大学著名国际关系教授 G. 约翰·伊肯伯利（G. John Ikenberry）（第四篇，"中国崛起：权力、制度与西方秩序"）提出，国际制度更为关键。二战之后的国际制度由美国率先制定，但美国也受制于这些制度，其结果是，中国从未把美国视为其国家安全的头号威胁，而这将有助于降低权力转移引发战争的可能性。

在第五篇"结构、过程与权力的社会化：东亚共同体建设与中国崛起"中，中国学者秦亚青和魏玲（外交学院）进一步提出了一种"进程主导型"的（process-focused）建构主义观点，认为中国参与国际和地区制度，并从制度化秩序中受益，互相需要、共同利益和对和平变革的期望所引发的社会化过程将使中国变得更具合作性，因而不会参与权力转移之争。

除了结构和制度限制之外，政治领导人还可以学着去制定政策，维护和平和安全。中国领导人也不例外：毛泽东的对外政策属于攻击性现实主义，但邓小平及其后继者执行的是防卫性现实主义，因为他们知道破解安全困境需要合作和自我克制。唐世平（撰写此文时为新加坡南洋理工大学高级研究员）在他的《从进攻性到防御性现实主义：中国安全战略的社会演化解释》论文中提出了这一观点。但是，这种学习的过程也要视其他国家对中国的崛起如何反应而定。

在第七篇文章中，弗吉尼亚大学政治学教授杰弗里·勒格罗（Jeffrey W. Legro）提出，我们需要理解中国领导人如何看待世界，因为他们会依照其他国家，尤其是主要大国的行为或其对待中国的方式来做出反应。只要其他国家不触犯中国的利益，并让中国参与多边框架来处理其政策优先问题（经济发展、领土防卫和台湾问题）的话，北京就不会成为麻烦制造者。

在中国崛起问题上，另外一个担心的来源与其他国家对中国崛起的反应有关。高丽大学的金炳局教授（Kim Byung-Kook）在其文章中提出，由于韩美联盟已经减弱，且与朝鲜的关系也日渐温和，因此韩国对中国的威胁已经无足轻重，其国内政治也有助于韩国通过适应中国来应对中国的崛起。与韩国不同，日本对中国的崛起采取的是一种更为消极或现实主义的方式。东京大学高原明生教授（Akio Takagara）指出，与适应中国的崛起不同，日本采用的是一种主动出击的对外政策，日美联盟关系不但没有削弱，反而有所强化。日本国内的民族主义情绪也在增长。

美国布兰迪斯大学（Brandeis University）教授罗伯特·阿特（Robert Art）在他的《美国、东亚与中国崛起：长期意义》一文中，提出了一种乐观的看法，即美国能在应对中国崛起中发挥建设性作用。华盛顿应该采纳压制和适应相结合的复合战略。两国之间的战争几乎不可能，部分原因在于中美之间的"确保相互摧毁"（MAD）关系和共同利益。美国必须在东亚保持其海上霸权，维持其与东亚国家的联盟关系和安全协议，并帮助该地区安全多边主义制度化。同时，美国应该考虑到中国的国家利益，不对台湾独立等涉及中国国家利益的行为给予支持。

简言之，《中国崛起》的作者们秉持不同的理论传统，共同为亚太地区描绘了一幅积极的前景，其多元性视角使本书非常独特而且有趣。当然其中也存在问题，即这些乐观主义的预测是否说得通：中国是否能成为主导亚洲大陆的陆地大国以及区域制度、规则、规范和对话能否有效抑制中国的对外行为。

上述文章解释了中国崛起之后其行动会受到来自地区结构、制度、规则、规范和对话等多方面的限制。结构限制比制度、社会和规范限制似乎更有力，但远非中国政策和行为的决定因素。从经济和军事能力而言，美国仍是世界第一大国，这也将影响中国对外战略意图的制定。另外，亚太其他国家将如何应对中国崛起——基于它们对历史经验、地理位置、领土争议和意识形态立场等方面的认识——也有助于解释中国的影响为什么没有像其经济和军事力量那样上升，以及为什么不可能爆发争夺霸权的战争。

下面来看另一部著作，即新加坡东南亚研究专家伊恩·斯托里（Ian Storey）撰写的《东南亚与中国崛起》（*Southeast Asia and the Rise of China*）一书，因该书主要考察东南亚诸国将如何应对中国崛起，因此恰好可以与《中国崛起》中的观点进行比较。作者认为，中国对东南亚地区的影响力被夸大了。《东南亚与中国崛起》的第一部分分析了历史上中国与东南亚地区的关系。冷战时期中国对东南亚地区的影响力不大，双方关系比较紧张；20 世纪 90 年代之后，东亚各国认识到了中国在地区事务中的积极作用，开始寻求与中国在多边论坛上的接触。90 年代中期，随着中国越发彰显其多边主义的立场，东亚各国与中国的关系变得积极起来，而在北京对 1997 年的金融危机采取积极态度之后，这一关系更得到蓬勃发展。在 21 世纪的第一个十年中，双方的关系既有深入，也有倒退：经济合作令人满意，但 2010 年后因南中国海问题又趋于紧张。但总的来说，中国与东盟国家的关系仍是积极的，尤其是与 1949 年之后的时期相比。

第二部分（第 4—8 章）考察的是东南亚陆上国家——越南、泰国、缅甸、老挝和柬埔寨——对中国崛起的反应。越南一直游走于一条既提防又依赖中国的道路，在改善两国经济关系的同时并不加强与中国的军事联系，而是与中国在冷战时的敌对国——美国——越走越近。认为中国已经主导了越南的看法是不正确的；中国也没有主导泰国，因为后者仍与美国维持着安全联盟关系。从中国的经济渗透和政治及军事影响方面讲，中国在缅甸的拓展工作比较深入。但是，尽管缅甸的军事领导人非常依赖中国的支持，缅甸军方也不满意中国对其国内事务的干涉。同时，北京对东南亚国家改革的缓慢也不满意。因此中国是否已经主导了东南亚大陆国家尚不得而知，任何声称缅甸臣服于中国的看法都会变得越来越成问题。至于柬埔寨，这可能是唯一越来越依赖中国的陆地国家。中国一直向柬埔寨提供经济、政治和军事支持，最近的证据更显示，柬埔寨可能屈从于中国的政治愿望，而不是东盟成员国的利益。不过，美国仍是柬埔寨最大的贸易伙伴国和市场，紧随其后的是美国在亚洲的盟国——日本。中国对缅甸政府的军事支持一直不是很多，而且两国也没有正式的政治—军事联盟关系。

第三部分（第 9—14 章）考察的是中国与东南亚地区海洋国家的关系以及中国影响的局限性。印度尼西亚精英和公众向来把中国视为威胁，但现在这种看法在减少，而且两国关系已经成熟（虽远远谈不上理想）。作为东南亚地区最大的国家，尤其是从其人口规模和国土面积的角度看，印度尼西亚把自己视为地区领导者，因此有可能与中国对该地区的目标发生冲撞；马来西亚继续在是否乐于接受中国介入与军事平衡之间游移不定，且更希望接受美国的帮助来改善其在海洋区域的安全，显示出中国对马来西亚的影响是有限的；中国不是新加坡的安全联盟国家，无论是在反共遏制还是在权力平衡政策上，新加坡都是美国政策的支持者。对新加坡而言，美国仍是地区安全的稳定力量。至于中国与菲律宾的关系则更成问题。

2005 年前后，两国关系似乎达到了一个新的、积极的水平，但这一"黄金时代"并未持续多长时间，领土问题再度占据两国关系的中心。总的来说，最近几年中国对菲律宾的影响在走弱。中国对东南亚两个最小的国家——文莱和东帝汶的影响也仍然有限：前者仍把加入东盟看作其对外政策的基石，仍与新加坡和西方国家（澳大利亚、英国和美国）保持着紧密的防卫联系，后者也未把中国视为关键的政治—军事联盟国。

上述分析显示，中国在东南亚地区的影响力不如大多数评论家所说的那样大。之所以如此，原因之一可能与这些国家将中国视为一个国家安全威胁有关，另外一个因素是双方政治制度的差异。换言之，如果其他国家觉得中国对本国形成威胁，那不仅仅是因为中国的经济和军事实力，而且还因为一些非物质因素——比如其领土扩张史、地理上的临近性和威权主义制度。

这种"受到威胁"的感受不可等闲视之。西方及中国周边国家不希望看到中国挑战自由世界秩序，如一些学者所言，如果允许中国在亚太这一世界上最重要的地区取代美国成为主导者，西方国家的利益和价值观将受到巨大的威胁。美国加强与东南亚国家的关系，就是为了建设一个亚洲国家的力量平衡格局，亚太国家也准备以多元战略来应对中国的崛起，前述两部著作都充分表述了这一事实。而中国也会精心策划，以防止出现损害其利益和大国地位的对抗性反应。因此，如果在该地区真的爆发战争，也肯定不是美国与中国之间的战争，最有可能的是一系列的代理人战争，就如在冷战时期那样。但是，因为经济发展和军事力量的增长，亚洲国家似乎已经变得更为自信和强大。它们可能一方面通过让中国和美国建立经济和制度的联合阵线而使两国保持一种多元战略关系，另一方面让美国牵制中国的军事发展。亚太地区未来的稳定将基于一个既非以中国为中心也非美国霸权的世界秩序。

简而言之，中国的崛起有可能仍是未来十几年中最大的论战和辩论来源。尽管如此，证据表明，随着中国经济实力的增长，中国的身份意识会更为明显。受某种霸权意图所驱动，这个亚洲巨人不会停止追求其国家利益。但是，中国崛起已经——而且将来仍会受到多方面的制约，其中之一就是亚洲其他国家会预先采取行动。在这个意义上讲，亚太地区仍将会继续稳定下去，中国尽管会崛起，但它能否在该地区和平建设中占据主导地位尚未可知。

（崔玉军　编译）

原文信息

原题：Why China's Rise May Not Cause Major Power-Transition War：A Review Essay

作者：Sorpong Peou

出处：*Asian Politics & Policy*，Vol. 6，No. 1，2014

有关中国崛起与世界秩序的
变革的几本著作简介

《变化的国际秩序中的权力：美国、
俄罗斯与中国》

书名：*Power in the Changing Global Order: the US, Russia and China*
作者：Martin A. Smith
出版社：Polity Press
出版时间：2012 年

　　权力（实力）可能是国际关系中最神秘且最难理解的一个词。约翰·奈的描写比较准确，"权力就如气候，每个人都能说上一两句，但没几个人理解它"。对权力的理解现在已经成为国际关系中的一个关键主题，这主要源于约瑟夫·奈最近 30 年中的数部著作。他认为，经济和军事资源是权力的主要基础，但约瑟夫·奈提出的"软实力"及之后的"巧实力"概念从学术界扩大到政治界，对传统的权力理论形成极大的挑战。不过，对"权力"定义的探求，远不如对谁拥有权力以及如何使用权力更有吸引力。马丁·A.史密斯的新作《变化的国际秩序中的权力：美国、俄罗斯与中国》就是试图回答上述问题的尝试。

　　史密斯对权力的理论和定义进行了全面而细致的回顾和梳理。他重点批评了现实主义者（尤其是约瑟夫·奈）的著作，认为他们忽视了权力的社会维度。史密斯指出，权力在本质上是社会的，因为它不仅是相对的，而且还是人类关系的产物，是被作为社会交往的结果而创造和操弄。

为了证明这一点，史密斯运用比较方法分析了 21 世纪中国、美国和俄罗斯在变化中的全球秩序中的作用。他将权力观念理解为一种社会和关系建构，国家之间的权力关系必须基于一个切实可行的、有效的、权利和义务对等的国际霸权体系。史密斯据此将其定义应用到三个国家的研究。

史密斯首先从分析 1945 年之后的美国开始，他将美国称为两极世界中的"自由主义国家"。苏联崩溃之后，美国通过多边制度行使权力，直到乔治·W. 布什政权。此时，美国的轴心地位被误用，从而导致该国的声誉受损，进而使美国的实力遭受重创。但从 2005 年之后，美国很快认识到这一错误，并逐步改正。史密斯认为，考虑到最近 20 年来美国权力的增长，尽管小有挫折，但在国际关系中美国仍发挥着不可替代的作用。接下来是俄罗斯。史密斯认为，2000 年普京执政之后，俄罗斯再现大国风范。这个诉求因为"多极世界"的概念而得到加强。但是，与其说俄罗斯希望在国际舞台上实现权力分享，倒不如说它是想利用"多极世界"概念作为批评美国国际地位的武器。与俄罗斯的"大国"自我定位相反，中国则自称为"崛起中的大国"，并将其外交政策置于儒家的"和谐"理念之中。史密斯希望回答如下问题：中国在多大程度上是如其所宣称的那样和平崛起？他的结论是，中国成为世界大国的能力受制于其国内形势。

史密斯最后得出的结论，在可预见的未来，俄罗斯和中国都不可能挑战美国在国际上的地位。俄罗斯会乐于满足其区域大国的地位，中国在其国内问题没解决之前将不会成为世界大国的挑战者。因此，美国的问题不是能否领导世界，而是如何领导世界。处于国际关系核心结构中心这个事实还远远不够，但这个中心地位应得到更有效的利用，与其他国家谈判协商，达成协议，然后采取行动。这就是史密斯所定义的作为社会和关系网络的权力的性质。

史密斯的这部著作从理论和实践层面对权力做了很好的介绍，

另外还有详细的案例研究和可信的叙述。他对权力的社会层面的重新诠释或可激发学界的进一步研究。

（崔玉军　编译）

《中国威胁？中国崛起的挑战、神话与现实》

书名：*China Threat? The Challenges, Myths, and Realities of China's Rise*

作者：Lionel Vairon
出版社：CN Times Books
出版时间：2013 年

从美、中之间核战争的威胁，到由于中国人对象牙的需求而导致的非洲大象的锐减，针对中国给全球稳定所带来的风险几乎每周都会掀起新一轮的批评和谴责。尽管对这一成长中的大国提出的批评涵盖了一些基本的问题，然而通常给予的回答都是建立在意识形态或经济方面的思考上。与西方的普遍看法不同，法国前外交官利昂内尔·韦龙在他的《中国威胁?》一书中，通过对中国的经济战略、资源部署、国防、政治改革、民族与宗教、恐怖主义以及人权发展等领域的深刻观察，详细地证明中国对世界没有产生威胁，相反，他的论证表明，中国的和平崛起对全球而言应该是一个具有积极意义的消息。

利昂内尔·韦龙现为 CEC Consulting 的首席执行官，他拥有中国语言、文化和政治学的硕士学位和远东研究博士学位，曾作为法国外交官在亚洲、非洲和中东地区工作达 23 年之久，并在法国国立东方语言文化学院、巴黎高等商学院、法国三军防务学院以及浦东干部学院等院校担任教职。

对于"中国威胁"的观念，作者认为，普遍而言，中国作为一个发展中的世界大国的出现使西方人感到焦虑，其简单的心理原因是，在经历了由西方判断对与错的数百年时间之后，他们不习惯于一个富于影响力的、非西方的国家的崛起。通过其在中国常驻的经历，作者确信所谓"中国威胁"的观念实在是言过其实，因为不管是从军事实力还是经济发展的角度，中国都不对西方构成真正的威胁。

至于为什么认为中国不会威胁西方？作者指出，中国本身不是威胁，但它做出的反应可以被视为一种威胁。中国目前希望得到国际社会的认可，承认它是一个有着上千年文明的国家，有着独特的价值准则和传统，以及自身特殊的国内和国际挑战。因此，中国是一个需要得到尊重的国家，不能强迫其遵守西方主导的所谓"国际秩序"的观念。

作者进一步分析指出，就目前而言，西方人眼中的主要威胁来自经济方面以及新型政治体系——国家资本主义，或是非议会民主之下的发展的影响——这些属于非西方的设计，并已开始影响发展中国家。多数西方人仍然不相信中国的创新能力，坚持旧的信念，即中国人只能仿造而不能创造。从长远看，他们也考虑到军事威胁，当然不是对他们领土的威胁，而是对美国的世界军事霸权的威胁。这意味着使美国对别国进行军事干预或通过军事威胁施加压力的能力受到严重限制。

作者认为，中国的文化与西方文化有很大的不兼容性，美国对自己有一种救世主的角色定位，要对世界其他国家的人们进行教化，与以前的殖民帝国颇为相像，而中国不存在输出其价值准则或制度的政治观念。中国更关注的是捍卫其自身的国家利益，而不是成为下一个霸主。当然，对于如何控制紧张的关系中国也不是没有缺点，韦龙批评中国领导人使用西方不熟悉的语言来进行沟通，例如"和谐"这样难以捉摸的概念。在西方文化中，冲突是可以导致进步和改善的，而在中国的情境中，社会和谐或许才是改善的途径，但是要让法国外交人员理解这个概念很困难，他们对此只是一笑了之。

作者指出，西方国家应该在平等和相互尊重各自的价值准则和国家利益的基础上与中国对话，认识到超级大国的霸权已经过去，目前的国际关系哲学应该趋向一种没有任何霸权的多级体系，停止施压，给予中国和其他新兴大国更重要的地位和在国际事务中的发言权。崛起的中国不是威胁，只有当西方国家不承认其合法的国家利益，试图限制它并否定其在国际社会中的地位时，中国才将是成问题的。

23 年的外交官经历，以及自 2005 年以来与中国和欧洲的机构、大学、智库和公司的紧密合作，使作者断定在中西之间存在巨大的误解，也正因此，作者希望此书能说明西方敌意的原因，并对一些事实和神话做出解释。他希望通过这部书使西方的读者更好地理解目前中国在其崛起中所面对的困难，中国领导人采取的一些行动背后的国内国际缘由，在诸如人权或宗教等领域尝试将有关中国的看法去意识形态化。总之，作者希望帮助读者理解中国的稳定是世界稳定的关键所在。

（刘霓　编译）

《中国寻求的全球秩序：从和平崛起到和谐世界》

书名：*China′s Quest for Global Order：from Peaceful Rise to Harmonious World*

作者：Rosita Dellios and R. James Ferguson

出版社：Lexington Books

出版时间：2012 年

作者罗西塔·戴理奥和詹姆斯·弗格森均任职于澳大利亚邦德大学。罗西塔·戴理奥为该校国际关系副教授，研究重点涉及中国的防卫政策、中国有关世界秩序的哲学观念以及全球政治的未来走向。她定期访问中国，及时了解中国外交及防卫政策领域的最新进展，以及中国国内的儒学研究。詹姆斯·弗格森现任邦德大学东西文化与经济研究中心主任，其学术背景涵盖历史、文化体系与哲学。

　　针对当今全球政治中随处可见并咄咄逼人的"中国崛起"的提法，作者在其著作中全面考察了中国领导人对这个提法的反应，以及他们制定了哪些战略路径以改善人们对威胁的看法。作者指出，中国领导人并非简单以"和平崛起"的说辞来安慰其他国家，而是采取了积极主动的步骤以减少冲突。北京寻求打造渐趋形成的全球治理秩序，既保证自身不受到威胁，还可以在解决国际问题上更具建设性。让中国成为"负责任的利益相关者"，这个称谓承载了西方的共同希望，然而借鉴其自身的儒学遗产，通过推进和谐世界的政策，中国对世界秩序的贡献似乎要比所谓的"利益相关者"更为坚实。本书从中国的视角阐释了中国对全球秩序的追求，并从当代国际关系、战略研究和系统思想等角度分析了中国的概念。本书对现有分析的重要贡献包括其提出的"儒家地缘政治学"的观念以及合作和保护的战略场域之间的交互作用。

（刘霓　编译）

《世纪之争：美国如何与中国竞争》

　　书名：*The Contest of the Century*：*The New Era of Competition with China—and How America Can Win*

　　作者：Geoff A. Dyer

　　出版社：New York：Knopf

　　出版时间：2014 年 2 月

　　《金融时报》北京分社前主管杰夫·代尔在其本部新作中指出，中美两国的竞争不断加大，将主导 21 世纪的国际事务。作者详细叙述了北京对影响力的追求，并对美国应如何在中美之争中胜出做了解释。

　　国际政治的结构正在迅速转化。在经过几十年的发展之后，中国已经迈入一个新的、关键的阶段，希望借其经济力量变成全球大国。在本书中，作者利用大量的事实，令人信服地说明了中美两国正在展开一场大国之争。两国的竞争将是方方面面的：从控制海洋（中国海军正试图将美国逐出亚洲、恢复中国历史上的主导地位）到重写世界经济规则（中国试图把人民币变成主要国际货币、摧毁美元的主导地位）。此外，中国还投入巨资，将其媒体组织送到海外，希望借此转变全球对民主与个人权利的争论。

不过，作者认为，中国尚不能取代美国。中国的雄心壮志引起了不少焦虑，尤其是在亚洲，而美国的全球影响力则深有根基。如果华盛顿能够适应一个它尽管不具主导地位但仍非常强大的世界，它将经受得起中国的挑战。由于美国的未来充满极大的不确定性，因此《世纪之争》确是一部国际关系领域颇有价值的著作。

中国的国际战略与全球治理

- 中国与地区共同繁荣：五大风险因素
- 中国应更积极地参与全球治理
- 明信息、重然诺，确保和平崛起
- 中国的恐怖主义威胁：来源、程度及影响
- 中国"不干涉"的外交政策值得反思
- 不干涉政策对于区域经济治理的影响
- 理解中国战略文化的两面性有助于理解其安全政策
- 如何理解中国未来的国家行为？
- 中国的新丝绸之路：外交、安全与经济影响
- 中国正通过"一带一路"计划成为区域议程设定者
- 对"一带一路"计划的若干忧思
- 中国"一带一路"计划：新一轮的开放战略？
- 新疆在中国中亚战略中的地位
- 中亚外交与新丝绸之路战略
- 中国应通过上合组织提升与中亚地区的合作
- 中国全球战略中的欧洲定位及中欧关系的未来
- 构建和平发展：北京的台海政策
- 调整外交战略，因应日本地方外交
- 从不干涉到"优势"战略：中国在非洲的战略抉择
- 亚太六国安全评估对中国外交政策调整的启示
- 习近平外交战略初现端倪：以实力求和平
- ◆ 书介：《中国之挑战：影响崛起大国的选择》

中国与地区共同繁荣：五大风险因素

田中均

2013 年 9 月，日本综合研究所国际战略研究所理事长、前外务省副大臣田中均撰文指出，对于日本和其他亚太国家而言，最重大的任务也许就是找到应对中国的恰当途径。中国崛起的规模令其对地区稳定与发展具有重要意义毋庸置疑。同时，与关于中国经济迅猛发展的故事同样比比皆是的，是对可能遏制其发展风险的担忧。特别是，中国面临着五大关键的风险因素，有可能使这些担忧变成现实。

短期国内动荡

中国共产党政治合法性的重要支柱就在于它持续推进经济增长和提高生活水平的能力。尽管在过去的 30 多年里，中国尽享前所未有的经济增速，但 10% 的增长时代已成为历史。观察家现在预测中国的增长速率将维持在 7% 左右。与此同时，中国的新一届领导人还必须应对深深困扰民众的腐败与环境挑战。总体而言，目前的中国需要在处理当下人民对更好生活的愿望和进行旨在防止未来危机的体制改革之间找到平衡，以及明确改善利益不均状况的时间表，同时不会令现行的制度出现硬着陆或更糟的情况。此外，中国公民在网上表达他们的政治焦虑也不断对政府形成压力。

长期国内体制挑战

中国面临着可能影响其经济与政治稳定的若干长期体制挑战。例如，鉴于中国的中产阶级将日益壮大以及互联网的发展速度，富有和教育良好的新一代将对政府有更多的期望，并有能力对政府施加更大的压力。因此，为了长期的国内稳定，中国共产党必须为民众寻找合法表达政治焦虑的渠道。此外，改革户籍制度对于解决日益恶化的收入不平等问题至关重要。

中国还面临着人口问题的隐忧，而成为第一个未富先老的国家则令情况更加恶化。废止一胎政策有助于问题的缓解，但效果十分有限，这是由于人口结构的真正改变会有一定的滞后，并且很多父母出于经济等原因仍会选择只要一个孩子。此外，腐败和政治上的问题正促使越来越多的中国富人移民海外。最后，体制化的爱国主义教育和学术自由的缺乏，可能导致无法培养出应对未来挑战的必要的人才。

"核心利益"

中国惯于用"核心利益"一词来谈论它认为值得为之一战的问题。将某一问题贴上"核心利益"的标签，就使其成为中国共产党兑现自己将确保中国不再遭受外辱的承诺的关键，并因此限制了其政策选择。因此，对于该地区的其他国家而言，必须对此小心翼翼，以免将中国共产党逼到墙角——那样会导致它采取极端强硬的手段来保护自身的政治合法性。

中美关系

中美关系对本地区至关重要。中美两国间的关系似乎正朝着积极的方向前行。两国在近期的中美元首会晤以及中美战略与经济对话中，对像朝鲜半岛、网络安全和可能的双边投资协定等方面的合作进行了探讨。不过，如果不审慎对待，这些问题很可能对两国本已良好的关系造成不利影响。

中国已经开始将其与美国的关系描绘为"大国关系"。中国的此种定位可谓是一把双刃剑。一方面，如果被称为"大国"能够满足中国国内的民族主义情结，并使中国成为一个负责任的地区掌门人，这就是一种积极的结果。另一方面，如果此种民族主义情结导致中国呈现出攻击态势、追求霸权行为、使用武力解决争端和无视国际规范，地区的稳定就可能受到极大损害。

协调对朝政策也是一项棘手的问题。中国被认为有能力向朝鲜政权施加关键性的影响。中国是否有意愿和能力来推动朝鲜承诺进行有意义的协商并最终实现无核化，对于这一点仍存在着质疑。美国、韩国、日本和中国能够在何种程度上合作解决朝核问题，将是衡量中美关系以及大国间合作潜力的一个重要指标。

中日关系

中日关系已经跌至战后最低水平。钓鱼岛问题对双边关系造成了巨大的压力，并削弱了双方的合作。在目前的情况下，中日关系是可能严重损害地区稳定的最直接风险因素。唯一理性的行动就是努力减轻紧张态势。在尚无法找到明确的解决方式的情况下，安倍首相和习近平主席需要共同寻求正确解决问题的途径，以避免该问题主导两国关系，损害两国正在开展的合作。

鉴于两国之间的巨额贸易和投资、经济上的互补性、地区生产网络的相互依存性和各自的政治影响力，中日关系对两国和该地区而言都至关重要。此外，安倍正寻求通过安倍经济学的"第三支箭"重振日本经济，而习近平则希望将平衡中国的经济减速作为转向一种更加可持续的发展模式的组成部分，两位领导人都不能让争端损害到经济合作。

因此，两个国家都需要做出强有力的政治承诺，也需要采取公共关系措施促进公众对双边关系的理解。此外，由日本加入 TPP 所带来的契机可被用来促进有日本和中国参与其中的贸易条约的商定，即区域全面伙伴关系协定和中日韩自由贸易区。该地区正要开展大规模的区域能源合作，中日在该领域的合作将对其成败至关重要。

这五大风险因素相互纠结，每一项都无法单独进行处理。如果中国共产党仅仅把目光集中于国内形势，对国际事件仅是被动做出反应，它很可能失去从经济合作中获益的机会——此种机会本是有助于解决国内危机的。从另一方面而言，如果中国共产党对国内危机不够重视，它将发现其外部风险进一步恶化。对于日本和该地区其他国家而言，在制定有效的应对中国的策略时，将这五方面的风险因素纳入考量也是十分重要的。

中国应对上述风险的方式——以及在此过程中该地区能给予中国的合作——将对该地区未来的稳定有着长期的影响力。如果该地区能够成功处理上述错综复杂的关系，就能确保未来几十年的共同繁荣。

（陈源　摘译）

原文信息

原题：China and Shared Regional Prosperity：Five Risk Factors

作者：Hitoshi Tanaka

出处：http：//www. jcie. or. jp/insights/8-3. html

中国应更积极地参与全球治理

王红缨　　埃里克·法兰斯

加拿大滑铁卢大学政治学副教授王红缨和美国雪城大学政治学博士埃里克·法兰斯在《亚洲政策》2013年第15期上发表文章认为，中国应该更加积极地参与全球治理。中国崛起在世界政治和全球经济中已经成为新的重要现实，且对全球治理意味深长。

20多年来，"中国崛起"在决策者、企业领袖、学术界以及一般公众当中成了一个口头禅。中国的崛起是一种威胁还是机会，大家对此虽然各持己见，但基本共识是，中国崛起在世界政治和全球经济中已经成为新的重要现实，且对全球治理意味深长。例如，中国迅速的工业化和城市化不可避免地对其邻国形成经济和环境影响，而中国更强大的军事力量也会令地区安全局势更为紧张。

就全球治理而言，中国崛起所带来的消极结果一直是相关学术研究的主题，然而多数决策者和分析家忽略了这样一个事实，即尽管中国的力量不断强大，但它在国际舞台上迄今仍然保持相对低调。在保卫国家主权和领土完整，确保获得世界其他地区的能源和自然资源这些"核心利益"之外，中国政府在多数全球治理领域仅仅发挥有限的零星作用。

与金砖集团的其他新兴国家相比，依据对主要多边机制和项目在人员、经费以及观念上的贡献度，显示出中国对全球治理一直保持着低参与率的状态。这一现象既有其国内原因，也有国际因素的影响，例如中国的参与动机与能力，以及国际社会对待中国的态度。

文章得出以下结论：尽管经济力量不断增长，并表示要做一个负责任的大国，但中国在全球治理中始终保持低调，同时没有证据表明中国寻求在国际上的领导地位。与对中国即将在世界上取代美国的忧虑相反，北京对于更多地参与全球治理没有多大兴趣，能力也不足。

中国之所以在全球治理中相对被动，其内部和外在原因都可溯源至中国的政治制度，而中国的政治改革似欲加强其作为一个世界领导者的能力和地位。

通过促进中国社会的成长，以及更为积极地将中国作为国际社会的一员来对待，美国和其他外部行动者可以鼓励中国并使其在提供全球公共产品方面发挥更大的作用。

（刘霓　摘译）

原文信息

原题：China's Participation in Global Governance from a Comparative Perspective

作者：Hongying Wang and Erik French

出处：*Asia Policy*，No. 15，2013

明信息、重然诺，确保和平崛起

贺　凯　冯惠云

美国《亚洲安全》（Asian Security）杂志2014年第2期刊载了犹他州立大学政治学系华裔学者贺凯和冯惠云合撰的文章。文章应用国际争端中的议价理论（bargaining theory），考察了冷战以来不断强大的中国在战略抉择上的成功与挑战。作者认为，中国要实现和平崛起的目标，需要缓解信息与承诺的问题。但是，鉴于中国模糊的"核心利益"外交，以及对于解决海事争议多边机制的犹豫不决，使得上述问题未能得到很好解决，致其"和平崛起"战略面对严峻的挑战。作者列举1990年到2008年，中国成功利用释放有效信号和参与多边机制两种战略推进和平崛起的事例，也讨论了自2008年以来，中国因"自信力增长"而面临的挑战。基于此，作者建议中国有效传递信息，积极参与基于规则的制度建设，例如中国与东盟的安全共同体，从而更好地履行自己和平崛起的承诺。

中国的崛起已经成为21世纪世界政治中的一个重要现象。中国不断加速的经济增长、不断增强的军事实力及不断扩大的政治影响力同时吸引着学术界与普通民众的关注。不过西方的学者们首要关注的是隐藏在中国崛起背后的深远含义，以及相应的因应策略。关于中国崛起争论中的两大主要问题是：（1）中国崛起后将会发生什么？（2）如何应对中国的崛起？在回顾了这场争论的整体情况之后，作者对"中国崛起"这一话题提出了两点仍未解决的问题。第一，人们对于中国崛起潜在影响的争论在观点上趋向于决定论且两极分化。这一讨论忽视了中国崛起的内在动力及其对世界政治潜移默化的影响。第二，仅仅关注其他国家，尤其是美国如何应对中国崛起，这从本质上来讲是有偏见的，因为它忽视了中国本身才是中国崛起这部大戏中的主角之一。而中国的政策选择也同其他国家的反应一样重要，将左右中国崛起的最终结局。

在世界政治中，有关中国崛起的含义存在三种不同的观点。一些悲观的学者认为，中国与其他国家，尤其是与美国间的冲突是不可避免的。受不断增强的经济与军事实力驱使，中国会像历史上的其他大国一样，寻求地区霸权。中美之间即将到来的冲突不是何时发生的问题，而是如何发生的问题。当悲观派学者关注于中国与美国的权力再分配时，乐观派则将目光放在非军事力量的影响因素上，例如经济上深度的相互依存、各类多边体制发展所施加的影响、中国独特的战略文化以及层级化的区域认同都限制着中国的行为，缓解中国与其他亚太区域大国可能发生的冲突。在乐观与悲观两种观点之间，还有一种不太明确的观点。这种观点认为，中国崛起的未来不会仅由单一因素所决定，且由于国际关系中复杂的"系统效应"（system effects），现在还很难预测中国将会为世界带来些什么。根据上述不同的看法，人们也提出不同的应对战略。悲观主义者提出牵制和离岸平衡战略，乐观派倾向于接触政策，而对持第三种观点的人来说，最好的战略则是为两种后果同时做好准备。

目前有关中国崛起的讨论既有政治相关性，又受到学术上的激励，但仍存在两个有待分析的问题，即轻视中国崛起的动态性质，且忽略了决定着最终结果的战略选择的作用。不管是乐观主义还是悲观主义者，都认为中国与美国必然走上或冲突或合作的线性路径，第三方则在两种结果之间含混不清。尽管权力、制度、准则和认同都可以左右且推进中国的利益与行为，但它们都被看作一种单方向的影响。也就是说，上述三类学者们似乎都忽视了中国与世界之间的相互作用——世界能改变中国，同样，中国也能改变世界。只关注他国，尤其是美国应该如何应对中国崛起，这种美国中心主义的方法或许有其政治逻辑，但从分析角度而言则是存在缺陷的。因此，针对中国崛起，探讨它在走向大国之路上的战略选择同样重要。

　　作为一个崛起中的大国，中国不希望与美国或是其他大国有任何冲突，因为在发展的过程中发起大规模战争是不理智的。虽然中国经济持续快速增长，但其军事实力依旧无法与美国相比。鉴于开战耗资巨大，中国以武力挑战美国也是不科学的：如果败北，必定有碍中国崛起；即便取胜，中国经济也将遭受战争创伤。而当中国的军事实力即将超越美国的时候，战争也就变得没有意义了，因为有了更强大的实力，中国更加自信也更愿意与美国和平地解决问题。

　　但是国家之间并不总是能和平达成协议，从而避免战争，议价理论认为这主要源于两方面的问题，即信息与承诺，而二者中永恒的主题便是可信度。如何调解与解决信息与承诺问题对于中国和平崛起至关重要。就信息问题而言，国家可以选择"昂贵信号"战略（"costly signaling" strategy，或称"高风险代价信号"战略），以传达其真实意图或隐秘信息。而对于承诺问题，则可以选择一种制度化的"锁定"战略（"lock-in" strategy）以确保践行承诺。

　　根据上述理论，文章讨论了自冷战结束以来，中国在应用"昂贵信号"和"锁定"战略与美国和其他大国议价中所取得的成功与遭遇的挑战。作者认为，中国的确有理由隐匿信息或退出协议，然而，如果中国真的希望追求一种和平的发展，那么就应该努力克服这些动机。因为中国单方面的努力也许无法保证一个和平的结果，因为有些势力，尤其是美国，也许不愿意通过和平协商解决问题。而中国的信息公开，且通过条约自我约束的不懈努力至少可以提升协商的成功率，避免战争的可能性。

　　作者以中国解决台湾问题和参与多边机制为例，讨论了中国采用"昂贵信号"和"锁定"战略取得的成果与存在的问题。2005年，中国通过了《反分裂国家法》，反对和遏制"台独"分裂势力，通过法律效力保留了对于台湾诉诸武力的权力。尽管有不同看法，但这项法律传递了清晰的信号，即为了台湾，中国不惜投入战争，同时法律还约束且限制了中国领导人在台湾问题上的抉择，即如果他们使台湾与大陆渐行渐远，就将面对国内法律的制裁，或是丧失对公众的控制。在参与多边机制方面，作者以中国与东盟，以及中国与美国的互动为例进行了分析，指出中国将其锁定在这些多边制度的约束中的一个动机是缓解该地区对中国军事和经济实力不断增强的忧虑，并强化其和平崛起的承诺。如果中国不能保持其对某一机制或条约的承诺，就将在声望上承担相应后果。

中国基于迅猛发展的经济与不断增强的军事实力，自信地与各方重新议定其在国际体系中的地位，这是很正常的。自信力并不等同于侵略性，然而重点是中国应该如何就其新的地位进行议价。中国近年来采取所谓的核心利益外交，旨在与美国和其他各方重新协商，并通过传递某些隐秘信息而在协商过程中达成新的平衡。遗憾的是，由于有关中国核心利益的歧义和误读，中国未能成功地向美国或是地区内的其他国家传递有效的信号。此外，中国在依靠多边机制解决海事争端上的犹豫不决，也使得中国关于和平协商的承诺更为复杂化。从理论的角度揭示中国"和平崛起"战略的成功与挑战至为关键，然而事实上，许多其他的因素，例如国内政治、民族主义、非国家组织等，都在影响着中国崛起的结局，并且在中国与外界的交流中扮演着重要角色。尽管如此，作者仍然认为，本文相关的理论研究可以作为中国领导人在制定"和平崛起"未来战略中的基本条件与前提。

为实现在地区内的和平崛起，中国应努力加强其信息与承诺的可信度。一方面，中国需要重新审视自己的核心利益外交，减少这些利益的歧义，并限制与约束核心利益的数目。中国与邻国的领土争端不应该包括在内，因为中国并不希望以武力解决这些问题。

另一方面，中国需要通过多种渠道加强其和平崛起承诺的可信度。为表明自己在南中国海问题上的和平承诺，中国应考虑与东盟国家签署相应的行为准则。此外，中国应考虑在国际多边机构，尤其是亚太地区的安全机制中发挥更大的作用。中国应与邻国发起一个安全建设议程，保证各方以非暴力手段解决问题与争端。亚洲地区安全共同体的建设不仅能帮助中国实现和平崛起，而且还会惠及未来的区域安全。

（王金戈　编译）

原文信息

原题：China's Bargaining Strategies for a Peaceful Rise：Successes and Challenges

作者：Kai He & Huiyun Feng

出处：*Asian Security*，Vol. 10，No. 2，2014

中国的恐怖主义威胁：来源、程度及影响

菲利普·波特

2014 年 3 月 1 日发生在云南昆明的严重暴力恐怖袭击案件造成重大人员伤亡，也让很多中国民众真切地感受到了恐怖主义其实并不遥远。近年来，国外学术界对于中国面临的恐怖主义威胁开展了一些研究。2013 年年底，美国密歇根大学政治科学和公共政策助理教授菲利普·波特（Phillip B. K. Potter）在《战略研究季刊》（*Strategic Studies Quarterly*）发表文章，认为中国当前面临的来自内外的恐怖威胁明显上升，对于中国乃至国际社会安全产生的影响都值得关注。

"东伊运"：主要恐怖威胁

苏联解体后，紧邻新疆的中亚五国纷纷独立，中国西部安全破碎。恐怖主义和宗教极端思想也借机进入新疆，并与新疆一直存在的分裂主义势力结合，在一些地区生根发芽。

自 20 世纪 90 年代以来，"东伊运"（EITM）一直是新疆乃至中国的主要恐怖威胁。"东伊运"最初成立于新疆，随后转移到阿富汗、巴基斯坦、塔吉克斯坦等国家参加"圣战"，与塔利班、"基地"、"乌伊运"（IMU）等国际恐怖组织有联系。2009 年，"基地"组织高级头目阿布·利比就曾公开为"东伊运"站台，在恐怖视频中鼓动针对中国开展"圣战"。"东伊运"在盘踞于巴基斯坦部落区的国际恐怖组织中也具有一定地位，其前两任头目阿布都·哈克和

阿布都·许库尔都曾是"基地"组织核心机构"舒拉委员会"成员，前者还曾参与协调组织塔利班、哈卡尼网络、"基地"等恐怖组织行动，应对巴基斯坦军队对部落区的围剿。哈克和许库尔分别在2010年和2012年被美军无人机和巴基斯坦空军炸死。

"东伊运"与国际恐怖组织的密切关系，使其在资金、培训等方面得到了国际恐怖组织的帮助，这也在一定程度上导致新疆发生的恐怖袭击事件升级。2011年7月30—31日，喀什地区发生了系列恐怖袭击，恐怖分子综合采用了汽车炸弹、卡车冲撞、砍杀、枪击等多种袭击方式，袭击的复杂和协同程度较以往明显上升。这起恐怖袭击发生几个月后，"东伊运"在发布的恐怖视频中承认，一名参与袭击的恐怖分子曾经在巴基斯坦部落区的恐怖训练营中受训。随着美国从阿富汗撤军，一些在该地区参加对美"圣战"，具有丰富恐怖袭击经验和极端思想的恐怖分子可能"回流"，新疆面临的恐怖风险仍有可能上升。

严峻复杂的反恐形势

随着中国日益成为国际大国，其反恐政策也在不断明确和强化。改革开放后，中国放弃以往对一些国家左派组织和民族主义武装组织的支持。"9·11"事件发生后，时任中国国家主席的江泽民第一时间致电美国总统小布什表示慰问，并表态支持美国的反恐战争。中国对于国际恐怖主义的鲜明态度，扭转了当时因南海撞机事件急剧紧张的两国关系，也开启了与国际反恐努力的紧密合作。

就国内而言，中国的反恐政策一度也很成功。相较于美国、以色列、俄罗斯等国，中国的恐怖活动一直保持在较低水平，这主要得益于中国政府对于此类活动一向"严打高压"，以及对枪支、爆炸物等物品的严格管理。但近些年来，由于中国"走出去"的步伐不断加大，介入国际事务越来越多，中国也更多地成为国际恐怖组织直接袭击的目标。迪拜警方就曾经破获过恐怖分子试图炸毁中国商品市场的案件，而在巴基斯坦、阿富汗，也曾多次发生过恐怖组织对中国企业和工人实施恐怖袭击的事件。"基地"组织在北非地区的主要分支"马格里布基地组织"（AQIM）就曾经公然发出针对中国国民和项目的"圣战"威胁。

受多重因素影响，2008 年以来新疆的恐怖活动明显增多。但同时，互联网及各类新媒体的迅速发展，促进了信息"去中心化"的流动，也使得政府在传统意义上管制恐怖主义相关信息的难度加大。2008 年北京奥运会前夕新疆发生的系列恐怖袭击事件，就曾引发网民广泛关注，并激起了中国网民关于民族关系的热烈讨论，产生了很大负面影响。

深远影响

未来中国面临的恐怖威胁仍将上升，由此产生的不稳定因素也会增加。除了国家安全遭受损失外，中国政府还应该密切关注恐怖主义对民族主义情绪的刺激效应：有研究显示，一国遭受恐怖袭击后，该国民众的民族主义情绪往往高涨。对中国而言，过于高涨的民族情绪可能打乱既有的战略布局，被过多地卷入阿富汗、巴基斯坦等地乱局。同时，中国如果进一步加大严打，不仅对本已紧张的民族关系造成进一步冲击，也可能会对振兴新疆，向中亚挺进的计划造成影响。

对于国际社会来说，中国面临的恐怖威胁上升也不是好事，因为这将极大增加国际安全格局演变的不确定性，整个体系的不稳定因素也会进一步上升。对美国而言，中国反恐形势严峻倒是一个有效促进两国关系发展的机会，在反恐领域的务实合作可能为两国未来关系的发展提供动力。中国也可以从中更好地掌握国际合作规范，为和其他国家在双边或多边层次上更好地开展合作奠定基础。

（归宿　编译）

原文信息

原题：Terrorism in China：Growing Threat with Global Implication

作者：Phillip B. K. Potter

出处：*Strategic Studies Quarterly*，Vol. 7，No. 4，2013

中国"不干涉"的外交政策值得反思

荣凯尔

欧洲国际政治经济中心高级研究员居伊·德·荣凯尔（Guy de Jonquières）于 2014 年 4 月提交了一份《探寻中国外交政策》的政策简报。荣凯尔在报告中指出，对全球外交政策制定者而言，如何处理中国的崛起既迫切又重要。同样，北京也面临一个复杂而又令人困惑的问题：中国要怎样同世界上其他国家打交道？在国际论坛上，中国清晰地表达了自己反对什么，但对自己支持什么却模糊不清。中国不站队、不干预的外交战略值得反思。

过去的 30 年间，中国的外交政策在很大程度上受到国内压力与经济需要的影响，是对其国内问题的回应。中国领导人一直致力于维持稳定的国际关系，践行邓小平提出的"韬光养晦"原则。但自 2008 年以来，中国务实精神开始越来越走样，其表现令外界难以琢磨。中国对领土及领海的主张越发强势，进一步降低了他国对北京方面的信任，也降低了"和平崛起"的可信度。

大国崛起加深了中国同国际社会的相互依存

对世界大国地位的争取隐含着一种悖论。一方面，中国耀眼的经济发展激发了这样一种信念：中国已经获得超级大国的地位，理应获得大国应有的尊敬与对待，但另一方面遭受西方列强欺侮的受害者心理又挥之不去。中国近年来的"自信"似乎就反映出了这种想法：通过扩大其影响范围并让外界感受到其权威，中国现在有能力改变这种局面了。

然而中国的崛起并不是无中生有，也不仅仅是其生产活动的结果。中国经济增长的驱动力是快速广泛且日益加深的全球经济一体化。中国确保其工厂运转及生活水平提高的能力与外国市场准入、知识技术、国外生产的组建与组装、外资、海外能源及原材料等密切相关。此外，中国高达4万亿美元的外汇储备只能投资于海外，而能够吃下如此巨大投资额度的市场几乎全是西方发达国家。

尽管中国在这些市场属于重量级选手，但仍有诸多因素影响这笔外汇储备的价值，且这些因素不在中国掌控之中。因此，中国也需要小心行事。从全球地缘政治稳定性的观点来看，中国与世界上其他国家间日益加深的相互影响是积极正面的，但从中国的立场来看，这样一种联系的加深将中国暴露在了一连串的外部力量之下，这对中国并非好事。不仅中国的国际关系在很大程度上受到国内问题、压力集团及重要事件的影响，其国内事务也受到外部事件的直接影响。

到目前为止，中国凭借支票簿外交、中立政策以及胡萝卜加大棒策略，在国际上避免结盟的同时奉行"不干涉他国内政"的原则，成功避开了外交纠葛。而中国对待多边组织的态度也是半独立的，与之相比，中国更倾向于双边外交。中国已难避免更深层次的国际干预，西方批评人士常指责中国一边享受开放的世界经济的成果，一边又不愿意承担维护这样一种开放局面所需要的责任。然而，两个重大转变正在发生，这将使得中国难以避免更深层次的国际干预。

首先，过去中国可以搭乘全球安全保证者美国的顺风车，不需要亲自去处理世界上动荡地区的各种问题，而美国继续扮演世界警察的意愿与能力目前都已成问题。其次维护中国国境线之外的地区的安全与稳定对中国国内繁荣与幸福至关重要。随着中国国内需求的剧增以及自然资源的减少，中国不得不向外寻求进口以满足其对能源、原材料及粮食的需求，而能源与原材料出口地常常距离中国遥远，有些还是政治上不稳定或危险的地区。中国还是"不完全大国"，外交资源缺乏软实力。

中国或许是个新兴的超级大国，其羽翼尚未丰满。中国控制了庞大的金融资产，但其金融体系还太过粗糙与僵化，极易受到意外变故的冲击，其债务增速也已于 2008 年达到警戒线。此外，其货币政策还将在美联储的阴影下运作。虽然中国的军费开支 2014 年增长了 12.2%，但美国在中国临近地区的军事投射实力仍远超中国。用沈大伟的话来讲，中国还只是"不完全大国"。这些问题，部分是由中国同世界上其他国家的长期隔离所带来的遗留问题造成的，部分则是因为其政府过分担忧任何威胁其政权的可能性所导致的防卫心理，这种倾向导致其对他国的利益与愿望的不敏感、不关心，也不在乎他国如何看待自己的行为并对之做出反应。由于意识到了其咄咄逼人的态势所产生的消极效果，北京发起了魅力攻势，打开了支票簿，试图修复同东南亚诸国的关系，但是其诚意受到质疑。

中国国际形象及区域形象受损表明了其外交资源中的重大空白：软实力。尽管中国领导人多次强调国家对外软实力的重要性，但他们似乎难以理解软实力的组成，也不明白如何有效地运用软实力。

"不干预"政策的局限性

一些人（不仅仅是中国人）可能认为，与美国侈谈天下大事的做法相比，中国的不干预政策要更可取。但中国在国际关系中的"不干预"立场也存在弊端与缺陷，尤其是对中国自身。

第一，中国对于自己所期望的世界明显缺乏清晰的洞察力。中国在国际论坛上清楚地表明了自己反对什么，但对于自己支持什么并不确定。第二，中国的外交政策深受国内政治影响，由此带来的矛盾与局限越发明显。在当今世界，中国已经不可能再袖手旁观、把所有的地缘政治负担留给西方国家了。随着中国同世界上其他国家的经济联系继续增多、加深，问题的复杂性也在增加，这样的困境今后还可能发生，北京方面又要如何寻求解决办法？

中国一些持进步主张的外交政策思想家对此最一致的看法是紧

密的、有选择性的国际合作，尤其是同美国的合作。在某些领域，合作不仅是众望所归，也具有可行性，比如保持世界贸易体系的开放及全球金融系统的稳定，比如"9·11"后的反恐怖主义，比如打击海盗行为，全球气候变化谈判等。

进一步合作前景堪忧

进一步加深合作还面临诸多障碍。首先，就国家利益与目的而言，找出中国与他国（尤其是美国）不一致或是容易起冲突的例子容易，但列举中国与他国重合或相同的例子则比较困难。中国决心将美国军事力量逼出亚洲并在区域内建立毋庸置疑的优势，这势必与其欲跟美国保持稳定的双边关系的努力相冲突。

其次，即便中国对于海外军事冒险的兴趣降低，美国也会一直致力于活跃的外交并在全球范围内支持其盟国，这绝无可能同中国保持友好关系。而且与美国或者激进的欧洲国家（英国、法国）合作，意味着站队，而站队一直是中国抗拒的。

再次，中国如果需要寻求他国的帮助以处理某些情况，而这些国家又没有强有力的理由采取行动，那么这些国家将会要求一定的回报。这种回报恰恰是北京方面过去不愿意付出的，一旦如此，政府就承担了风险，国内民众就会觉得政府屈从了外国压力。

最后，最重要的是相互信任问题。信任问题一直是中国与他国关系中最缺乏的东西。中国对其众多邻国既怀疑又害怕，尤其怀疑和惧怕美国的企图。与此同时，其他国家总是不确定中国的真实意图，对中国决策的不透明感到不安，对其周期性的不可预测感到困惑。欧洲政府对于以政策原则交换经济支持表现出了极大的意愿，但同时也丧失了影响力与尊重。

在任何情况下，提升中国的外交政策需要的不仅仅是简化官僚程序，而是需要在战略重点及一些陈旧的教条、教义方面做出根本的选择，并处理好战略重点同其国内事务的关系。此外，中国应做好准备进一步向世界上其他国家开放并寻求意见，这对建立国际互信、清楚表达中国意图至关重要。

（杨莉　编译）

原文信息

原题：In Search of China's Foreign Policy

作者：Guy de Jonquières

出处：http：//www. ecipe. org/media/publication_ pdfs/PB04. pdf

不干涉政策对于区域经济治理的影响

鲁　文

本文是发表于《澳大利亚国际事务杂志》2015 年第 2 期的一篇研究论文，作者鲁文（Ruben Gonzalez-Vicente）是香港城市大学亚洲与国际研究系讲师。作者认为，不干涉原则是中国国际事务参与中最为鲜明的特色之一，并对经济治理具有明显影响，因此应予认真考察。本文探讨了不干涉原则的话语和实践，但目的不在于分析中国外交政策和商业关系对于地区经济治理的全方位影响，而是集中分析不干涉是如何被概念化的？其概念缺陷是什么？以及中国的不干涉机制如何作用于地区治理的调整？作者认为，不干涉是一种规制中国外交活动并影响其经济活动的一种半正式的机制，其本身具有重新调整区域经济治理的作用。基于不干涉原则的对外经济交往常常导致在国家层面对政治精英的赋权，使民族国家再度成为资本主义企业发展的守门人和推动者。结果是，利用不干涉原则，中国的外交政策暗中瓦解了超国家的监管方式，促进了以国家为基础的区域架构。

在中国当代对外政策话语中，不干涉占据着中心地位。然而，这一原则一直未能在不断变化的全球地缘政治架构的背景下得到认真的展开和分析。鉴于现有的学术成就更关注于"人道主义干预"以及"保护的责任"，因此最近的研究多涉及中国如何在落实不干涉原则与作为一个负责任大国的国际期待之间寻求平衡，以及在亚洲越来越占据中心地位的时代，不干涉原则为非洲和拉丁美洲国家赋权的可能性。然而，对于不干涉这一观念背后是否存在着实际的干涉，以及不干涉与经济治理架构之间的联系等问题，迄今尚未得到认真考察。

波兰尼的"嵌入"概念与不干涉

在《大转型》（*The Great Transformation*）中，著名学者卡尔·波兰尼详尽阐述了"嵌入"的概念，以说明与自由市场的"自由信条"相反，经济并不能完全从其他形式的社会干预中抽离出来。马克·格兰诺维特（Mark Granovetter）也主张，现代经济事实上一直没有成功地脱离社会，"即使当市场不带有个人色彩……它们依然嵌入在大规模的制度框架、某种文化以及一系列的规则和情境中"。波兰尼和格兰诺维特或许对于现代经济的实际嵌入程度存在异议，但是他们都同意，经济不可能完全从围绕着它的广泛社会力量中脱离出来。

"嵌入"概念凸显了中国不干预主义的局限性，这一话语将对国家绝对主权的尊重等同于不干涉。中国认为其在世界上的作用是发生在一种自然的国家秩序中，这种秩序凌驾于其他世界进程之上。这种误解类似于自由市场论者看待经济的方式，他们将经济看作社会之外的存在。基于这一思路，只要自然的秩序状态没有改变，中国就不会干预外国事务。

然而应该认识到，当今的国家体系是源自一种特殊的欧洲主权形式，由 1648 年的威斯特伐利亚和约进化而来。但正如阿格纽和科布里奇（Agnew and Corbridge）所强调，"纯粹的威斯特伐利亚民族国家行动者的世界或许从未存在过"，因为"国家之间总是不得不分享它们的某些权力"。哲学家米格尔·阿本舒（Miguel Abensour）也提示说，国家并不是政治共同体的唯一可能的形式，我们需要"承认存在、曾经存在以及可能存在不同于国家的政治共同体"。

在经济关系日渐深化的背景下，除非将外交从人类社会其他复杂的方方面面中分离出来，否则不干涉的原则就很难讲通。因为不干涉有助于保持和鼓励现存的国家间的外交互动模式，而且事实上，不干涉原则一直在干预着各种社会组织的模式。而如果考虑到外交保守主义以多种方式促进了当今世界两大主要干预体系——（后）威斯特伐利亚国家制度和全球资本主义经济的加强和扩张，干涉就变得更为明显了。

不干涉原则和地区治理的转型

不干涉应该作为规制中国对外交往的一种半正式的制度来理解，它仍然是一种社会规约和合法的话语，而非成文法律。但同时它也具有某些正式的特性，因此它频繁出现在中国与对外交往有关的白皮书中，中国官员也不断用其来解释中国的国际行为。

不干涉实际上是一种多个层面的干预，在国家层面，中国政府尊重对方中央政府的特殊性并将其统治合法化。照此，不干涉具有为中央政府精英们赋权的效应，他们得到中国的支持，从而代表其国家的全体国民做出决定，无须考虑政治制度的形式或某一特定政府的合法性。由于国家间的双边关系是互动的首选渠道，地区主义的监管力量和进行中的区域化倾向于从多边的或次国家平台回归到中央国家。

中国对双边谈判的偏爱使得一些地区性组织，诸如东盟和上海合作组织，转化为多边的合作论坛，而中国的实际承诺更多是通过与成员国的双边协议所达成，而非通过超国家的地区性计划。这种情况中的一个重要的例外是东盟—中国自由贸易协定（ACFTA）。尽管这一协定尚显薄弱，但却具有相当的政治重要性，至少它反映出中国和东南亚之间不断深化的经济整合。但是与其说这是中国公开地支持一个地区性的经济计划，毋宁说 ACFTA 更类似于一种双边贸易协议网络的扩张。事实上，双边主义是亚洲地方主义和区域化的一个长期特征，这一地区的各个国家常常通过大量的双边协议而相互纠缠。而且，尽管这些双边关系交织的网络可以促进经济的整合，但也有学者认为，诸多自由贸易协定的增殖不一定有益于共同体的打造或区域主义。

拉丁美洲的情况清楚地证明了不干涉是如何推动国家重回地区经济治理的中心地位。当然，这是一个进行中的过程，主要由地方的行为者所主导，而中国的不干涉进一步推升了诸多内生的趋势，一个明显的例子就是厄瓜多尔。在 2005 年至 2011 年，中国对厄瓜多尔的贷款总额为 63 亿美元，而世界银行和泛美开发银行合计的贷款额才达 26 亿美元。尽管中国的贷款就其市场汇率而言并非最具吸引力，然而其不附带政治条件的方式一直受到这一地区国家的欢迎。中国不干涉的做法还促进了对矿业和石油资源治理方式的转化，即从一种基于市场和国外投资的方式转变为基于民族国家的治理战略，当然对这一战略而言国外投资也是必不可少的。不同于西方国家，中国政府和中国公司不反对采掘部门的改革，而且正是由于中国的消费和投资，资源国家主义才没有对资源产业的发展造成危害。从事环境与社会研究的学者证实，在整个安第斯—亚马孙地区，不管国家的政治倾向有何不同，矿产和石油的开采都在大范围地展开。

中非合作论坛（FOCAC）同样体现了中国不干涉政策所固有的政治经济进路。尽管论坛发布的《北京宣言》倡导中国与非洲的次区域组织之间的合作，以及人民之间的交流，但它实际上是便利中国和非洲国家的政商领导人们聚会的空间。中国利用论坛发布贷款、发展援助和其在非洲增进投资的意向，而所有这些举措都是在双边基础上落实的。

不干涉政策对国家干预的支持还可以在发展合作领域找到例证。众所周知，尽管批准加入了联合国反腐败公约，但是中国的援助并不以政治或经济改革为条件。尽管这一援助方式的影响有待讨论，但其的确有利于各国政府，而颠覆了援助治理的超国家机制。

结　论

尽管不干涉只是中国与世界互动中的诸多向量之一，但是它对区域治理架构具有重要影响。特别是不干涉推动了双边主义，赋予各国政府更大的权利，使经济治理回归于民族国家。以这种做法，不干涉实际构成了某种形式的干预，即通过民族国家来引导经济活动，民族国家成为围绕商业推动发展的促进者。中国的不干涉资本主义，利用威斯特伐利亚和第三世界主义的主权观念，在民族国家中找到了其合法空间。尽管区域主义的进程仍然是复杂和多样的，但中国的不干涉削弱着超国家的或监管的区域主义，加强了双边主义和以国家为中心的决策。因此实际上，正是这种重要的干预支撑了中国的不干涉。

（刘霓　编译）

原文信息

原题：The limits to China's Non-interference Foreign Policy：Pro-state Interventionism and the Rescaling of Economic Governance

作者：Ruben Gonzalez-Vicente

出处：*Australian Journal of International Affairs*，Vol. 69，No. 2，2015

理解中国战略文化的两面性有助于理解其安全政策

施道安

西方主流学者通常认为中国是一个爱好和平、反对主动攻击的国家，然而兰德公司资深政治学家施道安在《当代安全政策》杂志上撰文指出，爱好和平只是"儒家型"的自我认识，中国精英往往还认为他国满是恶意，且更倾向于使用武力，更具进攻性。中国战略文化中这种对别国的"现实政治"型思想实际上是影响其精英认识国家安全政策和对外关系的重要因素。施道安暗示，如果认识不到中国战略文化的两面属性，不但会对亚洲乃至亚太地区的安全环境构成持续挑战，还会阻碍构建泛亚洲或东亚区域战略文化认同。尽管本文较多地表现出了欧美学者惯常的西方中心主义立场，但施道安对中国战略文化第二性的分析有助于我们重新理解这一重要问题、提高自我认识，也有助于我们进一步加强战略文化研究，并提高对外宣传水平。

西方研究中国战略文化的局限性

文化一直是解读中国安全政策和军事战略的关键维度。历史和国际政治领域的许多学者都强调儒家思想对中国外交和防务政策的广泛影响，中国当代分析家和战略家也坚称文化在指导中国安全政策方面居于中心地位。在这些学者看来，中国的战略文化与其他国家那种好战和进攻性战略文化截然不同。但这种一元论观点与事实并不相符，中国战略文化在认识自我和认识他者之间存在一种结构性张力,其两面性加剧了亚太地区的战略困境,影响了中国与他国,特别是与日本和美国的关系。

所谓战略文化,是指"对人类事务中集体暴力的一套根本性和持久性的假设,以及一个国家的政治和军事精英对使用武力效力的解释"。这个概念强调从背景和多视角角度来看待文化,即文化不仅影响不同情况下行为者如何选择、点选何物,也影响其认识自身和他者。"战略文化"一词直到 1988 年才被用于研究中国的战略或战争,但是主流学者还是假定儒家传统是决定中国战略思维的关键因素,认为中国人爱好和平,反对冲突;爱好防御,反对进攻。中国的战略文化被化约为和平主义。

20 世纪 90 年代后,论述中国暴力、战争和战略的著作陆续问世,开始对主流的儒家和平主义正统观点提出挑战,如江忆恩(Alastair Iain Johnston)的开创性著作《文化现实主义:中国历史上的战略文化与大战略》(1995)和拙著《中国对军事力量的运用:超越长城和长征》(2003)。

中式战略文化的两面性及"防御崇拜"

中国战略文化中,"现实政治"与"儒家思想"并存,同时发挥作用,二者之间又相互作用,从而导致了一种别有特色的"中国式防御崇拜"。中国的精英用现实政治的眼光看待世界,却又认为自己的战略文化是防御性的和平主义。影响中国精英决策的防御崇拜具有六大原则:国家统一至高无上、紧迫的危机感、主动防御意识、中式正义战争论、国内动乱恐惧症和社会整体的幸福高于个体幸福,其综合效果是中国人在危机时刻会诉诸武力,依据宏大计划为之辩护。在这种防御崇拜的影响之下,中国精英阶层都坚信,相比其他国家,中国动用军事武力不过是偶尔迫不得已而为之。

防御崇拜也影响领导人的决策。当他们仔细考虑何时动武、如何动武时,他们没有从作战胜利的角度去思考,其评判成功与否的标准是军事行动对全局的影响,如果中国赢得了时间、阻止了敌人可能会采取的侵略行为，那么军事行动就是正当合理的。

战略文化与中国的安全政策

　　战略文化的实际影响如何？又如何影响国家行为？它不仅影响国家领导人决策的背景、一国民众及军队精英对自己及其行为的认识，还影响他们对他国行为的认识。前者关系到一国的自我形象——对本国主流战略传统的感知与认识，以及它们如何相互作用、产生结果，是"战略文化的第一面"；后者则是本国精英们根据他国的主要战略传统而建构出来的他国形象，是"战略文化的第二面"。大多数学者对战略文化影响的分析局限在一国自身的战略文化如何影响其安全政策，而忽视了该国的政治和军事精英是如何看待另一个特定或潜在的敌对国的战略文化的，也没有意识到一国领导人如何通过本国精英对他国战略文化的认识来认识他国的能力、行为和意图。

　　战略文化第一面："自我感知与现实"——中国领导人认为自己的战略传统一以贯之，但这种认识与其"防御崇拜"颇为冲突，因为后者使中国一边动辄动武，一边却以"不得已而自卫"为借口合理化每一次军事行动。中国战略学家"积极防御"的立场也难以自圆其说，尽管它从多方面概括了中国为自卫而战的传统，但这一概念弹性颇高，涵盖了军事行动的所有方式甚至包括先发制人。事实是，中国对其1949年以来的每一次武力行动都贴上了"自卫反击战"的标签，其中包括朝鲜战争（1950—1953），中印边界战争（1962），中苏冲突（1969）与对越南的地面攻击（1979）。

　　战略文化第二面：对他者的感知与现实——中国战略文化往往将他国塑造得更倾向使用武力，更具进攻性和恶意，尤其是涉及对华关系时，比如美国和日本。中国精英们向来把美国的战略文化视为西方战略文化的代表，认为其好战、攻击性强，是海洋性的、物质至上的扩张主义。除了爱好和平与自卫，中国战略家们坚持中国文化是安静的、农业的和精神至上的。另外还有一种战略文化趋势将美国在安全问题上的行为描述为欺骗的和双面的，这在与台湾有关的问题上尤其如此。

至于日本，许多中国普通民众对其有一种根深蒂固的负面印象。中国战略家们没有把日本战略文化视为另一类正面代表，而是常常从历史的角度看待日本的行为，强调其残酷的一面。近来的研究也显示，中国人认为日本人"傲慢"、"奸诈"。不仅如此，中国分析家还格外强调武士和武士道的影响，将日本的战略文化视为暴力、残忍和野蛮的文化。对自己和他者的这种模式化看法使中国在处理与美国和日本的关系中产生了高度的不信任感。

台湾问题亦如是。在过去的 40 年中，中国采用了一种真诚、一贯的和平统一政策，并保证除非万不得已绝不使用武力。在北京看来，这是相当克制和极其合理的解决方式，尤其是在国家统一位于国家核心利益中心的前提下。与北京的坚持原则相反，中国认为美国在台湾问题上耍两面派，否则台湾问题在 40 年前就应该解决了。

泛亚洲身份建构任重道远

中国希望推动一种异于"西方之路"的集体性的"亚洲之路"治理路径，吸引其他亚洲国家，抵消美国和欧洲的影响。但是这种做法利弊参半，原因不一。首先，尽管中国与大多数邻国保持着良好的合作关系，但是间或也会出现紧张甚至相互仇视的局面，尤其在涉及领土争端时；其次，中国许多战略学家和学者往往认为中国与其他亚洲国家（如日本和印度）的战略文化存在重大不同。

但亚太地区合作是否可能，恰恰取决于战略文化在第一面和第二面上的差异有多大。对同样一段历史，该地区其他国家有着不同的记忆，认识上的差异性为中国期望的"亚洲之路"增加了不小的挑战。

另外，台湾海峡和朝鲜半岛持续的政治和军事紧张局势也对亚洲战略文化认同带来了不小阻力。2008 年国民党候选人马英九当选以来两岸关系趋于平静，但如果其他政党的候选人当选，两岸关系或可再度紧张，因为中国政府把国民党之外的政党视为反华派和台独分子。而尽管朝鲜当局让中国政府多年来头疼不已，但大多数中国人还是将朝鲜半岛的紧张局势归咎于华盛顿：朝鲜问题是因为美国的敌对性政策引起的。在许多中国分析家看来，朝鲜之所以没有实行中国式的改革开放政策，其关键原因是美国严厉的胁迫性立场所致。

整个亚洲地区的多边主义的制度化建设已经开始起步，但就目前而言，在区域共同身份上取得最大进展的只有东南亚地区，尽管东盟的地区战略文化目标并非亚太认同，但就合作水平而言，较之南亚地区合作联盟（SAARC），上海合作组织（SCO），东盟在建设东南亚认同方面取得的成就无疑最大。相比之下，东北亚地区最为落后。当然，亚洲身份认同最终取决于大国全力建设区域认同的愿望。正如中共中央党校一名很有影响的分析家所言，中日韩三国领导人往往"想的是国内的事情，谈论的是地区的事情，在行动上却总是双边主义"。

（崔玉军　编译）

原文信息

原题：China's Real Strategic Culture：A Great Wall of the Imagination

作者：Andrew Scobell

出处：*Contemporary Security Policy*，Vol. 35，No. 2，2014

如何理解中国未来的国家行为？

史　文

卡内基国际和平基金会资深研究员史文 2015 年 1 月在日本"外交学人"网站刊登文章，提出中国并非国外分析家认为的那样是一个历久不变的庞大整体，而应该从三个方面来理解其强大之后的国家行为，即有强烈民族自豪感但极度担心动乱，和平、防御性政体但拥护强硬和有才有德的中央政府，以及国家之间保持有等级之别但互惠互利的关系。

随着中国的国力和影响力在亚洲及世界与日俱增，许多分析家开始从中国历史中理解一个强大的中国未来会如何行事、如何看待这个世界。这种历史主义取径往往过于简单化，误读数百年中国思想和行为的相关性和意义。中国常常被认为是一个庞大的整体，数百年来未曾有过变化，尽管历经发展，但每一阶段的政治和安全思想都一以贯之，像当今任何一个现代民主国家那样。这当然是错误的。尤其是有些观察家认为历史上中国总是运用强硬手段统治世界，而且经常会如愿以偿，他们就此断言中国将来也会寻求这样一种主导地位。

实际情况要更为复杂、细微。在前现代时期，中国的安全行为在不同的时期差别巨大，很难笼统总结出古代中国的外交和安全行为，也难以将其应用到当下和未来。事实上，许多历史学家认为下面三个因素在理解中国目前和未来安全行为方面要比前现代时期更相关、更可靠：19 世纪末 20 世纪初民族国家的出现、中国民族主义的兴起，以及建设一个强大、富裕和现代的国家和社会。

历史将如何影响中国目前的思想和行为，以及未来中国国力和影响力增强之后会如何行事？历史的教训可从三个方面来思考：有强烈民族自豪感但极度担心动乱，和平、防御性政体但拥护强硬和有才有德的中央政府，以及国家之间保持有等级之别但互惠的关系。

关于第一方面，大多数中国人对中国悠久的历史、强大而富有活力的文化和影响深远的政治社会实体甚为自豪。他们相信中国位居世界大国前列，在亚洲自不必说，某些方面在全球也是如此。他们还为 20 世纪 70 年代末以来的市场经济改革中国取得的成就深感自豪，高度肯定中国的经济增长和中国人生活水平的持续提高，以及上述成就为中国赢来的国际社会的尊敬。尽管许多中国人重视改革带来的巨大自由，但大多数人对 19 世纪中期以来发生的那些国内政治和社会动荡非常害怕。

对许多中国人而言，国内动荡的经历与 19、20 世纪西方列强和日本对中国的劫掠（百年国耻）关系密切。不仅如此，许多中国人认为，西方那些个人的和政治上的自由放在中国会引发社会动荡，因为中国国土辽阔，许多人收入不高，文化水平较低，腐败程度高，市民社会力量弱。由于上述问题，再加上中国希望再次成为一个强大富裕的国家，因此大多数中国人更看重一个强大的、统一的和重视民族利益的中央政府，并由那些把人民利益放在心上的"有德"之人来领导。无论是从历史上看还是从文化上看，中国人并不喜欢西方那种分权式的自由民主制度。尽管这种信念在中国一些受过教育的城市人群中正在发生变化，但这种变化是在缓慢进行的。对大多数中国人而言，西方不过是提高国力和财富的工具而已，并不是理想的政治和社会模式。

至于第二方面，经过国家民族主义多年以来对中国历史的宣传和解释之后，大多数中国人对中国的国际形象早已深信不疑，即爱好和平，不威胁别国，对其领土和国内发展实行防御政策，在其基本利益方面与发展中国家而不是发达工业经济体保持一致。不仅如此，由于前现代时期边境地区的不稳定、经常遭到外族攻击，再加上百年耻辱的历史经历，中国人一直强烈担心外部力量会操纵中国的内部事务，怀疑西方对中国经济增长的帮助是出于私利（或为了削弱中国），并不是为了帮助中国人民。

第三方面，中国是一个矛盾的国家。除了上述观点和情感之外，许多中国人羡慕西方的成就，想方设法希望赶上西方，尤其在经济方面和某些社会领域。许多人羡慕美国的自由，普遍喜欢美国人。对于一些年长的、受过教育的一代人来说，1949 年之前的中美历史提供了许多美国对中国友好的例子。此外，尽管自认为是发展中国家，尽管强烈怀疑西方傲慢霸道，但许多中国人还是能用历史主义的观点从多方面看待国际制度，认为大国有义务和责任依照互利互惠的方式引导和影响小国，这在中国与其周边小国的关系上尤其如此。许多中国人认为，相互尊敬、敬重和责任感是理想的外交行为中的重要组成部分。这些看法不但可从历史上中国在亚洲的地位反映出来，而且也反映了许多中国人的普遍看法，即坚持适当的行为原则就应该在一个等级世界中确定各自的关系。顾名思义，霸权并不符合这种原则。

当然，也有一些中国人试图通过玩弄这一概念来服务其实用主义，或出于私利，但至少有一些中国人认为，包括中国在内的所有大国都有支配他国的倾向。不过从总的方面讲，大多数中国人认为，作为一个大国（不是霸权），中国不但在国际秩序中有正当的地位，其观点和立场必须得到尊重，而且还与其他国家一道立足于一个和谐关系中。这与认为中国是一个正在复活的庞然大物利维坦、决心控制亚洲和全球的看法完全不是一回事。

（崔玉军　编译）

原文信息

原题：China：The Influence of History

作者：Michael D. Swaine

出处：http：//carnegieendowment. org/2015/01/14/china - influence-of-history/hzcp

中国的新丝绸之路：外交、安全与经济影响

卡利亚妮·苏比亚

　　本文为印度理工学院马德拉斯分校中国研究中心（IITM China Studies Centre）2015 年第 3 期特别报告。报告从中国的外交政策、经济方略、地缘政治等角度阐释和分析了中国的新丝绸之路计划。报告指出，对外基础设施投资输出了中国投资拉动增长的传奇，发挥了软实力的作用。由于基础设施建设一直不是西方援助的重点，因此中国政府此举不仅可以谋得外交政策上的收益，还可由此获得事实上的全球经济领导地位。新丝绸之路是中国政府勾画的中国式世界秩序的最为全面的愿景。以丝绸之路为契机，中国提高了其地区影响力，同时刺激了出口、资源进口和经济。然而丝绸之路也面临着政治障碍和经济风险，例如，大国的抗衡、政治的动荡和国内的经济压力。

　　习近平主席"中国梦"的愿景是要实现中华民族的伟大复兴，而丝绸之路诞生之时的中国是世界上最大的经济体和全球贸易的中心，基于此，新丝绸之路计划旨在全球范围内实现中国梦。

　　2013 年 9 月，习近平主席在哈萨克斯坦纳扎尔巴耶夫大学发表的演讲中介绍了丝绸之路经济带，提出了这一计划的五个目标：加强政策沟通和区域一体化、加强道路联通、促进贸易和投资、推进货币流通和加大人员交往。2013 年 10 月，习近平在印度尼西亚国会发表的讲演中，又阐释了有关海上丝绸之路的设想。

　　目前，新丝绸之路计划主要包括中国和所涉国家或地区组织之间的大量双边基础设施投资和贸易协议，而清晰的创新计划迄今尚

未发布，专门的中国或国际的组织、论坛则未曾设立。2014 年 11
月，习近平宣布设立 400 亿美元的"丝路基金"，又掀起一波微澜。
2014 年 10 月，中国还倡导筹建亚洲基础设施投资银行，创办资本
为 1000 亿美元。

新丝绸之路涉及一系列的对外援助协议，或是通过直接提供的
方式，或是与其国有企业合资，以及通过基金、无息贷款或优惠贷
款等方式，为有助于贸易流通和经济发展的交通和能源基础设施建
设提供金融支持。就形式和可能的结果而言，这一计划堪比马歇尔
计划——第二次世界大战后美国通过这一计划为欧洲重建提供援助，
并赢得了欧洲国家的好感。

自中国上升为一个经济大国以来，基础设施建设一直是中国政
府用来影响其他国家的主要援助战略。然而，基于双边的基础设施
援助，并由此展望由中国倡导的、以双赢合作为基础的世界秩序，
丝绸之路无疑是一个宏大的计划。

中国的经济方略

中国官方媒体强调一个"多级体系"正在形成，暗示美国的势
力相对减弱，而中国的影响日渐增强。一些外交政策评论员将新丝
路战略的提出归因于中国所受的挫折，即在布雷顿森林体系中要求
获得与其经济规模相匹配的决策权而遭到拒绝。他们还进一步指出，
目前最炙手可热的跨太平洋伙伴关系协定（TPP）的谈判，中国也
被排除在外。因此，尤其关注南南合作或发展中国家合作的新丝绸
之路与亚洲基础设施投资银行就被看作美国主导方案的一个替代选
择。美中之间的权力斗争随着 2014 年 11 月亚投行的启动变得更为
明显，其时美国成功地游说并阻止了澳大利亚和韩国加入。对此，
中国官方则反复否认上述计划旨在取代现有机制或是打造一个"势
力范围"。

从 2010—2012 年，基础设施在中国对外援助中占据最大份额
（44.8%），总计为 64.6 亿美元，约为美国（36.7 亿美元，为同期

美国对外援助的 5.1%）的 2 倍。但从数字来看，日本似乎是最大的基础设施援助的提供者，仅 2012 年一年，日本就将 43.5 亿美元（其对外援助的 41%）用于经济基础建设。然而，鉴于中国要为丝路基金提供 400 亿美元，其基础设施援助将大幅增加，因此上述情况将发生急剧变化。

中国投资的基础设施项目输出了其投资拉动增长的传奇，发挥了一种软实力的作用。接收国也普遍偏爱基础设施援助，因为它要比社会公共设施和人道主义计划带来更为直接和有形的经济益处。这些基础设施项目还可比作"胡萝卜"，中国利用其经济力量加大或是撤销此类援助，从而达到操纵他国外交政策的目的，以便为中国带来好处，即所谓的"经济方略"。

地缘政治角度的分析

新丝绸之路穿越三个有争议的地区（中亚、印度洋和南中国海），这些地区对于中国都具有重要的地缘政治意义。中亚拥有巨大的石油和天然气储备，是中国满足其日益增长的能源需求所必需的，然而由于临近冲突频发的新疆和前塔利班的地盘，因此也存在安全风险。在中亚，来自中国的作为丝绸之路经济带组成部分的基础设施高额投资，通过建设石油和天然气输送管道以及中—欧铁路，已经成功地使该地区的国家与中国建立了紧密的关系，而主要大国俄罗斯在石油价格暴跌和西方制裁之后的经济衰退更推进了这一进程。

在印度洋，作为海上丝绸之路的一部分，中国正在开发斯里兰卡的汉班托特和科伦坡港（14 亿美元），并为在马累（马尔代夫）修建国际机场和大桥提供资助。上述举措建立了与印度洋国家的关系典范，加强了中国在这个一向被认为是印度后院地区的地位。印度将中国在印度洋不断扩大的影响视为一种安全威胁，这种看法还因"珍珠链"理论（theory of "String of Pearls"）而得到加强，认为中国的海军基地对印度形成了围堵之势。

在斯里兰卡，海上丝绸之路可能会因西里塞纳（Maithripala

Sirisena）的当选而受到挑战，他在其竞选活动中宣称，中国的对外投资是为富人服务的，将使斯里兰卡背负沉重的债务。西里塞纳的当选将使斯里兰卡与印度的联系更紧密，然而西里塞纳是否将真正落实其减少中国投资的举措，目前仍未可知。2015 年 2 月，为避免与中国政府出现"误解"，在未经环境影响评估的情况下，斯里兰卡政府即批准了科伦坡港的城市计划。在泰国和缅甸，由于认为中国建筑工人抢了他们的工作机会，本地工人发起抵制，造成了相应的政策挑战，而斯里兰卡和墨西哥的市民则怀疑在将项目给予中国投资者的过程中存在贪腐问题。上述种种情况都有可能引发反对党启动某种议程，或是引发群众运动，对政府造成压力甚至迫使政权更替。

在喀什（新疆）和瓜达尔港（俾路支）之间的中—巴经济走廊启动于 2014 年 12 月，它缩短了从霍尔木兹海峡向中国出口石油的距离。中—巴经济走廊将降低中国对经由马六甲进口燃油的依赖，提升其能源安全。中国还与巴基斯坦签署了协议，未来 6 年在巴投资 456 亿美元用于能源和基础设施建设，以进一步加强它们作为"全天候"朋友的牢固关系。印度则对这一途经巴控克什米尔的走廊和牢固的巴—中关系心存忧虑。

在东盟地区，中国在越南、老挝和缅甸开始建设昆明至新加坡的公路，尽管目前因与缅甸的关系恶化，造成工程进度出现停滞。中国还向印度尼西亚总统佐科·维多多（Joko Widodo）承诺提供基础设施援助，计划通过建设"爪哇沿岸的海上高速路……建立深水港和物流网络，以及发展航运业和海上旅游业"，将印度尼西亚打造为"世界的海上轴心"。中国为马来西亚的关丹港投资达 20 亿美元，并与泰国签署了备忘录，为其国家铁路网现代化提供帮助。由于与越南和菲律宾关系紧张，因此迄今它们未被纳入海上丝路计划，尽管中国官方否认这一说法。

在南中国海，中国一直倡导一种"双轨"思路，即领土争议由直接当事国通过双边协商来解决，同时通过投入大量基础设施援助来建设海上丝绸之路，中国希望能缓解东盟国家对中国的不满。

海上丝绸之路诱发了日本和印度在影响力上展开直接竞争。

2014 年 9 月，印度文化部启动了"季节计划"（"Project Mausam"），旨在与印度洋周边国家之间重新建立沟通，以提高对文化价值和文化问题的理解。然而，"季节计划"并没有产出经济或战略成果，仍然维持为一个文化项目，因此还构不成对海上丝绸之路的竞争。

紧随中国给予新丝路国家的"胡萝卜"，日本也增加了对东盟国家的基础设施援助，如斯里兰卡、印度和孟加拉，以防止将其影响和势力转让给中国。日本的兴趣是为其贸易及燃料进口而维护航运自由，忌惮中国对于地缘政治上生死攸关的印度洋和南中国海实施控制。在 2013—2014 年，印度增加了其对斯里兰卡的援助份额，从 29 亿卢比增加到 50 亿卢比，同样对其邻国如阿富汗、尼泊尔、不丹和孟加拉也加大了援助。就此，中国的援助资金刺激了中国、日本和印度之间的竞争，但是对于接收国和全球基础设施建设倒不啻为一个福音。一项经常被引用的亚洲开发银行的研究估计亚洲的基础设施需求在 80 万亿美元左右。且发展中国家政府在这方面不具备足够的资本或技术和专业知识。

然而，尽管基础设施援助对于经济增长具有乘数效应，但却不是西方援助方的重点，它们的援助一直以减贫为导向。鉴于此，中国政府此举不仅可以获取外交政策上的收益，还可通过为新丝绸之路提供基础设施援助而获得事实上的全球经济领导地位。

全球基础设施的改善将减少进出口的时间和成本，推进贸易流通，改善全球经济萧条的现状，也因此推动中国的出口。而且，基础设施援助使得中国建筑部门的过剩能力有了用武之地，这些余力源自 2008 年危机时启动的 4 万亿元刺激计划。丝绸之路经济带的航线将商品运输从过于拥挤的东部航运港口转移出来，为在中国中西部的新生产基地制造的消费型电子产品运往欧美缩短了时间，而这对于溢价产品尤为关键。

新丝绸之路面对的挑战

然而，作为一个发展中国家，中国在基础设施援助上花费数十亿美元也面临机会成本。中国政府的"新常态增长理论"旨在改进增长的质量,不再一味依赖于国家财政支持的基础设施建设和出口,而更多依靠国内消费的增长。但是,新丝路计划却与此目标相悖,它更加刺激了国家资助的基础设施资金流,并加剧了国家赤字。此外,由于这些基础设施并非由市场力量所驱动,一旦它们没有得到充分利用从而追回成本,这些国家计划的项目有成为"白象"("White elephants",指大而无用的东西或甩不掉的沉重负担)的风险。中国对外基础设施援助的任务多由国有企业所承担,因此,对外援助也是政府向国企购买服务,帮助这些企业获得发展和收益。然而,由于中国的国企效益不高,因此对于中国援助的接受就意味着与这些企业有了合约义务,而使那些更有效率的私营或国有投资者丧失机会,这本身是对自由市场秩序的一种扰乱。

最后,如果项目按计划落实,在地缘政治方面也将面对重大风险。新丝路途经诸如伊拉克、叙利亚和缅甸克钦等冲突频仍、政治动荡的地区,这将拖延工程建设,或影响到这一路线的利用。从国内角度讲,新丝路过境新疆维吾尔自治区,这里居住的维吾尔族人和其他突厥民族群体对这类基础建设存在抵触情绪,认为相对于汉人他们没有获得公平的利益,而丝路经济带与政府的西部开发政策一样,目的在于开发新疆的能源和运输潜力,有可能加剧这种利益的偏差。

结　论

习近平推行旨在"中华民族伟大复兴"的自信的外交政策,这一政策伴有三个补充战略。第一,通过与邻国举办定期会谈和峰会,以及领导和建立地区性组织来落实睦邻政策。第二,通过新丝绸之路承诺为区域发展、和平与繁荣提供基础设施援助。新丝绸之路是中国政府为中国式世界秩序勾画的最为全面的愿景。中国通过为有关国家提供双边的、未经多边决策论坛讨论的援助,得以确立其领导地位。第三,中国领导亚洲基础设施投资银行,并且是新开发银行（New Development Bank）的创始成员，这使中国可以根据其自己的条款为发展中国家提供基础设施建设援助。

以丝绸之路为契机，中国通过为那些西方所忽略的国家提供基础设施援助，提高了其地区影响力，赢得了外交好处，同时刺激了出口、资源进口和经济。然而丝绸之路也面临着政治障碍和经济风险，例如，大国的抗衡、政治的动荡和国内的经济压力。

（刘霓　编译）

原文信息

原题：China's New Silk Road：Foreign Policy，Security and Economic Implications

作者：Kalyani Subbiah

出处：IITM　CSC　Special　Report，No.　3，in　https：//csc.iitm.ac.in/？q＝node/545

中国正通过"一带一路"计划成为区域议程设定者

爱丽丝·埃克曼

法国国际关系研究所研究员、欧盟安全研究所助理分析师爱丽丝·埃克曼于2015年3月向欧盟安全研究中心提交了一份《中国：正在设定议程?》的政策简报。埃克曼指出，中国领导层相信，通过复兴丝绸之路，同邻国之间牢固的经济关系将会逐步转变为更紧密的政治与安全联系，长远看来，将为中国带来更有利的亚洲权力平衡。通过将自己塑造成议程设定者，中国旨在取得对区域协议和制度更大的控制权，并逐步将自己放在同美国或日本对等的位置。毫无疑问，新丝路计划标志着北京一项长期计划的发布，该项计划旨在使北京在习近平的任期内逐步成为亚洲的主导者。埃克曼借此呼吁欧盟要重视中国的新丝路计划，厘清并找准自己在欧亚地区中的位置。

习近平领导下的中国奉行的是两大区域政策：一方面对待领土、领海争端立场坚定，另一方面开展更吸引人的经济外交，即通过"新海上丝绸之路"与"新丝路经济带"两大官方概念来推行新经济外交。该计划旨在由陆路通过中亚与中东地区连接中国与欧洲，而海上走廊则从中国延伸至东南亚、东非，最终到达欧洲。

上述两大项目的核心是大规模的基础设施发展，特别是交通连接的改善，其资金来源为亚洲基础设施投资银行（AIIB）。北京一直强调欧洲国家支持这些新的项目及相关机构也可获得既定利益，其部分原因在于新丝路经济带将推动中欧市场之间的贸易流动。鉴于越来越多的欧盟成员国认真考虑中国的提议，欧盟或许会考虑在其优先问题与长期亚洲观的基础上拿出一套通用方案。

新丝路战略的推动力

新丝路战略背后的动机是多方面的。中国亚太方针最重要的驱动力是国内经济发展。习近平目前面临的紧迫挑战是发展中、西部省份，推动这些地区的经济增长要靠成功的内陆跨境经济一体化来达成。现任领导层加快了出访邻国的步伐，签订了更多合约，并频繁发布利益声明。中国的宏图远志也逐渐显现：2013 年 10 月出访东南亚的时候，习近平和李克强都曾声明他们期望中国同东盟的贸易额到 2020 年时达到一万亿美元。北京正积极推进整个亚洲的区域基础设施发展，特别是公路、铁路、码头与航空港的建设与升级。鉴于中国经济目前仍然是出口导向为主，中国很有可能从这些投资中获益巨大。

第二大驱动力同能源安全相关。中国经济在很大程度上依赖于石油与天然气进口，北京需要竭尽所能地多样化其能源来源，以避免对某一国家的过度依赖。俄罗斯目前是中国的主要供应国之一，同时，中国也正投资于一些能源丰富的中亚国家，比如哈萨克斯坦与土库曼斯坦。

第三大驱动力无疑是出于对安全问题的考虑。对于中国政府而言，新疆的形势不容乐观：维吾尔族与汉族之间的民族矛盾日趋尖锐。此外，伊斯兰极端主义正对该地区及其周边构成严重威胁。同时，中国对 2014 年以后的阿富汗局势深感担忧：随着北约领导的国际维和部队的撤离，任何暴力冲突的升级都会导致对周边各国的溢出效应，最终将会波及新疆。因此，北京方面希望通过丝绸之路框架加强同周边各国的安全与经济合作，从而控制上述风险。

第四，需要从美中对抗升级的大背景中理解丝路计划。习近平治下的中国正不断加强同美国在亚太地区的竞争，涉及制度、经济、货币与军事等多领域。这一竞争目前也反映在提出的概念上：自 2014 年 5 月起，中国的外交部门便力图创造出"拥有共同命运的亚洲共同体"这样一个概念。

通过复兴丝绸之路，中国领导层相信，同邻国之间的牢固的经济关系将会逐步转变为更紧密的政治与安全联系，从长远看来，将为中国带来更有利的亚洲权力平衡。

各方反应

现阶段，除了基础设施发展，丝路计划到底如何具体实施，在某种程度上仍不清晰。许多周边国家正寻求获得更多关于丝路的信息，比如具体路线与枢纽、如何确保这些路线，以及丝路计划如何影响其国内经济。

初期阶段，为了推进丝路计划，中国所采用的实用主义做法是强调"互补性"。中国的外交官尽可能频繁地向邻国传播丝绸之路的概念，并强调这一计划是"共同磋商"的结果，然后观望各国政府如何根据本国利益对之进行解读。北京正通过将众邻国拉上同一艘战船来达到在集思广益的初期阶段获取支持的目的。

通过强调"互补性"，北京也同样希望避免投射出一个将自己意志强加于弱势邻国的、过于强势的反西方国家的形象。比如，北京方面强调亚洲基础设施投资银行是对现有机构，比如世界银行、国际货币基金组织与亚洲开发银行的补充。

对任何可能增加中国同其传统势力范围内的中亚国家间直接联系的项目，俄罗斯都深表忧虑，因为这很可能会使俄罗斯倡导的欧亚联盟失色。实际上，直到去年 5 月，俄中双边天然气项目敲定，莫斯科方面才开始承认丝路计划的存在。

同样，北京意识到，就目前而言，其声明的某些目标不太现实。尽管中国支持发起对"亚太自由贸易区"（FTAAP）的集体战略研究，但去年 11 月的 APEC 会议上，中国政府已清楚意识到这样的自由贸易区不可能太快建成。但其更广泛意义上的目标在于以中国领导的、类似的区域计划来遮蔽美国领导的区域计划的光彩。

无论如何，通过将自己塑造成议程设定者，中国旨在取得对区域协议和制度更大的控制权，并逐步将自己放在同美国或日本（目前的区域主导国家）对等的位置。毫无疑问，丝路计划标志着北京一项长期计划的发布，该项计划旨在使北京在习近平的任期内逐步成为亚洲的主导者。

欧盟应采取的举措

中国正邀请欧盟成员国支持丝绸之路计划，并积极游说欧洲国家成为亚投行的创始成员国。中国的活跃引发了诸多问题：这一新机构的真正附加价值与必要性究竟是什么？它的潜在影响又是什么？其专注于基础设施建设又说明什么？即便如此，拒绝加入这一机构很有可能错失良机，无论是对潜在的投资者而言还是对最终的受益者而言。欧盟层级的相关讨论或有助于搜集附加信息并采取一个一般性措施。

甚至，在亚洲基础设施投资银行这一个案之外，未来几年欧盟成员国很有可能还会获邀参加其他的机构或非正式框架协议。要认真对待中国的目标，尤其是因为北京总能以多种方式达成其目标。

习近平的积极举措很有可能继续保持并进一步得到发展。其逻辑主要围绕整个亚太地区，但又不局限于此：北京正日益活跃于欧洲地区。鉴于此，欧盟或许需要考虑接受中国的邀请并调整其应对举措。随着习近平治下的中国已经决心成为亚洲、在一定程度上甚至是欧洲的议程设定者，欧盟现在或许需要厘清自己的优先问题并找准自身在欧亚这一更广阔空间中的位置。

（杨莉　编译）

原文信息

原题：China：Setting the Agenda（s）？

作者：Alice Ekman

出处：http：//www.iss.europa.eu/publications/detail/article/china-setting-theagendas/

对"一带一路"计划的若干忧思

卢西奥·布兰科·皮特洛三世

菲律宾中国研究协会的卢西奥·布兰科·皮特洛三世（Lucio Blanco Pitlo III）曾担任菲律宾大学亚洲研究中心的研究助理和菲律宾国家海岸观察委员会秘书处的技术助理，在亚洲政治经济和外交研究领域比较活跃。他在 2015 年 2 月的"外交学人"网站上发表了《中国的一带一路将去向何方？为什么北京的区域贸易与交通计划让众人忧虑不已？》的评论文章。皮特洛三世指出，丝绸之路的高调复兴彰显了中国在重拾魅力攻势，中国有必要解决几个悬而未决的问题以使得该计划更易于被各方接受，进而使各方受益。

丝绸之路的高调复兴彰显了中国在重拾魅力攻势，通过加强贸易激励和交通连接，中国正争取着邻国和所在地区的其他国家。假如研制出一项可靠的软实力战略可以看作一个世界大国崛起的信号，丝绸之路的复兴是否也意味着中国行进在大国崛起的路上？当然，尽管随着最近出现的一系列分歧和纠纷，该计划应该视作一项可喜的进展。不过，一些计划所涉国对种种诱惑背后的真正意图以及可能附着其中的不利条件仍怀有疑虑和警惕。此外，中国政府往往强调"丝绸之路经济带"和"21 世纪海上丝绸之路"（以下简称"一带一路"）经济上的意义，但参与国也应考虑其在战略上、政治上和安全上的种种影响。中国与俄罗斯、印度共享一段很长的陆地边界线（还存在未解决的边界争议），和日本共享一段海上边界线（也存在悬而未决的领土争端），周边环境复杂。因此，"一带一路"

可以被视为一项规避策略，即用以规避某一敌对国联合其他国家以包围和遏制来损害中国国家利益的策略。

"一带一路"计划包含陆上和海上两条线路，它借助中亚内陆邻国和东南亚、南亚沿海各国更好地将中国与中东、非洲和欧洲连接在一起。该计划通过增加通道来分散风险，从而减少中国的隐患。已竣工、建设中或拟建中的港口、铁路和公路系统将使通路呈现多样化的特点，这些通路保证了维持中国经济发展所需的石油、天然气及其他必要物资的运输供应，加强了中国的能源和经济安全，降低了通过不稳定、不安全和不友好的通路运送上述物资的风险。例如，建立经由巴基斯坦（从由中国运营的瓜达尔港出发，然后通过铁路连接中巴哈喇昆仑公路，最终运往中国西部地区）、缅甸（经由皎漂市港口，再通过铁路和管道输送到云南，此线路正在建设中）和泰国（通过中方资助的克拉地峡项目）的交通走廊，将减少中国对马六甲海峡要道的依赖；管道运输的开发将石油和天然气直接从俄罗斯和中亚运往中国西部地区，这也减轻了中国对局势动荡的中东地区的石油依赖。

同时，借助把中亚经济同中国西部经济联系起来的做法，将进一步推动相对不安宁、欠发达的新疆和西藏地区的发展和稳定，并能彻底切断"疆独"分子从中亚穆斯林那里获取潜在支援的渠道。因此，"一带一路"的建设远不止于共享经济繁荣，因为后者明显需要政治和安全作为基础。从这一点来看，"一带一路"的中国中心主义色彩十分明显。

然而，"一带一路"也的确为沿线国家带来了诸多机遇。急需融资来建立新港口、建造运输设施或更新现有设施的国家乐于接受新的赞助者和投资人。中国长期采用的无附加条件的投资将受到这些国家的青睐——由于受制于来自区域及国际方面主要机构的制裁或是严苛管控，它们以往吸引资金和技术的渠道十分有限。区域内国家间联系的加强为它们进入巨大的中国市场提供了更多机会，同时也为其吸引到发展所急需的投资（特别在目前中国刚成为净资本输出国之际），这些将促进参与国贸易和商业的发展。中国的崛起将拉拢更多的"一带一路"沿线发展中国家和欠发达国家成为其潜在伙伴。但对中国来说，要吸引更多国家的参与，必须解决几个重要的问题：

首先，中国在东南亚、南亚和中亚地区的政治经济势力、发挥的作用以及利益越来越大，对于上述地区长期作为主导势力的美国、印度和俄罗斯来说如鲠在喉。"一带一路"将拉近这些区域国家与中国的距离，观察人士甚至会怀疑这项计划最终是否会演变为由中国主导的某种排他性俱乐部，其目的在于取代由其他区域性大国创立的区域经贸协定。

反过来，那些在该地区内一直希望争取更多伙伴并因此推行平衡、对冲策略的国家如今逐步意识到，它们可以鼓动一国同另一国相斗，从而迫使双方都做出最大的让步。事实上，有些国家业已开始采取这一策略（如缅甸、斯里兰卡、马尔代夫在中国和印度之间，中亚的苏联加盟共和国在中国与俄罗斯间，以及印度尼西亚、马来西亚、新加坡等东南亚国家在中国和美国间）。但是，只有当这些区域性协定并行不悖时，这一策略才能发挥作用，这意味着"一带一路"的参与国不必放弃参与现有的或新的区域性组织。"一带一路"应被视为对既有区域性合作框架的补充而不是竞逐或对抗。

此外，正如该区域的国家不想被视为参与了遏制中国，从而危害其与北京间蓬勃发展的经济关系，它们也不愿被认为是在帮助中国抑制对手。例如，印度洋地区同中国关系友好的国家肯定不愿被印度视为中国"珍珠链"（String of Pearls）战略的依附者。因此，中国应向可能的参与国保证"一带一路"战略将不会被用作战胜竞争对手的地缘政治策略。否则，这些国家就会在是否参与的问题上犹豫不决，特别是在受到区域性大国压力影响的情况下。

与此相仿，有人会对"一路"上的港口及其附属设施具有的军民两用性感到忧虑。比如，一艘中国潜艇最近进入科伦坡水域，也有传闻称中国在马尔代夫马朗环礁上建立了海军基地，巴基斯坦也向中国发出在瓜达尔港建立海军基地的邀请，所有这些都让相关国家担心中国在印度洋地区的存在不仅限于商业港口的建设和运营。如果地区竞争对手将"一带一路"中的港口视作中国争取更多战略利益或为解放军提供便捷的海上出入要道，同时又不想直接与中国对抗的话，他们就会采取措施劝阻相关国家参与到"一带一路"之中。

其次，对那种固执地认为"一带一路"更多是以中国为中心、其他参与国只能获得些边际收益的看法，中国有必要进行回击。存在这样的疑问，即由中国企业投资建设和运营的港口和相关运输设施是否将仅仅用来为中国大陆的物资和中国制造的产品提供服务？如果"一带一路"的港口不让东道主伙伴国参与经营，只会强化"一带一路"仅为中国利益服务的看法。因此，中国应根据其投资份额来明确其所占有的股权，这一点非常重要。与其因封闭而造成东道主伙伴国营收能力的受限，中国不如根据其投资情况适当地向参与国提出一些准入优惠要求。这样做还能把东道主伙伴国同中国的贸易额以及未来可能的风险都绑在一起。如果能对所有参与国甚至非参与国开放"一带一路"港口，在此情况下，中方就会为进一步推动经济区域一体化做出贡献。比方说，中国采取准予他国进入瓜达尔港（通向阿富汗和中亚最近的海港）的措施以吸引中亚国家参与到"一带一路"的建设中来。瓜达尔港可能会被这些内陆国家视作运送进出口物资的重要渠道，于中国而言，这也就达到了通过让相关国家参股以保障港口及与之相连的陆上运输路线安全的目的。因此，在确定"一带一路"战略中各项投资的性质和条款时，中方应审慎考虑东道主伙伴国的利益。由于不同国家有着不同的国家优先问题和利益考量，这必将带来一系列微妙的权衡与协商。

最后，中方有必要解决这样几个悬而未决的问题：哪个国家为"一路"上的港口及相关设施提供安全保障？"一路"上的成员国是否会允许中方在印度洋地区和东南亚海域部署中国人民解放军和中国海岸警卫队？就印度洋地区而言，这将会造成印度以及美国方面的焦虑；另一方面，对于南海区域的海上邻国，中国海军和海岸警卫队在临近"一路"港口的重要水域航道进行巡航可能会引起它们的猜疑，并将中方巡逻行为视为对其在两国争议海域领海主权的威胁。领土和领海纠纷往往会影响国家的决策，会使相关国家在决策时即使面对经济利益也视若无睹。对此，中方应当考虑加强与南中国海沿海国家的海事安全合作，协力保障"一路"的基础设施安全。

这可能包括为支持联合搜救工作的演习而投入资金，打击海盗和恐怖主义，积极应对海洋污染和海洋环境恶化，甚至涉及渔业资源的共同管理以及近海油气资源和海底矿产资源的共同开发。

　　"一带一路"战略中仍有很多细节被描述得过于粗略，这对于中国是不利的。这些细节之处可能还未来得及进行讨论就遭受各方的阻挠和非议。有人可能会质疑它是一个空洞的、毫无依据、毫无持久政治经济保证的承诺。吸引一个国家参与他们知之甚少的事业将会困难重重。鉴于此，中国应清晰地解释"一带一路"计划的宗旨，对他国的疑问给予实质性的说明。当然，"一带一路"尚有许多不够清晰的细节这一事实也有其有利的一面：各国都有机会参与塑造其组织架构，从而使其更易于被各方接受，进而使各方受益。

（刘亚奇　译　唐磊　校）

原文信息

　　原题：China's One Belt, One Road To Where? Why do Beijing's Regional Trade and Transport Plans Worry so Many People?

　　作者：Lucio Blanco Pitlo III

　　出处：http://thediplomat.com/2015/02/chinas-one-belt-one-road-to-where/

中国"一带一路"计划：
新一轮的开放战略？

李明江

　　新加坡南洋理工大学拉惹勒南国际研究学院学者李明江于2015年3月11日在该院网站发表了评论文章《中国"一带一路"计划：新一轮的开放战略？》。李明江指出，"一带一路"计划是新一轮的对外开放，是对中国众邻国战略性结盟的回应，特别是对美国亚洲战略再平衡的一次回应，也是对数年前中国外交政策精英提出来的"向西看"提议的响应，反映了中国外交政策圈新兴的共识：北京现在需要从低调的国际战略转向积极的战略，争取更大的成就。

　　2013年9月至10月，中国国家主席习近平出访哈萨克斯坦与印度尼西亚时，提出了丝绸之路经济带与21世纪海上丝绸之路的提议。自此后，"一带一路"计划成为中国外交的首要驱动力。尽管"一带一路"思想几乎成为各大主要国际事务论坛和中国国内会议最经常讨论的话题，但似乎外界既没有对这一思想太过兴奋，也没有忽视中国这一新兴战略的重要意义。

中国"一带一路"计划的严肃性

　　一些事实很能说明中国对待这一计划有多认真。"一带一路"计划被写进了第十八届三中全会的《大会决议》，这是关于新一届共产党领导人全面推进新一轮深化改革的历史性文件。中央财经和经济事务领导小组第八次会议上，"一带一路"计划被强调为 2015 年中国的首要问题之一。

中国还采取了后续行动，宣布成立亚洲基础设施投资银行（AIIB），设立价值 400 亿美元的丝绸之路基金，并在 2014 年的 APEC 会议上向外国领导人公布了这一提议。据传，"一带一路"计划已经成为中国的国家战略。这一计划很有可能会被习近平本人作为其任期结束后外交政策遗产的重要组成部分。

中国国家改革与发展委员会正在其他相关机构的协助下制定实施的指导方针。中方的声明表明，该计划将囊括五个领域的联结：政策、基础设施和设备、贸易、货币与人民。具体一点，即计划实施将涉及贸易与投资便利化措施、基础设施（铁路、高速公路、机场、港口、通信、能源管道与物流中心）发展、工业与次区域经济合作（主要指海外工业园区与经济走廊）、金融合作与增进各国人民之间的关系。

"一带一路"计划与中国外交

来自中国方面的消息称，该计划最终将涉及从亚洲到欧洲的 65 个国家，与此同时，中国高级官员的声明与评论则表明中国的重点将放在邻国之上。"一带一路"计划看来是当代中国外交关系史上一项前所未有的提议。尽管中方一直试图轻描淡写该计划的战略意义，但私下里许多中方学者暗示，该计划是对过去几年中国众邻国结成战略性同盟的回应，特别是对美国亚洲战略再平衡的一次回应，也是对数年前中国外交政策精英提出来的"向西看"提议的响应。

不过，也有人认为该计划并不仅仅是对美国战略再平衡与区域战略环境变化的回应，而是对中国外交政策圈新兴的共识的反映：北京现在需要从低调的国际战略转向积极的战略，争取更大的成就。中国的外交政策精英已经开始寻求某种类型的大战略来进一步提升中国的大国形象。2009 年至 2012 年的安全紧张局势与争端被解读为中国借此寻求进入国际视线，这些争端也促使中国决策者制订大的政策计划来处理邻国对中国日益增加的负面印象。

新一轮的对外开放？

　　中国官员声称"一带一路"计划是新一轮的对外开放。诚然，这话一点不假。第一，中国面临产能、产量过剩的挑战，尤其是钢铁与建筑材料业。这一挑战可以通过"一带一路"计划得到解决——该计划能为中国的多家公司打开新的海外市场。第二，由于劳动成本的提高，中国会将其劳动密集型与低增值制造设施转移至海外。就上述两方面而言，"一带一路"计划将加速中国国内经济的重构。第三，对中国的内陆与西部省份而言，过去几十年都未能跟上中国对外开放的步伐，而"一带一路"战略很可能刺激经济增长。第四，中国已经成为资本净出口国，越来越多的中国投资者将会在海外寻求投资机会。

　　很明显，北京正全力着手"一带一路"计划，不过，由于北京没有提供充分的相关信息，因此邻国的回应充满矛盾。最终，这些国家将会在其各自的战略和国家安全问题与"一带一路"的经济利益间找到平衡。无论如何，区域内各国在关注中国该战略的同时，应敦促中国更透明地实施该计划，提供更多的信息。

（杨莉　编译）

原文信息

　　原题：China's "One Belt, One Road" Initiative: New Round of Openging Up?

　　作者：Li Mingjiang

　　出处：http://www.rsis.edu.sg/rsis - publication/rsis/co15050 - chinas - one - beltone - road - initiative - new - round - of - opening - up/#. VSts2dKHaSo

新疆在中国中亚战略中的地位

马克林

国际著名中国学家、澳大利亚格里菲斯大学亚洲研究系马克林（Colin Mackerras）教授近期在《东亚》（*East Asia*）杂志发表论文，以新疆为基点，全面、系统地分析了2009年乌鲁木齐"7·5"暴力恐怖袭击事件以来中国与中亚诸国的双边关系，以及新疆在塑造这些关系中的作用。马克林教授在文中并未提出具体的建议，但此文清晰地勾勒出新疆在建设中国与中亚地区对外关系方面的重要性，为我国以新疆为中心、制定长期的中亚战略及总体对外政策提供了很好的思路。

新疆、丝绸之路与恐怖主义

新疆经济发展迅速，引人注目。由于地处欧亚大陆中心，新疆还可能成为连接中国与欧洲的双向通道。在古代，著名丝绸之路上的众多重要站点都在此地区。

2011年7月，时任美国国务卿的希拉里·克林顿宣布了一项"新丝绸之路"战略，意在投资数千亿美元，建设一个连接资源丰富的中亚与该地区迅速发展的经济体的公路、铁路和天然气管道网络。希拉里·克林顿指出，因为该项目而带来的投资及市场将为该地区的人民提供"叛乱之外的另一个可靠替代品"。

最重要的是，2013年9月，中国国家主席习近平在哈萨克斯坦提出了建立"丝绸之路经济带"的设想。这一设想将推动欧亚大陆的经济和文化交流，尤其是贸易、投资以及公路和其他网络的建设。习近平的这一提议旨在扩大中国在重要地区的影响力，对抗——至少平衡——希拉里·克林顿早先提出的新丝绸之路战略。该提议得到了中国国内以及国际上的极大关注。

在其讲话中，习近平主席对恐怖主义、极端主义和分裂主义的威胁提出警告，为我们展现了新疆和中亚快速经济发展的另外一面，即进入 21 世纪以来，这里一直是众多冲突的发源地。由于国内外多种因素而引发的分裂主义、恐怖主义和不满情绪，新疆的暴力事件也时有发生。尽管新疆地区的暴力活动远逊于阿富汗，但这些有组织的抗议和暴力事件在其现代历史中却未曾间断过，其中最严重的就是 2009 年 7 月 5 日的暴乱，中国官方测算的死亡人数为 197 人。

新疆"7·5 暴乱事件"发生之后，中国政府采取了一系列措施来推动社会稳定，其中大部分集中于改善经济状况。2010 年，中央批准有着维吾尔族文化中心之称的老城喀什成立喀什经济特区，目的是向中亚及其他地区开放市场，鼓励投资和贸易。但稳定当地社会局面的这些措施似乎并未达到预期效果，尽管未再发生程度类似 2009 年的暴力事件，但是骚乱并未停息甚至还有所恶化。

新疆在中国与中亚诸国关系中的地位

1. 俄罗斯

在与中国接壤的国家中，俄罗斯与中国的双边关系最为重要。2009 年以来中俄关系一直非常友好，在许多重要的国际问题上，两国都结成统一阵线以对抗西方。在此期间，俄罗斯与中国最突出的是经济合作（尤其是天然气和石油）。2014 年 5 月，普京总统访问上海期间，俄罗斯签署了一项向中国提供 30 多年天然气、总额超过 4000 亿美元的合同。该合同的国际意义非同寻常，特别是在提高欧洲天然气价格和强化中俄长期友好关系方面。但在中—俄双边关系中，新疆并不是关键因素。

2. 蒙古

尽管与新疆有着很长的边境线，但新疆在中国与蒙古的关系方面也并不是一个重要因素。当然，两国的双边关系比较复杂。在蒙古一方看来，中国在经济、政治和其他多方面越来越重要。两国政府层面的关系很友好，但也有许多蒙古人因为中国主导地位不断提高而愤愤不平。

值得一提的是蒙古的少数民族。根据蒙古2010年的人口普查结果，该国有10万多名哈萨克族人，大部分居住在与新疆接壤的蒙古西部地区。边境内外的哈萨克族之间有着多种社会关系以及某些贸易往来（但不一定限于具体的族群）。尽管如此，在中—蒙关系的宏观层面上，新疆还是具有重要的影响。

3. 巴基斯坦

巴基斯坦与中国一直保持着非常友好的关系，它也是受伊斯兰主义者煽动而爆发多起恐怖事件的国家。在巴基斯坦人看来，该国与美国的关系并不稳定，尤其是2011年以来几起意外事件严重损害了两国的双边关系，如2011年5月美国未经授权在巴基斯坦境内击毙基地组织头目本·拉登，以及北约在一次军事行动中炸死20多名巴基斯坦军人。传统上印度和巴基斯坦一直相互敌视，没有任何改善的迹象。另一方面，历史上一直磕磕碰碰的中—印关系最近却有缓和之势。中国开始采取多种方式改善与印度的关系，其中最主要的是共同参加金砖国家论坛（BRICS forum），以及2014年9月中国国家主席习近平访问印度。同时，中国也努力保持与巴基斯坦密切的合作关系。

近年来中国与巴基斯坦的经济关系发展很快，两国2006年签署的自由贸易协定也使中国的贸易受益匪浅。中国还大量投资巴基斯坦的基础设施。在2013年5月访问巴基斯坦期间，李克强总理提出中国—巴基斯坦经济走廊的想法，把新疆的喀什与巴基斯坦的瓜达尔港连接起来，为中国、中东和非洲的贸易和能源供应开启一个主要通道。李克强指出，中国希望打造一条巨型经济走廊，不但加强中国的战略地位，而且还有助于恢复亚洲的和平与稳定。因此，新疆不但在中国与巴基斯坦的关系中有着非常重要的作用，而且还关系到中国的总体贸易和经济发展。

李克强总理所说的恢复和平与稳定凸显了新疆伊斯兰恐怖主义问题，这是影响中国与巴基斯坦总体关系的主要因素。有些被怀疑为恐怖分子和在阿富汗参战的维吾尔族人利用巴基斯坦作为藏身之所，另外一些人则在那里接受训练准备参加针对中国的"圣战"。当然，中国也注意到了正是巴基斯坦军队在 2003 年 10 月击毙了艾山·买合苏木（Hasan Mahsum）——被中国谴责为恐怖组织并对新疆多起恐怖活动负责的东突厥斯坦伊斯兰运动（ETIM）头目。

2011 年喀什暴力恐怖袭击事件发生之后，中国政府谴责了维吾尔族恐怖主义分子。这一次，中国没有将暴力恐怖集团与热比亚或美国联系起来，而是指称其头目曾在巴基斯坦受过训。这是中国首次公开指控巴基斯坦。但这一事件并未损害两国的关系，巴基斯坦政府否认与维吾尔族恐怖分子有任何关系，并坚称该国将帮助中国解决面临的问题。此外，巴基斯坦政府还根据中国的请求把东伊运及另外两个组织列为恐怖组织。很明显，中国是巴基斯坦最主要的伙伴国，巴渴望与中国保持友好关系，而维持这种友好关系对中国而言也意义重大，因此巴基斯坦的繁荣和长治久安对中国至关重要。但是如何评估新疆在中—巴关系中的作用，到底经济因素还是安全因素更重要，却并不是一个容易回答的问题。

4. 中亚诸国

中国在中亚诸国的经济和战略影响力发展迅速。如蒙古一样，中亚国家官方政策欢迎中国地位的上升，决策层、总统家族、政治精英和私营部门寡头及大型公司主管大都对中国持友善态度。当然如蒙古一样，也有一些人表示反感。中国在中亚国家所起到的作用多种多样，但总体上正如 2012 年美国《国家利益》上的一篇文章所说，"中国正在巩固其地位，似乎在不经意间已经成为一个帝国"。但战略家们忽视了中国在西部地区的影响力。

有必要提到的是在中亚地区有着重要影响的上海合作组织

（SCO）。上海合作组织成立于 2001 年，目标是保护成员国的共有利益（joint interest），其作用之一是抗衡西方（尤其是美国）在中亚地区的影响力。该组织的成员国中，中亚国家占据大半。

尽管中国在中亚地区的经济活动是多维度的，但其重心则是资源和能源。2013 年 9 月，习近平主席高调访问中亚数国，并签署了数千亿美元的合同，虽然谈到的问题很多，但经济仍是重头戏。另一个是文化方面，在该地区，学习中文已经蔚然成风。在哈萨克斯坦和吉尔吉斯斯坦的大学里，中文课程的受欢迎程度仅次于英语。中国在中亚地区建立了多家孔子学院，鼓励中亚人民到中国的大学学习，选派中国教授前往中亚国家授课和工作，还派遣文化代表团前往访问和进行文艺演出。当然合作还涉及战略方面。成立上海合作组织的一个主要动因即是防止伊斯兰主义影响的泛滥和恐怖主义以及跨境毒品运输。为此，上合组织还建立了一个地区反恐机构（RATS），总部位于乌兹别克斯坦的塔什干。具有讽刺意味的是，上合组织成立于 2001 年 6 月，几个月之后就发生了"9·11"事件，说明这些地区的国家对于恐怖主义的危险性颇有先见之明。

"9·11"事件强化了成立上海合作组织的正当性。对中国而言，2009 年新疆"7·5暴乱事件"的一个主要原因就是包括中亚地区在内的外部势力的介入，而且中国现在仍担心这些反华势力在新疆煽动民族关系紧张和仇恨。上海合作组织论坛使中国及其他国家得以表达它们对于伊斯兰极端主义和其他相关事务的关注。

2013 年，地区反恐机构成立一个特别小组帮助中国应对新疆的恐怖主义，上海合作组织执行委员会主任张新枫这样解释中亚地区的集体行动：新疆的恐怖袭击与中亚地区的恐怖分子、分裂分子和极端分子的活动有密切的关系，因此上合成员国的联合反恐对中国的稳定至关重要，而且是一项长期的任务。

与此同时，对于中国影响力的不断增长，中亚国家也有所忧虑。从经济上看，中国的增长有利于它们发展经济，但它们又担心中国的优势太过明显。此前曾长期控制该地区的俄罗斯或许愿意与中国修好，但未必愿意中国影响力不断提升直接威胁到自身的利益。中国的崛起不可避免地对俄罗斯构成挑战。诚如《国家利益》上文所说：由于中国全神贯注于开发新疆和从中亚地区获取资源，因此它是否对其在重塑中亚的地区活动中产生的影响，或者中亚国家对这些影响的看法了然于胸，目前尚不清楚。但随着俄罗斯在该地区的影响力空前衰落，以及中亚各国普遍认为随着多数作战部队撤出阿富汗，美国将从战略上放弃中亚，中国已在不经意间打造出了一个帝国。

对中国而言，中亚地区最重要的价值是发展自身经济，尤其是新疆的经济，因此中亚仍将是冲突频仍之地。但是，新丝绸之路及其前景也可能缓解各方之间的紧张和冲突。另外，中国尚未制订出进军中亚的长期计划。中国之所以进入中亚，多多少少是环境因素所致，以及中国对资源和能源的需求。但最重要的是，不管中国领导人的真实想法如何，中国在中亚的确已经成为最活跃的参与者了。

5. 土耳其

第二次世界大战以来，土耳其一直与西方国家非常亲近，甚至还是北约成员国。但由于维吾尔族与突厥族的历史渊源，土耳其又与新疆之间存在种族上的联系。

大体而言，在2009年7月新疆暴乱爆发时，土耳其与中国的关系非常紧张，但在此后则有了很大的改善。在土耳其看来，与其说新疆是一个冲突频发的地区，倒不如说它是丝绸之路的一部分。中国领导人如时任总理的温家宝和时任国家副主席的习近平分别在2010年10月和2012年2月访问了土耳其。2012年4月埃尔多安访问中国，成为27年来对中国进行正式访问的首位土耳其总理。2010年10月两国宣布建立和发展中土战略合作关系。

两国关系中发展最快的是经济方面。在访问土耳其期间，习近平参加了一个经贸合作论坛，强调两国经济的互补性，指出应该看到这种潜力并推动两国及与第三方的合作。2011年中国向土耳其出口商品总额达216亿美元，而土耳其对华出口商品总额仅有25亿美元。不过，两国领导人同意努力推动贸易平衡，并力争到2010年使贸易总额翻两番。

现在尚不能确定未来两国究竟会如何处理与对方的关系。对土耳其而言，中国的意义主要在其经济实力上，尤其考虑到中国已经成为土耳其第三大贸易伙伴，仅次于俄罗斯和德国。但也不能忽视土耳其一方巨大的贸易逆差。维吾尔族问题将非常棘手，难以排除在中—土关系之外。基于这些考虑，可以断定土耳其会把中国作为一个潜在的伙伴，但也不会是取代西方的那种伙伴。

结　论

21世纪初，最重要的国际动态之一就是中国的崛起。新疆地位的重要，表明中国的对外政策不仅重视东部和南部，还证明它正在面向西方。在有利于中国但不利于俄、美的持续变化的权力平衡中，新疆地位重要且做出了贡献，特别是对中国与巴基斯坦、中亚地区和土耳其的关系产生影响。

那么，作为新丝绸之路的组成部分，或是中亚的冲突地区之一，新疆到底在中国对外关系中发挥什么作用？对这一问题可以从两个方面来看，但其对于新丝绸之路的作用要大得多。丝绸之路的想法并不新鲜，中国长久以来即试图将其贸易和经济发展推向中亚地区甚至更远，而且这也是该地区人民的基本利益之所在。中国在世界各地都在推进其经贸发展，所以向中亚地区的推进与其海外举措并不冲突。中国需要资源，也需要有助于提供这些资源的基础设施。前述信息和分析强烈表明，契合在一带一路概念中的经济思想与贸易是包括新疆在内的中亚地区发展的最为重要的推动力。

至于中亚地区的冲突，美国领导的联合力量从阿富汗撤军可能在某种程度上会减少该地区的冲突。然而，这可能只是对该地区局势的不完全解读。新疆的种族和宗教关系依然严峻，并且似有加剧的态势。尽管造成分裂的可能性不大，但是很难消减，更不要说消失了。伊斯兰分子在中亚地区依然不容小觑，在某些地方甚至非常强大。尽管对于中国抑制恐怖主义和宗教极端主义的做法存有人权方面的疑虑，但是西方势力不会为此损害各自的经济利益，危及新疆的经济优势，毕竟西方和中国一样，对于伊斯兰主义都深恶痛绝。

基于此，认为中亚地区是冲突地区的这种想法有些小题大做，它不可能危害、更不用说阻止因丝绸之路而带来的经济崛起和交流。当然，该地区持续的紧张甚至可能的冲突也不能忽视。

（崔玉军　编译）

原文信息

原题：Xinjiang in China's Foreign Relations：Part of a New Silk Road or Central Asian Zone of Conflict？

作者：Colin Mackerras

出处：East Asia，in http：//link. springer. com/article/10. 1007/s12140-015-9224-8

中亚外交与新丝绸之路战略

哈桑·H. 卡拉尔

本文是韩国峨山政策研究院（The Asan Institute for Policy Studies）在线杂志《峨山论坛》刊载的文章，作者哈桑·H. 卡拉尔（Hasan H. Karrar）来自巴基斯坦拉合尔管理科学大学人文与社会科学系。作者对中亚国家20多年来的商业趋势进行了跟踪研究，并于2013—2014年在吉尔吉斯斯坦与400多名商人进行了开放式访谈。作者在文中基于其调研成果，从中国—中亚关系的地缘因素、中国—中亚的商业关系，以及中亚地区如何看待中国的区域战略等角度，讨论了中国的中亚外交和一带一路建设。作者认为，任何涉及中国—中亚关系的讨论，都要注意到这样一个事实，即目前中亚国家的经济发展严重依赖于中国，中国在中亚经济繁荣中发挥着、并将一直发挥至关重要的作用。

20世纪90年代以来，北京一直在寻求与中亚地区开展广泛合作。除了诸如上海合作组织这种重大多边机制的稳步扩展之外，中国与该地区的官方贸易也增长了近百倍，即从1992年的不足5亿美元增长到2012年的460亿美元。而根据美国能源信息管理局2013年发布的数据，中国已经是哈萨克斯坦石油的第二大进口国。鉴于中国进入中亚能源市场较晚，在20世纪80年代之前其在中亚地区的影响甚微，因此，突然的地区参与，以及新丝绸之路战略所赋予中亚的角色，使得了解中亚地区如何看待北京的区域外交，以及构成这些看法的基础变得十分必要。

中国—中亚边境：地理局限与可能性

中亚国家为内陆国家，并长期附属于苏联，这使它们在独立之后面临三大挑战：第一，中亚经济不能完全独立于苏联经济，因其重点一直是在某些特定的经济部门，如农业、垦殖、畜牧和能源开采。此外，鉴于苏联制造部门的全面萎缩，也不能再依赖其进口商品。第二，随着苏联的解体，中亚地区所一直依赖的补贴不复存在。第三，鉴于中亚各共和国均为内陆国家，因此更加依赖于邻国开展进出口和过境贸易。

北京发现了它在这方面所具有的直接优势。首先，中国与哈萨克斯坦（1533 公里）、吉尔吉斯斯坦（858 公里）和塔吉克斯坦（414 公里）都有着很长的陆路边界。这三个国家各有人口 1680 万、550 万和 800 万。其次，1983 年以来中国与苏联关系的改善为这一地区带来好处，交通基础设施得以建设，商品流通更加自由，人员之间的接触更为频繁。

除了其商品在中亚市场的吸引力，中国在第八个五年计划期间提出进一步对外开放，再次强调建立国际商业合作，包括在欠发达的西北部地区，这为业已获得外交承认的中亚各国创造了更为有利的跨境商业交流的环境。中国新疆的国际"港"数量可以看作是其与周边国家交往增多的指标。

1982 年，乌鲁木齐机场率先获得国际港口地位，而在中亚各共和国独立一年之后，新疆拥有了 11 个港口，今天，这一数字已经增加到 27 个，其中最为繁忙的是霍尔果斯。除了三个中亚国家，新疆还与其他 8 个国家接壤，因此可以预计，新疆将使中国的商业触角深入至中亚、南亚和西亚邻国的市场。中国领导人还鼓励新疆建立跨欧亚的商业联系，开办地区贸易展销以吸引来自多个国家的商贸人士，相关的报道时见报端。

依赖中国？中国—中亚的贸易与形式

在独立之后的 1992 年年底，中国与中亚各共和国的贸易额为 4.69 亿美元，其中的 3.69 亿美元是与哈萨克斯坦的双边贸易，且其中半数以上是从中国进口日用消费品。到 2003 年，中国—中亚贸易额已经超过 35 亿美元。这一贸易数据中有三个特点：（1）中国和哈萨克斯坦的双边贸易在其中占大部分，且由于中国寻求扩大其石油采购来源，因此以能源部门的贸易为主。除此，这些数字还包括中国政府和国有企业在基础设施建设上的投资。（2）官方贸易数字不十分准确，因为个体经营者也在从事日用消费品进口。这类贸易随意性很高，贸易值和贸易量都被低估了。2013 年，IMF 发布的一项研究估测，非正规经济占 GDP 的比重，在吉尔吉斯斯坦为 26%，哈萨克斯坦为 35%，塔吉克斯坦为 33%。（3）随着非正规经济的扩展，商品的最终目的地可能是第三国，因此贸易数字仍然不准确。不仅仅 2012 年中国—吉尔吉斯斯坦 51.6 亿美元的贸易额很可能被低估，而且进入吉尔吉斯斯坦批发市场的绝大部分商品被发往哈萨克斯坦、塔吉克斯坦和乌兹别克斯坦，甚至还有俄罗斯。

尽管可能不完全，但是官方数据为中国在中亚急剧增加的商业活动提供了证据，同时证明中亚对俄罗斯和其他苏联国家依赖的下降。

丝绸之路上的站点：来自中亚的观点

尽管对于中国人的涌入以及因商务活动导致的生态变化有所忧虑，但是中亚的多数人民还是受益于北京的地区参与。从地缘政治的角度而言，中国抵消了俄罗斯和美国对中亚地区的影响。它的投资和商业活动为中亚地区提供了除莫斯科和华盛顿，以及（在较小程度上的）来自伊斯坦布尔的投资和商业外的更多选择。平衡并非等同于零和博弈，而是使投资和合作呈现多元化，使中亚国家不再依赖于某个国家。受访的中亚学者和决策者们很清楚这种平衡的实际益处。由于能和北京建立紧密的合作，中亚国家可以在更大程度上不再依赖莫斯科和华盛顿而行使自主权，同样地，除了塔吉克斯坦，所有中亚国家也不希望在独立之后变成土耳其的卫星国。

中亚国家对中国的看法在中亚集市上得到呼应，从一项超过400人的访谈结果中可见一斑。这项调查是正在进行中的有关大中亚地区商业网络和流动性研究的组成部分，调查地点为吉尔吉斯斯坦。

比什凯克北部的道尔多耶集市（Dordoy）是吉尔吉斯斯坦最大的集市，在2013年的访谈中，道尔多耶贸易协会的领导人介绍说集市约有2万个摊位，用工人数在6万人左右，是亚洲最大的集市之一。位于奥什25公里处的Kaza-Suu集市是吉尔吉斯斯坦的第二大集市，拥有大约7000个摊位，就业人员约1.5万人。凡涉及中国新丝绸之路的讨论，必然提到道尔多耶和Kaza-Suu，原因有二：

首先，这些市场销售的商品中约有80%为中国制造，经个体的或小型商业网络进口经营。其次，在过去十多年，鉴于吉尔吉斯斯坦涉及货物进口的法律宽松，且便于向其他苏联国家转口商品，因此成为中国向中亚地区进口的枢纽。通过访谈得知，尽管有些人依赖互联网或网络电话（Skype）从中国订购商品，但更多的商人亲自前往中国选购商品，甚至有些人一年当中要跑十几次中国。尽管过境要遇到一些困难，但他们更多强调的还是交通的便利。商人们还谈到在道尔多耶和Kaza-Suu集市上，跨文化的信任程度很高，只有三个人提到他们感觉需要亲自去中国以确保订购的商品不被以次充好，而其他的旅行理由则多为做市场调查。

在接受采访的经营者中，没有人认为中国商品的进口破坏了当地的制造业。在独立之后，由于与苏联地区的经济联系被切断，吉尔吉斯斯坦的经济一落千丈，但这并非中国商品进口造成的结果。在90年代中期，吉尔吉斯斯坦估计有50万人从事穿梭贸易。对俄罗斯而言，或许人数更多，同期有1000万—3000万人，许多人穿过中亚前往中国。正如比什凯克大学的教授所说："人人都在做生意。"数量之大表明了一个事实，即人们需要经商来求得生存。这个说法也解释了集市的发展，因为其他的机会非常有限，即使是在资源丰富的哈萨克斯坦也是如此，而流动贸易为许多人提供了生计。

结　论

由于共有幅员辽阔的陆路边界，因此中国的中亚外交是独特的。20世纪80年代与苏联关系的改善使双方得以推进贸易，确立信心。进入90年代，在北京全力以赴地实现其西部地区的现代化之时，中国则寻求与中亚建立更紧密的经济联系。而更为精确地讲，中国对中亚地区的经济参与还恰逢这些苏联共和国最需要它的时候。在中亚，中国一直通过维持一个广泛的商业网络来发挥作用，这个网络不仅仅提供廉价的工业产品，还为成千上万的个体经营者提供了就业。尽管有时忌惮于它在这一地区地位的不断提高，但是其商业扩张，不管是消费产品的进口抑或对能源部门的巨额投资，都被认为是非常重要的。正如集市调查中所显示的，接受访谈的多数商人都从中国在中亚地区商业网络的扩展中获益。因此，中国在中亚经济繁荣中发挥着并将一直发挥至关重要的作用。

（刘霓　编译）

原文信息

原题：Looking Eastward to China：Beijing's Central Asian Diplomacy and its Implications for China's New Silk Road Initiatives

作者：Hasan H. Karrar

出处：http：//www. theasanforum. org/looking－eastward－to－china－beijingscentral－asian－diplomacy－and－its－implications－for－chinas－new－silk－road－initiatives/

中国应通过上合组织提升与中亚地区的合作

理查德·吉亚赛

"外交学人"网站 2013 年 12 月 9 日刊登阿富汗战略研究所研究员理查德·吉亚赛的文章，指出中国与中亚诸国密切的经贸与防务合作关系不仅能够促进地区稳定和边境安全，而且还能够创造经济发展和贸易往来所需的良好环境。尽管存在着一些挑战，但在中亚国家利益相关方中，中国（而不是俄罗斯或印度）最有能力通过上合组织提升与中亚地区的合作，实现中国与中亚地区在贸易合作、地区稳定和经济发展等方面的"双赢"。

就在中国崛起成为 21 世纪的头版故事的时候，其中亚邻国却深陷社会和经济泥潭。毫无疑问，这些国家必须从其内部来迎接这些发展挑战，但中国对中亚的地区稳定和经济增长有多大的意义呢？从经济上讲，在中亚地区苏联 5 个加盟共和国中，中国是其中 4 个（乌兹别克斯坦不在其内）最大的贸易伙伴，也是它们的主要投资者。中国已经逐步把这些地处内陆的中亚国家带进自己的经济轨道：在 2000—2012 年，双边贸易额（除阿富汗外）增长高达 45 倍，从 10 亿美元上升到 460 亿美元。中国还是中亚六国中 5 个国家的战略伙伴。2013 年 9 月习近平主席访问了该地区并签署了大量的能源和建设协议，双方的关系得到进一步加强。

中国从 20 世纪 90 年代中期开始与中亚地区建交，以上这些就是中国在该地区开展外交的成就所在。其主要特征为资源开采与贸易，确保来自土库曼斯坦等国的地下能源供应，以及保护中国的西部边境不受骚扰。当前这些问题相对还不是很重要，因为国内和地区稳定才是中国平稳发展的关键——这是中国政府和学者经常表达的观点。

与此同时，中国一直在通过 2001 年成立的上海合作组织来推动地区安全合作。通过这一机构，中国加强了与中亚的政治及经济关系。随着各成员国国防部门之间合作的逐步加深，各国的军事互信也已得到更大发展，诸如共同打击毒品走私和有组织犯罪、加强边境安全等行动。不过，上合组织仍未将"硬安全"——真正的防务能力——纳入议程。

中国一直把提高中亚地区的生活水平作为治理不稳定的主要方法，外交部长王毅最近强调，希望通过扩大合作范围以及打造一个"安全盾"来应对各种安全威胁，因此有机会把上合组织建成一个"利益共同体"。不过有意思的是，这种路径并不符合北京的不干涉政策。

问题是，当前这种经贸关系和松散的安全协议能否阻止并处理中亚地区可能爆发的大混乱。目前中亚地区正面临多种挑战和威胁——除了哈萨克斯坦因为注重经济治理和自然资源储备丰富而运转良好之外，其他中亚国家仍在向现代化的转型中苦苦挣扎，领导层的接续也将是一条艰难之路。这 4 个问题最严重的国家——阿富汗、吉尔吉斯斯坦、塔吉克斯坦和乌兹别克斯坦——都面临着严重的发展风险：公共服务不足，边境相互渗透交错，安全力量虚弱以及经济尚不具规模等。如果没有外国稳固的支持，仅仅依赖本土经济增长机制的确是一大挑战。同时，2014 年美国主导的国际部队撤出阿富汗之后，地区安全环境会发生变化。由于阿富汗地处中亚与南亚之交，叛乱分子有可能流入本已非常脆弱的邻国。

不仅如此，由于中亚国家向来缺少信任，敌意存续期间，一个亚欧利益相关者建立的区域机构会非常受欢迎。从其综合资源和经济实力看，中国是最有资格的候选者。尽管俄罗斯与该地区有着历史、语言和文化上的联系，且仍把中亚视为其势力范围，但缺少像中国那样亟须资源、实力强大的制造业。正在崛起的印度国内问题太多，无暇他顾。

有人会说，中国的首要任务是处理其内部发展挑战，这是可以理解的。中国人口占到世界总人口的 1/5，满足这些人的需要是对人类最重要的贡献。但是尽管如此，中亚地区的动荡会延缓中国经由陆路获取中亚和中东地区能源的地缘战略进程，既威胁到中国绕道巴基斯坦到达印度洋的捷径，也不利于中国经由陆地增进与欧洲主要经济体的关系。另一方面，中国有数个邻国都是美国盟友，且对中国不断增长的影响力忧心忡忡，这表明中国的西部和北部需要一个地区性防务组织。

所以，中国通过上海合作组织来防止地区冲突、开展防务合作和冲突后重建是经过精心考虑的，但鉴于地区大国的安全战略以及莫斯科发起的交相重叠的安全体系，这不是一件容易的事情。好消息是中俄两国早就把对方视为自己在亚欧大陆最重要的战略伙伴，而且双方的关系从来没有像现在这样友好。这种独特的局势为推动上海合作组织成员国以及观察国的共同发展提供了绝好的机会。但还有两个关键问题需要首先解决。第一个是上海合作组织的名字问题。现在，没有一个地区性安全组织是以某个国家或城市命名的。第二，给予观察国（尤其是阿富汗、印度和巴基斯坦）成员国身份这一问题迟迟没有解决。如果获得足够的支持，现在的会员国能够推动这些观察国在政治、立法和技术方面尽快成为上海合作组织正式成员。印度的成员国身份能够——更确切地说是应该——缓和俄印对中国在中亚和南亚的地缘政治意图的疑虑。布热津斯基曾经建议俄罗斯与西部邻国加强联系，但是如果中俄两国能加强安全和经济合作，中国就不必担心俄罗斯有倒向西欧国家的危险。事实上，中俄的经贸合作发展非常迅速，估计到 2020 年两国的双边贸易将达到 2000 亿美元。

对上海合作组织而言，尽管机遇多于挑战，但其任务并不容易完成。中国不应该置身事外，因为集体的问题和利益需要共同努力，同甘共苦。如果中国能帮助改善中亚地区人民的生活水平——这是该地区社会不稳定的根源——以及把上海合作组织打造得更有能力，那么好运就会降临到中亚以及中国头上。

（崔玉军　编译）

原文信息

原题：Central Asian Fortune in Chinese Hands？

作者：Richard Ghiasy

出处：http：//thediplomat. com/2013/12/central － asian － fortune －
in－chinese－hands/

中国全球战略中的欧洲定位及
中欧关系的未来

王正绪

　　《亚洲政治与政策》2015 年第一期刊登诺丁汉大学当代中国研究所副教授王正绪（Zhengxu Wang）的文章，此文考察了中国以其宏大战略参与世界格局调整背景下中欧关系的未来发展路径。作者认为，在 21 世纪的第二个十年中，中国会以渐进的方式涉入世界秩序。中国的增量洲际主义（Incremental Inter-Continentalism）理念接受美国对世界体系的支配地位，但同时也致力于在全球范围内建立包括不同国家和地区的各种新的多边构架。在此过程中，欧盟和欧洲在中国的经济和技术发展战略中的地位将越来越重要。中欧之间加强合作的空间仍然很大，但更多会是在经济而不是在政治和战略层面。

　　随着中国的崛起，世界权力格局发生迅猛变化。欧洲如何在中国全球战略中定位，以及中国期待与欧盟及欧洲各国建立何种关系都成了非常重要的课题。本文旨在厘清中国在未来世界格局下中欧关系的发展路径，以及中国正在成形的参与国际事务的"战略"。目前，中国试图在美国超级霸权格局中打开新局面，并把自己定位为一个区域性大国，同时也越来越广泛地与世界其他国家交流。为实现这一目标，2010 年后，中国更加积极地参与国际事务，更加主动地推进自己的"大战略"。在这一过程中，欧盟与欧洲各国尽管在经济、科技领域与中国开展了更多的合作项目，但是在国际政治舞台上作为盟友或伙伴的表现却并不明显。

　　中国将持续与欧洲合作，尤为侧重经济与科技领域。然而欧盟与欧洲各国在中国发展战略中的重要性远不及十年前。这是因为，对中国来说，欧洲内部的虚弱和分化致使其未能达成"欧罗巴合众国"的构想。同时，中国自己的"增量洲际主义"意味着它将更加积极地与新兴国家或新兴力量建立更为紧密的多边关系，并使中国和其他参与方从中获益。

本文首先介绍了欧洲在中国享有很高的知名度且深受中国民众喜爱这一事实，同时也展现了欧洲在一些重要国际事务中遭到中国政府的批评甚至抵制的情况。这种复杂局面的形成主要有两大原因。一是由欧洲自身行为所致；二是因为中国本身处于自我定位过程——中国到底应该把自己定位为一个强国，还是定位为一个从曾经（19—20世纪）的帝国主义侵略中逐步恢复的发展中国家？笔者进而解释道，尽管欧洲作为全球行动者之一积极参与国际事务并受到普遍欢迎，但作为一种规范性力量（normative power），中国在接受它时仍心存矛盾。再次，作为本文的核心部分，笔者详述了中国的增量洲际主义在未来世界秩序中将起到的作用。就目前状况而言，笔者认为这种"大战略"还有待商榷。文章最后，笔者总结了目前欧洲在国际政治中所具有的影响。

作为文明愿景的欧洲

欧洲在中国民众心中享有极高声誉。2010年，一份以3000名中国城市居民为调查对象的研究报告显示：欧盟是最受中国民众欢迎的国外势力。受访的中国民众中有74%表示喜欢欧洲，表示喜欢美国的有60%，而表示喜欢日本的则只有39%。中国人认为欧洲人十分值得信赖，并对欧洲的文化、风尚、音乐、电影、奢侈品、食物、酒水、环境和福利制度等几乎一切调查中涉及的问题都显示出积极的评价。此外，受访人群对欧盟在诸如世界反贫困、全球反恐、保护环境方面以及促进全球经济增长等国际事务中所起到的作用也给予了肯定。

这个调查结果让人惊讶，19世纪的欧洲列强疯狂地掠夺与殖民，中国在欧洲诸强面前是一个弱小、落后、无力的国家，只能维持"屈辱"的姿态。欧洲殖民列强主要包括英国、法国以及德国、奥地利、葡萄牙等，它们都曾经参与过对华侵略战争，这使得中国自 1840 年鸦片战争开始经历了"百年屈辱"，这种状况一直持续到 1949 年新中国成立后才告结束。这种受害话语被官方用来构造中国自身国家历史的话语体系。中国共产党成功地引导革命，统一国家，并将西方列强赶出中国领土，从而赢得了某种"救世主"的形象。然而，中国官方的世界历史话语却对欧洲做了完全不同的处理。欧洲的文艺复兴、启蒙和工业革命将现代性带入人类文明，这种世界史观也指引着中国步向工业化、建设现代化国家并赶超发达经济体。在第二种话语中，欧洲代表着"现代"，其历史经验为中国提供诸种借鉴，并成为中国发展的参照模式。

随着消费主义和物质主义的兴起，在现代中国，欧洲商品、时尚与生活方式在城市中产阶级的理解中就是美好生活的代名词。欧洲商品往往象征奢侈、品位与成功。中国城市的房地产开发商们纷纷以欧式名字命名楼盘，如"罗马花园"、"枫丹白露"、"欧陆经典"等。

彭博新闻社 2013 年有则消息称：中国人在海外的旅游消费额达 1020 亿美元，一大部分美元都消费在诸如巴黎、伦敦等欧洲国家的首都。在"更大"的文化或消费层面，欧洲建筑公司在中国赢得了很多大单，他们利用大量的地标建筑来主导城市空间：包括歌剧院、图书馆、火车站以及城市复合体，包括中国国家歌剧院、中国中央电视台大楼等。因此，从物质层面看，很多中国人早已生活在欧式空间里了。这种生活空间不仅仅包括消费欧洲商品，还包括欧式名字、欧式符号、欧式思维以及欧洲影像等。

表 1 显示了在中国流行的欧洲商品——中国男性最喜欢欧洲的足球和香水，中国女性最喜欢欧洲的香水与足球。在这些方面，虽然后殖民文化论有一定说服力，但我们希望能够反映出中国对于欧洲文化、文明与经济的积极认知。除了欧洲文明的吸引，于中国而言，一些结构性因素也帮欧盟与欧洲各国塑造了友好无威胁的形象。第一，与跟美国的关系不同，中国与欧洲之间不存在严重的战略竞

争关系，这两个地区由于过于遥远而不会给对方任何地缘政治上的威胁。

表1　中国民众对欧洲商品/文化的认知性别区分

问题：我最喜欢欧洲的什么（第一选择）？		
中国男性（名）	中国女性（名）	总计（名）
英式足球/足球 751	233	984
香水 181	564	745
汽车 171	91	262
时尚 45	184	229
音乐 52	79	131
自然景观 61	68	129
历史名胜 50	36	86
科技 37	20	57
啤酒 10	1	11
总计 1358	1276	2634

数据来源：中国对于欧洲看法的调查，2010。

注：共调查3000人。

　　第二，不像与日本之间，中国和欧洲之间没有明显的未解决的历史遗留问题。第三，与日本或印度不同，中国与欧洲不存在领土争端。所有这些因素使得中国民众对欧洲人有着很高的信任感，同时中国也将欧盟视为国际事务中的积极角色。

作为规范性强权的欧洲

　　公众对欧洲的喜爱的确促进了中国的对欧政策。这给中国与欧盟和欧洲各国交往时创造了更大的空间。比如，当国内舆论攻击日本时，民间就会鼓动政府与德国加强联系。德国可以帮助中国摆脱在多种工业技术方面对日本的依赖，于是中国在历史与领土问题上可以对日本采取更加强硬的态度。

　　在这样的背景下，中欧关系仍然频繁出问题着实令人惊讶。虽然两者之间经济关系非常融洽，但常常会暴露出一些政治方面的矛盾，比如人权问题和西藏问题。当然也涉及一些环境问题，欧洲和其他发达国家认为中国是现在最可怕的碳排放国，因此中国应该为抑制碳排放承担主要责任。而中国和其他发展中国家则认为，大气层中主要的二氧化碳是由工业化的发达国家（很明显是欧洲）在过去的 20 世纪中排放的。此外，即使中国是主要排放源，那也与欧洲和其他发达国家将工厂移至中国有很大关系。换句话说，中国是在替欧洲发展进行排放。因此，中国认为欧洲在碳排放问题上对中国施压是一种自私行为。（见表 2）

表 2　　　　　　中国民众对欧盟在全球事务中作用的认知

问题：你认为欧盟在下列事务中起到了积极还是消极的作用？（认同百分比）			
	积极	消极	视情况而定
世界和平	69.8	8.3	12.0
国际经济	75.4	5.8	9.2
环境保护	81.2	3.6	6.5
科学研究	85.2	1.9	5.1
战胜贫穷	62.2	10.5	13.2
打击国际恐怖主义	62.9	10.3	12.3

数据来源：中国对于欧洲看法的调查，2010。

更严重的分歧也许在价值观上。中国认为由于不同的文化与地域背景所产生的差异，需要相互尊重，如果必要，再就该问题进行沟通，而不应强迫对方接受自己观点。中国领导人在很多场合下引用孔子的话来阐述这一重要原则，为了建立真正的社群关系我们需要"和而不同"。然而欧洲觉得有必要对唯一正确的认知进行传播，比如民主、人权，而这唯一正确的认知就是欧洲式的认知。在实际政治生活中，欧洲人推进民主和人权的努力往往被中国政府视为干涉主义的逼近和入侵（这有可能确实是欧盟的意图）。

有的学者认为，欧洲对华推销民主价值观是"好为人师"和"自我感觉良好"的表现。中国对于欧洲及其他西方势力的干涉十分敏感，这种敏感很大程度上来自于过去中国在与西方国家交往中受害的心理，也在很大程度上形塑了中国现在的外交政策，即确保国家主权和民族自尊，提倡"互不干涉内政与和平共处的原则"。从这一原则视角来看，欧洲的一些做法常会导致中欧关系的一度恶化。如 2008 年，时任欧盟轮值主席的法国总统萨科齐会见了达赖喇嘛，中国因此取消了当年的中欧峰会，观察家称这种回应为"惊人的表态和史无前例的一步"。

中国的全球视野中欧洲角色的变化

从历史上看，中国非常希望欧洲在国际政治舞台中扮演一个独立于美国的角色。20 世纪 50—60 年代，丹麦、大不列颠、瑞士和法国就先于美国与中国建立了外交关系。冷战时期，中国同时面临着来自美苏两个超级大国的威胁，而欧洲在当时曾承诺自己是一个可以支援中国的第三极。20 世纪 70 年代中美恢复外交关系后，中国依然希望欧洲能给苏联施压。目前，中国已与欧盟以及欧洲各国建立了"战略合作伙伴"关系。尽管如此，中国认为欧盟在很长一段时间在国际事务中将保持较弱的政治地位，并将继续挣扎到底是作为一个超越国家国界的力量还是作为一个政府间的协调机构存在。此外，随着欧元区的一系列扩张，其内部问题变得越发严重，这对于欧盟的政治和经济生存能力的影响都可能是毁灭性的。

随着时代与环境的变化，中国对欧洲的政策也发生了变化。欧洲在中国战略的优先级有所降低，合作主要集中在科学技术和经济管理等方面。正如中国国家主席习近平提到的，中国正在努力建立"新型中欧合作关系"，即和平、发展、改革、文明。从这个角度看，中国可以被视为一个国际秩序中"守规则的参与者"，它的崛起将融入现有的体系，而不是会给现有体系带来变化或动荡不安。加入到现有体系中还意味着中国不打算挑战美国在国际舞台上的主导地位，至少在可预见的将来不会发生。

在中国增量洲际主义影响下的欧洲

中国并不想颠覆美国的世界超级霸权，也不想与其展开正面竞争，但仍然希望世界政治经济格局出现新变化。为了在现有国际制度下重建世界权力格局，实现权力转移，中国努力创造新的制度与平台。如 2013 年，中国国家主席习近平在访问东南亚时提出了"21世纪海上丝绸之路"的想法，目标是跨越多个国家，"从太平洋到波罗的海"，使得 30 亿人民紧密联系起来。实际实施情况尽管有待观察，但其中一些进展确实比较快。笔者认为这就是中国构建世界新格局的渐进路线。

中国实现市场经济转变也是渐进式的。20 世纪 80 年代的改革者们没有直接关闭现存的国有企业和计划经济部门，也没有将国营部门改制成为私有的市场化经济体，而选择了为私人资本和非国有经济体开放新区域，国营企业仍继续经营。这似乎就是中国"大战略"的主要特征，如果我们从冷战结束的 1992 年作为中国开始寻求更好的发展道路、构建多极化世界的起点，那么中国已经稳定执行这个战略 20 年了。

中国参与全球治理对欧洲的影响

中国意图建立多边框架模式，而不仅仅停留于单边或双边模式，这种形式的崛起对世界而言是一个好消息。此外，中国希望也致力于实现共赢，这在多边协议中也有体现。为寻求多边平台，中国通过创建新组织，将权力再分配，并从中获利。中国正在努力建立多极化世界格局，欧盟和欧洲各国是"库存"，而中国的主要精力在于创造"增长"。

在这一个过程中，欧洲不会注定被边缘化。欧洲要想分享中国崛起的红利还是有机会的。首先欧洲可以更加积极地参与中国意图推动的多边协议。如丝绸之路经济带，从中国开始，直达西欧国家如法国、荷兰，并包括所有的东欧和中欧国家。其次欧洲处于加入中国创造的新洲际多边协议的状态中。本文写就之时，中国与欧盟正要签署一份投资协议，同时英国的戴维·卡梅伦则承诺推进中欧自由贸易区。然而欧洲还没有完全接受中国式的拥抱，而对大西洋伙伴保持忠诚。美国为了控制中国进入欧洲市场，也与欧洲积极发展跨大西洋贸易与投资。在这层意义上，欧盟与欧洲各国可以在世界上两个最大的经济体——中国和北美之间静观其变，从双方获利。

（韩书　译　唐磊　编校）

原文信息

原题：Europe in China's Incremental Intercontinentalism

作者：Zhengxu Wang

出处：*Asian Politics & Policy*, Vol. 7, No. 1, 2015

构建和平发展：北京的台海政策

笛安·陈

美国新泽西拉玛波学院国际政治系助理教授笛安·陈（Dean P. Chen）在 2014 年第 1 期《亚洲安全》（*Asian Security*）杂志发表《构建和平发展："一个中国"解释的变化与北京的台海政策》的文章，详细阐述了中国大陆对台政策的发展历程，并就两岸关系的未来走向发表了看法。

为抑制"中国威胁论"，大陆领导人在对台行动上表现出了足够的耐心，出台了诸多安抚政策。然而考虑到大陆在统一问题上的坚定立场，目前还难以说清北京为什么自 20 世纪 90 年代起，即开始放松对"一个中国"原则的构建，甚至默认台湾中华民国的存在。作者认为，与建构主义潜移默化的方法（argumentative persuasion）相符，不断变化的话语影响了中国领导人对于台海问题的看法。一些新的身份与利益被加以组合，重新界定了两岸关系。虽然北京不太可能正式接受中华民国，而目前的轨迹唤起了新的希望，从长远来看两岸的联系必定会更加稳固。

北京的对台政策，用赵穗生的话说，具有"在军事胁迫与和平攻势之间摆动"的特点。然而，自 1979 年起，大陆更倾向于采用和平攻势处理台湾问题，即促进经济与文化的交流，推进两岸协商。从本质上讲，有三个政治因素可以解释大陆对台湾的政治立场：（1）美国的势力和影响；（2）中国国内政治；（3）对台湾内部政治的理解。

现实主义的视角为中国在世界政治以及台湾问题上的和平进路

提供了可靠的证据，但仍不能忽略北京坚定地致力于国家的统一。康灿雄（David Kang）认为，"台湾问题并不是关乎权力，而是关乎身份……中国主张台湾是中国的一部分，并且台湾是一个关乎国家建设和外交事务的问题，所以台湾永远不会被允许宣布独立"。而统一台湾的行动在保持共产党政权的民族主义气节上扮演了特殊角色。简而言之，从北京在台湾问题上的坚定立场来看，很难想象大陆领导人为什么会为了安抚美国与国际社会而愿意在"一个中国"的限定上给予更大的宽容度。

在谢淑丽（Susan Shirk）的描述中，尽管中国依旧是一个"脆弱的超级大国"，被国内的腐败、日益凸显的经济不平衡、社会动荡、环境恶化等问题所困扰，但就整体而言，较之20年前，当今中国已经拥有了更为完善且强有力的军队，更为发达的科技与更为强大的经济能力。但中国仍落后于美国，因此，中国领导人会很谨慎，避免采取对抗性的外交政策。至少在可预见的未来，中国高层决策者是不愿意冒着破坏政治稳定与经济增长的风险，卷入与美国或其他地区势力的军事冲突的。

虽然国内问题可能要求北京对台采取更为谨慎的立场，但依然不能忽略近年来中国高涨的民族主义和不断增长的自信心。在公众压力之下，中国政府的权力和合法性变得越来越以其捍卫国家利益的能力为依据。政府和军界可能利用高涨的民族主义口号或宣传来重拾大众的支持，转移国内对社会经济问题的不满情绪。北京也不时举起民族复兴的旗帜以反击美国的利益，然而，即便这样大陆领导层也并未对台北施加更大的压力，而是对主权问题显示出了更多的耐心和容忍度。

尽管仍然存在政治对抗和民进党的崛起，但近20多年海峡两岸的商贸合作却日渐兴旺。北京利用经济手段意在推进两岸关系，并从长远而言，实现国家统一。依照社会建构主义的观点，国家利益和认同不是外在给定的，而是来自社会的和话语的互动与建构，因而是内生的。同理，嵌入在两岸关系社会结构中的"一个中国"的话语，也规定和排斥着北京和台北的身份和利益。今天，作为两岸关系中更有力量的角色，大陆在其"一个中国"的强硬立场上开始有所缓和。与李登辉与陈水扁政府所提出的台独提议相比较，北京实际上已经被"说服"，承认"九二共识"或"一中各表"是一个更好的表达。

2012 年 11 月，在中国领导层换届前夕，胡锦涛重申坚持"九二共识"的重要性。马英九在 2013 年 1 月 1 日的新年致辞中，也表达了与即将上任的习近平主席合作，"在九二共识的基础上促进海峡两岸和平发展"的愿望，据此双方都认可"一个中国"的存在，但对其含义有着各自的解释。

2013 年 2 月 25 日，在会见中国国民党荣誉主席连战时，习近平强调，"两岸同属一个中国，这一基本事实任何力量都无法改变"。他同时承诺推动"两岸关系和平发展"。2013 年 6 月 14 日与习近平会晤时，吴伯雄非常清楚地总结了当今的两岸关系，指出双方并不是"国与国"的关系，而是建立在"一个中国框架中各自的法律和体制"上的关系。习主席对此给予了回应。这些交流表明习近平倾向于沿袭胡锦涛在关于"一个中国"与有关中华民国角色上更加灵活的立场。

不可否认，"一个中国"将依然是一个棘手的问题。实际上，马英九政府迄今为止拒绝与北京开展任何的政治或和平对话，相反他主张所有跨海峡的政治决定都必须得到台湾民众的支持，而目前其中的大部分人倾向于保持现状。而北京方面，仍然继续压制中华民国的国际空间，并拒绝放弃武力解决台湾问题的承诺。中央政府还敦促台北至少应在非政府层面开启政治讨论，通过学术研讨会与智库会议，表达出"政治问题不应人为设置禁区"的意思。习近平主席在 2013 年 4 月博鳌论坛上的讲话也暗示，深化两岸经济联系，实现互利共赢，是无法在缺少政治进展的情况下实现的。

在现实中，政治从来不会与社会经济问题完全分离。实际上，2010 年《海峡两岸经济合作框架协议》（ECFA）的签署已经表明台北与北京作为"同等政治实体"的存在，因为中央政府不会与其地方政权签署一个自由贸易协定。考虑到现今两岸大量的经济文化往来，台北和北京最近在协商互设海基会—海协会的办事处，以更好地管理和服务于彼此公民与企业的需求。双方还将设法解决许多棘手的细节，包括是否可以升旗，如何防止间谍事件，以及是否要遵循国际外交礼仪等。如果这些"实际意义上的领事馆"能够建立的话，那么这将标志着两岸政治关系的一个重大改善。

　　总而言之，大陆官方已对国民党的"一中各表"等观点逐渐妥协。类似于潜移默化的建构论，两岸的交流与互动扮演了重要角色。李登辉和陈水扁的"台独"政策使中国领导人意识到：（1）与身为"中国人"不同，台湾形成了一种逐渐高涨的台湾意识或者集体身份；（2）在中华人民共和国名义下的统一在岛内未得到支持；（3）大部分台湾民众倾向于保持现状，即不统不独。为了改善与台湾的关系，北京必须重新构建一系列新的身份与利益，既满足"一个中国"的原则，又可以安抚台湾民众。而台湾人民，正如上面讨论过的，对中华民国有着矛盾的情感，一般而言，他们更在意中华民国，因为中华民国至少代表了"中国人"，这是大陆与台湾之间的连接点。

（王金戈　编译）

原文信息

　　原题：Constructing Peaceful Development：The Changing Interpretations of "One China" and Beijing's Taiwan Strait Policy

　　作者：Dean P. Chen

　　出处：*Asian Security*，Vol. 10，No. 1，2014

调整外交战略，因应日本地方外交

沈旭晖

2014 年 3 月《东亚》(*East Asia*) 杂志以"日本国内政治和中日关系"为题出版特刊，其中香港中文大学社会科学院副教授、国际关系研究中心主任沈旭晖的论文重点阐述了日本地方政府在中日关系中所发挥的作用。中央和地方关系中的制度动力常常超越国家的界限，扩展至国际层面，这并非一个新的研究概念。但尽管如此，日本地方政府在中日关系中，特别是中日冲突中所发挥的潜在作用仍然鲜有研究。

日本的地方自治有着很长的历史，其与外界的互动由来已久。第二次世界大战之后，美国占领者出于防止集权军国主义思想再度复燃的考虑，推动战后宪法赋予地方政府一定程度的自治权，由此地方领导人开始将地方政治问题引入世界舞台。冷战结束，一些结构性因素造成日本的地方外交更趋活跃。例如，日本有关自治的政策一直很矛盾，对于在哪些领域地方政府应该听命于中央政府并未做出清晰的界定；自民党下台，导致中央层级的政治高度不稳定，地方政府乘虚扩展了自身的权利；日本经济泡沫的破裂以及随之而来的全球化，导致中央和地方在一系列问题上出现分歧；而近几十年，日本大众民族主义的抬头进一步加剧了这一趋势。更为矛盾的是，由于日本从全球—地方的紧密联系中可获得潜在的经济利益，地方政府对全球问题的参与受到中央政府的鼓励。

日本地方政府在全球舞台上显示影响的例子并不罕见，例如一些地方的反美情绪，以及和俄罗斯的紧张关系。过去，多数学者忽视了中日关系角度中的这一现象，一些学者，特别是来自中国的学者倾向于贬低日本地方政府的重要性，直到近年来的钓鱼岛争端，学界和媒体才开始谈论日本的平行外交。此外，有关日本地方政府作用的现有研究还留下了一系列未予回答的问题，其中三个最主要的问题是：地方政府通过卷入中日关系可以获取什么？地方领导人可以获得什么？以及对中日关系的实际影响是什么？

依据上述思路，我们分别选取东京、大阪、名古屋和冲绳 4 地进行了具体分析。尽管有着诸多差异，但 4 个地区的个案仍然存在共同点。首先，很明显，全球化的总体趋势和削弱中央政府的国内趋势鼓励了日本地方政府的分权化，它们对更大自治权的要求并非随意为之。因为一旦更为强势的地方政府能够推进其自身野心勃勃的计划，其他市、县就不得不凭借构建联盟以实现它们的共同目标，而在国际舞台上显山露水似乎可以更容易地寻找志同道合的同盟伙伴。

地方政治的主要关注点是当地居民的利益，而中日争议地区，或是日本的海上辖区有着丰富的能源储藏，这鼓励了日本地方政府试图通过主张对这些储藏的所有权来使自身利益最大化。即使在国际层面制造的噪声没有为地方政府带来直接的利益，也仍然可以增加它们与中央政府讨价还价的能力。如果一些地方政府不断获得国外的报道，它们的重要性就会得到提升，而它们的分权主张也通过彰显其与中央政府的差异得以强化，或至少在周边城市中摇身一变而成为次国家中心，而这是一些日本地方领导人所梦寐以求的。也就是说，地方政府拥有越多的资源，它们可以施加于中央政府的压力也就越大。中国产品的涌入、中国威胁论和中日领土争议为政治家利用反华辞藻取悦选民提供了恰当的借口。中央一级的政治家必须考虑更多的因素，因此更为谨慎，而地方领导人则不受这些规则的限制。而且，每当日本民族主义高涨时，日本右翼地方领导人会利用全国范围的支持打压其对手，特别是在选举期间。除了明显的政治成本，没有什么可以阻止这些地方领导人继续此类活动。然而，如果地方领导人通过表现出支持北京的姿态，从而吸引到中国对其地区的投资，那么任何反华的情绪也都可以被搁置。

中央政府和地方政府之间，以及不同的地方政府之间对国际政治的冲突的政策，或至少是冲突的态度，对于日本中央政府而言是一种日益凸显的危险。例如，大阪和冲绳对美国的态度截然不同，对于外国直接投资需求的不同也导致各地方政府对中国政策的差异。

一旦趋势成为规范，不仅仅是日本中央政府受到挑战，也会影响到北京。虽然就一般趋势而言反华情绪在上升，但中日关系实际是被地方右翼势力破坏的。鉴于中国传媒中的民族主义情绪，日本的这样一种发展可能在中国人中被消极地放大。当然，我们还应注意的是，那些乐于展示反华姿态的地方领导人并未招致中国对其所辖地区给予严厉的经济回应。因此，正如一些中国学者所建议，对于决策者来说，现在是时候针对情况的变化修订外交政策了，运用新的外交技巧，以应对日本的地方外交，而不是仅仅聚焦于其中央政府。

与日本地方领导人的交往并不一定通过正式途径（诸如建立姐妹城市），组织文化活动，例如非国家层面的学生交流计划更为合宜。充分利用日本的地方自治，并为地方政府提供投资激励也是特别值得探索的，因为一些日本的地方领导人迫切需要国外的直接投资。此外，北京还应该考虑允许其地方政府承担起更多责任，为其设定针对日本的战略目标，动员其公民参与公共外交。不然，民粹主义也将在中方盛行。

最后，地方政府在中日关系中所发挥的作用尚未得到外交部门、智库研究者或双边友好组织的重视，在日本的其他双边关系中也是如此。正如多年以来许多学者所提出的，日本中央政府或迟或早需要评估其地方自治体系的效用。如果地方政府不断地争取更多的权利，这个问题最好以公开的方式展开讨论，而不是任由地方领导人利用边缘政策将日本外交关系作为筹码，不然，石原的模仿者们会不断出现，为中日双边关系火上浇油。

（刘霓　编译）

原文信息

原题：Local Governments in Japan and Roles Played in Sino-Japanese Relations

作者：Simon Xu Hui Shen

出处：*East Asia-an International Quarterly*，Vol. 31，Issue 1，2014

从不干涉到"优势"战略：中国在非洲的战略抉择

奥科罗·阿布图·劳伦斯

因为中国的出现，非洲的地缘政治和经济景观发生了巨变。但是和平共处五项原则中的不干涉政策妨碍了中国对非洲国家国内事务的干预，不利于保护其投资利益。本文认为，中国的不干涉政策已经不适应非洲部分地区的当前现实，中国需要利用其作为全球经济大国的优势地位和在联合国安理会的投票权，在预防、管理和解决非洲的安全挑战，以及建立持久和平与稳定方面发挥更大的作用。

对于"优势"（preponderance）一词不同的学者持不同的观点。牛津词典将"优势"定义为在数量、重量、力量、影响、重要性上更为优越。著名历史学家梅尔文·莱弗勒（Melvyn Leffler）用这个词解释了美国的外交政策，即在"力量优势"（Preponderance of Power）基础上，明确国家安全利益，并构想实现这一利益的战略途径。

过去十年中，美国的"帝国建设"备受经济动荡、军事挫败的打击，现在又面临激烈的竞争和更大经济损失的前景。中国在非洲的出现迅速地改变着这一地区的地缘政治经济。然而正如阿卢拉（Alula，2013）所指出，亚洲国家还在因循着 1954 年以来的政策：不干涉他国内政。虽然不干涉主要指军事干涉和政权更迭，但这个原则一直是北京与非洲和世界其他国家开展投资和发展经济关系的基本处事原则。

中国在非洲的确没有军事存在，但是这一立场目前显得颇为过时，已经不能适应当今的经济现实和应运而生的世界秩序。目前通行的做法是投资国利用其所有影响，以投资来获得包括建立军事基地的好处，既监控东道国，更利用其军事存在来保护其投资。因此，北京应该对获取这种军事存在给予更多关注，而不是躲闪于不干涉的狭隘原则之后。

在 21 世纪，不干涉战略还能否服务于国家利益，是一个有待讨论的问题。虽然十年之内或可持续，但是不可能维持更长的时间，在遭遇重大事件之前，北京是时候考虑其备选战略了。

不干涉战略与南南合作

中国的不干涉战略曾受到非洲许多国家的欢迎和拥护，尤其是从 20 世纪 90 年代以来，美国和欧洲国家强迫非洲国家领导人通过结构调整计划进入所谓"华盛顿共识"的轨道。与欧美对非洲的一贯政策相比较，不干涉战略给人耳目一新的感觉。事实证明，结构调整计划和其他源于西方的经济处方已经使非洲国家深受其害，从轻而言也是不适合非洲的社会经济和政治现实。相比之下，由于与非洲密切的经济关系，加之其不干涉战略和非处方的性质，中国获得许多非洲领导人的热烈拥护。中国强调国家是经济发展的唯一主要行为者，也使其成为受欢迎的经济伙伴和发展的资本来源。

中国作为全球大国的出现，还伴随着其他金砖国家成员的崛起。金砖国家在非洲捐资发展，并建立了一种不同的经济合作方式：南南经济合作。通过以基础设施开发为主，强调双赢合作、相互支持与尊敬和不干涉内部事务，金砖国家加大了它们与低收入国家的贸易关系。此外，金砖国家在非洲的进口和投资仍然主要以能源和大宗商品（石油和矿产）为主，其开采可能有着极高的环境和社会影响。金砖国家及其公共财政体制在援助的制约性上超越了经合组织的发展援助委员会和传统国际资助机构，因此，其做法已经改变了发展援助的景观。

对不干涉战略的批评

中国在非洲安全问题上的角色同样以不干涉内政为基本原则，对于这一战略是否仅仅有利于北京的经济和投资利益，而极大忽略当地冲突和社会政治现实，人们越来越关注。有学者认为，在历经60年之后，不干涉战略仍然没有一个清晰的界定，一旦在复杂的国际体系中必须做出艰难抉择时，它就成为可以信奉的信条。且从实践角度而言，不干涉战略的应用一直服务于中国的利益，而忽略非洲大陆的种种危机。

不干涉战略还有一个涉及劳动力方面的弱点，即不管是中国的国企还是私企，雇用的绝大多数劳动力都是中国人，而非当地人。久而久之，中国公司的这种做法在非洲地区会渐渐引起不满。不仅于此，这些不满越来越强烈，遂被一些非洲政治家所利用，以此向非洲政府施压，要求对于中国公司的做法给予回应。

北京将保护其与非洲能源供应者的关系作为重中之重，但很不幸，中国的投资和其对当地事务的不干涉战略常常惠及一些最声名狼藉的独裁者。中国这种"不带附加条件"的交往使得这些政权可以忽略治理、规范和人权问题。

优势：北京在非洲的备选战略

作者认为，不干涉战略的备选战略是"优势"战略。自1989年首次参加联合国过渡时期援助团（UNTAG）之后，中国已经在利比里亚、塞拉利昂等非洲多个国家部署了人员，而中国目前是非洲最大的贸易伙伴。综合上述情况，中国是有能力承担责任以保护其在非洲的经济利益的。

有三个要素构成中国参与非洲事务的内在动力。其一，非洲是中国工业品的主要市场，同时又是能源和原材料的进口市场，非洲市场的安全一直是中国与非洲交往中的重点。更为重要的是，双方的贸易还在以惊人的速度发展。其二，中国外交政策的总体目标是扩大其政治影响范围，并希望被看作为负责任的全球大国，为维护和平与安全的国际公益做出贡献。也就是说，非洲的安全也符合中国的利益，因为中国希望被认为是一个与众不同的世界大国。其三，北京在非洲大陆拥有众多投资，特别是在能源和矿产开采部门。而且，多数这些投资都因冲突和政治动荡而面临严重威胁。

事实上，从多个事例都可以看出，不干涉政策并不意味着对非洲的安全袖手旁观和漠不关心。但是北京需要知晓，不干涉政策不适应非洲部分地区当前的现实。中国应该利用其作为全球经济大国的优势地位和在联合国安理会的投票权，在预防、管理和解决非洲的安全挑战，建立持久和平与稳定方面发挥更大的作用。如若不然，社会冲突和政治动荡将对中国在非的投资和经济利益产生广泛的影响。况且，在非洲安全问题上发挥积极作用可以改变人们对北京的看法，即中国来到非洲不是为了一己之私，不是新的宗主国，而是发展的伙伴。

结　论

随着北京从一个在非洲大陆寻找立足点的初来者，到现在迅速转变为一个拥有大量投资、不动产和常住公民的大国，中国已经更紧密地与其非洲伙伴的内部事务捆绑在一起了。

2012 年，北京在亚的斯亚贝巴为非盟提供了最新的巨额援助，通过在物质和财政上扶助非盟，中国政府一直支持非盟和平与安全框架（APSA）的落实。此前，中国还曾在 2008 年为西非国家经济共同体提供十万美元的和平基金，2005 年，中国向南部非洲发展共同体（SADC）、西非国家经济共同体和非洲联盟派驻了代表，表明其与这些组织的官方关系。在外交上，中国仍然坚持其在联合国安理会区域经济共同体的立场。

北京在非洲的"优势"一直在增长，尤其是自 20 世纪 90 年代中国同意加入联合国维和行动以来。目前中国与非洲 6 个国家有军事同盟，其中 4 个是主要的石油供应国。很明显，中国为保护其利益不可避免地要利用其全球经济大国的地位和在安理会的投票权，然而在保护投资的同时，中国需要在预防、管理和解决非洲安全问题上发挥更为重要的作用。中国和美国可以将非洲安全问题置于两国关系中较高的优先级，为达此目的，应该启动诸如中、非、美论坛的三方会话机制，以便就有关非洲的安全问题经常性地交换看法和观点。

（刘霓　编译）

原文信息

原题：From Non-interference to Preponderance：China's Future Grand Strategy in Africa

作者：Okolo Abutu Lawrence

出处：*African East-Asian Affairs*，Issue 2，2014

亚太六国安全评估对中国外交
政策调整的启示

齐妮亚·多曼迪　罗里·凯内

2014年4月，英国皇家国际事务研究所网站发布项目报告《亚太安全：美国角色的转换》，对澳大利亚、印度、印尼、日本、新加坡和韩国六大亚洲主要国家的安全利益及威胁进行了考察。本报告从侧面反映出了中国外交政策中的缺失与不足，有助于我们了解亚太邻国的安全利益所在，制定我国区域外交政策。该报告由美国项目负责人齐妮亚·多曼迪（Xenia Dormandy）等撰写，本文主要译自报告的"导论"部分和第三章。

随着中国与印度经济的迅猛发展、美国总体国防开支的削减，亚太地区各国纷纷重新审视其国家安全与外交政策。有人指出，亚太地区不仅是目前世界上最不稳定的区域之一，而且未来将更加不稳定。

对于其自身安全的可感知威胁，亚太六国的评估相近。传统威胁包括：与中国的冲突、朝鲜政权的崩塌或是突然攻击、恐怖主义与动乱等；非传统威胁包括：自然资源（如食物、水资源、油、气蕴藏）紧张，对网络空间或是军用卫星、通信卫星的攻击，经济脆弱性。然而，对这些威胁的性质以及大小，各国看法则很不一致。

无论是东盟，还是东亚峰会抑或亚太经济合作组织都只是亚洲区域组织，是区内各国商讨的平台，主要亚洲成员国家对更加积极的、由行动主导的组织没有明显的兴趣，亚洲领导人高度重视并认可这些实体当前发挥的有限作用。美国的盟国对其在该区域内的立场日渐丧失信心，至于美国在区域内的角色与作用，其亚洲盟友看法不一。未来，美国在亚洲的角色将继续改变，极有可能在军事上不再那么咄咄逼人，或许永久性军事存在最终将缩减。不过，美国仍将是亚太主要大国，且不应低估其关注点，未来更多的外交资源将会用于亚太地区，经济交往也很有可能保持甚至增强。

未来 15 年内，非传统威胁有可能日益凸显。国家主导的传统冲突形式将日渐式微，而以非传统的方式继续，比如限制对手的经济、自然资源准入、网络空间攻击等，只有当冲突升级时，才可能出现空、海、陆军事介入等传统的冲突形式。非国家行为体，比如恐怖主义分子、反对派等在其能力允许的范围内也极有可能采取非传统攻击手段。自然灾害冲击的严重性将有可能增加。对油、气、水资源和粮食的需求呈倍数增长，资源压力的恶性循环将出现。

新技术使更多的行为主体变得更强大。通信的快捷性促使政府必须在事件升级之前迅速应对，然而目前各国政府行动仍然呈官僚化且迟缓。由于预算缩减，未来 10—15 年，各国很难为可能出现的挑战做好准备。然而，国防工业要求这样的前瞻性思维，以确保生产能力的维持以及在正确领域的新研发投资。亚太国家建立的非正式联盟与伙伴关系，就其数量与深度而言，还将继续维持现状，在保持区域稳定上还将发挥重要作用，在中、日、韩等国家间，这些非正式联盟将是探讨敏感问题、建立信任的有效组织。此外，随着自然威胁日益突出，且其性质不甚敏感，这些非正式组织将在处理这方面的挑战上发挥更积极的作用。

那么，现阶段亚太主要国家可感知的安全威胁究竟是什么呢？

从各国高层的角度来看，澳大利亚、印度、印尼、日本、新加坡及韩国在安全利益与担忧问题上存在较大的共性：它们都对该区域内的两大行为体——美国和中国——及其在诸如贸易、航道开放、边境安全等问题上的行为反响高度关注。而在较为微观的层面，各国对各自面临的威胁的分析出现较大不同。分析安全利益与安全威胁，一般从两方面考虑：引起威胁和问题的行为体与场景，以及发挥影响施加压力的机制与手段。

造成威胁的行为体与场景

亚太六国都将中国崛起视为首要的或利益攸关的问题。中国在不同程度上是六国最重要的贸易伙伴之一，在有些国家甚至还是重要的投资者。因此，在看待中国到底是挑战还是机遇的问题上，各国达到的平衡点不尽相同。这导致各国在处理其与中国、美国以及其他区域国家的双边关系时，所遵循的道路也出现差异。

决定中国在这 6 个国家的安全分析中所处位置的因素涉及许多方面：处理美中双边关系、将中国视为新兴国家打交道，以及如何同朝鲜交往等。亚太六国列出了以下五大包含主要问题的行为主体或场景。

1. 美中双边关系的处理

对亚太六国中的绝大多数而言，最重要的安全问题不是崛起的中国，而是如何在崛起的中国与美国之间维持平衡。鉴于此，这些国家对美中关系的任何变化都十分敏感。一方面，美中关系保持正面积极十分必要：这些国家尤其不想在这两国中间做出选择；另一方面，其又不希望美中关系太过紧密，以免美国决策者将其利益置于中国之后。

然而，对美中关系的过分关注有可能制造出类似冷战的局面，并在美国与中国之间制造紧张局势。不幸的是，亚太地区的许多国家正将美中两国推入这样的困境。与此同时，美国的"亚洲再平衡"战略不仅没有缓和地区问题，反而加剧了担忧。尤其是其一开始的焦点就集中在军事方面，又加剧了亚太地区害怕中国将美国此举视为遏制政策并对此做出回应对抗的看法。

除了印度尼西亚与新加坡，余下 4 国都将美中关系摆在区域安全的首位，将之视为首要的战略挑战。

2. 中国的崛起

大多数中国人、韩国人和澳大利亚人都认为中国已经取代或总有一天将取代美国成为世界头号强国，而日本、马来西亚、菲律宾和印尼，持这种观点的人则少很多（分别占到人口的 24%、30%、22% 和 39%）。但自 2008 年西方金融危机以来，持此观点的人正在稳定增加。

从军事发展及自信心方面来看，无论是亚太区域内国家还是其他地区都密切关注中国的军事发展。自 1989 年以来，中国军费每年都以两位数的百分比增长，同时中国正在加强区域外作战的能力建设。但据估计，中国的军费要想超过美国至少要到 2025 年，且其传统军事能力发展要赶上美国所需时间更长。

随着中国军事能力的增长，中国使用武力的意愿也在增加。中国过去是个陆地国家，但正在开辟海上及空中控制区域。上述行为"在亚洲多国引发了担忧，不仅是对中国军事实力与亚洲诸国差距加大的担忧，也是对中国新近产生的以军事力量获取区域目标的意愿的担忧"。

同时有研究表明，日本及印度精英更倾向于将中国视为对和平的最大威胁与推动和平的最大潜在力量。

从中国不断增长的经济实力来看，中国已经成为至关重要的全球性经济大国，其经济实力正稳步上升，到 2018 年其购买力平价便会超过美国。中国经济的强劲增长为整个亚太地区带来了整体经济增长，让众多国家受益，但同时也加大了这些国家对中国的依赖。对上述六国中的五国而言，中国强大的经济谈判立场使其更易受中国高压政治的影响，日本、韩国与澳大利亚对来自中国的压力尤其敏感。

从中国的区域影响力来看，中国不断增长的军事实力及强大的经济实力赋予了中国越来越多的地缘政治影响力。中国同时仍然是朝鲜的最大支持者，也是推动六方会谈的主要力量。不过，无论是国际社会还是中国国内已有越来越多的人担心中国对朝鲜政府的影响力正在减小。韩国将中国视为影响朝韩关系的关键力量，并强烈渴望同中国保持稳健与积极的关系。

3. 中国经济下滑的可能性

尽管中国衰退的概率极低，但其潜在影响巨大。中国经济增速的放缓不仅引发了中国领导层的忧虑，也导致了整个亚太地区的忧虑，担心受到贸易与投资减少的直接影响。中国国内面临诸多挑战，尽管目前还少有证据表明中国经济下滑或崩溃迫在眉睫，但对中国的担忧却呼声渐高。一旦上述可能发生，中国领导层很有可能会将其国内民众的注意力转移到外部敌人之上（比如美国、日本等）。这极有可能导致亚太地区长期的紧张局势真正升级为中国与他国的冲突。

虽然这一预测的可能性不大，但这种想法仍潜伏在许多亚太地区高层决策者及学者的意识里。

4. 朝鲜的不确定性

朝鲜的不稳定、其领导层及军事行动是东北亚国家，尤其是韩国担心的主要问题。可感知威胁主要体现在三个方面：跨境攻击、政权崩塌及核扩散。日本是唯一一个将朝鲜的攻击性摆在首位的国家。朝鲜政权一旦崩塌，首当其冲的两国是中国与韩国：流入的难民、与之相关的人道主义危机、经济危机都将对两国产生长期的重大影响。朝韩两国能否走向统一，在很大程度上是由中国掌握的，因此，韩国的战略重点是与中国保持良好的关系。

5. 恐怖主义与暴乱

尽管 2002 年巴厘岛爆炸后，恐怖主义袭击似乎因领袖的被捕或被杀而偃旗息鼓，但恐怖主义仍然是该区域的主要问题之一。一方面，克什米尔激进分子的威胁始终存在；而另一方面，暴乱对亚太六国而言仍是重要问题。克什米尔地区的恐怖主义威胁，以及沿印度东部边境地区的暴乱导致了杀戮与恐怖行为的时常发生。虽然各国政府试图解决这些问题，但恐怖主义与暴乱难有改变。

影响点与压力点

（1）资源不安全：涉及食品、水资源、矿产、矿物燃料4个方面。

（2）网络不安全：网络攻击与黑客攻击（为找到漏洞以确保未来使用安全的行为）对所有亚太六国而言都是明确的威胁。此外，网络间谍更是直接安全威胁，会对安全及经济产生影响。

（3）太空不安全：中国成为继美国和俄罗斯之后又一有能力摧毁太空卫星的国家，这是中国军方所掌握的有利优势。

（4）经济不安全：鉴于亚太多国对中国经济的依赖，一旦问题涉及中国，其对经济不安全的忧虑尤甚，而近期内此种依赖趋势也不太可能反转，澳大利亚、日本、韩国尤其易受此类威胁影响。

（杨莉　编译）

原文信息

原题：Asia-Pacific Security：a Changing Role for the United States

作者：Xenia Dormandy；Rory Kinane

出处：http：//www.chathamhouse.org/sites/files/chathamhouse/home/chatham/public_ html/sites/default/files/20140416AsiaPacificSecurityDormandyKinane.pdf

习近平外交战略初现端倪：以实力求和平

克里斯托弗·K. 约翰逊

华盛顿战略与国际研究中心（CSIS）的高级顾问克里斯托弗·K. 约翰逊（Christopher K. Johnson）在《自由人报告》中撰文分析了习近平在中共中央外事工作会议上的主旨发言，并从中总结出习近平的外交战略特点。约翰逊认为，虽然习近平在发言中仍然强调"战略机遇期"的重要性，但他已经不像自己的前任们一样将"战略机遇期"当作一个低调接受有利外部环境的时期，而是通过中国日益增长的实力来积极主动地为中国创造一个良好的外部环境，并以此重塑"战略机遇期"的定义。

2014 年 11 月 29 日，中国国家主席习近平在中共中央外事工作会议上做了主旨发言，这也是他担任国家主席以来第一次在该会议上的发言。该会议不常开但非常具有权威性，从公开资料看，胡锦涛在任期间只开过一次类似会议。由于习近平在上任两年间做出了许多创举，故而他在执政两年后外交政策理念的初步呈现也值得我们注意。在这次讲话中，习近平展示了全面的外交政策取向：即使中共面临着许多来自国内的挑战，但积极主动、维护平衡且在必要时采取强硬措施的外交政策极有可能是习式外交政策的特点。

首先，习近平讲话的重要性之一在于，他对中共传统中一些关键性的外交政策信条进行了回顾与重申。中国的邻国和美国至少能对习近平所支持的一些重要理念感到宽慰。比如，习近平指出，中国依然会遵循和平崛起的道路；中国的崛起会采用和平的手段，而且旨在追求"双赢"的结果，因此中国的邻国以及其他主要伙伴可以放宽心。十几年来，和平崛起已经成为中国主流的外交辞令。

随着军事力量的快速现代化，国防预算的迅速增长以及领土声明的直率提出，人们很容易忽视，和平崛起的承诺能在概念上刹住军事力量的飞速发展。中国的发展重心暗含着这样一种观念：能确保中国在区域范围内重回巅峰地位的因素，是经济发展，而非苏联式的军备竞赛与军事冒险主义。

也许更为重要的是，习近平在讲话中重申，中国仍然处于"战略机遇期"，这一时期至少会延续到 2020 年，或者说大概会延续到他的任期结束。"战略机遇期"概括了中共的主要外交战略指导方针，也意味着中国的领导人认为，中国较好的外部安全环境允许中国专注于内部发展。这种认识为最高的权力体制所拥有，2002 年十六大、2007 年十七大以及 2012 年十八大这三次党代会都提出或重申了它。而且，它还频繁地在官方讲话与正式文件（比如中国防务白皮书）中被提及。除此之外，习近平还反复警示，中国的军队需要更强的实力，以此保证赢得战争的能力。习近平领导下的中国高级官员在描述美国的再平衡政策对中国安全利益的侵害时也更为直接地提到了这点。该警示质疑了以往领导层对"战略机遇期"的评估，并暗示了新的观点：中国的外围出现冲突的可能性要高于中共以前的判断。然而，习近平的讲话似乎又否定了这种观念，并鼓励干部"不要让我们的观点为错综复杂的（国际）发展状况所限制"，而是要继续专注于"战略机遇期"。

除此之外，习近平对"战略机遇期"的支持传递出一个清晰的信号，即中国不打算干扰和破坏区域或全球环境中的既有平衡。只要这一观念仍然有效，那么北京旨在从根本上重新平衡东亚力量的意图与能力都会受到强有力的限制。作为辩证思维者，中共领导人一直以来都以奉守那些出于理论评估和预测而为自己设定的种种"参数"而著称。结果，令自己接受上述认识——中国的外部安全环境会在可预知的未来继续良好——使得领导层内的争论不会持久。这就如过去中国的修正主义者那样：他们一定要公开且强有力地展示中国的实力，因为国家在区域内的利益受到了某种威胁。

然而，就此来断言习近平的讲话不过是新瓶装旧酒，却是一个严重的错误。习近平提及和平崛起与"战略机遇期"的重要目的之一显然是试图向地区乃至全世界宣告，中国寻求和平崛起。但另一个同样重要的目的是解决国内政治中所存在的难题。尽管习近平的任期才刚开始，但他仍然试图用理论话语的方式来声明政策指向。习近平对内对外的政策发言，从形式到原则都有着很强的意识形态动机，而他的主要下属都能领会其精神并信奉受行。

在此背景之下，通过将自己的讲话理论化，习近平直接把中共的外交政策言辞中固有的表述同自己所提出的构想联结起来，比如将"和平崛起"与"战略机遇期"同"中国梦"、"中华民族的伟大复兴"以及"两个百年目标"相连。习近平在外事工作会议上对此公开讲话不多，国务委员杨洁篪的言论则在验证表述习近平的构想上起着首要作用，正如他去年在中共的主要理论刊物上所发表的重要文章那样。他称颂习近平的讲话体现了"新形势下党中央在外交理论方面的重要创新成果"。因此，通过给重要的首创内容披上理论外衣，习近平就能够在中国的体制中提升自身的权威，从而稳固个人领导地位。把习提出的观念当作党的路线而非简单的政策构想，这样一来，要想挑战其想法会困难得多。习近平自称是邓小平的追随者，他清楚地意识到必须践行"理论联系实践"的原则。然而，习近平讲话所体现的一些观念、内容却似乎正在促使中国远离邓小平有关"韬光养晦"的谆谆告诫。比如，习近平认为，中国最大的机遇在于主动在国际上起到决定性的杠杆作用，以及进一步发展中国的实力与影响力。他还说："中国必须发展出特色的外交方针来更好地发挥大国作用。"因此，习近平实际上是在告诉听众，中国已经成为强国，并且需要开始实践这一角色。2010 年，戴秉国曾写过一篇长文，捍卫邓小平的韬光养晦思想，以此来警告中共精英，太过冒失是错误的，会给中国带来潜在的危险。但检视现今外交政策的变化，我们已能看到新的内容。

中共外交政策原先的理论框架意味着，在有限实力的限制下，中国要将有利的外部环境当成是珍贵且持久的礼物而加以温驯地接受。然而习近平的构想则似乎表明，中国要更为积极主动地凭借自身日益增长的实力来重塑"战略机遇期"的定义。习近平在讲话中承认，中国的内外政策彼此之间相对独立，这有其深刻的原因，然而，他又在另一看似不同的维度中将两者联系起来。习近平似乎是将中国的内部发展看作提升外部稳定与安全的引擎，而不是将中国当成是良好周边环境的受益者。这一叙述暗示了中国对自身崛起的必然性和持续性的巨大信心。此外，同上述想法高度一致的是，"两个百年目标"也野心勃勃地对外预示出中国未来的国际地位。

由此可见，习近平将外事工作会议上的讲话当作一条预想的逻辑线索，以此贯穿中国未来的建设。更直白地讲，习近平的讲话贯穿着两个主题。首先是重视更有针对性、更得心应手的区域外交政策。习近平在讲话中反复提及北京在同邻国交往中需面向"双赢"的战略目标，并采用若干新手段，比如通过系统地提升自身软实力来达成目标。

其次则是要将健康的经济外交视作外交总战略的关键因素。习近平在主持 APEC 以及相关峰会时的表现很明确地表达了这一点。比如说，习近平在 APEC 期间对亚太自贸区的支持暗示了亚太自贸区能够代替美国所主导的"跨太平洋伙伴关系"。这意味着，中国试图证明，亚洲经济是安全的。此外，习近平承诺投资高达 400 亿元的"新丝绸之路"，这一创举同样使得许多观望者放下戒备，并证明中国在投资方面说到做到。通过类似的创举，中国向邻国发出信号，区域经济的健康同中国的持续发展繁荣紧密相关。这也表明，习近平比其前任者们更倾向于多边外交的政策手段。

习近平讲话中还有一点值得注意，那就是对中美关系的矛盾心态。习近平在讲话中并没有直接提及中美关系，而且其中也只有一两处地方略微涉及加强同"主要国家"联系的议题。关于世界正朝着多极化发展的论述含蓄地批评了美国全球领导的地位。然而，这并不意味着习近平轻视了中美关系。习奥第二次领袖峰会的结果明确表明，习近平仍然视中美关系为最重要的双边关系。也许讲话中的看似忽略只是表明，习近平不想像他的前任者们那样，宁愿牺牲其他重要的双边关系来维持中美关系。如若果真如此，那么我们在思考奥巴马政府未来两年对华政策时，就有必要将这一因素考虑在内。

（韩侃瑶　编译　杨莉　校）

原文信息

原题：Thoughts from the Chairman：Xi Jinping Unveils his Foreign Policy Vision

作者：Christopher K. Johnson

出处：http：//csis. org/publication/thoughts－chairman－xi－jinping－unveils－hisforeign－policy－vision

书介：《中国之挑战：影响崛起大国的选择》

书名：*The China Challenge：Shaping the Choices of a Rising Power*

作者：柯庆生（Thomas J. Christensen）

出版社：Highbridge Audio

出版时间：2015 年 6 月

美国前亚太事务副助理国务卿、普林斯顿大学教授柯庆生（Thomas J. Christensen）的这部著作甫一出版，就引起广泛关注。国内"澎湃新闻"曾就此书出版对柯庆生进行过专访。该书业已成为中美关系领域一部新的必读书。

在本书中，柯庆生不赞成将中美关系称为竞争性对抗的零和游戏，而是描述了一种新的研究范式，即致力于劝止中国在地区范围展开强势扩张并促进其为全球秩序做出贡献。作为一名资深的外交家和中国专家，柯氏解析了为何中国还未成长为可以同美国匹敌的竞争对手，但已经强大到足以影响东亚稳定和全球政经事务。柯氏认为，中国从既有的世界秩序中受益良多，并无撼动它的意图，但这并不够。全球治理需要中国的积极参与。从来没有哪个发展中国家被赋予这么大的期望和要求，在诸如核不扩散、地区冲突、金融稳定、气候变化等方面，中国的作用举足轻重。这也是为何柯庆生主张不要遏制中国而是促使其参与国际事务发挥积极作用的原因。

十一

各国对华关系及政策

- 中美打造新型大国关系的意义与可行路径
- "阻绝"和"代价强加":美日针对中国的长期战略
- 中美日益扩大的冲突:学者观点与美国对策
- 美国终将告别台湾
- 中美如何避免擦枪走火?
- 亚投行的崛起及美国的应对政策
- 中欧关系的国内及国际意义
- 防卫与安全:欧盟对华安全政策
- 东南亚诸国对中国崛起的调适与对抗
- 中印两国边疆与边境地区冲突的评估与比较
- 中国—巴基斯坦友好合作关系的基础及未来

中美打造新型大国关系的
意义与可行路径

美国进步中心　中美交流基金会

　　2012 年 2 月，时任国家副主席的习近平在访问华盛顿时提出了建设"21 世纪的新型大国关系"的前景。出于对新型大国关系的强烈兴趣，熟谙这一进程所面对的挑战，力求为既有大国和新兴大国相遇的古老问题书写新的答案，美国进步中心（CAP）和中美交流基金会（China-U.S. Exchange Foundation）在中美学者间开展第二轨道（Track II）高层对话，讨论结果所形成的系列报告于 2014 年 2 月发表。系列报告阐述了与新型大国关系相关的诸多议题，并就中美如何构建这一关系提出具体建议。

　　由美国进步中心和中美学者共同撰写的系列报告着重阐述了以下一些问题：何种因素促使中美要寻求一种新型大国关系？近期理想而现实的中美关系有何特征？未来十年之内中美关系能呈现怎样合理、积极的景象？大国关系的历史与理论提供了哪些启示？所有大国都能致力于一种新型大国关系吗？国际体系与大国建设性关系之间有何联系？管理"关键大国"关系的原则是什么？现在及未来可能引发中美重大冲突的缘由是什么？为了建设一种稳定、积极和建设性伙伴关系，中美两国能够采取何种措施？

　　报告指出，从历史的角度讲，与当今中美关系类似的大国关系尚未出现过，正是由于前所未有，且世界瞬息万变，双方均不能确定这一关系的稳定性能否持续。不确定性加剧"战略互疑"，并导致所谓的"安全困境"，使中美关系偏离正常轨道，因此，对于新的可行性道路或方向进行缜密和富有创造性的思考是值得的。

理想且现实的中美关系应具备哪些特征？美方认为：美中关系应该是合作、灵活、弹性、尊重、成熟、全面、积极、互利和可预见的，并根据国际规范和规则行事。美中应在政府的各个层级建立交流渠道，这些沟通渠道须高效运作，即使在危机期间亦应如此，以减少误判。特定领域的危机、分歧和冲突，即使十分剧烈，也不应拖累其他领域的进展。两国都应以强化国际秩序、地区稳定和双边关系的方式来寻求各自国家的利益。

就近期而言，在未来十年美中和平相处的最佳途径是，中美两国与其他大国，以及世界所有国家一道，牢固地嵌入一个法律、规范和规则的矩阵之中，通过强化国际机制寻求合作和解决分歧。目前美中关系中最令人忧虑的问题是在诸如网络间谍和外太空等领域缺少共同的规则和机制。还需指出的是，实现这一未来的关键挑战是各国的民族主义对于任何国际规则和准则约束的抵制。

报告指出，新型大国关系的理念应该落实在所有大国和国家集团之间，主要大国应致力于避免历史上大国冲突的命运，对可以构成和平未来基础的理念做出贡献。在美中利益交会的亚太地区，各个国家也都乐见一种正常、稳定和积极的美中关系，可以解决地区的问题并有助于地区的安全和繁荣。亚太诸国希望美中和谐共处，但也不希望出现一个 G2，毕竟美中关系仅仅是全球网络中的一链，而所有的双边和多边的节点对于全球的总体和平都是至关重要的。

报告建议，当今时代的大国关系应遵循十条原则：相互尊重、互利合作、遵守国际法律和规范、和平解决分歧、在机会均等的基础上发展经济关系、就未来战略意图和军事能力保持最大限度的透明，以及努力实现包容性的地区安排等。原则中并未涉及核心利益的问题，报告认为，尽管主要大国应意识到相互的重大国家利益并尊重它们，但国家之间核心利益相互排斥的观念已日益落后于时代。

对于当下和未来可能导致中美间发生冲突的缘由，报告总结了如下几个方面，即经济（机会均等、知识产权、版权和商标侵权、货币操纵等）、安全（台湾问题、争议领土和领海权、中日关系等）、网络和外太空、人权问题，以及其他一些不可量化的因素，如因缺少决策透明度造成的猜疑，以及因寻求大国地位所造成的紧张态势。

那么，为建设积极和建设性的伙伴关系，中美应采取哪些步骤，参加讨论的两国智库学者提出了如下具体建议。

从国际层面讲

（1）美中两国应与其他国家一道，继续在缺少共有原则的领域中寻求普遍认可的国际规则和指导方针，包括地区性的海事关系、网络空间和外太空等。在领海权上，尽管已经有国际法的坚实主体，美国仍应寻求正式签署《联合国海洋法公约》，而中国则应与东盟尽快制定《行为准则》。美中应促进更深层的海洋合作，并为制定解决争议和回避危机的新规则和指导方针奠定基础。

（2）美中应致力于强化制度和规则的国际体系结构。两国应在联合国以及其他既有国际组织的改革上更有效地开展合作，并共同努力加强 G20 和其他一些新兴机制，以便稳定全球金融状况。

（3）美中应共同致力于达成《蒙特利尔议定书》有关尽快逐步降低氢氟碳化物使用的国际共识。2013 年 6 月 "阳光之乡" 美中首脑峰会的最具体成果就是在共同致力于减少氢氟碳化物的使用上达成一致。这一气候协议应该被看作新型关系的模式以及处理其他更棘手问题的蓝本。

从地区层面讲

（1）美中两国应该寻找协调地区活动的机会。例如，两国可以在发展援助领域更好地进行区域协调，应考虑在亚洲建立人道援助和赈灾的永久性多边枢纽。这将为双方在操作层面的合作提供机会并极大地惠及灾难的受害者。

（2）美中应寻求与印度、日本或其他国家进行三边对话。这类论坛可以由工作层级的机构和智库开始举办，它们将有助于阐明各方意图并建立亚洲国家间的信任。

（3）美中应公开承认贸易谈判的最佳长期结果是高标准的、区域范围的自由贸易协议，这将在亚太地区开辟新的商业途径。目前美国正努力达成《跨太平洋伙伴关系协定》（TPP），而中国则致力于东盟发起的《亚太地区全面经济伙伴关系协议》（RCEP）。美中两国应相互保证上述协议都不是以削弱对方在该地区的经济影响力为目的，而最佳结果将是这些协议与其他种种倡议相融合，形成基于各方共同利益的高规格地区自由贸易框架。

从双边层面讲

（1）两国官员和专家需要就美中关系的重要性以及施行新型大国关系的目的与益处与其国民进行更有效的对话。有许多中美合作的正面事例未能见诸主流媒体，公众并不知晓，甚至某些情况下地方层级的重要政治官员也不知晓。因此，应该寻求加强对美中关系中积极方面的关注度，由此将注意力从"危机管理"转向"机会管理"。

（2）为使"战略与经济对话"（S&ED）尽可能的高效，美中应形成一个机制，监测"对话"年会上达成的承诺的进展，并给予公开报道。

（3）华盛顿和北京应该就朝鲜半岛无核化展开对话。参与这一对话的不仅应包括外交官，还应包括两国政府中负责防卫和军事事务的官员。对话目的并非寻求双边的解决方案，而是与六方会谈一道，为建立确保朝鲜半岛长期和平和稳定的多边机制铺平道路。

（4）为稳定美中关系，须创建更多的"利益共同体"。应该将更多的工作重心放在推动地方层面的商业和公共领域的联系。两国应该推动省、州及城市间的商业交往，将地方层面的教育交流作为现有活动的补充，并执行 2013 年 11 月两国政府签署的美中人文交流高层磋商机制（High-Level Consultation on People-to-People

Exchange between the United States and China，简称 CPE）的合作备忘录。

（5）美中应进一步鼓励旅游，尤其是中国人赴美旅游。旅游可以创造就业和增进了解，而中国游客旅美还有助于解决贸易不平衡。

（6）华盛顿和北京应探索公共与私营部门合作解决难题的潜能。例如强化中国的食品安全体系对两国都有好处，而美国一些公司可以在这个过程中发挥作用。

（7）美中应把中美双边投资协定（BIT）作为重中之重。高规格的双边投资协定将使在对方的经济投资更简便易行，同时仍使双方继续在尽可能透明的程序中维护国家安全。

（8）美国军方和中国人民解放军应考虑进一步开展军事人员交流。美方人员建议，这类交流应该包括基层军官和学生，由此参加者可以随着他们在各自国家的职业生涯的发展而建立信任。

（9）两国官方应建立双边和多边的危机管理机制，特别是涉及海洋行为方面。

参加第二轨道高层对话的中美学者还建议，两国应集中致力于一些易于判断共同利益且合作具有可操作性的问题，这将有助于向两国普通公众证明建立新型大国关系可以带来即时和直接的好处。

（刘霓　编译）

原文信息

原题：A New Model of Major Power Relations：Pivotal Power Pairs as Bulwarks of the International System；Toward a New Model of Major Power Relations

作者：Center for American Progress；John Podesta，C. H. Tung，Samuel R. Berger & Wang Jisi

出处：http：//www. americanprogress. org/wp – content/uploads/2014/02/ChinaReport – CAP. pdf；http：//www. americanprogress. org/wp–content/uploads/2014/02/ChinaReport–Topper. pdf

"阻绝"和"代价强加":美日针对中国的长期战略

福田纯一

2015 年第一期《亚太评论》(*Asia - Pacific Review*)刊载日本世界和平研究所(IIPS)福田纯一的文章。文章对中国军事能力的发展进行了概述,认为针对中国的崛起,日、美应制定长期战略予以应对。福田纯一还描述了日本和美国在与中国的抗衡中所面对的各种问题和束缚,提出应以"阻绝"(denial)和"代价强加"(cost imposition)两个概念作为制定长期战略的基础,并就可采用的战略进行了分门别类的阐述。文章认为,日本和美国如若不立即着手构建长期战略,它们最终将在亚太地区陷入相对劣势的境地。

日本、美国在与中国对抗中面对的问题

中国的军事崛起以及在海上的高压行为对区域平衡产生了巨大影响。假设这些行为意在改变现状,那么日本和美国应予以阻止。然而,在与中国的抗衡中,日本和美国面对诸多挑战,包括财政难题以及防务资源的局限。

1. 美国国防预算的约束

自颁布《2011 预算控制法案》(BCA 2011)之后,美国削减了其基础国防预算,同时附加以"经费自动削减"(budget sequestration)的规定。在此背景下,国防部不得不落实"战略选择与管理评审"

（Strategic Choices and Management Review）工作，其结论是，针对预算削减，美国军队没有选择，只能减少规模，并承受因此带来的风险。

近两年的情况有所好转，针对 2014 财年和 2015 财年，美国国会采取措施，一定程度上缓解了削减经费的副作用，并于 2013 年 10 月达成一系列协议以提高债务上限。然而，即使这些措施得以落实，这两年的国防预算仍少于同时期五角大楼 310 亿美元和 450 亿美元的预算申请。而且，2016 财年以后"经费自动削减"重新启动的可能性仍然存在。

因此，美国国防预算很有可能面对大幅削减的压力，以在未来持续降低联邦赤字；最好的情况也就是在 2020 年之前国防开支（按名义价值计算）将一直保持平稳。然而，考虑到劳动力和其他成本的提升（按实值计算），这种情况非常可能导致战斗力的下降，奥巴马政府亚太再平衡政策的可信度降低。

2. 日本与防务相关开支的限制

日本与防务相关的开支一直保持在不足 GDP 的 1% 的水平，然而，日本长期的经济停滞、生育率下降以及人口老龄化，意味着日本面临着比美国更为严峻的财政困难，国防开支在短期内出现显著增长的前景几乎不存在。

2010 年，日本政府以"动态防御力量"的概念取代"基本防卫力量"，然而，这一转变并未对防卫开支造成大的影响。自 2002 年以来，日本的防务相关开支持续下降。

2012 年 12 月安倍内阁再度执政后，这一趋势发生了改变，2013 年防卫开支出现增长。此外，"动态防御力量"的概念也发展为"综合机动防卫能力"。然而，开支增长的幅度不大，与中国国防开支年度两位数的增长相比颇显暗淡。

日本债务占 GDP 的比例超过了 200%，考虑到这一点，在可预见的未来，日本财政状况将面临巨大压力，社会保障开支的增加将明显限制防务开支的增长。因此，与美国一样，日本在应对中国所需资源方面也面临严重的制约。

美日的长期战略——"阻绝"和"代价强加"

中国正迅速发展其军事实力，并对海上邻国采取更具攻击性的立场。即使中国的经济增长在某种程度上放缓，但它仍将维持在一定水平。假定中国不改变其挑战现有国际秩序的趋势，那么日美除了做出让步之外，唯一可行的选择就是在阻止其对现有国际秩序进行单方面改变的同时，与中国开展长期的竞争并保持优势。

为就此做好准备，日本和美国需要更为现实的战略思维。而这也正是本文提出"阻绝"和"代价强加"两个战略概念的前提。第一，"阻绝"强调阻止对手达成其目标，是旨在通过妨碍其兵力投送，从而阻止对手实现其目标的一种战略。这从根本上与中国迄今采用的针对日本和美国的努力相类似。中国通过其"反介入"/"区域阻绝"（"Anti-access/Area-denial"-A2/AD）的能力，能够阻止美国在突发事件中的兵力投送，只要日本和美国能够同样阻止中国的兵力投送，那么将能够形成对峙，日美同盟将能够阻止中国实现其目标。

第二，"代价强加"的概念集中于迫使对手承受较大代价。这一概念特别强调和平时期的竞争，旨在通过将相对大的代价强加于对手，从而影响对手的成本核算，由此改变其行为。"代价强加"概念不一定限于军事能力，而是可以包括多种因素，如政治、经济和技术等。

"阻绝"和"代价强加"的具体战略

1. 基于"阻绝"概念的具体措施

（1）建设日本和美国自身的 A2/AD 能力

就建立 A2/AD 能力而言，第一个重要的问题是如何阻止中国人民解放军突破"第一岛链"，以及确立海上和空中优势。解决办法是，日本和美国必须阻止中国人民解放军向公海推进，而且，通过保持海军的力量优势，将解放军的活动严格限制在战区之内。同时，日本和美国必须组建空中防御体系，以阻止中国空军确立制空权。

就此，日美需要尽快采取的若干举措包括：第一，必须提升它们的军事力量，通过各种要塞确保将中国人民解放军阻挡在公海之外。第二，保持海军力量优势，特别是采取措施提升水下作战能力，包括增加潜艇数量，使用水雷，开发和使用水下无人机（unmanned underwater vehicles-UUVs）。第三，除了压制中国的海军优势，日本和美国还须阻止中国取得空中优势。除努力加强各种空中力量外，尤其重要的是进一步部署地对空导弹。

（2）建设针对对方 A2/AD 的打击能力

这里特别强调的是需要提高美国的远程兵力投送的能力，特别是突破中国密集部署的 A2/AD，向中国境内投送兵力将很快变得至为重要。对美国而言，其一，要避免再度削减国防预算；其二，一定要继续建设其远程兵力投送能力，尤其强调其"联合作战介入构想"（Joint Operational Access Concept）和"全球公域进入与机动联合概念"（Joint concept for Access and Maneuver in the Global Commons, JAM-GC）；其三，则不仅与美国相关，还关系到日本，即两个盟友需要密切分享各自的观念，并采取更为具体的方式加强合作。

（3）确保前沿基地以及部队具有持续战斗力

在建设"阻绝"能力时非常关键的因素是保持前沿基地的功能，同样保持前沿部署部队的作用。因此，日本和美国须重点关注设置和加强前沿部署基地的措施，提高修复被毁设施的能力和支撑持续进行战斗的能力，包括增加弹药和燃料的补充。

2. 基于"代价强加"概念的具体措施

"代价强加"可以使一个国家建立竞争优势，并使对手改变其战略行为。不像"阻绝"概念主要关注军事领域的活动，"代价强加"战略可以包括非军事领域的、更为广泛的选择。

（1）国际（外交）方面的代价强加

这类代价强加可以影响中国在国际社会的声誉，增加中国采取国际行动的成本，旨在改变其战略行为。例如可以通过国际规则施压从而孤立中国、基于国际法与中国在法律范畴内缠斗，以及通过建立新的规范和制度框架来限制中国的行为。

日本和美国应该首先利用国际规范和准则来孤立中国。例如，一旦中国挑战公海航行和飞行自由，或当其坚持单边强制行动，有违和平解决冲突的协议原则时，日本和美国可以在国际多边论坛上借此进行批评，达到贴标签并羞辱中国的目的。

其次，日本和美国应该在国际法基础上与中国展开法律抗争，提高中国的行动成本。例如限制航行和飞越自由，以及中国所宣称的"九段线"，都是与联合国海洋法公约相冲突的，日本和美国可以通过敦促中国阐明其主张的国际法基础、与地区内国家分享国际法的正确解释、在涉及南中国海主权问题上为中国的邻国提供直接支持等手段，加大中国的行动成本。

再次，日本和美国应该通过在地区内建立新的规范和体系框架来限制中国的行为。这类措施可以包括：构建一个海事通信机制，或在日美和中国之间达成预防海上事故的协议，还可以起草一个南中国海的行为规范，或就长远而言，建立一个永久的亚洲海事安全合作组织。通过在这类框架的建构中发挥领导作用，日本和美国可以加大中国在地区内单边行为的代价。

（2）国内政治方面的代价强加

这类代价强加将以中国共产党领导的合法性为目标，鼓动更频繁的抗议和反抗运动，加大国家的统治成本。这些政策的目标是使对外采取高压行为的中国没有退路。

第一，就打击共产党领导的合法性方面，揭露官员的腐败是最为有效的措施。通过与各个国家合作，揭露这些官员藏匿在海外的资产以及其他违法行为，并将这些信息在中国国内传播，可以提高人民对党的领导的怀疑，并由此加大治理成本。

第二，日本和美国可以通过发布年度报告、批评中国的人权状况、表达对其国内抗议活动的支持等举措打击中国共产党领导的合法性，增加其国内的治理成本。

第三，鉴于中国国内的民族矛盾，支持或者威胁支持中国国内的少数民族运动，或令中国的领导人感觉那些外部的行动者可能得到支持，将使中国国内统治复杂化，因此具有显著效果。

（3）经济上的代价强加

这类代价强加的目标是迫使中国承受经济代价，因此妨碍其国家能力的发展，并在意外事件中损害其繁荣，由此对共产党领导的合法性造成重大打击。首先，通过进一步加强对中国的最新军事技术出口禁令，日本和美国可以阻碍中国的军事发展。要做到这一点需要打造有效的出口限制和处罚的机制，并强化现有的关于对中武器交易的禁令。其次，日本和美国可以提高它们在突发情况下切断中国海上交通线的能力，向中国表明冲突将使其蒙受极大的经济代价。

（4）军事上的代价强加

在这方面可采取多种形式的手段，然而特别值得强调的是"改变博弈规则"（game-changing），此类创新举措可以在军事行动中影响成本收益率，使其更有利于日本和美国一方。

采用上述概念需要考虑的一些问题

在思考对抗中国的长期战略时，"阻绝"和"代价强加"对于日本和美国来说是两个关键的概念，然而在战略中运用这些概念一定要考虑到如下一些问题：

（1）两国必须分享对战略范围和战略目标的清晰认识。为防止认识上的任何不一致，日本和美国必须保持紧密磋商。

（2）两盟友不应忽视对战略环境进行"净评估"（net assessment），这一评估意指"对军事、技术、政治、经济以及与国家军事能力有关的其他因素的比较分析"。换言之，多向度地认识与中国的竞争环境，精确识别对手的弱点以及应该在哪些领域寻求优势，对于日、美制定相应战略至关重要。

（3）在施行战略时，日本和美国必须致力于最小化任何组织过程导致的副作用。国家是各种组织的庞大集合，个别组织频繁采取的行为不一定反映了国家的整体战略，还可能加大无效性并最终加大执行战略的成本。

（4）必须确保在成本、收益考虑的基础上做出判断。特别是在采用"代价强加"时，日美必须格外小心，确保自身最终不要承受较之对手更高的成本。日本和美国必须对风险的上升保持敏感。两国的长期战略是保持竞争优势，然而基于上述概念的一些具体政策有可能造成与中国的关系更为紧张、使安全困境更为棘手，加大非预期冲突的风险。

（5）日本和美国最终应该增加它们能够配置的资源水平。仅仅依靠更为有效的资源配置最终并不足以应对中国的数量优势，因此提高其可配置资源的水平才是最为根本的。为做到这一点，它们需要保持经济增长并优先向防务领域分配资源。

（刘霓　编译）

原文信息

原题：Denial and Cost Imposition：Long-Term Strategies for Competition with China

作者：Junichi Fukuda

出处：*Asia-Pacific Review*，Vol. 22，No. 1，2015

中美日益扩大的冲突：学者观点与美国对策

裴敏欣

牛津大学出版社近日出版了美国进步中心高级研究员尼娜·哈奇格恩（Nina Hachigian）主编的《关于中国的争论：中美关系的十场对话》（ *Debating China：The U. S. -China Relationship in Ten Conversations*)，该书组织中美学者就十大重要问题进行了激烈的学术交锋。随后，中国问题专家、美国加州克莱蒙特·麦肯纳学院裴敏欣教授在《外交事务》（ *Foreign Affairs* ）上对该书做了题为"中美如何看待对方——何以走向彼此冲突"的书评，以下为该文摘要。

中美关系的背景

当今世界，最重要的双边关系非中美关系莫属，但对这种关系究竟属何种性质人们尚无一致的看法。以往，大部分人认为中国和美国的关系可以用"非敌非友"来概括。原因在于，虽然两国在安全利益、政治价值和世界秩序方面的总体构想不在一条道路上，但它们并没有把对方视为不可调和的威胁。相反，两国的经济深深地纠缠在一起，双方都不愿意挑起矛盾。

可是，随着中国的日益强大以及中美间实力差距的迅速缩小，这种关系似乎开始发生变化：中美间的分歧和冲突被日益放大。

中美学者的分歧

综观《关于中国的争论》全书，中美学者在某些议题上能够达成一致的观点，比如中美关系被双方间的不信任所困扰，以及两国现行政治体制的差异是引起双方摩擦的制度性因素，但他们在更多的议题上——中国的军事现代化、人权、台湾问题、区域安全问题等——存在着巨大的甚至是根本性的分歧。

分歧主要体现为以下几点：

（1）中国学者周琦（Zhou Qi 音译）认为，中国不应盲目跟从西方的人权观，因为具有儒家传统的社会秩序的根基是"礼"而非人权。而哥伦比亚大学的安德鲁·内森（Andrew Nathan）教授却较隐晦地提出批评，认为中国例外论只不过是逃避普世规范的借口。

（2）美国海军研究生院的教授克里斯多夫·图米（Christopher Twomey）质疑中国拓展军事实力的行为，因为现在中国既没有面临领土侵略的威胁，且不存在能同中国匹敌的邻国。不过国防科技大学的徐辉（Xu Hui 音译）教授则反驳道，如果这个质疑的逻辑是正确的，那么美国也应该放弃发展军事力量。

（3）除了立场上的分歧外，中美学者在材料的掌握和论证上也时有差异：在台湾问题上，史汀生中心的艾伦·隆伯格（Alan Romberg）与北大教授贾庆国在"台湾是否曾经是中国的一部分"这一历史问题上产生了分歧。

（4）中国学者认为中国的日益强大迫使华盛顿改变对亚洲的政策，并认为当下是发展中国家打破美国主导的世界结构、改变不合理的国际制度的机会。而美国学者则认为中国并没有在现有的国际秩序框架中受到伤害，反而受益于这一秩序，而且他们对中国的日益强大这一说法也持怀疑态度，他们认为，人口问题和资源的枯竭将威胁中国未来的发展。

（5）双方学者均指责对方的行为和政策缺乏正当性，比如美国学者指责中国通过领土政策、对资源丰富的发展中国家的无条件援助和重商主义政策，破坏了国际规则；而中国学者则反驳说，这些国际规则本身就不具有正当性——美国制定这些国际规则的出发点是利己而非利他。

（6）此外，中国学者认为美国是在限制中国发展，而美国学者则觉得荒唐可笑，因为美国对中国开放了自己的市场、美国大学训练了一大批中国精英、对中国制造业进行了投资、帮助中国加入世贸组织，以及在美国根本没有支持限制中国的主流力量。中国学者继而反驳，美国对中国的支持不过是为了自己的利益。

美国对待中美关系的政策

上述分歧如此明显，说明中美关系已经不再是"非敌非友"那么简单，事实上，美国正采取相应政策以应对两国关系中日益明显的碰撞和竞争。在过去 30 年中，美国对中国的政策基于两种假设——自由主义和现实主义，前者认为一旦中国通过贸易和投资融入到现行的国际秩序中，中国就会不可避免地接受现行的规则并维护它；后者则认为，美国需要在中国变成国际秩序制定者之前，通过维护联盟和军事实力来阻止中国毁坏现存的国际秩序。

该论文集的内容无疑佐证了现实主义者的观点，而自由主义者的观点则值得怀疑。鉴于中国的政治模式和国际制度的特点并不相容，中国精英们在未来是否会认为西方规则是正当的，仍然值得怀疑，即便他们承认西方的秩序切实可行，日益强大的中国也许会像苏联一样建立与西方不同、但与西方规则并立而行的另一套规则，并成为该套规则的主导者。中国近年来的行动——投资上海合作组织、计划建立金砖国家发展银行、在领土方面的强硬政策等——表明了中国的这个意图。正如现实主义者所说，只要中国有了能力，它会毫不犹豫地去改变西方规则。

为应对这种状况，美国一方面通过重返亚洲等战略对冲的方法来安抚亚太各国，并以此限制北京通过强硬政策来获取利益，另一方面还维持了同中国暧昧不清的策略，即期望中国能够逐渐接受并维护现行的国际制度。这种双管齐下的心态和政策也确证了北京长久持有的观点：美国戴着自由的面具来确保自己的主导地位。不过随着中国的日益强大，这一心态和政策将会越来越难以维持。

（唐磊　编译）

原文信息

原题：How China and America See Each Other——And Why They Are on a Collision Course？

作者：Minxin Pei

出　处：http：//www.foreignaffairs.com/articles/140755/minxin－pei/howchina－and－america－see－each－other

美国终将告别台湾

约翰·米尔斯海默

　　著名国际问题专家、美国芝加哥大学政治系教授约翰·米尔斯海默（John J. Mearsheimer）在美国《国家利益》2014年3月号上撰文称，就综合实力而言，中国暂时还无法与美国相抗衡，但随着中国的持续崛起，实力平衡将朝着不利于台湾和美国的方向发展。中国将最终胜出，台湾注定会成为中国的一部分，美国也终将"告别台湾"。

　　当今的中国军事实力与美国相比还有很大差距。然而，实力并非一成不变的。中国不仅将比今天更具实力，而且将致力于收复台湾。此外，中国将像美国主导西半球那样，试图主导亚洲。这意味着，它将试图削弱（若非消除的话）美国在亚洲的军事存在。美国当然会激烈反抗，并竭力遏制中国日益增长的力量。对台湾而言，中美之间的安全竞争绝非好消息。

台湾的想法

　　绝大多数台湾人更倾向于独立，使台湾成为国际体系中合法的主权国家。台湾不会取得形式上的独立，这主要是因为，中国不会容许那样的结果出现。美国亦不会承认台湾是一个主权国家。台湾面临的重要问题是，在中国崛起的背景下，它能否避免统一并维持事实上的独立。较为现实的是，台湾能够期望的最好结果就是维持现状，即事实上的独立。

中国的立场

中国对台湾的思维主要围绕两大逻辑展开：一个是民族主义逻辑，另一个是安全逻辑。这两大逻辑都将导致同样的结果：中国与台湾的统一。

民族主义的逻辑是简单且无可争议的。对中国精英和公众而言，台湾永远不会成为一个主权国家，它自古以来就是中国领土的一部分，它必须再次成为中国不可分割的一部分。

中国的安全逻辑与其崛起息息相关，其核心是一个直接而深刻的问题：随着中国的日益强大，它将在亚洲如何表现？关于这一问题的答案对台湾有着极大的影响。中国将会像美国主导西半球那样主导亚洲，成为地区霸权。中国将寻求扩大自身与邻国（如印度、日本和俄罗斯）之间的实力差距，并确保没有亚洲国家能够威胁其在亚洲的实力。简言之，中国有着强烈的战略依据来阻隔台美之间的紧密联系，保持台湾的中立。但对中国而言，最好的结果莫过于把台湾变成自己的一部分。

美国的目的和中国邻国的恐惧

在中国日益崛起的情况下，台湾的安全能否依靠美国？

我们不妨考虑一下美国的亚洲目标及其与台湾的关系。对任何大国而言，最佳结果就是成为该地区唯一霸权，并竭力阻止其他霸权在该地区的出现。有鉴于此，美国将不遗余力地遏制并削弱中国，使之不再具备成为亚洲霸权的能力。中国的邻国也担心中国的崛起，并将竭力阻止其成为地区霸权。的确，已有足够证据表明，印度、日本、俄罗斯、新加坡、韩国、越南等国都对中国的崛起深表忧虑，并正在寻求遏制的办法。

台湾与这些有什么关系？美国拥有将台湾纳入针对中国的平衡阵营的强烈动机。第一，台湾拥有丰富的经济和军事资源，是一艘可以用来控制中国东部海域的巨型航空母舰。第二，美国对台湾的承诺与美国在该地区的公信力有着千丝万缕的关系。如果美国中断与台湾的军事联系，或者不能在与中国的危机中保护台湾，那么这将向该地区的其他盟友传递一个强烈的信号：它们无法指望美国提供庇护。华盛顿的决策者将竭力避免这一结果的发生，并维持美国作为可靠伙伴的声誉。这意味着，无论在何种情况下，美国都愿意支持台湾。

美国的长远打算

从长远来看，美国与台湾的关系并不持久。一方面，中国的军事实力在不断增强；另一方面，中国拥有巨大的地理优势。此外，美国决策者由于担心引发核冲突升级而不愿对中国展开大规模的陆地进攻。

所有这些都表明，美国可能在未来几十年内对台湾采取双重态度。一方面，它有着强烈的动机将台湾纳入到对抗中国的平衡阵营中；另一方面，随着时间的推移，美国与台湾维持紧密联系的优势将越来越小，而潜在的成本则越来越大。

台湾的选择

到目前为止，关于台湾的讨论仅限于美国对台湾的态度。而实际上，在中国崛起的背景下，台湾的未来还取决于台湾领导人采取的政策和台湾人民的目标。毫无疑问，台湾在未来若干年的主要目标是维持自己的独立。这一目标在未来十年应该不难实现，这是因为，台湾几乎肯定会维持与美国的紧密关系。但十年之后，台湾的战略地位可能会急剧恶化，中国将迅速发展到即使台湾有美国的帮助也能将其征服的地步。正如上文所指出的，在长远意义上，美国能否帮助台湾尚不明朗。面临这一严峻局势，台湾有三个可能的选择。

（1）核威慑。它可以发展自己的核威慑。但是北京和华盛顿都反对台湾拥核。美国反对的理由是，这将刺激日本和韩国跟风。此外，美国决策者不愿看到盟友可能发动一场将自身卷入的核战争。中国也反对台湾拥核。这主要是因为台湾将难以（甚至不可能）被征服。此外，核武器将刺激东亚的核扩散。

（2）常规威慑。在中国拥有明显军事优势的情况下，台湾如何做到这一点？

成功的关键是，台湾不是试图打败中国（这是不可能的），而是尽量使中国付出惨重代价。换言之，台湾的目标是把中国拖入一场惨烈的持久战中。但是美国决策者很难想象打一场美军注定会输并付出巨大代价的战争。目前不清楚台湾究竟是否想打这样的战争，因为这种战争将主要在台湾领土上开打，并将招致巨大的伤亡和破坏。这一选项还将使台湾陷入与中国永无休止的军备竞赛中。

（3）"香港策略"，即台湾接受它失去独立的事实，成为中国的一部分。这一选项在今天和未来十年尚不可能，但从长远来看是可能的。

目前，很明显的一点是，台湾能否放弃独立在很大程度上取决于中国的军事力量在未来几十年的发展。台湾将竭尽所能争取时间，维持政治现状。但是如果中国的崛起得以持续，台湾成为中国一部分的命运将不可避免。台湾能够避免这一境遇发生的可能是，中国经济在未来几年出现显著下滑，且北京在国内遭遇严重的政治问题，从而使之无法关注台湾问题。假如这一情形发生，中国将不再能够成为地区霸权，美国也将能够保护台湾。

（王文娥　编译）

原文信息

原题：Say Goodbye to Taiwan

作者：John J. Mearsheimer

出处：*The National Interest*，http：//nationalinterest. org/article/say-goodbyetaiwan-9931? page=show

中美如何避免擦枪走火？

龚培德　等

　　由美国兰德公司学者龚培德（David C. Gompert）等三位学者撰写的《忽视、蠢行与战争：中美能从中学到什么？》于2014年出版。该书简要考察了近代以来12次重大国际冲突，试图对引起或避免战略决策失误的经验和教训进行系统的分析。作者认为，决策者的认知模式和能否有效利用客观信息对政策制定非常关键。为了避免中美发生重大冲突，除了两国领导人应在决策前充分咨询政府之外的独立分析机构之外，还应扩大和推动两国各界的交流与沟通。中美双方越是相互了解，两国发生冲突的可能性就越小。下文摘译自该书的"概要"部分。

　　中美之间的战争将对两国造成严重损害，尽管这使得一方不会蓄意攻击另一方，但也说明了有必要避免双方因误判和失算而交战。虽然中美两国在许多国际问题上都有合作，但在西太平洋地区的争斗却愈演愈烈。中国想收回丢失的领地，重获地区领导地位，这与美国意欲维护地区平衡、消除盟国疑虑和保护海上自由的想法相冲突。随着中国军事能力提升和对抗局面加剧，中美两国因判断失误而导致决策失误，从而引发冲突甚至爆发战争的可能性越来越大。这有必要分析一下为何会出现判断失误，国家如何因为误判而爆发战争。

　　我们研究了历史上与战争有关的12件大事，其中8次属于重大错误，另外4次则是正确决策。这些重大事件有一个共同的主题：决策者和机构都面对复杂的战略抉择，都依靠某种认知模式。这些模式越是偏离现实，决策者就越容易出现失误，其中包括像战争与和平这样的重大事件。过于自信的领导人和幕僚非常容易否认或低估那些可能危及——或改善——这些模式的信息。由于对信息的利用是决策的关键，因此了解这种过程如何出现失误或将决策者引入歧途不但非常重要，而且还切实可行。下面对这 8 个重大失误作一简要介绍。

拿破仑的错误认识在于，他认为凭借自己的军事天才和无敌大军，可以通过战争击败任何敌手，并将其政治意愿加到他们手头上。他狂妄自大，迷信天数，让他认不清现实。拿破仑相信并让他那班只会献殷勤的副官们也相信，如果在 1812 年入侵俄罗斯，亚历山大沙皇将被迫参战并被击败。结果并非如其所愿：沙皇命令其军队撤退，法军被诱入俄罗斯腹地，在那里被寒冷、饥饿和哥萨克骑兵击溃。

第一次世界大战时，尽管德军已经被困在西线战壕中，但德军将领们仍坚信德国能完胜。因此，在 1917 年，他们说服没有主见的德皇威廉二世对美国和其他中立国家恢复无限制潜艇战，企图迫使英国因为缺少补给而在美军到达欧洲之前投降。德国的这一决定做出之后数月之内，不但美国运输船因为反潜护卫舰的保护而大大提高了对英运送能力，而且第一支美军也在德国预期之前一年在欧洲登陆。德国军官们并不缺少信息，但他们什么都想到了，唯独没有考虑到其不靠谱的计划成功的可能性。

希特勒的错误包括他对苏联的蔑视，相信雅利安人的优越性，以及对自己的"一贯正确"深信不疑，确信苏联军队、人力资源和行政机构将在德军进攻下望风披靡，遂在 1941 年发动侵苏战争。尽管研究过拿破仑的失误，但希特勒仍如法炮制，结果当然也不出意外。德国的情报部门和作战方式固然存在错误，但更根本的原因是希特勒本人的独断专横。希特勒的决策圈集中体现了专制国家的通病：既有胆量又能接近权力的人很少敢于道出真相。因为希特勒的失误，"千年帝国" 4 年后轰然倒塌。

日本军事领导人分析了 1941 年的形势，认为到美国从其珍珠港舰队被毁中恢复过来时，日本已经完成其对南亚的占领，其时将有实力与美国谈判了。在这种思维的背后，是日本人坚信日本民族体质强健、军人勇猛，注定要统治亚洲。出乎意外的是，对美国领土发动的这次致命突袭，日本人激怒了、动员起来了和激发了一个军事和工业均占优势的大国，这当然是他们原本应该料到的。6个月之后的中途岛之役使美国重新获得战争主动权，开辟了击败日本之路。

1979年中国决定教训一下越南，迫使其从柬埔寨撤军，打击越南—苏联反华联盟。中国人忘记了越南人历史上曾经击败法国和美国这一事实。不过因为中国很快从冲突中脱身，从而减少了损失，所以不能算是一次完全的失误。另外，鉴于这次冲突暴露了中国军队的弱点，促使中国以此为契机开始加强军力建设和实施改革。但从运作层面上讲这是一次军事失误：中国蒙受了巨大的损失，也没能把越南人从柬埔寨中拉出来。

同年，苏联入侵阿富汗，目的是迅速终结阿国的政治动乱、伊斯兰极端主义和美国的阴谋。苏联领导人相信军事力量可以解决一切问题，因此对那些预示这次武力入侵会失败的信息视而不见。他们认为，只要控制阿富汗的大城市，该国将恢复和平。但苏联领导人低估了对手的能力、狂热和持久力。到10年之后苏联军队撤出时，苏联不但损失惨重，而且在国际上备受孤立，不久之后就解体了。

1982年，阿根廷军人独裁政权决定占领马尔维纳斯群岛（福克兰群岛），希望通过激发阿根廷人的爱国主义来扭转其国内地位的下降。军政府的认识实际上严重脱离实际，竟然错误地相信英国不会派兵夺回这些岛屿，设想美国不会支持英国。结果与军政府的想法正好相反，阿根廷军队被迫撤出，国家蒙羞，军政府被迫下台。

2011年9月11日基地组织袭击美国，在某种剑拔弩张的氛围中，美国决策者看到了消灭伊拉克总统萨达姆·侯赛因并在其国家创建一个民主阿拉伯世界典范的机会。乔治·W.布什总统及其助手在没有弄清楚真相的情况下，误认为萨达姆拥有大规模杀伤武器，与基地组织有染。为了避免受到猜疑和延误发动战争，他们把入侵之后的危险和成本置若罔闻。美国因为8年的伊拉克战争而付出了巨大的代价——人员、财产、地区稳定，全球形象，以及放过了真正的基地组织。现在的伊拉克仍是派系倾轧之地。

从上述 8 个案例中，我们发现决策者在下列情形时会因失误而将国家拖入战争：

（1）信息被忽视、过滤、误解，或被刻意窜改；

（2）过于相信直觉和经验；

（3）自负、自大；

（4）被死板且错误的战略认识或幻觉所主导；

（5）不考虑意外情况；

（6）低估敌方的反击意愿和能力；

（7）低估作战的难度和期限；

（8）不同的意见或争辩被压制。

不难看出，战略决策失误源自过度冒险。错误的领导人及其周围的人太过相信自己掌控未来的能力，甚至到了指望敌人按照自己的计划行动的地步。在上述这些案例中，决策者比普通人更容易冒险。这符合一种通用的模式，即但凡成功人士大都对其掌控能力有一种毫无根据的信心。我们还发现战略误判与错误认识之间密切关联。出现失误的决策者本来应该有更好的判断，因为其时信息并不缺少，能做出更好的决策。相比之下，在另外几件正确决策的大事上（1917 年伍德罗·威尔逊总统决定美国参战、1973 年第四次中东战争时美苏在埃及第三军问题上的和平解决以及 1982 年苏联决定不入侵波兰镇压团结工会），决策者都能充分利用已有信息，因此才能决策自如。错误是不可避免的，即便进入 21 世纪，即便决策者能获得更多、更精确的情报和信息也是如此。这一事实支持了我们的观点：祸根在于信息使用不当。

由此而言，领导人和机构需要提高信息使用的能力，使其认识能够反映出客观现实，以便做出最佳决策。这在理论上很容易，但实施起来就是另一回事了。囿于自身的认知模式，领导人不会愿意承认他们过滤或曲解了信息，为的就是让其符合自己的意向和愿望。在这方面，他们与大多数人没有差别——决策者更喜欢那些支持自己想法的信息。他们越觉得自己沉着自信，越会觉得自己坚决果断，对那些预示他们可能出错的迹象就越不会轻易接受。由于受恩于决策者，那些更了解情况的机构和顾问不愿意说出领导人不想听的话。我们的案例反复显示出对决策失误的领导人的制度检查或者不存在，或者太过微弱不足以阻止其出现失误。

为了减少战略误判的可能性和严重程度，政府需要独立的政策分析和咨询机构，至少在和平与战争这样的大事方面如此。这些机构必须是中立的，但又能直接接触到决策者（军事领导人不能包括在内，因为他们受文官控制；情报官员也不算，因为他们不应该提供政策建议）。在美国，这些独立机构是可以接触所有相关信息且具有最好分析能力的战略咨询机构。这样的机构的任务能够而且应该受到严格限制，仅仅在需要对事关战争与和平的大问题上进行独立评论时才被启用，事实上，应该将许多总统曾经采用过的"红队研判"（red teaming）和"魔鬼辩护"（devil's advocacy）这种特殊做法制度化。接近总统，且负有"评估美国现实的和潜在的军事能力的目标、义务和风险"的责任的国家安全委员会（NSC）也适合担当此任，在政策制定之前就战略理论、目标、意见、对手的能力、意愿、实施计划的障碍、成功的前景、选项和突发事件等问题提供客观分析。总统应该重视这些建议和分析，不管它是否符合现行政策。尽管享有行政特权，但这一过程应该记录在案且可供公众查询，以加强问责。与此同时，在面对战争和和平决策之际，政府应该设立客观性和严密性的分析标准并严格遵守之。其分析应该是全面的、客观的、逻辑的、有据可依的、可复制推广的，并记录在案的——有了这些标准，我们研究的这 8 个失误可能就不会发生。最根本的好处是，这将推动决策者客观使用已有信息，使其认识与现实相一致。

一个独立的战略咨询机构将是这些标准的自然选择。对于这一机构而言，战略决策分析应该充分利用先进的分析员—计算机联合作业的模式：在已有技术的帮助下，探究决策者及其顾问们失察的可能性，使其意识到不确定性，而不是想入非非、一意孤行。当然，运用计算机来提高战略分析和决策能力可能会引起文化上和心理上的抵制，但这是能够克服的。公共政策中许多复杂问题早就借助于先进的分析工具迎刃而解，像战争与和平这样的重大决策当然也不例外。

上述教训和分析如何应用到中国和美国？这可能比我们所研究的案例要更复杂一些：

（1）中国人认为中国实力在提升，有权恢复之前贫弱时期失去的领土，甚至成为东亚地区的领袖。但是，如他们所看到的，为了保住自己的地区霸权地位，美国会阻挡中国的正义要求，所以它才在西太平洋地区维持其进攻性军队并与多国结盟。这种认知模式没有考虑到美国不想包围和遏制中国的承诺。同时，中国决策者可能低估了美国在一些对其而言重要性要小于对中国的重要性的问题上动用武力的决心，而高估了他们控制冲突的能力。

（2）美国人往往从中国的领土要求和反介入区域阻绝（A2AD）能力的不断提高来推测中国会采用胁迫手段，甚至——如果需要——无视美国的利益、美国盟国的安全和地区平衡，采用暴力手段控制东亚。美国人可能没有意识到其打击力量在中国人看来是如何咄咄逼人，其亚洲盟国和新的安全关系也让中国人觉得有理由相信美国正在包围中国。但是，如中国人一样，美国人可能也高估了自己控制冲突的能力。

尽管中美对彼此的认识各自不同，可能会让两国决策者做出错误的战略选择，但是双方似乎并没有自大自狂、痴人说梦、蔑视对方、动辄冒险，或者回避自相矛盾的建议等引起上述历史错误的重大缺陷。错误的认知模式极有可能使决策者无所顾忌，使原本可以避免的战争最终爆发。太平洋地区的军事力量，以及双方都有可能采取有利于攻击对方的军事行动战略也加大了战争爆发的风险。此外，第三方——有可能是美国的盟国如日本或菲律宾——鲁莽地卷入领土争端中，也会把中美两个大国拖入其中。

在这种情况下，最好的方式就是在两国之间进行公开而持续的交流。中美决策者应该在领导人峰会和热线电话之外建立更多的联系，白宫和唐宁街之间的联系就是一个很好的例子。定期的和坦诚的交流将提高双方对对方的疑虑、目标、感觉和问题的认识，因此有助于使决策者的认知更符合现实。中国人可能对高层之间的这种密切联系持谨慎态度，这意味着美国领导人应该耐心，经常向其征求意见，尽管这不意味着美国比中国更需要这些联系。

中美两国现在已经有"中美战略与经济对话"，这一平台提供年度内阁级别的会谈，内容广泛。国家安全部门经常的交流、尽量多地促进合作和加深理解也非常关键。目前两国军方的接触时有时无，为了避免失算及由此引起的敌意，应该扩大双方的军事交流。尽管两国都会从官方和军事接触中尽可能多地收集情报，但也无妨：中美相互之间越了解，双方发生冲突的可能性就越小。

非政府组织之间的沟通也应该加强，尤其是战略界（智库、大学、退休官员等）。特别有价值的是开展联合危机管理，让了解中美领导人的非官方人士及智库参与其中。此外，由于中美决策者的认识受民间对对方的怀疑的影响，任何形式的教育交流都应该得到加强。更多的中美交流——从官员到公众——可能不足以消除双方的战略不信任，毕竟这两个大国至今存在不容否认的差异，不仅仅是对对方的感受，还有对世界、对东亚的利益诉求。但这些差异不值得以两国的冲突作为代价。

历史经验表明，不要低估领导者因失误而使国家陷入战争的可能性。我们不能想当然地认为因为意识到其可怕的后果就不会有中美之战——如果中国和美国真的爆发战争，很有可能是因为误判，就像历史上一再发生的悲剧那样。只有充分利用信息，才能改善决策、防止失误。中国和美国有这种机会也有这种责任来避免历史悲剧的重演。

（崔玉军　编译）

原文信息

原题："Summary", in David C. Gompert et al. , *Blinders, Blunders, and Wars: What America and China can Learn?*

作者：David C. Gompert et al.

出处：*Blinders, Blunders, and Wars: What America and China can Learn?* Santa Monica, Calif. : RAND Corporation, 2014, pp. vx-xxi

亚投行的崛起及美国的应对政策

丹尼尔·润德

美国战略与国际研究中心研究院丹尼尔·润德（Daniel Runde）在福布斯网站撰文认为，美国的错误政策促使亚投行填补了美国主导的机构的能力空白点，从而迅速获得成功。面对亚投行的挑战，美国政府应当积极对自己所领导的机构进行改革，以使它们能够快速有效地满足发展中国家的需求，从而维护美国在世界发展中的领导地位。

亚投行的迅速崛起给美国敲响了警钟，美国需要制定思虑周详的应对方案。然而，亚投行在促进多国经济发展的同时，面临着挑战和成长的阵痛，美国及其盟友应该抓住这个机会，推动该新兴机构成为促进世界发展的积极力量。亚投行崛起的原因及其面临的挑战就在两年之前，亚投行还是一个想法。它的快速成型，一方面源于既有同类国际组织在全球发展中表现乏力，也源于中国的新形象（中国已成为世界上许多国家最大的贸易伙伴），以及各国实际存在的发展空间和强烈需求。美国迫使协约国成员远离亚投行，这一索然无味的努力反映了其蹩脚的政策以及对全球发展背景理解的缺失。除了上述的大背景之外，美国的两项具体决策推动了该新机构的出现。

一方面，自2010年起，美国在国际货币基金组织的份额改革中停步不前。根据2010年达成的协议，该次改革将会把一些欧洲国家的投票权转移给新兴经济体，并将应对世界金融危机的资金翻倍。而美国在国际货币基金组织中的份额则由17.7%下调至17.3%，但其仍然持有最多的份额与否决权。尽管美国在 2010 年峰会上已经承诺了这些条款，但在具体的实施中却因为美国国会拒绝批准等一系列原因，该承诺至今尚未落实。于是，中国便以份额改革停滞不前为政治借口创建了亚投行。另一方面，美国的能源政策限制了其满足全球基础建设和能源需求的能力。在能源领域内，美国异常严格的标准已经束缚了美国及其主导的世界银行、亚洲开发银行和国际金融公司等机构向发展中国家提供所需能源的能力。因此，亚投行正在填补现有机构无力发挥作用的领域。

截至 4 月初，已有 57 个国家加入了亚投行，其中有 16 个国家位列世界 20 大经济体。毫无疑问，亚投行的成员构成体现了中国的世界影响力。但与此同时，这也意味着中国可能面临着机构内部限制的增强。随着欧洲国家（如德国、英国）以及其他大国（如澳大利亚）先后加入亚投行，中国可能会遭遇现实压力，即需要确保亚投行能够维持标准和实践的多样性。简而言之，如果中国想要成为世界领导者，那么就必须接受随之而来的负担和责任。比如，最近我们已经看到诸如缅甸、越南等国家或地区反对中国的经济介入，因为它们认为中国主导的项目管理混乱、存在腐败以及有介入国内事务的可能。亚投行将会面临一系列实践上的问题，包括以何种方式处理能源计划，怎样签订合同，怎样面对人口流动，怎样处理计划中的少数团体族群以及劳工状况，怎样防止腐败，中国是否拥有潜在的否决权等。

美国该如何维护自身领导地位？

亚投行的建立表明，几十年来美国领导的全球化版本第一次遭遇真正的竞争者。美国将会不得不向发展中国家（而不只是单单向美国）提供它们所需求的事物。因此，奥巴马政府与共和党国会应当从以下几个步骤来应对来自中国的挑战。

第一，早日通过国际货币基金组织份额改革方案。配额方案未能通过令美国在过去 5 年中透支了国际信誉。如果美国还在意其全球经济领导地位的话，这个问题就绝不能继续拖延。第二，在今年 6 月到期之前完成对进出口银行的重新授权。美国的主要竞争对手（包括中国）正在利用富有活力的出口信贷项目，如果美国单方面缺席，这将会创伤国内的商业。另外，进出口银行还能够为同基础建设相关的商品和活动提供资金。第三，基于长期的考虑重新授权海外私人投资公司，废除或继续放宽对海外私人投资公司碳排放量上限的限制、融资额度上限提高至原来的 3 倍，并将员工人数提升至 400 人。而金融资本与员工增长的重点区域应放在非洲与亚洲。第四，使美国贸易和开发署的预算与员工翻倍。这一相当小的部门承担着出口增长、新兴市场中的经济增长以及接收各方支持的责任。基础建设的主要障碍来源于计划的准备工作，而贸易和开发署则有助于协助准备工作并进行可行性分析。第五，美国和日本应当为亚洲开发银行寻找一个新的或特殊的资本增长途径。近期，亚洲开发银行的放贷量提高了 40%。然而，在未来的十年中，亚洲面临着 8 万亿元的基础设施建设资金的需求，但亚洲开发银行和世界银行提供的贷款加起来也不足 400 亿元，尚且其中还包括了基建发展以外的项目。

美国要确保特殊资本份额增长，在未来 3—5 年可能需要 2 亿—3 亿美元——如果我们希望应对中国的挑战，那么这只是一个很小的代价。最后，美国将会总结自身在亚洲开发银行、国际金融公司、进出口银行、海外私人投资公司和世界银行的商业流程中关于能源投资的失误政策来做出最优调整。从某种角度讲，多边竞争是世界发展中不可避免的符号。随着新经济体的崛起，美国以及美国所主导的多边机构需要拿出更具吸引力的资本、关系网络以及建议来维护自身世界领导者的地位。美国领导的机构应在压力之下变得更快捷灵活、更积极地对发展中国家的利益做出回应。否则，其他国家便会倒向中国。

（穆天泽　编译　唐磊　校）

原文信息

原题：AIIB and US Development Leadership：A Path Forward

作者：Daniel Runde

出 处： http://www.forbes.com/sites/danielrunde/2015/04/30/aiib-usdevelopment-leadership/

中欧关系的国内及国际意义

内勒·内斯特

　　2013 年 11 月 21 日，中国和欧盟第 16 次领导人会晤在京举行。此次会晤的核心内容是中欧共同投资谈判、自由贸易区建设以及《中欧合作 2020 战略规划》。在全球金融危机的阴影下，中欧将双方经济区的稳定与长期协作列为合作的首要任务，《中欧合作 2020 战略规划》的签署则标志着中欧经济的优势互补，在全球相互依赖程度不断加深的时代，区域内及区域间的合作和协调是唯一、有效且合法的解决之道。中欧伙伴关系的加深则是迈向这一方向的重要一步。本文作者是杜伊斯堡-埃森大学教授、德国全球和区域问题研究中心研究员。

常态贸易

　　使欧洲国家疲惫不堪的全球金融危机也给中国带来了不可忽视的挑战。因此，此次会晤毫无悬念地将经济战略问题放在首位。会晤的核心内容是中欧双方宣布开展共同投资谈判。就谈判内容而言，欧方希望中国降低欧洲企业准入门槛和加强知识产权保护；中方则希望欧盟减少针对中国的贸易保护主义措施。尽管共同投资协议尚未签订，但已经迈出了象征性的第一步：推进中欧自由贸易区的建立。

　　无论对于中国还是欧盟来说，扩大双方经济往来和双边投资都是各自利益的核心所在。随着危机蔓延至欧盟国家，中国从自身利益出发也会致力于维持欧元稳定，克服欧洲债务危机。然而，事实证明，期待中国成为欧元救世主的期望过高。中国试图避免受美国和欧洲危机的影响，力求摆脱对欧美经济发展的依赖，因此通过扩大内需稳定动荡的销售市场。

尽管中国媒体对中国经济的抗危机能力进行了许多积极报道，但新一届政府确实面临着大量遗留下来的以及新的社会经济挑战，这些挑战可能危及经济的长期稳定增长。欧洲方面虽然采取了不少成功的危机管理措施，避免了欧元的彻底崩溃，但至今仍然未能从危机中走出来。中欧内部的挑战导致了预想不到的"副作用"：双方扩大和深化合作的意愿都有所增强，在危机的背景下，这一意愿符合双方的发展需求。

《中欧合作 2020 战略规划》

扩大与深化合作的意愿在中欧领导人会晤上具体表现为《中欧合作 2020 战略规划》（简称《规划》）的制定。该《规划》包含了和平与稳定、可持续发展、经济增长与福利，以及能源问题等一系列全球性议题。此外，中国和欧盟具体的社会经济发展利益也在会晤中被提及。尤其在创新和城市化领域加强和扩大了现有的对话机制。

国家和地区发展规划的结合

中欧第 16 次领导人会晤是中国与欧盟建立双边战略伙伴关系的十年里程碑。十年来，欧盟推进了一体化进程，中国则超越日本成为仅次于美国的世界第二大经济体。双方的合作伙伴关系在各自眼中的重要性都提高了，因此需要重新调整和推进这一战略伙伴关系。2020 战略规划展现了双方的发展蓝图，不仅包含了此次会晤中双方共同探讨的重要议题，同时也体现了双方加深合作与协调发展的努力。

欧盟在 2010 年就提出了经济十年发展战略的"欧洲 2020"，推进了里斯本战略（2000—2010）。以"智能、可持续与包容性增长"为目标的"欧洲 2020"是欧洲发展战略的重要步骤，体现了发展的核心内容，其口号是研究与开发、教育与终身学习、社会融合与包容以及可持续、有利于环境的科技发展。但是外界评论称，"欧洲 2020"没有制定详细的危机应对战略，因此自 2008 年起，欧洲的发展目标又退回至稳定欧元和欧洲经济。

中国发展规划的常规表现形式为五年规划。中国社会经济发展战略的转型核心是将目前的高能耗生产模式转变为创新型、节能型生产模式。为了扩大内需，需要采取一系列措施，如完善社会保障体系等。为了保证经济的长期稳定增长、提高能源利用率，加强环境保护是十分必要的。全国各地反对环境污染、修建污染物高排放的工业企业的现象日益增多，这毫无疑问对中国的稳定有着负面影响。

由此可见，中欧双方在不少领域有着相同或相似的发展规划。尤其是可持续发展、环境保护、城市化、结构转型和社会问题等领域的合作符合双方的利益需要。

双边关系的变化

在第 16 次中欧领导人会晤上，欧盟贸易委员德古赫特（Karel de Gucht）称，中国试图促使欧盟成员国之间相互竞争。这种说法实际上并不新鲜。尽管 20 世纪 90 年代中期，欧盟委员会就出台了中欧关系政策文件，但事实上，在对华政策上各成员国都有自己的考虑，这一点在 2009 年欧盟对外关系委员会的一份分析报告中就曾被提出。该报告根据对华政治、经济战略的不同将欧盟成员国分为 4 类，分别是对华政治上批评与支持、经济上保护与放开的国家。报告认为，应当放弃之前实行的"无条件接触"政策，转而加强欧盟成员国之间的相互协调。

而中方表示，针对欧洲实行的多样性战略并非一种手段，而是尊重欧盟的混合身份认同。在欧洲一体化进程中，中方在诸如武器禁运等问题上发现，欧盟的决策是基于共识原则或者说多数原则的，单个欧盟国家的同情和支持并不能决定整个欧盟的对华政策。

中国一直认为，与中美关系相比，中欧之间不存在根本性冲突。正如中国2003年发布的欧盟政策所表述的，中国和欧盟对对方都不构成直接威胁。中方认为，双方存在的分歧和意见相左是由各自的历史进程、文化模式、政治和经济结构的不同而造成的。只要双方在平等互信的基础上进行协商，这些分歧就不会影响双方伙伴关系的扩大与加深。目前中国和欧盟的直接摩擦主要体现在贸易领域。欧洲各国的进一步融合需要各领域的协调和配合，只有如此才能消除各国短期利益与欧盟长期利益之间的分歧与冲突。

合作与协调

之前，中欧关系一直处于政治协商的领域，随着双方经济的紧密往来，这一现状将有所改变。尤其是近年来中国相继与东南亚国家联盟、冰岛和瑞士组建了自由贸易区，在此背景下，恰如其分地定位中欧关系指日可待。

2013年10月，中国与欧盟签署了为期3年、规模为3500亿元人民币（450亿欧元）的中欧双边本币互换协议，仅次于中韩协议，成为中国与其他合作伙伴签署的第二大本币互换协议。每签订一份协议，都推动着中欧双边关系的进一步调整，但从全球范围来看，尚不能说中欧关系成为全球政治的轴心。双方在某些领域的立场仍存在分歧，如全球环境保护。对欧洲来说，与中国的关系也只是欧洲一体化的试金石。欧盟各成员国之间的碎片化现象和分歧显示出建立最低标准，推进内部市场一体化以及社会经济平衡的必要性。

（祝伟伟　编译）

原文信息

原题：Gipfeltreffen in Peking：Nationale und globale Dimensionen der sinoeuropäischen Beziehungen

作者：Nele Noesselt

出处：http：//www. giga － hamburg. de/de/system/files/publications/gf_ global_ 1310. pdf

防卫与安全：欧盟对华安全政策

弗兰斯－保罗·范德普滕

2013 年 2 月，欧盟安全研究院发布了"欧盟发展全面对话战略"项目结项报告《布鲁塞尔——北京，变化中的游戏规则》，其中第五章探讨欧盟针对中国的安全政策及下一步的可能发展。本篇为该章的编译。

欧中关系的安全层面

在中欧关系中，经济层面具有传统的支配地位。然而，最近欧盟却采取了措施强化其关于亚洲和中国的安全政策。2012 年 6 月，欧盟出台东亚外交与安全政策方针，其中关于中国的安全政策的主要目标可以总结为：

（1）加强与中国在军事交流、战略对话、全球安全问题，以及在亚非和其他发展中地区的稳定问题上的安全互动；

（2）促进中国政治体制自由化、鼓励中国在军事透明度和南中国海的政策方面进行调整；

（3）支持东亚区域安全机制。

所有这些目标都将通过与中国的直接双边互动、间接的政治对话、与第三方特别是美国的协调来达成。针对这些目标，欧盟有多种方式和潜在手段供其采用，包括与中国的现有对话机制；欧盟成员国与中国的军事交流；欧盟"亚特兰大行动"和中国海军亚丁湾反海盗行动之间的业务联系；欧盟作为主要经济和技术力量的作用；

对华武器禁运；欧盟成员国与美国之间紧密的外交和安全联系；现有的与第三方的对话机制；欧盟的东盟区域论坛成员资格。

虽然欧盟与中国在安全、防卫和军事问题上的关系越来越积极和清晰，但仍存在重大挑战。其中，最具争议的或许是对华武器禁运问题。欧盟面临的另一个挑战是，该如何回应华盛顿最近提出的在东亚安全领域更密切合作的要求。若与美国战略计划保持紧密一致，将使欧盟陷入东亚地区争端，加剧中欧关系复杂化，并使欧盟在亚太事务上担当类似中立者的能力受损。第三个重要挑战是，在有助于东亚区域稳定和引导中国调整其多个政治、安全领域的政策方面，适用于欧盟及其成员国的可行性方法有限。

强化欧盟针对中国的安全战略

欧盟关于中国的战略必须在总体安全目标背景下审视。依据2003年欧盟安全战略文件"更美好世界中的安全欧洲"，欧盟有三个战略目标：应对威胁（诸如恐怖主义、大规模杀伤性武器扩散、地区冲突、国家失败和有组织犯罪）；营造安全周边环境；促成基于有效的多边主义的国际秩序。上述目标与中欧关系联系最直接的是最后一项，不过，中国与前两个战略目标的关联性也在增加。同样重要的是，美国是达到每一项目标的主要合作者，因此，欧洲关于中国的安全战略不得危及跨大西洋安全合作的基础。

此外，欧盟针对中国的安全目标应符合其与中国相关的整体利益。欧盟中国政策的首要任务是扩大欧洲的经济利益，特别是扩大中国市场准入和中欧企业之间公平的竞争机会。次要利益涉及中国在东亚区域稳定、全球经济和安全治理、气候变化和国际规范中的作用。

关于中国的欧洲安全战略，将指向促进亚太地区稳定，包括中国与其邻邦的关系和中美关系。尽管中国与其他国家之间产生重大军事冲突的可能性不大，但东亚紧张局势正在加剧。尤其是，中美似乎正处于冲突之中。从长远来看，只有基辛格所称的"太平洋共同体"存在时，东亚才可能稳定。如此配置，美国需承认中国与之地位平等，中国也需接受美国是东亚永久性的"常驻大国"，这是符合中、美以及包括欧盟在内的其他所有国际行为体的利益的。

东盟相关的区域安全平台混合体提供了未来太平洋共同体最具可能的制度基础：东盟区域论坛、东盟国防部长扩大会议和东亚峰会。至于中美安全关系，重要的是要注意到欧洲国家构成了华盛顿最重要的外交和军事合作伙伴。随着美国的安全战略对伙伴和盟国贡献的依赖不断增强，欧洲将不可避免地继续对华盛顿的中国策略产生重要影响。最后，在东亚安全热点问题上欧洲直接参与的事实，使得欧盟能采取相对中立的立场。因此，在提出东盟内部一体化的原则与规范问题上，欧盟处于有利地位。

未来怎么办？

在欧洲的积极支持下，构建一个太平洋共同体。它将为目前中欧关系的安全、防卫和军事方面中存在的各种政策和目标提供框架。我们提出以下建议：

以目前的"欧盟东亚外交与安全政策方针"为基础，通过明确其关于中国的主要战略目标、解释这些目标是如何相互关联，以及如何确定它们的轻重缓急，欧盟可以制定其关于中国的战略政策方针基本原则是欧盟关于中国的主要利益在经济领域，而其主要安全伙伴是美国。

欧盟关于中国安全战略的整体目标应是，在全球以及东亚区域稳定的层面推动中美关系。通过制定、发布和监控东盟一体化以及南中国海和中国东海、台湾海峡和朝鲜半岛稳定的相关标准，欧盟应坚定地将其政策进路集中在强化东盟一体化和区域稳定上。欧盟还可以采取平衡的方式介入中美在东亚的安全关系，一方面避免解除对中国的武器禁运，另一方面，避免直接卷入当前华盛顿对中国施加的军事和外交压力。

欧盟的观点

中国完成新旧领导人交接后，多数人认为短期内政策将具有连续性。外交和安全政策领域也是如此。三轮会谈后，我们的战略对话已经牢固树立，该机制是我们"三大支柱全面战略伙伴关系"中第一支柱的基础。因此，虽然面临新的中国领导者，但就战略对话来说，我们可以期待其连续性。

但是我们同样期待持续扩大和加强在安全、外交和防卫政策领域的战略合作。欧盟和中国有共同的战略利益。我们也面临着共同的全球性和区域性挑战。欧盟和中国都确信建立有效的多边机制的需求，我们都支持发展区域合作。因而我们希望扩大在国际论坛中的磋商。为最终发展上述联合计划，我们愿促进对各自议程相互支持。这些可以涵盖传统与非传统的安全威胁，以及与防卫和安全相关的事项，如裁军、核不扩散问题、武器控制和网络安全、水安全等问题。

战略对话为探讨彼此关注的国际和区域问题提供了机会，如叙利亚问题，中东和北非、缅甸与朝鲜半岛的发展。要在这些问题上有所推进，中国需要更好地理解和认同欧盟是安全和外交政策事项合法的、有价值的伙伴。中国需要认识到，欧盟在控制中国东海和南海区域的海事争端问题上有明确的战略利益。同样，欧盟可以是缓和朝鲜半岛紧张局势有作为的一方；欧盟将对中国在全球性问题中发挥更大作用的前景表示欢迎。

（杨莉　编辑）

原文信息

原题：Defence and Security：EU Security Policy towards China

作者：Frans-paul van der Putten

出处：Brussels-Beijing：changing the game？in http：//www. iss. europa. eu/uploads/media/Report_ 14. pdf

东南亚诸国对中国崛起的调适与对抗

帕斯卡·安珀　　徐耿中

学术界及政界目前关于中国崛起的讨论主要围绕三大关键问题进行：第一，中国能否将其物质力量转化为国际影响力；第二，北京的发展模式能够在多大程度上吸引他国；第三，中国眼中的世界秩序。随着中国"走向全球"并逐渐扩展到其他区域，东南亚率先同中国开展了经济互联，并将其与中国的互动制度化。德国全球与区域研究中心（GIGA）学者帕斯卡·安珀（Pascal Abb）与徐耿中（Georg Strüver）于2015年3月提交了一篇题为"区域联动与全球政策的趋同性——以中国与东南亚国家的关系为例"的工作论文，二人通过检验中国的区域与全球政策为东南亚国家所接受的能力，审视了中国作为一个负责任大国日益增长的国际吸引力与国际认同，并分析了区域合作与冲突究竟在多大程度上影响了中国为其全球政策获取支持的能力。

早在20世纪90年代，中国政府就在区域内加强了同其邻国的外交接触与经济扩张。中国不仅借此为与东南亚各国的邦交正常化铺平了道路，还因此获得了这些国家的接受，并扩大了自己在区域内的影响力。未来，东南亚邻国将在中国的外交政策前景中发挥关键作用，为了确保中国发展能有一个稳定的外部环境，外交与合作将在未来的东南亚各国与中国的互动关系中占据主导地位。

东南亚国家有着诸多在经济上和政治上同中国保持一致的动因：共有的文化价值、相似的经济发展观（在某些情况下，甚至有着相似的政治秩序观），以及可以从"中国繁荣"（China boom）中获益的机遇。从以往的相关著述中，可归纳出三大关系因子来帮助阐释东南亚国家对中国崛起的适应与调整，以及整个地区对北京政策的高接受度。

一是中国的外交接触战略。20世纪90年代的睦邻友好政策对于中国与东南亚的邦交正常化起到了十分关键的作用，通过加强外交关系，区域内对中国崛起的威胁感知有所降低。

二是区域内日益加深的经济互联性。通过扩大同东南亚诸国的经济联系，中国进一步扩大了自己在区域内的影响力。中国崛起中最引人注目的因素是其经济实力及中国经济对世界经济的融入，而这两点往往体现在结构上，并常常是无意的，因此，中国对东南亚诸国行为的影响是非直接的。

三是中国对软实力的运用。就这一点而言，有学者认为，同其硬实力相比，中国的软实力水平仍然不高，同美国、韩国、日本在东南亚及更广泛地区的软实力相比，尚存在差距。

以东南亚诸国的视角来看，这些国家的国内因素也推动了它们与中国的合作与结盟，而且这些因素与上述三大关系驱动力相互作用。这些国内因素包括：地缘政治、文化与政治上的相似性、相对低于中国的权力地位、国内政权体制特点与同中国相似的发展经历和亚洲地区的文化共享。其中，最后一点包括强调主权国家的重要性与不干涉原则的"东盟价值观"，它使得中国与东南亚诸国之间更易于交流和相互理解。上述所有因素都促进了区域内各国政府的调适行为，并使得中国在东南亚地区能够施加更大影响力。

东亚的例子还表明，除了与美国联盟以及领土争端的存在，政权特点在影响区域各国应对中国崛起中也起到了重要作用。因此，当东南亚国家相比中国处于中间或较低的权力位置时，会进一步推动这些国家"支持占优势的一方"，而非采取抗衡行为。

抗衡与针对的驱动力

安全问题通常是区域对抗与针对中国的平衡行为的主要驱动力。

中国与东南亚的关系目前仍面临严重限制。首先，南中国海领土争端的爆发，不仅导致了外交口角，还引发了中国与多个东南亚国家的海上冲突。其次，过去十年，中国军费支出增长超过 3 倍，目前军事建设的重心又放在了海军发展之上，这引发了对安全威胁的感知，而东南亚诸国对中国未来意图的不确定性又进一步加剧了这种感知。上述两大因素作用在一起，导致了东南亚国家同中国的对峙以及美国的亚洲转向。东南亚各国在美中两国的对抗中摇摆，对中国的区域政策也摇摆不定。

不断加剧的区域冲突则会抵消掉能够促进国际联合的因素。在与中国冲突加剧的时候，东南亚国家可能会通过加强其同外部力量（比如美国）间的关系来平衡这一威胁。最后，上述关系中的因果关系有可能出现颠倒，即全球政治环境影响到区域秩序。比如，紧张局势的加剧可能是由于其中一国同外部势力结盟造成的，而不是因为局势日趋紧张才同外部势力结盟。

区域联动与全球政策趋同性

依据上述观点，本文借用了"事件、语言和语气全球数据库"（GDELT），用联合国大会投票中国家级别的相似度来测量中国与东南亚国家在世界事务中的政策一致性，量化了中国—东南亚关系的质量。在中国与东南亚物质关系的总体质量之外，本文还考虑了诸如经济交流、国内政权特点及外交联盟等因素。

基于此，本文做出了如下推论。

推论 1：区域关系越好，东南亚国家越倾向于与中国在全球层面上的政策保持一致。而冲突级别越高，则越容易导致抗衡中国全球利益的情况。

推论2：东南亚国家同中国的经济联系越牢固，就越倾向于同中国保持一致。

东南亚国家对中国经济依赖的加深将会带来双方政策的一致。首先，经济一体化会造成既得利益集团维护其利益，因此，互利双方的贸易联系的稳定性高于一切，在全球层面上与贸易伙伴作对将意味着拿双方关系冒险。极端一点讲，贸易关系可能表现为一方对另一方的单方面依赖，依赖方对被依赖方的诉求会极为敏感，甚至易被要挟，这一点在东南亚国家中表现得尤为明显。其次，经济一体化或许是国际交流与接触的最重要的催化剂，能让双方在合作的背景下满足对方的需求，这有助于消除偏见与威胁感知。随着时间的推移，贸易联系或许会慢慢变成世界观与规则趋同的渠道。

除上述经济与外交关系等外因，一国国内的政治与社会经济的相似性也会带来对另一国议程的支持。影响本文量化研究的有两大控制变量：一是国内政治体制，一是整体经济发展水平。

就国内政治结构而言，国与国的政治体制越相似，两国政策就越容易趋同。

我们进一步推测，东南亚国家的国内政治体制同中国的政治体制越相似，这些国家就越倾向于同中国保持一致。

除此之外，一国社会经济发展的状态也是决定一国地位、立场与全球经济政治参与的主要因素。与中国处于相似发展轨道的发展中国家可以指望中国在国际舞台上成为一个有影响力的倡导者，因此受到吸引并同其保持一致。当贫弱的发展中国家同发达经济体发生利益冲突时，比如气候变化谈判，中国在组织与清晰地表达发展中国家的立场上发挥了领导作用。相反，那些相对富裕的东南亚国家则不太容易将中国视为其天然盟友。

实证结果

首先，双边关系的质量对全球密切合作有着明显且非常重要的积极影响。在投票趋同上，这是最强烈的预示信号，这表明，当需要在联合国大会上决定是否同中国投票保持一致时，中国的邻国实际上会受到区域内的最新发展变化的影响。美国与原苏联同其各自在区域内的伙伴所维持的正式同盟，对于这些伙伴与中国展开密切合作，有着非常重要的负面影响。

其次，政权体制的相似（相异）以及经济发展（或财富）水平的影响与之前的假设之间也存在明显的相关性：政治体制（在民主—威权坐标轴上）差异越大、财富水平越高，似乎与中国的一致性越低，且政治体制差异的影响就更为显著。

再次，经济依赖性与中国的全球合作之间存在的关系相对薄弱。在经济上对中国依赖，对东南亚各国在国际事务上的投票行为有一定影响，但其程度远不如上述几大因素。中国在区域内的经济领导地位并不能抵消关系恶化、与外部势力结盟或国内整体的根本性差异等因素带来的负面效应，因此，并不足以激发东南亚各国的追随。

最后，冷战对于投票趋同的影响是巨大的，超级大国斗争的结束明显对中国获取国际支持的努力有益。另一方面，东南亚各国的国家实力并没有显示出同其针对中国的投票行为间存在系统性关联。

（杨莉　编译）

原文信息

原题：Regional Linkages and Global Policy Alignment：The Case of China – Southeast Asia Relations

作者：Pascal Abb and Georg Strüver

出处：http：//www. giga－hamburg. de/en/publication/the－case－of－chinasoutheast－asia－relations

中印两国边疆与边境地区冲突的评估与比较

库纳尔·穆科赫吉

英国兰开斯特大学（Lancaster University）政治、哲学与宗教系学者库纳尔·穆科赫吉（Kunal Mukherjee）在《东亚》杂志发表论文，对中国和印度的边境冲突地区，特别是新疆、西藏、克什米尔和印度东北部4个地区做了较为详尽的评估。文章首先考察了中印边境地区的冲突，即从20世纪50年代至今，这些冲突是如何随着时间的演进而发展，以及冲突的性质发生了哪些变化。之后，作者对上述4个冲突地区的背景分别给予了观察，并重点讨论了以下三个关键问题：种族民族主义的兴起，外部力量对冲突的影响以及当地的人权状况。特别值得一提的是，作者在研究方法上采用了自下而上的路径和与冲突地区居民的深度访谈。中国和印度同为亚洲崛起中的大国，但是，地区经济的不均衡和民族矛盾与冲突也对两国的未来发展构成重大挑战，鉴于此，本文摘译这一文章，意在为学界了解境外学者对上述地区的观察提供信息和参考。同时鉴于原文较长，为加强针对性，编译重点将放在新疆和西藏地区，并主要介绍作者对上述4个地区的相似点以及差异的论述和分析。

在东亚奇迹之后，今天人们的注意力已经从亚太沿海地区转向内陆，特别是转向印度和中国。这两个国家自经济开放以来，都经历了令人印象深刻的增长。当然，目前两个国家也都因其充满风险的市场而成为国际投资者眼中需要挖掘和开发的令人兴奋的经济胜地。然而，鉴于当前几乎所有的讨论都涉及经济增长和发展，因此，这两个崛起大国的边境地区的政治现状和持续冲突则是一个仍然缺乏研究，或至少是被忽略的领域。

　　新中国成立于 1949 年，印度在 1947 年宣布独立，自那时开始，两个国家的政府就一直在与它们边境地区的不稳定状况做斗争。本文的目的在于观察中国新疆和西藏地区冲突性质的变化，以及印度克什米尔和东北部地区的政治现状。新疆和克什米尔由于主要人口是穆斯林，因此在"9·11"之后两国政府都因其为激进伊斯兰的聚集地区而另眼相看。西藏和印度东北部也是可比较的，因为两地都有大量佛教徒的存在，尽管印度东北部在文化和种族上显现出更大的多样性。此外，上述 4 个地区都被各自国家看作并利用为缓冲区。本文认为，尽管中印两国的政治体制存在性质差异，但是上述边境地区的冲突性质和相应的国家政策有着明显的相似之处。

新疆的激进民族主义以及境外势力的影响

　　新疆的冲突主要源自分裂主义的民族主义，令中国政府颇为头疼。当然，政府采取的应对措施也使得局面进一步恶化。新疆的维吾尔激进民族主义者受到中亚穆斯林的启发，来自诸如喀什和伊犁的富有商人前往伊斯坦布尔等地经商，而在他们返回后便发起了推动维吾尔教育现代化的运动。鉴于当时的学校在 20 世纪整个 20 年代向维吾尔儿童不断灌输突厥民族的以及维吾尔的民族主义观念，因此在加强分裂势力上发挥了关键作用。正是这些受到如此激进民族主义启蒙影响的人在 30 年代参与了叛乱。维吾尔的激进民族主义者认为自己从本质上讲是独特的，并因此独立于中国内陆的民族。虽然中国共产党自 20 世纪 50 年代以来一直推进着国家建设的过程，但维吾尔社会始终在抵制并试图坚持其战略。历史是有关新疆问题争论各方的一个工具，中国官方主张新疆自古以来一直是中国的一部分，然而与此相反，维吾尔民族主义者则宣称他们已经在此居住了 6000 多年，在今天的新疆范围内他们曾建立多个强大的独立国家。尽管这些维吾尔激进民族主义知识分子所撰写的历史被中国官方指责为漏洞百出、难以为凭，但他们的写作却为分裂势力所利用，以激发维吾尔族人与政府的对抗。

中国为新疆的分裂势力感到担忧，因为该地区与中亚接壤的边境地域广阔，难以控制。例如新疆的分裂主义和塔利班之间的联系就经常被提及，乌兹别克斯坦的伊斯兰运动同样也对维吾尔穆斯林具有吸引力，他们在维吾尔人中传播教义、提供军事培训并煽动叛乱。

除此之外，客居海外、特别是生活在北美和欧洲的维吾尔激进民族主义者，为在国际社会散布有关维吾尔问题发挥着作用，并正试图利用国际社会的影响对中国政府施加压力，意图最终使新疆脱离中国，成为所谓的"维吾尔斯坦"（"Uyghur-stan"）。在德国大约有 500 名维吾尔人，多数生活在慕尼黑，他们中的 95% 是在 20 世纪 80—90 年代到达欧洲的难民。正如有学者指出的，"新疆之外的大量维吾尔人组织一直在试图塑造这一地区和该地区人民的命运"。海外的维吾尔激进民族主义组织非法带入课本，进行无线电广播，散布其观念，以挑战中国政府的正义宣传。在德国、瑞典、低地国家以及加拿大、澳大利亚和美国都有小型的维吾尔人社团形成，其中不少还发展成了全国性的组织，例如比利时维吾尔协会等，近期有些甚至发展成为跨国性的组织，例如世界维吾尔大会。

通信方式的变革使得旅行和通信的价格更为低廉，也因此加大了国内外的直接联系，使得那些移民海外的人有了发挥更积极作用的可能性，也为离散人群建立全球性社团提供了可能性。离散人口拥有更好的机会和手段，似乎要比留在祖国和家乡的人更为激进好斗，也就更有助于冲突的发生和延续。

西藏的宗教民族主义以及境外势力的影响

在西藏的民族主义中，宗教发挥着重要作用，因为西藏人一般又是佛教徒。西藏的神职人员曾经领导过示威活动，这清楚说明宗教民族主义力量在与国家的对抗中一直是相当强大的。中国主张，中央政府在 700 多年的时间里一直对西藏行使主权，而且世界上没有哪个国家曾经对于西藏作为一个独立的国家给予过承认。中国也不承认达赖喇嘛及其支持者所宣称的在 1911—1949 年西藏独立的说法，指出西藏独立的问题不过是帝国主义势力虚构的谎言。尽管如此，有着强烈民族主义主张的分裂势力在西藏仍然很强大。

在西藏内外的藏族人的民族认同上，跨国的因素和本地的因素同样重要。在印度的流亡藏人领导着喧嚣的分裂运动，并擅长利用国际关系以推进他们自己的利益。在这一点上尤其值得一提的是美国，其接受流亡藏人的宣传，而"西藏流亡政府"也一直将其目标锁定在争取藏族人的自由上。

中印 4 个边境地区的比较

尽管中国和印度的政体性质存在很大差异，但在严密观察其边境地区时，却可以发现它们当中存在着诸多惊人的相似之处。例如，这 4 个地区都与分裂势力有着极强的联系，而这些分离主义运动也有着强烈的民族主义色彩。总体来看，发生冲突的政治因素主要围绕主权和民族自决等问题，还有可能涉及各自国家中少数民族和主体民族之间的矛盾。这其中，分裂势力群体的背景一般都较为隐匿，就多数冲突事件而言，没有人真正知道其领导者的下落。当然，在上述 4 个地区也并非所有人都希望独立。正如一位受访者谈到的：有些人希望彻底独立，有些人希望有更多的自治权，还有些人不过是希望寻求基本权利和一条中间道路。应该指出，这种不一致在 4 个地区都是存在的，这些分离势力并没有统一的愿景或行动计划。分裂势力的领导人内部同样争吵不休，派别之争广泛存在。这可能也是这些团体始终没有取得成功的原因，也是为什么这些冲突绵延不断的根源。

中印两国都认为，这些边境之地对于国家认同非常重要，两国的政治精英都主张这些地区是其国家不可分割的一部分，因此采取的都是直接干预的手段。两个国家都利用这些边境地区作为缓冲区，以抵御外部攻击。而且两国都担心，一旦某一地区成功地独立，将会产生多米诺效应，引起其他边境地区少数民族群起效仿。

本文所讨论的 4 个地区在地理位置上都很偏远，既远离其所在国家的中心，也远离世界其他地区。此外，严酷的地形地貌增加了这些地区与所在国其他地区之间通信联系的难度，在某种意义上加剧了与其他地区的疏离，而这些地区的许多政治暴力正是源于这种疏离感。

就经济角度而言，上述地区都有着丰富的自然资源，例如石油、天然气、铀矿、森林保护区、茶叶、煤炭等，这些在未来国家都要加以开采以满足生活在中心地区人民的需要。当然，值得提出的是中国的边境地区较之印度在自然资源上要更加丰富，经济上也更加发达，而印度的这些地区不仅经济落后，在某种情况下甚至陷于绝对贫困的境地，例如印度东北部的那加兰邦（Nagaland）。在治理方面，过去数十年上述 4 个地区的状况一直非常压抑。驻扎在这些地区的安保人员和当地人民之间经常爆发冲突，由于这些地区一向以高度军事化著称，因此也是最可能发生人权问题的地区。在所有 4 个个案中我们都看到国家采取了高压的政策，例如在印控克什米尔和印度东北部的《武装力量特别权力法案》。

此外，在上述 4 个地区中的三个，也即新疆、克什米尔和印度东北部，跨境联系在冲突中一直发挥着关键作用。

在所有 4 个地区中，冲突本身是非常零散的。如果前往这些地区访问，并不会立刻感觉到这是一个冲突地区。另外一个相似的方面是，当这些地区的人们前往国家中心地区旅行时，他们通常会遭受某种形式的种族歧视。换句话说，他们通常被看作印度的"他者"或是中国的"他者"。

除了民族自决以及创建独立国家的企图，另一个影响到除克什米尔之外其他三个地区的棘手的政治问题是移民。移民在印度东北部、中国新疆和西藏的冲突中处于中心地位，虽然具体情况各有不同。在中国，官方的移民政策是有意为之，汉族人从内地迁移到这些偏远省份以开发这些地区。由于许多当地人认为国家此举的目的是弱化区域认同，并削弱地区内的民族独立势力，因此移民浪潮使得问题更加严重。至于印度，尽管印度没有制定与中国类似的政策，即让印度人从中心地带迁移至边境地区以抑制分离主义的趋势，但移民的确已经成为造成印度东北部问题的一个主要原因，但是这主要来自孟加拉国。而且不像更加富有并具有专业技能的汉族人，多数孟加拉的移民是贫困的经济移民。印度东北部的部落群体一直抱怨来自孟加拉的持续不断的移民潮，一些群体认为，由于孟加拉人的渗透，他们蒙古人的民族精神正在被削弱，但是印度政府并没有显示出足够的兴趣来处理这些问题，也没有采取措施阻止移民。在中国方面，国家通过一种深思熟虑的政策来推动新疆和西藏的中国化或汉化，试图使上述两个地区更为中国。印度则不具有任何此类政策，相反，按照一些印度民族主义者的说法，较之边境地区的印度化，孟加拉国的移民反而正在破坏印度教的精神气质，因为这些移民中的多数是穆斯林。总体而言，尽管两个国家存在差异，但是上述三个地区的当地人民都在抱怨文化灭绝和文化侵蚀，地方和地区性的特征因为越来越多移民的进入而遭到销蚀。

克什米尔的情况与新疆很相似，它们都是穆斯林的聚居地区。自"9·11"以来，政府官员经常将克什米尔和新疆看作伊斯兰激进主义的温床，对于亚洲的区域安全有着不利的影响。西藏在某些方面与印度东北部在文化上是相似的，佛教的影响力巨大，尽管印度东北部在文化上更具多样性。而就中国本身而言，新疆或许要比西藏更为复杂和更具文化多样性。这是因为，虽然维吾尔族是新疆的主要人口，但是这一地区还是其他各种民族群体的家园，例如哈萨克、乌兹别克、柯尔克孜和塔吉克族。与此类似，印度东北部也是依据种族、宗教以及语言等的界限进行划分的。尽管克什米尔和西藏也是非常复杂的地区，但是应该说它们在复杂性和文化多样性方面比不上新疆和印度东北部地区。

虽然这些冲突地区多数都有着外部和内部的两个维度，但冲突的内部维度在近几十年日渐明显，而外部因素或外部行为者所扮演的角色目前稍显疲弱。过去，中国一直对印度东北部的局势有影响，而巴基斯坦则极大地卷入克什米尔问题。现在，外部力量的直接参与似乎有所减弱。随着中印经济关系的改善，以及"中印经济体"的概念得到加强，中国不再对印度的东北部进行干涉，这有助于印度的稳定。而除了为达赖喇嘛提供避难之所，印度也一直没有卷入中国的边境地区冲突，当然前一举动肯定也不会受到中国欢迎。

（刘霓　编译）

原文信息

原题：Comparing China and India's Disputed Borderland Regions：Xinjiang，Tibet，Kashmir，and the Indian Northeast

作者：Kunal Mukherjee

出处：*East Asia*，Vol. 32，No. 2，2015

中国—巴基斯坦友好合作关系的基础及未来

乌姆布林·贾维德

巴基斯坦旁遮普大学政治学系主任、南亚研究中心主任乌姆布林·贾维德在《政治研究》 (*Journal of Political Studies*) 2015 年第 1 期刊登文章，阐述了中巴友好关系的开端、性质与前景。在此文中，贾维德以 "内部人" 的视角分析了印度、阿富汗、前苏联和美国在中巴友好合作关系形成中的不同作用，也分析了两国在经济和能源等领域的合作现状，认为能源合作将是决定巴中友谊实质内容的核心。

一个谨慎的开端

在塑造和决定中巴关系方面，战略和政治考虑起到了决定性的作用。中国有着源远流长、丰富多彩的文化遗产，也有一段被外国欺侮和反抗外国的历史。1949 年，中国共产党人从动荡和国内政治混乱中崛起，成为一股强大的力量，最终成功地建立起自己的国家。巴基斯坦本着与邻国修好的外交政策，正式承认毛泽东领导下的共产党中国。

巴基斯坦对中国的友好政策，与美国对共产党阵营的敌对态度截然相反。美国把共产党意识形态视为对民主和自由的威胁，因此对任何能够加强共产主义传播的行动都大加阻拦。1951 年当中国卷入朝鲜战争时，在联合国就中国是否为侵略者投票时，巴基斯坦反对美国的立场，投了弃权票。战争期间，巴基斯坦向中国提供了价格低廉但军事价值较高的原材料如棉花和黄麻，因此对帮助中国战胜经济危机贡献很大。

巴基斯坦之所以与中国修好，其主要目的是反制印度在该地区不断扩大的影响力。同时，印度违反了西藏协议，迫使中国举兵相向。而在巴基斯坦方面，两国的边界问题则是和平解决的。周恩来总理曾说过，"我们（巴基斯坦和中国）已经达成相互理解"。值得一提的是，与此同时中国与印度和苏联的关系日渐紧张。苏联对印度大量的军事和经济援助严重地威胁到了中国在该地区的安全和利益。巴基斯坦曾经主动提出请印度参加一个共同防御条约，这一条约对中国有着非同小可的意义，但此提议并未实现，因为印度对之没有任何兴趣。

同时，印度对美国及其盟国心存感激，并不理会巴基斯坦的抗议和关切。美国既无力也无兴趣解决克什米尔问题，而且苏联和美国对印度都有过大规模的军事和经济支持，所有这些都无视巴基斯坦的安全问题，令后者非常失望。阿富汗和苏联之间越来越密切的关系也引起巴基斯坦和阿富汗两国关系不断紧张。如此一来，巴基斯坦担心被敌对的邻国所包围。有意思的是，中国也有过被孤立的经历，它与印度、苏联的关系日渐恶化的同时，还在恢复联合国席位问题上受到美国的强烈阻挠。这些因素使得巴中两国联合起来，反抗地区和国际孤立。

共同的利益和共同的敌人将两国紧密团结起来。当1962年中印战争结束之后，中国也与巴基斯坦友好地解决了边界问题，这让国际社会意识到，中国希望邻国和平。1965年的印巴战争进一步巩固了中巴关系。巴基斯坦加入了美国主导的东南亚条约组织（SEATO）和中央条约组织（CENTO），希望借助加入这两个防御性条约组织得到美国的帮助。但美国拒绝调停并阻挠向两国提供军事援助。另一方面苏联则继续支持印度。

在此情况下，中国表示支持巴基斯坦，并谴责印度的侵略行为。两国在处理双边关系问题上从一开始就表现出极高的成熟度和理解力。这也有赖于当时两国领导人的高瞻远瞩。当然，有很多因素可能会危及两国的合作，如巴基斯坦坚持伊斯兰主义，反对中国的共产主义国家体制，如巴基斯坦倒向资本主义阵营、加入西方支持的安全协定，反对中国对社会主义俄国的依赖等，但也有很多因素使两国克服困难，保持着友好的邻里关系。

出于安全需求，巴基斯坦加入了旨在对抗共产主义威胁的东南亚条约组织和中央条约组织。但巴基斯坦的安全威胁主要来自印度，因此从此脉络看，上述协定价值不大。在印巴战争中，美国拒绝依据上述条约出手帮助巴基斯坦，使巴基斯坦人民有种深深的被背叛感。与此同时，苏联继续援助印度，原因是中国把印度视为地区威胁。如此一来，中苏之间龃龉不断，而印度已经因为边界问题与中国开战。所以说，中国担心被孤立，需要与巴基斯坦保持友好关系。一系列的事情让两国走得越来越近。不久之后，中巴合作和互信进入新的阶段，两国签署了大量的协议。中巴关系代表的是理解共同利益，促进地区稳定，建设进步社会和推动世界和平。

印度核试验与中巴双边关系

后冷战时期，国际政治变化多端，一日千里。美国与巴基斯坦关系的全盛时期成为历史，对巴基斯坦的军事和财政援助也因为美国为防止巴基斯坦开发核武器而实施的《普雷斯勒修正案》（Pressler Amendment）而停止。尽管巴基斯坦已经把款项付清，但美国仍决定扣留12亿美元的军事设备，这严重影响了巴基斯坦与美国的双边关系，让当时作为美国最忠实盟友的伊斯兰堡政府非常失望，谴责美国对巴基斯坦有偏见，公开宣布美国的制裁是选择性的、歧视性的。

巴美关系受挫之后，1993年伊斯兰堡政府不得不面对额外的制裁。以防止可运载大规模杀伤性武器的导弹及其技术扩散为目的的"导弹及其技术控制制度"（MTCR）不但对中国而且对巴基斯坦也产生了很大影响。1998年，印度进行核武器试验，引起了地区战略不平衡。以往巴基斯坦与印度之间一直保持一种"传统战争地位"关系，但两国现在却进入战略遏制关系。伊斯兰堡尽管无意于核竞赛，但印度的核武器新状况却迫使巴基斯坦开展核试验。

众所周知，印度挑起了针对巴基斯坦的传统战争武器竞赛。在美国等国家多年的帮助之下，1974年印度首颗原子弹试爆成功。印度的核爆炸令巴基斯坦举国上下异常震惊，布托总理（Z. A. Bhutto）表示巴基斯坦不会被敲诈，印度的核武器不是一种装置，而是对安全的严重威胁。为了与印度一争高低，布托总理一直积极支持巴基斯坦发展核武器项目。在其著作《独立的神话》中，他指出巴基斯坦的核能力应被视为对抗印度地区霸权的核心装备。

在核问题方面，巴基斯坦得到了中国的政治和外交支持。中国认为巴基斯坦的核武器研发合情合理，因为印度不断增长的霸权行为对巴基斯坦造成了严重的安全威胁。

总之，面对印度的军事实力因得到苏联的支持而迅速增强的情况，巴基斯坦别无选择，只能通过获得核武器来对抗印度的威胁。巴基斯坦的核武器项目临近尾声时，印度再次进行了核试验。当时巴基斯坦希望国际社会能理解，地区局势已经非常严重，巴基斯坦正面临严重的安全问题，但国际社会的反应却正好相反。尽管如此，中国知道，必须加强巴基斯坦的军事能力，以此对抗印度，巴基斯坦是中国最好最可靠的盟友。对中国而言，巴基斯坦的强大和安全将有助于反击印度—苏联在该地区的影响力。

南亚地区有着诸多相似性和差异。普遍认为，美国强烈希望与印度交好，拥有核武器的巴基斯坦会对印度形成严重威胁。此外，印度把中国视为其走向地区霸权的拦路虎，中国非常清楚印度是自己的安全威胁，但中巴边界地区日渐增加的极端分子，对两国也都造成了严重的威胁。不仅如此，巴基斯坦还可帮助中国加强与中东和穆斯林世界的贸易关系。

阿富汗与中巴关系

中巴关系应该被置于阿富汗危机中来评估。1979年以来，巴基斯坦被阿富汗视为非常积极的伙伴国。塔利班政府也深受巴基斯坦的影响。中国担心塔利班对自己造成安全挑战，但巴基斯坦表示将妥善处理塔利班政府，表达了一种积极合作的态度。巴基斯坦需要一个"友善的"阿富汗政府，以保证其战略纵深（strategic depth）和进入中亚地区。另一方面，中国也抓住了中亚地区政治变迁的机会，得以获取该地区的天然气和石油资源。

中国政治学家认为美国出兵阿富汗打击极端主义将使中国从中受惠，因为这将有助于维护中国新疆地区的法律和秩序。中国欢迎美国打击极端分子，但不能接受美国军队在该地区长期驻守。众所周知，中巴关系毫无疑问是友好的，但正逐渐受到潜在的恐怖组织的影响。

中巴必须在阿富汗问题上达成共识。应该指出的是，中国领导层不能忽视巴基斯坦的战略重要性，应意识到阿富汗安全与否将会影响到其边界局势。土库曼斯坦—阿富汗—巴基斯坦天然气管道项目是另一项重要的战略工程，中国对此很有兴趣。

中国在阿富汗开办了一些工程，如在喀布尔等地重建公共医院等。中国的华为公司也已在阿富汗开展业务。巴基斯坦欢迎中国与阿富汗的商务往来，未来的合作将对经济和贸易部门有促进作用。因此巴基斯坦乐见中国对阿富汗重建感兴趣，但中国在阿富汗的活动不能仅限于反制印度的影响力（当然这对巴基斯坦有重要的安全意义），还要加强该地区长期的和平前景。对巴基斯坦而言，中国在阿富汗的介入既是不可避免的，也是一份战略资产，双方谨慎的政策将开辟合作与理解的新篇章。

能源如何塑造中巴关系的未来

巴基斯坦拥有大量自然资源。目前，有 5 家较大的电厂已经开始运营，总装机容量超过 6300 兆瓦。巴沙大坝（Diamer Bhasha Dam）项目是另一项大型工程，主要责任方是中资公司中国水利电力对外公司（CWE）。在能源合作方面，中巴在 2006 年签署了能源合作协议，之后又召开联合会议，会后宣布了一项政策，主要内容是建立适当机制，吸引双方投资者参与能源合作。两国还承诺建立一种互补性战略（complimentary strategy），中国将提供数百万美元的资本援助。两国的贸易也处在增长势头，2009 年中国成为巴基斯坦第二大贸易伙伴国。

　　1986 年中国与巴基斯坦签署了一份民用核能合作协议，巴基斯坦旁遮普省的恰希玛第一和第二个核电机组——发电能力为 325 兆瓦——就是根据该协议所建。两国同意依据将来的实际发展情况延长该项目。由于严重的能源危机，巴基斯坦的经济正处在下坡路。在其最近两次访华中，扎尔达里总统与中国领导人讨论了发电问题，未来与中国的能源合作将是决定中巴友谊实质内容的核心。

（崔玉军　编译）

原文信息

原题：China – Pakistan Future Prospects and their Strategic Compulsions

作者：Umbreen Javaid

出处：*Journal of Political Studies*，Vol. 22，Issue 1，2015.